CLEMENS SEDMAK

KATHOLISCHES LEHRAMT UND PHILOSOPHIE

QUAESTIONES DISPUTATAE

Begründet von
KARL RAHNER UND HEINRICH SCHLIER

Herausgegeben von
PETER HÜNERMANN UND THOMAS SÖDING

204

CLEMENS SEDMAK
KATHOLISCHES LEHRAMT UND PHILOSOPHIE

CLEMENS SEDMAK

KATHOLISCHES LEHRAMT UND PHILOSOPHIE

EINE VERHÄLTNISBESTIMMUNG

HERDER

FREIBURG · BASEL · WIEN

Bibliographische Information der Deutschen Bibliothek

Die Deutsche Bibliothek verzeichnet diese Publikation in der Deutschen Nationalbibliographie; detaillierte bibliographische Daten sind im Internet über ⟨http://dnb.ddb.de⟩ abrufbar.

Druckvorlage durch den Autor.

www.herder.de
Umschlaggestaltung: Finken & Bumiller, Stuttgart
Druck und Bindung: Difo-Druck, Bamberg 2003
Gedruckt auf umweltfreundlichem, chlorfrei gebleichtem Papier
ISBN 3-451-02204-4

Inhalt

C. Systematische Überlegungen

Vorwort

Diese Arbeit unternimmt den Versuch einer Verhältnisbestimmung von Philosophie und Katholischem Lehramt. Der Titel dieser Arbeit sollte wohl lauten: „Die Idee des Katholischen Lehramts und ihr Verhältnis zur Philosophie“. Dieser Titel ist – wie das Thema – sperrig und diese Eigenart kann das vorliegende Buch auch kaum verleugnen. Wenn man Gedanken mit Möbelstücken vergleicht, so würde man nicht behaupten, dass sich die in diesem Buch formulierten Gedanken für die Möblierung eines Wohnzimmers eignen – eher noch als Grundbestandteile einer Werkstatt, in der nicht gesessen, geplaudert und gelesen, sondern in der gefeilt, gehämmert und gesägt wird. Auf diesen Überlegungen kann man sich sozusagen nicht ausruhen. Sie gleichen mehr einer Hobelbank denn einer Sitzgruppe. In diesem Sinne ist dieses Buch ein Zusammentragen von Bausteinen zu einem bestimmten Zweck – nämlich zum Zweck eines Diskussionsanstoßes.

Teile einer Diskussion hat dieses Buch bereits zu berücksichtigen versucht, denn diese Arbeit geht auf den zweiten Band einer Habilitationsschrift zurück, die ich im Sommer 1999 an der Katholisch-Theologischen Fakultät der Universität Innsbruck eingereicht habe. Das Verfahren wurde im Juni 2000 abgeschlossen. Mein besonderer Dank gilt in diesem Zusammenhang Gerhard Leibold und Florian Uhl, die sich freundlicherweise bereit erklärt hatten, Gutachten in diesem Kontext zu erstellen. In der Zwischenzeit ist viel Wasser den Tiber hinuntergeflossen und viel Text umgestaltet worden.

Herzlich danke ich Peter Hünermann für wertvolle inhaltliche Hinweise und die Aufnahme in die Reihe der „Quaestiones Disputatae“. Mein Dank gilt auch Peter Suchla vom Verlag Herder für die gute Zusammenarbeit.

Danken darf ich Frau Elisabeth Gutschelhofer für technische Arbeiten am Layout, Herrn Erwin Rechberger für die Mühen des Korrekturlesens und Frau Antonia Weinert für ihren Überblick in allen Stadien der Entstehung und für die Koordination der Arbeiten.

Wie immer sind alle verbleibenden Mängel dem Autor anzulasten, auch wenn der Philosoph in mir an die Kenntnisnahme von Karl Poppers berühmtem Vortrag *Duldsamkeit und intellektuelle Verantwortlichkeit* appelliert, der noch dazu im theologieträchtigen Tübingen gehalten wurde.

Salzburg, im Juni 2003 *Clemens Sedmak*

Einleitung

Die Fragestellung dieses Buches lautet: Wie kann das Verhältnis zwischen Philosophie und Katholischem Lehramt bestimmt werden? Die Beantwortung dieser Frage erfolgt in drei Schritten. Im ersten Teil werden Grundlagen, eine Skizze der Idee des Katholischen Lehramts und Konturen einer Theorie der Philosophie erarbeitet. Im zweiten Teil wird der Versuch unternommen, eine Vermessung der Idee des Katholischen Lehramts mit philosophischen Mitteln in erkenntnistheoretischer, sprachphilosophischer und sozialphilosophischer Hinsicht vorzunehmen. Dabei soll gezeigt werden, dass diese philosophische Betrachtungsweise sowohl in Bezug auf eine Plausibilisierung der Idee des Katholischen Lehramts wie auch in Bezug auf kritische Anfragen an diese Idee hilfreich sein kann. Der dritte Teil stellt systematische Überlegungen an: Hier geht es um das Verhältnis von Philosophie und Christentum, um die Bezugnahme auf Philosophie in ausgewählten lehramtlichen Texten und schließlich um die Frage nach den Verpflichtungen, die im Rahmen des Katholizismus in Bezug auf eine philosophische Position entstehen (können).

Die Kernthesen dieses Buches kann man in fünf Punkten zusammenfassen:

(i) Die Verbindlichkeit lehramtlicher Aussagen ist mit dem Begriff von „Bündeln von *Commitments*“ deutlich zu machen. Diese „clusters of commitments“ sind nur in spezifischen Situationen dicht beschreibbar und müssen ansonsten vage bleiben.

(ii) Philosophie hat die Aufgabe, epistemische Defizite abzudecken. Ein epistemisches Defizit ist ein Mangel an Freiheiten, jene Fähigkeiten zu entwickeln und jene Möglichkeiten zu nützen, die notwendig sind, um wohlerwogene Urteile fällen zu können. Auf diese Weise wird das Ideal *epistemischer Gerechtigkeit* angestrebt. Dieses Ideal ist in hohem Maße relevant für Religion und Kirche, was dem Dienst der Philosophie an Religion und Kirche Struktur verleiht.

(iii) Die Idee des Katholischen Lehramts kann mit philosophischen Mitteln (erkenntnistheoretischen Überlegungen, sprachphilosophischen Beobachtungen, sozialphilosophischen Messungen) plausibel gemacht, aber auch problematisiert werden. Das ist ein spezifischer Dienst der Philosophie am Lehramt.

(iv) Philosophie und Christentum sind zwar klar voneinander zu unterscheiden, weisen aber strukturell ähnliche Möglichkeitsbedingungen auf. Der Begriff einer „christlichen Philosophie" kann als „schwacher" Begriff über das Verständnis von Commitments, die mit der Struktur einer Lebensform zusammenhängen, entwickelt werden.

(v) Der Begriff einer „katholischen Philosophie" wird zurückgewiesen. Dennoch ist das Verhältnis zwischen Katholizismus und Philosophie nicht beliebig gestaltbar: Aus der Akzeptanz des Katholizismus entstehen Verpflichtungen, durch die das Ideal der epistemischen Gerechtigkeit befördert wird. Es handelt sich vor allem um Commitments in Bezug auf die Begriffe Wahrheit, Vernunft und Wirklichkeit. Diejenigen, die im Rahmen der katholischen Tradition stehen und dem Ideal der epistemischen Gerechtigkeit verpflichtet sind, müssen durch die Anerkennung dieser Tradition keine epistemischen Nachteile gewärtigen. Man könnte sogar überlegen, ob nicht die Grenzen der Philosophie aus einer religiösen Perspektive deutlich werden, was einen epistemischen Vorteil bedeuten könnte.

Philosophieren im Kontext der katholischen Kirche muss nicht von vornherein eine defiziente Form der Reflexion sein. Gerade die Bereitstellung einer Perspektive, die auch die Grenzen der Philosophie erkennen lässt und damit zu einer Abgrenzung zwischen Philosophie und Nichtphilosophie (etwa: Theologie, Weltanschauung, Erlösungslehre) beiträgt, kann epistemische Vorteile bieten. Es kann kein Nachteil sein, wenn Philosophen sich etwa darüber Gedanken machen, was sie mit den ihnen zur Verfügung stehenden Mitteln über Gott aussagen können.[1] Es scheint mir auch kein epistemischer Nachteil zu sein, wenn man neben der Vernunft noch ein anderes Erkenntnisprinzip anerkennt, das allerdings über Konsistenzannahmen mit der Vernunft verbunden ist.

Eine Frage, die dieses Buch am Ende aufwirft, ist die Frage nach einer „katholischen Philosophie". Natürlich ist diese Frage

---

[1] Vgl. Wippel, *Thomas Aquinas on What Philosophers Can Know About God.*

mit dem Verhältnis von Philosophie und Christentum verbunden. Es kann wohl kein Zweifel bestehen, dass das Christentum zu Themen und Fragen der Philosophie nachhaltig beigetragen hat.[2] Natürlich ist die Frage nach einer katholischen Philosophie verwandt mit der Frage nach den philosophischen Commitments, die das Christentum einfordert.[3] Natürlich kann diese Frage nicht unabhängig von der Frage nach einer christlichen Philosophie behandelt werden.[4] Natürlich kann man diese Frage in Beziehung setzen zur Frage nach der Identität katholischer Universitäten bzw. Studiengängen an katholischen Bildungseinrichtungen und etwa der Frage nach der „counter–cultural" Aufgabe einer solchen Institution.[5] Natürlich hängt diese Frage mit dem Schicksal des Thomismus zusammen.[6] Es wäre aber verfehlt, die Möglichkeit einer katholischen Philosophie mit der Plausibilität des Thomismus gleichzusetzen – einmal, weil der Thomismus keinen monolithischen Block bildet und dann, weil die katholische Kirche sich weder auf ein bestimmtes philosophisches System, noch auf eine bestimmte philosophische Methode festgelegt hat. Natürlich provo-

---

2 Pannenberg (*Theologie und Philosophie*, Kap. 5) nennt die Kontingenz der Welt und alles Seienden, die Konzentration auf Individualität, das Verständnis der Welt als Geschichte, die positive Wertung des Unendlichen sowie philosophische Konsequenzen des Glaubens an die Inkarnation.

3 Maurice Blondel hatte bekanntlich in seinem letzten Werk *Philosophische Ansprüche des Christentums* die philosophischen Implikationen des Christentums untersucht. Er weist explizit auf die Grenzen hin, auf die die Philosophie trifft, wenn sie ihren Weg konsequent geht. Die Begegnung zwischen Christentum und Philosophie führt zu einer vertieften Auslegung der Offenbarung, die mit philosophischen Mitteln erhellt werden kann und zu einem vertieften Verständnis der Philosophie, die sich anders positionieren kann, wenn sie in Kontakt mit der Offenbarung tritt. Das Verhältnis zwischen Christentum und Philosophie lässt sich über das Verhältnis von Gnade und Natur verdeutlichen: Das Christentum vollendet die Natur, Gnade setzt Natur voraus. „Das besondere und wirklich einzigartige Kennzeichen des Christentums liegt im Zusammenfallen der geschichtlichen Wirklichkeit und der dogmatischen Wahrheit" (Blondel, *Philosophische Ansprüche des Christentums*, 24).

4 Louis Dupré hat diesen Unterschied in seiner „Medalist address" an die American Catholic Philosophical Association im Jahr 1997 eingeebnet (Dupré, *Christian Philosophy*).

5 Vgl. Flanagan, *The Jesuit University as Counter–Culture*. Joseph Flanagan spricht in diesem Beitrag die Symbiose von intellektueller Bildung und religiöser Konversion des Herzens an (134). Daraus erwachsen besondere Verpflichtungen.

6 Vgl. Lobkowicz, *What Happened to Thomism?*

ziert diese Frage auch Antworten[7], die ihrerseits wiederum Fragen aufwerfen. Die Frage nach einer katholischen Philosophie ist komplex und verlangt nach einer entsprechend differenzierten Antwort. Ich würde deswegen vorschlagen, sehr vorsichtig mit dem Begriff einer „katholischen Philosophie" umzugehen und nicht leichtfertig auf Frage– oder Anführungszeichen zu verzichten. Ich halte es für klüger, den Begriff in erster Linie metasprachlich zu verwenden.

Der Begriff der „Commitments", den ich in das Zentrum meiner Überlegungen stelle, soll dieser Vorsicht Rechnung tragen. Ich will die Commitments, die sich aus der Bindung an Tradition, Gemeinschaft und Praxis des Katholizismus ergeben, an einem Beispiel deutlich machen, am Begriff der *Würde*: In diesem Rahmen ist der Begriff der Würde der menschlichen Person und des menschlichen Lebens fest verankert. Es wird nicht nur die Gleichheit der Würde unter den Menschen ausgesagt (DH 3988, 4199, 4329), sondern auch das Personsein des Menschen (DH 3957), das mit den Attributen Verstand und Willensfreiheit und der Fähigkeit freier Wahl verbunden wird (DH 4317) sowie dem Streben nach der eigenen Vervollkommnung durch Hingabe seiner selbst (DH 4830). Würde hat also mit „Wahlmöglichkeiten" zu tun. Aus diesem Verständnis von Würde erwachsen Verpflichtungen für die Gemeinschaft und jeden Einzelnen in Bezug auf den Nächsten – es muss dem Menschen all das zugänglich gemacht werden, was er für eine wahrhaft menschliche Lebensführung braucht, wie es in *Gaudium et Spes* heißt (DH 4326), also Nahrung, Kleidung, Wohnung, das Recht auf freie Wahl des Lebensstandes, das Recht auf Erziehung, auf Arbeit, auf guten Ruf. Nach diesen Eckpfeilern muss sich eine gesellschaftliche Ordnung richten, zumal die Würde des Menschen nur unter Wahrung der Ordnung der Natur

---

[7] Um nur ein Beispiel zu geben: James Swindal macht darauf aufmerksam, dass die Idee einer katholischen Philosophie auf eine von zwei Optionen verpflichtet: (i) auf die These, dass eine bestimmte Eigenart von Philosophie auf Ressourcen zurückgreifen muss, die nur eine spezialisierte katholische Subdisziplin liefern kann; (ii) auf die These, dass bestimmte Züge des Katholizismus auf eine Artikulation angewiesen sind, wie sie nur ein Bereich der Philosophie liefern kann (Swindal, *Ought There Be a ‚Catholic' Philosophy?,* 457). Er schlägt etwa vor, in den Fragen nach Gott, Naturrecht und philosophische Anthropologie katholische Philosophie anhand von katholischen Kernthesen katholische Philosophie zu positionieren (ebd., 462). Natürlich provoziert diese Antwort weitere Fragen.

gefördert werden kann (DH 4580). Die privaten und öffentlichen Institutionen sollen der Würde des Menschen im Kampf gegen gesellschaftliche und politische Knechtung dienen (DH 4329). Dieses Verständnis von Würde ist fest verankert, weil es auf göttlichem Fundament und der Gemeinschaft mit Gott aufbaut (DH 4319, 4321). Letztendlich ist es das Hauptgebot der Liebe, das zur vollen Anerkennung der Würde eines jeden Menschen führt (DH 4765). Diese Überlegungen bieten eine Grundlage, die einen „dichten Begriff" von Würde erarbeiten lässt. Zugleich ist klar, dass damit die Beliebigkeit der begrifflichen Konstruktion eingeschränkt ist. Aus diesen „Zutaten" lässt sich keine „Instantphilosophie" kreieren, diese Zutaten dienen nicht als Brausepulver, das nur ein wenig Wasser braucht. Selbst wenn man vernünftigerweise annimmt, dass alle Philosophen mit Wasser kochen und die Wandlung von Wasser in Wein nicht Sokrates, sondern Jesus vorgenommen hat, so ändert das doch nichts daran, dass diese Überlegungen zum Begriff der Würde nur „clusters of commitments" andeuten, die sorgsam entwickelt und im Einzelfall getestet werden müssen.

Der Begriff der Commitments will klar machen, dass mit Überzeugungen Konsequenzen verbunden sind. Welchen Unterschied macht also der Katholizismus? Nehmen wir ein Beispiel: „Two young men find themselves walking side by side in a march for racial justice in Mississippi; both are equally prepared to accept death as one of the possible consequences of their acts; both are equally willing to lay down their lives for their brothers. Yet one is a Christian, the other an atheist. In what respect do they differ?"[8] Diese Frage ist nicht trivial und wohl auch nicht mit Hilfe von allgemeinen Kategorien zu beantworten. Es ist jene Frage, die Kardinal Martini in dem viel gelesenen Briefwechsel mit Umberto Eco an den Schluss gestellt hat: Was ist die Grundlegung für eine Ethik von nichtreligiösen Menschen?[9] Oder auch: Welchen ethischen Unterschied machen religiöse Überzeugungen? Welche Commitments schließen religiöse Überzeugungen ein?

Dieser Zusammenhang zwischen Ethik und Erkenntnistheorie soll durch den Begriff der epistemischen Gerechtigkeit ausgedrückt werden. Die Begegnung zwischen Ethik und Erkenntnis-

---

8 Novak, *The Christian and the Atheist*, 74.

9 Eco/Martini, *Woran glaubt, wer nicht glaubt?*

theorie ist auch der in diesem Buch verfolgte fruchtbarste Begegnungsraum zwischen Philosophie und Katholischem Lehramt. Um diese Begegnung zu skizzieren, konnte nicht auf einen „fertigen Begriff" von Philosophie und einen gleichsam „im Regal verfügbaren Begriff" von Lehramt zurückgegriffen werden. Die Erarbeitung eines Begriffs von Philosophie und die Erarbeitung eines Begriffs von Lehramt sind diffizile Unternehmungen. Ich möchte das am Beispiel des Begriffs „Lehramt" deutlich machen.

Nehmen wir eine vernünftige Begriffsbestimmung, etwa: „Das Lehramt ist jenes von Christus eingesetzte kirchliche Amt, das seine Träger zu autoritativer Lehrverkündigung der Offenbarung berechtigt und verpflichtet, wobei deren Einsetzung durch einen Rechtsakt erfolgt." Diese Charakterisierung verlangt wenigstens eine Klärung der Begriffe „Amt", „Träger", „Autorität", „Verkündigung", „Offenbarung" und „Rechtsakt". Hier kann man nur schrittweise vorgehen, um langsam zu einer immer dichteren Beschreibung des Begriffs zu gelangen. Dabei muss man sich auch vor Augen halten, dass der Begriff eine Geschichte hat, die non–persuasive Definitionen nicht immer leicht macht, und dass verschiedene systematische Positionen zu diesem Begriff entwickelt wurden.[10] Der Begriff, der in vielen Kontexten gebraucht wird und wurde, muss behutsam und sensibel behandelt werden. Man muss beispielsweise vermeiden, das Lehramt als eine externe Größe zu betrachten, die „von außen" das Leben der Kirche regelt. Diese Art der Darstellung ist irreführend, sind doch die Lehramtsträger

[10] Ein offensichtlicher Mangel dieses Buches, für den ich um Verständnis bitte, besteht darin, dass auf eine systematische Darstellung bestimmter theologischer Positionen zum Begriff des Lehramts verzichtet werden musste. Es wäre etwa lohnenswert gewesen, die wichtigen Impulse für die Bestimmung der Koordinaten des Lehramts, die Karl Rahner geliefert hat, aufzugreifen. Ich verweise nur auf Rahners Aufsätze *Kirchliches Lehramt und Theologie* (in: Schriften zur Theologie VIII, 111–132), *Der Pluralismus in der Theologie und die Einheit des Bekenntnisses in der Kirche* (in: Schriften zur Theologie IX, 11–33), *Das kirchliche Lehramt in der heutigen Autoritätskrise* (in: Schriften zur Theologie IX, 339–365), *Disput um das kirchliche Lehramt* (in: Schriften zur Theologie X, 324–337), *Lehramt und Theologie* (in: Schriften zur Theologie XIII, 69–92), *Die Theologie und das römische Lehramt* (in: Schriften zur Theologie XVI, 231–248). Aber allein eine „Theologie des Lehramts" ist ein Thema für sich, dessen Behandlung im Rahmen des vorgegebenen Rahmens (Verhältnisbestimmung von Philosophie und Lehramt) nur gestreift werden konnte.

auch Adressaten der Lehrinhalte und sind doch Hirten und Volk durch eine gemeinsame Lebensform und durch gemeinsame Versprechen miteinander verbunden. Wenn man nun das Lehramt als eine innere Einrichtung sieht, dann kann man mit guten Gründen die Frage nach der „Lehrautorität von uns allen", nach dem „Lehramt des Volkes Gottes" aufwerfen.[11] Man tut auch gut daran, das Lehramt nicht als starre und kontextfreie Größe anzusehen. Hier stellen sich schwierige Fragen nach dem Begriff von Dogmen[12] und nach der Entwicklung von Dogmen im Zusammenhang mit „identity, continuity, fidelity"[13], nach dem Verhältnis von Propositionalität und Relationalität und nach dem Primat des doxologischen vor dem disziplinarischen Kontext[14], nach dem Begriff von rechter Autorität[15] und nach legitimem Dissens[16], nach der Unterscheidung zwischen „ecclesia audens" und „ecclesia discens" und so fort.

Es scheint schwer, auf diese Weise des behutsamen, differenzierenden Vorgehens zu klaren und starken Urteilen gelangen zu können. Hier kann der berechtigte Einwand kommen, dass man den Wald vor lauter Bäumen nicht mehr sieht und die zentralen Begriffe den Tod tausender Qualifikationen sterben. Ist das in diesem Buch erarbeitete Ergebnis nicht Fisch, nicht Fleisch, sondern etwa nur eine Art Milchspeise, die für Philosophen verträglich ist, die nichts Festes beißen können? Die Gefahr besteht zweifellos. Ist die Geschichte der Begegnung zwischen Lehramt und Philosophie Teil eines kontingenten Inkulturationsgeschehens? Ist die

---

[11] In *The Teaching Authority of Believers* finden sich unter der Herausgeberschaft von Metz und Schillebeeckx eine Reihe von wertvollen Beiträgen zu dieser Frage; vgl. Vorgrimler, *From ‚Sensus Fidei' to ‚Consensus Fidelium'*; Schillebeeckx, *The Teaching Authority of All*; Sobrino, *The ‚Doctrinal Authority' of the People of God in Latin America*; Duquoc, *An Active Role for the People of God in Defining the Church's Faith*; Fries, *Is there a Magisterium of the Faithful?*

[12] Alister McGrath gibt etwa vier Funktionen eines Dogmas an, die je spezifisch betrachtet werden müssen: „social demarcation", „interpretation of the narrative", „interpretation of experience", „truth claim" (McGrath, *The genesis of doctrine*, Kap. 3). Hier muss man dann mit sehr feiner Klinge arbeiten.

[13] Schreiter, *The Development of Doctrine in a World Church*, 67; vgl. Walgrave, *Unfolding Revelation.*

[14] Vgl. Schulz, *Bekenntnis statt Dogma.*

[15] Vgl. Boyle, *Church teaching authority*, Kap. 9; Komonchak, *Authority and Its Exercise.*

[16] Vgl. die Beiträge in Curran, *Dissent in the Church.*

„Hellenisierung des Christentums", die einen wesentlichen ersten Schritt in die Richtung der philosophischen Akzeptabilität des Christentums gesetzt hat, Beispiel für geglückte Inkulturation?[17] Ist der Katholizismus so universal, wie Maurice Blondel hervorhebt?[18] Die Reihe der Fragen könnte man fortsetzen. Ich möchte dennoch die These vertreten, dass es möglich ist, das Verhältnis zwischen Philosophie und Katholizismus in handlungsanleitender Weise zu bestimmen und nicht bloß eine Reihe von Warnschildern aufzustellen und Vorsichtsmaßnahmen einzumahnen:

Philosophieren in einem katholischen Kontext findet im Rahmen einer Tradition, einer Gemeinschaft und einer Praxis statt.[19] Auch hier gilt das paulinische und ignatianische Kriterium für gute Entscheidungen, dass nämlich der Aufbau der Gemeinschaft angestrebt werden soll. Es bedarf des gemeinsamen Bodens, damit eine Gemeinschaft gedeihen kann. Wie „offen" kann eine Gemeinschaft sein? Ich zitiere ein schönes Wort von John Courtney Murray: „The ‚open society' today faces the question, how open can it afford to be, and still remain a society; how many barbarians can it tolerate, and still remain civil; how many ‚idiots' can it include (in the classical Greek sense of the ‚private person' who does not share in the public thought of the City), and still have a public life; how many idioms, alien to one another, can it admit, and still allow the possibility of civil conversation?"[20] Diese Mahnung gilt denn auch für die Philosophinnen und Philosophen, die Theologinnen und Theologen – wie viele Idioten in diesem und in einem anderen Sinn können wir uns leisten?

Wir brauchen einen gemeinsamen Boden, als Gemeinschaft, als Gesellschaft, als Weltdorf, um nicht der Willkür von Machtmechanismen ausgeliefert zu sein, um nicht in Petitessen und kleinlichen Streitereien zu versinken. Ich erinnere einmal mehr an Kardinal Joseph Bernardins „Catholic Common Ground Initiative". Wir brauchen solche Initiativen „to approach the church's

---

[17] Vgl. Neuner, *Die Hellenisierung des Christentums als Modell von Inkulturation*; zur Frage nach geglückter Inkulturation vgl. Peter, *Modelle und Kriterien von Inkulturation*, 320ff.

[18] Blondel, *Philosophische Ansprüche des Christentums*, 34.

[19] Das hat Konsequenzen für die Beurteilung von Texten – Alister McGrath verweist etwa auf die Wichtigkeit einer „community tradition" für die Hermeneutik. (McGrath, *The genesis of doctrine*, 188ff.).

[20] Murray, *We Hold These Truths*, 117.

current situation with fresh eyes, open minds, and changed hearts."[21] Bernardin bittet darum, einzusehen, „that no single group or viewpoint in the church has a complete monopoly on the truth."[22] Dazu braucht es eine Perspektive, die Distanz hält zu dieser Gemeinschaft.

Hier liegt eine Chance und zugleich besteht eine Spannung, wenn man an die Philosophie denkt. Auf der einen Seite haben wir den Appell an „gemeinsamen Boden". Auf der anderen Seite haben wir das Spezifikum der Philosophie, Abstand zu etablierten Denkgewohnheiten und organisierten Gemeinschaften zu halten – nur dadurch kann die Philosophie ihrer Aufgabe, für epistemische Gerechtigkeit einzutreten, nachkommen. Diese Spannung kann nur innerhalb der Person der Philosophin überbrückt werden und ist von ihr auszuhalten. Diese Spannung bedeutet, dass die Arbeit an Konsens harte Arbeit ist. John Courtney Murray hat von „hard work of disagreement" gesprochen, es ist harte Arbeit, die Punkte zu lokalisieren, wo sich Differenzen auftun. Konsens wird nicht „manufactured" (Noam Chomsky), sondern verlangt harte und ehrliche Arbeit, Arbeit an einem selbst, epistemische Arbeit, wie sie etwa Sokrates gewiesen hat. Die Distanz, die die Philosophie einmahnt, ist notwendig für die Integrität einer Gemeinschaft. Aber diese Distanz ist ähnlich lokalisierbar wie die Distanz einer Chirurgin, die während der Operation auch zu vergessen hat, dass sie an ihrer besten Freundin herumschneidet. Die Chirurgin befindet sich nicht immer im Operationssaal, die Philosophin befindet sich nicht immer in der epistemischen Distanz, da sie ja auch epistemisch beheimatet sein muss, um Urteile fällen zu können. Nach einem berühmten Wort Max Webers ist der Wissenschafter nicht nur „denkender Forscher", sondern auch „wollender Mensch". Das trifft auch auf die Philosophin zu. Die Philosophin ist „Mensch unter Menschen". Sie ist eingebettet in eine Lebensform, die es ihr erst ermöglicht hat, zu philosophieren. Das entscheidende Stichwort lautet allemal: Lebensform.

Philosophieren in einem christlichen Kontext sieht methodisch von der Offenbarung als Erkenntnisquelle ab. Dennoch prägt die Lebensform das Philosophieren. „Die konkrete Gestalt dieses Philosophierens, die Fragestellungen, die bevorzugt werden, sind

---

[21] Bernardin, *Called to be Catholic*, 42.
[22] Ebd.

aber stark von Anliegen geprägt, welche diese Philosophen als gläubige Christen bewegen."[23] Gerade jene Überlegungen, die die weltanschaulichen Voraussetzungen, Implikationen und Rahmenbedingungen philosophischer Reflexion zum Gegenstand haben, können aufgrund des aufweisbaren Zusammenhangs zwischen Denken und Lebensform, die Idee von Philosophieren in einem christlichen Kontext plausibel machen.[24]

Diese Verpflichtung auf eine Lebensform ist es auch, die Philosophieren „mit den Füßen am Boden" einmahnt. Es liegt schließlich eine große Gefahr darin, „aus dem Katholizismus eine Art Metaphysik oder Gnosis zu machen, als ließen sich die konkreten Tatsachen, auf denen man zuerst gestanden und von denen man ausgegangen war, beiseite schieben oder mit dem Fuß wegstoßen wie eine Leiter, die man, nachdem man sie zum Emporsteigen benutzt hat, wegstößt, weil man sie nicht mehr braucht."[25] Die Commitments, die mit dem Katholizismus übernommen werden, sind u.a. Verpflichtungen, die mit den Begriffen der Wahrheit, der Vernunft und der Wirklichkeit verbunden sind. Diese Begriffe ermöglichen das Verfolgen des Ideals von epistemischer Gerechtigkeit und damit den Respekt vor Tatsachen, die Achtung vor dem Leiden der Anderen, die Suche nach einer besseren Welt. Auch eine „Option für die Armen" lässt sich im Zusammenhang mit dem Ideal der epistemischen Gerechtigkeit begründen, wie ich in diesem Buch zu zeigen versuche. Ich will hier den Gedanken äußern, dass Philosophie als Liebe zur Weisheit, die Menschen kennen und achten lässt, auf die Fähigkeit zur Freundschaft angewiesen ist. Freundschaft wird im Rahmen eines „otium" gepflegt; hier kann man viel von Aristoteles lernen. Dazu kommt, dass eine Gemeinschaft – das gilt auch für die Philosophie – als Korrektiv wirken kann. Michael Taylor hat dies mit dem klaren Wort ausgedrückt: „Real heresy is not getting it wrong but getting it wrong in isolation."[26] Wer im Rahmen einer Tradition steht, führt einen Dialog mit einem Kontext, der über die eigene Lebensgeschichte hinausgeht. Der Dialog mit dieser Tradition sollte aufrichtig sein. Das bedeutet etwa in Bezug auf lehramtliche Dokumente, dass

---

[23] Muck, *Christliche Philosophie*, 15.

[24] Vgl. Coreth, *Beiträge zur Christlichen Philosophie*, 402f.

[25] Blondel, *Philosophische Ansprüche des Christentums*, 50.

[26] Zitiert nach Bevans, *Models of Contextual Theology*, 24.

drei Wege nicht begangen werden können: (i) ein Ignorieren der normativen Überlegungen im Rahmen der Tradition und der Gemeinschaft, (ii) ein vorsätzlich selektiver Umgang mit normativen Quellen, (iii) ein unreflektiertes, distanzloses Akzeptieren überkommener Normen. Eine Ethik der Hermeneutik der normativen Ecksteine einer Tradition und einer Gemeinschaft ruft nach dem sorgfältigen, „dichten" Umgang mit diesen Normen, von einem spezifischen Kontext auf einen spezifischen Kontext hin. Gerade für diesen vorsichtigen und behutsamen Umgang mit Texten kann die Philosophie sehr hilfreich sein.

Dieses Buch hat eine Geschichte hinter sich und weist bestimmte Alterserscheinungen auf, vor allem die Alterserscheinung, dass bestimmte Vorarbeiten in das Buch eingeflossen sind und dass bereits publiziertes Material, vor allem in Bezug auf den Begriff der epistemischen Gerechtigkeit und den Umgang mit Kategorien als Ausgangspunkt verwendet wurde.[27] Dabei lässt sich eine innere Entwicklungsgeschichte nicht verleugnen. In zwei Artikeln[28] habe ich mich explizit mit der hier behandelten Frage auseinandergesetzt, wobei mir der erste Artikel aus heutiger Sicht einigermaßen unsympathisch, weil rigide und engstirnig, scheint. Ich weiß nicht, was das in Bezug auf dieses Buch, das nun endlich zu einem Abschluss gekommen ist, bedeutet.

Abschließend möchte ich etwas über die Grenzen der Fragestellung sagen. Die Frage nach einer Verhältnisbestimmung von Philosophie und Katholischem Lehramt darf in einer Welt, in der Hunger und Krieg zu finden sind, keine zentrale Rolle spielen. Das ist auch keineswegs beabsichtigt. Der Sinn für Prioritäten soll nicht verloren gehen, im Gegenteil: die Behandlung dieser Fragestellung anleiten. Es gibt auch innerhalb der katholischen Kirche sehr viel wichtigere Dinge zu behandeln als die Fragen nach Philosophie und Lehramt. Dennoch möchte ich zeigen, dass sowohl die Philosophie als auch das Lehramt zur Linderung von (geistiger wie materieller) Not beitragen können und damit zu einer besseren Welt.

---

27 Vgl. Sedmak, *Sozialtheologie*, Kap. 1; Sedmak, *Theologie in nachtheologischer Zeit*, Kap. 3.

28 Sedmak, *Rom, Athen und Oxford*; ders., *How many ‚idiots'?*.

Teil A: Grundlagen

I. Die Idee des Katholischen Lehramts

1. Die „Idee“ des Katholischen Lehramts
2. Der Begriff des Katholischen Lehramts
3. Theologie und Lehramt
4. „Commitments“: Bindung, Notwendigkeit, Chancen und Grenzen

1. Die „Idee des Katholischen Lehramts“

Ich möchte über die Idee des Katholischen Lehramts nachdenken. Es scheint sinnvoll zu sein, zwischen der Idee des Katholischen Lehramts und der Realisierung des Lehramts in Kultur und Geschichte zu unterscheiden. Der Begriff der Idee ist nicht unverdächtig, denkt man doch vielleicht an Schimären, vage Gedankenfetzen oder unfassbare Geistesblitze. Hier könnte man tief in die „philosophy of mind“ vorstoßen und sich Gedanken über mentale Gegenstände machen. Die Gefahr bei derlei Tiefgang liegt darin, dass man erstens ein wenig dreckig wird, wenn man im Sumpf watet, und dass man zweitens den Boden unter den Füßen verliert – nicht, weil man schwebt, sondern weil man fällt. Das Auftauchen aus den Tiefen bietet dann so manche Überraschung. Hier muss man sich in Selbstbescheidung üben, um die Luft zum Atmen und den Boden unter den Füßen nicht aufs Spiel zu setzen. Aus diesen Gründen und aus Gründen der Endlichkeit an zeitlichen und intellektuellen Ressourcen – eine Endlichkeit, die gerade bei unserem Thema eine wichtige Rolle spielen wird –, muss ich mich auf einige wenige Überlegungen zum Begriff der Idee beschränken:

Unter der „Idee“ von etwas kann ein Ensemble von Norm– und Wertvorstellungen verstanden werden, das praktisches Handeln anleiten soll. In der Theorie der Institutionen ist manchmal von der „Leitidee“ einer Institution die Rede, die die Aufgaben der Institution definiert und begründet.[1] Da eine Theorie des Lehramts nicht ohne expliziten Bezug zu einer Theorie der Institution und des Amtes aufgebaut werden kann, sind diese Überlegungen relevant. Die Rede von der „Idee“ des Katholischen Lehramts macht es möglich, in einen Begriff des Lehramts einzuführen, der dann auch zu anderen Begriffen ins Verhältnis gesetzt werden kann. Schließlich können theoretische Betrachtungen nicht mit einzelnen „tokens“ und dem je Partikularen operieren, sondern müssen sich auf Typen und Begriffe beschränken.

Max Weber[2] hatte aus wissenschaftstheoretischen Überlegungen heraus den Vorschlag gemacht, mit „Idealtypen“ zu operieren, um Kategorien an der Hand zu haben, mit denen die Soziologie zu einer Begriffsbildung gelangen könnte.[3] Ein Idealtypus ist eine Konstruktion, um Vergleiche und Klassifikationen zu ermöglichen. Auf der Grundlage einer nachvollziehbaren Relation zu empirischem Material wird ein Begriff konstruiert, der deutlich von anderen Begriffen abgehoben wird. In diesem Sinne ist ein Idealtypus sowohl fiktiv als auch ein Grenzbegriff, der „Extreme“, „dieale, reine Charakteristika“ zum Ausdruck bringt. Damit ein Idealtypus seine Funktion erfüllen kann, muss er widerspruchsfrei sein und eine klare Beziehung zu einer empirischen Basis aufweisen. Eine geeignete empirische Basis zur Konstruktion eines Idealtypus liegt dort vor, wo wir es mit Regelmäßigkeiten zu tun haben, mit Wiederholungen, dem wiederholten Auftreten von bestimmten Merkmalen und mit Regeln, die menschliches Handeln anleiten. Eine solche empirische Basis kann für unsere Zwecke durch die regelgeleitete Ausübung des Lehramtes in der Kirche bereitgestellt werden. Es ist ja auch gerade Teil der Idee des Lehramtes, den Verkündigungsdienst aus der Beliebigkeit individueller Präferenzen herauszuheben und in den Rahmen einer Ordnung zu stellen, die historische und kulturelle Differenzen überbrücken soll.

Im Rahmen von Regelmäßigkeiten werden Typisierungen

---

1 Hauriou, *Die Theorie der Institution.*

2 Weber, *Die Objektivität sozialwissenschaftlicher und sozialpolitischer Erkenntnis*; Weber, *Über einige Kategorien der verstehenden Soziologie.*

3 Vgl. Burger, *Max Weber's Theory of Concept Formation*; Habermas, *Theorie des kommunikativen Handelns I*, 225–366; Schelting, *Die logische Theorie der historischen Kulturwissenschaft von Max Weber und im besonderen sein Begriff des Idealtypus*; Schieder, *Der Typus in der Geschichtswissenschaft*; Schwemmer, *Idealtypus*; Zittel, *Der Typus in der Geschichtswissenschaft.*

möglich, wie sie etwa im Kontext von Institutionen auftreten. Alfred Schütz hatte darauf aufmerksam gemacht, dass Menschen, die im Rahmen von Institutionen tätig sind, auf eine ganz bestimmte Weise wahrgenommen werden. Auf diese Weise kommen Typisierungen zustande. Ich begegne Menschen, deren Tätigkeiten ich nur als rein typische betrachte,[4] die ich dann auch nur als Typen, nicht als Personen wahrnehme.[5] Den Umstand, dass ein bestimmter Briefträger oder Polizist oder Verkäufer oder Schaffner den Fußballklub Manchester United dem Team von Barcelona vorzieht, kann ich (in der Regel) getrost vernachlässigen; mich interessiert nur sein Handeln (das Austragen der Post, das Regeln des Verkehrs, das Verkaufen von Kurzwaren, das Kontrollieren von Fahrkarten), das er in seiner Funktion als Briefträger oder Polizist tut. Es gibt eben „typische" Postangestellte und „typische" Polizisten etc.[6] Ähnlich ist auch das Handeln im Rahmen der Kirche als Fall von institutionalisiertem Handeln zu verstehen. Von einem Lehramtsträger erwarte ich in der Ausübung seines Amtes gerade nicht, dass er seine Privatmeinung kundtut, sondern sich selbst in einen größeren Zusammenhang einbettet, dessen normative Vorgaben er respektiert. Die Personen, die im Rahmen der katholischen Kirche ein Lehramt ausüben, können in den Kontext einer Institution gestellt und von einer Theorie der Institution verstanden werden. Es gibt „typische Bischöfe" und „typische Theologieprofessoren".

Wenn man von der „Idee des Lehramts" sprechen will, muss man sich auf Regelmäßigkeit und Regel–Gemäßheit beziehen können, auf Regeln, die die Verwendung des Begriffs des Lehramts und die praktische Ausübung des Lehramts anleiten. Wir haben es hier mit Strukturen zu tun, die Wiederholungen und die Angabe von Normen möglich machen. Die Rede von der Idee des Lehramts macht es notwendig, von den vielgestaltigen Manifestationen des Lehramts in Gesellschaft und Geschichte methodisch abzusehen. Die Bildung von Kategorien – und auch der Begriff des Lehramts ist als Kategorie zu verstehen – verfolgt gerade den Zweck der Vereinfachung. Dabei möchte ich mit der expliziten Rede von der „Idee des Katholischen Lehramts" und dem Ausweis der Grün-

---

4 Schütz, *Studien zur soziologischen Theorie*, 30.
5 Ders, *Der sinnhafte Aufbau der Welt*, 208.
6 Ders, *Strukturen der Lebenswelt*, 89.

de und Grenzen solcher Rede deutlich machen, dass es nicht legitim ist, die verschiedenen und mannigfachen Manifestationen des Lehramts in der menschlichen Lebenspraxis zu ignorieren und so zu tun, als hätten wir es hier mit einem Begriff zu tun, dem eine monolithische und universale Lebensform entsprechen würde. Zudem ist es natürlich so, dass die Rede von Allgemeinem aufgebaut wird aus der Begegnung mit dem Einzelnen und Besonderen und erst das wiederholte Auftreten von etwas macht es sinnvoll und möglich, zu einer begrifflichen Bestimmung von etwas zu gelangen.

Diese Hinweise scheinen sinnvoll zu sein, da die Rede von der „Idee von etwas" geistesgeschichtlich schwer beladen ist und mindestens bis zu Platon zurückreicht. Der Begriff der Idee drückt den Aspekt der nicht–sinnlichen, intellektuellen Anschauung aus im Unterschied etwa zu beobachtbaren Gegenständen oder Vorgängen. Mit dem Begriff der Idee kann auch eine Norm oder das Ideal einer Vollkommenheit ausgedrückt werden. Diese beiden Aspekte sind auch für eine Rede vom Katholischen Lehramt geltend zu machen: zum einen der Aspekt der Normativität des Begriffs, zu dem sich klare Regeln angeben lassen, die auch die Praxis der Ausübung des Lehramts anleiten, zum anderen der Aspekt der „Abstraktion", das Absehen von besonderen Merkmalen zugunsten allgemeiner Charakteristika, in der Analyse des faktischen Auftretens von Instantiierungen des Lehramts. Die Rede von der „Idee des Katholischen Lehramts" betont daher die Unterscheidung zwischen Begriff und Erfahrung, zwischen Norm und Faktum, zwischen präskriptiven Sätzen (darüber, was das Lehramt zu sein hat) und deskriptiven Sätzen (davon, was im Rahmen der Ausübung des Lehramts geschieht). Die Rede von der „Idee des Katholischen Lehramts" unterstreicht die Unterscheidung zwischen einer idealiter isolierten Idee des Lehramts und der Kontextualität des Lehramts, das in Kultur, Gesellschaft und Geschichte realisiert wird.

Ein Modell konstruieren

Die Reflexion auf die Idee des Katholischen Lehramts lädt dazu ein, sich der Aufgabe zu stellen, einen Begriff von Lehramt zu entwickeln. Das ist eine genuin theologische Aufgabe. Die Idee des Katholischen Lehramts liegt nicht als solche vor, schon gar nicht auf eine Weise, die ohne jeglichen Diskussionsbedarf oder

Interpretationsspielraum einfach zur Kenntnis zu nehmen wäre. Der Hinweis auf das operative Vorgehen und die Konstruktionsschritte, die zur Entwicklung eines Idealtypus (einer Idee, eines Idealbegriffs) notwendig sind, soll hervorheben, dass wir die „Idee des Katholischen Lehramts" nicht in einem Ideenhimmel zu suchen hätten, sondern durch nachvollziehbare Schritte von einer empirischen Basis aus, und zwar zu heuristischen Zwecken, zu einem solchen Begriff gelangen können. Dieses Vorgehen kann man sich mit dem Begriff der Abstraktion plausibel machen. Wenn wir von etwas abstrahieren, sehen wir aus methodischen Zwecken von bestimmten Aspekten ab, um andere Aspekte, die aufgrund der verfolgten Interessen als relevant ausgezeichnet sind, in den Blick zu nehmen. Auf diese Weise liegt das Ergebnis einer Konstruktion vor, die schrittweise, ausgehend von einem bestimmten Datenmaterial, entwickelt wurde.[7] Die Konstruktion eines Idealtypus ist ein Projekt für wissenschaftliche Zwecke. Die Konstruktion einer Idee des Katholischen Lehramts erfolgt also in wissenschaftlicher Absicht, nämlich im vorliegenden Kontext mit dem Ziel, die Idee des Lehramts zum Begriff der Philosophie in Beziehung setzen zu können.

Der Weg der Konstruktion eines Idealtypus kann mit der Konstruktion von „Modellen" verglichen werden.[8] Ein Modell ist eine Darstellung relevanter Sachverhalte für bestimmte Zwecke. Ein Modell wird aufgrund von erkenntnisleitenden Interessen durch spezifische Operationen erzeugt und erfüllt eine bestimmte Funktion. Wenn es um die „Idee" des Lehramts gehen soll, werden „Modelle des Lehramts" entwickelt und berücksichtigt werden müssen. Die Erzeugung eines Modells bzw. die Konstruktion eines Idealtypus verfolgt also bestimmte Zwecke. Nach Max Webers Auffassung kann konsequenterweise ein Idealtypus nicht wahr oder falsch, sondern angemessen (zweckmäßig) oder unangemessen (unzweckmäßig) sein. Dabei ergibt sich, wenn wir von der Idee des Katholischen Lehramts sprechen wollen, eine kleine Schwierigkeit, da wir es hier mit normativen Vorgaben, was unter dem Lehramt zu verstehen sei, zu tun haben. Diese Vorgaben fin-

---

7 Vgl. zum Begriff der Abstraktion: Schneider, *Historische und systematische Untersuchungen zur Abstraktion.*

8 Zum Modellbegriff in der Theologie vgl. Sedmak, *Lokale Theologien und globale Kirche*, 267ff.

den sich in der Umgangssprache („so verwenden wir den Begriff des Lehramts!“ – hier gibt es also eine Grammatik mit ihren Regeln, die wir zu respektieren haben), in normativen Texten der Kirche (biblische Texte, lehramtliche Texte, Gesetzestexte) und in theologischen Abhandlungen zum Katholischen Lehramt. Auf dieser Grundlage kann die Konstruktion der Idee des Katholischen Lehramts nicht willkürlich erfolgen, sondern hat sich an dem bestehenden und verfügbaren Regelwerk zu orientieren. Es hat schließlich wenig Sinn, eine Arbeit über Kaninchen schreiben zu wollen und dabei Kaninchen als Reittiere, die auch zum Transport von Lasten verwendet werden können, zu charakterisieren. Die Vorgaben des eingeführten Sprachgebrauchs sind daher bestmöglich zu berücksichtigen. Wenn man die „Idee von etwas“ rekonstruieren möchte, bieten sich verschiedene Vorgangsweisen an. Man kann etwa von Definitionen und Definitionsversuchen ausgehen, man kann „von unten“ beginnen und eine Reihe von Situationen sammeln, die dann relevante Gesichtspunkte liefern. Man kann aber auch historisch vorgehen und die Entwicklung einer Größe durch die Geschichte verfolgen.[9] Für unsere Zwecke wird es sinnvoll sein, im Anschluss an die einleitenden Bemerkungen wenigstens rudimentär sämtliche Wege zu verfolgen.

Der Unterschied zwischen Idee und Faktizität

Die Rede von der Konstruktion einer „Idee des Katholischen Lehramts“ macht auch darauf aufmerksam, dass wir zwischen „Begriff“ und „Umsetzung“, zwischen Idee des Lehramts und Ausübung des Lehramts unterscheiden müssen. Wenn die Idee des Katholischen Lehramts normativ sein soll, wird die Ausübung und

---

9 Peter Winch etwa, der sich seinerzeit mit der Theorie der Sozialwissenschaft beschäftigt hat, hat in seiner Studie *Die Idee der Sozialwissenschaft und ihr Verhältnis zur Philosophie* exponierte Vertreter der Sozialtheorie, v.a. John Stuart Mill, untersucht. Dieses Vorgehen ist strategisch aus wenigstens zwei Überlegungen heraus klug: Erstens ist es angesichts der heterogenen Entwicklung einer Disziplin, die miteinander unverträgliche Positionen und Selbstverständnisse erzeugt, sinnvoll, sich *ad fontes*, d.h. auf einen gemeinsamen, klar eingegrenzten Ursprung, zu beziehen. Zweitens wird man der „Idee“ einer wissenschaftlichen Disziplin (im Sinne einer „Gründungsidee“) vor allem dadurch gerecht, dass man auf das Fundament der Disziplin rekurriert, an dem alle weiteren Entwicklungen gemessen werden können (etwa: Entspricht die empirische Soziologie der Idee einer Sozialwissenschaft nach Mill?).

Umsetzung an den Vorgaben des Ideals zu messen sein. Es bedarf also einer Erkenntnistheorie der (Re)Konstruktion und einer Ethik der Umsetzung. Es kann kein Zweifel daran bestehen, dass die theologische Idee des Katholischen Lehramts auf eine theologische Ethik zur Umsetzung dieser Idee in der Geschichte angewiesen ist. Kardinal Joseph Bernardin hatte in seinem viel beachteten Entwurf einer konsistenten Ethik des Lebens[10] das Bild des nahtlosen Gewands gebraucht – die Kirche, so Bernardin, müsse eine konsistente Haltung gegenüber Fragen des Lebens einnehmen und deswegen zu Abtreibung und Euthanasie, Todesstrafe und Rüstung eine einheitliche Position haben. In ähnlicher Weise muss die Ethik des Katholischen Lehramts ein nahtloses Gewand sein – es darf nicht sein, dass das Lehramt so ausgeübt wird, dass ein Widerspruch etwa zwischen der katholischen Soziallehre und der sozialen Gestalt der Kirche in der Geschichte entstehen könnte. Dabei scheint es unbestreitbar zu sein, dass die katholische Soziallehre für das Verständnis der Umsetzung des Katholischen Lehramts von großer Wichtigkeit ist. Jesuitengeneral Pedro Arrupe hatte bei der Bischofssynode von 1970 darauf hingewiesen, dass die Aussagen der Kirche über Institutionen auch für die institutionelle Seite der Kirche selbst gelten müssten. Institutionalisierte Verfahren innerhalb der Kirche müssen nach Fairness–Standards, rasch und transparent abgewickelt werden und zwar so, dass das oberste Ziel der Pastoral, die „salus animarum", nie aus den Augen verloren wird.

Institutionen können als Komplexe von Normen und Verhaltensweisen verstanden werden, die sich über die Zeit hinweg stabilisieren, weil sie sozial hoch bewerteten Zwecken dienen. Das Lehramt kann diese institutionellen Aufgaben im Rahmen einer Glaubensgemeinschaft nur dann erfüllen, wenn es eine Dienstfunktion für diese Gemeinschaft wahrnimmt und diese ausfüllt, um hoch bewerteten Zwecken zu dienen. Wir werden noch im Zusammenhang mit der Hermeneutik lehramtlicher Texte sehen, dass es gefährlich ist, wenn sich die Lebensform der beamteten Lehramtsträger von der Lebensform der anderen Mitglieder der Glaubensgemeinschaft zu weit entfernt (umgekehrt gilt aber auch – dies hat mit den Überlegungen zum Gleichgewicht von Nähe und Distanz zu einer Gemeinschaft zu tun, das erst prophetisches Han-

---

[10] Vgl. Bernardin, *A Moral Vision for America*.

deln ermöglicht –, dass die Lebensform auch nicht eine einheitliche sein darf). Die moralische Autorität von offiziell bevollmächtigten Lehramtsträgern hängt wesentlich an der Konturiertheit einer Lebensform. Es ist keine Frage, dass besondere Anforderungen an einen Lehramtsträger herangetragen werden können.[11] Erst dadurch gewinnt die Institution des Lehramts Profil. Die Ausübung des Katholischen Lehramts weist also einen institutionellen Aspekt auf, der im Rahmen der Theorie von Institutionen plausibel gemacht werden muss und eine „Ethik der Institution“ notwendig macht. Vor allem der gemeinschaftsstiftende Aspekt von Institutionen ist hier ins Zentrum zu rücken. Institutionen liefern ein geteiltes Verständnis von kulturellen Bedeutungen und Aktivitäten. Der institutionelle Aspekt des Katholischen Lehramts wird wesentlich daran gemessen werden, was diese Einrichtung zum Aufbau der Gemeinschaft beiträgt. Von da aus ist es auch verständlich, dass die Aufgabe der Wahrung der Einheit als zentral angesehen wird.

Das Lehramt als Institution muss anständig sein. Eine Institution ist gemäß der treffenden Analyse von Avishai Margalit[12] dann anständig, wenn sie den Menschen nicht demütigt. Eine Institution demütigt den Menschen, wenn sie ihm einen rationalen Grund gibt, sich in seiner Selbstachtung verletzt zu sehen. Ein Mensch hat Grund, sich in seiner Selbstachtung verletzt zu sehen, wenn er als Mittel zum Zweck behandelt wird. Daraufhin wird die Einrichtung des Lehramts – im Sinne von ständigem Monitoring – unablässig zu prüfen sein. Eine Institution wie das Katholische Lehramt lässt sich beschreiben (i) durch einen Blick auf die Leitbilder und Grundintuitionen, die tragenden Überzeugungen und Ziele, die den Strukturen zugrunde liegen, (ii) durch einen Blick auf die Strukturen, die Verfasstheit und die Regeln, die das Handeln im Rahmen der Institution bestimmen, oder (iii) durch einen Blick auf die tatsächlichen Handlungs– und Verhaltensweisen, die das Leben in einer Institution bestimmen. In diesem Sinne kann eine Institution in verschiedener Hinsicht anständig genannt werden: Entweder weil ihre Grundüberzeugungen und Leitbilder so geartet sind, dass sie den Menschen nicht demütigen, oder weil ihre Strukturen und Regeln so gestaltet sind, dass sie Demütigung

---

[11] Vgl. Jak 3,1.

[12] Vgl. Margalit, *Politik der Würde*.

von Menschen nicht zulassen oder eben weil in ihr Menschen nicht gedemütigt werden. Es liegt auf der Hand, dass Anständigkeit im dritten Sinne am schwersten wiegt, aber auch am schwersten zu prüfen bzw. zu gewährleisten ist. Demütigung hat mit Exklusion zu tun. Eine anständige Institution „zeichnet sich dadurch aus, daß sie diejenigen identitätsstiftenden Gruppen, die moralische Legitimität beanspruchen können, nicht ausschließt“[13]. Das ist eine Frage des Verständnisses von Inklusion im Rahmen einer Rede vom „Volk Gottes“ und eine Frage des Umgangs mit Mechanismen der Exklusion, auf die wir noch zu sprechen kommen werden. Im jedem Fall geht es darum, sensibel auf Strukturen zu reagieren, die den Menschen als Mittel zum Zweck ansehen. „Der Weg der Kirche ist der Mensch“, lautet ein viel zitiertes Wort von Papst Johannes Paul II. und nicht: „Die Kirche geht auf ihrem Weg über die Menschen“ oder „Die Kirche geht an den Menschen am Wegrand vorbei“. Die Einsicht, dass Institutionen (wie etwa auch der Sabbat) dem Menschen zu dienen haben und nicht der Mensch diesen Institutionen, ist auch für die Idee des Lehramts von großer Wichtigkeit. Das Lehramt ist kein Selbstzweck und kein Ende in sich selbst, weder hinsichtlich seiner Rolle im Heilsplan Gottes noch hinsichtlich seiner Beziehung zu den Menschen.

Die Rede von der Idee des Katholischen Lehramts wirft deswegen auch Fragen der Umsetzung auf. Es ist kein Geheimnis – und theologisch nach einer „anthropologischen Wende“ und einem „cultural turn“ einleuchtend –, dass die Ausübung des Katholischen Lehramts nicht frei von Charakterschwächen und Machtinteressen, Karrierismus und Eitelkeit erfolgt. Das Katholische Lehramt wird im Rahmen einer kontingenten sozialen Wirklichkeit auf kontingente Weise von Personen, die in ihrem Handeln einen Spielraum haben, ausgeübt. Die Schwächen dieser handelnden Personen sind als persönliche Schwächen und nicht von vornherein als Fall von struktureller Defizienz (theologisch gesprochen: als Fall von struktureller Sünde) anzusehen. Allerdings können strukturelle Defizite dort geortet werden, wo die institutionalisierten Selektions- und Beauftragungsverfahren berechtigten Anlass zur Kritik geben. Im einzelnen stoßen wir hier auf Grenzen. Es ist zwar methodisch sinnvoll und erkenntnistheoretisch berechtigt, aber pastoral nicht durchführbar, in jedem Fall zwischen in-

[13] Margalit, *Politik der Würde*, 172.

stitutioneller Schwäche und persönlicher Schwäche zu trennen. Und der Blick auf Strukturprobleme der Institution des Lehramts wird auch durch das grundsätzliche Vertrauen in die göttliche Stiftung der lehrenden Kirche nicht verstellt, wie etwa die Reformprozesse der römischen Kurie oder die Festlegung von Verfahren durch die Glaubenskongregation zeigen.

Die Unterscheidung zwischen der Idee des Katholischen Lehramts und deren Realisierung in der Geschichte ist eine Erinnerung daran, den Tatsachen gerecht zu werden und mit der Geschichte der Kirche auf intellektuell redliche Weise umzugehen. Justo Gonzalez hat daran erinnert, dass die Geschichte der Bibel keine „unschuldige Geschichte"[14] ist: Die Geschichte, in die die Bibel eingebettet und in der sie entstanden ist, die Geschichte, in der die Bibel gebraucht und verbreitet wurde, diese Geschichte ist eine Geschichte von Menschen, an deren Händen Blut klebt. Auch die Geschichten, die in der Bibel erzählt werden, sind keine unschuldigen Geschichten, sondern Geschichten, die von Ungerechtigkeit, Gewalt und Unterdrückung handeln. Und diese Geschichten erlauben es nicht, eindeutig zwischen „den Guten" und „den Bösen" zu unterscheiden. Auch auf der Seite des auserwählten Volkes finden sich Gräueltaten, auch König David ist nicht konsequent einen Weg der Rechtschaffenheit gegangen. In diesem Sinne ist die Geschichte der Bibel keine unschuldige Geschichte. Ähnliches gilt für die Geschichte der Kirche im Allgemeinen und die Geschichte des Lehramts im Besonderen: Gerade während des Pontifikats von Papst Johannes Paul II. ist die katholische Kirche immer wieder mit Entschuldigungen und dem Eingeständnis von Irrungen und Defiziten an die Öffentlichkeit gegangen.[15] Gesichter und Stim-

---

[14] Gonzalez, *Mañana*, 77ff.

[15] Vgl. Accatolli, *Quando il Papa chiede perdono*. Die Frage nach dem Status von Schuldbekenntnissen der Kirche ist delikat; dieser Komplexität hat die Internationale Theologische Kommission (CTI) in ihrem Dokument *Erinnern und Versöhnen* Rechnung getragen. Hierin ist deutlich festgehalten, dass die „Reinigung des Gedächtnisses" notwendige Voraussetzung für einen wirklich gangbaren Weg der Versöhnung ist. Ein solcher Akt erfordere auch Demut, wobei der eigentliche Adressat einer Vergebungsbitte in erster Linie Gott sei. Das Dokument listet eine Reihe von Vergebungsbitten auf, die im Laufe der jüngeren Kirchengeschichte von Seiten der offiziellen Kirche formuliert wurden. Das Dokument erwähnt auch die Einwände gegen eine „Entschuldigungspolitik", nämlich die Frage nach einer möglichen Erschütterung der Loyalität gegenüber der Kirche und die Frage nach der Übernahme von Schuld

men der Kirche haben in der Geschichte Rollen gespielt, die solche Entschuldigungen höchst angebracht erscheinen lassen. Gravierend wird diese Einsicht in die „schuldhafte Geschichte“ dann, wenn wir mit geschichtlichen Tatsachen konfrontiert sind, die nicht nur als persönliches Versagen Einzelner gewertet werden können. Entschuldigungen allein sind in solchen Fällen nicht genug[16] – hier erzwingen die Umstände eine Diskussion über die Institution und einen Diskurs über Rekompensationsmöglichkeiten. So berührt die Frage nach der Realisierung des Lehramts in der Geschichte auch die Idee, die Regeln und Strukturen des Lehramts.

Es scheint mir wichtig zu sein, eigens anzufügen, dass dieser Hinweis auf eine „nicht–schuldige“ Geschichte auch auf die Theologie zutrifft. Es gibt eine „Idee der Theologie“ und dieser Idee werden wir Theologinnen und Theologen, die nicht selten von Karrierismus und Geltungsdrang bewegt sind, nicht immer gerecht. Ich habe dies an anderer Stelle unter den Stichwörtern

---

von früheren Generationen. Dennoch scheint klar zu sein, dass das Eingeständnis einer nicht unschuldigen Geschichte der Sache der Kirche dient und entspricht, auch wenn, wie die Theologische Kommission es ausdrückt, „die ‚Reinigung des Gedächtnisses‘ nicht den Verzicht der Kirche auf ihre Sendung bedeuten kann, die geoffenbarte Wahrheit in Glaubens– und Sittenfragen zu verkünden“ (*Erinnern und Versöhnen*, 1.4). Die Kirche ist heilig und gleichzeitig als Gemeinschaft aus Menschen stets der Buße und der Reinigung bedürftig (ebd., 3.2). Das gilt denn auch für die Art der Ausübung des Lehramts. Eigens soll angemerkt werden, dass die historische und theologische Beurteilung geschichtlicher Vorgänge eine wissenschaftstheoretisch wie epistemologisch heikle Angelegenheit ist (ebd., 4), weil nicht nur Fragen der Historizität, sondern auch Fragen des Interpretationsmaßstabes und des Verhältnisses von historischen Fakten zu theologischer Bewertung berührt werden. Es verwundert nicht, dass das Dokument *Erinnern und Versöhnen* auch Einsichten der philosophischen Hermeneutik bemüht (womit auf diese indirekte Weise ein Dienst der Philosophie an der Kirche angedeutet wird). Eine kirchliche Suche nach Vergebung und Versöhnung ist nicht auf philosophische Vorfragen und auch nicht auf pastorale Kommunikationsaspekte beschränkt, sondern in einem entscheidenden Sinn ein liturgisches Geschehen. Das Dokument *Erinnern und Versöhnen* war denn auch als Referenz für den theoretischen Hintergrund gedacht, auf dem die Vergebungsbitten im Rahmen des Pontifikalamtes vom 12. März 2000 zu verstehen sind. Die kirchliche Auseinandersetzung mit der eigenen Vergangenheit ist kein philosophisches Diskussionsgeschehen, sondern ein existentieller Ort. Diese Überlegungen sind auch für die Verortung der Ausübung des Lehramts bedenkenswert, geht es doch bei lehramtlichen Äußerungen nicht darum, eine weitere Zutat in einen Schmelztiegel von Diskussionen zu werfen.

16 Vgl. die Beiträge in Brooks, *When Sorry is not enough*.

„Wissenschaftsethik der Theologie“ und „Ethik des theologischen Erkennens“ diskutiert.[17] Eine kritische Auseinandersetzung mit dem Begriff des Katholischen Lehramts ist zugleich eine kritische Auseinandersetzung mit der eigenen theologischen Identität, gerade dann, wenn kein „garstiger Graben“ zwischen Theologie und Lehramt aufgerissen werden soll. Diese Gefahr einer wechselseitigen Hermeneutik des Verdachts ist nicht von der Hand zu weisen.

Spannungen

Die Diskussion um die Idee des Katholischen Lehramts ist eingebettet in Spannungen, die gleichsam als Pole einer Diskussion Orientierungshilfe bieten. Diese Pole geben Fragerichtungen an, Rücksichten, unter denen das Katholische Lehramt betrachtet werden kann und den Spielraum in der Konstruktion von theologischen Modellen zum Lehramt. Näherhin handelt es sich um die Spannungen zwischen „lokal“ und „universal“, zwischen „Person“ und „Institution“, zwischen „Theologie des Lehramts“ und „Lehramt der Theologie“, zwischen „Mikrokultur“ und „Universalitätsanspruch“, zwischen „Charisma“ und „Macht“, zwischen „Freiheit“ und „Gesetz“, zwischen „Individualität“ und „Bürokratie“, zwischen „Lebenswelt“ und „System“, zwischen „Officium“ und „Munus“, zwischen „Performanz“ und „Kompetenz“, zwischen „Leitung“ und „Gemeinschaft“, zwischen „Jesus“ und „Kirche“, zwischen „Handlung“ und „Amt“, zwischen „Konstanz“ und „Veränderung“.

Diese Spannungen spiegeln die Kontextualität der Ausübung des Katholischen Lehramts wider, dessen Begriff nicht ohne expliziten Bezug auf eine Kulturtheorie verständlich gemacht werden kann. Das Katholische Lehramt ist Teil einer kontingenten Geschichte, an deren Weggabelungen immer auch andere Entscheidungen hätten fallen können. Die Arbeit des Katholischen Lehramts ist in der Geschichte situiert. Historizität bedeutet Kontingenz. Die epistemische Arbeit des Katholischen Lehramts (d.h. die Arbeit des Lehramts an Fragen religiöser Erkenntnis) ist nicht frei von Kontingenzen; diese Kontingenzen betreffen Anlassfälle und Kontexte, verfügbare Unterscheidungen und Begriffe. Hier kann man sich etwa fragen, ob das Bekenntnis zur „Widerspruchsfreiheit“ lehramtlicher Aussagen vor allem Orientierungshilfe und

---

[17] Vgl. Sedmak, *Theologie in nachtheologischer Zeit*, Kap. II.

Sicherheitsseil oder aber auch Hemmschuh und Last ist. Die normativen Texte, die die epistemische Arbeit des Katholischen Lehramts reflektieren, haben eine bestimmte Geschichte und sind eingebettet in bestimmte Entstehungszusammenhänge. Sie sind jedoch über den Entstehungszusammenhang hinaus normativ. Es ist theologisch sicherlich nicht sinnvoll, unter Verweis auf das Wirken des Heiligen Geistes über die Kontingenz lehramtlicher epistemischer Arbeit hinwegzusehen. Der Umstand etwa, dass die geplante Enzyklika gegen den Rassismus (Entwurf durch John LaFarge) nicht realisiert wurde, weil Pius XI. starb, braucht nicht vorschnell auf Providenz gemünzt zu werden. Als Teil einer kontingenten Geschichte haben sich Verständnis und Praxis des Lehramts im Laufe der Geschichte immer wieder verändert.[18] Der Begriff des Lehramts hat in der Theologie eine wechselnde Rolle, die Praxis des Lehramts in der Kirche einen wechselnden Status eingenommen.

Eine (Re)Konstruktion der Idee des Katholischen Lehramts wird von der facettenreichen Rolle des Lehramts in der Geschichte nicht absehen und auch die Vielfalt lokaler Manifestationen und Manifestationstypen nicht ignorieren können. Hier wird es auch um die Austarierung regionaler Ansprüche und universaler Normen, um die Frage von universalem Magisterium und regionalem Lehramt gehen müssen.[19] Dabei ist erstens klar, dass die globale Geltung der Kirche nur dann auf festem Boden steht, wenn lokale Besonderheiten Berücksichtigung erfahren. Nur durch Appropriierungsanstrengungen kann lokale Akzeptanz gesichert werden. Zweitens sind diese Überlegungen auf je lokale Kontexte auch in Hinblick auf die Geschichte anzustellen, was den Aspekt der Dogmenentwicklung hervortreten lässt.[20] Und drittens muss deut-

---

[18] Vgl. Dulles, *The Magisterium in History*.

[19] Vgl. Dokument der 3. Generalversammlung des lateinamerikanischen Episkopats in Puebla (13. 2. 1979), 262, 687; Schreiter, *Abschied vom Gott der Europäer*, 65ff.

[20] Dazu der deutliche Hinweis von Kardinal Newman: „Wenn ferner das Christentum eine universale Religion sein soll, nicht nur einem Ort oder einer Periode angemessen, sondern zu allen Zeiten und Orten, dann muß es in seinen Beziehungen und seinem Verhalten zur Umwelt variieren, mit anderen Worten: es muß sich entwickeln“ (Newman, *Über die Entwicklung der Glaubenslehre*, 56). So kann Newman festhalten, dass die Entwicklung des Christentums etwas ganz Natürliches sei, was von seinem Urheber auch vorgesehen wurde (ebd., 69ff.), denn das Christentum sei eher als Idee denn als Institution

lich gesagt werden, dass der in gewissem Rahmen selbstverantwortete Verkündigungsdienst der Ortsbischöfe zeigt, dass die Idee „regionaler Magisteria“ in der katholischen Kirche durchaus nicht abwegig ist. Mit theologischer Phantasie lassen sich Möglichkeiten finden, die Spannungen, die der Begriff des Lehramts bietet, zu bewältigen.

Die Spannungen um den Begriff und die Institution des Lehramts machen das Katholische Lehramt zu einem Ort „heißer Geschichte“. Die Debatte um die Idee des Katholischen Lehramts hat eine ganz bestimmte Soziologie, die die Konstruktion der Idee des Katholischen Lehramts in eine Wissenssoziologie einbettet, die von Interessen und Positionen, Paradigmen und Quellen sprechen lässt. Diese Debatte weist ein spezifisches Pathogramm auf und provozierte etwa die Diagnose eines anti–römischen Affekts[21] oder die Diagnose von Funktionsstörungen[22]. Dabei stehen etwa die Frage nach den verantwortlichen und berufenen Proponenten der Diskussion um die Idee des Lehramts und die Frage nach der Rolle der Öffentlichkeit auf dem Spiel.[23] Die Wissenssoziologie

---

in die Welt gekommen und musste seine Einkleidung und Bewaffnung aus eigenen Mitteln bestreiten (ebd., 73). Fragen der Lehrentwicklung und der Geschichtlichkeit des Lehramts sind delikat; hier wird man sich auch fragen müssen, ob man nicht anachronistisch eine heutige Fragestellung auf vergangene Zeiten rückprojiziert; vgl. Löhrer, *Theologe und Hierarch*, 12ff. Die Geschichtlichkeit des Lehramts braucht aber auch nicht verschämt verschwiegen zu werden, etwa aus Furcht vor Autoritätsverlust – im Gegenteil: Geschichtlichkeit ist Teil der Ausübung von Autorität in der Geschichte. Daraus ergibt sich auch eine hermeneutische Basis, um mit Gegenakzenten umzugehen; interessante Anstöße an einem Fallbeispiel gibt Thomas Guarino: Guarino, *Rosmini, Ratzinger, and Kuhn*.

21 Vgl. Balthasar, *Der anti–römische Affekt*.

22 „Die Beziehung zwischen theologischer Wissenschaft und kirchlichem Lehramt ist krank im Sinne einer chronischen Funktionsstörung des kirchlichen Kommunikationssystems, die konstruktive Konfliktbewältigung verhindert, der Polarisierung Vorschub leistet und mindestens beim sensibleren Teil der Betroffenen hohen Leidensdruck erzeugt“ (Schilling, *Theologische Wissenschaft und kirchliches Lehramt*, 294f.).

23 Die Rolle der Öffentlichkeit wurde etwa deutlich in den Auseinandersetzungen um Ignaz Döllinger diskutiert. Döllinger formte eine Allianz zwischen Theologie und Öffentlichkeit gegen das Lehramt: „Die Theologie ist es, welche der rechten, gesunden öffentlichen Meinung in religiösen und kirchlichen Dingen Dasein und Kraft verleiht, der Meinung, vor der zuletzt alle sich beugen, auch die Häupter der Kirche und die Träger der Gewalt. Ähnlich dem Prophetentume in der hebräischen Zeit, das neben dem geordneten Priestertu-

der Diskussion um die Idee des Lehramts ist also für sich von besonderem Interesse und weist Eigenarten auf, die die Brisanz und Motivation der Diskussion deutlich machen können.

2. Der Begriff des Katholischen Lehramts

Theologische Untersuchungen zum Begriff des Katholischen Lehramts werden ein breites Spektrum von Beispielen berücksichtigen müssen.[24] Nur auf diese Weise kann die Vielfalt der Verwendungsweisen des Begriffs deutlich gemacht werden. Wohlerwogene Urteile kommen auf einer breiten Basis von Beispielen zustande. Ein Urteil ist in einem Überlegungsgleichgewicht, wenn es sich auf viele und verschiedenartige relevante Fälle stützen kann. Betrachten wir daher eine Reihe von Fällen, in denen man sich fragen könnte, ob eine Ausübung des Lehramts vorliegt:

- Ein Bischof hält eine Predigt.
- Ein Jesuit gibt ignatianische Exerzitien.
- Eine Theologieprofessorin hält eine Vorlesung.
- Ein Pastoralassistent hält eine Jungscharstunde.
- Der Papst publiziert eine Enzyklika.
- Eine Pfarrangehörige bereitet Jugendliche auf die Firmung vor.
- Die Glaubenskongregation veröffentlicht eine Instruktion.
- Eine Krankenhausseelsorgerin spricht mit einer Kranken über den Glauben.
- Ein Pfarrer spricht am Stammtisch über die letzte Ansprache des Papstes.

Würde man in allen Fällen davon sprechen, dass hier ein (das) Lehramt ausgeübt wird? Es scheint sehr wichtig, nicht abstrakt von „Lehramt" zu reden, sondern konkrete Fälle vor Augen zu ha-

---

me stand, gibt es auch in der Kirche eine außerordentliche Gewalt neben den ordentlichen Gewalten, und dies ist die öffentliche Meinung. Durch sie übt die theologische Wissenschaft die ihr gebührende Macht, welcher in der Länge nichts widersteht" (Döllinger, *Kleinere Schriften*, 184).

[24] Vgl. Sedmak, *Theologie in nachtheologischer Zeit*, Kap. III.

ben.[25] Die angeführten Situationen führen die Vielfalt von Kandidaten vor Augen, die für eine Analyse von „Lehramt“ in Frage kommen. Es soll hier vor allem das unterschiedliche Gewicht, das diese Situationen haben und die Abstufungen an Deutlichkeit, in denen der Lehramtscharakter zum Tragen kommt, illustriert werden. Es scheint klar zu sein, dass wir von Ausübung des Lehramts dann sprechen, wenn wir es mit einer Lehrtätigkeit zu tun haben, die im Rahmen der Kirche auf institutionell geregelte Weise ausgeübt wird. So würde hier ein deutliches Schwergewicht auf „offiziellen Würde– und Pflichtträgern“ der Kirche und auf „formellen Situationen“ liegen. Das Lehren ist dann als Verkündigungsdienst zu verstehen. Oder nur als Teil des Verkündigungsdienstes? Als Verkündigungsarbeit hat die Ausübung des Lehramts einen wenigstens prinzipiell öffentlichen Charakter. Auch hier kann man sich überlegen, welche Anforderungen man an den Öffentlichkeitscharakter des Lehrens stellen möchte. Der Begriff des Lehramts wird in jedem Fall wesentlich davon abhängen, welche Beispiele herangezogen werden können. Wenn man sich in der Betrachtung des Gebrauchs des Lehramts einzig und allein auf Enzykliken stützt oder auf Publikationen der Glaubenskongregation, wird man einen deutlich engeren Begriff von Lehramt mit der entsprechenden Gefahr der Kurzsichtigkeit und Einseitigkeit entwickeln, als wenn man ein breites Spektrum an Beispielen für Lehrdienst in der Kirche berücksichtigt. So kann man sich auch fragen, inwieweit ein Bischof in Interaktionen als Privatmann handeln kann oder ob das Amt durch die Weihe nicht geradeso charakterisiert wird, dass eine Trennung in „kirchliches“ und „privates“ Interagieren nicht mehr möglich ist? Würde das dann heißen, dass jeder kommunikative Akt eines Bischofs unter den Begriff der Ausübung des Lehramts fällt? Oder ist hier eine explizite Intention oder ein klar abgrenzbarer äußerer Rahmen notwendige Bedingung dafür, dass von einer Ausübung des Lehramts gesprochen werden kann? Kann denn aber der Satz gelten: „Der Papst kann nicht nicht lehren“, wenn man etwa „Lehren“ im Sinne von „Verkündigen“ weit fasst (das ganze Leben als Zeugnisgeben und dadurch Verkündigen)? Gerade die Angabe von notwendigen und hinreichenden Bedingungen macht Schwierigkeiten. Welche Bedingungen müssen notwendigerweise erfüllt

---

[25] Vgl. Pottmeyer, *Das Lehramt der Hirten und seine Ausübung*, 336–340.

sein, damit von einer Ausübung des Lehramts gesprochen werden kann? Hier könnte man wenigstens folgende Konditionen anführen: Bedingungen der Trägerschaft (wer übt das Lehramt aus und aufgrund welcher Beauftragung?), Bedingungen des Inhalts (was ist Gegenstand des Lehrens?), Bedingungen der Situation (welcher Typ von kommunikativer Situation muss vorliegen?). Sind diese Bündel von Bedingungen bereits hinreichend? Diese Fragen dienen wohl vor allem dazu, die Hoffnung auf simple Antworten abzuschwächen.

Man muss sich hier auch vor Augen führen, von welchem Standpunkt aus „theologische Untersuchungen" zum Lehramt durchgeführt werden können. Eine solche Analyse kann nicht von einer „Sicht von Nirgendwo" erfolgen. Theologische Untersuchungen zum Begriff des Lehramts werden sich, wie gesagt, bemühen, ein möglichst breites Spektrum von relevanten Situationen zu berücksichtigen. Nicht die Definition, sondern die Sensibilität gegenüber einem Begriff und seinen Anwendungsfällen ist das Ziel solcher theologischer Untersuchungen, die sich an einer Reihe von Situationen abarbeiten. Tatsächlich steht die Gewinnung von Intuitionen über das Allgemeine im Mittelpunkt. Wenn man einen Begriff untersuchen will, muss man über hinreichende Nähe und nötige Distanz verfügen. Theologische Untersuchungen zum Begriff des Lehramts gehen sowohl der Frage nach, wie ein Begriff verwendet wird, als auch der Frage, wie der Begriff verwendet werden sollte. Dazu bedarf es eines Wissens um diese Praxis sprachlichen Handelns. Ein solches Wissen eignet man sich nicht in einem handlungsfreien und entscheidungsentlasteten Raum an. Man kann den Sprachgebrauch nicht von einer „Sicht von Nirgendwo" untersuchen: Der kluge Mensch ist nach Aristoteles derjenige, der durch Erfahrung in seinen Urteilen gefestigt ist. Hier ist also Nähe zur Sprachgemeinschaft verlangt. Die Leserin, die keine Erfahrung mit religiösem Eifer hat und keine Gottesbeziehung kennt und strikt von einer neutralen „View from Nowhere" an lehramtliche Texte, etwa die frühen christologischen Debatten, herangeht, kann den Texten nicht gerecht werden. Mehr noch: Sie kann nicht verstehen, worum es in diesen Texten eigentlich geht. Ähnlich verhält es sich mit einem Theologen, der den Begriff des Lehramts untersucht. Eine Untersuchung des Sprachgebrauchs kann nicht „von Nirgendwo", sondern nur „inmitten" erfolgen. Andererseits kann der Sprachgebrauch nur dann untersucht werden, wenn auch die nötige Distanz zur Sprachgemeinschaft eingehalten wird. Hier braucht es also praktische Klugheit, die darauf abzielt, ein Gleichgewicht zwischen Nähe und Distanz zu der in Frage stehenden Praxis zu erreichen. Dies gilt auch für die sprachliche Praxis, deren Untersuchung Erfahrung mit Begriffen und Klugheit in der Einordnung eines bestimmten sprachlichen Handelns erfordert.

Untersuchungen zum Sprachgebrauch – und das betrifft auch Untersuchungen zum Begriff des Lehramts, wie er verwendet wird – finden, wie alle Untersuchungen über die menschliche Praxis, ihre Grenze darin, dass ein umfassendes Verstehen der Sphäre des Praktischen nicht erreicht werden kann, weil wir es mit der Sphäre der Partikularitäten zu tun haben.[26] Die Sphäre des Praktischen, die mit den philosophischen Untersuchungen berührt wird, ist unbestimmt, veränderlich und partikulär.[27] Die Sphäre des Praktischen ist in dem Sinne unbestimmt, dass sie nicht durch Regeln angeleitet wird, die jeden einzelnen Schritt abdecken könnten. Das gilt auch für den Begriff des Lehramts, dessen Regeln nicht jeden Anwendungsfall regeln können. Zudem weist dieser Begriff nicht nur einen regelhaften Aspekt auf, sondern ist in Sprachspiele eingebettet, die auch einen „Witz" haben.[28] Die Sphäre des Praktischen ist nach Aristoteles nicht nur unbestimmt, sondern auch veränderlich, weil menschliches Handeln Veränderungen erzeugt und der Mensch wesentlich als Handelnder zu bestimmen ist. Auch der Sprachgebrauch ist veränderlich. Die Gebrauchskontexte, in denen wir auf den Begriff des Lehramts stoßen, sind Veränderungen unterworfen. Das schränkt den Präzisionsanspruch von theologischen Untersuchungen zum Lehramtsbegriff ein. In gewisser Weise bedeutet jeder Gebrauch eines Begriffs eine Veränderung. Dies kann man für den Begriff des Lehramts daran erkennen, dass sich das Verständnis des Lehramts durch seine Ausübung gleichsam schrittweise verändert – man denke etwa an das Pontifikat von Johannes Paul II. oder an die Art und Weise, wie Kardinal Ratzinger die Glaubenskongregation gestaltet hat. Die Sphäre des Praktischen ist schließlich auch partikulär, sie tritt nur als bestimmte Praxis, als besonderes Han-

---

[26] Vgl. Nussbaum, *The Fragility of Goodness*, 290–317.

[27] Vgl. Aristoteles, *Nikomachische Ethik* 1103b34–1104a10; 1128a25ff.; 1141b4–16.

[28] Wittgenstein, *Philosophische Untersuchungen*, 564.

deln in Erscheinung. Dies gilt auch für den Sprachgebrauch, der sich als bestimmte Weise des Sprechens, als besonderes sprachliches Handeln in Form von partikulären Sprachspielen manifestiert. Die Rede über „Lehramt“ ist stets bestimmte Rede, ist stets eingebettet in ein besonderes Sprachspiel. Theologische Untersuchungen über die Sphäre des Praktischen haben dieser Unbestimmtheit, Veränderlichkeit und Partikularität des Praktischen dadurch Rechnung zu tragen, dass der Anspruch theologischer Untersuchungen nicht darin bestehen kann, allgemeine und definitive Aussagen über Ausschnitte von Praxis aufzustellen. Hier sind also Grenzen des Geltungsanspruchs hinsichtlich einer Untersuchung des Begriffsterrains von „Lehramt“ anzuerkennen.

Neben der Frage nach den relevanten Situationen und Beispielen, die berücksichtigt werden müssen, stellt sich bei solchen Untersuchungen die Frage nach den Regeln des Sprachgebrauchs. Auch diese Frage kann nicht „von Nirgendwo“ beantwortet werden: Wie verwenden wir das Wort „Lehramt“? Ist das Lehramt etwas, das man „hat“ oder etwas, das man „ausübt“? Ist das Lehramt etwas, über das man „verfügt“? Was aber ist dieses „Etwas“? Ist es sinnvoll, wie in einer Gebrauchstheorie der Bedeutung, die Bedeutung des Begriffs des Lehramts wesentlich vom Gebrauch her bestimmt zu sehen? In jedem Fall scheint die – auch von mir immer wieder geführte – Rede vom „Lehramt“ als Handlungs– und Entscheidungssubjekt problematisch. Sätze wie „Das Lehramt hat entschieden, dass …“ oder „Das Lehramt der Kirche steht auf dem Standpunkt, dass …“ sind mit einer problematischen Erkenntnistheorie und Ontologie behaftet. Soll vom „Lehramt der Kirche“ oder vom „Lehramt in der Kirche“ gesprochen werden?[29] Wie groß sind die Unterschiede, die diesen beiden Redeweisen eigen sind? Wird „ein Lehramt“ oder „das Lehramt“ ausgeübt? Soll man von „dem Lehramt“ sprechen, das durch viele ausgeübt wird? Oder soll man lieber sagen, dass viele Menschen in der Kirche „ein Lehramt“ ausüben? Hier bestehen Freiräume, die nicht bis ins

---

[29] Hier gibt es theologische Überlegungen, die eine Entscheidung erleichtern: „In der Bezeugung der *fides catholica* spielt das Lehramt eine authentische und autoritative Rolle. Aber das Lehramt ist *in* der Kirche; es ist nicht *die* Kirche. Obwohl es im Konfliktfall autoritativ entscheiden kann, ist es im konkreten und normalen Leben der Kirche doch nur *ein* ‚locus theologicus' neben anderen“ (Seckler, *Modelle des Verhältnisses von kirchlichem Lehramt und theologischer Wissenschaft*, 60).

Letzte durch – theologisch motivierte – grammatische Regeln kontrolliert werden können. In jedem Fall hat der Sprachgebrauch, auf den man sich einigt, weitreichende Konsequenzen. Eine Grammatik des Lehramts zu erstellen, ist eine genuin theologische Aufgabe.

Zur biblischen Basis

In einem nächsten Schritt sind die Quellen des Lehramts von Interesse. Hier ist die Frage relevant: Hat Jesus, der Glaubensgrund, ein Lehramt ausgeübt? Nun würde man hier wohl sagen, dass Jesus kein Amt ausgeübt hat und deswegen auch kein Lehramt ausüben konnte. Andererseits ist aber klar, dass Jesus die frohe Botschaft gelehrt und verkündigt hat und deswegen das Handeln Jesu als paradigmatisch für allen Verkündigungsdienst in der Kirche zu gelten hat. Ich möchte zu dieser bedenkenswerten und für die Idee des Lehramts normstiftenden Frage „Wie hat Jesus gelehrt“[30] nur Folgendes sagen: (i) Jesus hat nicht aus sich selbst gelehrt, sondern aufgrund einer Autorität, die er von Gott bezog und auf die er sich berief; (ii) Jesus hat diese Autorität durch Zeichen und in seinem Leben ratifiziert; (iii) Lehren und Heilen, Speisen und Feiern bildeten bei Jesus eine Einheit; (iv) Jesus hat eine Vielfalt von Diensten anerkannt (Mk 9,38–41); (v) Jesus lehrte kein System von Propositionen, sondern „persönliches“, existentielles Wissen[31]; (vi) Jesus lehrte „as if people mattered“, mit einem Blick auf den Einzelnen und mit Respekt vor der Dynamik einer Situation – er operierte nicht mit einem Paket vorgefertigter Begriffe; (vii) Jesus war bereit, sich zu korrigieren (Mt 15,21–28); (viii) Jesus lehrte mit Blick auf die je lokale Kultur; (ix) Jesus verstand seine Lehrtätigkeit als Dienst, als Dienst an Gott und als Dienst an den („kranken“) Menschen; (x) Jesus will, dass sein Lehren Früchte bringt und an den Früchten gemessen werden soll.

Diese Hinweise, die in Breite und Tiefe ergänzt werden müssen, sind für eine Theologie des Lehramts relevant. Normative Anstöße zur Entwicklung der Idee des Katholischen Lehramts er-

---

30 Diese Frage fällt in den Rahmen der allgemeineren Frage „Wie hat Jesus Theologie gewollt?“ – dazu Sedmak, *Theologie als „Handwerk“*, Kap. 3; Sedmak, *Lokale Theologien und globale Kirche*, Kap. 5.

31 Zum in diesem Zusammenhang durchaus relevanten Begriff des persönlichen Wissens siehe Polanyi, *Personal Knowledge*.

geben sich auch aus der Basis der Schrift: In den Pastoralbriefen werden personale Lehrinstanzen sichtbar, die auf die Unterscheidung zwischen rechter und unrechter Lehre aufmerksam machen und über die Bewahrung der rechten Lehre wachen. Zugleich ergeben sich aus dieser frühen Praxis der Lehramtsausübung pragmatische Hinweise. Man denke hier etwa an die Stelle 1 Tim 1,3–5 („Bei meiner Abreise nach Mazedonien habe ich dich gebeten, in Ephesus zu bleiben, damit du bestimmten Leuten verbietest, falsche Lehren zu verbreiten und sich mit Fabeleien und endlosen Geschlechterreihen abzugeben, die nur Streitfragen mit sich bringen, statt dem Heilsplan Gottes zu dienen, der sich im Glauben verwirklicht. Das Ziel der Unterweisung ist Liebe aus reinem Herzen, gutem Gewissen und ungeheucheltem Glauben"). In 2 Tim 1,11 ist vom Evangelium die Rede, „als dessen Verkünder, Apostel und Lehrer ich eingesetzt bin" – hier stoßen wir auf die Idee des Amtes und der Einsetzung in ein Amt. 2 Tim 1,13–14 hält die Relevanz der Lehre durch die Unterscheidung zwischen „rechter Lehre" und „Irrlehre" fest: „Halte dich an die gesunde Lehre, die du von mir gehört hast; nimm sie dir zum Vorbild und bleibe beim Glauben und bei der Liebe, die uns in Christus Jesus geschenkt ist. Bewahre das dir anvertraute kostbare Gut durch die Kraft des Heiligen Geistes, der in uns wohnt." Ähnlich in Tit 2,1 („Du aber verkünde, was der gesunden Lehre entspricht"). Ohne diese Unterscheidung zwischen rechten und unrechten Inhalten könnte die Idee des Lehramts gar nicht verständlich gemacht werden. Wichtig ist auch der Hinweis auf das Anliegen der Nachhaltigkeit, das ja auch Jesus durch die Bevollmächtigung der Jünger und die Zusage des Parakleten geteilt hat. Dieser Hinweis auf die Nachhaltigkeit schlägt sich in Kategorien wie „Zuverlässigkeit" und „Tradition" nieder (2 Tim 2,2: „Was du vor vielen Zeugen von mir gehört hast, das vertrau zuverlässigen Menschen an, die fähig sind, auch andere zu lehren"). Auf diese Weise – auch hier sind Ergänzungen und Vertiefungen notwendig – lassen sich Konturen einer Basis für die Rede vom Lehramt entwickeln.

Begriffsbestimmungen

Wenden wir uns nun den Definitionsversuchen bzw. der Charakterisierung des Begriffs zu. Um den Begriff des Lehramts zu klären, wird es sinnvoll sein, Abgrenzungen vorzunehmen: Das Lehramt ist keine Einrichtung wie das Salzamt oder das Münzamt. Das Lehramt ist nicht als externe Kontrollbehörde, die außerhalb des Glaubenslebens steht, zu verstehen, sondern als Teil der religiösen Praxis selbst, so wie die Träger des Lehramts zugleich Adressaten der Lehrautorität sind.[32] Die Idee des Lehramts ist (i) mit der Idee von *Lehre* und *Lehren* im Rahmen der Kirche („Verkündigung") und (ii) mit der Idee von *Amt* in der institutionell verfassten Kirche verständlich zu machen. (i) Der Inhalt des Lehrens, das als Tätigkeit und Kommunikationsgeschehen verstanden werden soll, ist eine „Lehre", die als System von Propositionen rekonstruiert werden könnte. Hier wird man sich fragen: Ist der Charakter der kirchlichen Lehre durch den Hinweis auf ein System von Propositionen adäquat wiedergegeben? „Verkündigen" hat mit „Lehren" zu tun, mit „Zeugnisgeben" und „Unterweisen", mit der Weitergabe einer Botschaft, wobei diese Weitergabe im christlichen Verständnis nicht die Kreation einer eigenen Botschaft, sondern die Weitergabe des Evangeliums ist.[33] Wenn von „authentischer" Verkündigung die Rede ist[34], ist einerseits an die Glaubwürdigkeit des

---

[32] Vgl. Roegele, *Glaube, Lehramt, Theologie*, 83 et passim.

[33] Wenn es in der Ausübung des Lehramts in der Kirche darum geht, eine Botschaft von einer („sakralen") Sphäre in eine andere („profane") Sphäre zu übertragen, dann sind im Rahmen einer Reflexion auf das Lehramt sämtliche Überlegungen der Hermeneutik relevant, die ja als „Kunst des *hermeneuein*" zu verstehen ist, das heißt als Kunst „des Verkündens, Dolmetschens, Erklärens und Auslegens, *Hermes* hieß der Götterbote, der die Botschaften der Götter den Sterblichen ausrichtet. Sein Verkünden ist offenkundig kein bloßes Mitteilen, sondern Erklären von göttlichen Befehlen, und zwar so, daß er diese in sterbliche Sprache und Verständlichkeit übersetzt. Die Leistung der H. besteht grundsätzlich immer darin, einen Sinnzusammenhang aus einer anderen ‚Welt' in die eigene zu übertragen … Im *späteren* Griechischen kann dann *hermeneia* freilich sehr wohl ‚gelehrte Erklärung' und *hermeneus* ‚Erklärer' wie ‚Übersetzer' heißen. Aber es ist doch bezeichnend, daß die ‚Kunst' der *hermeneia*, die H., an die Sakralsphäre gebunden war, in der ein autoritativer Wille Maßgebliches dem Hörenden eröffnet. Davon ist in dem heutigen wissenschaftstheoretischen Bewußtsein nichts mehr lebendig, auch wenn die Hauptformen, in denen H. ihre Ausbildung fand, die juristische Auslegung der Gesetze und die theologische oder philologische Auslegung heiliger oder klassischer Texte, den ursprünglich normativen Sinn durchaus noch implizieren" (Gadamer, *Hermeneutik*, 1061f.).

[34] Vgl. *Lumen Gentium* 25. Die Bischöfe sind „authentische Lehrer", d.h. mit der Autorität Christi ausgerüstet; in einem anderen Zusammenhang wird in *Lumen Gentium* 25 „authentisch" im Kontext unfehlbarer Lehrverkündigung verwendet.

Gesagten und die Treue zum Fundament, andererseits an die institutionelle Beauftragung zu denken, an das „Mandat“, das von einer entsprechenden Instanz übergeben wurde.[35] Verkündigen in dem hier relevanten Sinn hat mit „Tradition“ und „Gemeinschaft“ zu tun und ist deutlich von ausschließlich individuell verantwortetem, privatem Handeln zu unterscheiden. (ii) Der zweite Aspekt des Lehramtsbegriffs ist der Begriff des Amtes. Ein Amt hat mit institutioneller Beauftragung und institutionellem Handeln zu tun und wird im Rahmen einer Gemeinschaft ausgeübt: „Ein Amt ist die Befähigung und Aufgabe, die jemand kraft institutioneller Ermächtigung erhalten hat.“[36] Das gilt auch für die Ausübung des Katholischen Lehramts.

Die Ausübung des Lehramts ist eine der Aufgaben, die im Rahmen der Kirche erfüllt werden. Es ist nicht die zentrale Aufgabe und auch nicht eine Aufgabe, die in die Hand einer einzigen Person oder Institution innerhalb der Kirche gelegt werden könnte. Es scheint aus diesen Gründen plausibel, die Formulierung „Lehramt in der Kirche“ der Formulierung „Lehramt der Kirche“ vorzuziehen. Eine besondere Form des Lehramts, die auch in diesem Buch eine besondere Berücksichtigung finden wird, ist das episkopale Lehramt, wie es von Bischöfen wahrgenommen wird. Ein besonderer und von seiner Bedeutung her auch zentraler Fall dieser Art von Lehramt ist das päpstliche Lehramt, dessen Ausübung entweder als Kategorie *sui generis* gefasst werden kann oder als Fall der Ausübung episkopaler Lehrgewalt. Der Anspruch des Lehramts ist nur verständlich zu machen im Rahmen einer Diskussion der Legitimation des Lehramts, die das Verständnis des Anspruchs auf göttliche Stiftung klar zu machen hat und von da aus die Berufung auf die Funktion, den Glauben unverfälscht und unverkürzt weiterzugeben.[37] Durch die Ausübung des Lehr-

---

[35] Vgl. Schüller, *Bemerkungen zur authentischen Verkündigung des kirchlichen Lehramtes*.

[36] Kern/Niemann, *Theologische Erkenntnislehre*, 150.

[37] Das Lehramt der Kirche hat, wie wir später noch sehen werden, einen eigenständigen Existenzgrund in dem apostolischen Amt der Kirche (vgl. *Lumen Gentium* 19); so beschreibt schon Irenäus von Lyon die Bischöfe, „quos et successores relinquebant, suum ipsorum locum magisterii tradentes“ (*Adv. Haer.* III,3,1; PG 20, 378–379). Die Sendung der Bischöfe ist in Vollmacht vermittels der Fülle des Weihesakramentes auf die Bischöfe übergegangen (*Lumen Gentium* 21,2). Die Diözesanbischöfe „sind für ihre Teilkirchen die authentischen Verkündiger und die bevollmächtigten Lehrer aller amtlichen

amts nimmt die Kirche die Aufgabe wahr, das in Schrift und Tradition überlieferte, in der Theologie reflektierte und in der von einem Glaubenssinn angeleiteten religiösen Praxis der Gläubigen gelebte Wort Gottes zu bewahren und auszulegen.[38]

Die Idee des Katholischen Lehramts ist verständlich zu machen vom Anspruch göttlicher Stiftung und der Berufung auf die Funktion, den Glaubensgehalt unverfälscht und unverkürzt weiterzugeben. Schlüssel zum theologischen Verständnis von Lehramt ist die Ekklesiologie. Man könnte so weit gehen, zu sagen: Sag mir, wie du den Begriff des Lehramts verstehst, und ich sage dir, welche Theologie der Kirche du vertrittst! Die Idee des Lehramts ist im Rahmen eines Begriffs Kirche zu verstehen, die sich als Heilssakrament versteht[39] und sich von Gott ein Bleiben in der Heilswahrheit zugesichert weiß.[40] Die Lehrer in der Kirche sind eine kirchliche Rolle neben anderen (vgl. 1 Kor 12,28) und haben sich in das Gesamtbild einzufügen. Das Lehramt ist damit ein

---

Verkündigung der Kirche“ (Aymans, *Begriff, Aufgabe und Träger des Lehramts*, 423): „Jeder *einzelne* Bischof ist Träger des ordentlichen Lehramtes. Dieses wird ihm also nicht etwa nur durch den Papst übertragen (delegiert), als ob er dessen Beamter in Sachen Verkündigung wäre; er hat es vielmehr unmittelbar durch die Weihe von Gott erhalten“ (Kern/Niemann, *Theologische Erkenntnislehre*, 153). Auch an dieser Stelle zeigt sich, wie wichtig grundsätzliches Vertrauen in den Kontext des Lehramts ist, um die theologischen Kategorien akzeptieren und die Autorität des Lehramts theologisch adäquat einordnen zu können.

38 „Munus ... authentice interpretandi verbum Dei scriptum vel traditum soli vivo Ecclesiae Magisterio concreditum est, cuius auctoritas in nomine Iesu Christi exercetur“ (*Dei Verbum* 10, DH 4214). Dabei ist das Verhältnis zwischen Glaubenssinn des Volkes und Autorität des Lehramts sorgsam abzuwägen; vgl. die Beiträge im Sammelband von Wiederkehr, *Der Glaubenssinn des Gottesvolkes*.

39 „Ecclesia ... in Christo veluti sacramentum seu signum et instrumentum intimae cum Deo unionis totiusque generis humani unitatis“ (*Lumen Gentium* 1, DH 4101).

40 Die Indefektibilität bezieht sich auf die Grundvollzüge in der unverfälschten Verkündigung des Evangeliums durch die Glaubenslehre (Untrüglichkeit der Lehre) und die Gewissheit der sakramentalen Heilsvermittlung (Lehre von der objektiven Wirksamkeit der Sakramente) und ist der Kirche verheißen bis zur Wiederkunft Christi. „In einem abgeleiteten Sinn sind auch solche historische oder philosophische Wahrheiten eingeschlossen, deren Leugnung die Offenbarung an sich aufheben oder unzugänglich machen würde (z.B. Agnostizismus, Nihilismus oder die Bestreitung der historischen Existenz Jesu)“ (Müller, *Katholische Dogmatik*, 93).

kirchliches Amt, das sich von Christus eingesetzt weiß, und dieses Amt berechtigt und verpflichtet seine Träger zu autoritativer Lehrverkündigung der Offenbarung. Das Lehramt der Kirche hat einen Existenzgrund in dem apostolischen Amt der Kirche.[41] Die Einsetzung in das kirchliche Amt des Lehrens erfolgt durch einen Rechtsakt, durch einen Sendungsakt, der beim Prototypus des Lehramtsträgers, dem Bischof, durch das Weihesakrament impliziert ist. Die Bischöfe – in der Tradition kirchlicher Hirten und Lehrer – sind authentische, d.h. mit der Autorität Christi ausgerüstete Lehrer.[42] Die Sendung der Bischöfe ist in Vollmacht vermittels der Fülle des Weihesakramentes auf die Bischöfe übergegangen. Das Lehramt ist in gewisser Weise (etwa in pastoraler Hinsicht) Teil des Hirtenamtes, aber begrifflich davon zu unterscheiden.[43] Träger des Lehramts im strengen Sinne sind der Papst, der einzelne Bischof, die Gemeinschaft der Bischöfe, ein ökumenisches Konzil, eine Partikularsynode oder eine Bischofskonferenz sowie eine Kongregation der römischen Kurie. In einem weiteren Sinne ist das Lehramt als Verkündigungsdienst in der Kirche aber Aufgabe all jener, die durch ihr Zeugnis in Leben und Wort den Glauben vermitteln: In diesem Sinne des Verkündigungsdienstes ist das Lehramt Dienst am Evangelium und eine alltägliche Sache des kirchlichen Selbstvollzugs. Lehren ist Teil des täglichen Kirchenlebens, ist Teil der missionarischen Tätigkeit der Kirche und kann damit als Grundvollzug der Kirche angesehen werden. Eine Kirche, die nicht lehrt, ist eine schweigende Kirche, die nicht Zeugnis gibt. Und dies kann mit dem Auftrag Jesu schwerlich in Vereinbarung gebracht werden. Lehren ist etwas Alltägliches im Rahmen der Kirche. Als *Amt* kommt das Lehramt allerdings nur denjenigen zu, die durch institutionelle Verfahren beauftragt sind, im Rahmen der kirchlichen Ordnung *als Teil und Repräsentant der Kirche* Verkündigungsdienst auszuüben.

Entscheidungen des Lehramts können sprachliche Erzeugnisse wie Schriften oder Aussagen als auch außersprachliche Handlungszusammenhänge (wie religiöses Handeln oder medizinische

---

41 *Lumen Gentium* 19.

42 *Ebd.*, 25,1.

43 „Während sich das Hirtenamt ... auf die rechte Ordnung der Kirche bezieht, befasst sich das Lehramt als solches mit der Vorlage der geoffenbarten Wahrheiten und solcher Wahrheiten, die mit der Offenbarung direkt oder indirekt zusammenhängen" (Löhrer, *Träger der Vermittlung*, 557).

Handlungskontexte) betreffen. Das Katholische Lehramt trägt die Inhalte der göttlichen Offenbarung (*res fidei et morum*) und auch die damit verbundenen Sicherungsaussagen (*praeambula fidei*) in Fragen der Glaubens- und Sittenlehre mit verbindlicher Autorität vor und ist befugt, im Falle von Uneinigkeit über Streitfälle in diesem Gebiet verbindlich zu entscheiden. Die Befugnis ergibt sich aus dem Verständnis von Kirche als „Institution", die offizielle Handlungsmandate und offizielle Repräsentationsbefugnisse ausstellen kann, d.h. Mandate und Befugnisse, die nach einer klar geregelten und zumeist kodifizierten Weise zu erfolgen haben. Dabei sind diejenigen, die das Lehramt ausüben, nicht etwa von den Inhalten der Lehre ausgeschlossen: Das Lehramt befindet sich nicht zwischen den Offenbarungswahrheiten und dem Wahrheitsempfänger (dem gläubigen Volk), sondern „steht gewissermaßen neben diesem und führt ihn dazu, selbst in ein unmittelbares Verhältnis des Glaubens und Liebens einzutreten und auch in eine persönliche Einsicht der sittlichen Werte."[44] Auch hier zeigt sich, wie das Verständnis von „Kirche" für den Begriff des Lehramts grundlegend ist (die Ausübenden der Leitungsfunktion stehen nicht außerhalb der Kirche; die Würden- und Pflichtenträger sind für die Menschen Leiter und mit den Menschen Menschen). Dieses Moment der Selbstinvolviertheit in der Lehre ist nicht unbedeutend für das Verständnis des Lehramts in der Kirche, das ja auch von „Menschen in der Kirche" ausgeübt wird.

Wichtige Unterscheidungen

Zum Verständnis der Idee des Katholischen Lehramts liegen wichtige Unterscheidungen vor, die die begriffliche Schärfe erhöhen. Die wichtigste Unterscheidung ist die Unterscheidung zwischen ordentlichem und außerordentlichem Lehramt der Kirche.[45] Der Begriff des ordentlichen Lehramts ist einigermaßen jung und wurde zur Zeit des Ersten Vatikanischen Konzils Teil der offi-

[44] Fraling, *Das kirchliche Lehramt aus der Sicht der Katholischen Moraltheologie*, 84.

[45] Vgl. Boyle, *The Ordinary Magisterium;* Gaillardetz, *Witnesses to the Faith*, 18–35; zur theologischen Bewertung vgl. Nau, *Le Magistère pontifical ordinaire au premier concile du Vatican;* Congar, *La foi et la théologie*, 157–168.

ziellen Kirchensprache.[46] Das ordentliche Lehramt ist Teil des „day–to–day business" der Kirche. Im Rahmen der institutionell verfassten Kirche reflektiert das Lehramt diese Alltäglichkeit, diese „Banalität des Lehrens". Das bringt der Begriff des ordentlichen Lehramts zum Ausdruck. Das ordentliche Lehramt kommt den Bischöfen zu und zwar spezifisch für ihr Bistum und für Angelegenheiten ihres Bistums.[47] Es wird durch die Bischöfe kraft des Weihesakramentes (und nicht kraft päpstlicher Delegation) als qualifizierte Zeugen des Glaubens bei der Wortverkündigung ausgeübt. Das ordentliche Lehramt des Papstes richtet sich – im Unterschied zur Ausübung des ordentlichen Lehramts durch die einzelnen Bischöfe – in der Regel an die Gesamtkirche.

Am ordentlichen Lehramt haben in gewisser Weise alle, die in der kirchlichen Lehre und Verkündigung tätig sind, einen be-

---

[46] Pius IX. hatte in einem Brief „Tuas Libenter" an den Erzbischof von München, Gregor von Scherr, anlässlich eines Theologentreffens um den 1871 exkommunizierten Theologen Ignaz von Döllinger seine Sorge ausgedrückt, dass unter Berufung auf die Freiheit der Wissenschaft die Autorität des Lehramts nicht hinreichend respektiert werde (AAS 8 [1874] 438–441; DH 2875–2880; zu den Hintergründen Gaillardetz, *Witnesses to the Faith*, 22–28). In diesem Brief wird erstmals in einem offiziellen kirchlichen Dokument der Begriff des ordentlichen Lehramts verwendet (AAS 8 [1874], 440: „Namque etiamsi ageretur de illa subiectione, quae fidei divinae actu est praestanda, limitanda tamen non esset ad ea, quae expressis oecumenicorum Conciliorum aut Romanorum Pontificium huiusque Apostolicae Sedis decretis definita sunt, sed ad ea quoque extenenda, quae ordinario totius Ecclesiae per orbem dispersae magisterio tamquam divinitus revelata traduntur ideoque universali et constanti consensu a catholicis theologis ad fidem pertinere retinentur"). Die Unterscheidung selbst dürfte über den deutschen Kurienkardinal Karl August von Reisach auf einen Vorschlag des deutschen Jesuiten Joseph Kleutgen zurückgehen, der in seinem Werk *Die Theologie der Vorzeit* einen Unterschied zwischen dem außerordentlichen Lehramt (ausgeführt durch die Konzilien) und dem ordentlichen und immerwährenden Lehramt von Papst und Bischöfen gemacht hatte (ebd., 47–52; zu Kleutgen siehe Deufel, *Kirche und Tradition*). Diese Unterscheidung wurde in der dogmatischen Konstitution *Dei Filius* des Ersten Vatikanischen Konzils aufgegriffen (DH 3011). Dennoch kann von einem breiten Verständnis des Begriffs zu dieser Zeit wohl kaum gesprochen werden – „from the conciliar discussion of this text it is clear that the term ‚ordinary magisterium' was an unfamiliar one to many of the bishops" (Sullivan, *Creative Fidelity*, 101); zum Hintergrund vgl. Nau, *Le Magistère pontifical ordinaire*).

[47] Die Frage, inwieweit ein Titularbischof in der gleichen Weise wie ein Diözesanbischof sein ordentliches Lehramt ausübt, soll hier nicht weiter zum Problem gemacht werden; vgl. Gaillardetz, *Witnesses to the Faith*, 163ff.

grenzten, wenn auch nicht präzise definierbaren Anteil.[48] Das Gottesvolk als Ganzes nimmt teil am prophetischen Amt Christi.[49] Auch die nicht explizit anders qualifizierten Lehräußerungen des Papstes und die Äußerungen von Einrichtungen der römischen Kurie sind unter den Begriff des ordentlichen Lehramts zu stellen.[50] Diese Vielfalt von Handlungen und Handlungssubjekten, die unter den Begriff des ordentlichen Lehramts gestellt werden können, drücken die Möglichkeit aus, regionale Magisterien und die je regionale Ausübung des Lehramts nicht nur theologisch zu fassen, sondern auch institutionell zu realisieren.

Das außerordentliche Lehramt im Unterschied zum ordentlichen wird von einem Bischofskollegium mit dem Papst[51] oder dem Papst „ex cathedra" ausgeübt, wenn sie einen für die ganze Kirche geltenden Beschluss hinsichtlich der Glaubenslehre fassen. Als unfehlbar definiert ist eine Lehre nur dann anzusehen, wenn dies offensichtlich feststeht.[52] Von Unfehlbarkeit kann in der Kirche nur durch Rekurs auf die päpstliche Lehrgewalt die Rede sein.[53] Ex–cathedra–Entscheidungen sind an klare Bedingungen gebunden, die eine explizite und Erkenntnissicherheit stiftende Konditionalität für die rechtmäßige Ausübung dieser Autorität schaffen[54]: Der Papst muss explizit von seiner höchsten Autorität Gebrauch machen wollen (i) und diese Autorität explizit dafür verwenden, den Glauben der Gesamtkirche zu binden (ii), und

---

48 Vgl. Klein, *Über das Bischofsamt: Das Amt der Einheit*, 192–241.

49 *Lumen Gentium* 12; aufgrund von Taufe und Firmung haben alle Gläubigen Anteil an der Lehraufgabe („munus docendi") der Kirche; nach *Lumen Gentium* 33,2–3 ist ein hervorragender Ort dafür Ehe und Familie. Nicht nur Priester und Diakone, auch Laien können an der amtlichen Glaubensverkündigung der Kirche durch Sendung beteiligt sein (vgl. CIC, can. 1327 § 2).

50 Dabei ist zwischen den Akten, die direkt vom Papst gesetzt werden und den Akten der Römischen Kongregationen zu unterscheiden – vgl. Congar, *La foi et la théologie*, 159–162.

51 Dabei ist die Frage, was als ein kollegialer Akt des Bischofskollegiums mit dem Papst anzusehen ist, theologisch anspruchsvoll; vgl. Ratzinger, *Die bischöfliche Kollegialität*; Groot, *Die horizontalen Aspekte der Kollegialität*, 84–105.

52 CIC, can. 749 § 3; vgl. Waldenfels, *Kontextuelle Fundamentaltheologie*, 478f.

53 Nach *Lumen Gentium* kann die Gesamtheit der Gläubigen (Nr. 12) oder das Kollegium der Bischöfe (Nr. 25) oder der Bischof von Rom allein (Nr. 25) unfehlbar urteilen.

54 Zur Konditionalität der Ausübung vgl. Vooght, *Les Dimensions réelles de l'infaillibilité papale*, 132f.

zwar ausschließlich in Angelegenheiten der Glaubens– und Sittenlehre (iii). Es ist pastoral wenig hilfreich und theologisch nicht einsichtig begründbar, den Unfehlbarkeitsanspruch auf jede päpstliche Lehräußerung auszudehnen.[55]

In der katholischen Tradition ist Unfehlbarkeit eine dreistellige Relation zwischen Überzeugungsträger, Kontextbedingungen und Geltungsgebiet. Als Überzeugungsträger gilt die Kirche im Allgemeinen, der Unfehlbarkeit zugeschrieben wird,[56] ebenso die Gesamtheit der Glaubenden,[57] die Körperschaft der Bischöfe, wenn sie das oberste Lehramt zusammen mit dem Nachfolger des Petrus ausübt[58] und der Papst, wenn er seine oberste Autorität in Anspruch nimmt.[59] Hier werden auch schon die Kontextbedingungen angesprochen, die gegeben sein müssen, um den epistemischen Anspruch auf Unfehlbarkeit erheben zu können – am Beispiel ei-

---

[55] Zur Zeit von Papst Pius XII. gab es eine gewisse Tendenz, auch Enzykliken und damit Äußerungen im Rahmen der Ausübung des ordentlichen Lehramtes des Papstes Unfehlbarkeit zuzuschreiben; vgl. Chiappi, *Il magisterio vivo di SS. Pio XII, norma prossima e universale di verità*; Fenton, *Infallibility in the Encyclicals*. Den Höhepunkt erreichte der mit einer Enzyklika explizit verbundene epistemische Anspruch in der Enzyklika *Humani Generis*: „Neque putandum est, ea quae in Encyclicis Litteris proponuntur, assensum per se non postulare, cum in iis Pontifices supremam sui Magisterii potestatem non exerceant, Magisterio enim ordinario haec docentur, de quo illud enim valet: ‚Qui vos audit, me audit' [Lc 10,16]; ac plerumque quae in Encyclicis Litteris proponuntur et inculcantur, iam alunne ad doctrinam catholicam pertinent … Quodsi Summi Pontifices in actis suis de re hactenus controversa data opera sententiam ferunt, omnibus patet rem illam, secundum mentem ac voluntatem eorundem Pontificium, quaestionem liberae inter theologos disceptationis iam haberi non posse" (DH 3885; AAS 42 [1950] 568); vgl. Beumer, *Sind päpstliche Enzykliken unfehlbar?* Gutwenger vertritt den kontroversiellen Standpunkt, dass die vorgebrachten Gründe entscheidend für die Gültigkeit einer Enzyklika seien, als ob es sich um Formen argumentativer Rede handeln würde (Gutwenger, *Welche Rolle spielt das Magisterium im Glauben der Kirchengemeinschaft?*, 23). Nach dem Tod von Pius XII. hat sich die Diskussionslage um die Höhe des Anspruchs päpstlicher Verkündigung deutlich entspannt – vgl. Seckler, *Die schiefen Wände des Lehrhauses*, 125f.

[56] DH 2922, 3020, 4130, 4531, 4852. Daher werden Sätze verworfen, die behaupten, die Kirche wäre vom Glauben abgeirrt (DH 1225, 1480, 2491–2501, 2601, 2612–2614).

[57] DH 4130.

[58] DH 4150. Die Bischöfe verkünden auf unfehlbare Weise die Lehre Christi, wenn sie auf einem ökumenischen Konzil vereint, in einem kollegialen Akt für die ganze Kirche Lehrer und Richter des Glaubens und der Sitten sind (DH 4149).

[59] DH 3074.

ner Ex–cathedra–Entscheidung: „Die erste, sozusagen materielle oder quantitative Bedingung besteht darin, daß der Gesamtepiskopat, die Gesamtheit der Bischöfe mit und unter ihrem Haupte, das Lehramt ausübt. Dazu kommt eine zweite, formale oder qualitative Bedingung: daß die betreffende Lehre als von Gott geoffenbart faktisch geglaubt oder ausdrücklich zu glauben vorgelegt wird, und zwar ebendeshalb auf definitive Weise."[60] Diese Bedingungen sind pragmatische Bedingungen, die sich auf das sprachliche Handeln beziehen[61]: Eine unfehlbare Entscheidung muss sich auf die höchste Lehrautorität berufen können, für die gesamte Kirche gelten und in Form von institutionalisierten Handlungen (Amtshandlungen) erlassen bzw. von der gesamten Kirche im Vollzug gelten. Der epistemische Anspruch der Unfehlbarkeit erstreckt sich auf Fragen des Glaubens und der Sitte[62] sowie auch auf jenes, ohne das die Hinterlassenschaft des Glaubens nicht richtig bewahrt und dargestellt werden kann.[63] Die Unfehlbarkeit, mit der Christus die Kirche im Bereich des Glaubens und der Sitten ausgestattet hat, reicht also so weit, wie die Hinterlassenschaft der göttlichen Offenbarung reicht.[64] Die Gabe der Unfehlbarkeit besteht ausdrücklich nicht in einer neuen Offenbarung, sondern im Beistand des Heiligen Geistes auf dem Hintergrund der irrevokablen primären religiösen Erfahrung, damit die durch die Apostel überlieferte Offenbarung getreu ausgelegt werde.[65] Die Lehre der Heiligen Schrift und die schon ergangenen Definitionen sind für alle weiteren Entscheidungen gültig.[66] Das bedeutet, dass, wenn

---

60 Kern/Niemann, *Theologische Erkenntnislehre*, 154.

61 Im Rahmen solcher pragmatischer Überlegungen kann man den Unfehlbarkeitsbegriff anhand von drei Fragen klären: Wer hat die Unfehlbarkeit definiert? Worin besteht die Unfehlbarkeit? Welche Funktion hat die Unfehlbarkeit in der Kirche? (Breton, *„Lumen Naturae" et „Lumen Gratiae"*, 271f.). An die letzte Frage könnte man Überlegungen anschließen, wie sie in der funktionalistischen Systemtheorie angestellt werden.

62 DH 4531.

63 DH 4536.

64 DH 4150.

65 DH 3070, 3074. Daher entpflichtet die Gabe der Unfehlbarkeit den Papst auch nicht von der Mühe, Überlegungen und Nachforschungen anzustellen sowie den Rat anderer einzuholen – was wiederum eine Möglichkeit ist, die Rolle der Philosophie im Rahmen der Wahrnehmung des Katholischen Lehramts zu lokalisieren (DH 182, 810, 844, 899, 904, 924, 930f., 1848, 2011, 4149f., 4536).

66 DH 3074.

der Römische Bischof oder die Körperschaft der Bischöfe in Verbindung mit ihm einen Satz definieren, sie diesen Satz gemäß der Offenbarung selbst vorlegen.[67] Ausdrücklich nicht bezieht sich die Unfehlbarkeit auf Regierungshandlungen des Papstes.[68] Hielte der Papst diese Bedingungen nicht ein, würde er selbst zum Ketzer werden und seine Urteile würden sich aufheben.[69] Dennoch darf nicht übersehen werden, dass die Unfehlbarkeit auch unbeschadet kirchlichen Dissenses in Anspruch genommen werden könnte. Päpstliche Entscheidungen können Unfehlbarkeit beanspruchen, auch ohne entsprechenden Konsens und auch ohne entsprechende Rezeption durch das Kirchenvolk.[70]

An dieser Stelle ist auch eigens darauf hinzuweisen, dass „Unfehlbarkeit" eine epistemische Kategorie ist, die nicht mit dem Wissensbegriff, sondern mit dem Glaubensbegriff in Verbindungen zu bringen ist. Thomas von Aquin unterscheidet klar zwischen den epistemischen Kategorien der „opinio", der „fides" und der „scientia"[71], wobei die Kategorie der „opinio" für Zweifel offen ist und offen ist hin auf Revisionen, während die Kategorie des Glaubens „certitudo" erreichen kann, aber deutlich von „scientia" unterschieden wird. Ein Fall von Wissen liegt dort vor, wo der Gegenstand des Wissens die Zustimmung des Intellekts aufgrund des Bezugs zu unmittelbar einsichtigen Prinzipien erzwingt. Das ist bei der „fides" nicht der Fall: Glaube ist zwar nach Thomas eine propositionale Einstellung, die in der Zustimmung zu Propositionen besteht, aber der Intellekt ist frei, den Propositionen zuzustimmen oder nicht zuzustimmen. Der *assensus intellectus* wird nicht durch den Gegenstand erzwungen. Gegenstand von Propositionen des Glaubens sind Mysterien, also Propositionen, deren Wahrheit („in statu viatoris") nicht unmittelbar einsichtig ist. Es braucht also noch einen Willensakt auf Seiten des Gläubigen. Daraus ergibt sich eine klare Abgrenzung zwischen „Glauben" und „Wissen", die Thomas reziprok exklusiv versteht:

---

[67] DH 4150.

[68] DH 3116.

[69] Rahner, *Le concept d'infaillibilité dans la théologie catholique*, 69.

[70] Das ist die berühmte Formulierung von *Pastor aeternus*: „... ideoque eiusmodi Romani Pontificis definitiones ex sese, non autem ex consensu Ecclesiae, irreformabiles esse" (DH 3074); vgl. Fries, *Ex sese, non autem ex consensu Ecclesiae*; Dejaifve, *Ex sese, non autem ex consensu Ecclesiae*.

[71] *STh* II–II, q. 1–7.

Kein Fall von „Wissen“ ist ein Fall von „Glauben“ und umgekehrt ist kein Fall von „Glauben“ ein Fall von „Wissen“.[72]

Der Begriff der Unfehlbarkeit ist auf dem Hintergrund dieser Terminologie nicht als Bestimmung des Wissensbegriffes („unfehlbares Wissen“) und nicht als Bestimmung des Meinungsbegriffes („unfehlbare Meinung“), sondern als Bestimmung des Glaubensbegriffes („unfehlbarer Glaube“) zu verstehen. Das bedeutet, dass im Falle des epistemischen Anspruchs der Unfehlbarkeit nicht eine besondere, empirisch relevante Erkenntnisquelle angezapft wird, aus der sich irrtumsfreie Propositionen ergießen würden; es bedeutet auch nicht, dass eine Meinung über kontingente Dinge des Natürlichen immunisiert würden; es bedeutet, dass in Fragen von Mysterien, zu denen propositionale Einstellungen ja möglich sind, die Kirche den Anspruch der „certitudo“ erheben kann. Diese Kategorie der Gewissheit hat im Alltag subjektive Konnotationen, wird von der Kirche aber in den epistemisch komfortablen Status allgemeiner Verbindlichkeit gehoben. Die Kategorie der Unfehlbarkeit wendet die Kategorie der „certitudo“, die ja mit „Weltbildern“ in Zusammenhang gebracht wird[73], auf die vergemeinschaftete Rede über Übernatürliches an. Sie ist also als Kategorie des Glaubens, nicht des Wissens aufzufassen und dementsprechend mit den existentiellen Aspekten, die dem Glauben als einer Lebensform eigen sind, zu verbinden. Dementsprechend ist die Rede von „Unfehlbarkeit“ in pastorale Kontexte einzubetten, also in das Vertrauen auf die Gewährleistung von Sicherheit in Glaubensfragen durch Gott und die damit verbundenen soteriologischen Überlegungen. Die Rede von „Unfehlbarkeit“ ist auf dem Hintergrund eines Verständnisses von Kirche und dieses auf dem Hintergrund heilsgeschichtlicher Kategorien zu erarbeiten.[74]

Die Begründung des Unfehlbarkeitsanspruchs beruht auf einem Akt des Glaubens in die göttliche Stiftung. Es ist also nicht nur der

---

[72] Das widerspricht dem heutigen Sprachgebrauch, der jeden Fall von „Wissen“ als Fall von „Glauben“ ansieht. Auf diesem Hintergrund konnte sich die Bestimmung von Wissen als „begründeter wahrer Glaube“ entwickeln; vgl. Lehrer, *Theory of Knowledge*, Kap. 1.

[73] Vgl. Wittgenstein, *Über Gewißheit*, 93–97.

[74] Die Lehre von der Unfehlbarkeit „ist nicht eine nackte oder isolierte Tatsache, sondern das belebende Prinzip eines umfassenden Lehrsystems, das nicht einfach dem Bedürfnis selbst entstammen konnte“ (Newman, *Über die Entwicklung der Glaubenslehre*, 85).

Fall, dass die Kategorie der Unfehlbarkeit sich auf „unfehlbaren Glauben“ (im Unterschied etwa zu „unfehlbarem Wissen“) bezieht, sondern auch, dass die Begründung der Unfehlbarkeit nicht über „scientia“, sondern über „fides“ erfolgt. Es darf nicht vergessen werden, dass der Gegenstand des hier erforderlichen Glaubens Mysterien sind und eine Zustimmung daher im Sinne des Thomas nicht erzwungen werden kann. Die Kategorie der Unfehlbarkeit kann nur mit der epistemischen Einstellung des Glaubens in Zusammenhang gebracht werden, und zwar sowohl von seiner Begründung als auch von seiner Anwendung her: In seiner Enzyklika *Qui pluribus* etwa hält Pius IX. fest, dass Gott selbst die Autorität eingesetzt hat, die den wahren und rechtmäßigen Sinn seiner himmlischen Offenbarung lehren, festlegen und alle Streitfragen im Bereich des Glaubens und der Sitten mit unfehlbarem Urteil entscheiden sollte[75], wobei als Grund die damit verbundene Garantie für die Wahrheit des Glaubens genannt wird. Das Katholische Lehramt legitimiert seine Entscheidungen durch den Anspruch auf Assistenz des Heiligen Geistes, der Päpsten und Konzilien beisteht.[76] In der Erfüllung der Lehrfunktion und beim Vortragen einer vom Irrtum freien Lehre versteht sich das Lehramt als vom Heiligen Geist begleitet.[77] „Dort, wo die Kirche des Neuen Testaments in ihrem autoritativen Lehramt wirklich letztverbindlich spricht, kann sie nicht in die Irre gehen, ohne sich als Kirche Christi preiszugeben, und dies nicht aus irgendeiner Selbstherrlichkeit heraus, sondern einzig und allein kraft des Beistandes des Heiligen Geistes und um des Glaubens der Gesamtkirche willen.“[78] In diesem Sinne der Berufung auf die Verlässlichkeit Gottes, der seine Kirche begleitet, wird der Begriff der Unfehlbarkeit auch in der evangelischen Kirche verwendet.[79] Hier sieht

---

[75] „… Dei ipse vivam constituerit auctoritatem, quae verum legitimumque caelestis suae revelationis sensum doceret, constabiliret omnesque controversias in rebus fidei et morum infallibili iudicio dirimeret“ (DH 2781).

[76] DH 102, 265, 444, 631, 702, 707, 1151, 1500f., 1600, 1635, 1667, 1726, 1738, 1820, 1848.

[77] DH 4534.

[78] Löhrer, *Träger der Vermittlung*, 559. Theologisch gesprochen könnte man sagen, dass die Unfehlbarkeit verbunden ist mit der eschatologischen Endgültigkeit der Heilssituation in Christus.

[79] Karl Barth (*Kirchliche Dogmatik* IV/1, 770–72) betont eine letzte Unzerstörbarkeit, Althaus (*Die christliche Wahrheit*, 526) spricht explizit von „Unfehlbarkeit“: „Die Verheißung des Geistes an die Kirche besagt aber dieses: Nie

man wiederum deutlich die existentiellen Anliegen und Begriffe, von denen her der Begriff der Unfehlbarkeit verstanden werden muss, wobei die Übersetzung dieses Anspruches in eine konkrete Geschichte und eine konkrete Sprache, mit konkreten Machtansprüchen und in der konkreten Ausübung durch eine bestimmte (wenn auch institutionell handelnde) Person sehr delikat ist.

Neben dieser etablierten Unterscheidung zwischen „ordentlichem und außerordentlichem Lehramt" sollte die Sinnhaftigkeit weiterer Unterscheidungen reflektiert werden: Hinsichtlich des Anspruchs kann zwischen „regionaler" und „universaler" Ausübung des Lehramts unterschieden werden, wobei diese Unterscheidung natürlich nicht besagen soll, dass die regionale Ausübung universale Standards verletzen würde. Möglicherweise sollte eine Unterscheidung zwischen „deontischem" und „epistemischem" Lehramt ins Auge gefasst werden. Berühmt geworden ist die damit verwandte, wenn auch nicht deckungsgleiche Unterscheidung von zwei Lehrämtern durch Thomas von Aquin, der ein pastoral–katechetisch–autoritatives Lehramt und ein wissenschaftlich–theologisches begrifflich getrennt hat.[80] Weiters wäre zu überlegen, ob zwischen expliziter und impliziter Ausübung des Lehramts oder auch zwischen dogmatischen und pastoralen Aspekten in der Ausübung unterschieden werden sollte. Dogmatische Fragen und pastorale Fragen können nicht streng voneinander getrennt werden. Ebenso sind Lehramt und Hirtenamt im Rahmen einer theologischen Ekklesiologie zwar begrifflich zu unterscheiden, können aber nicht unabhängig voneinander behandelt werden.[81] Daneben können individuelle und regionale Aspekte von institutionellen und universalen Aspekten unterschieden werden; ebenso scheint eine Unterscheidung der appellativen und der propositionalen Komponente der Ausübung des Lehramts in der Kir-

---

wird Gott die Kirche ganz an sich selbst, an ihrer eigenen Sünde und Ohnmacht, sterben lassen, sondern irgendwo in der Kirche läßt der Geist Gottes die Wahrheit und das Leben neu durchbrechen für die ganze Kirche, irgendwo erweckt er Propheten und Reformatoren. Das ist der evangelische Begriff der Geistesleitung und der ‚Unfehlbarkeit' der Kirche."

80 *Quodl.* III, 9, ad 3; vgl. Dulles, *The Two Magisteria*; Seckler, *Modelle des Verhältnisses von kirchlichem Lehramt und theologischer Wissenschaft*, 96ff.

81 Vgl. Löhrer, *Träger der Vermittlung*, 557: „Während sich das Hirtenamt ... auf die rechte Ordnung der Kirche bezieht, befaßt sich das Lehramt als solches mit der Vorlage der geoffenbarten Wahrheiten und solcher Wahrheiten, die mit der Offenbarung direkt oder indirekt zusammenhängen."

che sinnvoll: Was wird gesagt und wie? Eine Unterscheidung von propositionalen und nicht–propositionalen Faktoren hätte den Vorteil, dass hier auch Aspekte eines Kommunikationsgeschehens in den Blick genommen werden könnten, die bei der Analyse von Texten verborgen bleiben; auf diesem Hintergrund könnte man auch eine Unterscheidung von Lehramt als „Einrichtung“ und Lehramt als „Geschehen“ überlegen. Anliegen all dieser Unterscheidungen ist es in jedem Fall, möglichst alle relevanten Aspekte des Lehramts zu berücksichtigen und der Idee des Lehramts in möglichst allen Facetten gerecht zu werden.

Lehramtliche Texte

Die Idee des Katholischen Lehramts lässt sich auch anhand von lehramtlichen Texten nachzeichnen. Dabei stoßen wir auf zwei Schwierigkeiten: Erstens muss man lehramtlichen Texten hermeneutisch gerecht werden und jeden Text in seiner spezifischen Eigenart und mit seinem besonderen Gewicht im Kontext seiner Entstehung und Rezeption und im Kontext der gesamten Lehrarbeit der Kirche erfassen. Da hier nicht der Raum für eine sorgsame Exegese der einzelnen Textteile ist, werde ich den Geltungsanspruch herabschrauben und mit dieser Übung lediglich Konturen der Idee des Lehramts aufgrund lehramtlicher Texte herausarbeiten. Die zweite Schwierigkeit ist eine erkenntnistheoretische: Wie ist mit der Zirkularität einer Selbstauslegung des Lehramts durch sich selbst umzugehen? Wenn man in der katholischen Tradition drei grundsätzliche Normquellen kennt und anerkennt, nämlich die Schrift, die Tradition und das kirchliche Lehramt – wie kann es erkenntnistheoretisch verantwortet werden, dass eine Normquelle (das Lehramt) Richtlinien zur Auslegung der Schrift, zum Umgang mit Tradition und zum Verständnis von Lehramt erlässt und damit zu einer Autorität für sich selbst wird? Hier bieten sich drei sinnvolle Antworten an: Erstens kann der Hinweis auf das Vertrauen in die göttliche Stiftung gegeben werden, das notwendig ist, um lehramtlichen Entscheidungen mit einer Hermeneutik des Vertrauens und mit Prinzipien wohlwollender Interpretation zu begegnen. Wenn diese Antwort als Immunisierungsstrategie empfunden wird, kann man darauf verweisen, dass die lehramtlichen Entscheidungen nicht über beliebige Ellbogenfreiheit verfügen und willkürlich gefällt werden dürfen, sondern sich an den etablierten Normen und Regeln und den akzeptierten Normquellen zu orientieren haben[82]; zweitens kann argumentiert werden, dass die Arbeit an lehramtlichen Entscheidungen eine mühevolle erkenntnistheoretische und hermeneutische Arbeit ist, sodass dieser Prozess nie zu einem Abschluss kommt, und drittens kann man betonen, dass die Ausübung des Lehramts viele Formen und Gesichter hat, und Äußerungen, die im Rahmen der Ausübung des Lehramts gemacht werden, nicht allesamt auf dieselbe Stufe gestellt werden dürfen, was auch von daher den Verdacht der Zirkularität abschwächt. Sehen wir uns nun die zentralen Aussagen wichtiger lehramtlicher Texte zur Idee des Lehramts an.

Grund der Idee des Lehramts ist die Überzeugung, dass Christus der Kirche die Hinterlassenschaft des Glaubens anvertraut hat, indem er ein authentisches, lebendiges und immerwährendes Lehramt einsetzte (DH 3305).[83] Das Katholische Lehramt hat aufgrund dieses Auftrags das Recht und die Pflicht, die geoffenbarte Lehre darzulegen (DH 3012). Die Hinterlassenschaft der göttlichen Offenbarung muss unantastbar bewahrt und getreulich ausgelegt werden, was allein durch die rechtmäßige Nachfolge der Bischöfe und die Sorge des Römischen Bischofs garantiert wird (DH 4150). Den Bischöfen kommt konsequenterweise die Rolle von authentischen Lehrern zu (DH 4149). Dabei versteht sich das Lehramt als ein Dienst in der Kirche – „in favorem fidei et ad salutem animarum"[84]. Das Lehramt weiß sich als Dienst an den Menschen und als Dienst am Wort Gottes. Die Aufgabe, das geschriebene oder überlieferte Wort Gottes authentisch auszulegen, ist allein dem Lehramt der Kirche anvertraut (DH 4214). Die Autorität des Lehramts ist nicht im Sinne der Lehrautorität einzelner Wissenschaften auf besonderes Wissen zurückzuführen. Mehr noch: Das Lehramt empfängt keine neue göttliche Offenbarung

---

82 Die Willkür der Ausübung des Lehramts wird etwa durch die Normquelle der Schrift eingeschränkt; die Schrift bietet den Verständnishintergrund lehramtlicher Äußerungen: „Das Wort Gottes, das uns übermittelt wird durch die Tradition und das festgehalten ist durch die Heilige Schrift, ist wie die Quelle so auch die höchste, nicht überholbare und auch tatsächlich nie eingeholte oder ausgeschöpfte Norm allen Lehrens in der Kirche" (Kern, *Lehramt*, 243).

83 Das ist die Kernaussage der Enzyklika *Satis cognitum* von 1896; vgl. AAS 28 (1896), 708–739, hier 721ff.

84 DH 1248; vgl. CIC, can. 1752, wo von der „salus animarum" bekanntlich ausgesagt wird, dass sie „in Ecclesia suprema semper lex esse debet".

(DH 4151). Das sind erkenntnistheoretisch sehr wichtige Aussagen, die für die epistemische Sicherheit des Gläubigen sorgen. Hier wird auch deutlich gemacht, dass das Lehramt nicht „scientia", sondern „fides" verwaltet und nicht eine Universität sein möchte und keine Wissenschaftsinstanz sein kann. Durch das Lehramt wird der Hinterlassenschaft des Glaubens nichts Neues hinzugefügt, sondern lehramtliche Äußerungen erklären etwas, was bis dahin unklar scheinen konnte, oder bestimmen, dass an etwas festzuhalten ist, was in Frage gestellt wurde (DH 3683). Der Beistand des Heiligen Geistes wird dem Papst nicht verliehen, um neue Lehren zu verkünden (DH 3070). Damit ist zugleich etwas über die Grenzen des Lehramts ausgesagt. Die lehramtlichen Entscheidungen dienen der Bestätigung oder Erhellung von Aussagen aus der Heiligen Schrift oder der Überlieferung bzw. der Lösung bestimmter Fragen oder der Beseitigung von Irrtümern (DH 4539). Das Lehramt erstreckt sich auch auf Fragen des sittlichen Lebens. Die Kirche macht diese Autorität ihres Lehramts nicht aufgrund einer besonderen Zuständigkeit im Bereich der Wissenschaften geltend, sondern kraft ihres evangelischen Amtes und ihrer apostolischen Pflicht, die Morallehre vorzulegen, die der Würde der Person und ihrer ganzheitlichen Berufung entspricht, indem sie Kriterien des moralischen Urteils darlegt (DH 4790). Die Lehrtätigkeit des Katholischen Lehramtes umfasst gemäß relevanten lehramtlichen Texten folgende Bereiche:

- Bestimmung und Bestätigung von Glaubensbekenntnissen (DH 1500),
- Prüfung und Beurteilung von Schriften über Sitten– und Glaubensfragen (DH 202, 213, 353f., 686, 807, 980, 1851–1861, 2065, 2668),
- Beurteilung der Echtheit und der geordneten Ausübung der außerordentlichen Gaben (DH 4131) und
- Entscheidungen über strittige Fragen der Glaubens– und Sittenlehre (DH 3683).

Diese Bereiche hat das Lehramt als Dienst an der Offenbarung auszuüben. Das Lehramt weiß sich deswegen nicht über dem Wort Gottes, sondern versteht sich als Dienst am Wort Gottes, indem es nur lehrt, was überliefert ist. Überlieferung, Heilige Schrift und Lehramt der Kirche sind so miteinander verknüpft, dass das eine nicht ohne die anderen besteht (DH 4214). Das Lehramt versteht sich als Einrichtung, die von partikulären menschlichen Interessen, die auch im Falle einer Interpretation einer bestimmten Situation im Lichte des Glaubens zu unterschiedlichen Urteilen kommen können, nicht vereinnahmt werden darf.[85] Das Katholische Lehramt ist der Heiligen Schrift und Überlieferung verpflichtet, ist aber selbst das einzig authentische Organ, das festlegt, was als Wort Gottes zu gelten hat und wie – nach Beendigung der Kanonbildung – mit dem Wort Gottes rechtmäßig umzugehen ist; das Katholische Lehramt versteht sich auch als einziges authentisches Organ, das die Inhalte und den normativen Wert der Überlieferung festlegt. Hier stoßen wir wiederum in aller Deutlichkeit auf das angesprochene erkenntnistheoretische Problem der Zirkularität, das allerdings durch den Verweis auf die Vielfalt der Normquellen in der katholischen Kirche (neben Schrift und Tradition sind auch die Erfahrung der Menschen als gelebte Tradition und die theologische Arbeit als Arbeit an der Verkündigung zu respektieren) und durch den Verweis auf die Vielfalt der Formen der Ausübung des Lehramts (wenn ein Bischof zu einer Enzyklika Stellung nimmt, stehen diese beiden Aussagen nicht auf einer Ebene, nicht nur was den Ort in der innerkirchlichen Hierarchie der Normgewichte betrifft, sondern auch, was den Kommunikationsmodus angeht) abgeschwächt werden kann. Aufgrund der Einheit von Schrift, Tradition und Lehramt bleibt die Sorge, den Schatz der göttlichen Offenbarung in Schrift und Überlieferung zu durchforschen (DH 4149f., 4534). Von hier aus zeigt sich, dass die Ausübung des Lehramtes auf theologische Reflexion und Expertise verwiesen ist.

Zur Pluralität von Betrachtungsweisen

Der Begriff des Katholischen Lehramts kann mit Hilfe einer ganzen Reihe von Modellen entwickelt werden, da die Idee des Lehramts in verschiedenen historischen und kulturellen Konstellationen unterschiedlich gefasst wird. Es wäre theologisch naiv, eine monolithische Theorie des Lehramts konstruieren zu wollen. Die Idee des Lehramts hat sich schrittweise entwickelt und ist nicht –

---

[85] „Quodsi solutiones hinc inde propositae, etiam praeter partium intentionem, a multis facilis connectantur cum nuntio evangelico, meminerint oportet nemini licere in praefatis casibus pro sua sententia auctoritatem Ecclesiae sibi exclusive vindicare" (*Gaudium et Spes* 43).

etwa durch einen expliziten Akt göttlicher Stiftung, nach dem Modell eines Spatenstichs gedacht – gesetzt worden. In erster Zeit traten die Kirchenväter, denen unbestrittenerweise der Verkündigungsdienst anvertraut war, vor allem als Lenker, nicht so sehr als Lehrer auf: „Es war die Zeit der Märtyrer, die Zeit des Handelns, nicht des Denkens. Lehrer folgen auf Märtyrer, wie Licht und Frieden des Gewissens auf den Gehorsam folgen, den man ihm gewährt hat; und doch war die Kirche, längst bevor sie zum vollen Ausmaß ihrer Lehren herangewachsen war, in deren Prinzipien verwurzelt."[86] Erst schrittweise hat sich ein anderes Verständnis der Ausübung des Lehr– und Verkündigungsdienstes in der Kirche entwickelt. So ergibt sich aufgrund der Kontextualität der Ausübung des Lehramts eine Pluralität von Modellen, mit denen die Idee des Lehramts gefasst werden kann.

Dieser gesunde Pluralismus ist zu respektieren und wird auch durch einen Pluralismus von Funktionen zum Ausdruck gebracht, etwa durch eine integrierende, eine stimulierende und eine kritisierende Funktion[87] oder durch die Unterscheidung zwischen Definitions– und Autorisierungsfunktion, Defensivfunktion und therapeutisch–praktischer Funktion. Es ist entscheidend, an dieser Pluralität von Funktionen festzuhalten.[88] Max Seckler etwa unterscheidet eine zweifache Funktion: Glaubensverkündigung und Glaubensschutz.[89] Damit wird eine kommunikativ–aktive und eine defensiv–reaktive Funktion unterschieden. Die Betonung der kommunikativen Dimension betont, dass das Lehramt nicht ein „Wächter– und Überwachungsamt für eine Arbeit, die andere tun" (Seckler) ist, sondern das Lehramt in der Kirche ist selbst an der Verkündigungsarbeit und dem Dienst beteiligt und hat auf seine Weise authentisches Zeugnis zu geben. Die reaktive Funktion macht deutlich, dass das Lehramt in der Kirche in sozialen und geschichtlichen Zusammenhängen steht und dass lehramtliche Ent-

---

[86] Newman, *Über die Entwicklung der Glaubenslehre*, 313.

[87] Vgl. Schuster, *Ethos und Kirchliches Lehramt*, 333ff.

[88] Es scheint bedenklich, wenn eine partikuläre Funktion dominant wird. Visser't Hooft weist etwa darauf hin, dass die disziplinarische Funktion des Lehramts im Laufe der Geschichte so überzogen wurde, dass das Lehramt als Tribunal wahrgenommen wird (Visser't Hooft, *Lehrer und Lehramt der Kirche*, 147). Dies ist einer Integration der Ausübung des Lehramts in den gesamtkirchlichen Vollzug abträglich und spricht auch nicht für die pastorale „phronesis".

[89] Seckler, *Die schiefen Wände des Lehrhauses*, 110f.

scheidungen häufig mit Anlassfällen in Zusammenhang zu bringen sind, die als Bedrohung des *depositum fidei* Klärungsbemühungen und Explikationsleistungen notwendig machen. Diese Verteidigungsfunktion hat vor allem Piet Schoonenberg hervorgehoben. Er definiert ein Dogma als „eine als Lehrsatz formulierte Glaubensaussage, die vom Lehramt zur Abwehr der Häresie vorgelegt wird" und betont den Charakter einer Verteidigungslinie des Glaubens.[90] Josef Ratzinger weist auf die negative Funktion lehramtlicher Entscheidungen hin, unwegsames Gelände als solches zu kennzeichnen.[91] Leo Scheffczyk macht allerdings zu Recht darauf aufmerksam, dass die einseitige Betonung des polemisch–defensiven Charakters des Dogmas zum Verdacht der Tendenziösität jeder dogmatischen Formulierung führt.[92] Mit der defensiven Funktion hängt die bewahrende Funktion zusammen, die sich aus der Idee der Stiftung durch Auftrag der Bewahrung des *depositum fidei* ergibt. Dabei ist das *depositum fidei* nicht als eine „Deponie von Sätzen" zu denken, so wie man an eine Mülldeponie und den dort gelagerten Problemmüll denken würde, es geht auch nicht um eine Konservierung bestimmter Darstellungsformen, sondern „um die Bewahrung des wahren Sinnes … jenes Erst–Ereignisses, d.h. um seine Verteidigung gegen Mißverständnisse und Irrtümer, wie auch positiv um seine unter Voraussetzung der menschlich–geschichtlichen Sprache optimale Explikation und damit immer auch um die optimale Verkündigung eben dieses bleibenden Ursprungs."[93] Die Wahrnehmung der konservierenden Funktion des Lehramts ist deswegen nicht in einem mechanischen Sinne (etwa im Sinne einer Bremse) zu denken, sondern als ein anspruchsvolles Geschäft, das die Herausbildung von Irrlehren – nicht nur durch Wandel, sondern auch durch Erstarrung – zu verhindern hat. Man könnte sich überlegen, ob die Funktion des Lehramts sinnvoll mit der Funktion des Sinnkriteriums in der Sprachphilosophie verglichen werden könnte.

Von der defensiven und konservierenden Funktion kann eine therapeutische unterschieden werden, die Funktion nämlich, durch Entscheidungen Streitfälle zu klären, die Einheit der Kirche zu be-

---

90 Schoonenberg, *Geschichtlichkeit und Interpretation des Dogmas*, 59 und 62.
91 Ratzinger, *Das Zweite Vatikanische Konzil*, 576.
92 Scheffczyk, *Dogma der Kirche*, 105.
93 Schlette, *Dogmengeschichte und Geschichtlichkeit des Dogmas*, 86.

fördern und die Kommunikationsfähigkeit der Kirche *ad intra* und *ad extra* zu sichern. Auf dem Hintergrund seiner therapeutischen Funktion kann das Katholische Lehramt als Instanz angesehen werden, die die Handlungsfähigkeit des Kirchenvolkes zu garantieren hat. Das Katholische Lehramt ist auf das Glaubensleben, die „salus animarum", hingerichtet und hat daher einen Zweck zu erfüllen und wird am Dienst an diesem Zweck zu messen sein. Das Lehramt wird damit über seine Dienstfunktion als ein Mittel zum Zweck, nicht als ein Zweck in sich selbst gerechtfertigt.[94] Sinnvollerweise wird man von einer therapeutischen Funktion des Lehramts sprechen[95] und entsprechend kann dem Lehramt eine praktisch–pastorale Bedeutung zugeschrieben werden.[96] Diese Funktion besteht darin, Orientierung für das Glaubensleben bereitzustellen und Richtungsweisendes für das religiöse Leben auszudrücken. Das Katholische Lehramt ist ein Mittel, um dem Einzelnen zu helfen, die Wahrheit zu erkennen.[97] Mit der therapeutischen Funktion hängt auch die Funktion der Verkündigung und Lehre zusammen, die nicht auf das Vorliegen von Anlassfällen und Konfliktsituationen angewiesen ist. Damit wird zugleich betont, dass das Katholische Lehramt Teil der Verkündigung und damit Teil der zeugnishaften religiösen Praxis ist und nicht nur über die Frage von Wahrheitsansprüchen, sondern auch über orthopraktische Überlegungen im Sinne von „Bezeugen" und „Bekennen" zu beurteilen ist.

Neben der politischen und der pastoralen Funktion kann die Rolle des Lehramts auch in erkenntnistheoretischer Hinsicht verstanden werden: Das Lehramt leistet epistemische Arbeit, Arbeit an Orientierung. Epistemische Arbeit ist jene Erkenntnisleistung, die wir erbringen müssen, um uns in der Welt zurecht zu finden. Dieses Zurechtfinden geschieht durch Ordnen und Einordnen,

---

94 *Dei Verbum* 10,2: „… quod idem Magisterium non supra Verbum Dei est, sed eidem ministrat."

95 Schupp, *Auf dem Weg zu einer kritischen Theologie*, 80. Elmar Klinger versteht konsequenterweise Dogmen als Existenzbegriffe und stellt so eine Verbindung zwischen Pastoral und Dogmatik her (Klinger, *Der Glaube des Konzils*, 615).

96 CTI, *Die Interpretation eines Dogmas*, 1471.

97 Stanke, *Freiheit und religiöser Gehorsam des Willens und des Verstandes*, 22f.; das Katholische Lehramt kann im Rahmen eines Verständnisses von „Kirchenordnung als historisch bedingtem Heilsmittel" analysiert werden (Schillebeeckx, *Das kirchliche Amt*, 121f.).

durch Entscheidungen und Unterscheidungen. Epistemische Arbeit besteht grundsätzlich darin, etwas als etwas zu identifizieren und in entsprechende Kategorien, die in einem Ordnungssystem verankert sind, einzuordnen. Diese Arbeit leistet auch das Lehramt in der Kirche, das Unterscheidungen erzeugt, gewichtet, verteidigt oder ablehnt: Das Katholische Lehramt ist gewissermaßen eine Einrichtung zur *Administration von Unterscheidungen.* Diese Funktion scheint mir noch wichtiger zu sein als die Funktion der Erzeugung von Unterscheidungen. Das Katholische Lehramt hat also die Funktion, epistemische Arbeit zu autorisieren, zu verwalten und zu leisten. Wichtigster Akt in dieser Verwaltungsarbeit ist die Autorisierung von Unterscheidungen. Das Katholische Lehramt hat im Rahmen der katholischen Kirche die Autorität, eine Grenze zu ziehen zwischen orthodoxen und heterodoxen Aussagen und Praktiken, rechter religiöser Rede und irriger religiöser Rede, wahrem Kult und verfehltem religiösem Handeln. Das Katholische Lehramt leistet epistemische Arbeit, die sowohl für die epistemische Bewältigung der religiösen Praxis als auch für die Gewichtung der kategorialen Arbeit durch die Theologie relevant ist. Das Katholische Lehramt erbringt epistemische Arbeit in einem vorgegebenen Rahmen, den es nicht selbst schafft. Es ist tatsächlich Arbeit, also eine Tätigkeit, die auch als Tätigkeit begriffen und in Kategorien des Handelns beschrieben und verständlich gemacht werden muss: Dogmatische Fragen sind von pastoralen Fragen ebenso wenig zu trennen wie Wahrheitsfragen von Gerechtigkeitsfragen. Es macht etwa einen Unterschied, dass *Humanae Vitae* nicht vor, sondern nach dem Zweiten Vatikanum veröffentlicht wurde. Es macht einen Unterschied, dass der „Fall Father Feeney" vor und nicht nach dem Zweiten Vatikanum stattgefunden hat. Es macht einen Unterschied, dass *Dominus Iesus* im Jahr 2000 und nicht im Jahr 1960 veröffentlicht wurde usw. Dieses Gewicht der Kontextualität bedeutet aber auch, dass die epistemische Arbeit des Katholischen Lehramts nicht ohne „phronesis" und einen Sinn für Prioritäten geleistet und interpretiert werden kann. Dieser Sinn für Prioritäten kann auch mit der besonderen Verantwortung der Kirche für die Marginalisierten in Zusammenhang gebracht werden. „Sorge für die Armen ist eine Lehre der Kirche, wenn man sie als eine religiöse Gemeinschaft betrachtet, und ein Prinzip, wenn man sie als eine politische Macht ansieht", schreibt John Henry Newman.[98] Die Sorge um diejenigen, die epistemisch am verletzbarsten sind, weil sie keinen Zugang zu epistemischen Gütern haben, ist ein Hauptanliegen der kirchlichen Lehrarbeit. Der Schutz derjenigen, die sich politisch und theologisch am wenigsten wehren können, ist mit guten Gründen als ein besonderes Anliegen der kirchlichen Verkündigungsarbeit anzusehen.

3. Lehramt und Theologie

Eine Aufgabe der Theologie besteht darin, eine „Theologie des Lehramts" zu entwickeln. Die Idee des Lehramts ist nur mit theologischen Kategorien verständlich zu machen, die ihrerseits komplexe Diskussionszusammenhänge kondensieren. Zur Plausibilisierung der Idee des Katholischen Lehramts sind Überlegungen aus der Ekklesiologie (Verständnis von Kirche, Lehramt als Funktion der und im Rahmen der Kirche), aus der Soteriologie (das Lehren als Teil des Erlösungswirkens und als Mittel zum Zweck des Heilsangebotes durch das Christentum), aus der Christologie (Jesus als paradigmatischer Lehrer), aus der Sakramententheologie (Lehren als Zeichen der Präsenz Gottes, Selbstvollzug der Kirche als Selbstvollzug eines Heilssakraments)[99] und wohl auch aus anderen spezielleren Fächern (wie etwa der Mariologie oder der Eschatologie oder auch der patristischen Forschung) anzustellen. Auf diese Weise muss eine Theologie des Lehramts an Fragen der Theologie der Kirche, der Theologie des Amtes, der Theologie des Priesters usw. rühren. Eine Theologie des Lehramts wird sich nicht auf eine isolierte theologische Disziplin beschränken können, weil die theologischen Fächer unbeschadet des äußeren Eindrucks eine innere Einheit bilden und „Holismus in der Theologie" nicht nur bedeutet, dass einzelne Sätze nicht isoliert betrachtet

---

98 Newman, *Die Entwicklung der Glaubenslehre*, 159.

99 „Kirche und Sakrament stehen und fallen miteinander; Kirche ohne Sakramente wäre eine leere Organisation, und Sakramente ohne Kirche wären Riten ohne Sinn und inneren Zusammenhang" (Ratzinger, *Einführung in das Christentum*, 281). Von da aus lässt sich für einen inneren Zusammenhang zwischen der Idee der Verkündigung und der Idee der Sakramente argumentieren.

werden sollen, sondern auch, dass die theologischen Disziplinen nicht in „splendid isolation" betrieben werden können. Das gilt gerade für ein komplexes Phänomen wie das Lehramt.

Das gesamte „Projekt Kirche" ist für eine Theologie des Lehramts relevant. Theologische Aussagen zum Lehramt vermitteln implizit in jedem Fall eine Theologie der Kirche. Das Lehramt ist eingebettet in eine kontingente soziale Wirklichkeit und rührt an die Basis christlich–kommunitärer Existenz. Es betrifft das Bestehen der christlichen Gemeinschaft überhaupt und tangiert jedes Mitglied der Gemeinschaft und die Gemeinschaft als solche. Die ganze *communio* ist Trägerin von Verkündigung, Glaube und Bekenntnis, aber diese Gesamtträgerschaft ist strukturiert in dem Zusammenwirken des Lehramts mit dem Glaubenssinn aller Gläubigen, wobei die lehramtliche Verkündigung selbst Konsequenz des Glaubens ist und ein Glaubensfundament voraussetzt. Daher kann die lehramtliche Verkündigung als ein Kommunikationsgeschehen verstanden werden, in das Amtsträger und kirchliche Gemeinschaft „dialektisch" eingebunden sind: Die religiöse Praxis bestimmt die Notwendigkeit, Sinnhaftigkeit und Wirkkraft lehramtlicher Entscheidungen mit, während die lehramtlichen Entscheidungen die religiöse Praxis anleiten. Das solidarische Band zwischen „Hirten" und „Herde", die in einer gemeinsamen kirchlichen Gemeinschaft vereint sind, hat Konsequenzen für die normativen Aspekte der Glaubenspraxis: Bereits für Augustinus war der sichere Test von Orthodoxie der Konsens der universalen Kirche.[100] Die patristische Literatur betonte die Kollegialität bischöflicher Entscheidungsfindung.[101] Schon Melchior Cano hatte sich die

---

[100] *De Baptismo* 7, 53, 102; CSEL 51, 373. Ein Plenarkonzil stellt für Augustinus die höchste Autorität der Kirche dar (EP 54, 1, 1; CSEL 34, 159). Diese Auffassung wird auch von Thomas von Aquin unterstützt, der daran festhält, dass es unmöglich ist, dass ein Urteil der universalen Kirche in die Irre gehen kann, was Fragen der Glaubenslehre angeht (*Quodl.*, q. 8, a. 1). Thomas hält auch daran fest, dass in erster Linie ein späteres Konzil die Autorität hat, ein Glaubensbekenntnis zu interpretieren, das von einem früheren Konzil aufgestellt worden ist; der Papst allerdings kann dies aufgrund seiner eigenen Autorität tun, weil es auch nur aufgrund der päpstlichen Autorität ist, dass ein Konzil zusammengerufen wird und dessen Entscheidungen bestätigt werden (*De Potentia*, q. 10, a. 4 ad 13); vgl. zum päpstlichen Primat bei Thomas: *STh* II–II, q. 1, a. 10.

[101] Zum Beispiel EP 204, 209ff., 242, 296, 298. Später gilt das einmütige Zeugnis der Kirchenväter als wichtiges Kriterium der rechten Lehre (vgl. DH 1507 [Konzil von Trient] und DH 3007 [Vat. I: „Dei Filius"]).

Frage gestellt, „an ex fidelium communi sensu firma duci argumenta possint ad dogmata Theologiae comprobanda“[102]. Nimmt man die Idee des Glaubenssinnes ernst, wird man nicht umhin können, dem Lehrdienst der Kirche einen Lerndienst beiseite zu stellen und neben der verkündenden Kirche die Idee der hörenden Kirche zu betonen.[103] Die hörende Kirche ist die Kirche, die lernt, die Kirche, die rezipiert, die Kirche, die aufnimmt. Von da aus wird sich auch das Verständnis von „Lehramt“ anders darstellen: Der Verkündigungsdienst der Kirche kann dann nicht darauf beschränkt werden, „Sprachrohr Gottes“ zu sein, dessen Wort gehört wurde, sondern es wächst erstens die Verpflichtung, „Sprachrohr der Stimmlosen“ zu sein, und zweitens die Verpflichtung, auch auf die Stimmen der Menschen, ihre Hoffnungen und Freuden, Sorgen und Ängste zu hören. Diese Aspekte hängen mit der skizzierten therapeutischen Funktion des Lehramts zusammen.[104]

Zum Verhältnis von Lehramt und Theologie

Untrennbar mit der theologischen Reflexion auf das Lehramt verbunden ist die Frage nach dem Verhältnis von Theologie und Lehramt.[105] Dazu müssen ein klarer Begriff von Lehramt und ein

---

[102] Cano, *De locis theologicis*, I, IV, c. 1.

[103] In der wirkungsgeschichtlich bedeutsamen Befreiungstheologie wird dem Pendant zur „lehrenden Kirche“, nämlich der „hörenden Kirche“, besonderes Gewicht beigemessen (Dokument der 3. Generalversammlung des lateinamerikanischen Episkopats in Puebla [13.2.1979]), 257–259; 374; vgl. Goldstein, *Lehramt der Kirche*, 132; Venetz/Vorgrimler, *Das Lehramt der Kirche und der Schrei der Armen*).

[104] In einer Fußnote darf ich anfügen, dass aber eine Institution wie das Lehramt auch sicherstellen kann, dass die Art der Zuwendung zu den Menschen sich nicht auf den Austausch von Gefühlen beschränkt, was Richard Schaeffler im Zusammenhang mit Überlegungen zur Kultur des Dialogs eingemahnt hat: „Der scheinbar so solidarisch klingende Ausdruck ‚Ich bin bereit, mit dir deine Freude und Hoffnung, Trauer und Furcht zu teilen’, kann Ausdruck einer Dialogverweigerung werden, wenn der Hörer dem Sprechenden lediglich eine Gemeinsamkeit der Gemütsverfassung anbietet, also bereit ist, mit ihm zu lachen oder zu weinen, aber sich weigert, gemeinsam mit ihm herauszufinden, was die Sache von beiden fordert und was für beide auf dem Spiel steht, wenn sie sich diesem Anspruch öffnen oder verweigern“ (Schaeffler, *Bedingungen einer Kultur des Dialogs*, 75).

[105] Vgl. dazu: Internationale Theologenkommission, *Thesen über das Verhältnis von kirchlichem Lehramt und Theologen zueinander*, vor allem die Kommen-

klarer Begriff von Theologie vorliegen. Einfache Antworten (Gegenstand der Theologie ist Gott, Voraussetzung ist der Glaube, Normquellen sind Schrift, Tradition und Lehramt, Methode ist die kritische Vernunft, Ort ist die Kirche) trügen. Die Aufgabe, einen Begriff von Theologie zu erarbeiten, ist durchaus anspruchsvoll. Auch im Fall der Theologie – ähnlich wie im Fall des Lehramts – lassen sich eine Pluralität von Verständnisweisen ausmachen.[106] Theologie kann verstanden werden als Interpretation des Glaubens, als religiöse Interpretation der Zeichen der Zeit, als Arbeit an einem feststehenden Satzsystem, als Rekonstruktion und Explikation von normativen Vorgaben, als kirchlich verfasste Dauerreflexion, als philosophische Disziplin, als Arbeit an Texten, als historisches Fach etc. Eine Vielfalt von Theologiebegriffen ergibt sich auch aus der Pluralität theologischer Arbeitsfelder. Theologie wird auch außerhalb der akademischen Welt betrieben. David Tracy hat etwa drei Publiken unterschieden, denen die Theologie zu dienen hat: die Kirche, die akademische Welt und die Gesellschaft und alle drei tragen je spezifische Erwartungen an die Theologie heran. Daraus ergeben sich für die Theologie – ähnlich wie für das Lehramt – eine Pluralität von Funktionen und entsprechend vielfältig geschnittene Verantwortungen. Aus dieser Pluralität ergibt sich dementsprechend eine Pluralität von Zuordnungsbestimmungen von Theologie und Lehramt.

Eine Verhältnisbestimmung von Theologie und Lehramt muss die Gemeinsamkeiten und Unterschiede sorgsam herausarbeiten. Theologie als verantwortete Reflexion auf den Glauben und als Arbeit an einer Hoffnung, die Gründe nennt, teilt mit der Idee des Lehramts die Verantwortung für das Volk Gottes, das Ziel der Arbeit (Heiligung und Heil), die Verpflichtung auf normative Quellen aufgrund von frei getroffenen Glaubensentscheidungen sowie einige verwendete Mittel wie gewisse behandelte Fragen, bestimmte eingeführte Kategorien, manche *auctoritates* und einige Methoden. In diesem Sinne ist klar, dass die Ausübung des Lehramts theologische Kompetenzen in Anspruch nehmen muss. Ohne Theologie – hier verstanden als systematische und explizite Reflexion auf den Glauben – kann das Lehramt in der katholischen Kir-

---

tare von Semmelroth und Lehmann, ebd., 61–66); dazu auch: Gendron, *Magistère et Théologie;* Scheffczyk, *Das Lehramt und die Stellung der Theologie.*

[106] Vgl. Sedmak, *Lokale Theologien und globale Kirche*, 203f.

che, das Offenbarungsinhalte explizieren und auf lokale Kontexte übertragen muss, nicht ausgeübt werden. Ohne theologische Kompetenz fehlt in der Ausübung des Lehramts die nötige Urteilskraft. Denn Urteilskraft ist das Vermögen, etwas unter allgemeine Regeln zu subsumieren oder etwas Konkretes als einen Fall von etwas Allgemeinem aufzufassen. Diese Anwendung von Regeln kann selbst nicht durch Regeln geleitet werden. Die Lücke zwischen allgemeinen Prinzipien und konkreten Anwendungsfällen ist durch Klugheit zu schließen. Und ohne theologische (systematische und pastorale) Klugheit kann diese Aufgabe in der Ausübung eines Lehramtes nicht überbrückt werden. So ist die Idee des Lehramts auf die Theologie verwiesen – was durchaus keine neuzeitliche Entwicklung darstellt: Nach Aloys Grillmeier vollzog sich der „Prozeß der Theologisierung des Kerygmas"[107] von Anfang an. Die christologischen Debatten der ersten fünf Jahrhunderte waren theologische Auseinandersetzungen, an denen sich Konturen des Verhältnisses von Theologie und Lehramt ablesen lassen.[108] Dazu kommt, dass die Theologie, die eine öffentliche Einrichtung ist, wesentlich zum Dialog der Kirche mit der Welt verantwortlich zeichnet und damit für die Vermittlung von Lehrinhalten an die Gesellschaft.[109] Lehramt braucht Theologie, um nicht bloß eine binnenkirchliche Randgröße zu sein.

---

[107] Grillmeier, *Mit ihm und in ihm*, 589.

[108] Hier zeigen sich etwa (i) die Verwiesenheit der Theologie auf die Philosophie, (ii) die Verwiesenheit lehramtlich–autoritativer Entscheidungen auf theologische Reflexion vor einer Entscheidung und (iii) die Verwiesenheit lehramtlicher Texte auf theologische Explikation nach der Entscheidung; man kann dies etwa an der dogmatischen Formel von Chalcedon sehen: „Es ist ohne weiteres klar, daß die Formel von Chalcedon: ‚Zwei Naturen in der einen Person' das Christusgeheimnis in seiner Tiefe nicht auslotet; es war wie alle derartigen Definitionen eine Abgrenzung mit Hilfe philosophisch–theologischer Begriffe. Aber wie tief die theologischen Schulgegensätze waren, lehrt der Kampf um Chalcedon, der zwei Jahrhunderte dauerte und zur Absplitterung großer Teile der Ostkirche von der byzantinischen Kirche führte. Zuweilen gewinnt man den Eindruck, als ob es sich um Logomachie, um einen bloßen Wortstreit handele. Ich glaube es nicht, außer Zweifel aber steht, daß die hochentwickelte griechische Theologie das Lehramt überfordert hat. Es wurde in begriffliche Distinktionen hineingezogen, die mit der Glaubensverkündigung als solcher nur noch schwachen Zusammenhang besaßen" (Jedin, *Theologie und Lehramt*, 9f.).

[109] Pfürtner, *Abschottung statt Dialog?*, 19.

Umgekehrt ist das Verhältnis von Theologie und Lehramt nur dann ebenso eindeutig, wenn man eine bestimmte Tradition in den Blick nimmt und entsprechend respektiert. Der Begriff der Theologie setzt normative Quellen voraus. Dieser Umstand gehört sozusagen zur Grammatik des Begriffs „Theologie". Die Sache der Theologie stützt sich auf epistemische Verpflichtungen, die sich aus Glaubensüberzeugungen ergeben. Allerdings schließen diese epistemischen Verpflichtungen nicht notwendigerweise die Normativität institutionell verfasster lehramtlicher Autorität ein. Es liegt durchaus ein Fall von Theologie vor, wenn allein auf der Grundlage von Glaubensüberzeugungen und einer Textgrundlage (einer Heiligen Schrift) systematisch und explizit auf den Glauben reflektiert wird. Wenn man allerdings Theologie im Rahmen der katholischen Tradition versteht, ist die Anerkennung universaler normativer Quellen (Schrift, Lehramt, Autorität) notwendig und gehört zum Begriff der katholischen Theologie, der nicht ohne expliziten Bezug zur Idee des Lehramts verständlich gemacht werden kann.[110] Allerdings kann man unter Aufbietung einer gewissen

[110] Theologie ist in der katholischen Tradition von Haus aus eine normgebundene Disziplin und zwar in dem Sinne, dass ausdrückliche Normen systematisch zu berücksichtigen sind: „Theologie ... entsteht nicht schon dadurch, daß man sich ausdenkt, wieviel an Religion dem Menschen zumutbar ist und dabei Stücke der christlichen Überlieferung benützt. Sie entsteht dadurch, daß die Willkür des Denkens eine Grenze findet, weil wir etwas erfahren, was wir nicht erdacht haben, sondern was uns gezeigt worden ist. Deswegen kann sich nicht jede beliebige religiöse Theorie als christliche oder als Katholische Theologie bezeichnen; wer diese Benennung beanspruchen will, muss die darin enthaltene Vorgabe als sinnvoll annehmen" (Ratzinger, *Wesen und Auftrag der Theologie*, 7). Dabei sind diese Vorgaben nicht kompakt und „ready–made" erhältlich, sondern bedürfen ihrerseits der Auslegung, worauf Karl Rahner aufmerksam gemacht hat: „Ich kann als katholischer Theologe in keinem Punkt meines Überlegens, Denkens, Arbeitens absehen von der Frage: ‚Was lehrt das kirchliche Lehramt über diese und jene Frage?' Aber auf der anderen Seite kann ich das auch nicht einfach nur beinahe papageienartig repetieren, sondern muß darüber nachdenken, was bedeutet denn das, was soll denn das, in welchen Zusammenhang stelle ich das, um das wirklich existentiell echt rezipieren zu können" (Rahner, *Erinnerungen*, 59f.). Die Idee einer normgebundenen Disziplin und die Idee echter Forschungsarbeit schließen sich also keineswegs aus. Zudem besteht eine mögliche wissenschaftstheoretische Rettung der Theologie, die gegen den Vorwurf mangelnder Wissenschaftlichkeit geschützt werden muss, darin, die Theologie als eine Disziplin zu verstehen, die in (explikationsbedürftigen, aber explizit ausweisbaren) Normen ihre Prämissen findet. So kann das thomistische Modell einer prinzipiengeleiteten

Finesse behaupten, dass Glaubensüberzeugungen eine soziale Verankerung haben müssen und die Idee einer religiösen Gemeinschaft nicht ohne entsprechende Verkündigungsarbeit gedacht werden kann und die religionsstiftende Doktrin einer Religionsgemeinschaft nicht ohne Lehrarbeit im Rahmen dieser Gemeinschaft bewahrt und vermittelt werden kann; in diesem Sinne könnte man die These aufstellen, dass eine Form von Lehr„amt" notwendig ist für eine Form der Reflexion auf den Glauben, also für Theologie.

So scheint mir das Verhältnis von Theologie und Lehramt ähnlich zu sein wie das Verhältnis von Philosophie und Theologie: Die Theologie kann ohne die Philosophie nicht sein. Systematische Theologie kommt ohne philosophisches Instrumentarium nicht aus. Umgekehrt aber gilt auf den ersten Blick, dass die Philosophie sehr wohl ohne die Theologie sein kann und dieser Autonomieanspruch sehr wichtig ist. Aber auch hier kann man argumentieren, dass die philosophische Reflexion der Gottesfrage nicht ausweichen kann und dass auf diese Weise gewisse Elemente einer (krypto)theologischen Reflexion in die Philosophie einfließen. Dabei sollen aber die Grenzen zwischen Theologie und Philosophie nicht verwischt werden, ebenso wenig wie die Grenzen zwischen Lehramt und Theologie.

Daher wird neben dieser Betonung der Gemeinsamkeiten und der reziproken Verwiesenheit die Erarbeitung der Differenzen zwischen der Idee des Lehramts und dem Begriff der Theologie wichtig sein. Hier scheint mir der Hinweis geboten, dass Theologie und Lehramt zwar im Rahmen der katholischen Tradition wechselseitig aufeinander bezogen sind, aber dieses Verhältnis dennoch asymmetrisch ist. Wir haben es, um es mit Metaphern des Sports auszudrücken, nicht mit Größen zu tun, die sich „partnerschaftlich" begegnen in dem Sinne, dass wir es hier mit zwei Mannschaften zu tun hätten, die ein faires Spiel gegeneinander austragen oder mit gleichberechtigten Spielern, die zur selben Mannschaft gehören. Das ergibt sich aus dem Eigencharakter der beiden Größen „Theologie" und „Lehramt" und aus der Eigenart ihres Verhältnisses. Im Gegensatz zu theologischen Texten beanspruchen lehramtliche Texte, „nicht eine nachträgliche Reflexi-

---

Wissenschaft auch für die gegenwärtige wissenschaftstheoretische Diskussion fruchtbar gemacht werden.

onsleistung“[111] zu sein, sondern auf der Selbstmitteilung Gottes in Jesus von Nazaret zu gründen. Im Unterschied dazu ist die Theologie als nachträgliche Reflexionsanstrengung zu bewerten, die sich, nach einem bekannten Wort von Gutiérrez, „in der Dämmerung“ erhebt und als sekundäres Unterfangen den Primat der Glaubenspraxis zu respektieren hat. Hier wird man aber wieder ein wenig unschlüssig, ob die Unterscheidung zwischen Theologie und Lehramt über institutionelle Faktoren hinaus in sauberen erkenntnistheoretischen Kategorien durchgeführt werden kann, da doch auch das Lehramt der Glaubenspraxis in seiner Entstehung nachgestellt ist und sich auch in diesem Sinne „in der Dämmerung“ erhebt. Wie gesagt, mit einiger Finesse lassen sich die erkenntnistheoretischen Ähnlichkeiten zwischen Lehramt und Theologie hinsichtlich der Aufgabe (Orientierungsstiftung), hinsichtlich der Mittel (theologische Kategorien und Methoden) und hinsichtlich der Stellung im Glaubensleben (sekundäre Einrichtungen) herausarbeiten. Wo bleiben da aber die Unterschiede? Wäre es dann möglich, Lehramt und Theologie doch in einem partnerschaftlichen Modell zu denken?

Machen wir die Probe aufs Exempel: Sind lehramtliche Entscheidungen als theologische Entscheidungen (etwa im Sinne von „irrtumsfreier Theologie“) zu verstehen? Wenn der liebe Gott den Menschen Kreuzworträtsel zu lösen aufgegeben hätte, wäre das Lehramt im Besitz der einzig richtigen Lösung, an denen die „informed guesses“ der Theologinnen und Theologen gemessen werden könnten? Die These, dass lehramtliche Entscheidungen als spezieller Fall von theologischen Entscheidungen, eventuell auch noch mit dem Prädikat der Irrtumsfreiheit versehen, aufzufassen wären, hätte gravierende Konsequenzen.[112] Sind hier nicht in der

---

[111] Kern, *Lehramt*, 242.

[112] „Ist eine lehramtliche Entscheidung wirklich nichts anderes als eine durch göttlichen Beistand vor Irrtum geschützte theologische Schlußfolgerung? Dann wäre ein Papst, sofern er ‚ex cathedra’ spricht, nur ein vor Irrtum bewahrter Professor, oder ein Konzil wäre ein vor Irrtum bewahrter Theologenkongreß. Dann aber müßte man in der Tat, wie manche Autoren nach dem Ersten Vatikanischen Konzil, darauf hoffen, daß die ‚irrtumsfreie Theologie’, also das Lehramt, möglichst viele Fragen entscheidet, die bei der ‚irrtumsfähigen Theologie’, also bei den Professoren und ihren Kongressen, in offensichtlich weit weniger guten, weil vor gelegentlichen Mißgriffen nicht immer bewahrten Händen liegen. Wenn dagegen mit der Forderung Ernst gemacht werden soll, daß weder die Entscheidungen des Lehramtes durch Theologen-

Erkenntnisordnung Unterschiede zu machen? Einmal der Unterschied zwischen „deskriptiv“ und „normativ“ (lehramtliche Texte sind normativ und nicht etwa der Beitrag zu einer theologischen Diskussion) und dann die Differenz zwischen der Erkenntnisordnung der Wissenschaft, der die Theologie (als wissenschaftliche Disziplin) gerecht werden muss und der Erkenntnisordnung der Mysterien des Glaubens, über die die Kirche wacht. Will die Theologie Wissenschaft sein, hat sie in Bezug auf die Glaubenssätze Explikationsaufgaben und eine besondere argumentative Verantwortung. Es käme einer Kategorienverwechslung gleich, das Lehramt als Teil der Theologie zu verstehen. Das Konzil von Basel ist als „Theologenkonzil“ in die Kirchengeschichte eingegangen, weil hier tatsächlich die Gelehrten die Mehrheit hatten. Wäre dieses Modell wünschenswert? Welchen Beitrag soll man von Universitäten in Fragen der Ausübung des Lehramts erwarten? Im Rahmen der Diskussion um die Ehescheidung von Heinrich VIII. schlug Thomas Crammer, ein Theologe aus Cambridge, vor, die Universitäten zu befragen, da die Frage so am schnellsten entschieden werden könnte.[113] Ist dies ein gangbarer Weg? War die Reformation, wie man manchmal hört, tatsächlich zunächst im Wesentlichen eine akademische Angelegenheit? Hätte sie das bleiben sollen, wenn man an die subtilen Unterscheidungen denkt, die heute notwendig sind, um die Ökumene zu beschreiben? Ist es sinnvoll, Konzilien nach dem Vorbild theologischer Kongresse zu denken? Wenn man an den Entscheidungszwang, den Entscheidungsträger haben, und an die prinzipielle Entscheidungs– und Handlungsentlastung akademischer Reflexion denkt, entstehen hier Missverhältnisse, die berücksichtigt werden müssen. Hier muss man Kategorien klar auseinander halten: Lehrvollmacht kann delegiert werden, nicht aber die Forschungsvollmacht; das Werkzeug guter Theologie ist das Argument, das Werkzeug lehramtlicher Tätigkeit ist die Entscheidung – allerdings findet die Argumentation in einem normativ verfassten Rahmen statt und die

kongresse ersetzt noch die theologische Forschung durch lehramtliche Entscheidungen überflüssig gemacht werden kann (daß also, um mit den Worten des Papstes zu sprechen, Lehramt und Theologie ‚nicht aufeinander zurückführbar‘ sind), dann muß die spezifische Differenz zwischen lehramtlicher Entscheidung und theologischer Konklusion genauer untersucht werden“ (Schaeffler, *Wahrheit und Institution*, 194f.).

[113] Visser't Hooft, *Lehrer und Lehramt der Kirche*, 36.

Entscheidungen fallen aufgrund des Gebrauchs der theologischen Urteilskraft. Das Verhältnis zwischen Lehramt und Theologie weist Gemeinsamkeiten auf, die sich aus geteilter Lehrtätigkeit ergeben. Die Gemeinsamkeiten von Theologie und Lehramt lassen sich auch an Beispielen zeigen, wo eine Größe den Dienst der jeweils anderen übernehmen kann: Das Lehramt kann theologieähnliche Funktionen übernehmen – ich verweise auf die Enzyklika *Fides et Ratio*, die an die großen Ideen Wahrheit und Vernunft erinnert hat, eine Erinnerungsleistung, die von der Theologie erwartet werden müsste; umgekehrt kann auch die akademische Theologie lehramtsähnliche Aufgaben übernehmen; ich verweise auf den „visio"–Streit um Johannes XXII. oder auf den Beginn der Reformationsdebatten: Noch ehe der Papst die Bulle „Exsurge Domine" veröffentlichte, hatten zwei theologische Fakultäten (Köln und Löwen) Sätze Luthers verurteilt.[114] Die Theologie hat in Bezug auf kirchliche Entscheidungen in jedem Fall eine beratende und vorbereitende Funktion; komplexe dogmatische Entscheidungen (wie etwa in der Frage der Rechtfertigung oder in der Frage der Verurteilung von theologischen Positionen) oder Enzykliken können ohne theologische Expertisen nicht zustande kommen. Die Theologen Biederlack (für „Rerum Novarum"), Gundlach („Quadragesimo Anno") und Bertrams („Humanae Vitae") können hier als Beispiele genannt werden. Keine Frage: „Auch das Dogma ist unvermeidlich mit Hilfe von Theologie formuliert."[115] Allerdings ist das Verhältnis von Enzykliken zur Theologie weitgehend ungeklärt, da weder die theologischen Quellen explizit angeführt werden noch die Genesis transparent gehalten wird. Hier könnte überlegt werden, eine internationale Theologenkommission offiziell mit einem Entwurf zu betrauen, dessen Entstehung als Prozess transparent gemacht werden kann.

Spannungen zwischen Theologie und Lehramt

Das Verhältnis zwischen Theologie und Lehramt weist aber auch intrinsische Spannungen auf, die sich aus dem Autonomieanspruch der Wissenschaft und dem Leitungsanspruch des Amtes ergeben. Man muss daher eingestehen, dass „die Idee der Partner-

---

[114] Vgl. Roos, *Die Quellen der Bulle „Exsurge Domine"*.
[115] Rahner, *Schriften zur Theologie* XIII, 75.

schaft auf das Verhältnis von wissenschaftlicher Theologie und kirchlichem Lehramt nur begrenzt anwendbar ist. Sie ist nur insoweit sinnvoll, als zwei in ihrer Eigenart höchst verschiedene Lebensfunktionen der Kirche, wie es Theologie und Lehramt in struktureller und funktionaler Hinsicht ja doch sind, eben partnerschaftlich zusammenwirken können, wenn sie ihre jeweilige spezifische Eigenart sehen und anerkennen."[116] Lehramt und Theologie sind eigenständige Größen – die eine kann nicht auf die jeweils andere reduziert werden; in gewisser Weise ist Theologie ohne Lehramt „blind" und Lehramt ohne Theologie „leer". Hier haben wird also eine prinzipielle Irreduzibilität zur Kenntnis zu nehmen. Die Autonomie des Lehramts besteht gegenüber der Theologie darin, dass nicht jeder Aspekt der Ausübung des Lehramtes eine systematisch–theologische Schlagseite hat und nicht auf eine theologische Letztbegründung verwiesen ist. Die Autonomie der Theologie gegenüber dem Lehramt besteht darin, dass die Theologie in Bereichen (etwa philosophischen oder wirtschaftstheoretischen) arbeitet, in denen die Kompetenz des Lehramts seine Grenzen erreicht. Zudem ist die Aufgabe der Begründung und Auslegung eines vorgelegten Dogmas eine genuin theologische Aufgabe.[117] Dann ist aber anzumerken, dass die Einschränkung der Autonomie der Theologie durch das Lehramt nicht eine Sache wäre, die der Idee der Wissenschaft fremd sein sollte; man denke nicht nur an die Standards der politischen Korrektheit, sondern auch an die ethischen Grenzen der wissenschaftlichen Forschung. Hier hat die katholische Tradition den Vorteil, dass hier explizit und von berechenbarer Stelle aus Grenzen gezogen werden.

In der Praxis wird das Verhältnis zwischen Theologie und Lehramt gerne an Konfliktkonstellationen deutlich gemacht. Keine Frage: Das Konfliktpotential ist nicht zu leugnen, weil sich die Geltungsansprüche der hierarchischen Struktur nach und die wechselseitige Verwiesenheit dem Inhalt nach – man könnte sagen: die formale Unterschiedlichkeit und die materielle Interdependenz – widersprechen können. Hier sind Anlässe für Spannun-

---

[116] Seckler, *Modelle des Verhältnissen von kirchlichem Lehramt und theologischer Wissenschaft*, 50.

[117] „Das Lehramt kann also und will die Arbeit der Theologie und die rationale Begründung eines neuen Dogmas nicht überflüssig machen oder ersetzen" (Rahner, *Schriften zur Theologie* IV, 27).

gen gegeben. Das Verhältnis von Theologie und Lehramt birgt Konfliktpotential, das sich aus den Ansprüchen ergibt. Diese Spannungen können durch kein Modell ausgeräumt werden, weil sie in der Natur der Sache liegen, ähnlich wie die Spannungen zwischen Theologie und Philosophie. Aber aus dieser Polarität können fruchtbare Synthesen entstehen, denn Neues entsteht in der Regel durch die Begegnung von Wesensverschiedenem. Aus verschiedenen Konfliktkonstellationen kann also Neues entstehen. Die Konfliktkonstellationen, die für das Verhältnis von Theologie und Lehramt relevant sind, lassen sich schemenhaft um eine dritte Größe erweitern: „das Volk". Hier könnte man drei Typen von Konfliktsituationen unterscheiden: (i) Lehramt und Volk versus Theologie[118] (Beispiel: In Fragen der pluralistischen Religionstheologie beriefen sich Träger des kirchlichen Lehramts bei der Verkündigung der relevanten lehramtlichen Entscheidungen auf die Verwirrung beim „einfachen Volk", das die subtilen theologischen Ideen eines „anything goes" nicht mitmachen könnte); (ii) Lehramt und Theologie versus Volk (Beispiel: Anderle von Rinn–Kult. Der antisemitische Kult in der Diözese Innsbruck, der bei der lokalen Dorfbevölkerung großen Zuspruch fand, wurde vom Ortsbischof nach theologischer Konsultation untersagt); (iii) Theologie und Volk versus Lehramt (Beispiel: In der Frage des Zölibats von Priestern zeigt sich eine Allianz zwischen der Akzeptanz des nicht theologisch gebildeten Volkes und vielen theologischen Expertisen). Diese drei Fälle sind natürlich nur klischeehaft skizziert, geben aber hoffentlich relevante Konturen an und vor allem eine relevante dritte Größe, die in der Verhältnisbestimmung von Theologie und Lehramt zu berücksichtigen ist. Darüber hinaus müsste bei einer genauen Analyse dieses Verhältnisses auch (i) die Rolle der Öffentlichkeit, (ii) die Rolle der nichttheologischen Wissenschaften und (iii) die Rolle der Amtsträger und Lehramtsinhaber anderer religiöser Traditionen berücksichtigt werden. So ergibt sich ein sehr facettenreiches Bild der Beziehung von Theologie und Lehramt.

Was das Verhältnis zwischen Theologie und Lehramt angeht, wäre es überlegenswert, einen Verhaltenskodex zu ventilieren.

---

[118] Vgl. Tillard, *Le „sensus fidelium"*. Tillard zeigt in diesem Beitrag, dass das Lehramt in manchen Situationen näher beim Volk ist als die Theologie, die dem Elfenbeinturmeffekt ausgesetzt ist.

Anzuraten wäre der Theologie hinsichtlich des Umgangs mit lehramtlichen Texten eine Hermeneutik des Vertrauens, die Dissens nur dann epistemisch rechtfertigen kann, wenn (i) die Texte nach Prinzipien wohlwollender Interpretation behandelt wurden, (ii) die eigene theologische Kompetenz und (iii) die eigene moralische Verfasstheit geprüft worden sind. Dann ist in einem anderen Schritt über die geeignete Form der Konkretisierung dieses Dissenses nachzudenken. Damit hängt dann auch das „Ethos eines Umgangs mit lehramtlichen Texten" zusammen, die nicht gezielt selektiv oder systematisch ignoriert oder repetitiv (d.h. ohne Aneignungsanstrengung) rezipiert werden sollen. Diejenigen, die ein Lehramt in der Kirche ausüben, würden auch aufgerufen sein, ein Ethos im Umgang mit der theologischen Forschung zu respektieren, nämlich die theologische Expertise und den Freiraum der theologischen Forschung zu achten und den theologisch Ausgewiesenen Vertrauen für ihren jeweiligen Wirkungsbereich entgegenzubringen, grundsätzlich Gemeinsames vor Trennendes zu stellen, Entscheidungen nur unter Berufung auf sachliche Notwendigkeit zu legitimieren, Geduld in der Behandlung von Konflikten zu zeigen etc. Bischof Kenneth Untener hat auf die Kennzeichen von Prophetentum hingewiesen. Ein wichtiges Kennzeichen ist die Freiheit, die Freiheit, auch unbequeme Botschaften auszusprechen.[119] Hier wird man sich einerseits fragen müssen, ob die Theologie genügend Spielraum zugestanden erhält, um auch diese prophetische Funktion erfüllen zu können, und andererseits, ob die Bischöfe kraft ihres Auftrags zu institutionellem Handeln über solche Freiheit verfügen. Auch dieser Punkt birgt Konfliktpotential und weist auf eine kreative Spannung, die kreative Spannung zwischen Lehrern und Propheten.

Konflikte sind lösbar, wenn man auf Gemeinsames zurückgreifen kann. Verständigung ist dort möglich, wo Strukturen einer gemeinsamen Lebensform gegeben sind.[120] Die Strukturen für eine

---

[119] Vgl. Pfürtner, *Abschottung statt Dialog?*, 9.

[120] Diese Gemeinsamkeit wird durch Dialog aufgebaut: „Seul un véritable dialogue entre théologiens et magistère peut écarter le danger d'une mauvaise division du travail, où le magistère se cantonnera dans une *défense* des formulations acquises, et où les théologiens auraient la responsabilité de *promouvoir* l'intelligibilité de la doctrine" (Lavalette, *Le dialogue difficile entre magistère et théologiens*, 294). Für den Aufbau eines solchen Dialogs wird man jene Überlegungen fruchtbar machen können, die etwa Otto Muck und Richard

Lebensform, die Theologie und Lehramt umfasst, stiftet die Kirche. Theologische Forschung und die Ausübung des Lehramtes sind voneinander zu unterscheiden, sind sie doch unterschiedliche Lebensformen, wenn man akzeptiert, dass Wissenschaft (und also auch Theologie) eine Lebensform ist. Die Lebensform der akademischen Theologie ist die des Diskurses, die Lebensform des Lehramts ist die des institutionellen Handelns. Keine dieser Lebensformen kann – als Lebensform – eine Vorrangstellung in der Kirche beanspruchen. Das Volk Gottes kann nicht auf diskursives bzw. institutionelles Handeln verpflichtet werden. Es wäre eine Selbstüberschätzung der Theologie, hier verbindliche Standards für alle setzen zu wollen.[121] Ähnlich können kirchliche Würden– und Pflichtenträger nicht erwarten, dass ihre Lebensform zur Norm wird, an der die Qualität christlichen Lebens zu messen wäre.

Der Rekurs auf eine gemeinsame Lebensform nimmt die Form eines Dialogs in gegenseitiger Lernbereitschaft an. Es ist ersichtlich, dass an dieser Stelle sowohl die Gefahr des Moralisierens als auch die Gefahr von inhaltsleeren Phrasen droht, wenn man das Verhältnis von Theologie und episkopalem Lehramt über den Begriff des Dialogs charakterisieren möchte. Dennoch scheint mir eine Theorie des Dialogs, wie sie etwa Otto Muck und Richard Schaeffler entwickelt haben[122], ein sinnvolles Instrument zur Verhältnisbestimmung von Theologie und Lehramt zu sein. Es wäre

---

Schaeffler für eine Kultur des Dialogs entwickelt haben ; vgl. Muck, *Sprachlogische Aspekte religiös–weltanschaulichen Dialogs*; Schaeffler, *Bedingungen einer Kultur des Dialogs*. Es wäre eine interessante Hausaufgabe, ein Modell des Dialogs für die Begegnung zwischen Theologie und Lehramt zu konzipieren; ich vermute, dass man hier einiges Material aus der Theorie der Interkulturalität und aus der Theorie der Interdisziplinarität verwenden könnte; vgl. Sedmak, *Was heißt es, interdisziplinär zu arbeiten?*, 12–16.

[121] Darauf hat Nicholas Lasch aufmerksam gemacht: „The life of the Church (as of the wider society) is thought to resemble as unending academic seminar. But those who take part in the seminar, frequently unmindful of the social and economic privilege which makes their performance possible, tend to overlook the extent to which theoretical disagreement is but the abstract expression, in the order of ideas, of conflicts which, outside the seminar room or the ‚salon' frequently find harsher and more concrete form ... A common tradition, a common way of life, is not sustained by discussion alone. It requires the structuring of common experience, and the pursuit of agreed goals and purposes in common action" (Lasch, *Theologies at the Service of a Common Tradition*, 76).

[122] Muck, *Sprachlogische Aspekte religiös–weltanschaulichen Dialogs*; Schaeffler, *Bedingungen einer Kultur des Dialogs*.

ein verfehltes Bild, würde man die Rolle der Lehramtsträger mit dem Bild der Ladenhüter deutlich machen wollen, Ladenhüter, die bestimmte fertige Produkte, die im Zeitalter ihrer technischen Reproduzierbarkeit, um mit Walter Benjamin zu sprechen, in beliebigem Ausmaß vervielfältigt werden können, bewachen und über den Ladentisch kerygmatischer Anstrengungen reichen. Glaubenswahrheiten wollen „getan" werden, sind nicht zugänglich ohne irreduzibel subjektives Moment und eine kontextbezogene Aneignungsanstrengung, die Kirche ist eine Pilgergemeinschaft, die auf dem Weg ist und sich als solche vorläufig weiß.[123]

Zum Status von Dogmen

Mit der Frage nach dem Verhältnis von Theologie und Lehramt hängt die Frage nach dem Status von Dogmen zusammen. Ein Dogma kann als „vorläufige Endphase innerhalb der Überlieferungsgeschichte des Schriftwortes, in der das Schriftwort einen neuen zeitgemäßen Ausdruck in seiner Überlieferungsgeschichte gewinnt" [124], verstanden werden. Ein Dogma in einem strengen Sinn ist eine von Gott unmittelbar geoffenbarte Wahrheit, die vom kirchlichen Lehramt als solche zu glauben vorgelegt wird.[125] Zu einem Dogma gehören also zwei Momente: die Inanspruchnahme eines unmittelbaren Bezugs zur göttlichen Offenbarung und die Vorlage durch das Katholische Lehramt. Dogmen können als Sprachregelungen verstanden werden.[126] Diese Sprachregelungen sind ebenso wie die Strukturen, die das kirchliche Handeln anleiten, notwendig, um Willkür und Beliebigkeit auszuschließen. Dabei bedarf die strukturelle Sicherheit auch der Lebendigkeit des Handelns, um ihre eigene Legitimation nicht zu verlieren und damit etwa gar – als Struktur, die aufgehört hat, der legitimationsstiftenden Botschaft zu dienen – häretisch zu werden (tote Orthodoxie als Häresie).[127] „Weil eine dogmatische Aussage … einen

---

[123] Vgl. Pottmeyer, *Dialog und Wahrheit*, 90–94.

[124] Scheffczyk, *Dogma der Kirche*, 104.

[125] „By ‚defined dogma' we mean: 1) a divinely revealed truth, 2) which has been proclaimed by a solemn judgment, 3) which calls for an irrevocable response of faith and excludes the contradictory propositions as heretical" (Sullivan, *Creative Fidelity*, 41).

[126] Ratzinger, *Einführung in das Christentum*, 141.

[127] Vgl. Schwager, *Kirchliches Lehramt und Theologie*, 171.

ekklesialen Charakter hat, bedeutet sie auch immer unweigerlich eine kommunitäre terminologische Sprach*regelung*."[128] Sprachregelungen sind kontingent, die Sprachregelung zu „Erbsünde" etwa hätte auch anders ausfallen können. Wenn man ein Dogma als sprachliche Formulierung eines Aspektes des *depositum fidei* ansieht, wird man Transmissionsverluste, wie sie in einer allgemeinen Theorie der Übersetzung[129] diskutiert werden, bedenken müssen.[130] Dazu kommt, dass sich durch den faktischen Sprachgebrauch die Sprache verändert: Überall, wo der Theologe „lebendige Theologie treibt, indem er auf die Sache selbst schaut, trägt er auch aktiv (wenn auch vielleicht fast unmerklich) zu jenem dauernden geschichtlichen Wandel der Terminologie der kirchlichen

---

[128] Rahner, *Schriften zur Theologie* V, 68; siehe auch Rahner, *Schriften zur Theologie* XIII, 36f.: „Lehramtliche Erklärungen (auch definierender Art, also auch Dogmen) enthalten u. U. in der Vergangenheit und auch in der Zukunft ein Moment von Sprachregelung für die gemeinsame Aussage von Wahrheiten in der Kirche, von Sprachregelung, die einerseits nicht einfach die notwendige, gar nicht anders denkbare Weise der Aussage des Gemeinten ist, sondern sehr erheblich anders, bis zum scheinbaren Gegenteil der Aussage sein kann, und die andererseits in einem solchen lehramtlichen Satz nicht ausdrücklich als (grundsätzlich und an sich auch anders denkbare, also in etwa frei gesetzte) Sprachregelung gekennzeichnet ist."

[129] Vgl. Steiner, *Nach Babel.*

[130] „In religiösen Dingen, weiterhin, kann gerade der Umstand, daß ein Dogma das Ergebnis unmittelbarer Betrachtung des Unendlichen und Ewigen und gegebenenfalls seine Definition sein will, ernsthafte Geister in Unruhe versetzen. Nach unserer Voraussetzung ist das Dogma ja außerdem die Darstellung einer Idee durch ein ihr wesensfremdes Mittel; nicht ursprünglich und unmittelbar konzipiert, sondern gleichsam in einer Widerspiegelung. Kein Wunder also, daß das Dogma trotz der innigsten Übereinstimmung mit dem ursprünglichen Eindruck in allen seinen Teilen noch Härten im Umriß aufweist, wie zum Beispiel einen Mangel an harmonischen Proportionen. Und doch ist das infolge der Schwäche unserer intellektuellen Kräfte unvermeidlich" (Newman, *Zur Philosophie und Theologie des Glaubens*, 240). Und weiter: „Einzelne Sätze also, die nur einen Teil der uns gnadenvoll gegebenen großen Idee ausdrücken, können in Wirklichkeit niemals mit der Idee selber verwechselt werden. Alle die Behauptungen zusammengenommen können an diese Idee immer nur heranreichen, ohne jemals über sie hinauszugehen. Nie stellt man Definitionen auf in der Absicht, diese sollten über ihren Gegenstand hinausreichen, sondern stets dazu, daß sie ihm adäquat seien. Ebenso können die dogmatischen Bestimmungen über das Wesen Gottes in unseren Bekenntnissen noch so sehr vervielfacht werden; niemals können sie mehr sagen, als in der Fülle der ursprünglichen Idee enthalten ist; sonst drohten sie zur Häresie zu werden" (ebd., 244).

Sprache bei. Und umgekehrt: indem er sich dabei an die kirchliche Sprachregelung in seiner Aussage hält, fügt er sich in die kommunitäre geschichtliche Bedingtheit des jeweiligen aktuellen Glaubensbewusstseins ein, eine Bedingtheit, die gleichzeitig (wenn sie angenommen und ausgehalten wird) die individuelle Ansicht aufgeschlossen hält für das Glaubensbewusstsein der Kirche, wie sie auch dem einzelnen jenen Verzicht zumutet, ohne den es in diesem Äon die Einheit der Wahrheit und der Liebe nicht geben kann."[131] Als Sprachregelung können Dogmen auch Gegenstand sprachphilosophischer Untersuchungen sein. Überlegungen in Bezug auf die Reichweite der Sprache und in Bezug auf Irrtümer, die durch die Sprache entstehen[132], sind hier ebenso relevant wie Fragen einer Bedeutungstheorie oder einer Übersetzungstheorie. Von daher ist es nicht verwunderlich, dass die Kirche im Zusammenhang mit Dogmen Sätze über das Verständnis der Sprache formulierte.[133]

Dogmen geben Hinweise auf den Wirkungsbereich lehramtlicher Autorität: Die Autorität des Lehramts erstreckt sich erstens auf *veritates vel doctrinae divinae*, d.h. auf göttliche Lehren der Offenbarung. Diese Lehren sind das *obiectum primarium* der kirchlichen Lehrverkündigung. Zweitens erstreckt sich die Autorität des Lehramts auch auf *veritates catholicae vel doctrinae ecclesiasticae*, d.h. auf all jene Wahrheiten, die Prämisse oder Folgerung der Offenbarungslehre sind und deren Bestreitung die Sicherheit der Offenbarungslehre gefährden würde. Zu diesem indirekten Gegenstand des Lehramts werden *praeambula fidei*, *con-*

---

[131] Rahner, *Schriften zur Theologie* V, 71f.

[132] Vgl. Locke, *An Essay in Human Understanding*, Buch IV, Kap. 20. Ähnlich Newman: „Welche Hindernisse legen ferner die sprachlichen Unterschiede der Vermittlung von Ideen in den Weg! Die Sprache ist eine Art Analyse der Gedanken. Ideen aber sind unendlich: in unendlicher Art miteinander verbunden, in unendlicher Art veränderlich; die Sprache dagegen ist eine bestimmte und begrenzte Methode, angelegt auf eine willkürliche Auswahl bestimmter Einzelheiten aus der unzählbaren Menge des Materials" (Newman, *Zur Philosophie und Theologie des Glaubens*, 251).

[133] Man denke an die Aussagen in *Mysterium Ecclesiae* (DH 4530–4541). Explizit wird in dieser Erklärung der Glaubenskongregation von 1973 festgehalten, dass historische Bedingungen bei normativen Formulierungen eine Rolle spielen können (DH 4539); das ändert aber nichts an der zu haltenden Überzeugung, dass der Sinn der dogmatischen Formeln gleich bleibt und dass Wahrheit nicht nur auf eine bloß approximative Weise ausgedrückt werden kann (DH 4540).

clusiones theologicae, *facta dogmatica* und *veritates rationis* gezählt.[134] *Praeambula fidei* weisen als eine Voraussetzung für eine verantwortete Akzeptanz einer Offenbarungswahrheit eine innere logische Beziehung zur betreffenden Offenbarungswahrheit auf (Beispiel: Voraussetzung der Existenz Gottes, der Unsterblichkeit der Seele oder der Freiheit des Menschen für das Begreifen bestimmter Offenbarungsinhalte). Theologische Schlussfolgerungen sind religiöse Wahrheiten, die aus zwei Prämissen abgeleitet sind, von denen die eine unmittelbar geoffenbart und die andere eine natürliche Vernunftwahrheit ist. Dogmatische Tatsachen sind geschichtliche Tatsachen, die mit einer Offenbarungswahrheit in innerem Zusammenhang stehen; es handelt sich um heilsgeschichtliche Kontextbedingungen, die in einer äußeren – also nicht: logischen – Beziehung zu Offenbarungsinhalten stehen und zur Kennzeichnung des Kontexts dienen (Beispiel: Rechtmäßigkeit eines Papstes, formale Bestimmung eines ökumenischen Konzils). Vernunftwahrheiten sind Wahrheiten, die nicht geoffenbart sind, aber mit einer Offenbarungswahrheit in innerem Zusammenhang stehen. Es ist offensichtlich, dass eine Trennung zwischen Offenbarungswahrheiten und dem, was notwendigerweise zur Vermittlung von Offenbarungsinhalten gehört, nicht sauber durchgeführt werden kann, eben deswegen, weil die „materia prima" eines Dogmas nicht transportiert werden kann, oder anders gesagt, weil die „Substanz" eines Dogmas ausschließlich in akzidenteller Form vermittelt werden kann. Daraus ergeben sich Konsequenzen hinsichtlich der Kontextualität von Dogmen, wie sie vor allem in dem Dokument *Mysterium Ecclesiae* formuliert wurden (DH 4530–4541).

Die Kontextualität von Dogmen besagt erstens, dass ein Glaubenssatz nicht isoliert betrachtet werden kann, sondern im Gesamtsystem der Dogmatik und dieses wiederum im Gesamtzusammenhang der Kirche zu beurteilen ist und zweitens, dass ein Glaubenssatz in einem geschichtlichen Kontext steht, der die Frage nach Anlässen und Entstehungszusammenhängen stellen lässt. Aus dem Gedanken der Kontextualität von Dogmen ergeben sich wichtige Unterscheidungen:

---

[134] Vgl. Ott, *Grundriß der Katholischen Dogmatik*, 10.

- die Unterscheidung zwischen Inhalt (Substanz) und Form des Dogmas[135]
- die Unterscheidung zwischen zentralen und peripheren Dogmen[136]
- die Unterscheidung zwischen Universalität und Regionalität des Dogmas[137]
- die Unterscheidung zwischen Genesis und Geltung des Dogmas
- die Unterscheidung zwischen normativer Idee und faktischer Praxis des Dogmas.

Der Gedanke der Kontextualität menschlicher Sprachhandlungen erlaubt es, den Gedanken von der „Entwicklung von Dogmen" ins Spiel zu bringen. Diesen Gedanken hat John Henry Newman wesentlich mitgeprägt: „Von den ersten Zeiten des Christentums an war seine Lehre auf die später anerkannten und definierten Dogmen ausgerichtet und schritt im Laufe der Zeit mehr oder weniger sicher in Richtung auf sie zu. Schließlich wurde dieser Fortschritt ein so ausdrücklicher, daß er ihre Definition rechtfertigte und zustande brachte. Und so anerkannte man sie als die richtige Interpretation und als Schlüssel zum geschichtlichen Erbe und Zeugnis der Lehre, die darin ausgemündet war."[138] Nach Newman ist eine echte Entwicklung eine solche, die „die vorausgehenden Entwicklungen erhält und bewahrt …, das Gedankensystem, von dem sie ausgeht, erläutert und nicht verdunkelt; bekräftigt und nicht korrigiert; und dies ist ihr Kennzeichen zum Unterschied von einer Korruption."[139] Wir haben es hier also mit Kriterien der Vertiefung und Bewahrung zu tun. Newman gibt bekanntlich sieben Kriterien an, die für die Einheitlichkeit einer Entwicklung und

---

[135] Schoonenberg, *Geschichtlichkeit und Interpretation des Dogmas*, 69.

[136] Ebd., 82.

[137] „There seems to be, prima facie, a difference in emphasis, if not in teaching, between two sets of documents. Some documents, such as *Humani generis* and *Mysterium fidei*, accent the universal and timeless value of the church's concepts and formulas. Others, such as *Unitatis redintegratio* and *Gaudium et spes*, allow for, and even encourage, a variety of formulations in accordance with the mentality and traditions of different peoples and ages" (Dulles, *The Survival of Dogma*, 197).

[138] Newman, *Über die Entwicklung der Glaubenslehre*, 112; so versteht Newman die Anerkennung der Erbsünde als einen stufenweisen Prozess (ebd., 116).

[139] Ebd., 178.

damit für die Rechtfertigung eines Prozesses als einer genuinen Entwicklung dienen: Einheit (Erhaltung) des Typus, Kontinuität des Prinzipiensystems, Assimilationsvermögen, logische Folgerichtigkeit, Vorwegnahme ihrer Zukunft, bewahrende Auswirkung auf die eigene Vergangenheit und fortdauernde Lebenskraft. Es ist bezeichnend für eine genuine Entwicklung, dass sie sich halten kann, während die Korruption von etwas zu seiner Erschöpfung führt. „Eine Korruption ist, wenn überhaupt lebensfähig, nur von kurzer Dauer, sie erschöpft sich rasch und endet mit dem Tode. Sollte sie aber fortdauern, dann fehlt es ihr jedenfalls an Kraft, und sie gerät in den Zustand des Verfalls. Dieses allgemeine Gesetz leistet uns zusätzlich Beistand, wenn wir bestimmen wollen, welchen Charakter die Entwicklungen *des* Christentums haben, das man gemeinhin als katholisch bezeichnet.“[140] So kann die Entwicklung des Christentums als etwas ganz Natürliches gelten, was sich auch auf den Begriff der Entwicklung von Dogmen auswirkt, in dem Sinne: Die Entwicklung von Dogmen kann als eine ganz natürliche Entwicklung begriffen werden, was wiederum für eine hermeneutische Aneignung von Dogmen wichtig ist.[141]

Die Kontextualität von Dogmen hängt mit der Kontextualität der Aneignung von Dogmen zusammen. Dogmen liegen nicht als solche vor, sondern müssen durch aktive und systematische Interpretationsanstrengungen angeeignet werden. Hier scheint eine Interpretation von Dogmen in einer Sprache, die die Sprachform des Dogmas nicht iteriert, ein Anliegen, das ähnlich motiviert werden kann wie seinerzeit Bonhoeffers Idee einer nichtreligiösen Interpretation religiöser Begriffe. So ist die Transposition von Dogmen in genuin theologische bzw. außertheologische (in jedem Fall nicht hoheitlich lehramtliche) Kontexte ein unabdingbarer Faktor in der Rezipierbarkeit von lehramtlichen Entscheidungen in Form

---

[140] Ebd., 376.

[141] Newman macht etwa darauf aufmerksam, dass „Formulierungen nur in bezug auf bestimmte Aspekte einer Lehre möglich sind und daß diese scheinbar nicht miteinander übereinstimmen oder Mysterien sind, wenn sie ohne Rücksicht auf das, was zwischen ihnen liegt, einander gegenübergestellt werden. Es ist, als ob man jemandem das Bild eines Kindes und eines Greises zeigte und dazu bemerkte, es sei ein und dieselbe Person – eine Behauptung, die kein Wesen verstehen könnte, das von den natürlichen Veränderungen der menschlichen Gestalt im Laufe der Jahre nichts weiß“ (Newman, *Zur Philosophie und Theologie des Glaubens*, 201).

von Dogmen.[142] Die Über–Setzung in andere Kontexte gebietet ein Wissen um geteilte Anliegen. So können Brücken geschlagen werden. Die Vergangenheit bewahren können nur diejenigen, die sich, in der Gegenwart stehend, der Zukunft verpflichtet fühlen. Denn die Aneignung des Vergangenen geschieht im Hinblick auf gegenwärtige Fragen und Sorgen. „Das Denken früherer Geschlechter (und wäre es zu Ergebnissen in Form von konziliaren Definitionen gekommen) ist niemals ein Ruhebett für das Denken späterer Geschlechter. Definitionen sind viel weniger ein Ende als ein Anfang."[143] Eine Definition ist eine Einladung zum Handeln durch Grenzziehungen, die das Handeln anleiten. Dabei ist der Hinweis wichtig, dass der theologische Handlungsspielraum erstens nur umrisshaft durch Definitionen eingeschränkt ist und der theologische Handlungsraum weitgehend definitionsfrei ist (ähnlich wie der physikalische Raum großteils leer ist) und zweitens, dass „das völlige oder partielle Fehlen oder die Unvollständigkeit dogmatischer Festlegungen kein Beweis [ist] für das Fehlen von Eindrücken oder impliziten Urteilen im Geist der Kirche"[144]. Auch hier sind wir wieder bei der „phronesis" und der Einladung zum Gebrauch der Urteilskraft und Klugheit, die Grenzen nicht allein auf explizite definitorische Akte beschränkt. In der Ausübung des Lehramts wie in der Umsetzung der Theologie sind ein Fingerspitzengefühl und ein Abwägen von Prioritäten und Implikationen unerlässlich.

Die Überlegungen zum Dogma führen zu einem weiteren, nur theologisch lösbaren Problem im Umgang mit lehramtlichen Texten: Lehramtliche Texte haben ein unterschiedliches Gewicht. Die Verbindlichkeit der Texte ist erstens mit der Autorenschaft, zweitens mit dem Adressatenkreis, drittens mit der zu behandelnden Sache, viertens mit den verwendeten Quellen und fünftens mit der Form des Textes in Zusammenhang zu bringen. Je umfassender die Leitungskompetenz des Autors, je umfassender der Adressatenkreis, je zentraler die Fragestellung, je gewichtiger die verwen-

[142] „Jede kirchliche Lehrverkündigung durch das ordentliche und außerordentliche Lehramt muß, soll sie wirklich verstanden werden, ‚ankommen' können, immer auch interpretiert, erklärt, in die allgemeineren und auch profaneren Verständnishorizonte der diese Verkündigung Hörenden eingefügt werden" (Rahner, *Schriften zur Theologie* XIII, 77).

[143] Rahner, *Schriften zur Theologie* I, 19.

[144] Newman, *Zur Philosophie und Theologie des Glaubens*, 238.

deten Quellen und je feierlicher die Form – desto höher der Verbindlichkeitsgrad des Textes. Gemeinhin gilt, dass lehramtliche Texte strikt zu interpretieren sind, d.h. dass die theologische Begründung, die für einen definierten Satz verwendet wird, in der Regel nicht als mitdefiniert zu gelten hat.[145] Das lässt sich auch mit dem bewährten Hinweis vereinbaren, aus Gründen seelsorglicher Klugheit lehramtliche Texte mit möglichst breitem pastoralem Spielraum zu interpretieren. Die Texte selbst geben nur ansatzweise Auskunft über ihren Status. Aufgrund dieses Missstands wies die Internationale Theologenkommission (CTI) unter dem Vorsitz des Präfekten der Glaubenskongregation im Jahre 1990 auf dieses Desiderat hin: „Wünschenswert wäre vor allem, daß das kirchliche Lehramt, um seine Autorität nicht unnötig abzunützen, jeweils selbst die unterschiedlichen Weisen und Verbindlichkeitsgrade seines Sprechens deutlich macht."[146] Die Frage nach dem Verbindlichkeitsgrad ist gerade auch deswegen delikat, weil Hinweise zu Status und Funktion des Katholischen Lehramts erst im Laufe der Dogmengeschichte systematisch entfaltet wurden. Ein bekanntes Problem in diesem Zusammenhang ist die Frage, welche der kirchlichen Definitionen *vor* der feierlichen Definition der Unfehlbarkeit des Lehramts unter bestimmten spezifischen Bedingungen unfehlbaren Status haben. Die Frage danach, was ein ökumenisches Konzil ist, provoziert große Unsicherheiten.[147]

---

[145] Löhrer, *Träger der Vermittlung*, 564; vgl. ders., *Überlegungen zur Interpretation lehramtlicher Aussagen als Frage des ökumenischen Gesprächs*.

[146] CTI, *Die Interpretation eines Dogmas*, 1471.

[147] Vgl. Martinez, *El magisterio no definitivo en los concilios ecumenicos hasta el Vatican I*; ebenso Sullivan, *Magisterium, Teaching, Authority, and the Catholic Church*, 57–60. Sulllivan diskutiert sieben anerkannte ökumenische Konzilien: Nizäa I (325), Konstantinopel I (381), Ephesus (431), Chalcedon (451), Konstantinopel II (553), Konstantinopel III (681), Nizäa II (787). Erfüllen sie die Kriterien eines ökumenischen Konzils (Bezug zum Papst in Form einer Einberufung durch den Papst, in Form einer Leitung durch den Papst, in Form einer Ratifikation durch den Papst und in Form einer repräsentativen Anwesenheit von Bischöfen)? „These seven councils have all been confirmed or at least accepted by the successor of Peter. But in no case did the Roman pontiff convoke them or preside over them; it was the Roman emperor who convoked them, and generally it was his legate who presided. If then we look to the universality of these councils in terms of actual participation, we find that practically all the bishops who took part in them were of the East, while the whole Western church was represented by a few legates of the Bishop of Rome. In fact, there were no representatives of the Western church

Auch die Frage, welche Dokumente – etwa die Enzyklika *Pascendi*[148] oder der Antimodernisteneid?[149] – als Ex–cathedra–Entscheidungen zu gelten haben, ist offen.[150] Freilich dürfte einleuchten, dass Glaubensgrundsätze nicht erst durch explizite lehramtliche Verfügung anzuerkennen sind. Es wäre wohl absurd, anzunehmen, dass die Glaubensgrundsätze vor der feierlichen Definition durch ein Konzil bloße fromme Meinungen ohne hohen Verbindlichkeitsgrad waren. Ebenso absurd wäre es, zu glauben, dass

---

at all at the First Council of Constantinople, which received its ecumenical status only in virtue of its subsequent reception by the West" (58).

[148] Vermeersch, *De Modernismo*, 60–64.

[149] Schultes, *De ecclesia catholica*, 654f.

[150] Im Anschluss einer Auseinandersetzung um Hans Küng (vgl. Bertsch/Kehl, *Zur Sache*, 102–108) ist Klaus Schatz dieser Frage nachgegangen (Schatz, *Welche bisherigen päpstlichen Lehrentscheidungen sind „ex cathedra"?*) und hat sich im Anschluss dabei vor allem mit zwei Beiträgen von Louis Billot und Edmond Dublanchy auseinandergesetzt. Billot (*Tractatus de Ecclesia Christi*, 658–660) anerkennt dogmatische Definitionen in 12 päpstlichen Dokumenten: 1) Brief „Lectis dilectionis tuae" von Papst Leo I. an Bischof Falvian über die beiden Naturen Christi (449), 2) Brief von Papst Agatho über die beiden Willen in Christus (680), 3) der letzte Satz der Bulle *Unam Sanctam* von Bonifaz VIII. (1302), 4) die Bulle *Benedictus Deus* von Benedikt XII. über die glückselige Vision der Gerechten noch vor dem Jüngsten Gericht (1336), 5) *Exsurge Domine* von Leo X. (Verurteilung von Irrtümern Luthers, 1520), 6) *Cum occasione* von Innozenz X. (Verurteilung von fünf Propositionen von Jansen als häretisch, 1653), 7) *Caelestis pastor* von Innozenz XI. (Verurteilung des Quietismus von Molinos, 1687), 8) *Cum alias* von Innozenz XII. (Verurteilung der Irrtümer Fénélons, 1699), 9) *Unigenitus* von Klemens XI. (Verurteilung der Irrtümer von Quesnel, 1713), 10) *Auctorem fidei* von Pius VI. (Verurteilung von Irrtümern der Synode von Pistoia, 1794), 11) die Definition der unbefleckten Empfängnis von 1854, 12) *Quanta Cura* von Pius XI. gegen verschiedene Irrtümer der Zeit (1864). Schatz akzeptiert (1), (2), (4) und (6) und fügt eine Verurteilung von sieben Propositionen Jansens (DS 2601–2604) und das Mariendogma von 1950 (DS 3903) hinzu. Das Problem bei diesen Diskussionen besteht darin, dass kein verbindlicher Kriterienkatalog zur Verfügung steht, um den Stellenwert lehramtlicher Aussagen zu sichern. So bietet sich ein pragmatisches Vorgehen mit theologischem Hausverstand an: Klaus Schatz schlägt vor, „die bedeutenderen päpstlichen Lehrentscheidungen, die faktisch vom Glaubensbewußtsein der Katholischen Kirche rezipiert worden sind, als Ex–Cathedra–Entscheidungen im Sinne des Ersten Vatikanums gelten zu lassen" (Schatz, *Welche bisherigen päpstlichen Lehrentscheidungen sind „ex cathedra"?*, 421). Damit kann auch das Kriterium für katholische Wahrheit nicht in einem archimedischen Punkt des Papsttums angesiedelt werden, „sondern in einem Beziehungsgeflecht von inhaltlichen (Schrift, Tradition) und lehramtlich–formalen Bezügen" (ebd., 422).

nur das, was explizit in lehramtlichen Dokumenten festgehalten ist, als zum *depositum fidei* gehörig verstanden werden kann.[151]

4. „Commitments"

Lehramtliche Dokumente erzeugen bestimmte Verpflichtungen. Das liegt nach dem Gesagten auf der Hand. Dennoch sind diese Verpflichtungen nicht in dem Maße zu vereindeutigen, wie die Reaktion des Fensterschließens auf den Befehl „Schließ das Fenster!". Die Bindungsstärke und die Art der Bindung, die sich aus den normativen Äußerungen des Katholischen Lehramts ergibt, hängen nicht mit einem Mechanismus zusammen, der auf der einen Seite einen Satz aufnimmt und auf der anderen Seite eine Handlungsanweisung ausspuckt. Dieses primitive Modell, das zudem die Nachteile eines „black box"–Denkens hat, greift zur Charakterisierung der Bindungen, wie sie durch das Katholische Lehramt erzeugt werden, zu kurz. Die Verpflichtungen, die sich aus den lehramtlichen Äußerungen ergeben, hängen durchaus mit Faktoren zusammen, die in der Person des Rezipienten liegen.

Zu den Koordinaten einer theologischen Verhältnisbestimmung

Im letzten Kapitel werde ich zur Charakterisierung des Verhältnisses von Lehramt und Philosophie den Begriff des „Commitment" einführen. Dieser Begriff scheint mir auch zentral für das Verständnis der Verpflichtungen, die mit der Akzeptanz des Katholischen Lehramts im Allgemeinen erwachsen. Mit diesem Begriff möchte ich vor einem undifferenzierten Modell warnen, das das Verhältnis der Gläubigen zu lehramtlichen Äußerungen nach dem Muster „hier ein Satz, dort eine Reaktion auf den Satz" auffasst. Es ist demgegenüber wichtig, auf zwei Dinge hinzuweisen: (i) Erstens ist klar zu machen, dass jedes Subjekt aufgrund seiner subjektiven Verständnisvoraussetzungen Sätze in einer spezifi-

---

[151] „The Church has never defined that ‚Jesus is Lord, and that God has raised him from the dead', but these are far more basic articles of our faith than many dogmas that have been solemnly defined" (Sullivan, *Magisterium*, 56f.).

schen Weise einbettet und rezipiert. Wir werden auf diesen Umstand noch im Zusammenhang mit den sozialphilosophischen Überlegungen zur Hermeneutik lehramtlicher Texte zurückkommen. Jedem Rezeptionsprozess ist ein unabdingbar subjektives Moment eigen, das nicht durch formalistische und/oder objektivistische Strategien zum Verschwinden gebracht werden kann, ohne den Rezeptionsprozess zu verzerren. Diese Motivation, das subjektive Moment in Verstehens– und Interpretationsvorgängen zu berücksichtigen, ist nicht nur ein kantisches Motiv, sondern war auch für Hans Georg Gadamer leitend in der Entwicklung seiner Hermeneutik. Die Rezeptionsästhetik hat dieses Moment – bei gleichzeitiger Vermeidung eines Subjektivismus und Psychologismus (einen Straßengraben, den auch Gadamer vermieden hat) – ebenfalls hervorgehoben.[152] (ii) Zweitens ist darauf hinzuweisen, dass das lehramtliche Material zur Sichtung, Darstellung, Gewichtung und Einschätzung auf Selektionsprozesse angewiesen ist. Wenn man auf die Geschichte des „Denzinger" reflektiert, wird man nicht umhinkommen, die Notwendigkeit der Selektion und den Wert und Preis solcher Auswahlprozesse anzuerkennen. Und man wird sich auch fragen müssen, ob sich nicht – analog zu einer polemischen „Kriminalgeschichte des Christentums" – eine polemische „Irrtumsgeschichte" des Katholischen Lehramts schreiben ließe. Die Polemik und damit auch getrübte Urteilskraft eines solchen Unterfangens liegt auf der Hand, allerdings gäbe die Möglichkeit eines solchen Projekts auch Anlass zur Reflexion auf die Selektionsprozesse und die Idee der Geltung. Wer sich an sämtliche Sätze, die im Rahmen der Ausübung des Katholischen Lehramts – und zwar mit Autorität – geäußert wurden, binden

[152] Vgl. Jauss, *Literaturgeschichte als Provokation der Literaturwissenschaft*. Explizit scheint die erste These, die Jauss in seiner Antrittsvorlesung vom 13. April 1967 präsentiert hat: „Eine Erneuerung der Literaturgeschichte erfordert, die Vorurteile des historischen Objektivismus abzubauen und die traditionelle Produktions– und Darstellungsästhetik in einer Rezeptions– und Wirkungsästhetik zu fundieren. Die Geschichtlichkeit der Literatur beruht nicht auf einem post festum erstellten Zusammenhang ‚literarischer Fakten', sondern auf der vorgängigen Erfahrung des literarischen Werkes durch seine Leser. Dieses dialogische Verhältnis ist auch die primäre Gegebenheit für die Literaturgeschichte. Denn der Literaturhistoriker muß selbst immer erst wieder zum Leser werden, bevor er ein Werk verstehen und einordnen, anders gesagt: sein eigenes Urteil im Bewußtsein seines gegenwärtigen Standorts in der historischen Reihe der Leser begründen kann" (ebd., 29; im Orig. kursiv).

wollte, würde in die Handlungsunfähigkeit getrieben. Und da lehramtliche Sätze Orientierung stiften und damit gerade die Handlungsfähigkeit erhalten sollen, wäre das ein kontraproduktives Verfahren.

Aus diesen Überlegungen ist weder ein taxativer (und damit interpretationsfreier) Umgang mit lehramtlichen Sätzen, noch ein Automatismus der Zuordnung von Satz zu Satzverpflichtung zu empfehlen. Darüber hinaus kann man sich fragen – was der Begriff des „Commitment" zum Ausdruck bringen soll –, ob der Begriff des Katholischen Lehramts nicht adäquater im Rahmen von Kommunikationsgeschehen als im Rahmen eines propositionalen Verständnisses (Lehramt als Summe von Sätzen, die sich aufzählen und analysieren lassen) zu begreifen ist. Die Argumente scheinen durchaus mit den Argumenten im Zusammenhang einer Diskussion um ein propositionales versus ein non–propositional-prozesshaftes Offenbarungsverständnis vergleichbar zu sein. Ich schlage im Sinne einer Berücksichtigung des Kontextprinzips vor, den Begriff des Kommunikationsgeschehens vor den Begriff der Propositionalität zu stellen, um dadurch auch der Dynamik und Lebendigkeit lehramtlichen Wirkens Ausdruck zu verleihen. Außerdem ist darauf zu achten, dass die Ausübung des Katholischen Lehramts und der Begriff des Lehramts nicht abgekoppelt werden von den anderen ekklesiologischen Kontexten, ja von der Heilsökonomie im Allgemeinen.

Das Lehramt ist schließlich nicht die einzige Quelle für Autorität in der katholischen Kirche.[153] Thomas von Aquin charakterisiert den Glauben formal dadurch, dass Gott als die prima veritas derart anerkannt wird, dass jede Zustimmung zu Inhalten formal im Lichte dieses Glaubens an die prima veritas erfolgt. Dabei leitet das fundamentale Vertrauen, dass Gott als die prima veritas, als heilbringende und heilsmitteilende Wahrheit nicht täuschen und trügen kann. Dadurch bekommt der Glaube eine epistemische Sicherheit, eine „infallibilitas participata". In den Ereignissen der Heilsökonomie, also in Worten, Taten und Begebenheiten ist dieses Geheimnis Gottes offenbar geworden. Im Lichte Gottes, der die prima veritas ist, werden diese Ereignisse als Gegenstände des Glaubens bejaht. Der Primat kommt dabei stets der Anerkennung

[153] Für die folgenden beiden Absätze danke ich Peter Hünermann für wertvolle Hinweise.

Gottes als der ersten und grundlegenden Wahrheit zu, in deren Licht wir das Licht schauen. Als konstitutive Vermittlungsinstanzen, also als Konstituenten des Glaubens werden sie im Glauben bejaht. Die Äußerungen des Lehramtes sind in diesen Rahmen einzubetten. Dieser Rahmen ist also in dem Sinne universal, dass er die gesamte Heilsökonomie und die gesamte Gemeinschaft der Glaubenden umfasst.

Der Gemeinschaft der Glaubenden, die durch die Heilsökonomie erst konstituiert wird[154], kommt damit die Erstinstanzlichkeit in der Überlieferung und in der Bezeugung des Evangeliums Gottes, das in und durch Jesus Christus definitiv proklamiert und von den Aposteln bezeugt wurde, zu. Dieser Glaube des Volkes Gottes, der „indefectibilis" ist, ist in seinem geschichtlichen Bleiben angewiesen einerseits auf die zahlreichen Charismen, die dem Volk Gottes als ganzem und den einzelnen Mitgliedern dieses Volkes bzw. bestimmten Gruppen anvertraut sind und andererseits auf die amtlichen *ministeria*. Daraus ergibt sich nicht nur eine Begrenzung des Lehramtes, das ja nicht alleine die Bewahrung des Glaubens leisten kann, sondern auch eine Einbettung in einen Rahmen, der theologisch zu reflektieren ist: Von hier aus ist auch klar, dass auch die Ausübung des Katholischen Lehramts an Commitments gebunden ist, die vor der Differenzierung der Lehrautoritäten konstituiert wurden und diese erst ermöglichen. Das Katholische Lehramt hat eine bewahrende und eine auslegende Funktion, ist aber nicht primär über die Erzeugung neuer Sätze zu charakterisieren. Ich würde auch davor warnen, die bewahrende und auslegende Funktion des Lehramtes primär im Generieren von Sätzen zu sehen, geht es doch darum, Konsensformeln des Glaubens, also Formeln, in denen der Sinn von Geschichte und Gemeinschaft zusammengeht, im Hinblick auf die jeweilige geschichtliche Situation zu formulieren, was dieser Formulierungsarbeit primär den Charakter eines pastoral orientierten Kommunikationsgeschehens gibt.

Die Idee des Katholischen Lehramts ist deswegen nicht zu trennen vom Begriff von Commitments und zwar in folgendem Sinne: (i) das Lehramt selbst ist konstituiert durch Commitments, die die Idee des Lehramts erst ermöglichen und verständlich machen, (ii) die Ausübung des Katholischen Lehramts ist gebunden

---

[154] Vgl. Hebr 1,1f.

an Commitments, die die Grenzen der Willkür in der Ausübung des Lehramts einschränken. Diese Commitments haben personalen Charakter und betreffen jeden Lehramtsträger als Einzelnen und sie haben einen ginstitutionellen Charakter und betreffen die Institution des Lehramts. Sehen wir uns nun den Kernbegriff dieses Buches, den Begriff des Commitments, näher an.

Der Begriff von „Commitments"

Commitments sind Verpflichtungen, die durch das Fürwahrhalten von etwas entstehen. Quine hatte bekanntlich von den „ontological commitments" gesprochen, die jemand übernimmt, wenn er eine bestimmte Theorie für wahr hält. Wenn ich eine bestimmte Theorie für wahr halte, muss ich auch das Existieren bestimmter (Typen von) Entitäten akzeptieren, die ich dann in meiner Ontologie berücksichtigen muss. Ähnlich entstehen Commitments, wenn ich einen Satz für wahr halte. Wenn ich eine Proposition als wahr anerkenne, gehe ich Verpflichtungen ein. Diese Verpflichtungen beziehen sich erstens auf pragmatische Obligationen; ich gehe also mit der Akzeptanz einer Proposition *praktische Verpflichtungen* ein. Unter praktischen Commitments sollen die Verpflichtungen hinsichtlich der Handlungsplanung und Lebensgestaltung verstanden werden, die mit der Übernahme bestimmter Überzeugungen entstehen. Diesen Gedanken, dass Sätze Verpflichtungen nach sich ziehen, hat Charles Sanders Peirce in seiner Formulierung eines pragmatischen Sinnkriteriums ausgedrückt:

> „In order to ascertain the meaning of an intellectual conception one should consider what practical consequences might conceivably result by necessity from the truth of that conception; and the sum of these consequences will constitute the entire meaning of the conception."[155]

Hinter diesem methodologischen Vorschlag steht der Gedanke, dass Überzeugungen und Sätze in unserem Leben eine Rolle spielen. Austins Begriff der „force" könnte hier fruchtbar zur Anwendung gebracht werden. Sätze haben nicht nur eine Bedeutung, sie sind auch über die Rolle, die sie in einem Handlungszusammenhang spielen, zu charakterisieren. Diese Rolle, die Sätze spielen, kann anhand der Konsequenzen plausibel gemacht werden, die ein

---

[155] Peirce, *Collected Papers* 5.9.

Satz nach sich zieht. Wenn Bill den Satz „Bill ist mit Hillary verheiratet“ als wahr anerkennt, verpflichtet er sich, so zu handeln, dass dieser Satz im Ganzen seines Lebenszusammenhangs (man denke etwa an die Rechte und Pflichten, die aus dem Ehestand erwachsen) ohne Widersprüche wahr sein kann. Peirce spricht die praktischen Verpflichtungen an, die ich eingehe, wenn ich eine Proposition als wahr anerkenne. Die praktischen Verpflichtungen einer Proposition sind also jene praktischen Konsequenzen, die diese Proposition erfordert, wenn sie als ernsthafter Kandidat für einen wahren Satz akzeptiert wird. Der Satz „In der Küche brennt es lichterloh“ bringt andere Verpflichtungen mit sich als der Satz „In der Küche kann man Fisch zubereiten“. Das ist offensichtlich und hängt wiederum mit der Art zusammen, wie wir unsere sprachlichen Ausdrücke verwenden und in ein Ganzes von sprachlichen und nichtsprachlichen Handlungen einbauen. Wer auf den Satz „In deiner Küche brennt es lichterloh” hin nicht zu rennen beginnt, sondern etwa antwortet, „Das hat schon seine Richtigkeit“, der hat entweder den Satz nicht verstanden, wie er gemeinhin verstanden wird, oder er hat Interessen, die von den gewöhnlichen Interessen bezüglich des Zustands von Küchen abweichen (man könnte hier an einen Versicherungsbetrüger denken). Ein Kriterium für das Verständnis eines Satzes ist durchaus das Verständnis der praktischen Konsequenzen, die mit diesem Satz verbunden sind. Wenn ich eine Proposition für wahr halte, gehe ich zweitens *epistemische Verpflichtungen* ein. Der Satz „Wissenschaftliche Forschungen haben ergeben, dass die offizielle Gesamtausgabe der Schriften von Ioannes Duns Scotus sehr viel Material enthält, das nicht aus Scotus’ Feder stammt“ hat Konsequenzen für meine Überzeugungen hinsichtlich der Leistungen von Ioannes Duns Scotus, hinsichtlich der Scotusausgabe, die Carolus Balic 1950 begonnen hat, und hinsichtlich des Systems von Sätzen, das mir zur Verfügung steht, um die Geschichte der mittelalterlichen Philosophie zu beschreiben. Die epistemischen Commitments betreffen einerseits kategoriale Verpflichtungen, also Verpflichtungen hinsichtlich des Orientierungs– oder Kategorialsystems. Die Proposition „1938 wurde Österreich an Deutschland angeschlossen“ verpflichtet mich epistemologisch auf ein bestimmtes Kategorialsystem, in dem die Kategorien „1938“, „Deutschland“, „Österreich“ und „Anschluss“ funktionieren können. Eine bestimmte Proposition ist nur im Rahmen eines bestimmten Orientierungssystems verständlich zu machen.[156] Epistemische Commitments haben andererseits mit propositionalen Verpflichtungen zu tun, also mit dem Netz von Propositionen, das ich mit Akzeptanz eines Satzes mitakzeptieren muss. Wenn ich die Proposition „Albany ist die Hauptstadt des US–Bundesstaates New York“ akzeptiere, akzeptiere ich nicht nur ein Kategorialsystem und hat diese Proposition nicht nur eine bestimmte Rolle in meinem Leben, sondern ich akzeptiere auch jene Propositionen, die als Voraussetzungen, Implikationen oder Konsequenzen mit dieser Proposition verbunden sind. Diese Art von Verpflichtungen hinsichtlich von Kategorien (Begriffen) und Überzeugungen (Propositionen) soll der Begriff der epistemischen Commitments zum Ausdruck bringen.

Ich möchte eigens darauf hinweisen, dass ich die Zuordnung von Commitments zu Sätzen nicht nach einem mechanischen Schema denken möchte, sondern in dem Sinne, dass jeder Satz ein „Bündel von Commitments“ erzeugt. Die Rede von Bündeln von epistemischen Commitments („clusters of epistemic commitments“) möchte klarmachen, dass Commitments nicht isoliert werden können, sondern ähnlich wie die Aspekte eines Eigennamens in der Bündeltheorie von Eigennamen in der Sprachphilosophie ein Netz von lose miteinander verbundenen Obligationen ist. Solche Netze von Verpflichtungen müssen wir uns auch vorstellen, wenn es um die Charakterisierung der Bindungen geht, die durch die Akzeptanz lehramtlicher Äußerungen erwachsen.

Die Commitments, die lehramtliche Äußerungen erzeugen, will ich mit einem Begriff von Bernard Bolzano deutlich machen. Bolzano hatte in seinen religionsphilosophischen Überlegungen den Begriff des wichtigen Satzes eingeführt. *Wichtige* Sätze sind nach Bolzano Sätze, die einen allgemeinen Einfluss auf unsere Tugend und Glückseligkeit haben.[157] Dieser Einfluss kommt nicht auf zufällige Weise zustande, sondern auf eine systematische Weise und liegt damit in Gründen, die wiederum in der Natur des Menschen zu verorten sind. Wichtige Sätze sind also Sätze, die auf das

---

[156] Hilfreich für das Verständnis des hier unter „Orientierungssystem“ Gemeinten sind die Arbeiten von Stephen Körner (*Experience and Theory*; *Categorial Frameworks*; *Metaphysics*) und Nelson Goodman (*Weisen der Welterzeugung*; Goodman/Elgin, *Revisionen).*

[157] Bolzano, *Lehrbuch der Religionswissenschaft*, 86f. (§ 16).

Leben eines Menschen im Ganzen gesehen einen systematischen Einfluss ausüben. Diese Sätze sagen Richtungsweisendes für das Leben eines Menschen aus. Eben das erwarten wir von Äußerungen, die im Rahmen der Ausübung des Lehramtes getätigt werden und die mit der pastoralen Verantwortung des Lehramtes zusammenhängen. Lehramtliche Sätze sollen wichtige Sätze sein, wollen sie ihrer Aufgabe gerecht werden. Das können sie allerdings nur, wenn sie einen großen Impakt haben. Der Impakt eines Satzes hängt mit den Verpflichtungen zusammen, die durch Akzeptanz des Satzes übernommen werden. Der Impakt lehramtlicher Sätze wurde in den letzten 30 Jahren empfindlich vermindert, was – wenn man die Theorien von Kommunikationsgeschehen ansieht – nicht allein den Rezipienten anzulasten sein wird. Ich möchte jedenfalls grundsätzlich daran festhalten, dass lehramtliche Sprachhandlungen Richtungsweisendes für das Glaubensleben ausdrücken wollen. Dies kann wiederum nur geleistet werden, wenn es sich um wichtige Sätze im Sinne Bolzanos handelt, also um Sätze, die einen allgemeinen Einfluss auf Tugend und Glückseligkeit ausüben können und diesen auch tatsächlich ausüben.

Lehramtliche Sprachhandlungen haben empfindlich an Impakt eingebüßt. Der *Impakt* eines Satzes ist die Menge der mit diesem Satz verbundenen praktischen und epistemischen Konsequenzen, die wiederum durch Einlösung der übernommenen Commitments entstehen. Wir haben es hier also mit einem Bündel von Handlungen und mit einem Bündel von Überzeugungen zu tun, die von einem Satz betroffen sind. Die Größe dieses Bündels macht die *Reichweite* der Konsequenzen aus. Die Bewertung des Impakt eines Satzes hängt jedoch nicht allein von der Zahl der Handlungen bzw. Überzeugungen ab, die von diesem Satz betroffen sind. Darüber hinaus ist auch das *Gewicht* der Konsequenzen zu berücksichtigen. Zur Einschätzung des Gewichts schlage ich vor, hinsichtlich der praktischen Konsequenzen eines Satzes eine Unterscheidung zwischen fundamentalen, gravierenden und punktuellen Konsequenzen einzuführen. Dementsprechend wird man zwischen fundamentalen, gravierenden und punktuellen Commitments unterscheiden. Ein Satz kann fundamentale praktische Konsequenzen haben, wenn er eine Lebensform als solche umgestalten lässt. Wir könnten hier an Konversionserfahrungen denken. André Frossards berühmte Erfahrung in einer französischen Kathedrale ließ ihn zur Überzeugung gelangen: „Dieu existe, je l'ai rencontré.“ Diese

Aussage ist ein Beispiel für einen Satz, der fundamentale praktische Commitments abverlangt. Von gravierenden praktischen Konsequenzen eines Satzes will ich dort sprechen, wo der Satz nicht einzelne Handlungen, sondern Handlungstypen betrifft. Der Satz „Beim Bergsteigen soll man viel trinken“ hat Konsequenzen nicht nur für das Bergsteigen, das ich mir für heute vorgenommen habe, sondern für das Handlungsschema des Bergsteigens überhaupt. Hier verpflichtet ein Satz darauf, ein Handlungsschema, das dann in einzelnen Handlungen aktualisiert wird, in einer bestimmten Weise auszuführen. Der harmloseste Fall von praktischen Konsequenzen eines Satzes sind punktuelle Konsequenzen, die nur einzelne Handlungen betreffen, die an einem bestimmten Raum–Zeit–Punkt ausgeführt werden. Der Satz „Du hast einen Toilettefehler“ hat (hoffentlich) eine punktuelle praktische Konsequenz, ebenso wie der Satz „Auf dem Vertrag fehlt noch deine Unterschrift“. Auf diese Weise kann man das Gewicht der praktischen Konsequenzen einer Proposition bzw. das Gewicht der übernommenen Commitments ermessen.

Eine Unterscheidung von drei Fällen schlage ich auch zur Einschätzung des Gewichts von epistemischen Konsequenzen eines Satzes vor: Auch hier soll zwischen fundamentalen, gravierenden und punktuellen epistemischen Konsequenzen unterschieden werden. Ein Satz hat fundamentale epistemische Konsequenzen, wenn er das System der lebenstragenden Grundüberzeugungen tangiert. Es handelt sich dabei um „Weltbildsätze“, um Sätze, die nicht einen bestimmten Weltausschnitt wie etwa das internationale Finanzwesen oder die Nanotechnologien betreffen, sondern die Einstellung zur Welt als Ganzer. Ein Satz wie „Jeder Mensch wird vor dem Richterstuhl Gottes Rechenschaft über sein Leben ablegen müssen“ drückt eine solche Grundeinstellung aus, die das Leben als Ganzes prägt. Fundamentale epistemische Commitments legen Sätze auf, die fundamentale epistemische Konsequenzen nach sich ziehen, d.h. die lebenstragende Grundüberzeugungen betreffen. Ein Satz hat demgegenüber gravierende epistemische Konsequenzen, wenn er das System von Sätzen, das sich auf ein bestimmtes Gebiet, auf einen bestimmten Weltausschnitt bezieht, nachhaltig verändert, d.h. so, dass dieser Satz das System von akzeptierten Sätzen in Bezug auf ein bestimmtes Gebiet neu gestaltet. Der Satz „Derek Freeman hat 1983 nachgewiesen, dass Margaret Meads berühmtes Buch *Coming of Age in Samoa* auf unseriöser Feldarbeit beruht“ wird das System von Sätzen hinsichtlich des Gebiets „Margaret Mead“ bzw. hinsichtlich des Gebiets „amerikanische Cultural Anthropology“ nachhaltig verändern, mich aber (hoffentlich) nicht in den Grundfesten meiner Existenz erschüttern. Ein Satz hat schließlich punktuelle epistemische Konsequenzen, wenn er lediglich zu isolierten Überzeugungen führt, die keinen gravierenden Dominoeffekt aufweisen. Der Satz „Der Zug fährt geändert vom Bahnsteig 5 und nicht vom Bahnsteig 7 ab“ ist ein Beispiel für einen Satz, der keine gravierenden und schon gar keine fundamentalen epistemischen Konsequenzen nach sich zieht. An diesem letzten Beispiel sieht man auch, dass epistemische und praktische Konsequenzen in der Regel nicht voneinander getrennt werden können und so ins Verhältnis zu setzen sind, wie man Handlungen und Überzeugungen sowohl im Rahmen einer Erkenntnistheorie als auch im Rahmen einer Handlungstheorie aufeinander bezieht.

Der Impakt eines Satzes ist umso größer, je größer die Reichweite und je größer das Gewicht der Konsequenzen dieses Satzes ist. Lehramtliche Äußerungen sollen Richtungsweisendes für das Glaubensleben der Gläubigen ausdrücken und damit fundamentale epistemische und fundamentale praktische Commitments erzeugen. Je fundamentaler das Commitment allerdings, desto unklarer die Zuordnung von „Satz“ und „Konsequenz“. Dem einfachen Satz „Hier musst du unterschreiben“ ist eine klare Handlung zuzuordnen, komplexe Sätze der Art „Es gibt eine einzige Kirche Christi, die in der katholischen Kirche subsistiert“[158] konfrontieren uns mit einem Bündel von Verpflichtungen, wobei es hier wohl sinnvoll sein dürfte, Kernverpflichtungen von Randverpflichtungen zu unterscheiden und man andererseits bedenken könnte, zwischen einem dichten und einem dünnen Netz von Verpflichtungen zu unterscheiden. Das Bündel von Verpflichtungen kann, um eine Unterscheidung von Ryle und Geertz aufzugreifen[159], in einer dichten und in einer dünnen Weise aufgefasst und entsprechend eng oder weit gezogen werden. Hier besteht also ein irreduzibler Interpretationsbedarf. Und hier sieht man noch einmal, dass die Commitments, die durch Sprachhandlungen im Rahmen der Aus-

---

158 Erklärung „Dominus Iesus“, Nr. 17.

159 Vgl. Ryle, *The Thinking of Thoughts*; Geertz, *The Interpretation of Cultures*, 6ff.

übung des Lehramtes erzeugt werden, nicht einfachhin mechanisch im Sinne einer Zuordnung „hier der Satz, dort die Konsequenz/Interpretation“ (oder wie Wittgenstein einmal geschrieben hat: „hier ist das Geld, dort die Kuh ...“) zu denken sind.

Die Latte liegt dementsprechend hoch. Die Ausübung des Katholischen Lehramts ist auf Sätze angewiesen, die einen allgemeinen Einfluss auf Tugend und Glückseligkeit ausüben können. Denn die „salus animarum“ bleibt die oberste Norm pastoralen Handelns – und es kann nicht geleugnet werden, dass die Ausübung des Lehramts in Kategorien pastoraler Tätigkeit zu begreifen ist. Lehramtliche Sätze – wenn Sätze, die im Rahmen der ordnungsgemäßen Ausübung des Lehramts formuliert werden, so genannt werden können – sollen daher „wichtige Sätze“ sein. Wichtige Sätze im Sinne Bolzanos sind Sätze, die fundamentale epistemische und fundamentale praktische Commitments auferlegen, weil mit diesen Sätzen fundamentale epistemische und fundamentale praktische Konsequenzen verbunden sind. Wichtige Sätze sind Sätze mit einem großen Impakt, also mit großer Reichweite und großem Gewicht. Der Begriff des Impakts spricht die langfristigen Folgen eines Handelns an. Eine Gesetzesänderung, ein Straßenbau, ein Gesundheitsvorsorgeprojekt – sie alle können einen Impakt haben, der sich in einer nachhaltigen Veränderung des Lebens der Betroffenen zeigt. Wichtige Sätze verändern das Leben der Adressat(inn)en in nachhaltiger Weise. Es handelt sich also um Sätze, die einen allgemeinen Einfluss auf Fragen des sittlichen Lebens ausüben und die Fragen „Wie sollen wir leben?“ (Tugenden) und „Woraufhin sollen wir leben?“ (Frage nach dem letzten Ziel: Glückseligkeit) zu beantworten suchen. Diese Sätze betreffen die Einstellung zum Leben als Ganzem, betreffen die lebenstragenden Grundüberzeugungen (fundamentale epistemische Konsequenzen) und die Lebensform (fundamentale praktische Konsequenzen).

Wichtige Sätze sind Sätze mit großem Impakt, das heißt Sätze, die, wenn sie als ernsthafte Wahrheitskandidaten akzeptiert werden, fundamentale epistemische Commitments und fundamentale praktische Commitments auferlegen. Wichtige Sätze sind Sätze, die relevant sind für das Orientierungssystem eines Menschen. Ein Satz ist relevant für das Orientierungssystem eines Menschen, wenn (i) dieser Satz als ernsthafter Kandidat für einen wahren Satz in Frage kommt, wenn (ii) bestimmte Commitments, die sinnvollerweise aufgrund dieses Satzes zu übernehmen sind, mit den akzeptierten lebenstragenden Grundüberzeugungen und der gegenwärtigen Lebensform eines Menschen unverträglich sind. Neben der bewahrenden und der auslegenden Funktion, die man unbedingt anführen muss, kann man überlegen, lehramtliche Sätze auch über eine korrigierende und sogar provozierende Funktion zu charakterisieren. Es bleibt ein subjektives Moment – es kann nicht sein, dass ein und derselbe Satz in zwei Menschen ein und dasselbe Bündel von Verpflichtungen erzeugt, da der Rezeption ein unabdingbar subjektives Moment eignet. Mit einem Satz werden nur dann Commitments übernommen, wenn dieser Satz in das Ganze der eigenen Lebensform eingebettet und damit zu einem Fall von „personal knowledge" (Polanyi) wird. Das „Wissen" lehramtlicher Sätze ist nicht ein Inhalt, der wie ein Kübel Wasser neben dem Wissensträger steht und jederzeit hineingeschüttet werden kann, sondern ist auf Überzeugungssysteme und Handlungsstrukturen des Subjekts abzustimmen. Commitments entstehen dort, wo ein Satz verstanden wird. Und einen Satz verstehen heißt, sich diesen Satz zu Eigen machen. Daraus ergeben sich auch Hinweise auf die Notwendigkeit (das Leben im Glauben ist angewiesen auf das Übernehmen von auch expliziten Commitments) und auf die Grenzen des Lehramtes (Commitments können nicht erzwungen, rein objektiv bestimmt und mechanisch verrechnet werden).

Notwendigkeit

Nicht nur die Idee des Katholischen Lehramts im Rahmen der theologischen Theorienbildung (im Sinne der Begründung theologischer Modelle), sondern auch die Ausübung des Lehramts in der kirchlichen Praxis sind unabdingbar: Religionen haben notwendigerweise eine institutionell verfasste Gestalt[160], wenn wir es mit Bewahrung der religionsstiftenden Botschaft und der Vermittlung dieser Botschaft über räumliche und zeitliche Kontexte hinweg zu tun haben. Religion ist notwendig institutionell vermittelt, damit

[160] Berger und Luckmann sprechen von der „Externalisierung" und der „Objektivation" einer Religion; vgl. Berger/Luckmann, *Die gesellschaftliche Konstruktion der Wirklichkeit*, 49ff.

ist die Kirchlichkeit des Christentums unvermeidbar.[161] Die Idee eines religionslosen Christentums[162] hat sich als undurchführbar erwiesen, weil es für den Transport eines Inhalts eine Form braucht. Das Christentum ist auf „Strukturen des Christlichen" angewiesen, die Stabilität, Tradierbarkeit und Gemeinschaft ermöglichen.[163] Die Dynamik religiöser Bewegungen zeigt einen Übergang von informellem zu formalem Regelwerk – so bildete sich im Christentum die Idee des Amtes heraus.[164] Dieser Transformationsprozess von Botschaft in Lehre und von Ordnung in Amt vollzog sich auf nachdrückliche Weise in der Zeit der Patristik. Die Kirchenväter traten „als authentische Glaubenszeugen und als Träger der apostolischen Sukzession im Bischofsamt … in Synoden und Konzilien auch [als] kompetente ‚Richter' in den Auseinandersetzungen um den Inhalt und die rechte Darstellung des Glaubens" [165] auf. Das Ziel, die Botschaft Jesu zu bewahren und zu tradieren, wurde durch die Schaffung einer Doktrin und einer Institution erreicht, wobei die Idee der apostolischen Nachfolge den Bezug zu Intention und Botschaft Jesu herstellt.

Die Notwendigkeit des Lehramts ergibt sich auch aus dem erkenntnistheoretischen Problem der Willkür von Aussagen über Übernatürliches: Aussagen über eine unsichtbare, transzendente Welt sind der intersubjektiven Prüfbarkeit entzogen. Man kann nicht über die „Verhältnisse im Himmel" abstimmen. Um eine Glaubensgemeinschaft daher als solche zu konstituieren und zu erhalten, braucht es eine Instanz, die das Verhältnis der Menschen zum Transzendenten ordnet und leitet. „Die einleuchtendste Antwort, warum wir uns der Autorität der Kirche fügen in den Fragen und Entwicklungen des Glaubens, ist nämlich die, daß es irgendeine Autorität geben muß, wenn überhaupt eine Offenbarung gegeben worden ist, und daß es eine andere Autorität als sie nicht gibt" [166], schreibt Kardinal Newman. In religiösen Fragen sind Autoritätsbildungen nicht nach dem Muster weltlicher Beauftragungen zu verstehen, weil im Bereich der Religion Gott als *actor*

---

[161] Rahner, *Grundkurs des Glaubens*, 313f., 332f.

[162] Vgl. die Beiträge in Neumann, *„Religionsloses Christentum" und „nicht–religiöse Interpretation" bei Dietrich Bonhoeffer*.

[163] Ratzinger, *Einführung in das Christentum*, 197ff.

[164] Schillebeeckx, *Das kirchliche Amt*, 13–22.

[165] Müller, *Katholische Dogmatik*, 91.

[166] Newman, *Über die Entwicklung der Glaubenslehre*, 82.

und *auctor* ins Spiel kommt und weil es in religiösen Fragen keine konsequente epistemische Demokratie, die durch intersubjektive Prüfverfahren gesichert wäre, geben kann. Es hat wenig Sinn, darüber abzustimmen, ob Jesus Christus der Sohn Gottes war oder nicht. Ich gebe zu, dass es u.U. sinnvoll sein kann, sich über manche Redeweisen zu unterhalten und hier Argument gegen Argument abzuwägen. Daraus ergibt sich auch ein Spielraum in der Ausübung des Lehramts, das auf viele verschiedene Weisen umgesetzt werden kann. Ich möchte hier neben der Notwendigkeit des Lehramts auch von „Chancen" sprechen, die sich dadurch ergeben, dass das Lehramt in besonnener und kluger, pastoral sensibler und integrer Weise ausgeübt werden kann. Wenn man von „Chancen" des Lehramts spricht, möchte man auf Handlungsmöglichkeiten hinweisen, die genützt oder aber auch nicht genützt werden können und wohl einerseits von aktivem und planbarem Zutun und andererseits aber auch von unwägbaren Faktoren abhängen. Neben der Betonung der Notwendigkeit des Lehramts ist es wohl auch sinnvoll, auf diese Kontingenzen hinzuweisen, die den Gestaltungsspielraum des Lehramts betreffen. Hier kann man sich Gedanken über die kluge Ausübung des Lehramts in der Kirche machen. Neben pastoraltheologischen und wissenssoziologischen sind hier auch erkenntnistheoretische Überlegungen anzustellen und etwa Prinzipien der Ökonomie zu berücksichtigen. Ockhams Rasiermesser ist auch ein Instrument für Lehramtsträger. Strikte Glaubensentscheidungen gehorchen der Not, nicht der Tugend der Stunde[167]; eine Glaubensentscheidung ist so eng wie nötig und so bescheiden wie möglich zu formulieren. Weiters sind Entscheidungen nur dort zu treffen, wo sie tatsächlich notwendig sind. Ein solcher „Regelkatalog" kann aber wiederum nicht sämtliche Aspekte abdecken; im einzelnen Fall ist auf die Urteilskraft derjenigen, die ein Lehramt in der Kirche ausüben, zu vertrauen.

---

[167] Ich will ein Beispiel geben: John Henry Newman hatte am 28. Januar 1870 in einem Brief an Bischof Ullathorn seine Bedenken gegen eine Definition von „Unfehlbarkeit" im Ersten Vatikanischen Konzil zum Ausdruck gebracht: „Wann ist eine Lehrentscheidung de fide jemals ein Luxus einer übertriebenen Frömmigkeit und nicht eine ernste bittere Notwendigkeit gewesen?" (Newman, *Briefe*, 544).

Der Rede von der Unabdingbarkeit und von den Chancen des Lehramts ist die Rede von den Grenzen des Lehramts zur Seite zu stellen. Es muss deutlich gesagt werden: Das Katholische Lehramt ist nicht von ultimativer Wichtigkeit. Es gibt wichtigere und dringlichere Fragen als jene Anliegen, die im Rahmen der institutionalisierten Beziehungen und Operationen des Katholischen Lehramts von Menschen wahrzunehmen sind. Das Christentum ist die Botschaft von der Liebe Gottes zu den Menschen. Dies ist Grund, Kern und Ziel des Christentums. Das Lehramt ist Mittel zum Zweck, nicht Zweck in sich selbst. Das Lehramt wird über seine Dienstfunktion, über einen Dienst an der Kirche und an der Sache Jesu gerechtfertigt.[168] Das Lehramt ist eine sekundäre und abgeleitete Größe, ja, die Lehre von der Kirche ist nicht die Kernaussage des Christentums.[169] Das Lehramt der Kirche ist Teil einer kontingenten sozialen Wirklichkeit, die dringlichere Anliegen hat als die Frage der Orthodoxie. Das Risiko des Irrtums kann nicht die erste und ständige Sorge der Kirche sein. Wahrheitsfragen können von Gerechtigkeitsfragen nicht abgekoppelt werden. Das ist Teil unserer geschichtlichen Existenz.

Inhaltlich lassen sich folgende Grenzen des Lehramts ausmachen, die mit Grenzen von Lehrtätigkeiten und Verkündigungsdienst überhaupt zu tun haben: Eine Grenze des Lehramts ist durch die Ineffabilität der Glaubenswahrheit gegeben, durch die Unausschöpfbarkeit des Lebens Jesu Christi, durch die Unausschöpfbarkeit der Tradition, die sich – als Serie lokaler Theologien begriffen – nicht „sauber“ auf den Begriff bringen und in einheitliche und definitive Kategorien gießen lässt, und auch durch die Unausschöpfbarkeit des Wortes Gottes: „Das Wort Gottes, das uns übermittelt wird durch die Tradition und das festgehalten ist durch die Heilige Schrift, ist wie die Quelle so auch die höchste, nicht überholbare und auch tatsächlich nie eingeholte oder ausgeschöpfte Norm allen Lehrens in der Kirche.“[170] Eine weitere Grenze des Katholischen Lehramts besteht in der Vertrauensbasis,

---

[168] Vgl. *Dei Verbum* 10,2: „... quod idem Magisterium non supra Verbum Dei est, sed eadem administrat.“

[169] Rahner, *Grundkurs des Glaubens*, 315.

[170] Kern, *Lehramt*, 243.

die für das Gelingen lehramtlichen Handelns, für das Glücken von Lehren und Lernen notwendig ist: Ohne das Vertrauen in den Stiftungscharakter der Kirche und des Lehramts wird es schwer möglich sein, kirchliche Würdenträger in Kategorien, die jenseits einer soziologischen Betrachtung von Funktion und Rezeption liegen, zu betrachten. Ohne dieses Vertrauen können lehramtliche Texte wenig mehr sein als Beiträge zu einer Diskussion, Zeugen einer Institutionskultur, Reflexion sozialen Geschehens. Im Rahmen der Kirche sollte hier eine Hermeneutik des Vertrauens gegenüber einer Hermeneutik des Verdachts die Priorität einnehmen. Das gilt gerade auch für das Verhältnis der Theologie zum Kirchlichen Lehramt.

Grenzen des Lehramts liegen in der Sache: Das Fundament des Lehramts ist ein Glaubensbekenntnis, das allen Lehramtsträgern und allen, die sich der Kirche zugehörig wissen, gemeinsam ist. Aufgrund dieses geteilten Glaubensbekenntnisses wird die Konsistenz zwischen Lehramt und „Herde“ gestärkt und der Definitionsspielraum des Katholischen Lehramts explizit eingeschränkt. Das Lehramt ist sachlich auf das Glaubensbekenntnis und dessen Basis in der (verschriftlichten und lebendig überlieferten) Christuserfahrung verpflichtet: „Diese Sachgebundenheit wird im kanonischen Recht für das oberste kirchliche Lehramt durch die Formel bündig zum Ausdruck gebracht, daß nur als endgültig verpflichtende Lehre vorgetragen werden kann, was im schriftlich oder sonstwie überlieferten Wort Gottes enthalten ist.“[171] In lehramtlichen Texten selbst finden sich klare Aussagen zur Einschränkung der lehramtlichen Urteilskraft: Über die Gesinnung oder die Absicht (bzw. über Verborgenes) urteilt die Kirche nicht, da es sich um etwas Innerliches handelt (DH 1814, 2666f., 3318). Das Lehramt kann eine Gesinnung nur dann und insofern beurteilen, wenn und insofern die Gesinnung geäußert wird (DH 3318). Bei der Beurteilung vorgelegter Schriften beurteilt das Lehramt aufgrund dieser Regel daher nicht die Gesinnung und die Absicht des Autors, sondern urteilt über den (öffentlichen) Wortsinn (DH 2910–2912, 2390).

Das Lehramt kann in seiner Tätigkeit weder alle Bereiche des Christseins abdecken, noch auch die tiefsten und wichtigsten Be-

[171] Aymans, *Begriff, Aufgabe und Träger des Lehramts*, 427; vgl. CIC, can. 1322 § 1.

reiche berühren. Christsein ist eine Lebensform und nicht das rechte Wissen, sondern das rechte Tun entscheidet über die echte Nachfolge Christi.[172] Die persönlichen Bereiche, das *forum internum*, die Räume, in denen der Mensch vor Gott tritt, fallen nicht in den Manipulationsbereich des Lehramtes.[173] Die sensibelsten und persönlichsten Bereiche christlicher Existenz können einem Menschen nicht in der Weise vermittelt werden, wie man eine bestimmte Technik lehrt. Diese Dimensionen können nicht durch Worte und Dokumente gelehrt werden, sondern lediglich durch das Zeugnis des Lebens.[174] Es gibt Aspekte von Autorität, die nicht durch die Autorität von Dokumenten erreicht werden können. Joseph Kardinal Bernardin machte die Erfahrung einer tiefen, neuen, geschenkten Autorität, als er selbst mit Krebs diagnostiziert wurde: „A dying person does not have time for the peripheral or the accidental. He or she is drawn to the essential, the important – yes, the eternal."[175] Leiden ist ein Ruf, sich um das Wesentliche zu

---

[172] „Christianity is not just about 'believing' in Jesus as savior, but involves discipleship, training, and practice in order to acquire the mind of Christ. Medical learning does not of itself cure illness if one does not follow the prescribed treatment. So, too, a knowledge of doctrine does not save without practice, and no salvation without transformation" (Mullins, *Christianity Made in Japan*, 86).

[173] Deutlich wird das in Graham Greens *The Heart of the Matter* an der Stelle, an der Mrs. Scobie sagt: „The Church knows all the rules. But it doesn't know what goes on in a single human heart" (306). Die Grenzen des *forum internum*, die Grenzen der Subjektivität sind auch Grenzen der Lehrkompetenz. Von literarischen Texten, die ein sensibler Seismograph für soziale Zustände sind, kann man auch in Fragen des Kirchenbildes viel lernen. Ein Beispiel: 1905 erschien der Roman *Il Santo* des italienischen Autors Antonio Fogazzaro. Romanheld ist ein Laie, der die Kirche von den Sünden der Unaufrichtigkeit, der Machtgier und der Weltlichkeit zu befreien sucht. Werden hier nicht auch Grenzen des Lehramts und seiner Ausübung angesprochen, die auch mit den Grenzen des Menschen und des Menschlichen zu tun haben?

[174] Das kann man mit einer Einsicht illustrieren, die Henri Nouwen nach einer Begegnung mit Père Thomas hatte: „Much Church discussion today focuses on the morality of human behavior: premarital sex, divorce, homosexuality, birth control, abortion, and so on. Many people have become disillusioned with the Church because of these issues. But when the moral life gets all the attention, we are in danger of forgetting the primacy of mystical life, which is the life of the heart" (Nouwen, *The Road to Daybreak*, 48). Gustavo Gutiérrez hat uns immer wieder daran erinnert – am stärksten in seinen Reflexionen auf das Buch Hiob (*On Job*) –, dass eine prophetische Sprache auf eine mystische Sprache angewiesen ist und diese beiden Sprachen und die Haltungen, die sie zum Ausdruck bringen, nicht voneinander getrennt werden können.

[175] Bernardin, *A Moral Vision for America*, 167.

kümmern, um das, was zählt. Die Autorität des Leidens ist eine andere als die Autorität der Macht oder die Autorität der Brillanz. Eine leidende Kirche, eine Kirche, die mit denen leidet, die leiden, hat eine tiefere, reinere, authentischere Autorität als Kirche. Die Kraft des kirchlichen Lehramtes hängt davon ab, inwiefern Träger des Lehramts die tiefen Schichten menschlicher Existenz ansprechen und berühren können. Hierin zeigt sich wiederum die Verbindung zwischen institutionellem Lehren und persönlicher Heiligkeit.

Das Lehramt kann die subjektive Dimension der Wahrheitssuche weder eliminieren noch ersetzen. Das Lehramt ist nicht die einzige Wahrheitsquelle für die Gläubigen.[176] Jede aufrichtige Suche nach Wahrheit hat eine subjektive Dimension. Das gilt auch für die Aneignung der Offenbarung.[177] Der Wille Gottes wird nicht ausschließlich durch objektive und objektivierbare Strukturen vermittelt – religiöse Erfahrung ist zutiefst subjektiv, personal, intim. Die ignatianischen Exerzitien haben gerade dieses Anliegen, die subjektive Dimension des Glaubenslebens zu stärken und (im Lichte der Lehre der Kirche) sensibel zu sein für innere Regungen und Bewegungen des Herzens. Diese subjektive Dimension kann nicht eliminiert werden zugunsten einer „Sicht von Nirgendwo“ auf Gott. Der Blick auf den Gott Abrahams, Isaaks und Jakobs ist stets ein Blick von Irgendwo. Außerdem besteht zwischen einem allgemeinen Dokument und der je lokalen Anwendung immer noch eine Kluft, die handelnd geschlossen werden muss. Das Schließen dieser Kluft geschieht, wie gesagt, durch die Urteilskraft. Die Urteilskraft schließt die Fähigkeit ein, das Wichtige vom Unwichtigen zu unterscheiden, Prioritäten zu setzen, Fälle zu gewichten. Auch im unterschiedlichen Gewicht lehramtlicher Aussagen und Fragen liegt eine Grenze, die durch den individuellen Gebrauch der Urteilskraft zu schließen ist.[178] Diese Fähig-

---

[176] Bernhard Fraling hat das Bild des Boten verwendet, der die Botschaft des Senders auslegt. Dabei ist dieser Bote nicht die einzige Wahrheitsquelle, die den Gläubigen zur Verfügung steht. Das Lehramt befindet sich also nicht zwischen den Offenbarungswahrheiten und dem Wahrheitsempfänger (dem gläubigen Volk), sondern „steht gewissermaßen neben diesem und führt ihn dazu, selbst in ein unmittelbares Verhältnis des Glaubens und Liebens einzutreten und auch in eine persönliche Einsicht der sittlichen Werte“ (Fraling, *Das kirchliche Lehramt aus der Sicht der katholischen Moraltheologie*, 84).

[177] Vgl. O'Meara, *Towards a Subjective Theology of Revelation.*

[178] Es ist eine Sache der Urteilskraft, das Gewicht von Glaubenssätzen einzuschätzen und Glaubenssätze zueinander in Beziehung zu setzen. Newman hat

keit, die Urteilskraft zu gebrauchen, kann nicht durch das regelstiftende Lehren der Kirche aufoktroyiert werden. Die Kluft zwischen konkretem Fall und allgemeiner Regel ist durch die handelnde Person zu schließen. Und nur durch diese.

Grenzen des Lehramts und seiner Ausübung liegen schließlich auch in der Rezeption, die nicht in der Verfügungsgewalt des Lehramtes selbst liegt – unbeschadet der inhaltlichen Fragen hat etwa die Enzyklika *Humanae Vitae* die Autorität des päpstlichen Lehramts in der Öffentlichkeit deutlich geschwächt. Pastorale Aspekte sind es auch, die andere Überlegungen anleiten: Je feiner und subtiler die Unterscheidungen sind, die durch lehramtliche Texte eingeführt werden, desto weniger signifikant werden diese in der Realität des täglichen religiösen Lebens sein.[179] Die Neuscholastik wurde schließlich unter anderem deswegen kritisiert, weil sie eine Fülle von Unterscheidungen hervorbrachte, die sich weder im akademischen Raum noch (geschweige denn!) im religiösen Alltag administrieren ließ. Ähnlich ist einzusehen, dass eine Multiplikation von Gesetzen und Verordnungen, Dokumenten und Erlässen die Autorität des Lehramtes nicht stärken kann, schon gar nicht auf der Ebene der *religiosidad popular*. Es ist auch Teil der Klugheit in der Ausübung des Lehramts in der Kirche, die geeigneten Mittel zum Erreichen des Zieles des Lehrens zu wählen; Mittel, die die Adressatinnen und Adressaten nicht erreichen, sind unklug gewählt. Auch eine Vermehrung der „Normmasse" schwächt den Orientierungswert der Verkündigungsarbeit. Salopp gesagt: Eine Flut von neuen Gesetzen ist in der Regel Zeichen einer schlechten Regierung. Dazu kommt die Grenze der Wirkkraft

---

hier klare Prioritäten gesetzt: „Um alles richtig einzuordnen, möchte ich die Menschwerdung als die zentrale Wahrheit des Evangeliums ansehen und als die Quelle, aus der wir seine Prinzipien zu schöpfen haben" (Newman, *Entwicklung der Glaubenslehre*, 281).

179 Hierzu zwei Illustrationen: „The masses of our simple folk, not encumbered with the complexity of the philosophical formulations of the faith of the educated elite, kept the faith because of their personal knowledge and relationship with *Papacito Dios*, Jesus, Mary, and the saints" (Elizondo, *The Future is Mestizo*, 69). Ähnlich: „An anthropologist studying the differences between active Catholics and evangelicals in an Indian town in Guatemala told me he was finding little difference in beliefs about God or Christ or other doctrinal points or even about politics. The sharpest cleavage was over liquor" (Berryman, *Stubborn Hope: religion, politics, and revolution in Central America*, 150).

des Lehramtes durch die Differenz zwischen „offizieller Glaubenslehre“ und „Volksfrömmigkeit“: „Niemand wird leugnen können, daß bezüglich des materialen Glaubensinhaltes eine erhebliche Differenz besteht zwischen dem, was kirchenamtlich ausgedrückt als Inhalt dieses Glaubens gelehrt wird, und dem, was davon im Glaubensbewußtsein des Durchschnitts der Kirchenchristen gewußt und festgehalten wird.“[180] Diese Differenz kann auch als Differenz zwischen institutioneller Verantwortung eines Bischofs und seinen persönlichen Glaubensüberzeugungen eine Rolle spielen. Damit hängt die Frage zusammen: Haben die Bischöfe den nötigen Freiraum, um ihr Lehramt ausüben zu können? Haben die Bischöfe genügend Raum und Zeit, um sich jenes ausgewogene Urteil bilden zu können, das in konfliktiven Situationen gefragt ist? Hier stellen sich Strukturfragen etwa der Art: Erlauben die Strukturen der institutionell verfassten Kirche eine integre Ausübung des Lehramtes? Bleibt in der Ausübung des Lehramts genügend Freiraum, die Theologie, die der Ausübung des Lehramts notwendigerweise und wenigstens implizit zugrunde liegt, zu reflektieren? Die Ausübung des Lehramts impliziert eine spezifische Aneignung des *depositum fidei*, wodurch klargestellt ist, (i) dass das Lehramt von innen her begrenzt ist und diese Grenzen durch den Glaubensgrund gegeben sind, (ii) dass das Lehramt auf die Theologie verwiesen ist, die damit zur Selbstvergewisserung des Lehramts, zur Erfüllung seiner epistemischen Pflichten und zur Umsetzung von Standards intellektueller Redlichkeit in der Ausübung des Lehramts notwendig ist.[181]

---

[180] Rahner, *Offizielle Glaubenslehre der Kirche und faktische Gläubigkeit des Volkes*, 15.

[181] „Das Lehramt ist für den Glauben und seine Geschichte nicht das erste und grundlegendste Datum, weil seine Existenz und seine formale Autorität durch Offenbarung und Glaube im voraus zum Lehramt selbst konstituiert und ergriffen werden müssen; das Lehramt arbeitet immer schon mit einer Theologie, die ihr als Mittel seiner eigenen Verkündigung immer schon vorausgeht, ohne daß solche Theologie in ihrer Herkunft, in ihrer Brauchbarkeit und in ihrem Pluralismus von diesem Lehramt adäquat durchreflektiert sein könnte“ (Rahner, *Schriften zur Theologie* XIII, 79).

II. Die Aufgabe eines Begriffs der Philosophie

1. Philosophie
2. Ein Weg zu einem Begriff von Philosophie
3. Epistemische Gerechtigkeit
4. Der Beitrag der Philosophie zu Theologie und Kirche

1. Philosophie

Die Frage „Was ist Philosophie?“ ist problematisch wie die meisten „Was–ist“–Fragen. Die Frage, was unter Philosophie zu verstehen ist, ist eine philosophische Frage, die Arbeit an dieser Frage ist philosophische Arbeit. Diese Arbeit ist in dem Sinne eine Sisyphos–Aufgabe, dass man nicht damit rechnen kann, je zu einem endgültigen Ergebnis zu kommen – das Verständnis von Philosophie wandelt sich im Laufe philosophischer Arbeit. Dennoch ist die Arbeit an einem Begriff von Philosophie nicht unwichtig, da die besonderen philosophischen Überlegungen davon abhängen, was unter „Philosophie“ im Allgemeinen verstanden wird. Einzelne philosophische Theorien werden in Abhängigkeit von einer expliziten oder impliziten Auffassung von Philosophie entwickelt. Die Frage, ob Experimente an Primaten relevant für den Vernunftbegriff sind, hängt vom zugrunde gelegten Verständnis von Philosophie ab. Wird ein Begriff von Philosophie vertreten, der die Philosophie als Zweig der empirischen Psychologie bzw. der mathematischen Logik auffasst, kann wohl kaum verständlich gemacht werden, warum Heideggers Ausführung in *Sein und Zeit* als philosophische Überlegungen gelten sollen.

„Implikaturen“

In der Praxis philosophischer Theorienbildung, so könnte man einwenden, ist eine explizite und systematische Auseinandersetzung mit dem, was Philosophie ist, zweitrangig. Erkenntnistheorie oder Logik lässt sich auch betreiben, ohne über ein explizites Verständnis von Philosophie zu verfügen, philosophische Probleme lassen sich bearbeiten, auch ohne über eine klare Antwort auf die Frage „Was ist ein ‚philosophisches' Problem?" zu verfügen.[1] Dennoch kann nicht behauptet werden, dass ein Begriff von Philosophie nicht implizit in jede philosophische Theorienbildung innerhalb der philosophischen Teildisziplinen einfließen würde. Das kann man sich an folgender Analogie klarmachen: Ein Satz, der in einer Gesprächssituation geäußert wird, kann unter einer bestimmten Rücksicht mit einer bestimmten philosophischen Theorie verglichen werden, wie sie von einer philosophischen Einzeldisziplin hervorgebracht wird (wie etwa eine Theorie über die Metapher oder über das Leib–Seele–Problem). Die Gesprächssituation gibt den „Rahmen" für den Satz ab, so wie die Auffassung von Philosophie den Rahmen für eine bestimmte philosophische Theorie abgibt. Der Begriff des Rahmens wurde von Gregory Bateson[2] entwickelt, der uns dazu einlädt, Situationen mit Bildern zu vergleichen, die auf verschiedene Weise gerahmt werden können. Der Rahmen einer Situation entscheidet über den Status, den diese Situation in einem sozialen Kontext oder in einem umgreifenden Handlungszusammenhang erhält. Nach dem Mikrosoziologen Erving Goffman bezieh t sich die normative Kraft von Institutionen vor allem auch auf die Reglementierung der situativen Rahmen. Wenn der Einzelne in unserer westlichen Gesellschaft ein bestimmtes Ereignis erkennt, neigt er dazu, seine Reaktion faktisch von einem oder mehreren Rahmen oder Interpretationsschemata bestimmen zu lassen, und zwar von solchen, die man primäre nennen könnte.[3] Primäre Rahmen bilden den Hauptbestandteil der Kultur, vor allem insofern, als sich ein Verstehen in Bezug auf wichtige Klassen von Schemata entwickelt.[4] Durch Institutionen können Rahmenstreitereien[5], wie sie etwa im Zusammenhang mit „Erscheinungen" oder „Wundern" auftreten, vermieden werden. Als primärer Rahmen von philosophischen Überlegungen kann die standardisierte Auffassung von Philosophie, wie sie etwa innerhalb der akademischen Kultur vermittelt wird, angesehen werden. Mit Berufung auf einen primären Rahmen ist es möglich, „nor-

---

1 Die Antworten auf diese – selten gestellte – Frage variieren beträchtlich; vgl. Schulte/Wenzel, *Was ist ein ‚philosophisches' Problem?*

2 Bateson, *Steps to an Ecology of the Mind.*

3 Goffman, *Rahmenanalyse*, 31.

4 Ebd., 37.

5 Ebd., 352ff.

male Wissenschaft“ zu betreiben. Der Rahmen schafft auch Engagement und kanalisiert das Handeln – zu jedem Rahmen gehören normative Erwartungen bezüglich der Tiefe und Vollständigkeit, mit der die Menschen in die durch den Rahmen organisierten Vorgänge eingebunden sein sollten.[6] Institutionen geben Halt und stellen Rahmen für Situationen bereit, so kann im Allgemeinen die Regelunsicherheit bei Ausbrechen aus dem Rahmen vermieden werden.[7] In diesem Sinne stellt auch die Gesprächssituation die Sicherheit darüber her, in welchem Rahmen ein Satz gesagt wird. Ähnlich kann das Verständnis von Philosophie den Rahmen abgeben, innerhalb dessen sich philosophische Überlegungen bewegen.

Wir könnten also in Anlehnung an die Theorie der Konversationsimplikaturen von Paul Grice von *P–Implikaturen* sprechen. Die einzelnen philosophischen Theorien implizieren einen Begriff von Philosophie und transportieren Grundüberzeugungen dieses Begriffs mit. So kann zwischen dem, was eine bestimmte philosophische Theorie über ihr begrenztes Gebiet behauptet, und dem, was zusätzlich angenommen werden muss, um dieses Gebiet und die verwendete Methode als philosophische Theorie auszuweisen, unterschieden werden. Grice unterscheidet bekanntlich zwischen dem, was gesagt wird – das ist der logische Gehalt, das Minimum, das notwendig ist, um die Wahrheitsbedingungen des Satzes spezifizieren zu können – und dem, was notwendig ist, um das Gesagte einordnen zu können, was nicht allein eine Sache des logischen Gehalts ist, weil es nur in wenigen Alltagsgesprächen primär um die Bestimmung des Wahrheitswertes der geäußerten Sätze geht. In unserem Fall ist der Begriff von Philosophie das, was notwendig ist, um eine bestimmte philosophische Theorie in einen Rahmen einordnen zu können. Nach Grice bestimmt der Kontext der Äußerung, was in einer vorliegenden Äußerung impliziert ist. Dabei kann das Regelwerk, in das die einzelne Äußerung eingebettet ist, vage sein, „but at each stage, *some* possible conversational moves would be excluded as conversationally unsuitable“[8]. Das

---

6 Ebd., 376.

7 Ebd., 409.

8 Grice, *Logic and Conversation*, 307. Grice stellt die Rekonstruktion der Regeln unter die Prämisse der Kooperation. Es gibt offensichtlich ein allgemeines Prinzip, das folgendermaßen formuliert werden kann: „Make your conversational contribution such as is required, at the stage at which it occurs, by the accepted purpose or direction of the talk exchange in which you are engaged“

gilt auch für die philosophischen Theorien. Selbst wenn die zugrunde liegende Auffassung von Philosophie bloß implizit und entsprechend vage ist, gibt es doch an jedem Punkt der philosophischen Theorienbildung Regeln, die über die ausgewählten Themen und die verwendbaren Werkzeuge entscheiden und ein Urteil darüber erlauben, warum eine Theorie als philosophische Theorie betrachtet werden soll. Aus diesem Grund ist es weder trivial noch irrelevant, die Frage nach dem Begriff von Philosophie zu stellen.

Kategorien und Kategorialsysteme

Wir brauchen einen Begriff von Philosophie jedoch nicht „ab ovo" zu entwickeln. Einführungen in die Philosophie und so genannte „metaphilosophische" Überlegungen gibt es zuhauf.[9] Diese Einführungen geben einen Einblick in Themen und Probleme, Ausgangssituationen und Rahmenbedingungen, Eigenart und mögliche Legitimationsstrategien der Philosophie. Das Ansinnen, eine allgemeine Theorie der Philosophie zu entwerfen, kann auf eine

---

(Ebd., 307). Unter dieses Kooperationsprinzip reiht Grice vier Subprinzipien (Quantität, Qualität, Relation, Materie) nach dem Muster der Kategorien Kants – die Regeln, nach denen die Konversationsimplikaturen rekonstruiert werden können, lassen sich durch folgende Anweisungen („conversational maxims") rekonstruieren:

- make your contribution as informative as is required for the current purposes of exchange
- do not make your contribution more informative than is required
- do not say what you believe to be false
- do not say that for which you lack adequate evidence
- be relevant!
- be conspicuous!

Ähnliche Maximen kann man für die speziellen philosophischen Theorien konstruieren, die im Rahmen einer allgemeinen Theorie der Philosophie erzeugt werden und auf das grundsätzliche Verständnis von Philosophie aufbauen. Die Behandlung philosophischer Fragen hängt vom Verständnis von Philosophie ab. Es macht etwa einen Unterschied, ob ich die Frage „Was ist der Mensch?" von einem Verständnis der Erkenntnistheorie als Teil der empirischen Psychologie oder von einem Verständnis der Philosophie als Arbeit an Texten oder von einem Begriff von Philosophie als Sprachanalyse her angehe. Das ist trivial, aber auf eine interessante Weise trivial.

9 Um nur vier Einführungswerke zu nennen: Hospers, *An Introduction to Philosophical Analysis*; Nagel, *Was bedeutet das alles*?; Russell, *Probleme der Philosophie*; Strawson, *Analyse und Metaphysik*.

breite Basis rekurrieren. Das Wort „Philosophie“ funktioniert (einigermaßen) in unserem Sprachgebrauch und wir alle haben ein Vorverständnis davon, was wir von der Philosophie erwarten oder nicht erwarten können: Wenn ich einen Liter Heizöl benötige, werde ich nicht in einer Bäckerei nachfragen. Wenn in meinem Haus ein Rohr geplatzt ist, weiß ich in der Regel, an wen ich mich wende. Wann ruft man eigentlich einen Philosophen? Welche Art von Wissen erwarte ich von einem Philosophen, was kann einem Philosophen redlicherweise abverlangt werden? Eine erste Antwort lautet: Die Philosophie versteht sich als jene Disziplin, die Gegenstände unter der allgemeinsten Rücksicht analysiert und damit einordnet. Das ist Teil des zugrunde gelegten Vorverständnisses. Philosophie könnte man sagen, hat die Aufgabe, eine „Grammatik“ unserer Erfahrungen bereitzustellen. Die Grammatik einer bestimmten Sprache, wie wir das alle aus dem Unterricht kennen, macht die Regeln explizit, die die Sprache aufbauen. Die Grammatik listet die Ausnahmen von diesen Regeln auf und weist jedem Wort seinen Platz in der Sprache zu (etwa durch die Unterscheidung von Wortarten, Fällen, Zeiten, Verbformen). Eben das ist auch die Aufgabe der Philosophie: Orientierung zu schaffen. Das bedeutet, all dem, was in unserem Leben vorkommt, einen Platz in einem Orientierungssystem zuzuweisen, die Zuordnungsregeln innerhalb dieses Orientierungssystems anzugeben und das Handeln anzuleiten. Die Philosophie arbeitet also mit den Vorkommnissen, die in unserem Leben eine Rolle spielen. Auf der Grundlage dieser Vorkommnisse, die es einzuordnen gilt, arbeitet die Philosophie an einer „Grammatik“ unserer Erfahrung. Das wird durch die Einführung von Kategorien, die von der Funktion her mit den Schubladen einer Kommode verglichen werden können, geleistet. Diese Kategorien kommen nur auf der Basis von dem „Rohmaterial“ zustande, das in die Kategorien eingeordnet wird. Das „Rohmaterial“, so könnte man sagen, liefert die Erfahrung.[10] Eine besondere Bedeutung kommt dabei jenen Erfahrungen zu, die im Rahmen einer Kulturgemeinschaft gesammelt und vermittelt werden. Die Gesamtheit dessen, was in einer bestimmten Kultur als speicher– und tradierbares Wissen gilt, kann als „Enzyklopädie“ bezeichnet werden. Enzyklopädien, wie wir sie

[10] In diesem Sinn verwendet Thomas Nagel den Begriff „Rohmaterial“: Nagel, *Was bedeutet das alles?*, 5.

von unseren Wohnzimmern her kennen, sammeln Daten und Fakten. Das ist das Rohmaterial, mit dem die Philosophie arbeitet. Dieses Wissen soll *enzyklopädisches Wissen* heißen. Die Enzyklopädisten des 18. Jahrhunderts hatten bekanntlich den Ehrgeiz, alles verfügbare Wissen ihrer Zeit zu sammeln, darzustellen und zu überliefern. Eine Enzyklopädie umfasst jenes Wissen, das innerhalb einer bestimmten Kultur als archivierungswürdig und –fähig gilt. Sie bildet ein Wissensarchiv, das Wissen in einer Weise abspeichert, die das Wissen zu abrufbarem Wissen macht. Die Philosophie stellt die allgemeinsten Schubladen bereit, in die die enzyklopädischen Einträge eingeordnet werden können. Während also die Einzelwissenschaften empirisches (enzyklopädisches) Wissen erzeugen, erzeugt die Philosophie *kategoriales Wissen*. Kategoriales Wissen ist Wissen darüber, wie etwas einzuordnen ist. Der Satz „Ein Gewitter ist ein Ereignis, keine Handlung" bringt kategoriales Wissen zum Ausdruck; mit diesem Satz wird das Vorkommnis „Gewitter" in eine „Schublade" eingeordnet. Dass dabei kategoriales Wissen und enzyklopädisches Wissen miteinander zusammenhängen, ist offenkundig. Dennoch kann das eine nicht mit dem anderen gleichgesetzt werden. Die Philosophie erzeugt nicht bestimmtes Einzelwissen, sondern kategoriales Wissen über Ordnungsweisen und Orientierungssysteme. Das entspricht unserem Verständnis von Philosophie, die ja keine Erfahrungswissenschaft ist.

In diesem Sinn kann Thomas von Aquin mit Aristoteles[11] sagen: „Sapientis est ordinare et iudicare."[12] Es ist Sache des Wiesen, alles an seinen Platz zu setzen. Dabei kann es sich tatsächlich um „alles" handeln. Das Materialobjekt der Philosophie ist nicht bestimmt – alles kann zum Gegenstand der Philosophie werden; das Formalobjekt der Philosophie ist die allgemeinste Rücksicht, unter der Gegenstände in ein Ordnungssystem eingeordnet werden können. Die Philosophie beschäftigt sich gerade nicht mit einem spezifischen Ausschnitt der Enzyklopädie, was das einzelwissenschaftliche Vorgehen auszeichnet. „Alles" kann zum Gegenstand philosophischer Theorienbildung werden. Das Wissen, das die Philosophie hervorbringt, gibt Antwort auf die Frage, wie der betreffende Gegenstand einzuordnen ist. Es handelt sich also um

---

[11] *Met* 1,1.
[12] *STh* I, q. 1, a. 6.

kategoriales Wissen, das keine neuen enzyklopädischen Einträge hervorbringt, wie sie das Resultat von Feldforschungen sind, sondern Rechenschaft ablegt über die kategoriale Bestimmung eines Gegenstands. Die drei von Ernst Tugendhat in seinen *Vorlesungen zur Einführung in die sprachanalytische Philosophie* entwickelten Begriffe von Philosophie[13] (Philosophie als Begriffsklärung, Philosophie als formale Universalwissenschaft und formale Semantik, Philosophie als Antwort auf die praktische Grundfrage, wie wir leben sollen) laufen alle auf die Erzeugung von kategorialem Wissen hinaus. Wesentlich für die Einzelwissenschaften ist der Kenntniszuwachs, das Lernen von Neuem. In der Philosophie kann kein linearer Erkenntnisfortschritt beobachtet werden, bei dem ein enzyklopädischer Eintrag bauklötzchenartig auf einen anderen aufgebaut werden kann. In der Philosophie wächst zwar das Archiv enzyklopädischer Einträge, das für die philosophische Arbeit zur Verfügung steht, die dazu erfolgenden kategorialen Einordnungen können jedoch immer wieder verändert und neu vorgenommen werden. Nicht um Einzelphänomene (einzelne enzyklopädische Einträge), die einer bestimmten Disziplin angehören, geht es dann, sondern um die Betrachtung dessen, was allen Wissenschaften und allem Sprechen zugrunde liegt: grammatische Regeln.

Philosophische Theorien stellen Kategoriensysteme bereit. Kategorien sind, wie auch immer man sie betrachtet, Schubladen, die Reden, Fragen, Denken und Sein ordnen. Dabei ist es entscheidend, dass eine bestimmte Enzyklopädie nicht auf eine bestimmte Grammatik verpflichtet, sondern die einzelnen enzyklopädischen Einträge offen sind für unterschiedliche kategoriale Einordnungen. Man kann sich das an einem einfachen Beispiel klar machen: Wenn ich zehn Gegenstände auf einem Tisch ausbreite, etwa ein Buch, ein Taschenmesser, ein Feuerzeug, einen Bleistift, eine Konservendose, ein Lineal, eine Uhr, eine Tafel Schokolade, einen Schlüsselbund, eine Glühbirne und einen Korkenzieher, so kann ich diese Gegenstände in verschiedener Weise einordnen. Ich kann etwa jemanden bitten, diese zehn Gegenstände – sofern wir uns, was mereologisch nicht selbstverständlich ist, darauf geeinigt haben, dass es sich um zehn Gegenstände handelt – in zwei Kategorien zu ordnen. Das kann etwa in Form der Einordnung „Büromaterial“ und „Anderes“ geschehen. Ich kann aber auch jemanden

[13] Tugendhat, *Vorlesungen zur Einführung in die sprachanalytische Philosophie*, 127f.

bitten, diese Gegenstände in drei oder vier Kategorien zu ordnen usw. Die verwendeten Kategorien entscheiden darüber, wie ein bestimmter enzyklopädischer Eintrag, der im Übrigen bereits kategorial vorbestimmt sein muss,[14] eingeordnet wird. Das ist nicht aus dem enzyklopädischen Eintrag automatisch, also ohne Beteiligung des erkennenden Subjekts, „abzulesen". Das ist Teil der kopernikanischen Wende durch Kant. Die von einem Denker verwendeten interpretativen Begriffe *a priori* bestimmen die kategoriale Konstitution seiner intersubjektiven oder, wie Kant sagt, seiner objektiven Erfahrung. Es sind also die von einem Philosophen anerkannten konstitutiven Prinzipien, welche die für ihn mögliche Erfahrung bestimmen. Die Welt kann mit verschiedenen Schemata von empirischer Differenzierung wahrgenommen werden.[15] Das hängt damit zusammen, dass es keine direkte Wahrnehmung einer unmittelbar gegebenen Welt gibt, was transzendentalphilosophisch betrachtet trivial ist.[16] Erst aufgrund eines kategorialen Systems kann etwas als etwas identifiziert werden, also ein enzyklopädischer Eintrag als ein bestimmter enzyklopädischer Eintrag identifiziert werden. Dabei hängt das gewählte bzw. konstruierte Kategorialsystem von den enzyklopädischen Einträgen ab, die einem Philosophen zur Verfügung stehen.[17]

---

[14] Das ist eine kategoriale Variante des Analyseparadoxes, das in folgendem Dilemma besteht: „Before we can investigate whether a given predicate 'P' applies to a given thing we must know what 'P' means, and if the meaning of 'P' applies to a given thing a we must know what 'P' means, and if the meaning of 'P' is its extension we must know the extension of 'P' – and therefore must know whether it applies to a – before we can set about finding out whether 'P' applies to a." (Goodman, *Problems and Projects*, 224f.). Ein enzyklopädischer Eintrag, um als ein bestimmter enzyklopädischer Eintrag identifiziert und damit kategorial erfasst und eingeordnet werden zu können, muss bereits kategorial bestimmt sein. Wie wir es auch drehen und wenden, wir kommen darauf zurück, dass eine primäre Kategorisierung mit anderen Mitteln als mit philosophischen Mitteln geleistet werden muss; dieses pragmatische Fundament ist zwar Schritt für Schritt rekonstruier- und reformierbar, aber nicht als Ganzes hintergehbar.

[15] Körner, *Experience and Theory*, 13; vgl. Goodman, *The Structure of Appearance*, 127–149.

[16] Vgl. Körner, *Experience and Theory*, 14; ders., *Metaphysics*, Kap. 1; Röd, *Erfahrung und Reflexion*.

[17] Das ist in gewisser Hinsicht die Frage nach der Henne oder dem Ei. Einerseits braucht es ein kategoriales System, das enzyklopädische Einträge überhaupt erst in den Blick bringt, andererseits braucht es enzyklopädische Einträge, um Kategorien hervortreten zu lassen. Es ist daher dafür zu argumentieren, dass

Philosophisches Wissen als kategoriales Wissen hat die Funktion, Ordnungssysteme zu erzeugen. In diesem Sinne dient es dazu, dem Menschen ein Wissen zu vermitteln, das es ihm ermöglicht, sich in der Welt zurechtzufinden. Philosophie ist das theoretische Bemühen um eine Orientierung in all den Belangen und Bereichen, mit denen jeder Mensch konfrontiert ist. Im Sinn eines theoretischen Bemühens geht es in der Philosophie um den Versuch, sprachlich genau zu fassen, was vielleicht in anderer Form als selbstverständlich funktionierend vorliegt oder beherrscht wird. Es gibt nun auf jeden Fall zwei Grundanliegen, die in der Philosophie verfolgt werden können. Einmal ist es die engagierte und beteiligte theoretische Orientierung, in der man für sich selbst und zur eigenen Verfügung wissen will, worauf es ankommt und was man tun soll. Man könnte das „engagierte Philosophie" nennen. Zum anderen stellt sich aber gerade auch für eine so engagierte Philosophie die Frage, mit welchem Recht sie als theoretische Orientierung gelten kann. In diesem Sinn kann sich Philosophie darauf konzentrieren, den argumentativen Wert, die Allgemeingültigkeit und Reichweite ihrer Überlegungen selbst noch einmal zum Gegenstand der Überlegung zu machen. Das könnte man „reflexive Philosophie" nennen. Es geht nicht darum, zwischen diesen beiden Gesichtspunkten zu wählen oder eine Wertung zu finden. Jeder Mensch benötigt denkerische Orientierung. Das ist unbestritten. Nicht jeder Mensch hat Zeit, Lust und Fähigkeit, auch den theoretischen, reflexiven Nachweis dafür zu liefern, dass seine Orientierung auch argumentativ rechtfertigbar ist. Wer philosophiert, will aber vordringlich das zweite. Philosophie setzt dort an, wo etablierte Orientierungen fraglich werden.[18]

Orientierungswissen ist ein Wissen zur Bewältigung von Situationen. Wenn mir sprachliche Unterscheidungen zur Verfügung stehen, kann ich Situationen linguistisch bewältigen, d.h. ich kann

---

die philosophische Theorienbildung gegenüber einem primären Kategorialsystem, das sich auf eine primäre Enzyklopädie stützt, sekundär ist und dass im Rahmen der Erstaneignung von Weltorientierung Grammatik und Enzyklopädie *zusammen* gelernt werden, so wie die sprachlichen Unterscheidungen zusammen mit den außersprachlichen Unterschieden, die sie markieren, gelernt werden.

[18] Vgl. Aristoteles, *Metaphysik* I,12 (982b11–21).

Bedürfnisse artikulieren und damit Handlungsinteressen verfolgen. Orientierungswissen ist ein Wissen, das die Gegenstände, mit denen ich handelnd umgehe, einordnet. Es stellt Ordnungssysteme zur Verfügung, mit denen ich operieren kann. Wenn ich weiß, dass es für mein Handeln zweckmäßig ist, zwischen essbaren und giftigen Früchten zu unterscheiden, wird mir ein entsprechendes Ordnungssystem einen je spezifischen handelnden Umgang mit einer bestimmten Frucht nahelegen. Ein Orientierungssystem dient dazu, mein Handeln so zu gestalten, dass ich weiterhin handlungsfähig bleibe. Gutes Handeln ist begründetes Handeln. Begründetes Handeln stellt sicher, dass ich so handle, dass ich auch in Hinkunft weiter der Vernunft folgen kann und dass die Lenkung des eigenen Handelns der Vernunft nicht entgleitet.[19] Um diese Sicherung des vernunftgeleiteten Handelns geht es in der Philosophie, die jenes Orientierungswissen erzeugt, das dazu erforderlich ist, die Handlungsfähigkeit zu garantieren. Das philosophische Orientierungswissen dient der Sicherung der Handlungsfähigkeit: Handle so, dass du weiterhandeln kannst! Handle so, dass du dein Handeln weiterhin planen und verantworten kannst! An der Einlösung dieses Anspruchs kann die Qualität des philosophischen Orientierungswissens gemessen werden.

Die Frage nach der Eigenart philosophischer Erkenntnis könnte auch negativ gegeben werden: Das Geschäft der Philosophie besteht in der Problematisierung von Orientierungswissen. Die „Unique Selling Proposition“ der Philosophie besteht in der Produktion von Zweifel. Anders formuliert: „Der Wert der Philosophie besteht ... gerade wesentlich in der Ungewißheit, die sie mit sich bringt“.[20] „Der Wert der Philosophie ist ausschließlich unter den Gütern des Geistes zu finden.“[21] Die Güter des Geistes, die die Philosophie – und nur die Philosophie – vermitteln kann, sind Erkenntnisse. Das Ziel der Philosophie ist Erkenntnis. „Die Erkenntnis, um die es ihr geht, ist die Art von Erkenntnis, die Einheit und System in die angesammelten Wissenschaften bringt, und die Art, die sich aus einer kritischen Überprüfung der Gründe für unsere Überzeugungen, Vorurteile und Meinungen ergibt.“[22] Aufgrund

[19] Vgl. Aristoteles, *Nikomachische Ethik* 1104a 11–13.
[20] Russell, *Probleme der Philosophie*, 138.
[21] Ebd., 136.
[22] Ebd.

dieser Eigenart der Erkenntnis darf man sich von der Philosophie auch keine definitiven Erkenntnisse erwarten – unter anderem auch deswegen, weil eine Disziplin, die definitive Erkenntnis erzeugt, keine philosophische Teildisziplin mehr ist, sondern sich von der Philosophie abgespalten hat. Der Wert der Philosophie darf damit nicht in der Produktion definitiver Erkenntnis angesiedelt werden. Mit anderen Worten: „Der Wert der Philosophie darf nicht von irgendeinem festumrissenen Wissensstand abhängen, den man durch Studium erwerben könnte."[23] Damit wären wir bei der Produktion von „Zweifel" und „Staunen" als der „Unique Selling Proposition" der Philosophie. Der Wert des kategorialen Wissens, das die Philosophie hervorbringt, scheint gerade darin zu bestehen, standardisierte Kategorialsysteme zu erschüttern und etabliertes kategoriales Wissen in Frage zu stellen und mit alternativen Grammatiken zu konfrontieren. Die Verwendung des Begriffs der Schuld setzt kategoriales Wissen voraus. Jaspers' Überlegungen zur Schuld der Deutschen haben ein alternatives Kategorialsystem vorgeschlagen.[24] Das ist eine genuin philosophische Leistung. Ähnliche Provokationswirkungen haben André Glucksmann, Catherine Elgine und Nelson Goodman mit ihren Rekategorisierungsvorschlägen der Kategorie der Dummheit erzielt.[25] Präzise aus diesem Grund, weil der Philosoph alternative Kategorialsysteme entwickelt, darf der Philosoph „nicht Bürger einer Denkgemeinde" sein.[26] Das philosophische Wissen liefert alternative Orientierungssysteme zu standardisierten Wissens– und Handlungsordnungen und Sichtweisen von Welt.

Philosophie: Epistemische Fähigkeiten, nicht epistemische Güter

Im Zusammenhang mit der Frage nach dem Verständnis von Philosophie will ich noch auf einen Punkt aufmerksam machen, nämlich auf den Primat der epistemischen Fähigkeiten vor den epistemischen Gütern. Philosophie kann ganz allgemein positiv als Liebe zur Weisheit und negativ als Kampf gegen Formen der Nicht-

---

[23] Ebd., 138.

[24] Vgl. Jaspers, *Die Schuldfrage*: Jaspers unterscheidet zwischen einem kriminellen, einem politischen, einem moralischen und einem metaphysischen Schuldbegriff (77–80).

[25] Vgl. Goodman/Elgin, *Revisionen*, Kap. 9; Glucksmann, *Die Macht der Dummheit.*

[26] Wittgenstein, *Zettel,* 455.

weisheit (Torheit, Dummheit) verstanden werden. Ich möchte mich grundsätzlich diesem Begriff von Philosophie anschließen: Philosophie ist Streben nach Weisheit und Kampf gegen die Dummheit. Ich will darum bitten, in diesem Zusammenhang unter „Dummheit“ schlicht die Abwesenheit von Weisheit verstehen zu dürfen, als einen Zustand epistemischer Defizienz. Philosophie ist das Bemühen darum, dieser Defizienz abzuhelfen. Allerdings scheint es hier verschiedene Überzeugungen zu geben, wie dieser Mangel an Weisheit saniert werden kann. Nach einem weit verbreiteten Verständnis geht es darum, Dummheit dadurch zu bekämpfen, dass man wahre Überzeugungen in einen Menschen gießt, so wie man Wasser in einen leeren Kübel hineinleert – wobei ich zu bedenken geben möchte, dass man in einen Kübel, der ein Volumen von fünf Dezilitern hat, nicht mehr als einen halben Liter Wasser hineinschütten kann, auch wenn man literweise Wasser darüber gießt.

Dennoch ist diese Sicht der Dinge sehr attraktiv: Ein Zustand von Nichtweisheit kann in einen Zustand von Weisheit transformiert werden, wenn ich der betreffenden Person wahre Überzeugungen zur Verfügung stelle, sozusagen „wahre wichtige Sätze“ übereigne. Nach diesem Verständnis, von dem ich mich also abgrenzen möchte, besteht die Aufgabe der Philosophie primär darin, wahre Erkenntnisse hervorzubringen, „Wissen“ (als wahre und gerechtfertigte Überzeugung verstanden) zu erzeugen. Die Philosophie wird dann charakterisiert über ein Gut, das sie produziert, nämlich das Gut der wahren Erkenntnis. Gute Philosophie bringt nach diesem Verständnis wahre Erkenntnisse hervor. Dieser Begriff von Philosophie hat zweifellos die Vorteile, (i) dass der Wahrheitsbegriff und das Streben nach Wahrheit in den Vordergrund gerückt und die philosophische Reflexion dem orientierungsstiftenden Ideal der Wahrheitssuche untergeordnet werden, (ii) dass Philosophie als eine Wissenschaft verstanden und gerechtfertigt werden könnte, weil es dann der Philosophie so wie den Einzelwissenschaften darum geht, Wissen zu erzeugen, (iii) dass der Erfolg und auch der Fortschritt der Philosophie mit Blick auf die Menge der erzeugten wahren Sätze gemessen werden könnte. Diese Betonung der Bedeutung des epistemischen Gutes wahrer Überzeugungen wird von René Descartes in seiner Erwiderung auf die siebenten Einwände gegen die Meditationen zur Rechtfertigung seiner Vorgehensweise in seinem berühmten Bild von den Äpfeln zum Ausdruck gebracht: Philosophisches Nachdenken hat nach Descartes die Aufgabe, die wahren von den falschen Überzeugungen zu scheiden. Descartes vergleicht den menschlichen Geist mit einem Obstkorb und die einzelnen Überzeugungen („opiniones") mit Äpfeln, wobei ein Apfel entweder „verdorben" oder „nicht verdorben" sein kann.[27] Die Aufgabe der Philosophie besteht nach diesem Bild darin, gute Äpfel zu züchten bzw. darin, solche guten Äpfel in den Kübel derjenigen, die der Weisheit ermangeln, zu legen und auf diese Weise deren Korb zu füllen. Philosophie wird damit primär über das Gut, das sie erzeugt, definiert, über eine „epistemic commodity", wenn man so will, und der Kampf gegen die Dummheit wird dadurch geführt, dass man epistemische Güter (wahre Überzeugungen) verteilt. Nach dieser Vorstellung wird ein Mensch dadurch von einem Zustand der Unweisheit in einen Zustand der Weisheit übergeführt, dass man ihm epistemische Güter zur Verfügung stellt – ein durchaus attraktives Bild, aber meines Erachtens irreführend.

Von primärer Bedeutung ist nämlich nicht das Gut, sondern die Beziehung, die wir zu diesem Gut haben. Es geht primär nicht darum, über welche Güter wir verfügen, sondern darum, was wir aus den Gütern machen, die uns zur Verfügung stehen. Nicht die wahre Überzeugung, sondern die Beziehung zu dieser wahren Überzeugung ist das Entscheidende. Das habe ich bereits im ersten Kapitel im Zusammenhang mit den Commitments, die durch Akzeptanz von Überzeugungen entstehen, angedeutet. Nicht der lehramtliche Satz, sondern die Beziehung zu diesem Satz ist das Aus-

---

[27] „Si forte haberet corbem pomis plenam, & vereretur ne aliqua ex pomis istis essent putrida, velletque ipsa auferre, ne reliqua corrumperent, quo pacto id faceret? An non in primis omnia omnino ex corbe rejiceret? ac deinde singula ordine perlustrans, ea sola, quae agnosceret non esse corrupta, resumeret, atque in corbem reponeret, aliis relictis? Eadem ergo ratione, ii qui numquam recte philosophati sunt, varias habent in mente sua opiniones, quas cum a pueritia coacervare coeperint, merito timent ne pleraeqae ex iis non sint verae, ipsasque ab aliis separare conantur, ne ob earum misturam reddantur omnes incertae" (Descartes, *Oeuvres* VII, 481); vgl. Sedmak, *Strukturen epistemischer Gerechtigkeit*, bes. 134–136. Natürlich will ich Descartes, der die Philosophie über eine Methode und nicht über ein System von Sätzen charakterisiert hat, nicht unrecht tun, allerdings ist das Bild von den Äpfeln, die sortiert werden, wie man Propositionen sortiert, ein wichtiger Schritt auf dem Weg zu einem epistemischen Kommoditätsfetischismus, der in der Folge auch das Verständnis von Philosophie tangiert.

schlaggebende. Der Satz „Im Jahr 2002 sind täglich 24.000 Menschen verhungert“ bringt eine wahre Überzeugung zum Ausdruck, die wir nach dem Bild Descartes’ wie einen Apfel weiterreichen können. Entscheidend ist aber, was aus dieser Überzeugung gemacht wird, welche Rolle diese Überzeugung in unserem Leben spielt, wie diese Überzeugung in das Ganze unseres Lebens eingebettet wird, wie wir diese Überzeugung in unser Orientierungssystem einordnen. Entscheidend ist also nicht die Überzeugung, sondern die Beziehung zu dieser Überzeugung, nicht das Gut, das diese Überzeugung darstellt, sondern die Fähigkeit, etwas aus diesem Gut zu machen. Dieser Satz, dass gegenwärtig täglich 24.000 Menschen verhungern, kann für manche Menschen gewichtige Konsequenzen haben, für andere nicht. Entscheidend ist nicht der Satz, so wie er da steht, sondern das, was aus dem Satz gemacht wird. Ich schlage daher vor, nicht den Begriff des „Gutes“ (das Gut der wahren Überzeugung), sondern den Begriff der „Fähigkeit“ (die Fähigkeit, mit epistemischen Gütern umzugehen) in den Mittelpunkt des Verständnisses von Philosophie zu stellen.

Philosophie hat nach meinem Verständnis primär damit zu tun, den Zugang zu Fähigkeiten zu schaffen, mit einem epistemischen Gut umzugehen. Epistemische Güter sind Vorkommnisse, die uns begegnen (das, was Thomas Nagel das „Rohmaterial“ der Philosophie genannt hat), Überzeugungen und Überzeugungssysteme sowie Werte, die wir in unseren Erkenntnisbemühungen anerkennen. Philosophie hat nun primär damit zu tun, den Zugang zu Fähigkeiten zu schaffen, mit diesen Gütern zu operieren. Die Aufgabe der Philosophie besteht, wie gesagt, nach Aristoteles und Thomas darin, Ordnung zu schaffen und Urteile zu fällen. Es geht darum, die Vorkommnisse, die uns begegnen, zueinander ins Verhältnis zu setzen und über die Partikularität von bestimmten Erfahrungen hinaus allgemeine Kategorien zu entwickeln und auf dieser Grundlage Urteile zu erarbeiten. Die epistemische Fähigkeit des Urteilens und Ordnens, nicht das Besitzen von wahren Überzeugungen ist das, was primär betrachtet werden soll, wenn man von Philosophie spricht.

Philosophie ist ein Kampf gegen die Dummheit. Dummheit ist ein epistemisches Defizit. Ein epistemisches Defizit ist ein Mangel an Entscheidungsfreiheiten, jene Fähigkeiten auszubilden und Möglichkeiten zu nutzen, die nötig sind, um wohlerwogene Urteile treffen zu können. Es geht in der Philosophie also um epistemische Fähigkeiten, nicht um epistemische Güter: Nicht das Gut ist entscheidend, sondern das, was die Person mit dem Gut macht, aufgrund der Eigenschaften des Gutes, aufgrund der Eigenschaften der Person und aufgrund der äußeren Rahmenbedingungen und Umstände. Nicht das epistemische Gut der wahren Überzeugung, sondern die epistemische Fähigkeit, Zugang zu solchen Gütern zu schaffen und mit solchen Gütern umzugehen, steht im Mittelpunkt der Philosophie. Auf diese Weise kann epistemischen Defiziten, die wesentlich in einem Mangel an Ordnung und Urteilsfähigkeit bestehen, entgegengewirkt werden. Epistemische Defizite werden nachhaltig dadurch überwunden, dass jene Fähigkeiten erschlossen werden, die Zugang zu epistemischen Gütern liefern, nicht durch Verteilung epistemischer Güter. Der Mensch, der fischen kann und über die Fähigkeit verfügt, Fische zuzubereiten, zu lagern, zu verkaufen und mit dem erwirtschafteten Geld zu arbeiten, dieser Mensch ist nachhaltig aus einer Defizitsituation befreit, nicht der Mensch, dem man einen gebratenen Fisch in die Hand drückt. Philosophie besteht nicht darin, den Menschen Listen von wahren Sätzen in die Hand zu drücken, sondern es geht darum, jene Fähigkeiten zu erschließen, die wahre Sätze von anderen Sätzen unterscheiden und wahre Sätze erarbeiten lassen.

Im Zentrum eines Begriffs von Philosophie soll also m.E. der Begriff der epistemischen Fähigkeit und nicht der Begriff des epistemischen Gutes stehen. Die epistemischen Fähigkeiten, um die es in der Philosophie geht, wurden in einem *locus classicus* als „Ordnen" und „Urteilen" bezeichnet. Dass es sich dabei jeweils um ein *Bündel von Fähigkeiten* handelt, sei nur der Vollständigkeit halber gesagt (die Fähigkeiten, zu ordnen und zu urteilen, inkludieren Wahrnehmungs– und Reflexionsfähigkeiten, Schlussfähigkeiten, Analyse– und Explikationsfähigkeiten, Verstehens– und Interpretationsfähigkeiten, Lese– und Rezeptionsfähigkeiten, Erinnerungs– und Imaginationsfähigkeiten, Schreib– und Kommunikationsfähigkeiten usw.). Wenn wir diese Bündel von Fähigkeiten unter dem Stichwort „Urteilen" zusammenfassen (da ja jedes Urteilen ein Ordnen voraussetzt), dann kann man argumentieren, dass die epistemische Fähigkeit, um die es in der Philosophie geht, das *Urteilen* ist. Urteilen ist die entscheidende epistemische Fähigkeit, um die es der Philosophie zu tun ist. Es handelt sich um ein Bündel an Fähigkeiten, das ich nun nicht beckmesserisch aufdröseln möchte. Die Fähigkeit, zu urteilen, versteht Kant bekanntlich als die Fähigkeit, das Allgemeine und das Besondere aufeinander zu beziehen. Urteilskraft ist das Vermögen, etwas unter Regeln zu subsumieren bzw. das Vermögen, etwas Konkretes als Fall von etwas Allgemeinem anzusehen. Dummheit ist nach Kant ein Mangel an Urteilskraft ohne Witz (im Gegensatz zur Gescheitheit). Mangel an Urteilskraft mit Witz ist Albernheit (im Gegensatz zur Klugheit). Urteilen schlägt damit die Brücke zwischen allgemeinen Begriffen und Überlegungen auf der einen Seite und dem Besonderen in Form von konkreten Fällen auf der anderen. Daraus ergeben sich drei *basic capabilities*: (i) die Fähigkeit, mit dem Allgemeinen (wie etwa Prinzipien und Begriffen) umzugehen, (ii) die Fähigkeit, mit dem Besonderen (wie etwa einem bestimmten Sachverhalt, einem bestimmten Vorkommnis) umzugehen, (iii) die Fähigkeit, das Allgemeine und das Besondere aufeinander zu beziehen und zu einander ins Verhältnis zu setzen.

Es ist hier nicht der Raum, diese Fähigkeiten im Detail zu analysieren: Es liegt auf der Hand, dass die basic capability (i), die wir „Prinzipienkompetenz" nennen könnten, mit der Fähigkeit zu tun hat, allgemeine Grundsätze zu erarbeiten, auf der Ebene von „types" zu operieren und mit Universalisierungsansprüchen umzugehen; dass basic capability (ii), die wir „Analysekompetenz" nennen könnten, mit der Fähigkeit zu tun hat, eine bestimmte Situation unter möglichst vielen Gesichtspunkten betrachten zu können; dass die basic capability (iii), die wir „Orientierungskompetenz" nennen könnten, mit der Fähigkeit zu tun hat, Prinzipien zu adaptieren, von bestimmten Aspekten einer partikulären Situation zu abstrahieren. Der weise Mensch hat nach Aristoteles die Fähigkeit, Dinge zu ordnen und Urteile zu fällen. Der weise Mensch ist nach Aristoteles derjenige, der durch Erfahrung in seinen Urteilen gefestigt ist. Die Fragen des menschlichen Lebens kann man dabei nicht von einer „Sicht von Nirgendwo" untersuchen. Die Philosophie kann ihrer Aufgabe, Richtungsweisendes für das menschliche Leben zu sagen, nur gerecht werden, wenn sie Antworten auf Fragen gibt, die die Menschen beschäftigen und diese Antworten in einer Weise gibt, die im Leben der Menschen wirkmächtig werden kann. Weise Urteile sind Urteile, die die Handlungsfähigkeit nicht vermindern, sondern erweitern. Der weise Mensch erhält seine Handlungsfähigkeit und urteilt so, dass die Urteile Grundlage für Handlungsorientierung liefern. Der weise Mensch ist sozusagen „Bürger zweier Welten", er lebt in der (epistemischen) Welt der

Überzeugungen und er lebt in der (pragmatischen) Welt der Handlungen. Es ist ein Kriterium für Weisheit, die Brücke zwischen dem Denken und dem Tun zu schlagen. Bernard Bolzano hat in einem berühmten Aufsatz darauf hingewiesen, dass er das „Ehrenprädikat ‚Philosoph'" sparsam einsetzen möchte. Der Begriff der Philosophie ist mit der Idee der Liebe zur Weisheit in Beziehung zu bringen. Deswegen soll der Begriff des Philosophen oder Weltweisen ein Ehrenname sein, mit dem sparsam umgegangen werden soll und der von Begriffen wie „philosophisches Talent" und „philosophischer Kopf" streng zu unterscheiden ist. Der Ehrenname eines Philosophen soll nur denjenigen zugesprochen werden, (i) deren philosophisches Nachdenken sich auf alle Gegenstände, welche von einer höheren Wichtigkeit für uns Menschen sind (bzw. wenigstens auf das, was dem Menschen selbst einen sittlichen Vorteil gewähren kann) erstreckt, (ii) deren Nachdenken Frucht im Leben des philosophierenden Menschen zeigt, (iii) deren Lebensführung weise und tugendhaft ist.[28]

Der Philosoph ist von aufrichtiger Liebe zur Wahrheit bewegt. Der Philosoph macht das zum Gegenstand seiner Betrachtungen, mit dem er sich aus Liebe zur Weisheit, um selbst immer weiser und besser zu werden, beschäftigen muss.[29] Der weise Mensch trifft weise Urteile.[30]

Die Fähigkeit des Urteilens besteht darin, Orientierung zu stiften und die Handlungsfähigkeit bei größtmöglicher Differenziertheit des Urteils zu sichern. Die größtmögliche Differenziertheit des Handlungsraumes und des Urteilsraumes wird durch eine weite und tiefe Analyse einer gegebenen Situation erreicht (das leistet die erwähnte basic capability [ii]). Die Sicherheit des Handelns bzw. Urteilens wird durch die Klarheit der Prinzipien erreicht, die Kriterien für Prioritäten zur Verfügung stellen (das leistet basic capability [i]). Die Abstimmung dieser beiden Fähigkeiten leistet basic capability (iii), die ja gerade darin besteht, Fingerspitzengefühl für bestimmte Situationen zu entwickeln, denn der weise Mensch nach Aristoteles ist derjenige, der die Prinzipien sensibel auf eine bestimmte Situation hin anwenden und etwas Be-

---

[28] Bolzano, *Was ist Philosophie?*, 17, 22f.

[29] Ebd., 23, 26f.

[30] Zum Begriff des wohlerwogenen Urteils vgl. Sedmak, *Theologie in nachtheologischer Zeit*, 101–114.

sonderes als Fall von etwas Allgemeinem ausweisen kann. Philosophie soll die epistemischen Wahlmöglichkeiten erhöhen und zwar mit dem Ziel, den Handlungsraum zu erweitern, so dass wohlbegründete Handlungsentscheidungen möglich sind. Das ist eine Frage der Fähigkeiten, über die jemand verfügt, nicht eine Frage der Güter, auf die jemand zugreifen kann. Diese Differenz spielt gerade bei Überlegungen im Zusammenhang mit dem Katholischen Lehramt eine wichtige Rolle, macht es doch einen Unterschied, ob jemand Sätze, wie sie sich etwa in bestimmten Katechismen finden, taxativ aufzählen oder interpretativ damit umgehen kann, sodass ich diesen Primat der Fähigkeit vor dem Gut auch für theologische Fragen bemühen würde.

2. Ein Weg zu einem Begriff von Philosophie

Bislang wurden Überlegungen zum Begriff der Philosophie auf der Grundlage eines bereits bestehenden Verständnisses angestellt. Das ist natürlich ein legitimer Weg, hat es doch wenig Sinn, einen Begriff der Philosophie zu erarbeiten, der Philosophie als sechsbeiniges Wesen beschreibt, das mit dem Schwanz wedelt und gackert. Die Nähe zum etablierten Sprachgebrauch ist ein wichtiges Kriterium für die Qualität der Definition von wohleingeführten Begriffen. Dennoch kann man sich auch ein grundsätzlicheres Verfahren zur Bestimmung des Philosophiebegriffs überlegen:

Die Herausforderung bei der Konstruktion von Theorien liegt in der Wahl des Ausgangspunktes. Für die Konstruktion einer „Theorie der Philosophie" könnte man folgenden Ausgangspunkt in Gestalt eines Gedankenexperiments in Erwägung ziehen: Nehmen wir an, im Jahr 2010 unserer Zeitrechnung findet die erste transsphärische Konferenz statt, an der alle lebenden und toten Philosophinnen und Philosophen mit Sitz und Stimme teilnehmen. Darüber hinaus nehmen – mit Beobachterstatus – Repräsentantinnen und Repräsentanten aller einzelwissenschaftlichen Disziplinen teil. Eingeladen hat zu dieser Konferenz der Schöpfer des Universums. Die Konferenzteilnehmer haben über folgende Frage zu beraten: *Welche Bedingungen müssen gegeben sein, damit Philosophie möglich ist?* Oder anders gesagt: Wie müssen Welt und

Mensch beschaffen sein, damit Philosophie überhaupt möglich ist? Die Beratung hat in einer exoterischen Weise zu erfolgen, die den Beobachtern die Möglichkeit gibt, der Beratung zu folgen und das Ergebnis des Entscheidungsverfahrens in seiner Tragweite nachzuvollziehen. Die Konferenzteilnehmer sind mit ihren jeweiligen epistemischen Kompetenzen (Vernunft, Phantasie, einer Enzyklopädie, philosophischem Wissen) ausgestattet, auf die sie auch zum Zeitpunkt der Abfassung ihrer Hauptwerke zurückgreifen konnten.

Die Konferenzteilnehmer repräsentieren offenkundig alle unterschiedlichen philosophischen Lager. Sie repräsentieren die Diskurslage der Philosophie im ausgehenden zweiten nachchristlichen Jahrtausend, eine Situation, in der nicht nur der Diskussionszusammenhang gerissen ist, sondern auch der Mitteilungszusammenhang und der Intentionszusammenhang zerrüttet sind.[31] Ein strenger Vertreter der analytischen Philosophie und ein Schüler von Jacques Derrida können nicht einmal Einigkeit darüber erzielen, dass es eine gute Sache ist, Tee oder Kaffee zu trinken, geschweige denn sich zwischen Tee oder Kaffee oder für ein bestimmtes Lokal zu entscheiden.[32] Das hat natürlich auch Konsequenzen für die gemeinsame Teilnahme an einer Konferenz. Nehmen wir jedoch an, dass der Gastgeber der Konferenz bereit ist, die Rolle eines unparteiischen Moderators zu übernehmen, um die Konferenzteilnehmer vom Zwang zur Wahl eines Diskussionsleiters, der doch niemals unbefangen und unvoreingenommen sein könnte, zu befreien. Wir können also annehmen, dass die versammelten Philosophen in der Diskussion angeleitet werden. Die Konferenz ist nicht als bloßer Meinungsaustausch, sondern als Beratung zur Begründung einer zu treffenden Entscheidung konzipiert. Die Philosophen kommen also zusammen mit dem Ziel, eine Antwort auf die Frage zu finden, wie die Ordnung der Welt aussehen muss, um für die Sache der Philosophie geeignet zu sein. Die Konferenzteilnehmer werden dazu angehalten, die vorgelegte Frage unter exklusiver Berücksichtigung ihrer Berufsinteressen als Philosophen zu beantworten. Der einzelne Philosoph kann also

---

[31] Stegmüller, *Hauptströmungen der Gegenwartsphilosophie* I, XLIf.

[32] Manfred Frank (*Was ist Neostrukturalismus*?) spricht den Kommunikationsabbruch zwischen deutscher und französischer Philosophie an und ortet einen Konflikt zwischen Weltanschauungsphilosophie und Szientismus (13), wobei er als Therapie den Rückgang auf die gemeinsame historische Ausgangssituation empfiehlt.

nicht seine Interessen als Familienvater oder katholischer Priester, Liebhaber oder Geschäftsmann, Aristokrat oder Sportsfreund geltend machen – derlei Interessen können nur insofern ins Spiel kommen, als sie für die Berufsinteressen des Philosophen relevant sind. Die Philosophen treten also als Interessensvertreter auf, die die Interessen eines Berufsstandes zu wahren haben, so wie ein Gewerkschafter gezwungen ist, die Interessen seines Berufsstandes und nicht seine privaten Interessen als Aktienbesitzer oder Atheist wahrzunehmen. Die Konferenzteilnehmer treten also als Vertreter von Interessen auf, die sie selbst bestimmen, denn die Interessen des Berufsstandes der Philosophen hängen ganz offensichtlich davon ab, wie die Sache der Philosophie und der Berufsstand des Philosophen für den Einzelnen bestimmt ist. Um noch deutlicher zu werden: Manche Philosophen mögen sich bei dem Gedanken nicht wohl fühlen, dass ihre Berufsinteressen als Philosophen von Quine oder Nietzsche, Hegel oder Thomas von Aquin vertreten werden.

Für den einzelnen Philosophen stellt sich also die Frage: Welche Bedingungen müssen gegeben sein, damit (meine Form von) Philosophie möglich ist? Die Konferenzteilnehmer können sich nach Maßgabe ihrer epistemischen Fähigkeiten und ihrer Enzyklopädie Szenarien ausmalen, die eine Welt ohne Kontingenz und eine Conditio humana ohne Sterblichkeit und Schmerzempfinden nachzeichnen. Sie können Allwissenheit fordern oder eine klare Begrenzung des Wissbaren, sie können sogar eine *human condition* ohne Begriff von Transzendenz entwerfen oder ein Szenario einer Kastengesellschaft, in der die Philosophen etwa aufgrund biologischer Überlegenheit alle anderen nichtphilosophischen Kasten unterjochen. Die Konferenzteilnehmer sind also in jeder nur (mit uns zur Verfügung stehenden Mitteln) erdenklichen Weise frei, alternative Szenarien zu entwerfen und abzuwägen. Die Situation ist so zu denken, dass die Konferenzteilnehmer unter Entscheidungszwang stehen. Weiters ist die zu treffende Entscheidung als performativ aufzufassen; das bedeutet, dass die Philosophen von der Entscheidung, die sie treffen, selbst tangiert sein werden, klären sie doch auch für sich selbst ihre *philosophical condition*. Über zeitliche oder kommunikative Rahmenbedingungen müssen wir an dieser Stelle nicht nachdenken, zumindest letztere werden uns aber noch beschäftigen. Die vorgelegte Frage zwingt die Philosophen, über zwei Teilfragen nachzudenken:

(a) Was ist Philosophie? und (b) Was sind Bedingungen der Möglichkeit für die in (a) skizzierte Sache?

Die konstruierte Ausgangssituation besteht also darin, alle Philosophinnen und Philosophen, „lebend oder tot", an einen runden Tisch zu bringen, an dem sie unter Anleitung eines unparteiischen Moderators, ausgerüstet mit ihren je eigenen epistemischen Fähigkeiten und ihrer spezifischen Enzyklopädie, Antwort auf die Frage zu finden haben: Wie muss die Welt beschaffen sein, damit Philosophie möglich ist? Die Ausgangssituation setzt voraus, dass die Beratung zu einem Ende kommen muss, dass die Philosophen bei der Entscheidungsfindung strikt und ausschließlich ihre Berufsinteressen als Philosophen verfolgen und Antwort auf die vorgelegte Frage nur unter Beantwortung der Frage, was unter Philosophie verstanden werden soll, gefunden werden kann.

Dabei bietet sich angesichts der vielen verschiedenen philosophischen Positionen, die hier aufeinander treffen, folgende Vorgehensweise an. Anstatt die Frage nach den optimalen Bedingungen für Philosophie zu stellen, könnte man die Frage umkehren und danach fragen, unter welchen Gegebenheiten Philosophie nicht mehr möglich ist. Man könnte gezielt nach Szenarien suchen, in denen Philosophie nicht mehr vorkommt oder nicht möglich ist. Solche Szenarien wären etwa im Szenario von Huxleys *Schöner neuer Welt* zu finden, wo Philosophie keinen Platz mehr hat oder in Orwells Szenario von *Nineteen Eighty Four*, wo Philosophen im totalitären Regime nicht mehr vorgesehen sind: Man könnte sich sogar vorstellen, dass alle Philosophen, die an der Beratung teilnehmen, die Aufgabe erhalten, ein Szenario auszuwählen, in dem Philosophie, so wie sie es verstehen, nicht mehr möglich ist. Die Konferenz wäre dann mit einem reichen Angebot an Kontrastszenarien versorgt, die Minimalbedingungen für Philosophie erkennen lassen.

Jeder Philosoph, der an diesem Beratungsgeschehen teilnimmt, trägt seinen eigenen Rucksack, seine eigene Enzyklopädie. Eine Enzyklopädie fasst das zusammen, was in einer bestimmten Kultur als Wissen gilt, hat aber auch einen individuellen Aspekt und enthält jenes „Wissen über die Welt", das sich jemand im Lauf einer spezifischen Bildungs- und Erfahrungsgeschichte angeeignet hat. In jedem Fall bietet eine Enzyklopädie „Weltwissen", dessen Wahrheit und Falschheit von Verhältnissen in der Welt abhängt. Daher ist eine Enzyklopädie auch veränderlich, sie wird ergänzt und verändert, manche Teile werden getilgt. Eine Enzyklopädie dient als

Begründungsautorität und gibt Antwort auf die Frage „Woher weißt du das?". Eine Enzyklopädie ist jedes Archiv zur Speicherung von Weltwissen. Dieses Weltwissen ist, wenigstens einigermaßen, geordnet. Das Wissen über Hunde ist Teil des Wissens über Haustiere, das Wissen über die Geschichte des Trienter Konzils Teil des Wissens über das 16. Jahrhundert usw. Will man sich über verwendete Kategorialsysteme unterhalten, muss man die verfügbaren enzyklopädischen Einträge berücksichtigen. Wenn nur enzyklopädische Einträge von 1935 zur Verfügung stehen, wird das kategoriale Wissen über Adolf Hitler auf einer anderen Grundlage stehen und in den meisten Fällen signifikant anders sein als auf der Grundlage enzyklopädischer Einträge von 1945. Jeder Philosoph, der bei dem Entscheidungsverfahren anwesend ist, trägt seinen Rucksack mit einer spezifischen unauswechselbaren Enzyklopädie.

Philosophische Protosituationen

An dieser Stelle wird das Vorverständnis relevant: Philosophisches Wissen wurde als kategoriales Wissen bestimmt, das enzyklopädische Einträge ordnet. Im Rahmen der konstruierten Ausgangssituation kann nun gefragt werden: Was sind die Bedingungen der Möglichkeit für die Erzeugung kategorialen Wissens? Wir könnten den Begriff der „philosophischen Protosituation" einführen, um diese Frage zu beantworten. Philosophische Protosituationen sind Situationen, die am Anfang des Philosophierens stehen; Situationen, die die Erzeugung kategorialen Wissens provozieren und erforderlich machen; Situationen, die etablierte Kategorialsysteme in Frage stellen. In jedem Fall handelt es sich um Situationen, die die Möglichkeit von Alternativen zum *Status quo* voraussetzen und auch deutlich machen. Man könnte wenigstens drei Typen von philosophischen Protosituationen unterscheiden: Das Staunen, das Zweifeln und die Verwirrung. Dass Philosophie mit dem Staunen beginnt, wissen wir seit Platon. Hans Blumenbergs These von der theoretischen Neugier hat diese Protosituation als Grundlage für wissenschaftliches Denken überhaupt erfasst.[33] Der cartesianische Zweifel hat demgegenüber eine neue Tür für philosophische Theorienbildung eröffnet, indem Descartes in seinen *Meditationes de prima philosophia* einen vollkommen sicheren

[33] Vgl. Blumenberg, *Die Legitimität der Neuzeit.*

Ausgangspunkt suchte.[34] In dieser Tradition stehen viele skeptische Argumente der gegenwärtigen Philosophie. Die Konzeptualisierung der Verwirrung als philosophischer Protosituation verdanken wir unter anderem Ludwig Wittgenstein, der Orientierungslosigkeit als philosophisches Grunderlebnis beschrieb.[35] In diese Kategorie können wir auch existenzphilosophische Motive der Angst oder des Zorns über das Absurde einreihen. Auf dem Hintergrund dieses Vorverständnisses kann behauptet werden, dass Philosophie und damit philosophisches Wissen nur dort zustande kommen kann, wo es die Möglichkeit solcher Protosituationen gibt.

Die drei genannten Typen philosophischer Protosituationen haben eines gemeinsam: Sie setzen alle voraus, dass etwas *so ist, aber auch anders sein könnte*. Staunen kann ich nur angesichts möglicher, wenigstens denkbarer Alternativen. Zweifeln kann ich nur dort, wo Dinge auch anders sein könnten, als sie sind. Verwirrt werden kann ich nur dort, wo unterschiedliche Deutungs– bzw. Handlungsmöglichkeiten berücksichtigt werden müssen. Alle Typen von philosophischen Protosituationen setzen voraus, dass der gegenwärtige Weltzustand auch anders sein könnte, als er ist, dass also stets Alternativen zum jeweiligen *Status quo* bestehen. Die Szenarien, an die wir denken können, wenn wir uns vor Augen führen, wie Philosophie systematisch unmöglich gemacht wird, haben eines gemeinsam: Sie lassen keine Alternativen zum Ist–Zustand denken; die Möglichkeit philosophischer Protosituationen wurde genommen. Diese Mindestforderungen zur Ermöglichung der Philosophie erstrecken sich auf die Enzyklopädie, die Kategorien und die sprachliche Vermittlung dieser Kategorien.

Diese Bedingung der Möglichkeit von philosophischen Protosituationen hat Auswirkungen auf das Verständnis von Enzyklopädie und Grammatik. Damit Philosophie möglich ist, muss erstens die *Enzyklopädie unvollständig* sein. Damit etwas so ist, aber auch anders sein könnte, muss es in eine prinzipiell unvollständige Enzyklopädie eingebettet werden. Damit Philosophie möglich ist, muss zweitens die *Grammatik nicht–ausschließlich* sein, d.h. prinzipiell Alternativen konzipieren lassen. Damit etwas so ist, aber auch anders sein könnte, muss die Möglichkeit alternativer Kategorialsysteme und damit alternativer Einordnungen konzipierbar

---

[34] Röd, *Descartes*, 46–63.

[35] Vgl. Wittgenstein, *Philosophische Untersuchungen*, 123.

sein. Unvollständigkeit der Enzyklopädie und Non–Exklusivität (Nichtausschließlichkeit) der Grammatik sind also als Bedingungen der Möglichkeit von Philosophie aufzufassen.

Philosophisches Wissen kann nur dort erzeugt werden, wo philosophische Protosituationen („Staunen", „Zweifel", „Verwirrung") auftreten können. Bedingungen der Möglichkeit solcher Situationstypen sind

- die Unvollständigkeit der gebrauchten Enzyklopädie
- die Nichtausschließlichkeit (Non–Exklusivität) des verwendeten Kategorialsystems (der gebrauchten Grammatik).

3. Epistemische Gerechtigkeit

Bislang wurde Philosophie als eine systematische und explizite Anstrengung verstanden, Kategorialsysteme neu zu entwerfen und bestehende Orientierungssysteme in Frage zu stellen. Das ist ein wenig aufregendes Verständnis von Philosophie, das man (sinngemäß) in jedem Lexikon nachschlagen kann. Es ist allerdings anzumerken, dass es der Zweck der Übung ist, ein Verständnis von Philosophie zu entwickeln, das an das, was im Allgemeinen unter „Philosophie" verstanden wird, anknüpft. Ebenso, wie es unvernünftig ist, davon zu sprechen, dass Pferde gackern, Federn haben und Eier legen, ist es unvernünftig, Philosophie als ein Verfahren zur Erzeugung von Bleichmitteln oder als Forschungsprogramm zur Erkundung der Effizienz von Krematorien zu beschreiben. Die Anknüpfung an das Vertraute ist also kein Fehler. Dennoch möchte ich das Verständnis von Philosophie noch zuspitzen. Ich habe bereits vorgeschlagen, die Fähigkeit des Urteilens ins Zentrum der Philosophie zu stellen. Diese Fähigkeit will ich noch näher präzisieren: Ich möchte vorschlagen, Philosophie als die explizite und systematische Bemühung zu verstehen, epistemische Gerechtigkeit zu erzeugen. Dazu werde ich schrittweise den Begriff der epistemischen Gerechtigkeit entwickeln.[36]

---

[36] Vgl. Sedmak, *Strukturen epistemischer Gerechtigkeit.*

Philosophische Theorien stellen Orientierungswissen bereit, das die Ausrichtung des Handelns anleiten soll und bestehende Kategorialsysteme in Frage stellt. Das ist ein wichtiger Punkt: Philosophische Theorien erzeugen keine primären Kategorialsysteme. Philosophische Überlegungen kommen nämlich erst dort ins Spiel, wo ein primäres Kategorialsystem bereits vermittelt wurde, das *ex post* problematisiert werden kann. Ohne eine Einordnung enzyklopädischer Einträge wäre das gar nicht möglich. Die erste Einordnung enzyklopädischer Einträge leisten die primären Bezugspersonen für das nicht selbständig lebensfähige Kind. So wie man davon sprechen kann, dass die Muttersprache durch „Abrichten" angeeignet wird, kann man davon sprechen, dass ein primäres Kategorialsystem („Weltbild") durch Abrichtung und Drill zustande kommt. Am Anfang steht der Imperativ, erst dann kommt die Frage. Dieser Primat des Imperativs hat es möglich gemacht, von einem Fundament auszugehen, das nur *ex post*, also nur dann, wenn ein solches Fundament bereits vorausgesetzt ist, hinterfragt werden kann. Damit ist klar, dass die Philosophie ein sekundäres, abgeleitetes Unterfangen ist. Es muss „im Leben" schon sehr viel geschehen sein, damit Philosophieren möglich ist. Das hat nun auch den Vorteil, dass das Philosophieren jederzeit abgebrochen werden kann, da doch in der Regel ein Kategorialsystem zur Verfügung steht, mit dem die Handlungsfähigkeit gewährleistet ist. Steht kein solches Kategorialsystem zur Verfügung, kann auch nicht philosophiert werden, weil die Erzeugung philosophisch–kategorialen Wissens ein bestehendes Kategorialsystem voraussetzt. Es soll hier also nicht die These vertreten werden, dass Philosophieren als der Prozess der Erzeugung alternativer Kategorialsysteme überlebensnotwendig ist. Die prinzipielle Unabschließbarkeit des Philosophierens geht Hand in Hand mit der prinzipiellen Abbrechbarkeit des Philosophierens an jedem Punkt.

Die Philosophie erzeugt also sekundäre Kategorialsysteme, die primären Kategorialsystemen verpflichtet sind. Daraus ergibt sich eine klare Abhängigkeit der philosophischen Theorienbildung von kontextuellen Faktoren wie Kultur, Erfahrung, Persönlichkeit, Geschichte. Hier lässt sich ein Zusammenhang zwischen Philosophie und Lebensform erkennen, der für das Verständnis der Philosophie bedeutsam ist. Philosophie und Lebensform sind untrennbar miteinander verbunden („Sag mir, welche Kategorien du verwendest, und ich sage dir, welches Leben du führst …“). Der Zusammenhang zwischen Denkweise und Lebensform ergibt sich erstens aus den Beispielen, über die ich verfüge, um meine Kategorien zu gestalten, wobei die Beispiele auf dem Hintergrund von Erfahrungen und Erlebenshorizont entstehen; zweitens aus dem Selbstverständnis meiner philosophischen Arbeit, die ja in den Gesamtzusammenhang meines Lebens eingebettet ist, drittens aus den Intuitionen, die meine Arbeit anleiten und vor der systematischen und methodischen Reflexion gewonnen wurden.

Der Zusammenhang zwischen Lebensform und Beispielen ist nicht schwer plausibel zu machen: Ludwig Wittgenstein hatte einmal betont, dass so manche philosophische Krankheit von einer einseitigen Diät an Beispielen herrühre.[37] Die Beobachtung ist treffend und tiefsinnig. Die Kategorien, die wir verwenden, hängen ja von den Beispielen, die uns für diese Kategorien zur Verfügung stehen, ab. Wenn jemand etwa nur fette Schweinsgerichte als Beispiele für österreichische Küche kennt, dann wird sein Verständnis von „österreichischer Küche“ ähnlich beschränkt und seine Kategorie ebenso einseitig sein, wie eine Wäschekommode, in der man nur Uniformen findet. Eine bestimmte Schublade (Kategorie) wird von den Beispielen genährt, die uns für diese Kategorie zur Verfügung stehen. Wer Salzburg viermal und jedes Mal im Regen besucht hat oder auf den Philippinen während des Urlaubs zweimal ausgeraubt wurde, wird die Schublade „Salzburg“ oder „Filipinos“ anders ausgestalten als jemand, der die sonnigen Seiten Salzburgs und die Ehrlichkeit vieler Filipinos kennen gelernt hat. Die „rechte Diät an Beispielen“ ist gerade für die Philosophie wichtig, weil sie sich doch um Unterscheidungen bemüht, die mit guten Gründen aufrechterhalten werden können. So wird die Frage nach der rechten Diät von Beispielen zu einer Schlüsselfrage für die Philosophie. Eine rechte Diät von Beispielen ist – ähnlich wie eine kulinarische Diät – nicht nur eine Sache von Glück und Zufall, sondern auch eine Sache von Planung, Umsicht und Entscheidung.

Die Philosophie wird also darauf achten müssen, dass die Einträge innerhalb einer Kategorie eine rechte Diät an Beispielen aufweisen. Eine rechte Diät an Beispielen lässt uns vorsichtig

---

[37] Wittgenstein, *Philosophische Untersuchungen*, 593.

werden im Umgang mit Kategorien. Sie lässt uns vorsichtig werden im Umgang mit Kategorien wie „Faschist“ oder „Korruption“ oder „Kindesmissbrauch“ oder „Sklaverei“. Diese Vorsicht, die Grauzonen respektiert und Kategorien nicht bloß anhand von klaren Grenzen konstruiert, ergibt sich aus dem weiten Spektrum von Beispielen. Philosophie warnt davor, mit Unterscheidungen und Kategorisierungen sorglos umzugehen. Ich gebe ein Beispiel: die Kategorie der „Gleichheit“. Seit der Französischen Revolution ist die Aussage, dass „alle Menschen gleich“ sind, eine standardisierte These geworden. Sorgsame philosophische Reflexionsarbeit kann aber auch auf die Gefahren einer solchen These hinweisen – in welchem Sinn sind Menschen „gleich“? Ist die Rücksicht, unter der Menschen als gleich betrachtet werden können, stets wichtiger als all jene Rücksichten, die Ungleichheiten feststellen lassen? Welche – auch politischen Konsequenzen – hat die Rede von Gleichheit? Ist es sinnvoll, einen Menschen des öffentlichen Lebens in derselben Weise wie einen reinen Privatier vor dem Gesetz zu behandeln? Müssen nicht etwa die Linien der zumutbaren Kritik im ersten Fall weiter gezogen werden? Diese Fragen deuten darauf hin, dass die Kategorien, mit denen wir operieren, Auswirkungen auf unser Zusammenleben haben. Mehr noch: Die Kategorien, die wir verwenden, stiften soziale Unterscheidungen und weisen jedem Menschen und jedem Gegenstand einen Platz im sozialen Gefüge zu. Die Auswirkungen der Kategorien „schwarz“ bzw. „jüdisch“ auf einschlägige Regierungssysteme und Gemeinschaftsformen sind in ihrer ganzen Tragik und Tragweite bekannt. Die Einführung einer Kategorie „lebenswertes Leben“ hatte weitreichende Konsequenzen, auch die Konsequenzen der Einführung von „legaler Euthanasie“ sind noch nicht abzuschätzen, in jedem Falle aber weitreichend. Die Liste der Beispiele ließe sich beliebig fortsetzen. Es kann kein Zweifel bestehen, dass die Kategorien, die wir verwenden, die Orientierungssysteme, mit denen wir operieren, weitreichende Konsequenzen und Implikationen haben und an die Grundlagen unseres Zusammenlebens rühren. Deswegen ist die systematische und explizite Beschäftigung mit Orientierungssystemen auch kein Luxus.

Wären alle Orientierungssysteme gleich und würde es keinen Unterschied machen, welche Kategorien wir verwenden, dann wäre die Philosophie tatsächlich irrelevant. Dem ist aber nicht so. Kategorien haben Konsequenzen und diese Konsequenzen können wünschenswert oder nicht wünschenswert sein. Entsprechend gilt: Orientierungssysteme können gut oder schlecht sein. Es ist die Aufgabe der Philosophie, durch eine rechte Diät an Beispielen ein „gutes Orientierungssystem" anzubieten. Ein gutes Orientierungssystem ist ein solches, das auf guten Gründen beruht. Gute Gründe sind solche, die vernünftiges Handeln sicherstellen. Das haben wir bereits im Zusammenhang mit den Überlegungen zum Verhältnis von Urteilen und Handlungsmöglichkeiten gesehen. Vernünftiges Handeln ist ein Handeln, das so gestaltet wird, dass weitergehandelt werden kann und die Planung über zukünftiges Handeln weiterhin möglich ist. Vernünftiges Handeln ist demnach ein solches, das als Ergebnis eines Beratungsprozesses rekonstruiert werden kann, wobei dieser Beratungsprozess auch in Hinkunft gewährleistet ist. Ein Orientierungssystem dient dazu, mein Handeln so zu gestalten, dass ich weiterhin handlungsfähig bleibe und dass ich weiterhin mein Handeln planen kann. Dieses Kriterium der Planbarkeit kann man mit den Kriterien der Begründbarkeit und Vernünftigkeit zusammendenken: Gutes Handeln ist begründetes Handeln, d.h. eine Form des Handelns, die man als Ergebnis eines Beratungsvorgangs rekonstruieren könnte. Begründetes Handeln stellt sicher, dass ich so handle, dass ich auch in Hinkunft weiter der Vernunft folgen kann und dass die Lenkung des eigenen Handelns der Vernunft nicht entgleitet. Das kann in einem individuellen (Sicherung meines Handelns), aber vor allem auch in einem sozialen (Sicherung des Handelns einer Gemeinschaft) und universalen Sinne (Sicherung des Handelns der Menschheit oder Sicherung der Lebensmöglichkeit aller Lebewesen) verstanden werden. Orientierungswissen ist damit ein Wissen zur Sicherung des vernunftgeleiteten, d.h. planbaren und vernünftigen Handelns. Durch Ordnen und Unterscheiden wird Orientierung geschaffen, die die Fortsetzbarkeit des Handelns sicherstellen soll und zwar derart, dass stets Alternativen möglichen Handelns konzipierbar sind, zwischen denen ausgewählt werden kann: Handle so, dass du weiterhandeln kannst! Handle so, dass du dein Handeln weiterhin planen und verantworten kannst! Und das bedeutet: Handle so, dass dir stets mehrere Handlungsalternativen zur Verfügung stehen! Um diese Erhaltung der Handlungsfähigkeit geht es in der Philosophie.

Zur Messung der Qualität eines Orientierungssystems will ich den Begriff der epistemischen Gerechtigkeit einführen. Ein Orientierungssystem ist epistemisch gerecht, wenn

(i) sämtliche relevanten Aspekte und Fragen in Kategorien dieses Orientierungssystems berücksichtigt werden,
(ii) jede Kategorie des Orientierungssystems auf einem ausgewogenen Spektrum von Situationen und Beispielen basiert und
(iii) das Orientierungssystem handlungsermöglichend und --bewahrend wirkt und dem Prinzip der epistemischen Nachhaltigkeit folgt.

Das Prinzip der epistemischen Nachhaltigkeit besagt: Handle so, dass du weiterhin handlungsfähig bleibst; handle so, dass dir die Kontrolle des Handelns nicht entgleitet und du stets vor Handlungsalternativen stehst, bei denen eine Entscheidung möglich ist. Orientierungssysteme können nach diesem Verständnis mehr oder weniger das Ideal der epistemischen Gerechtigkeit erreichen und sind umso besser, je stärker sie dem Ideal der epistemischen Gerechtigkeit entsprechen. Epistemische Gerechtigkeit ist eine Sache des Gleichgewichts. Es geht darum, ein Gleichgewicht zu erzielen und damit wohlausgewogene Urteile zu fällen. Man könnte zwei Aspekte dieses „epistemischen Gleichgewichts" unterscheiden:

(i) das Gleichgewicht zwischen dem Allgemeinen und dem Besonderen und
(ii) das Gleichgewicht zwischen Unterreflexion und Überreflexion.

(i) Das Gleichgewicht zwischen dem Allgemeinen und dem Besonderen wurde im Zusammenhang mit den drei genannten *basic capabilities* der Philosophie angeführt. Ein Gleichgewicht zwischen dem Allgemeinen und dem Besonderen wurde von John Rawls als „Gleichgewicht zwischen Prinzipien und Urteilen", von Nelson Goodman als „Gleichgewicht zwischen Regeln und Schlüssen" bezeichnet. Man spricht hier von „Überlegungsgleichgewicht" („reflective equilibrium"). Die Idee ist folgende: Wenn man ein Urteil trifft, orientiert man sich an gewissen Prinzipien, die man auf einen Einzelfall anwendet. Dabei kann es vorkommen, dass sich das Prinzip als ungeeignet für den Einzelfall erweist; dann ist man gezwungen, das Prinzip zu revidieren und an die durch den Einzelfall gegebene Sachlage anzupassen; dann geht man mit dem solcherart verfeinerten Prinzip an den nächsten Einzelfall heran, wird aufgrund des Prinzips den Einzelfall einordnen und gegebenenfalls das Prinzip verfeinern. Hier haben wir es also mit einer Dynamik des Austarierens von allgemeinen Prinzipien und einzelnen Urteilen zu tun. Der Grundsatz „Du sollst nicht lügen" beispielsweise, kann unter Umständen angesichts bestimmter Situationen eine Modifikation erfahren. Ähnlich mag es mit dem Urteil „Alle Philosophen sind weltfremd" gehen, wenn man nur einmal im Leben einen Philosophen getroffen hat, der sich die Hemden selber bügelt …

Teil dieses Gleichgewichts zwischen dem Allgemeinen und dem Besonderen ist auch das Gleichgewicht zwischen „warmen" und „kalten" Faktoren. Bertrand Russell hat zwischen „knowledge by description" (Wissen, das aufgrund von Beschreibungen entsteht, indirektes Wissen, Wissen durch Andere) und „knowledge by acquaintance" (Wissen aufgrund von Bekanntschaft, Wissen aufgrund eines handelnden Umgangs mit etwas, direktes Wissen) unterschieden. Kalte Daten entstehen häufig durch „knowledge by description", warme Information entsteht aufgrund von persönlicher Betroffenheit. Ich gebe ein Beispiel: Kevin Bales beginnt seine Studie über Sklaverei in unserer Zeit[38] mit der Schilderung des Schicksals von Seba, einem westafrikanischen Mädchen, das aus ihrer Heimat an eine reiche Pariser Familie verkauft und in Paris als Sklavin gehalten wurde. Auf diese Weise bekommt die Information, dass derzeit weltweit 20 Millionen Menschen in verschiedenen Formen von Sklaverei leben, ein Gesicht. Ein wohlausgewogenes Urteil sucht den Ausgleich zwischen kalten und warmen Faktoren und versucht, angesichts eines tragischen Einzelfalls die Proportionen nicht zu verlieren bzw. hinter allgemeinen Aussagen die Einzelschicksale nicht zu übersehen.

(ii) Das Gleichgewicht zwischen einem Zuviel an Reflexion und einem Zuwenig an Reflexion spricht die beiden Straßengräben

[38] Bales, *Disposable People*.

an, die die epistemische Arbeit vermeiden soll. Ein Fall von Unterreflexion liegt vor, wo mit zu groben Kategorien an eine Situation herangegangen wurde. Das ist im Übrigen eine schöne Definition von Dummheit – das Operieren mit zu groben Kategorien. Der Vorteil eines Operierens mit zu groben Kategorien liegt ganz offensichtlich darin, dass man sich nicht so oft irren kann. Wer nur zwischen Wein und Bier unterscheiden kann, wird sich nicht so leicht irren wie jemand, der zwischen einem Chablis 1923 und einem Bordeaux 1925 zu unterscheiden sucht. Aber auch das Gegenteil kann vorkommen: Gerade Philosophinnen und Philosophen muss man immer wieder daran erinnern, dass Überreflexion möglich ist. Der Ehemann, der überlegt, ob er moralisch gerechtfertigt ist, seine Ehefrau zu retten, die am Ertrinken ist, hat – nach einem Wort von Bernard Williams – „one thought too many“.

Diese beiden Aspekte des Gleichgewichts, die sich aus der Forderung nach epistemischer Gerechtigkeit ergeben, sind nur möglich, wenn man fähig ist, die eigene Perspektive als eine unter vielen anzusehen. Hegel hat einmal gesagt: Bildung ist die Fähigkeit, Dinge von einem anderen Standpunkt aus zu sehen.[39] Diese Fähigkeit, eine Sicht von Anderswo einzunehmen, könnte man „epistemischen Altruismus“ nennen. Man könnte dafür argumentieren, dass die Möglichkeit epistemischer Gerechtigkeit von der Möglichkeit des epistemischen Altruismus abhängt. Hier geht es um einen Ausgleich zwischen einer subjektiven „Sicht von Irgendwo“ und einer objektiven „Sicht von Nirgendwo“ und das aufgrund einer Fähigkeit, eine „Sicht von Anderswo“ einzunehmen. Der Begriff der epistemischen Gerechtigkeit hat also mit der Suche nach einem Gleichgewicht zu tun. Um dieses Gleichgewicht ist die Philosophie, die wohlerwogene Urteile treffen soll und höheren Begründungsstandards als andere Disziplinen genügen muss, bemüht.

Eigens will ich auf den Zusammenhang von epistemischer Gerechtigkeit und sozialer Gerechtigkeit hinweisen. Wie hängen nun epistemische Gerechtigkeit und soziale Gerechtigkeit zusammen?

---

[39] Dieses Bemühen um die Fähigkeit zur epistemischen Distanz gehört zur Pflicht der Universität. Nach John Henry Newman beispielsweise ist das Ziel der Universität nicht das Erwerben von Einzelkenntnissen, sondern „Denkvermögen und die Vernunft selbst“ (Newman, *Vom Wesen der Universität*, 147). Das ist nur möglich, wenn man Abstand zu den Dingen hält und zu den Allgemeinbegriffen vordringt. Newman gebraucht an dieser Stelle das Bild des Turmes, von dem aus eine Stadt genau betrachtet werden kann (ebd., 148).

Erstens dadurch, dass die Kategorien, die wir verwenden, soziale Auswirkungen haben. Ohne die „white", „colored", „Indian", „Chinese" wäre das Apartheidregime in Südafrika nicht möglich gewesen. Klassifikationen haben eine soziale Bedeutung. Desmond Tutu versuchte die Absurdität einer rassistischen Klassifikation nach Hautfarbe mit dem Beispiel von „Langnasigkeit" aufzuzeigen – was wäre, wenn nur Menschen mit einer langen Nase Zugang zu den öffentlichen Einrichtungen hätten? Warum erscheint uns diese Kategorie lächerlich und absurd, während die Kategorie der Hautfarbe von vielen als legitime Unterscheidungsgrundlage akzeptiert wurde? Das sind u.a. erkenntnistheoretische Fragen. Epistemische Gerechtigkeit und soziale Gerechtigkeit hängen deswegen miteinander zusammen, weil die Kategorien, die wir verwenden, mit dem sozialen Leben verbunden sind und Fragen der sozialen Gerechtigkeit mit Fragen der Kategorisierung und Klassifikation verschränkt sind.

Zweitens sind epistemische Gerechtigkeit und soziale Gerechtigkeit aufgrund des Zusammenhangs zwischen Lebensform und Denkweise verbunden. Meine Denkweise prägt meine Lebensform und meine Lebensform bestimmt die Situationen, mit denen ich in Berührung komme und ist ausschlaggebend für die Beispiele, über die ich verfüge. Man könnte sich etwa denken, dass jemand ein Anhänger der These ist, dass behindertes Leben nicht lebenswert ist und daher abgetrieben werden sollte. Nun kann es sein, dass dieser Mensch mit dem Schicksal von Rebecca Jonas in Berührung kommt.[40] Rebecca war eine Frühgeburt, sie war zu schwach, um längere Zeit zu überleben, sie war zu schwach, um überhaupt die Augen zu öffnen. Sie lebte nach der Geburt nur drei Stunden und vierundvierzig Minuten und starb in den Armen ihres Vaters Alexander. Alexander Jonas brauchte Jahre, um aus dieser Erfahrung nicht nur Zorn, Wut und Verzweiflung zu schöpfen. In seinem Buch, das vier Jahre nach Rebeccas Tod erschienen ist, beschreibt er, wie es im Untertitel heißt, seine „Reise von Trauer zu Dankbarkeit". Er beschreibt die unfassbare Dankbarkeit, die er für Rebeccas kurzes Leben empfindet. In ihrem Leben, das außerhalb des Mutterleibs nicht einmal vier Stunden dauerte, berührte Rebecca jeden und jede, die von ihrem Leben wussten. Und sie berührte diese Menschen in einer einzigartigen Weise, wie es nur ein

---

[40] Vgl. Jonas, *Rebecca.*

schwaches Kind kann. Man kann sich denken, dass sich die Denkweise nach diesem Erlebnis verändert. Und die Erlebnisse, die man macht, hängen mit der Lebensform zusammen, für die man sich entscheidet und entscheiden kann. Epistemische Gerechtigkeit und soziale Gerechtigkeit hängen also deswegen zusammen, weil es ein und dieselbe Person ist, die handelt und erkennt. Denkweise und Lebensform sind untrennbar miteinander verknüpft. Drittens sind epistemische Gerechtigkeit und soziale Gerechtigkeit miteinander verbunden, weil es Berührungspunkte zwischen Erkenntnistheorie und Ethik gibt. Man spricht von „Wissenschaftsethik", von „epistemischen Pflichten", von „epistemischen Tugenden", von „epistemischer Verantwortung". Hier haben wir es also mit einer Ethik des Erkennens zu tun. Die klassischen Tugenden der Tapferkeit, Klugheit, des Maßes und der Gerechtigkeit können auch erkenntnistheoretisch gedeutet werden als Tapferkeit, Klugheit, Maß und Gerechtigkeit des Urteils.

Auf diese Weise betont der Begriff der epistemischen Gerechtigkeit, mit dessen Hilfe ich den Begriff der Philosophie charakterisieren möchte, Konturen und eine gewisse Schärfe. Diese Schärfe wird vielleicht noch deutlicher, wenn ich darauf aufmerksam mache, dass das Bemühen um epistemische Gerechtigkeit auch auf eine „Option für die Armen", wie sie in der Theologie seit den 1960er Jahren entwickelt wurde, hinausläuft: Ich möchte nun nicht mit subtilen Definitionen aufwarten, was denn unter „Armen" verstanden werden soll oder was die „Option für die Armen" besagt. Ich will nur fragen, ob eine besondere Aufmerksamkeit für die schwächsten Mitglieder der Gesellschaft und für diejenigen, die aus der Gesellschaft ausgeschlossen sind, zu rechtfertigen ist. Meine Antwort lautet: Ja. Eine besondere Aufmerksamkeit für die Armen erhöht die Qualität unserer Orientierungssysteme und trägt zur epistemischen Gerechtigkeit bei. Warum? Denken wir an die erwähnten drei Bedingungen epistemischer Gerechtigkeit:

Die erste Bedingung ist die Bedingung der Berücksichtigung aller relevanter Faktoren. Eine besondere Aufmerksamkeit für die Ausgeschlossenen lädt dazu ein, gerade jene Faktoren zu berücksichtigen, die in jedem Sinn des Wortes durch den Rost fallen. Eine besondere Aufmerksamkeit für die Ausgeschlossenen erweitert das Spektrum der relevanten Fragerichtungen und trägt damit zu epistemischer Gerechtigkeit bei. Die zweite Bedingung klagt eine rechte Diät von Beispielen ein. Hier haben wir bereits auf die Gefahr, bloß in Standardbeispielen verhaftet zu sein, hingewiesen. Eine besondere Aufmerksamkeit für die Ausgeschlossenen erweitert das Spektrum unserer Beispiele, denn die „mainstream view“ und die Standardbeispiele stehen uns ohnehin zur Verfügung. Die dritte Bedingung wies auf das Kriterium der Handlungsfähigkeit hin. Wir haben über die Gefahr, sich in tausenden Qualifikationen zu verlieren, gesprochen. Eine besondere Aufmerksamkeit für die Ausgeschlossenen macht uns fähig, klare Urteile zu treffen. Dazu kommt, dass die Handlungsfähigkeit einer Gemeinschaft auf dem Spiel steht, wenn in ihr Menschen handlungsunfähig sind. Die ethische Qualität einer Gesellschaft bemisst sich daran, wie diese Gesellschaft mit ihren schwächsten Mitgliedern umgeht. Langfristig kann eine Gesellschaft nur überleben, wenn sie die Handlungsfähigkeit aller zu erhalten sucht. Eine Gesellschaft wird, nach einem Wort von C.F. von Weizsäcker, nur überleben, wenn sie auf Wahrheit gegründet ist.

Auf diese Weise kann man sehen, dass ein Verständnis von Philosophie, das durch den Begriff der epistemischen Gerechtigkeit charakterisiert ist, ethische Überlegungen notwendig macht.

Diese Überlegungen erlauben ein Verständnis von Philosophie als Arbeit an epistemischer Gerechtigkeit. Es ist nach diesem Verständnis Aufgabe der Philosophie, Strukturen epistemischer Gerechtigkeit herzustellen, das heißt, an bestehenden Kategorialsystemen im Sinne dieses Anliegens zu arbeiten und epistemisch gerechte Alternativen zu etablierten Orientierungssystemen zu entwickeln. Ich will eigens darauf hinweisen, dass der Begriff der epistemischen Gerechtigkeit relevant ist für das Katholische Lehramt, soll doch die Ausübung des Katholischen Lehramts die Erhaltung der Handlungsfähigkeit der Gläubigen sichern und in diesem Sinne das Prinzip der epistemischen Nachhaltigkeit respektieren. Weiters sind die Träger des Katholischen Lehramts in Ausübung ihrer Tätigkeit darauf angewiesen, Urteile zu fällen. Der Begriff der epistemischen Gerechtigkeit mahnt „wohlerwogene Urteile“ ein.[41] Lehramtliche Urteile verlieren an Gewicht, wenn sie nicht wohlerwogen sind und eklatant gegen Standards epistemischer Gerechtigkeit verstoßen. Aus der Relevanz des Begriffs der epistemischen Gerechtigkeit ergeben sich Anknüpfungspunkte

---

[41] Zu diesem Begriff vgl. Sedmak, *Theologie in nachtheologischer Zeit*, 101–114.

zwischen philosophischem Dienst und lehramtlichem Erkenntnisbedarf. Man könnte den Dienst der Philosophie durchaus in der epistemischen Qualitätssicherung sehen, die ja auch für lehramtliche Belange relevant ist. So besteht das Projekt, die Idee des Katholischen Lehramts mit der Philosophie in Beziehung zu setzen, wesentlich in der Prüfung der Beziehung zwischen Idee des Lehramts und epistemischer Gerechtigkeit.

4. Der Beitrag der Philosophie zu Theologie und Kirche

Der Beitrag der Philosophie zu Theologie und Kirche kann nur dann angemessen eingeschätzt werden, wenn die Grenzen der Philosophie im Blick sind. Eine erste Grenze der Philosophie besteht in den moralischen und spirituellen Risiken, die das Geschäft der Philosophie mit sich bringt. Auf diese Gefahren, die rechten Prioritäten und Gewichtungen aus dem Blick zu verlieren, wurde in der protestantischen Tradition immer wieder hingewiesen.[42] Auch Thomas von Kempen warnt in der *Nachfolge Christi* vor dem Hochmut der Philosophen.[43] Selbst John Henry Newman kritisiert die Versuche mancher Philosophen, die Rolle von religiösen Führen zu usurpieren.[44] So wird die Philosophie auf den Platz gerückt, den sie in der Heils– und Erlösungsordnung innehat. Eine zweite Grenze liegt in der limitierten Wirksamkeit der Philosophie. Diese Grenze hat mit der prinzipiellen Kluft zwischen Erkennen und Handeln zu tun bzw. mit der Kluft, die zwischen *intellectus* und *voluntas* besteht: der *intellectus* kann die Zustimmung des Willens und die Umsetzung im Handeln nicht erzwingen. Das Leben eines Menschen wird durch Handlungen

---

42 Man denke an die berühmte Antrittsvorlesung von Dietrich Bonhoeffer oder an die Ausführungen von Karl Barth zur Philosophie.

43 „Omnis homo naturaliter scire desiderat. Sed scientia sine timore Dei quid importat? Melior est profecto Rusticus humilis, qui Deo fervit, quam superbus Philosophus, qui se neglecto cursum coeli confiderat. Qui bene se ipsum cognoscit sibi ipsi vilescit, nec laudibus delectatur humanis. Si scirem omnia quæ in mundo sunt, et non essem in charitate, quid me juavert coram Deo, qui me judicaurus est ex facto?" (Thomas a Kempis, *Imitatio Christi* I, 2,1).

44 Vgl. J. Newman, *Cardinal Newman's Attack on Philosophers*.

bestimmt, die Entscheidungen verlangen. Die Philosophie kann weder diese Entscheidungen vorwegnehmen oder steuern, noch kann ein Entscheidungsprozess im Leben mit beliebiger Tiefe und Weite geführt werden, wie das in einem handlungsentlasteten philosophischen Diskurs möglich ist. Die Philosophie kann die Menschen nicht tugendhaft machen. Dazu kommt, dass kaum jemand bereit wäre, für eine Konklusion zu sterben.[45] Auch eine dritte Grenze der Philosophie hängt mit der Stellung der Philosophie angesichts des letzten Ziels des Menschen zusammen: Die Philosophie ist nicht heilsnotwendig. Deutlich formuliert Petrus Damianus die Zweitrangigkeit der Philosophie: Wenn die Philosophie für die Erlösung des Menschen notwendig wäre, hätte Jesus Philosophen ausgesandt, um die Welt zu bekehren und nicht Fischer![46] Etienne Gilson weist darauf hin, dass die Philosophie niemanden erlösen könne und daher in der Heilsordnung nur eine untergeordnete Stellung innehat: „On peut dire que dans l'ordre de la connaissance salutaire, la philosophie viendra, non seulement plus tard, mais trop tard."[47] Hier sehen wir also Konturen der Grenzen von Philosophie. Allerdings deutet der skizzierte Zusammenhang zwischen epistemischer Gerechtigkeit und sozialer Gerechtigkeit darauf hin, dass diese Grenzen von dem entwickelten Begriff von Philosophie mitreflektiert wurden: Epistemische Gerechtigkeit ohne soziale Gerechtigkeit ist „leer", soziale Gerechtigkeit ohne epistemische Gerechtigkeit ist „blind".

Epistemische Gerechtigkeit und die christliche Botschaft

Philosophie, so wie ich sie verstehe, ist ein systematisches und methodisches Ringen um epistemische Gerechtigkeit. Dieses Ringen hat, wie wir gesehen haben, ethische Implikationen und Implikationen für die Lebensform. Ich würde behaupten, dass es durchaus nicht abwegig ist, das Ringen um epistemische Gerechtigkeit als Versuch anzusehen, die christliche Botschaft für die Erkenntnistheorie ernst zu nehmen. Epistemische Gerechtigkeit ist

---

[45] Das ist ein Gedanke Newmans: „Many a man will live and die upon a dogma; no man will martyr himself for a conclusion" (*An Essay in Aid of a Grammar of Assent*, 71).

[46] *De sancta simplicitate*, PL 145, 697 BC; vgl. Lynch, *A Christian Philosophy*, 26.

[47] Gilson, *Le philosophe et la théologie*, 15.

der Versuch, Tatsachen anzuerkennen und etablierte Kategorialsysteme in Frage zu stellen. Diese kritische Funktion ist wohl die wichtigste Funktion der Philosophie, die Funktion, Unterscheidungen einzuführen und bestehende Kategorialsysteme auf einen Prüfstand zu stellen. In diesem Sinne hat die Philosophie erstens die Aufgabe, ideologiekritisch und aufklärerisch zu wirken. Ignacio Ellacuría charakterisiert die Philosophie durch ihre kritische Rolle – neue philosophische Strömungen seien aus einer Unzufriedenheit mit bestehenden Denksystemen entstanden: „La función crítica de la filosofía està orientada, en primer lugar, a la ideología dominante, como momento estructural de un sistema social."[48] Zweitens hat die Philosophie eine vermittelnde Funktion, die Funktion, zwischen den Disziplinen zu vermitteln und zwischen unterschiedlichen Kategorialsystemen klärend einzugreifen.

Die kritische Arbeit an etablierten Kategorialsystemen ist prophetische Arbeit. Der Philosoph muss hinreichende Nähe und nötige Distanz zu seiner Bezugsgemeinschaft einhalten ebenso wie der Prophet. Die epistemische Arbeit des Philosophen, der explizit macht, was ist und darüber nachdenkt, was sein könnte, ist strukturell nicht unähnlich der epistemischen Arbeit des Propheten. Auch Jesus selbst hat epistemische Arbeit geleistet, die mit dem Begriff eines Ringens um epistemische Gerechtigkeit verbunden werden kann. Jesus lädt zu einer neuen Sichtweise von Welt mit Hilfe von Vertrautem ein. Vertraute Beispiele lassen neue Kategorien, neue Ordnungen plausibel werden. Jesus führt neue Kategorien ein,

---

[48] Ellacuría, *El Compromiso Politico de la Filosofía*, 87. Diese kritische Funktion kann auch auf die intellektuelle Arbeit überhaupt übertragen werden: „The independent artist and intellectual are among the few remaining personalities equipped to resist and fight the stereotyping and consequent death of genuinely living things. Fresh perception now involves the capacity to continually unmask and to smash the stereotypes of vision and intellect which modern communications swamp us. These worlds of mass–art and mass–thought are increasingly geared to the demands of politics. That is why it is in politics that intellectual solidarity and effort must be centered. If the thinker does not relate himself to the value of truth in political struggle, he cannot responsibly cope with the whole of live experience" (Mills, *Power, Politics, and People*, 299). Ähnlich: „The particular problem of the intellectual, however, is that a language community in each society that is dominated by habits of expression already exists, one of whose main functions is to preserve the status quo, and to make certain things go smoothly, unchanged, and unchallenged" (Said, *The Representation of Intellectuals*, 27).

etwa die Kategorie der „Wiedergeburt“ (Joh 3,5–8) oder die Kategorie der „Freiheit“ (Joh 8,34–38). Jesus interpretiert bestehende Kategorien neu, wie das in den Seligpreisungen (Neuinterpretation der Kategorien der Armut, Trauer, Gerechtigkeit, Barmherzigkeit, Reinheit, Verfolgung), aber auch in der Endzeitrede bei Matthäus (Mt 25,31–46) oder in der Rekategorisierung von „Fasten“ (Mt 6,16ff.; 9,14–17), „Beten“ (Mt 6,5ff.), „Ehebruch“ (Mt 5,27ff.) oder „Sabbat“ (Mt 12 1–14; Mk 3,1–5) deutlich wird. Jesus interpretiert die Kategorie der „Vergebung der Sünden“ neu, indem er sie in einen Kontext von Vollmacht und Ganzheitlichkeit stellt (Mt 9,2–7). Jesus bietet ein Ordnungssystem an, das die Regel an die Situation und nicht die Situation an die Regel anpasst und somit jede Situation in ihrer Eigendynamik respektiert. Jesus geht nicht mit präfabrizierten Begriffen und Kategorien an eine Situation heran, sondern respektiert die Dynamik einer Situation.

Deutlich sieht man bei Jesus auch den Zusammenhang zwischen epistemischer Gerechtigkeit und sozialer Gerechtigkeit, zwischen Denkweise und Lebensform. Jesus zieht die Grenzen zwischen „rein“ und „unrein“ neu. Jesu epistemische Arbeit zeichnet sich durch eine Einheit von sprachlichem und außersprachlichem Handeln, durch einen Respekt vor dem Eigengewicht von Einzelfällen und partikulären Situationen und durch Achtung vor dem Urteilsvermögen der Menschen aus. Jesus leistet epistemische Arbeit, indem er durch das Beispiel seines Lebens an etablierte Kategorien anschließt und diese übernimmt, bestehende Kategorien neu interpretiert und neue Kategorien einführt. Durch diese epistemische Arbeit lädt Jesus dazu ein, Gott, die Welt, das Leben, die Menschen und sich selbst ganz neu zu sehen. Jesus wehrt sich dagegen, „Residualkategorien“ wie „Sünder“ oder „Wahnsinniger“ zu verwenden und behandelt Partikulares als Partikulares. Diese Andeutungen sollen erkennen lassen, dass der Begriff der epistemischen Gerechtigkeit mit dem Leben Jesu zusammengedacht werden kann. Weiters wurde angedeutet, dass philosophische Reflexionsarbeit und prophetisches Engagement nicht in einem Widerspruch zueinander gedacht werden müssen, sondern unter der Rücksicht der jeweils notwendigen epistemischen Arbeit strukturelle Ähnlichkeiten aufweisen.

Die Philosophie kann für Theologie und Kirche wichtige Funktionen erfüllen. Die wichtigste scheint mir die zu sein, als „Stachel im Fleisch“ aufzutreten und daran zu erinnern, was sein könnte. Die Verpflichtung auf epistemische Gerechtigkeit hat, wie wir gesehen haben, auch Auswirkungen auf die Rede von „Option für die Armen“ und auf den ethisch verantworteten Umgang mit der eigenen Lebensform und auf Fragen der sozialen Gerechtigkeit. Zu dieser Funktion treten die Funktionen der Grundlagenarbeit und der Vermittlung hinzu.

Ein wichtiger Dienst der Philosophie im Rahmen der Kirche besteht in der Erarbeitung von Distanz zu etablierten Kategorialsystemen. Dieser Dienst ist für eine Gemeinschaft deswegen wichtig, weil eine „methodische Sicht von Außen“ davor bewahrt, eigene Standards absolut zu setzen und den Sinn für Proportionen zu verlieren. Man kann nach John Henry Newman einsehen, dass „der Philosoph den Hirten der Kirche wahrscheinlich von großem Nutzen sein wird. Offensichtlich besteht der erste Schritt, den sie bei der Bekehrung des Menschen und der Erneuerung der Natur tun müssen, darin, ihn aus jener fürchterlichen Versklavung an die Sinne, die sein gewöhnlicher Zustand ist, zu befreien. Die Fähigkeit, die Maschen dieser Sklavenfesseln zu durchbrechen und die Fäden, mit denen sie das Herz zehntausendfach umstrickt hält, zu entwirren und zu lösen, bedeutet, so möchte ich beinahe sagen, ihn schon halbwegs zum Himmel zu bringen“[49]. Die Vernunft ist jenes Vermögen, Dinge an ihren Platz zu setzen, Dinge zu ordnen und deswegen gegen Formen von Unordnung aufzutreten.[50] Das sind

---

[49] Newman, *Vom Wesen der Universität*, 185.

[50] Treffend wurde diese Eigenart der Philosophie von Kardinal Newman, dem es deutlich um die Stellung der Philosophie im kirchlichen Ganzen zu tun war, beschrieben: „Philosophie ist also die auf das Wissen angewandte Vernunft oder die Erkenntnis von Dingen nicht bloß im allgemeinen, sondern von Dingen in ihren Beziehungen zueinander. Sie ist die Fähigkeit, jedem Ding seinen wahren Platz im universalen System zuzuweisen. Sie vermag die verschiedenen Aspekte jedes seiner Teile zu verstehen, den genauen Wert jedes einzelnen Dinges zu begreifen. Sie hat jedes bis zu seinem Ursprung zurück und vorwärts bis zu seinem Ende zu verfolgen. Philosophie ist die Fähigkeit, die verschiedenen Tendenzen eines jeden Dinges vorauszusagen und auch die entsprechenden Hemmungen und Gegenbewegungen im voraus zu erkennen“ (Newman, *Zur Philosophie und Theologie des Glaubens*, 215).

Argumente, die an die angeführten Überlegungen von Ignacio Ellacuría erinnern, der Ungerechtigkeit, Unwahrheit und Unvernünftigkeit in einem Zusammenhang sieht.[51]

In Bezug auf die Theologie lassen sich näherhin vier Funktionen der Philosophie unterscheiden und zwar ad intra und ad extra: Ad intra besteht die Philosophie in der theologischen Grundlagenforschung (Kategorien, Begriffe, erste Fragen im Sinne einer wesentlich geordneten Reihe)[52] und in der Absicherung der Interdisziplinarität innerhalb der Theologie; eine gemeinsame methodische Basis, wie sie die Philosophie bieten kann, sichert die Verständigungsmöglichkeit der theologischen Fächer untereinander. Damit kann der Gefahr der Spezialisierung als eine der Gefahren, die dem Intellektuellen droht[53], begegnet werden. Ad extra besteht die Funktion der Philosophie für die Theologie einerseits im Ausweis der Theologie als Wissenschaft (wissenschaftstheoretische Rechtfertigung) und andererseits in der Reflexion auf die Zusammenarbeit der Theologie mit anderen Einzelwissenschaften. Die interdisziplinäre Zusammenarbeit kann nicht ohne wissenschaftstheoretische Grundüberlegungen angestellt werden, wie sie von der Philosophie zur Verfügung gestellt werden.

In Bezug auf die Ausübung des Lehramts in der katholischen Kirche kann die Philosophie folgende Funktionen wahrnehmen:

---

[51] Auch Newman weist darauf hin, dass sittliche Gebrechen von Vernunft und Offenbarung gleichermaßen gebrandmarkt werden – hier spielen also Philosophie und Kirche zusammen (Newman, *Vom Wesen der Universität*, 189).

[52] Hier kann man sich fragen, welche Form von Philosophie für diese Art von kritischer Reflexion am angemessensten sein könnte. Ich will mich hier nicht festlegen, weil ich denke, dass verschiedene philosophische Zugangsweisen dem Ideal der epistemischen Gerechtigkeit dienen können. Ich will Argumente, die in die Diskussion eingebracht wurden, referieren: Ernan McMullin hat in seiner Präsidentschaftsadresse an die ACPA die analytische Philosophie als „antidote“ zur Phänomenologie und dem Existentialismus ins Treffen geführt: „The ‚analytic approach to philosophy’, as it has been called, is still not much represented among us. But if ever we needed it, to my mind, it is now. One of the major tasks in the next decade will undoubtedly be to keep the theologian honest, to keep asking them what they mean and how they propose to support it" (McMullin, *Presidential Address*, 1). Ähnliche Argumente hat Edmund Runggaldier vorgebracht (vgl. Runggaldier, *Philosophieunterricht an kirchlich–theologischen Fakultäten*; ders., *L'insegnamento della filosofia nelle facoltà teologiche ecclesiastiche*; ders., *Von der Dienstfunktion der Philosophie an theologischen Fakultäten*).

[53] Said, *The Representation of Intellectuals*, 76ff.

Erstens liefert die Philosophie Kategorien, die zur Bewältigung der Orientierungsaufgaben des Lehramts hilfreich sind. So mussten zur Verurteilung des Petrus Olivi im Konzil von Vienne, zur Verurteilung der averroistischen Aristoteliker beim 5. Laterankonzil oder bei den Auseinandersetzungen mit Luthers Positionen subtile philosophische Unterscheidungen angewendet werden.[54] Die Kirche ist zur Ausübung ihres Lehramts auf Expertisen angewiesen – etwa wirtschaftswissenschaftliche Expertisen in der Soziallehre, medizinische Expertisen in moraltheologischen Fragen, philosophische Expertisen in Fragen der Einordnung von Positionen. „Die Kirche hat sich von jeher auf Zeugen und Autoritäten außerhalb ihrer selbst berufen und deren Urteil in den Dingen geachtet, für die sie ihnen Urteilsfähigkeit zuerkannte, und zwar nach dem Grundsatze: ‚Cuique in arte sua credendum'".[55] Ein zweiter Beitrag zur Kirche ist die Arbeit der Philosophie an „common ground": Peter Berger beendet sein Buch *Pyramids of Sacrifice* mit dem Appell, dass Menschen mit divergierenden Ideologien dadurch gemeinsamen Boden erarbeiten können, dass sie den Blick auf spezifische Situationen richten, zu denen übereinstimmend „Nein" gesagt wird. Es geht darum, ein Minimum an gemeinsamen Überzeugungen zu sichern, um mit Divergenzen umgehen zu können und das zu leisten, was John Courtney Murray „the hard work of disagreeement" genannt hat. Ein dritter Beitrag der Philosophie für die Kirche ist die Erarbeitung von Brücken zwischen dem religiösen und dem nichtreligiösen Bereich. Die Philosophie hat eine wichtige Funktion, wenn es um das Bauen von Brücken geht. Der Philosophie fallen in der Auseinandersetzung mit einer Vielfalt von Positionen und Kontexten wichtige Aufgaben zu – hier ist die philosophische Reflexion das Bemühen um die Herausarbeitung einer gemeinsamen Basis und von universalen Standards: „Universality menas taking a risk in order to go beyond the easy certainties provided us by our background, language, nationality, which so often shield us from the reality of others. It also means looking for and trying to uphold a single standard for human behaviour when it comes to such matters as

---

[54] Vgl. Wallace, *The Case for Developmental Thomism*, 6.
[55] Newman, *Vom Wesen der Universität*, 17.

foreign and social policy."[56] Diese Arbeit an Brücken und diese Arbeit an Universalität sind entscheidend gerade hinsichtlich der Beziehung der Kirche zur nichtreligiösen Welt. Diese Beziehung wird in unseren Tagen offensichtlich immer wichtiger.

Schlussbemerkung

Philosophie muss in der Kirche Platz haben. Es würde nicht für die Kirche sprechen, wenn sich Szenarien entwickeln, in denen die Kirche auf die philosophische Reflexion verzichten zu können meint. Dies hat unter anderem mit der Struktur jener „Kontrastszenarien" zu tun, die Philosophie unmöglich machen. In einer „schönen neuen Huxley–Welt" und in einer „Orwell–Welt von 1984" wird Philosophie unmöglich. Kann die Kirche eine solche Gesellschaft wollen? Weder eine „Huxley–Kirche" noch eine „Orwell–Kirche" scheinen besonders attraktiv zu sein oder dem Geist Jesu zu entsprechen. Epistemische Arbeit, die Arbeit mit Kategorien, wie sie die Philosophie systematisch leistet, reflektiert und methodisch explizit macht, ist Teil der religiösen Praxis und nicht etwas, was „von außen" zur religiösen Praxis hinzukommen würde. Dies werde ich später noch zu zeigen versuchen. Philosophie ist damit nicht etwas, was der religiösen Praxis fremd sein sollte. Gerade dort, wo wir es mit Geltungsansprüchen zu tun haben, ist die philosophische Reflexion unumgänglich, geht es doch um die Einschätzung der Angemessenheit von Urteilen im Rahmen eines Ringens um epistemische Gerechtigkeit. Hier sieht man die eminente Funktion der Philosophie in der Reflexion auf Autorität und Normativität. Es ist ein Kriterium für die ethische Qualität der Kirche, dass die systematische philosophische und theologische Reflexion befördert wird – im Blick auf die Qualität kirchlicher Urteilsbildung und im Blick auf die Grenzen philoso-

---

[56] Said, *The Representation of Intellectuals*, xiv. Ähnliche Aspekte hebt Weijers für den universitären Bereich hervor: „Philosophy was supposed to guarantee both the unity of the sciences and the unity of scientific training and research and cultural Bildung. Philosophy was crucial to educate men of science and to mould men of character … we cannot and do not want to return to the elite–institutions of the last century" (Weijers, *Intellectuals, Knowledge and Democracy*, 32).

phischer Reflexion.[57] Die Ausübung des Lehramts ist auf wohlerwogene Urteile angewiesen, wie sie eine Theorie der epistemischen Gerechtigkeit konturiert. Dazu bedarf es der philosophischen Expertise. Kurz gesagt, der Beitrag der Philosophie zu Theologie und Kirche besteht in der Theorie und der Einmahnung von wohlerwogenen Urteilen und epistemischer Gerechtigkeit.

Eine letzte Bemerkung: Auch der Rahmen, den die Kirche der Philosophie bieten kann, kann für die Philosophie nützlich sein – und zwar deswegen, weil auf diese Weise Grenzen der Philosophie sichtbar werden und ein Standpunkt „von außen" angeboten wird, von dem aus Konturen der Philosophie erkennbar werden. Es scheint mir mit Blick auf die Philosophie epistemisch kein Nachteil zu sein, wenn man in einem Rahmen verortet ist, der von einer klar bestimmten Gemeinschaft, einer klar bestimmten Tradition und einer klar bestimmten Praxis strukturiert wird und gerade auf diese Weise die Grenzen der Philosophie aufzeigen kann.[58] Sokrates hat keinen Weg zur Erlösung gewiesen, Kant hat keine dichte Ethik mit Beispielen von „heiligem Leben" entwickelt, Athen ist nicht ein Weg über das Kreuz und das offene Grab. Aber Jerusalem braucht die Klarheit in jenen Situationen, wie sie in Apg 15 geschildert werden.

---

[57] Der Dienst der Philosophie hängt wesentlich davon ab, welche Verpflichtungen die Philosophie auf sich nimmt. Ich werde am Ende dieses Buches zu zeigen versuchen, dass die Verpflichtung auf Wahrheit und Vernunft die Philosophie anleitet und die Beliebigkeit philosophischer Reflexion einschränkt, wenn es um das Erreichen eines Ideals von epistemischer Gerechtigkeit geht. Sehr treffend sind in diesem Zusammenhang die Bemerkungen von Wallace: „It is truly remarkable to me that present–day theologians are voicing the opinion that philosophers should give up their search for certitude, for final answers, and begin to elaborate imaginative systems that will serve as vehicles for ever new theologies ... If philosophers do this, who will keep the same theologians honest? Who will check their intuitions, who will argue as to where reason stops and faith begins, if reason is never able to establish its basic claims, to which all human sciences, theology included, must ultimately conform?" (Wallace, *The Case for Developmental Thomism*, 15).

[58] Diese Argumente habe ich an anderer Stelle entwickelt – vgl. Sedmak, *Theologie in nachtheologischer Zeit*, 59ff.

Teil B: Philosophische Untersuchungen zur Idee des Katholischen Lehramts

III. Erkenntnistheoretische Überlegungen

1. Zur Eigenart religiöser Erkenntnis

Religiöse Überzeugungen sind durch die fundamentalen Commitments zu charakterisieren, die mit diesen Überzeugungen verbunden sind. Aus diesem Grund sind erkenntnistheoretische Fragen des religiösen Erkennens angesichts dessen, was auf dem Spiel steht, von großer Wichtigkeit. In der katholischen Tradition wird daran festgehalten, dass der religiöse Glaube in eine Erkenntnisordnung eingebettet ist und Reflexionen auf religiöse Überzeugungen nicht von der Epistemologie religiösen Erkennens abgekoppelt werden sollen. Glauben ist eine Form des Erkennens. Das ist bemerkenswert, denn das Glauben ist eingebettet in eine geschichtlich und gemeinschaftlich verfasste Lebensform und drückt sich in einer Lebensweise aus. Dieser Gedanke, dass Lebensform und Denkweise zusammenhängen, hat bereits im Begriff der epistemischen Gerechtigkeit eine wichtige Rolle gespielt. Dem Gedanken, dass aus Glaubenshaltungen epistemische Commitments erwachsen, geht die philosophische Erkenntnistheorie nach. Hier kann die Philosophie einen Beitrag zum Verständnis der Funktion lehramtlicher Autorität für Fragen des religiösen Erkennens leisten.

Eine Religion ist eine Einstellung zur Welt als ganzer und zum Leben als solchem. Eine Religion liefert einen Interpretationsrahmen, innerhalb dessen Geschehen „in der Welt“ als Zeichen für „eine andere Welt“ gedeutet werden können. Eine Religion lädt dazu ein, Vorkommnisse in der sichtbaren Welt als Zeichen für eine unsichtbare Welt zu interpretieren. Eine Religion stiftet einen solchen Interpretationsrahmen, in dem jedes Ereignis – und insbesondere Grenzsituationen und Erfahrungen von Anfang, Ende, Übergang – eingebettet werden kann. Einen solchen Interpretationsrahmen könnte man einen symbolischen Kosmos nennen, eine Interpretation von Welt auf der Grundlage einer Einstellung zur Welt als ganzer. In einem symbolischen Kosmos erhält jedes sichtbare Vorkommnis einen bestimmten Platz und ein bestimmtes Gewicht. Auf diese Weise liefern Religionen Orientierung: Der von einer Religion konstruierte symbolische Kosmos sagt nicht nur, was etwas ist, sondern auch und vor allem, wie Menschen ihr Leben leben sollen. Ein Ereignis „in der Welt“ kann im Rahmen eines symbolischen Kosmos in einer ganz bestimmten Weise gedeutet werden. Jede Religion konstituiert einen symbolischen Kosmos und liefert auf diese Weise einen Interpretationsrahmen menschlicher Erfahrung.[1]

Ein symbolischer Kosmos ist also ein Interpretationsrahmen, der (i) bestimmte ontologische Verpflichtungen eingeht, (ii) das Fürwahrhalten bestimmter Propositionen einschließt und (iii) Handlungsverpflichtungen impliziert. Die Konstruktion eines symbolischen Kosmos ist die entscheidende Leistung von Kulturen und Religionen. Auf der Suche nach Identität, Sinn und Sicherheit vermeiden die Menschen Chaos, Unordnung und Unsicherheit und finden Antworten auf ihre Orientierungsbedürfnisse in kulturellen Systemen, die Symbole, Mythen und Rituale bereitstellen. Ein symbolischer Kosmos ist ein Symbolsystem, das jeden Sachver-

---

[1] Ninian Smart (*The Religious Experience of Mankind*) hat diese epistemische Funktion der Religion, einen Orientierungsrahmen zu erzeugen, als die doktrinäre und philosophische Dimension von Religionen gewürdigt, William Christian (*Meaning and Truth in Religion*) als jene Dimension der Religion, die „Existenzurteile“ trifft.

halt als (sichtbares, zugängliches) Symbol für etwas Unsichtbares, Verborgenes deutet. Gerade in Krisensituationen wird der Rekurs auf einen symbolischen Kosmos motiviert, näherhin also in Situationen des Anfangs, des Übergangs und des Endes. Religionen bieten ein System zur Bewältigung von Grenzsituationen, in denen das Vollzugswissen des Alltags nicht ausreicht, weil ein nicht–standardisierter Situationstyp vorliegt. Ein symbolischer Kosmos bietet Ansatzpunkte zur Beantwortung der Fragen „Woher komme ich?", „Wohin gehe ich?", „Warum bin ich auf der Welt?". Ein symbolischer Kosmos geht davon aus, dass es mit den Tatsachen der Welt noch nicht abgetan ist. Jeder Sachverhalt wird im Rahmen eines symbolischen Kosmos als Signifikant gedeutet, der auf ein Signifikat verweist. Ein symbolischer Kosmos lässt die Welt als ganze wie ein Buch „lesen". Es ist daher nicht verwunderlich, dass die Metapher von der Welt als Buch in der christlichen Tradition gerne aufgegriffen wird. Augustinus etwa bezeichnet den Erdkreis als ein zweites Buch, das neben der Schrift zu lesen sei.[2] Bei Thomas findet sich eine Quaestio zum „Buch des Lebens".[3] Die Welt als ganze lesen zu können, bedeutet, dass die Welt als Ganzes Teil einer Ordnung ist, die über die Welt hinausgeht. Es gehört wesentlich zum Begriff des symbolischen Kosmos, dass er nicht als solcher vorliegt und auch nicht aus den Ereignissen „in der Welt" geradlinig abgeleitet werden kann.

In erkenntnistheoretischer Hinsicht wirft ein symbolischer Kosmos eine Reihe von Schwierigkeiten auf. Diese Schwierigkeiten ergeben sich bereits daraus, dass ein symbolischer Kosmos „symbolische Interpretationen" von Ereignissen in der Welt liefert. Ein bestimmter Sachverhalt wird als „Symbol" für etwas anderes angesehen und mit einer unsichtbaren, übernatürlichen Wirklichkeit in Zusammenhang gebracht. So deutete etwa der katholische japanische Arzt Takashi Nagai die Atombombe am 9. August 1945 über Nagasaki, die über der Kathedrale im katholischen Viertel Urakami niederging, als Einladung an die Katholiken, einen Beitrag zum Ende des Krieges (das am 15. August – ei-

---

[2] Errationes in Psalmos (PL 36,518): „Liber tibi sit pagina divina, ut haec audias; liber tibi sit orbis terrarum, ut haec videas. In istis codicibus non ea legunt, nisi qui litteras noverunt; in toto mundo legat et idiota"; vgl. H. Blumenberg, *Die Lesbarkeit der Welt*, 48–50.

[3] *STh* I, q. 24.

nem katholischen Feiertag – erfolgte) zu leisten.[4] Diese symbolische Interpretation Nagais stützte sich auf den Umstand, dass an diesem Tag aufgrund der Wolkenkonstellation die Stadt Nagasaki als Ersatzziel ausgewählt und innerhalb Nagasakis (auch aufgrund der Wolken) nicht die Mitsubishi–Eisenwerke, sondern die katholische Kathedrale als Ziel diente. Diese Sicht der Dinge war und ist naturgemäß umstritten und wirft ein Licht auf die Schwierigkeiten einer symbolischen Interpretation. Denn eine symbolische Interpretation ist stets „offen", es gibt stets Alternativen zu einer bestimmten symbolischen Interpretation. Das ergibt sich bereits aus dem Symbolbegriff: Ein Symbol ist eine Zuordnung zwischen einem sichtbaren und bekannten Signifikanten auf der einen und einem unsichtbaren und unbekannten Signifikaten auf der anderen Seite. Dieses Zuordnungsverhältnis ist in dem Sinne offen, dass es im Falle eines Symbols (etwa im Unterschied zu anderen Zeichentypen) stets mehrere Signifikate zu einem Signifikanten gibt. Nur so kann auch die Funktion eines Symbols, vom Bekannten zum Unbekannten zu führen, adäquat verstanden werden.[5] Symbole verweisen auf etwas, was nicht in vollem Umfang bekannt ist.

Aufgrund der erkenntnistheoretischen Eigenart einer symbolischen Interpretation, die Sichtbares mit Unsichtbarem zusammenbringt, kann ein symbolischer Kosmos durch zwei Stichworte charakterisiert werden: (i) Arbitrarität und (ii) Ambiguität. (i) Unter „Arbitrarität" ist hier nicht zu verstehen, dass die Konstruktion eines symbolischen Kosmos völlig willkürlich, d.h. ohne Rekurs auf rekonstruierbare Regeln, erfolgte, sondern dass prinzipiell alles zum Symbol werden kann. Prinzipiell jede Erfahrung kann im Rahmen eines symbolischen Kosmos symbolisch, d.h. als sichtbares Zeichen für eine unsichtbare Wirklichkeit, interpretiert werden. Wenn ich etwa abergläubisch bin und mir auf dem Weg ins Büro eine schwarze Katze über den Weg läuft, kann ich auf diesen Unglücksboten mein überzogenes Konto, meine schlechte Laune oder auch den Umstand schieben, dass mir der Bus davongefahren ist, es zu regnen begonnen hat oder ich nicht im Lotto gewonnen habe. Es ist also erstens charakteristisch für einen symbolischen

---

4 Vgl. Nagai, *The Bells of Nagasaki.*

5 Vgl. Thomas von Aquin, *STh* q. 60., a.2. Ähnlich Turner: „A symbol ... is a blaze or landmark, something that connects the unknown with the known" (Turner, *The Forest of Symbols*, 48).

Kosmos, *dass prinzipiell alles zum Gegenstand symbolischer Interpretation gemacht werden kann.* (ii) Das Stichwort von der „Ambiguität“ des symbolischen Kosmos soll hier so verstanden werden, dass es immer Alternativen zu einem bestimmten symbolischen Kosmos und infolgedessen immer Alternativen zu einem bestimmten System symbolischen Wissens und infolgedessen immer Alternativen zu einer bestimmten Deutung menschlicher Erfahrung gibt.[6] Der Umstand, dass mich bei Regenwetter ein Auto von oben bis unten vollgespritzt hat, kann beispielsweise als Strafe Gottes für eine kleine Sünde, als Hinweis darauf, dass mein Schutzengel Urlaub hat, als Zeichen für die Anwesenheit von bösen Geistern oder als Zeichen der Liebe Gottes, die sich in einer Prüfung äußert, interpretiert werden. Es entspricht also zweitens der Eigenart eines symbolischen Kosmos, *dass die Zuordnung zwischen einem bestimmten („natürlichen“) Vorkommnis und symbolischer („übernatürlicher“) Deutung in jedem Fall auch anders aussehen könnte.*

Ambiguität und Arbitrarität eines symbolischen Kosmos lassen die Frage nach Zuordnungsformeln aufkommen. Nach welchen Regeln ist ein Ereignis „in der Welt“, in der, nach einem berühmten Wort, die Dinge geschehen, wie sie geschehen, symbolisch zu interpretieren? Wie lässt sich die Willkür der Zuordnung von einer besonderen Interpretation (etwa „Strafe Gottes“) zu einem bestimmten Vorkommnis (etwa einem Unglücksfall) kontrollieren? Lassen sich Regeln angeben, die die symbolische Deutung von Erfahrungen und Ereignissen durch eine religiöse Interpretation der Welt verständlich machen lassen? Oder auch: Nach welchen Regeln ist die Stimme Gottes zu interpretieren? Damit hängt die Frage zusammen: Inwieweit ist die Einrichtung des Lehramts eine Möglichkeit, angesichts der Arbitrarität und Ambiguität des symbolischen Kosmos explizite Regeln anzugeben, nach denen symbolische Interpretationen geleistet werden?

---

[6] Peter Berger hat diesem erkenntnistheoretischen Umstand religionssoziologisch dadurch Rechnung getragen, dass er in einer Gesellschaft mit einer Vielzahl von Heilsangeboten von einem „Zwang zur Häresie“ spricht. Dieser Zwang besteht darin, dass die einzelnen Elemente der individuellen Religiosität nach dem Vorbild eines Einkaufs im Supermarkt aus dem unübersehbar großen Angebot frei zusammengestellt werden (vgl. Berger, *Der Zwang zur Häresie*).

Diese Frage nach den Regeln symbolischer Interpretation erinnert an die „Ursituation der modernen analytischen Sprachphilosophie"[7], an eine Situation der „radikalen" Übersetzung und Interpretation. Die Situation des Feldlinguisten, der einen radikal fremden Stamm besucht, kann erkenntnistheoretisch mit der Situation eines Theologen verglichen werden, der dem radikal unbenennbaren Gott hinterher ist oder auch mit der Situation von Menschen, die versuchen, die katholische Interpretation des Universums zu verstehen.

Der amerikanische Philosoph Donald Davidson bietet eine ausgefeilte Strategie an, um mit solchen Kommunikationsszenarien zu Rande zu kommen: Davidsons Feldlinguist hat (a) eine Wahrheitstheorie und (b) eine Bedeutungstheorie des radikal fremden Sprechers zu rekonstruieren. Diese beiden Forschungsinteressen sind voneinander abhängig. Diese Verbindung von Wahrheitstheorie und Bedeutungstheorie ist das Entscheidende und zugleich das Originelle an Davidsons Interpretationstheorie. Davidson charakterisiert das Erlernen einer Sprache als die Konstruktion einer Theorie; er sucht nach einer theoretischen Beschreibung der Kompetenz des Interpreten und damit nach einer Interpretationstheorie: Ihr Gegenstand ist das Verhalten eines Sprechers oder mehrerer Sprecher, und sie gibt an, was bestimmte Äußerungen der Sprecher bedeuten.[8] Es muss mittels einer Interpretationstheorie möglich sein, prinzipiell jede Äußerung des Sprechers zu interpretieren. Davidson bewegt sich dabei im Unterschied zu Quines Situation einer radikalen Übersetzung, die sich auf Oberflächenirritationen im Rahmen von Reiz–Reaktions–Mechanismen beschränkt[9], in der Welt der Makrophysik. Davidson geht davon aus,

---

7 Schulte, Nachwort zu Davidson, *Der Mythos des Subjektiven*, 112.

8 Davidson, *Inquiries into Truth and Interpretation* (ITI), 142.

9 Eine radikale Kommunikationssituation besteht nach Quine darin, dass ein Feldlinguist a) ein Wörterbuch und b) eine Syntax („Grammatik") der Sprache des radikal fremden Stammes erarbeiten soll. In dieser radikalen Kommunikationssituation bleibt dem Feldlinguisten keine andere Wahl, als die eigenen linguistischen Strukturen auf die fremde Sprache zu übertragen (Quine, *Word and Object* [WO], 70f.). Eine andere Möglichkeit gibt es nicht. Es sind Übersetzungshypothesen anzustellen, die über die empirische Basis hinausgehen. Wenn man sich auf die Erhebung der Reiz–Reaktions–Schemata von Beobachtungssätzen verlässt, kann man die Menge der Reize klären, unter denen

dass ein Zusammenhang zwischen Wahrheitstheorie und Bedeutungstheorie angenommen werden muss. Wenn wir den Angehörigen eines radikal fremden Stammes keine rationalen Überzeugungen unterstellen können, kann das Unterfangen der radikalen Interpretation nicht gelingen.[10] Wenn ein Sprecher bei einer bestimmten Gelegenheit einen Satz für wahr hält, hängt das teilweise davon ab, was er mit der Äußerung des Satzes meint, und teilweise davon, wovon er überzeugt ist. Die Bedeutung eines Satzes kann daher in einer radikalen Kommunikationssituation nicht unabhängig von der Überzeugung des Sprechers rekonstruiert werden.[11] Bedeutungen, um die es geht, sind prinzipiell öffentlich und intersubjektiv: Bedeutung kann nicht mehr als das sein, was eine angemessen ausgestattete Person lernen und beobachten kann; die Perspektive des Interpreten ist deshalb diejenige, aus der dieses Thema erhellend betrachtet werden kann.[12]

Die angenommene Interdependenz von Bedeutung und Überzeugung lässt Davidson eine Strategie der Annahme von Minimalunterstellungen entwickeln. Für Davidson heißt einen Satz verstehen, zu wissen, unter welchen Bedingungen er wahr ist – dafür brauche ich weder zu wissen, ob er wahr ist, noch wie ich das feststelle, sondern ich muss vielmehr in der Lage sein, mir vorzustellen, was der Fall wäre, wäre er wahr.[13] Man muss also bei den Angehörigen des fremden Stammes die Überzeugung aufspüren, dass ein Satz zu einer bestimmten Zeit unter bestimmten Umständen wahr ist.[14] Dabei ist es sehr hilfreich, mit okkasionellen Sätzen zu beginnen, also Sätzen, die aufgrund bestimmter Umstände wahr oder falsch sind, wie der Satz „Es regnet". Dieser Satz wird dann

Angehörige des fremden Stammes einfachen Äußerungen zustimmen, indem man ihre Reaktion auf Sätze testet, mit denen auf beobachtbare Züge der äußeren Welt Bezug genommen wird (WO 31–34, 41–44, 68). Man kann zweitens herausfinden, ob ein bestimmter Satz des radikal fremden Stammes unter allen möglichen Reizbedingungen akzeptiert wird (WO 55, 66). Man kann drittens – mit erheblichen Schwierigkeiten – herausfinden, ob zwei Sätze miteinander synonym sind, d.h. unter Vorliegen derselben Reizsituation dieselbe Reaktion hervorrufen (WO 46f.). Sehr viel mehr kann im Rahmen der Rekonstruktion von Stimulus–Response–Zusammenhängen nicht geleistet werden.

10 ITI 197.

11 ITI 134, 142.

12 Davidson, *Meaning, Truth and Evidence*, 78.

13 ITI 24.

14 ITI 135, 144.

richtig interpretiert, wenn dem Sprecher eine wahre Überzeugung (die Überzeugung, dass es regnet) und dem Satz eine klare Bedeutung, die mit den herrschenden Umständen in Zusammenhang zu bringen ist, unterstellt werden kann.[15] Das berühmte *principle of charity* ist eine notwendige Unterstellung in einer radikalen Kommunikationssituation: Zunächst müssen dem radikal fremden Sprecher nur wahre Sätze zugeschrieben werden.[16] Eine Interpretationstheorie kann nur von einer Ausgangstheorie aus aufgebaut werden, die die Übereinstimmung zwischen Sprecher und Interpreten in dem Sinne maximiert, dass der beobachtete Sprecher so oft wie möglich Recht hat.[17] Das *principle of charity* fordert deswegen, dem Sprecher zu unterstellen, dass er wahre Überzeugungen hat und an möglichst wenigen widersprüchlichen Überzeugungen festhält.[18] Erst durch diese Strategie der Übereinstimmungsmaximierung werden Fehler deutlich: Je größer die Übereinstimmung ist, desto klarer treten Fehler oder falsche Überzeugungen zutage.[19] Das ist vor allem dadurch möglich, dass sich Sprecher und Interpret auf denselben Weltausschnitt beziehen.[20] Dem Sprecher ist daher in einer Situation radikaler Kommunikation, wenigstens anfangs, Rationalität und Wahrhaftigkeit zu unterstellen und wohl auch der Umstand, dass eine Übereinstimmung zwischen Sprecher und Interpreten hinsichtlich des Verständnisses von Rationalität und Wahrhaftigkeit besteht.

Dennoch bleibt nach Davidson die in einer radikalen Kommunikationssituation entwickelte Interpretationstheorie unbestimmt und zwar hinsichtlich der logischen Form (empirisch äquivalente Theorien können sich hinsichtlich der Identifikation von Prädikaten, singulären Termen etc. unterscheiden), hinsichtlich der Referenz (empirisch äquivalente Theorien können Termen verschiedene Referenzen zuordnen) und hinsichtlich der Wahrheit (ein und derselbe Satz kann für empirisch äquivalente Theorien verschie-

---

[15] Die kausalen Relationen zwischen Welt und Überzeugungen sind entscheidend für die Rekonstruktion von Bedeutungen; vgl. Davidson, *Meaning, Truth and Evidence*, 76.

[16] ITI 152.

[17] ITI 136.

[18] ITI 135, 168f.; vgl. Davidson, *Toward a Unified Theory of Meaning and Action*, 6f.

[19] ITI 168.

[20] Davidson, *Der Mythos des Subjektiven*, 81ff.

dene Wahrheitswerte haben).[21] Diese Unbestimmtheiten fallen nach Davidson aber praktisch nicht ins Gewicht und sind nicht problematischer als der Umstand, dass in Europa und den USA verschiedene Maßeinheiten verwendet werden.[22]

Halten wir fest: Davidson schlägt zur Bewältigung einer radikalen Kommunikationssituation vor, zwischen Sprecher und Interpret zwei Konsistenzannahmen zu machen: erstens die Annahme der Konsistenz zwischen Sprecher und Interpret hinsichtlich der Überzeugungen über die Verhältnisse in der Welt und zweitens die Unterstellung der Selbstkonsistenz des Sprechers, dem möglichst viele wahre und nicht–widersprüchliche Überzeugungen zugeschrieben werden. Diese beiden Konsistenzannahmen sind, wie wir noch sehen werden, auch in Bezug auf einen göttlichen Sprecher (und den symbolischen Kosmos) zu machen. Die Unbestimmtheit der Interpretation bleibt nach Davidson dabei bestehen und kann nicht restlos aufgehoben werden. Das ist eine Einsicht, die auch für die Einschätzung der Eigenart der religiösen Erkenntnis wichtig ist und den Geltungsanspruch religiöser Aussagen in gewisser Weise einschränkt. Eine Bewältigung der Unbestimmtheit der Interpretation erfolgt nach Davidson über pragmatische

---

21 Auch nach Quine – hier allerdings als Preis für die Beschränktheit unseres Erkenntnisapparates – bleibt die radikale Übersetzung unbestimmt: Wenn wir zwei radikale Übersetzer unabhängig voneinander zu Feldforschungen zu einem fremden Stamm schicken, gibt es wenig Grund zur Annahme, dass sie mit austauschbaren Handbüchern wieder auftauchen (Quine, *Pursuit of Truth*, 47). Für eine radikal fremde Sprache sind einander ausschließende Übersetzungshandbücher denkbar (WO 27f.). Die Übersetzung bleibt unbestimmt (Quine, *Ontological Relativity and Other Essays*, 67) – und zwar aus drei Gründen: erstens aufgrund von Quines semantischen Holismus, der eine Übersetzung isolierter Sätze unmöglich macht (WO § 9); zweitens aufgrund der These von der Unerforschlichkeit der Referenz, die Quine in seinem berühmten „gavagai"–Beispiel illustriert hat (WO § 12); drittens aufgrund der ontologischen Relativität, die uns zwingt, die Ontologie einer Hintergrundsprache oder Hintergrundtheorie auf die Eingeborenensprache zu projizieren (Quine, *Ontological Relativity*, 49, 67f.; *Philosophy of Logic*, 81f.). Die Unbestimmtheit der Übersetzung hat die Konsequenz, dass alle intensionalen Ausdrücke wie „Synonymie" oder „Bedeutung" illegitim erscheinen, weil es kein Kriterium für die Identität von Bedeutungen gibt (Quine, *Philosophy of Logic*, 1f., 67f.; *Ontological Relativity*, 23).

22 Vgl. Davidson, *Toward a Unified Theory of Meaning and Action*, 6 – zumal sich, wie Davidson später eingesteht, die ungemeine Vielfalt sprachlicher Ausdrucksmöglichkeiten nicht strikt reglementieren lässt (Davidson, *The Structure and Content of Truth*, 313).

Überlegungen. Wir werden sehen, inwieweit pragmatische Überlegungen im Rahmen religiösen Erkennens Platz haben.

Religiöse Weltsicht als „radikale Interpretation"

Davidson sieht sich in seinen Überlegungen zu radikalen Kommunikationssituationen zu zwei Konsequenzen gezwungen: Er hält es für unumgänglich, Konsistenzannahmen zu machen (die Annahme einer Übereinstimmung zwischen Sprecher und Hörer und die Annahme der Selbstkonsistenz des Sprechers)[23] und er konstatiert eine letzte Unbestimmtheit der Interpretation. Wenden wir diese Ergebnisse nun auf das erkenntnistheoretische Problem des Umgangs mit dem symbolischen Kosmos an. Die Situation des Feldlinguisten soll L–Situation heißen, die Situation des Theologen T–Situation. Die L–Situation in der Lesart Quines ist also dadurch charakterisiert, dass der Feldlinguist a) ein Wörterbuch und b) eine Syntax („Grammatik") der Sprache des radikal fremden Stammes erarbeiten soll. In der L–Situation in der Lesart Davidsons hat der Feldlinguist a) eine Wahrheitstheorie und b) eine Bedeutungstheorie des radikal fremden Sprechers zu rekonstruieren. Die T–Situation unterscheidet sich von der L-Situation in drei gravierenden Punkten: a) Es muss entschieden werden, was als Äußerung in dieser als Gespräch rekonstruierten Situation gelten soll, b) es muss in Abhängigkeit von (a) entschieden werden, wer als Urheber („auctor", „Sprecher") der Äußerungen gelten soll und c) sind die Äußerungen des Sprechers sind normativ bindend für den Interpreten.[24] Daraufhin stellen sich, vergleichbar mit der L–Situation, die Fragen nach Wörterbuch und Grammatik, Wahrheits– und Bedeutungstheorie.

Ein symbolischer Kosmos ist wie eine „radikal fremde Sprache". Salopp gesagt, die Bewohner des symbolischen Kosmos, die unsichtbaren Geistwesen (Gott, Engel, Heilige etc.) können mit Angehörigen eines „radikal fremden Stammes" verglichen wer-

[23] Auch Quine macht diese Annahme, indem er die Stabilität von Reiz–Reaktions–Zusammenhängen voraussetzt.

[24] Wenn ich eine bestimmte Äußerung als „Gebot Gottes" identifiziere, bin ich zu gewissen Handlungsverpflichtungen aufgerufen. Religiöse Sätze sagen Richtungsweisendes über das Leben aus. Äußerungen, die Gott zugeschrieben werden, sind nicht „nice–to–know"–Wissen, sondern Aufforderungen, das Leben in einer bestimmten Weise zu deuten.

den. Die Bezugnahme auf diesen „Stamm“ macht ja auch die Katholiken, wie das im Eingangsbeispiel angedeutet wurde, zu einem „fremden Stamm“. Zur radikal fremden Sprache der übernatürlichen Subjekte, die wir im Rahmen eines symbolischen Kosmos annehmen, liefert das Katholische Lehramt in einem gewissen Sinn Wörterbuch und Grammatik, Wahrheits– und Bedeutungstheorie und macht es auf diese Weise möglich, den symbolischen Kosmos zu verstehen. Die von Heinrich Denzinger gesammelten lehramtlichen Texte haben Antwort auf die vier genannten Punkte (Wörterbuch, Grammatik, Wahrheitstheorie, Bedeutungstheorie) zu liefern. Darüber hinaus ist festzulegen, was als Äußerung und wer als Sprecher(in) zu gelten hat, und welche Handlungsverpflichtungen sich aus dem Angesprochensein ergeben. Das ergibt folgende Frageliste:

(i) Was ist als Äußerung von einem übernatürlichen Sprecher / einer übernatürlichen Sprecherin anzusehen? (Festlegung einer Äußerung)
(ii) Welche Typen von Äußerungen lassen sich unterscheiden? (Wörterbuch)
(iii) Welchen Regeln unterliegen diese Äußerungen? (Grammatik)
(iv) Wer kommt als Sprecher(in) in Frage? („auctor“)
(v) Wie sind Äußerungen übernatürlicher Sprecher(innen) zu verstehen?
(vi) Wie ist die Wahrheit solcher Äußerungen festzustellen?

(i) Die erste Frage hat mit Kriterien religiöser Erfahrung zu tun. Welche Erfahrungen sind als „genuin religiös“ zu interpretieren, in welchen Ereignissen und Erfahrungen „spricht Gott zu den Menschen“? Es lässt sich ein Typ von religiöser Erfahrung denken, der zwar eine Äußerung eines übernatürlichen Sprechers annimmt, aber nicht imstande ist, den „auctor“ zu nennen. Der brennende Dornbusch bei der Berufung des Mose (Ex 3) oder die erste Aufforderung an Jakob Lorber, zum Schreibknecht Gottes zu werden („Nimm den Griffel und schreibe“), sind Beispiele für solche religiöse Erfahrungen, bei denen der Sprecher erst im weiteren Verlauf klar wurde. Was sind aber religiöse Erfahrungen? Notwendige Kriterien für religiöse Erfahrungen lassen sich zwar angeben[25],

[25] Um nur zwei Beispiele zu geben: William James (*Die Vielfalt religiöser Erfahrung*, 41) definiert religiöse Erfahrung als „die Gefühle, Handlungen

wenn auch nicht in Form einer Liste hinreichender Kriterien. In diesem Zusammenhang ist auch (ii) die Frage zu stellen, ob sich Typen von Äußerungen unterscheiden lassen. Gibt es verschiedene Typen religiöser Erfahrung, die sich identifizieren und angeben lassen? Die Idee eines Wörterbuchs impliziert auch die Idee der Vorhersagbarkeit des verwendeten sprachlichen Materials – welcher Mittel bedient sich Gott, um zu den Menschen zu sprechen? Welche Typen von „Offenbarung" lassen sich unterscheiden? Diese Fragen und auch (iv) – die Frage nach dem übernatürlichen Sprecher, der übernatürlichen Sprecherin – hängen mit dem Interpretationsrahmen zusammen, der für die Interpretation religiöser Erfahrung verwendet wird. Ich will dazu den Begriff der primären religiösen Erfahrung einführen: Die primäre religiöse Erfahrung[26], die den Rahmen auch für die Operationen des Katholischen Lehramts überhaupt konstituiert, legt in groben Zügen fest, wer mit welcher Äußerung als Sprecher in Frage kommt. Wenn die primäre religiöse Erfahrung festlegt, dass Gott durch Propheten zu den Menschen spricht, sind bedeutende Hinweise darüber gewonnen, wie in Zukunft Kandidaten für symbolische Äußerungen und Kandidaten für die Rolle des Sprechers aussehen werden.

---

und Erfahrungen von einzelnen Menschen in ihrer Einsamkeit, sofern diese sich selber als Personen wahrnehmen, die in Beziehung zu etwas stehen, das sie in irgendeinem Sinne als das Göttliche betrachten". Diese Definition, die die Faktoren der Mehrdimensionalität, Subjektivität, Relationalität und beanspruchten Gottesbeziehung betont, lässt die Frage, ob genuine Gottespräsenz vorliegt, freilich offen. Später wird William James als Charakteristika religiöser (mystischer) Erfahrung „Unausschöpflichkeit" („ineffability"), noetische Qualität, Transietät (Kurzlebigkeit) und Passivität nennen. Joachim Wach (*Vergleichende Religionsforschung*, 55–60) gibt vier Kriterien für religiöse Erfahrungen an (Empfänglichkeit für „letzte Wirklichkeit", Einbeziehung der gesamten Persönlichkeit, Intensität, Ansporn zur Tat). Offen bleiben bei diesen Versuchen Fragen wie: Wie kann ich echte von unechten religiösen Erfahrungen unterscheiden? Von den Quellen her? Vom Inhalt her? Von den Konsequenzen her? Wie unterscheiden sich also psychedelische von „echten religiösen Erfahrungen"? Wie kann man mit den Widersprüchen religiöser Erfahrungen umgehen?

26 Unter primärer religiöser Erfahrung soll jener Typus von Erfahrung verstanden werden, der konstitutiv für das Entstehen einer bestimmten Religion ist. Die Erfahrung des Petrus, „Du bist der Messias, der Sohn des lebendigen Gottes" (Mt 16,16), ist die primäre religiöse Erfahrung des Christentums. Alle anderen religiösen Erfahrungen im Rahmen des christlichen Weltbilds sind demgegenüber sekundäre, derivative Erfahrungen, die in einen bereits bestehenden Interpretationszusammenhang eingebettet werden; vgl. Sedmak, *Lokale Theologien und globale Kirche*, 87–94.

Die Frage nach Äußerung und Sprecher hat in der christlichen Tradition für einige Unruhe gesorgt, wenn man etwa an die Kanonbildung in der frühen Kirche oder die Frage nach der Urheberschaft der Heiligen Schrift im Modernismus denkt. Diese Fragen sind also keineswegs trivial oder bereits „gelöst". Der in der katholischen Kirche viel diskutierte Fall von Medjugorje ist ein Beispiel dafür, dass auch hier wiederum die Entscheidung zu treffen ist, ob ein Fall einer übernatürlichen Äußerung vorliegt und ob die Mutter Gottes als „Sprecherin" der Äußerung in Frage kommt oder nicht. Die Fragen nach den Konditionalitäten von Äußerung und Sprecher werden also in groben Zügen durch die primäre religiöse Erfahrung abgesteckt, sind dann aber im Einzelfall zu prüfen. Es bleibt eine „Unbestimmtheit", wie sie der Interpretation in radikalen Situationen eigen ist.

Die drei offenen Fragen (iii, v, vi) hängen an den Zuordnungsregeln, die sich zwischen „natürlicher Welt" und „übernatürlicher Welt" ausfindig machen lassen. Nach welchen Regeln sind die Gott zugeschriebenen Äußerungen (etwa Offenbarungen) zu verstehen? Gerade in diesem Bereich wird Davidsons Interpretationstheorie fruchtbar: in Fragen der Zuordnung zwischen einem bestimmten Vorkommnis (einer bestimmten Erfahrung, einem bestimmten Ereignis) und einer besonderen symbolischen Interpretation.

Konsistenzannahmen

Die beiden in aller Kürze referierten Theorien haben zwei Dinge gemeinsam: Sie sind gezwungen, Konsistenzannahmen zu machen (im Falle Quines: die Stabilität von Reiz–Reaktions–Zusammenhängen, im Falle Davidsons: die Annahme einer Übereinstimmung zwischen Sprecher und Hörer und die Annahme der Selbstkonsistenz des Sprechers) und sie sprechen beide von einer letzten Unbestimmtheit der Übersetzung bzw. der Interpretation. Wenden wir diese Ergebnisse nun auf das erkenntnistheoretische Problem des Umgangs mit dem symbolischen Kosmos an. Eine Interpretation des symbolischen Kosmos kann nur dann gelingen, wenn zwischen symbolischem Kosmos und den menschlichen Erfahrungen, zwischen übernatürlichem Sprecher und menschlichem Hörer Übereinstimmungen angenommen werden (i) und weiters angenommen wird, dass eine Selbstkonsistenz des symbolischen Kosmos und eine Selbstkonsistenz des übernatürlichen Sprechers unterstellt werden kann (ii). Diese beiden Typen von Konsistenzannahmen machen es möglich, Regeln zur religiösen Interpretation „natürlicher Sachverhalte“ anzugeben. Dabei gilt es, grundsätzlich an der „Unbestimmtheit“ der Interpretation festzuhalten (iii).

(i) Übereinstimmungsmaximierung

Das erste Prinzip zur Konsistenzmaximierung kann als Prinzip zur Übereinstimmungsmaximierung („maximizing agreement“) verstanden werden. Der Interpret muss davon ausgehen, dass der Sprecher sich in den dem Interpreten bekannten Situationen sprachlich und außersprachlich in signifikant ähnlicher Weise wie der Interpret verhält. Das ist die Grundvoraussetzung dafür, dass zwischen Konsens und Dissens überhaupt unterschieden werden kann, weil zunächst klar sein muss, wovon die Rede ist und dass sich die am Gespräch Beteiligten sprachlich auf denselben Sachverhalt beziehen, ehe Dissens oder Konsens festgestellt werden kann. Wenn ich meinem Gesprächspartner zu viele schlichtweg unsinnige Ansichten unterstellen muss, liegt der Verdacht nahe, dass wir über verschiedene Dinge reden. Wenn ein Sprecher von Schildkröten sagt, dass sie mit dem Schwanz wedeln, bellen und knurren können und ein Fell haben, ist es aus gesprächsökonomischen (und damit implizit: rationalen) Überlegungen angebracht, dem Gesprächspartner nicht unsinnige Überzeugungen bezüglich Schildkröten zuzuschreiben, sondern anzunehmen, dass er über etwas anderes redet als über Schildkröten, so wie sie in meiner Ontologie eingetragen sind. Dieses Prinzip hängt insofern mit dem zweiten zusammen, als die Äußerungen eines Sprechers als System betrachtet werden müssen und die einzelne Äußerung auf dem Hintergrund eines Netzes von Überzeugungen, wie sie aus anderen Äußerungen ersichtlich werden, beurteilt werden muss. Dieses Prinzip kann nur dort eingemahnt werden, wo eine gemeinsame Lebensform zwischen Sprecher und Interpret angenommen werden kann, also eine gemeinsame Handlungsgrundlage, ein gemeinsamer Weltbezug.[27] Eine Sprache beherrschen heißt schließlich

[27] Die gemeinsame menschliche Handlungsweise ist nach Wittgenstein das Bezugssystem zur Überbrückung von Differenzen in den Verständigungssystemen (*Philosophische Untersuchungen* II, 206). Dabei stellt die gemeinsame menschliche Handlungsweise einen gemeinsamen Weltbezug und den Rekurs

nicht nur, syntaktisch korrekte und semantisch bedeutsame Lautgebilde von sich zu geben bzw. die Äußerungen anderer in diesem Sinne zu rekonstruieren. Eine Sprache beherrschen heißt auch, zu wissen, was man tun muss, um eine als Behauptung vorgetragene Äußerung auf das Bestehen oder Nichtbestehen des in ihr behaupteten Sachverhalts zu überprüfen. Eine Sprache zu beherrschen bedeutet daher die Fähigkeit, sich in der Welt zurechtzufinden.[28]

Dieses Prinzip der Übereinstimmungsmaximierung ist als erkenntnistheoretisches Grundprinzip des katholischen Denkens zu werten. Dieses Grundprinzip wird im Rahmen der Ausübung des Lehramtes verwaltet. Zwischen der menschlichen Erfahrung, zwischen dem Bereich wissenschaftlicher Erkenntnis einerseits und dem symbolischen Kosmos andererseits bestehen signifikante Übereinstimmungen, die die Zuordnung zwischen Signifikat und Signifikant legitimieren und berechenbar machen. In der katholischen Tradition wird das mit der berühmten Lehre von den zwei Erkenntnisordnungen, die einander aus prinzipiellen Gründen nicht widersprechen können, ausgedrückt. Anders ausgedrückt: Gemäß katholischer Lehre können rechte Wissenschaft und rechte Theologie nicht in Widerspruch zueinander geraten. Vernunft und Glaube können einander nicht widersprechen.[29] Damit wird der radikal fremde Stamm der Katholiken berechenbar. So sind in der katholischen Tradition wissenschaftlich prüfbare äußere Zeichen von erkenntnistheoretischer Relevanz zur Erforschung des symbolischen Kosmos. Im katholischen Denken wird die Konsistenzannahme zwischen Sprecher („Gott“) und Hörer in eine Konsistenzannahme zwischen Erfahrung und symbolischem Kosmos übersetzt. Mit

---

auf dieselbe Conditio humana sicher. Nur ein geteilter Handlungszusammenhang ermöglicht geglückte Verständigung. Das bedeutet umgekehrt, dass wir etwas Fremdes nur dann interpretieren können, wenn wir auf gemeinsame Formen oder Tatsachen zurückgreifen können. Das ist auch der Hintergrund der berühmten Behauptung: „Wenn ein Löwe sprechen könnte, wir könnten ihn nicht verstehen“ (ebd., 223). Daher würden auch unsere gegenwärtigen Verstehensmuster ihren Wert einbüßen, wenn die Conditio humana ganz anders wäre (vgl. Wittgenstein, *Zettel*, 390).

28 Diesen Punkt haben sowohl Wittgenstein (*Philosophische Untersuchungen*, 150 und 199), der den Zusammenhang zwischen Sprachbeherrschung und der Beherrschung einer Technik unterstrich, als auch Donald Davidson (*A Nice Derangement of Epitaphs*, 446), der die Grenze zwischen dem Beherrschen einer Sprache und dem Sichauskennen in der Welt ausradiert, herausgearbeitet.

29 DH A2a.

anderen Worten: In der katholischen Tradition steht fest, dass die natürliche Vernunft hinreichend gut ausgestattet ist, um gültige Erkenntnisse, auch über den symbolischen Kosmos, zu erwerben. Das betrifft etwa die Möglichkeit der Erkenntnis der Existenz Gottes mit den Mitteln der natürlichen Vernunft. Im Unterschied zu protestantischen Versionen – etwa der „reformed epistemology" – hält der Katholizismus an der Möglichkeit einer *theologia naturalis* fest.[30] Im Unterschied zu manchen Vertretern der protestantischen Tradition (Kierkegaard, Barth) hält der Katholizismus an der Möglichkeit fest, mithilfe analoger Schlüsse zu gültigen Ergebnissen zu kommen.[31] Es ist dadurch möglich, dass zwischen der natürlichen Ordnung, wie sie von der Vernunft erkannt wird, und der übernatürlichen Ordnung, wie sie vom Glauben erkannt wird, Konsistenzen hinsichtlich der Seins– und Denkordnung angenommen werden. Dadurch erhöht sich (etwa in der Möglichkeit einer natürlichen Theologie und einer fundamentaltheologischen Legitimierbarkeit des Glaubens) die Begründbarkeit der Rede über Übernatürliches. Entsprechend wird auch die Willkür der religiösen Interpretation der Welt eingeschränkt. Das macht den symbolischen Kosmos und die Interpretation des symbolischen Kosmos durch die Katholiken „berechenbar". Diese Berechenbarkeit ist der Idee des Katholischen Lehramts zuzuschreiben, das die Willkür der symbolischen Interpretationen systematisch einschränkt.

(ii) Selbstkonsistenz

Das zweite Prinzip zur Konsistenzmaximierung interpretiert Davidson als Rationalitätspräsupposition. Eine radikale Verständigungssituation erzwingt die Strategie, dem Sprecher zu unterstellen, dass er rational ist, d.h. dass seine Überzeugungen in einer rekonstruierbaren Ordnung untergebracht werden können und in Begründungsverhältnissen zueinander stehen. Das nennt Davidson „relations of evidential support". Prinzipiell sind dem Sprecher so

---

[30] Vgl. die Auseinandersetzung zwischen Ralph McInerny und Alvin Plantinga in Zagzebski, *Rational Faith.*

[31] David Tracy (*The Analogical Imagination*) hat darauf hingewiesen, dass sich daraus zwei unterschiedliche erkenntnistheoretische Grundpositionen ausmachen lassen – während der Katholizismus auf der Vereinbarkeit von Vernunft und Glaube besteht, betont der Protestantismus das Paradox und den „Sprung" in den Glauben.

viele wahre Überzeugungen wie möglich zuzuschreiben. Umgelegt auf unsere Situation bedeutet das, dass dem symbolischen Kosmos eine Ordnung unterstellt werden muss, die prinzipiell rekonstruierbar ist, und dass Gott als Sprecher keine widersprüchlichen Äußerungen unterstellt werden, sondern im Gegenteil angenommen werden muss, dass sämtliche (lehramtlich ratifizierte) Prozesse der Vermittlung symbolischen Wissens widerspruchsfrei sind. Auch diese Konsistenzannahme wird in der katholischen Tradition gemacht. Die katholische Lehre von der Unveränderlichkeit, Unwiderrufbarkeit und Abgeschlossenheit der Offenbarung[32] zielt auf die Selbstkonsistenz des Gott zugeschriebenen Handelns und auf die konsistente Interpretierbarkeit des symbolischen Kosmos ab. Diese These wird auch unterstützt durch die katholische Lehre von der Unveränderlichkeit der Substanz von Glaubenswahrheiten, wie sie in den Dogmen zum Ausdruck gebracht werden.[33]

Diese Selbstkonsistenzunterstellung hat allerdings auch den Effekt, dass der symbolische Kosmos von Rationalitätsunterstellungen her gedeutet werden kann. Mit anderen Worten: Gott ist verlässlich, weil er sich der Vernunft unterwirft und sich an die von ihm geschaffene Ordnung hält. Es ist in diesem Zusammenhang an die Unterscheidung zwischen *potentia Dei ordinata* und *potentia Dei absoluta* zu erinnern.[34] William von Ockhams Omnipotenz-

---

32 DH A1b; damit hängt die Aussage zusammen, dass auch die Autoritätsträger der katholischen Kirche keine neuen Offenbarungen empfangen können (DH 1500f., 4534). Auch das macht den radikal fremden Stamm der Katholiken berechenbar.

33 DH H3b.

34 Scotus, *Ordinatio*, dist. 44: „Von Gott, der fähig ist, gemäß jenen richtigen Gesetzen, insofern sie von ihm vorher festgesetzt worden sind, zu handeln, sagt man daher, daß er dem geordneten Vermögen gemäß handelt; soweit er aber vieles zu tun vermag, was nicht jenen schon im voraus festgelegten Gesetzen entspricht, sondern an jenen vorbei, nennt man seine Macht absolut: Weil Gott nämlich Beliebiges tun kann, das keinen Widerspruch einschließt, und auf jede Weise handeln kann, die keinen Widerspruch einschließt (und derlei Weisen gibt es viele andere), deshalb sagt man dann, daß er seinem absoluten Vermögen entsprechend handelt" („Deus ergo, agere potens secundum illas rectas leges ut praefixae sunt ab eo, dicitur agere secundum potentiam ordinatam; ut autem potest multa agere quae non sunt secundum illas leges iam praefixas, sed praeter illas, dicitur eius potentia absoluta: quia enim Deus quodlibet potest agere quod non includit contradictionem, et omni modo potest agere qui non includit contradictionem (et tales sunt multi modi alii), ideo

prinzip „Deus nullius est debitor“[35] provoziert die Auffassung, dass Gottes Allmacht auch in Begriffen von Willkür und Dezisionismus interpretiert werden könnte. Wenn diese Zuschreibung von Selbstkonsistenz ausbleibt, stellt sich tatsächlich die Blumenbergsche Frage: Wenn die faktisch geschaffene Welt nur eine von vielen möglichen Welten ist, ist dann die Welt nicht Produkt eines Dezisionismus? Wenn das so ist, so scheint es keine „ratio creandi, keine Begründung für die Erschaffung der Welt“ [36] zu geben. Daher sieht Blumenberg den Gott der Nominalisten als einen Willkürherrscher, dessen Verhalten nicht berechenbar und also auch nicht verlässlich ist: Er steht „mit seinem Werk in dem weitesten Horizont der widerspruchslosen Möglichkeiten, innerhalb dessen er wählt und verwirft, ohne dass das Resultat Rechenschaft über die Kriterien seines Willens ablegt“[37]. In der katholischen Tradition ist es allerdings wichtig, dass – auch bei Zugestehen der Freiheit Gottes – an der Selbstkonsistenz Gottes und der Selbstkonsistenz des symbolischen Kosmos festgehalten werden kann. Das macht die Aussagen des Katholischen Lehramts wiederum berechenbar, weil Widersprüche in Lehrentscheidungen ebenso wenig mit den erkenntnistheoretischen Mitteln des Lehramts gerechtfertigt werden können wie inkonsistente Annahmen über das Offenbarungsgeschehen oder die Beschaffenheit des symbolischen Kosmos. Auch das macht den symbolischen Kosmos und die Interpretation des symbolischen Kosmos durch die Katholiken berechenbar.

(iii) Unbestimmtheit

Die Situation einer radikalen Interpretation belässt uns nach Davidson mit einer erkenntnistheoretisch nicht auflösbaren Unbestimmtheit, die die Geltungsansprüche von Interpretationen des „radikal fremden Sprechers“ herabsetzt. Dieser Gedanke der Unbestimmtheit lässt sich auf den erkenntnistheoretischen Status des symbolischen Kosmos durchaus übertragen. In der katholischen

---

dicitur tunc agere secundum potentiam absolutam“ (Ed. Vat. VI, 365f.). Dass Gott dabei nichts Widersprüchliches tun kann, steht nicht in Widerspruch zu seiner Macht, denn widersprüchlich handeln heißt, überhaupt nicht handeln; vgl. Seeberg, *Die Theologie des Johannes Duns Scotus*, 164ff.

[35] Ockham, *In IV Sent.*, q. III–V, in: Opera Theologica VII, 45.

[36] Blumenberg, *Säkularisierung und Selbstbehauptung*, 175.

[37] Ebd., 176.

Tradition wird die Unbestimmtheit der Interpretation der übernatürlichen Welt durchaus gewürdigt. In einer berühmten Stelle des vierten Laterankonzils wird festgehalten, dass zwischen Schöpfer und Geschöpf keine so große Ähnlichkeit festgestellt werden kann, dass nicht zwischen ihnen stets eine noch größere Unähnlichkeit festzustellen wäre.[38] Jede positive Aussage über Gott schließt – im Sinne der *via negativa* der klassischen Analogielehre – das Absprechen des zugesprochenen Prädikators unter einer bestimmten Rücksicht ein. Die durch die Offenbarung mitgeteilten Geheimnisse bleiben auch nach der Offenbarung verhüllt und dunkel, wie das Erste Vatikanische Konzil festhält.[39] Eine katholische Erkenntnistheorie kann ohne den Begriff des Geheimnisses, der dennoch nicht gleichzusetzen ist mit dem Begriff des Unverständlichen[40], nicht auskommen. Die Gesamtheit symbolischen Wissens, Details über den symbolischen Kosmos, wie sie ein *knowledge by acquaintance* erzeugen würde, bleibt in der katholischen Tradition ein Mysterium. In diesem Zusammenhang sei noch ein Hinweis Karl Rahners zum Verständnis von Häresien zitiert: Rahner versteht Häresien „als die möglichen Weisen … wie das geheimnisvolle, nur dialektisch aussagbare, nie in einer einzigen Formel faßbare Grundverhältnis von Gott und Welt verletzt werden kann“[41]. Die Unbestimmtheit des symbolischen Kosmos darf ebenso wenig „rationalistisch“ aufgelöst werden, wie die Berechenbarkeit des symbolischen Kosmos „fideistisch“ aufgegeben werden darf.

Zusammenfassend: Erkenntnistheoretisch kann die Situation der Interpretation eines symbolischen Kosmos mit der in der analytischen Sprachphilosophie diskutierten Situation der radikalen Übersetzung bzw. radikalen Interpretation verglichen werden. Die erkenntnistheoretische Bewältigung solcher Situationen setzt die Unterstellung von zwei Konsistenzannahmen (Konsistenz zwischen Sprecher und Interpret, Selbstkonsistenz des Sprechers) voraus und resultiert in einem erkenntnistheoretischen Vorbehalt hinsichtlich der gelieferten Übersetzung bzw. Interpretation, die

---

38 „Inter creatorem et creaturam non potest tanta similitudo notari, quin inter eos maior sit dissimilitudo notanda“ (DH 806).

39 DH 3016.

40 Das wird besonders deutlich bei Richter, *Logik und Geheimnis*.

41 Rahner, *Häresiengeschichte*, 208.

unbestimmt bleiben. In der katholischen Tradition werden die beiden geforderten Konsistenzannahmen hinsichtlich der Konsistenz zwischen Mensch und Gott bzw. zwischen Enzyklopädie und symbolischem Kosmos einerseits und hinsichtlich der Selbstkonsistenz Gottes bzw. des symbolischen Kosmos andererseits konsequent gemacht. Im Rahmen der Ausübung des Katholischen Lehramts werden diese Konsistenzannahmen administriert, was wiederum lehramtliche Äußerungen berechenbar macht und Kriterien für die Auslegung lehramtlicher Äußerungen liefert. Der erkenntnistheoretische Vorbehalt der Unbestimmtheit der Interpretation wird in der katholischen Tradition systematisch reduziert, wobei der grundsätzliche erkenntnistheoretische Status der Gesamtheit symbolischen Wissens, die ein Mysterium bleibt, verbindlich gelehrt wird. Daraus ergibt sich ein Argument für die Funktion des Lehramtes, das die Willkür religiöser Aussagen angesichts der Arbitrarität und Ambiguität des symbolischen Kosmos einschränkt. Auf diese Weise entsteht epistemische Zuverlässigkeit und eine Basis für die Verwendung von Kohärenzkriterien in Fragen religiöser Erkenntnis. Diese Kriterien betreffen dann auch lehramtliche Äußerungen selbst, die ihrerseits ebenfalls in ihrer potentiellen Willkür eingeschränkt sind. Diese Zuverlässigkeit und Explizitheit der lebenstragenden Grundüberzeugungen, die ja auch in der Theologie eine Rolle spielen, können als wissenschaftstheoretischer Vorteil der Theologie gegenüber anderen Wissenschaften ausgewiesen und jedenfalls als Ansatzpunkt für eine Legitimation der Theologie als Wissenschaft verwendet werden.[42]

2. Lehramtliches Wissen als symbolisches Wissen

Wissen über den symbolischen Kosmos soll „symbolisches Wissen" heißen. Symbolisches Wissen wird durch Sätze wie „Ehebruch ist Sünde" oder „Jesus Christus ist von den Toten auferstanden" oder „Gott sieht in die Herzen der Menschen" ausgedrückt. Es ist charakteristisch für symbolisches Wissen, dass es sich auf einen symbolischen Kosmos bezieht, so dass einzelne Sätze, die

[42] Vgl. Sedmak, *Theologie in nachtheologischer Zeit*, Kap. 2.

symbolisches Wissen zum Ausdruck bringen, nur auf dem Hintergrund eines symbolischen Kosmos beurteilt werden können. Ein symbolischer Kosmos wiederum ist eine bestimmte („religiöse“) Interpretation von Welt, die auf einer Grundentscheidung beruht, die man als „primäre religiöse Erfahrung“ bezeichnen könnte.[43] Symbolische Interpretationen werden im Rahmen dieser interpretationsleitenden primären religiösen Erfahrung geleistet. Das entstehende symbolische Wissen macht Aussagen (i) über die Beschaffenheit einer unsichtbaren Welt (übernatürlichen Wirklichkeit), (ii) das Verhältnis von unsichtbarer Welt zu sichtbarer Welt, und (iii) aufgrund von (ii) über die natürliche Welt, die im Rahmen einer symbolischen Interpretation etwa als geschaffene oder zielgerichtete verstanden werden kann.

Es scheint sinnvoll, symbolisches Wissen von enzyklopädischem Wissen einerseits und kategorialem Wissen andererseits zu unterscheiden. Diese Unterscheidungen wurden bereits im zweiten Kapitel durchgeführt. Im Sinne der Leser(innen)–Freundlichkeit soll diese Unterscheidung an dieser Stelle nochmals wiederholt werden. Enzyklopädisches Wissen ist empirisches Wissen, das durch Sätze ausgedrückt wird, die – je nach den Verhältnissen in der Welt – wahr oder falsch sein können. Beispielsätze für enzyklopädisches Wissen sind „Wolfgang Amadeus Mozart wurde am 27.1.1756 in Salzburg geboren“ oder „Rudolf Kirchschläger war Bundespräsident der Republik Österreich von 1974–1986“. Enzyklopädisches Wissen wird von Einzelwissenschaften erzeugt und schlägt sich in Enzyklopädien nieder. Unter Enzyklopädie kann in diesem Zusammenhang die Gesamtheit dessen verstanden werden, was in einer bestimmten Kultur als speicher– und tradierbares Wissen gilt. Kategoriales Wissen ist ein Ordnungswissen, das angibt, in welche „Schublade“ etwas einzuordnen ist. Beispielsätze für kategoriales Wissen sind „Ein Gewitter ist ein Ereignis, keine Handlung“ oder „Ein Wal ist ein Säugetier, kein Fisch“. Kategoriales Wissen wird in erster Linie von der Philosophie erzeugt, die nicht an neuen empirischen Entdeckungen, sondern an der Ordnung des Bestehenden, an der „Grammatik“ des Wissens arbeitet. Unter Grammatik kann in diesem Zusammenhang ein Ordnungssystem verstanden werden, das das enzyklopädische Wissen systematisch zusammenstellt. Die Grammatik entschei-

[43] Vgl. Sedmak, *Lokale Theologien und globale Kirche*, 101ff.

det über den Platz, den ein bestimmtes enzyklopädisches Element innerhalb eines Ordnungssystems einnimmt.

2.1 Symbolisches Wissen

Symbolisches Wissen ist sowohl auf enzyklopädisches als auch auf kategoriales Wissen angewiesen.[44] Symbolisches Wissen braucht eine enzyklopädische (empirische) Basis und grundlegende Kategorien, um Vorkommnisse einzuordnen. Der Begriff der Auferstehung etwa kann nicht ohne enzyklopädisches Wissen über Tod und Vergehen und kategoriales Wissen über die Unterscheidung zwischen „Leben vor dem Tod" und „Leben nach dem Tod" begreiflich gemacht werden.. Die wohl wichtigste erkenntnistheoretische Eigenart symbolischen Wissens ist seine prinzipielle Bestreitbarkeit: Das wurde mit den beiden Stichwörtern der Arbitrarität und Ambiguität verständlich gemacht. Symbolisches Wissen stellt Verbindungen zwischen einem wahrnehmbaren Signifikanten und einem „verborgenen" Signifikaten her. Die Verborgenheit des Signifikaten ist prinzipiell. Wir haben es also mit einer sehr delikaten erkenntnistheoretischen Situation zu tun: Das Katholische Lehramt macht verbindliche Aussagen über einen symbolischen Kosmos und trägt dazu bei, Wahrheitsansprüche zu administrieren, die in Bezug auf einen symbolischen Kosmos erhoben werden. Der durch Arbitrarität und Ambiguität gekennzeichnete symbolische Kosmos wird in gewisser Weise so behandelt, als ließen sich eindeutige Aussagen über das Wirken Gottes machen. Wenn die Kirche etwa autoritativ entscheidet, dass es sich bei den Geschehnissen im südfranzösischen Lourdes um eine authentische Erscheinung handelt, wird eine verbindliche Aussage über einen Zusammenhang zwischen einem enzyklopädischen Eintrag (einer bestimmten Erfahrung, einem bestimmten Geschehnis) und einem entsprechenden symbolischen Eintrag (einer bestimmten Deutung dieser Erfahrung und dieses Geschehnisses) gemacht. Erkenntnistheoretisch betrachtet, wird in

---

44 Dies wird ausführlicher ausgeführt in Sedmak, *Lokale Theologien und globale Kirche*, 194ff.

einem solchen Fall die Arbitrarität und Ambiguität des symbolischen Kosmos systematisch und autoritativ abgebaut. Dieser Abbau erfolgt auf der Grundlage einer primären religiösen Erfahrung. Auf dieser Grundlage entstehen fundamentale Commitments, die die Interpretation von weiteren Erfahrungen festlegen.

Symbolisches Wissen unterscheidet sich von enzyklopädischem Wissen dadurch, dass es sich nicht direkt auf Tatsachen bezieht, die dann als Tatsachen Teil des Wissens werden, sondern Tatsachen symbolisch deutet. Damit ist zugleich ein Zusammenhang zwischen symbolischem Wissen und enzyklopädischem Wissen ausgesagt. Symbolisches Wissen unterscheidet sich von kategorialem Wissen dadurch, dass symbolisches Wissen handlungsanleitend ist und nicht das gleichzeitige Festhalten an mehreren handlungsrelevanten Symbolsystemen gestattet, was im Falle von kategorialen Ordnungssystemen möglich ist. In diesem Sinne erzeugt die Philosophie „theoretisches Orientierungswissen", während Religionen „praktisches Orientierungswissen" bereitstellen. Das Katholische Lehramt systematisiert den propositionalen Gehalt der katholischen Religion, wie in den einführenden Bemerkungen aufgewiesen wurde. Das Katholische Lehramt stellt ein Wissen bereit, das mit Bezug auf einen symbolischen Kosmos, wie er vom Christentum angenommen wird, handlungsanleitend ist und durch den Begriff von epistemischen wie praktischen Commitments charakterisiert wurde. Aus diesem Grund kann lehramtliches Wissen als praktisches Orientierungswissen verstanden werden, wie es ohnehin der Eigenart symbolischen Wissens entspricht, da ein symbolischer Kosmos ja Antwort auf die Frage „Wie soll ich leben?" gibt. Dieses Wissen wird durch das Katholische Lehramt verwaltet. Koordinierung von Tradierungsvorgängen sind Hauptaufgaben des Katholischen Lehramts.

Das Katholische Lehramt übersetzt das Wissen über den vom Christentum (Katholizismus) erzeugten symbolischen Kosmos in Propositionen und schafft ein System von Propositionen, das nach den Maßstäben der substantiellen Unveränderlichkeit, der Konsistenz und der zur Wahrheitswertrelevanz befähigenden Korrespondenz mit dem symbolischen Kosmos zu messen ist. Das Katholische Lehramt stellt daher syntaktische Kompetenz her, mit einzelnen lehramtlichen Propositionen zu operieren. Dabei ist festzuhalten, dass dies nur unter der Voraussetzung geschehen kann, dass sich der symbolische Kosmos in eine Menge von Propositionen übersetzen lässt. Dabei ist eigens zu überlegen, wie mit „Transportverlusten" bei dieser Übersetzung umzugehen ist.[45] Zusätzlich ist zu überlegen, wie mit dem erkenntnistheoretischen Ungleichgewicht hinsichtlich des symbolischen Kosmos umzugehen ist. Ein erkenntnistheoretisches Ungleichgewicht besteht in der katholischen Kirche einerseits zwischen dem Katholischen Lehramt und den anderen Einrichtungen und Mitgliedern der Kirche, andererseits zwischen Lehramt und Theologie auf der einen und dem „populus Dei" auf der anderen Seite. Das erste Ungleichgewicht kommt dadurch zustande, dass das Katholische Lehramt einen privilegierten erkenntnistheoretischen Anspruch behauptet und sich auf eine zusätzliche epistemische Quelle, den Beistand des Heiligen Geistes, beruft, der zwar, wie gesagt, keine „neuen Offenbarungen" vermittelt, aber die „Zielsicherheit" der Aussagen des Katholischen Lehramts über den symbolischen Kosmos garantiert.[46] Das zweite Ungleichgewicht kommt dadurch zustande, dass der nicht einschlägig ausgebildete Gläubige Schwierigkeiten hat, symbolisches Wissen, also ein Wissen über den symbolischen Kosmos, zu verantworten.

Man könnte mit Turner zwischen der exegetischen, der operationalen und der propositionalen Bedeutung von Symbolen unterscheiden.[47] Diese drei Dimensionen können auch für den Begriff des symbolischen Wissens fruchtbar gemacht werden. Die exegetische Bedeutung eines Symbols wird durch die indigene Gemeinschaft gegeben, die operationale Bedeutung ist gleichzusetzen mit dem Gebrauch des Symbols und den affektiven Qualitäten des Symbolgebrauchs, die positionale Bedeutung wird abgeleitet von den strukturalen Beziehungen, die die Symbole untereinander haben. In gewissem Sinn entspricht diese Unterscheidung der Dreidimensionalität sprachlicher Systeme und der von Charles Morris eingeführten Unterscheidung von Syntax, Semantik und Pragmatik. Symbolisches Wissen ist durch eine semantische Dimension in Form einer Zuordnung von enzyklopädischem zu symbolischem

---

[45] Vgl. DH 806.

[46] Vgl. DH B 3b; DH 1500f., 4534.

[47] „When we talk about the 'meaning' of a symbol, we must be careful to distinguish between at least three levels or fields of meaning. These I propose to call: (1) the level of indigenous interpretation (or, briefly, exegetical meaning); (2) the operational meaning; and (3) the positional meaning" (Turner, *The Forest of Symbols*, 50).

Eintrag (exegetische Bedeutung), durch eine pragmatische Dimension in Form eines identifizierbaren Handlungsbezugs (operationale Bedeutung) und durch eine syntaktische Dimension in Form der Einbettung in ein Symbolsystem und einen Platz in einem symbolischen Kosmos (positionale Bedeutung) zu analysieren.[48] Etwas vereinfachend könnte man behaupten, dass das Katholische Lehramt primär den Aspekt der exegetischen Bedeutung von Symbolen administriert, während es die primäre Aufgabe der theologischen Forschung ist, den Aspekt der positionalen Bedeutung herauszuarbeiten.[49] (In Klammern sei hier angefügt, dass diese vereinfachende Darstellung wohl ebenso viel Wahres wie Falsches aussagt, weil wir ja nicht von einer klaren Arbeitsteilung von Theologie und Lehramt ausgehen können, sondern von einer inneren Verschränkung. Keine Theologie ohne deontische Autorität, keine Ausübung des Lehramtes ohne theologische Reflexion.)

Verfügt jemand nur über Kompetenz hinsichtlich der operationalen Bedeutung, kann es geschehen, dass symbolische Kompetenz, also die Kompetenz, den Gebrauch von Symbolen zu rechtfertigen, fehlt. Das kann dann geschehen, wenn Katechismusantworten auswendig gelernt oder nur isolierte Glaubenssätze eingelernt werden. Viele Sätze des Lehramts sind nicht direkt Teil der Enzyklopädie der Menschen. Sie wissen: (1) p ist wahr, und sie wissen (2) p ist eine geoffenbarte Wahrheit, aber sie wissen nicht (3) p.[50] Viele sind sich aufgrund der mangelnden syntaktischen Kompetenz auch über den Status von lehramtlichen Propositionen nicht im Klaren, das heißt, viele können einen bestimmten symbo-

---

48 In einer plumpen Übertragung auf das vorliegende Thema könnte man zur Auffassung kommen, dass im Falle der Kernsymbole des Katholizismus die exegetische Bedeutung durch das Lehramt definiert und administriert wird, die positionale Bedeutung durch die Theologie herauszuarbeiten ist und die operationale Bedeutung aus dem Glaubensvollzug und der religiösen Praxis erschlossen werden kann. Die bewährte Regel „lex orandi, lex credendi“ (vgl. DH 246) scheint dabei einen gewissen Primat der operationalen Bedeutung nahezulegen.

49 Hier ist wohl auch die (kategoriale) Kompetenz der Philosophie notwendig und hier hat die philosophische Expertise ihren notwendigen und unersetzbaren Ort bei der Beschäftigung mit dem symbolischen Kosmos – im Zusammenhang mit der kategorialen Verortung der positionalen Bedeutung symbolischer Einträge.

50 „A Christian, for example, may hesitate between a literal interpretation and a figurative one of the Eucharist, miracles etc. If p is a statement in the Gospels, it is not necessary that the Christian take 'p' to be true. It suffices that ... 'p is the word of God' is true“ (Sperber, *Rethinking Symbolism*, 106).

lischen Eintrag nicht in den symbolischen Kosmos einordnen, weil ihnen der Überblick über die Strukturbeziehungen zwischen den symbolischen Einträgen fehlt. Allerdings ist das kein prinzipielles Manko im Sinne eines „privaten" Zugangs zum symbolischen Kosmos durch das Katholische Lehramt. Gerade eine solche Idee einer „Privatepistemologie" oder „Privatontologie des symbolischen Kosmos" wird in der katholischen Kirche, u.a. aufgrund der beiden referierten Konsistenzunterstellungen, explizit abgelehnt.[51] Es kann nicht sein, dass es einen privaten, d.h. prinzipiell nur dem betreffenden Erkenntnissubjekt vorbehaltenen Zugang zum symbolischen Kosmos gibt. Das wird in der katholischen Tradition durch die Rückbindung des symbolischen Wissens an eine Enzyklopädie geleistet. Das symbolische Wissen des Lehramts ist also ausdrücklich *nicht* als „privates Wissen" zu verstehen.

2.2 Zur Unterscheidung zwischen Orthodoxie und Heterodoxie

Symbolisches Wissen lässt sich insofern in Propositionen übersetzen, als es aus Überzeugungen hinsichtlich der Beschaffenheit des symbolischen Kosmos besteht. Mit diesen – für wahr gehaltenen – Überzeugungen sind offensichtlich Wahrheitsansprüche verbunden. Diese Wahrheitsansprüche verschärfen sich noch, wenn man die operationale Bedeutung und die praxisanleitende Funktion von Symbolen bedenkt. Menschen sind bereit, für ihre Religion zu sterben. Das kann nicht mit einer Dynamik von Probabilitätsüberlegungen nachvollzogen werden.[52] Die Wahrheitsansprüche, die

---

[51] Das berühmte Privatsprachenargument Wittgensteins (*Philosophische Untersuchungen*, 243–315) ist auch in diesem Zusammenhang relevant. Einer mangelnden Kriteriologie zur Unterscheidung korrekten und inkorrekten Regelfolgens im Falle des Privatsprachenarguments entspricht das erkenntnistheoretische Problem einer willkürlichen Zuordnung von enzyklopädischem Eintrag und symbolischen Einträgen. Eben diese Arbitrarität wird durch die beiden Konsistenzunterstellungen eingebremst.

[52] Alfred Ayer hat das mit Blick auf die Religionsphilosophie „nach Wittgenstein" sehr klar ausgedrückt: „I am not myself a religious believer, but if I were I doubt if I should be content to be told that I was playing a game in accordance with a canonical set of rules. Rather, I should wish for some assurance that my beliefs were true" (Ayer, *Wittgenstein*, 92).

mit symbolischem Wissen zusammenhängen, sind also ernst zu nehmen. Aufgrund der positionalen und exegetischen Bedeutung von Symbolen kann im Übrigen auch mit guten Gründen vom „kognitiven Gehalt“ von Symbolen gesprochen werden. Auch hierin zeigt sich, dass die Konsistenzannahmen eine entscheidende Funktion zur Ordnung des Verhältnisses von Glauben und Vernunft (zwischen der Scylla des Fideismus und der Charybdis des Rationalismus) haben. Das Katholische Lehramt beansprucht – und das ist die genuine Aufgabe des Lehramts, wie wir gesehen haben – eine Grenze zu ziehen zwischen orthodoxen und heterodoxen Aussagen und Praktiken, rechter religiöser Rede und irriger religiöser Rede[53], wahrem Kult und verfehltem religiösen Handeln; damit wird eine neue Unterscheidung eingeführt, die von der Unterscheidung zwischen „wahr“/“falsch“, „sinnvoll“/“unsinnig“ abgehoben werden muss. Die Unterscheidung zwischen orthodox und heterodox lässt sich nur mit Bezug auf einen symbolischen Kosmos plausibel machen.

Um die Unterscheidung zwischen Orthodoxie und Heterodoxie administrieren zu können, muss im Rahmen der Ausübung des Katholischen Lehramts die (erkenntnistheoretische) Voraussetzung gemacht werden, dass die Arbitrarität und Ambiguität des symbolischen Kosmos hinreichend deutlich eingeschränkt wurden, um Aussagen über den symbolischen Kosmos als verbindlich festzuhaltende auszuzeichnen und andere Aussagen verbindlich zu verwerfen. Diese erkenntnistheoretische Voraussetzung ist nicht ohne Brisanz, wenn man sich an die Unterscheidung zwischen enzyklopädischem und symbolischem Wissen erinnert. Diese Voraussetzung kann denn auch nur funktionieren, wenn die beiden Konsistenzannahmen über den symbolischen Kosmos ernst genommen werden. Und schließlich kann ich mir den Hinweis nicht verkneifen, dass hier die Ausübung des Lehramtes von philosophischer (kategorialer) Expertise Anleihen machen muss, hat doch die Abgrenzung von Orthodoxie und Heterodoxie mit Kategorienverwechslungen zu tun. Hier sieht man wiederum eine „Eintrittsstelle“ philosophischer Expertise in die Ausübung des Lehramts, bietet doch die Philosophie die Grundlage kategorialer Kompetenzen.

---

[53] Vgl. Dalferth, *Religiöse Rede von Gott*, 498f. Religiöse Rede tritt immer als bestimmte religiöse Rede auf; dabei ist es konstitutiv für diese Bestimmtheit, dass eine Unterscheidung zwischen Glaube und Aberglaube gemacht werden kann.

Kategorienverwechslungen führen zu Fehlformen des Glaubens. Häresien beispielsweise lassen sich – ohne hier an der auch wissenssoziologischen Komplexität von Häresien vorbeisehen zu wollen – dann als theologische Fehler ausweisen, etwa im Sinne einer Kategorienverwechslung, die die Zuordnung von „natürlich" und „übernatürlich" verzerrt. Dieses Verständnis von Häresien hat etwa Karl Rahner vertreten.[54] Es ist interessant, dass dieses Verständnis von Lehrirrtum als Kategorienverwechslung auch bei der Bestimmung des Aberglaubens durch Thomas von Aquin eine Rolle spielt. In seiner *Summa* (II–II, q. 92–96) unterscheidet Thomas verschiedene Arten von Aberglaube, die im Grunde als zwei Fälle von Kategorienverwechslung verstanden werden können („Natürliches" wird wie „Übernatürliches" behandelt oder „Übernatürliches" wie „Natürliches").

Aberglaube ist die Verwechslung der Kategorie der Enzyklopädie mit der Kategorie des symbolischen Kosmos. Nach Augustinus sind all jene Gebräuche abergläubisch, die auch die ärztliche Wissenschaft verwirft.[55] Das ist bemerkenswert und zeigt, dass die Unterscheidung zwischen „orthodox"/„heterodox" eine Unterscheidung ist, die sich der Unterscheidung zwischen „vernünftig"/„widervernünftig" bedient und gegen die Konsistenzannahme von Enzyklopädie und symbolischem Kosmos, Glauben und Vernunft, verstößt. Wenn man Aberglaube als Kategorienverwechslung rekonstruiert, kann man zwei Formen des Aberglaubens unterscheiden: Reduktion von symbolischem Kosmos auf Enzyklopädie (i) und Reduktion von Enzyklopädie auf symbolischen Kosmos (ii).

(i) Im ersten Fall werden symbolische Einträge wie enzyklopädische Einträge behandelt. Wenn ich etwa Gott drohen oder durch

---

[54] „Alle Häresien lassen sich, ohne damit in ihrer histor. Reihenfolge abgeleitet werden zu können, als die möglichen Weisen verstehen, wie das geheimnisvolle, nur dialektisch aussagbare, nie in einer einzigen Formel faßbare Grundverhältnis von Gott u. Welt verletzt werden kann: entweder verschwindet die wahre Wirklichkeit der Kreatur (der menschl. Wirklichkeit Christi, der menschl. Freiheit, der Bedeutung des Amtes in der Kirche usw.) vor einer Alleinwirksamkeit Gottes, od. die Eigenwirklichkeit der Kreatur wird deistisch als Unabhängigkeit verkannt (z.B. im Nestorianismus oder im Pelagianismus), so daß Gott im Grunde zum Absolutheitsglanz des Menschen selbst wird (wie im Modernismus)" (Rahner, *Häresiengeschichte*, 208); vgl. Blondel, *Philosophische Ansprüche des Christentums*, 43.

[55] Augustinus, *De Doctr. chr.* II, 20; vgl. Johannes von Damaskus, *Darlegung des orthodoxen Glaubens* 2,7 (TKV I, 135).

mein Verhalten zu etwas zwingen möchte, so behandle ich Gott wie einen irdischen Gesprächspartner. Das ist eine Form des Aberglaubens. Nach Thomas von Aquin ist Wahrsagerei eine Sünde, weil sie sich etwas anmaßt, was im eigentlichen Sinne in den Bereich Gottes gehört.[56] Hier wird ein symbolischer Eintrag (Wissen über Künftiges, Kategorie des Allwissens) auf enzyklopädische Verhältnisse umgelegt, was auf eine Kategorienverwechslung hinausläuft. Das ist etwa auch dann der Fall, wenn man durch äußere Riten innere Verdienste erzwingen möchte.[57] Das gilt in der katholischen Tradition etwa für die Inanspruchnahme der Astrologie, des Magnetismus oder des Spiritismus.[58] In allen diesen Fällen werden symbolische Einträge durch enzyklopädische Einträge kontrolliert und auf die enzyklopädischen Kausalstrukturen reduziert.

(ii) Im zweiten Fall werden enzyklopädische Verhältnisse wie symbolische Einträge behandelt und etwa jede kleinste Erfahrung dem symbolischen Kosmos (dem Willen Gottes, dem Wirken von Dämonen, der Kraft der Vorfahren) zugesprochen. In diesem Sinne ist die Bemerkung des Katechismus der katholischen Kirche zu verstehen, dass Aberglaube eine übertriebene oder skrupulöse Form der Frömmigkeit sei.[59] Die genannte Form des erkenntnistheoretischen Fetischismus, die enzyklopädisches Material (Statuen, Bilder) mit der „world of meanings" verwechselt, fällt ebenso unter diese Form der Kategorienverwechslung. In diese Schublade fällt auch ein Verständnis von Aberglauben als einem Glauben an Kräfte, die in einer eigengesetzlichen Kausalität wirken,

---

56 *STh* 95,1.

57 Vgl. Kol 2,23. Von hier aus könnte man eine Argumentationslinie verfolgen, Werkgerechtigkeit als Kategorienverwechslung und damit Aberglaube aufzufassen.

58 DH 205, 283, 459f. (Astrologie); 3642 (Spiritismus); 2823–2825 (Magnetismus).

59 KKK 2138; „Der Aberglaube ist gewissermaßen ein abartiges Zuviel an Religiosität" (2110). „Der Aberglaube ist eine Entgleisung religiösen Empfindens und der Handlungen, zu denen es verpflichtet. Er kann sich auch in die Verehrung einschleichen, die wir dem wahren Gott erweisen. So wenn z.B. bestimmten, im übrigen berechtigten oder notwendigen Handlungen eine magische Bedeutung beigemessen wird. Wer die Wirksamkeit von Gebeten oder von sakramentalen Zeichen dem bloß äußerlichen Verrichten zuschreibt und dabei von den inneren Handlungen, die sie erfordern, absieht, verfällt dem Aberglauben" (2111). Es geht in jedem Fall um ein Gleichgewicht zwischen enzyklopädischem und symbolischem Wissen und um die Wahrung der Eigenart enzyklopädischer Einträge einerseits und des symbolischen Kosmos andererseits oder auch um die rechte Zuordnung von Natürlichem und Übernatürlichem.

außerhalb naturwissenschaftlicher Interpretation stehen und nicht in der jeweiligen Religionslehre selbst begründet sind. Entscheidend für die katholische Tradition ist die Überzeugung, dass es ein dem wahren Gottesbegriff angemessenes bzw. darauf auszurichtendes religiöses Verhalten gibt. So könnte man von Aberglauben dann sprechen, wenn ein Individuum sich immer wieder so verhält, als ob seine subjektive Einschätzung der Wirkung seines Verhaltens signifikant verschieden ist von einer sozial standardisierten Bewertung dieses Verhaltens. Aberglaube hat es dann mit Devianz zu tun und zwar Devianz hinsichtlich des standardisierten symbolischen Kosmos und Devianz hinsichtlich des standardisierten Kategorialsystems zur Einordnung der enzyklopädischen Einträge.

(iii) Eine dritte Möglichkeit, den Aberglauben nach diesem erkenntnistheoretischen Vorschlag zu verstehen, bietet nach der in zwei Formen geschilderten Verletzung der ersten Konsistenzannahme die Verletzung der Annahme der Selbstkonsistenz. Ein Fall von Aberglauben liegt dort vor, wo symbolische Einträge ins Spiel gebracht werden, die in Widerspruch zur standardisierten Version symbolischer Einträge stehen. Die Selbstkonsistenz bemüht Thomas von Aquin, wenn er jene Gebräuche als abergläubisch bezeichnet, für die keine „göttliche Gewähr" aufgebracht werden kann.[60] Das Wahrsagen aus dem Vogelflug ist nach Thomas abergläubisch, weil es an der Ordnung der Natur (Selbstkonsistenz der Natur!) oder an der göttlichen Vorsehung (Selbstkonsistenz des symbolischen Kosmos!) vorbeiginge.[61]

Ein erkenntnistheoretisches Problem darf aber nicht verschwiegen werden. Wie sind die Anerkennung der Eigenständigkeit und Eigengesetzlichkeit von Enzyklopädie und Symbolsystem einerseits und die Konsistenzannahmen andererseits gleichzeitig haltbar? Wenn man – wie in der katholischen Kirche – die Möglichkeit einer Durchbrechung der Konsistenz zwischen Enzyklopädie und Symbolsystem zulässt und etwa Wunder als ein Außerkraftsetzen von Naturgesetzlichkeiten auffasst, ist der Effekt der Eingrenzung der Ambiguität und Arbitrarität des symbolischen Kosmos stark gefährdet. Augustinus war sich dieses Problems wohl bewusst. Er hält daran fest, dass es rechte und falsche Formen der Verehrung gibt, wie das in der katholischen Tradition

---

[60] *STh* 96, 3.
[61] *STh* 95, 7.

selbstverständlich ist.[62] Dabei ist er sich über ein Dilemma, das dadurch entsteht, völlig im klaren: Entweder man glaubt an die Wunder der Schrift, dann stärkt man die heidnischen Götter oder man glaubt nicht, dann schwächt man das Zeugnis der Schrift. Er appelliert daher auch an die Vernunft und an einen konsistenten Gottesbegriff.[63] Diesem erkenntnistheoretischen Problem ist nur beizukommen, wenn man über eine Instanz verfügt, die die damit provozierte Ambiguität und Arbitrarität des symbolischen Kosmos wieder kontrolliert. Das muss nicht notwendigerweise eine deontische Autorität wie die Institution des Lehramts sein, aber es ist sicherlich möglich, die Funktion des Lehramts auch in diesen Begriffen zu verstehen. Allerdings bedeutet das skizzierte Dilemma zugleich eine Schwächung der erkenntnistheoretischen Legitimierbarkeit des Katholischen Lehramts. In jedem Fall hoffe ich, gezeigt zu haben, dass die Idee eines Lehramtes mit erkenntnistheoretischen Überlegungen näher gebracht werden kann, wobei die Wahrheit eine Zumutung bleibt und die philosophische Reflexion Legitimationsangebote unterbreiten, aber auch neue Herausforderungen nennen kann.

Schlussbemerkung: Das Katholische Lehramt administriert jenen Rahmen, der die Willkür von Urteilen über den symbolischen Kosmos einschränkt. Die angeführten Konsistenzannahmen machen Aussagen über den symbolischen Kosmos berechenbar, zuverlässig und mit Kohärenzkriterien messbar. Darin liegt m. E. ein entscheidender Punkt zugunsten der wissenschaftstheoretischen Rechtfertigung katholischer Theologie.[64] Die katholische Theologie würde in erhebliche erkenntnistheoretische und wissenschaftstheoretische Schwierigkeiten kommen, wenn sie auf den normativen Rahmen und die damit verbundenen Konsistenzannahmen und Kohärenzforderungen verzichten wollte.

---

62 Augustinus, *De Civ. Dei* VIII–X.

63 Ebd., XXI, 6.

64 Auf diesen Punkt (Beitrag des Lehramts zur wissenschaftstheoretischen Rechtfertigung der Theologie) hat auch Raymund Schwager explizit hingewiesen – vgl. Schwager, *Für eine Theologie mit mehr Wissenschaftlichkeit und mehr Lebensrelevanz*. Das Katholische Lehramt bietet auch Maßstäbe zur Qualitätssicherung und der Selbstvergewisserung der Theologie an; vgl. Schwager, *Kriterien guter Theologie nach dem katholischen Lehramt*.

IV. Sprachphilosophische Beobachtungen

Sprachphilosophie kann als Teil der Erkenntnistheorie begriffen werden. Die sprachphilosophischen Untersuchungen bauen auf den erkenntnistheoretischen Überlegungen auf. Auf diesem Hintergrund lässt sich zeigen, dass die Sätze, die wir in den Dokumenten des episkopalen Lehramts finden, die Funktion haben, symbolisches Wissen zu vermitteln. Es steht außer Streit, dass das Katholische Lehramt im Rahmen von Redehandlungen ausgeübt wird und nur aufgrund sprachlichen Handelns öffentlich wirksam werden kann. Das Lehramt kann seine Funktion nur dadurch erfüllen, dass Sätze formuliert werden. Ich will eigens und explizit darauf hinweisen, dass ich die Ausübung des Lehramtes als Kommunikationsgeschehen ansehe, das nicht auf propositionale Gehalte reduziert werden kann. Ich vertrete – mit Henry Price – die These, dass „belief in" nicht auf „belief that" reduziert werden kann.[1] Von da aus möchte ich auch davor warnen, die Ausübung des Lehramtes auf die Erzeugung einer Menge von Sätzen zu reduzieren. Die Grenzen eines propositionalen Verständnisses wurden durch den Begriff von „Commitments" bereits angedeutet. Der Hinweis auf die Struktur „wichtiger Sätze" nach Bolzano hat weiters erste sprachphilosophische Überlegungen geliefert sowie den Hinweis, dass jene Sätze, die im Rahmen der Ausübung des Lehramtes erzeugt werden, Sätze mit einem großen Impakt sind und als solche über fundamentale epistemische und fundamentale praktische Commitments charakterisiert werden müssen.

Dennoch kann die methodische Abstraktion von nichtpropositionalen Elementen wertvolle Einsichten bringen. Ich vertrete mit

---

[1] Vgl. Price, *Belief 'in' and Belief 'that'*.

Bocheński die These, dass Religionen (unter anderem) durch eine Menge religiöser Sätze charakterisiert werden können.[2] Solche Sätze liefern lehramtliche Texte. Daher schlage ich vor, auch die Sätze, die im Rahmen der Ausübung des Lehramtes erzeugt werden, einer sprachphilosophischen Prüfung zu unterziehen. Sätze, die im Rahmen der Ausübung des Magisteriums formuliert werden, sollen im Folgenden als M–Sätze bezeichnet werden. M–Sätze beziehen sich auf das Gebiet der Glaubenslehre und der Sittenlehre und jene Bereiche, ohne die das Gebiet der Glaubens– und Sittenlehre nicht adäquat dargestellt oder im Sinne des Lehramts administriert werden kann. Sowohl im Rahmen der Glaubenslehre als auch im Rahmen der Sittenlehre wird symbolisches Wissen formuliert, das durch Tatsachen in der Welt nicht widerlegt werden kann. Dieser erkenntnistheoretische Hinweis wird als Ausgangspunkt dafür verwendet werden, den Status von M–Sätzen zu erheben.

1. Zur sprachphilosophischen Eigenart der Rede von Gott

1.1 Das Problem der exemplarischen Einführung

Die Eigenart lehramtlicher Redehandlungen, die sich auf den symbolischen Kosmos beziehen, ist von der Eigenart der Rede von Gott her klarzumachen. Die sprachphilosophisch interessanteste Auffälligkeit der Rede von Gott besteht im Mangel an Beispielen für Gott. Es gibt keine Beispiele für Gott, uns stehen nur Gegenbeispiele zur Verfügung. Das ist eine grammatische Bemerkung von nicht geringer Tragweite: Das Vorliegen von Beispielen ermöglicht die exemplarische Einführung sprachlicher Einrichtungen, die sich auf einen Sachverhalt beziehen, der mit sprachlichen Mitteln allein nicht hergestellt werden kann. Die Frage nach einer exemplarischen Einführung führt den Zusammenhang zwischen Sprachphilosophie und Ontologie vor Augen: Unter Ontologie

2 Bocheński, *Logik der Religion.*

kann man die Lehre von dem verstehen, was es außerhalb der Sprache geben muss, damit die Wahrheit behauptender Äußerungen festgestellt werden kann. Im Falle des Vorliegens von Beispielen lassen sich Einführungssituationen konstruieren, in denen Prädikatoren anhand von Beispielen eingeführt werden können.[3] Das sprachliche Unterscheidungsvermögen gewinnen wir zunächst exemplarisch an Einzelbeispielen. Ein Prädikator ist eine sprachliche Einrichtung, die mehr als einem Gegenstand zugesprochen werden kann. Im Falle einer exemplarischen Einführung wird ein Prädikator trivialerweise nicht in allen möglichen Situationen, in denen ein Fall für diesen Prädikator vorliegt, eingeführt, sondern lediglich anhand einzelner, exemplarischer Fälle. Der entsprechende Prädikator wird also zunächst nur durch Einzelfälle, Einzelhandlungen exemplifiziert.[4] Eine solche erste exemplarische Einführung ist freilich nicht von vornherein unproblematisch. Sie „kann ... in mancher Hinsicht als unzureichend, als unscharf oder in manchen Fällen als undurchführbar bezeichnet werden"[5]. Wenn ich auf etwas zeige, muss in der betreffenden Situation bereits einiges geklärt sein, damit klar ist, wovon die Rede sein soll. Schließlich könnte ich auf ein Fenster zeigen und entweder über das Fenster, einen Teil des Fensters oder etwa über das, was ich durch das Fenster sehe, sprechen wollen. Diese Vagheiten werden in der Regel durch den situationalen Kontext hinreichend geklärt.[6] Die Einführung einer sprachlichen Einrichtung anhand von Beispielen erfolgt daher im Rahmen bestimmter Situationen, wobei nicht gleichgültig ist, wie diese Situationen im Einzelnen ausse-

3 Kamlah/Lorenzen, *Logische Propädeutik*, 29.

4 Lorenz, *Elemente der Sprachkitik*, 171.

5 Janich/Kambartel/Mittelstraß, *Wissenschaftstheorie als Wissenschaftskritik*, 55.

6 Vgl. Kamlah/Lorenzen, *Logische Propädeutik*, 194f. Außerdem weist der Gegenstandsbezug von „dies" nicht eine letzte Genauigkeit auf, die für wissenschaftliche Rede vorausgesetzt werden müsste (Zimmermann, *Der „Skandal der Philosophie"*, 91–93); vgl. Hart, *Der Begriff des Rechts*, 174. Die Unzuverlässigkeit der exemplarischen Einführung ist uns aus Situationen fremdsprachlichen Operierens vertraut: „Wer in ein fremdes Land kommt, wird manchmal die Sprache der Einheimischen durch hinweisende Erklärungen lernen, die sie ihm geben; und er wird die Deutung dieser Erklärungen lernen, die sie ihm geben; und er wird die Deutung dieser Erklärungen oft *raten* müssen und manchmal richtig, manchmal falsch raten" (Wittgenstein, *Philosophische Untersuchungen* [PU], 32). Quines berühmtes *gavagai*–Beispiel baut (unter anderem) auf dieser Eigenart der exemplarischen Einführung auf.

hen. Die Einführung einer sprachlich markierten Unterscheidung anhand von außersprachlich zugänglichen Beispielen kann durch drei Aspekte charakterisiert werden: den Aspekt der Wiederholung, den Aspekt der Ordnung und den Aspekt der Normativität.

(i) Wiederholung: Verlässliches Operieren mit dem eingeführten Prädikator ist nur nach wiederholter Anwendung und „Einübung" des Prädikators zu erreichen. Die sprachliche Fixierung einer Unterscheidung dient dem Zweck, die Unterscheidung immer wieder anwenden zu können. Das wiederholte Auftreten eines Vorkommnisses ist die Grundlage für die sprachliche Fixierung der Unterscheidung. Aristoteles spricht von Erfahrung im Zusammenhang mit dem wiederholten Auftreten von etwas. Erst wiederholtes Auftreten von Einzelfällen gibt die Möglichkeit an die Hand, das einzelne Vorkommnis einzuordnen.[7] Eine Einordnung von etwas in ein kategoriales System erfordert die Verwendung allgemeiner Begriffe. Sprachliche Unterscheidungen werden an Einzelfällen gemacht, sie werden aber nicht als einzelne, sondern als allgemeine Unterscheidungen gemacht, also als Unterscheidungen, die immer wieder vorgebracht werden können.

(ii) Ordnung: Sprachliche Unterscheidungen werden aufgrund von Zweckmäßigkeitsüberlegungen im Rahmen der Ordnung menschlichen Wahrnehmens und Handelns getroffen. Die Einführung einer sprachlichen Unterscheidung anhand von Beispielen kann nur gelingen, wenn vorher klar ist, welche Rolle die sprachliche Einrichtung im System der Sprache und welche Funktion das System der Sprache überhaupt haben soll. Eine sprachliche Unterscheidung kann nur dort ihre Ordnungsfunktion erfüllen, wo bereits eine gewisse Ordnung vorliegt. Eine Einführungssituation kann nur dann als Einführungssituation identifiziert werden, wenn sie sich von Gebrauchssituationen unterscheiden lässt.

(iii) Normativität: Durch die Operation einer exemplarischen Einführung wird künftiges Sprachverhalten normiert. Normativ kann eine solche Einführungshandlung nur sein, wenn klar ist, was für wen und in welcher Weise normiert wird. Schließlich soll ein Sprachbenützer nach der exemplarischen Einführung des Wortes „Fenster" in der Lage sein, in allen möglichen Situationen bestimmten Gegenständen berechtigterweise den Prädikator „Fenster" zuzusprechen oder abzusprechen, wie ähnlich oder unähnlich

---

7 Vgl. Aristoteles, *Mph* I, 1 980b 28ff.; *Apo* II,19 100a 3ff.

der betreffende Gegenstand auch dem Einführungsgegenstand sein mag. Daher ist die exemplarische Einführung gezwungen, eine breite Palette von Situationsvarianten zu berücksichtigen und Beispiele wie Gegenbeispiele einzuführen. Im Hinblick auf zukünftige Fälle ist jedoch die exemplarische Einführung an Beispielen und Gegenbeispielen nur eine paradigmatische, und es hängt gerade von der Art der vorgebrachten Beispiele ab, ob daraus „ein Einverständnis aller Beteiligten über etwa zukünftig vorgelegte Fälle erreicht werden“[8] kann. Erkenntnistheoretisch ist daher eine hinreichend weitgehende Einigung, eine hinreichend große Übereinstimmung in der Handlungsweise und der Lebensform vorauszusetzen, damit der Sprachgebrauch prinzipiell unzählig vieler Situationen durch einzelne Situationen normiert werden kann. Es muss unproblematische, einfache Fälle geben, die als Beispiele fungieren, sonst können keine allgemeinen Begriffe erzeugt werden.[9]

Versuchen wir nun, diese Überlegungen auf die Verwendung des Wortes „Gott“ zu übertragen.[10] Bisher wurde die Behauptung aufgestellt, dass das Wort „Gott“ nur anhand von Gegenbeispielen, nicht anhand von Beispielen im Sinne einer exemplarischen Einführung eingeführt werden kann. Nun können wir uns die Tragweite dieser erkenntnistheoretischen Grundherausforderung klarmachen. Die angeführten drei Aspekte einer exemplarischen Einführung sind im Falle der Verwendung des Wortes „Gott“ allesamt problematisch. Erstens: Da keine Beispiele für „Gott“ zur Verfügung stehen, kann die Verlässlichkeit der Prädikation aufgrund des wiederholten Auftretens von etwas nicht in Anspruch genommen werden. Die Verwendung des Wortes „Gott“ ist nicht an stabile, identifizierbare situationelle Faktoren, die außersprachlich zugänglich wären, gebunden.[11] Zweitens: Sachverhalte, in de-

---

8 Kambartel, *Theorie und Begründung*, 17.

9 Hart, *Der Begriff des Rechts*, 176.

10 Vgl. Dalferth, *Religiöse Rede von Gott*, 572ff.

11 Sonderformen wie deiktische Einführungen im Zusammenhang mit Tabernakel oder Hostie sollen hier, weil zu spezifisch konfessionsgebunden, ausgeklammert werden. Außerdem kann selbst bei größtem Wohlwollen und sprachlicher Sozialisation in der römisch–katholischen Kirche nicht so ohne weiteres behauptet werden, dass durch eine konsekrierte Hostie Beispiele vorhanden wären, die sich für Sätze der Art, „Das ist Gott“, so eignen würden, dass in allen künftigen Fällen Gott identifiziert werden könnte. Eben nicht! Es kann trivialerweise darauf verwiesen werden, dass die Lehre von der Trans-

nen Gott vorkommt, werden in der Regel allein mit sprachlichen Mitteln hergestellt.[12] Wir können uns hier nicht auf eine sprachliche Ordnung verlassen, die das sprachliche Handeln anleitet. Jeder Sachverhalt kann so interpretiert werden, als ob Gott ein relevanter Aspekt dieses Sachverhalts wäre. Jeder Sachverhalt kann aber auch so interpretiert werden, dass durch Gott „gekürzt" werden kann.[13] Drittens: Zur Bestimmung der Normativität einer Einführungssituation ist die Unterscheidung zwischen relevanten und vernachlässigbaren situationalen Faktoren entscheidend. Das Wort „Ball" kann an einem roten, runden, mit Luft gefüllten Gegenstand eingeführt werden; die Farbe des Gegenstands ist vernachlässigbar, auch ein blauer Gegenstand kann u.U. mit dem Prädikator „Ball" bezeichnet werden; die Form des Gegenstands allerdings ist relevant und muss auch in allen künftigen Situationen, in denen von Bällen die Rede ist, vorliegen. Diese Unterscheidung ist grundlegend für den Erfolg des Normierens von Sprachverhalten durch eine Einführungssituation. Im Fall der Einführung des Wortes „Gott" stoßen wir allerdings auf die grundsätzliche Schwierigkeit, dass jeder einzelne Faktor einer Einführungssituation sowohl als relevant als auch als vernachlässigbar interpretiert werden könnte. Wenn ich das Wort „Gott" im Zusammenhang mit einem beeindruckenden Sonnenaufgang einführe, möchte ich doch gerade zum Ausdruck bringen, dass das Wort „Gott" nicht auf diesen Typ von Situationen beschränkt ist. Daher kann ich den

---

substantiation gerade davon ausgeht, dass alle Akzidentien gleich bleiben, und dass daher zwischen konsekrierter und nichtkonsekrierter Hostie kein äußerer Unterschied besteht. Das ist wiederum entscheidend für das Funktionieren des Wortes „Gott" (vgl. Wittgenstein, *Über Gewißheit*, 477). Selbst wenn das Wort „Gott" für Kinder quasi–deiktisch eingeführt wird (Zeigen auf einen bärtigen weißhaarigen Mann auf einem Gemälde in der Kirche: „Das ist Gott"), so wird dem Kind doch später klar werden, dass diese Einführung keineswegs mit anderen exemplarischen Einführungssituationen gleichgesetzt werden kann.

[12] Ich sage vorsichtig „in der Regel" – Erfahrungen, wie sie André Frossard in seinem berühmten Buch *Dieu existe* beschrieben hat, sollen hier nicht vorschnell ausgeklammert werden. Allerdings muss klar sein, dass solche Erfahrungen nicht den Status einer intersubjektiven Situation haben können. Das ist wiederum, wie wir sehen werden, typisch für religiöse Erfahrungen. Als *religiöse* Erfahrungen sind sie stets subjektbezogen und können aus der Sicht von „Nirgendwo" immer auch nichtreligiös interpretiert werden.

[13] Vgl. PU 293. Die erkenntnistheoretische Bedeutung des Wittgensteinschen Privatsprachenarguments kann für die Gotteslehre kaum unterschätzt werden; vgl. PU 380.

Gebrauch des Wortes „Gott" nicht auf bestimmte Situationen beschränken, sondern nur aufgrund situationsübergreifender Prädikatorenregeln bestimmen, die dem Wort „Gott" einen Platz in der Sprache zuweisen. Der Gebrauch des Wortes „Gott" wird durch Prädikatorenregeln normiert, die auch anders sein könnten.[14]

Das Wort „Gott" kann daher nur parasitär eingeführt werden, das heißt, nur dann, wenn bereits eine Reihe von sprachlichen Einrichtungen zur Verfügung steht. Man kann sich das mit der Funktion metaphorischen Sprechens klarmachen. Der Satz „Die Zitrone ist sauer" ist ein Beispiel für wörtlichen Gebrauch der Sprache, wie das allgemein so genannt wird. Wir könnten das so verstehen, dass es sich um eine Form des Sprachgebrauchs handelt, der zur Einführung des betreffenden Begriffs geeignet ist. Aufgrund der inneren Verknüpfung der Prädikatorenregeln für „Zitrone" und für „sauer" ist es zweckmäßig, den Prädikator „sauer" anhand von Zitronen und Geschmackserfahrungen an Zitronen einzuführen. Der Satz „Der Dekan ist sauer" ist ein Beispiel für metaphorischen Sprachgebrauch, wie das üblicherweise genannt wird. Dieser Satz setzt eine Einführung des Prädikators im geschilderten Sinn bereits voraus und ist seinerseits aber nicht geeignet, den Prädikator „sauer" einzuführen. Die Einführungssituation für metaphorischen Sprachgebrauch ist parasitär hinsichtlich der Einführungssituation wörtlicher Sprachverwendung. Ähnlich verhält es sich, wenn man sich mit dieser groben Darstellung für unsere Zwecke zufrieden geben will, mit der Rede von Gott. Sie ist parasitär und setzt die Rede über exemplarisch einführbare Prädikatoren voraus. Wenn Lorenzen davon spricht, dass Geschichten als „indirekte exemplarische Bestimmung" gelten können (z.B. die Geschichte vom barmherzigen Samariter)[15], so meint er damit vor allem diese Eigenart der Rede von Gott, dass sprachlich schon sehr viel ge-

---

[14] Ein Theologe hat beispielsweise einmal den Satz „Der dreieinige Gott ist Mensch geworden" geäußert. Es ist schwer zu sehen, wie dieser Satz mit den in der römisch–katholischen Kirche geltenden Prädikatorenregeln vereinbart werden kann, es ist aber durchaus möglich, sich Formen des Christentums zu denken, in denen dieser Satz vollkommen in Ordnung ist. Das gilt für viele Sätze über Gott. Die umgangssprachliche Basis ist dermaßen vage, dass viele verschiedene, miteinander inkompatible Systeme von Prädikatorenregeln darauf aufgebaut werden können. Das macht ja auch die breiten erkenntnistheoretischen Angriffsflächen der Dogmatik aus.

[15] Vgl. Lorenzen, *Lehrbuch der konstruktiven Wissenschaftstheorie*, 179; vgl. auch Lorenzen, *Normative Logic and Ethics*, 51f.

schehen sein muss, damit das Wort „Gott" eingeführt werden kann.[16] Vor allem muss es bereits möglich sein, Sachverhalten, die allein durch sprachliche Operationen hergestellt werden, einen Platz im System von Sachverhalten zuzuweisen: „Nur in einer Sprache kann ich etwas mit etwas meinen."[17] Das heißt für unseren Fall, dass im Falle der Einführung des Wortes „Gott" klar sein muss, wie unsere Sprache funktioniert (was wir von sprachlichen Einrichtungen erwarten können) und welche Rolle das Wort „Gott" in dieser Sprache spielen soll. Das wiederum kann nur dann klar sein, wenn Sprecher und Hörer derselben Sprachgemeinschaft angehören, und das bedeutet wiederum, dass sie in Definitionen und Überzeugungen übereinstimmen müssen.[18]

Aus dem Gesagten folgt, dass das Wort „Gott" kein Prädikator ist, der zur Unterscheidung von etwas Anderem verwendet werden kann. Ebenso wenig wie das Wort „Welt" ein Prädikator ist, weil die Aufgabe dieses Wortes gerade nicht darin besteht, einen Unterschied zu fixieren, sondern darin, eine grundsätzliche Einstellung zur Welt als ganzer bzw. zum Leben als solchem auszudrücken. So verhält es sich auch mit dem Wort „Gott". Gott muss nicht präzise bestimmt sein, um angeredet werden zu können.[19] Aus diesem Grund werden auch Überlegungen motiviert, das Wort „Gott" als Operator zu verstehen, das in erster Linie über seine Funktion und nicht in erster Linie über einen Gegenstandsbezug verständlich zu machen ist.[20] Die Rede von Gott hat signifikante

---

[16] Dass inhaltlich schon viel geklärt sein muss, wurde bereits festgestellt: „Die hinweisende Definition erklärt den Gebrauch – die Bedeutung – des Wortes, wenn es schon klar ist, welche Rolle das Wort in der Sprache überhaupt spielen soll. Wenn ich also weiß, daß Einer mir ein Farbwort erklären will, so wird mir die hinweisende Erklärung 'Das heißt Sepia' zum Verständnis des Wortes verhelfen" (PU 30). Die Voraussetzungen, die im Fall einer Rede von „Gott" erfüllt sein müssen, sind wesentlich komplexer als die Voraussetzungen, die gegeben sein müssen, um etwa das Wort „Ball" einzuführen. Im Fall der Einführung von „Gott" können wir uns nicht oder kaum auf außersprachlich zugängliche situationale Faktoren stützen.

[17] PU 18.

[18] Vgl. PU 242.

[19] Dalferth, *Religiöse Rede von Gott*, 600.

[20] Vgl. Kraml, *Die Rede von Gott*, 162f. Diese Überlegung soll natürlich nicht darauf hinauslaufen, den Gegenstandsbezug des Wortes „Gott" zu leugnen. Es geht lediglich um die Hervorhebung relevanter Aspekte, mit denen operiert werden kann; auf den Gegenstandsbezug des Wortes „Gott" kann man sich nun einmal nicht so berufen wie auf den Gegenstandsbezug des Wortes „Ball".

Ähnlichkeiten mit der Rede von einem bestimmten Schmerz bzw. einem bestimmten Gefühl. Entscheidend ist bei diesen Formen der Sprachverwendung nicht, dass wir uns auf „denselben Schmerz“ oder „dasselbe Gefühl“ beziehen, sondern dass wir die Worte in einer Weise verwenden, die uns klarmacht, so dass wir vorliegende Situationen hinreichend ähnlich interpretieren, dass wir unsere Handlungen aufeinander abstimmen können. „Gott“ ist also kein Prädikator zur Fixierung einer sprachlichen Unterscheidung. Die Analyse des Wortes „Gott“ hat daher primär von der Funktion des Wortes zu erfolgen, nicht vom Gegenstandsbezug.

1.2 Pragmatische Marker

Symbolisches Wissen wird durch symbolische Sätze zum Ausdruck gebracht. Die Sätze, die im Rahmen der Ausübung des Katholischen Lehramts zur Charakterisierung des symbolischen Kosmos gebraucht werden, könnte man als M–Sätze bezeichnen. Selbst wenn man darauf besteht, dass M–Propositionen sich auf klar identifizierbare Sachverhalte beziehen, so kann diese Form des Sachverhaltsbezugs doch keineswegs mit dem Sachverhaltsbezug enzyklopädischer Sätze in eins gesetzt werden. Während empirische Sätze über einen klaren Sachverhaltsbezug, der intersubjektiv prüfbar ist, zu charakterisieren sind, sind symbolische Sätze in erster Linie über ihren Bezug zu einer Lebensform zu charakterisieren. Die Eigenart von M–Propositionen kann man sich am besten an Beispielen verdeutlichen. Nehmen wir eine Klasse von Sätzen, die sich typischerweise auf einen symbolischen Kosmos beziehen, nämlich die Klasse eschatologischer Sätze. Diese Klasse von Sätzen spielt als Teilklasse der Klasse der M–Sätze eine wichtige Rolle. Diese Klasse von Sätzen ermöglicht es dem Katholischen Lehramt, Aussagen über Künftiges und Jenseitiges zu treffen. Hier finden sich etwa folgende Aussagen:

Wir sind pilgernd zur heiligen Stadt Jerusalem unterwegs (DH 4008).

Der Glaube bietet eine Möglichkeit, mit den Verstorbenen in Christus Gemeinschaft zu haben (DH 4318).

Die Heiligen bringen ihre Gebete für die Menschen Gott dar (DH 1821).

Das Mysterium Christi wird am Ende in vollem Lichte offenbar werden (DH 4121).

Die Seelen am Reinigungsort sind außerstande, sich Verdienste zu erwerben (DH 1488).

Die Seelen der in einer aktuellen Todsünde Dahinscheidenden steigen sogleich nach ihrem Tod zur Hölle hinab (DH 1002).

Die Seelen derer, die nach dem Empfang der heiligen Taufe überhaupt keiner Sündenschuld verfallen sind, werden sogleich in den Himmel aufgenommen (DH 857).

Alle Menschen werden auferstehen und hintreten vor den Richterstuhl Christi (DH 443).

Es ist an die Auferstehung dieses Fleisches, das wir tragen, und nicht eines anderen, zu glauben (DH 325).

Die Seligen sehen Gott auf ewig ohne Unterbrechung (DH 1000, 1001).

Lehramtliche Texte selbst können herangezogen werden, um Status und Funktion dieser Sätze zu verstehen. Das entspricht einerseits den vertrauten Standards der Hermeneutik, öffnet aber dem Verdacht der Zirkularität in erkenntnistheoretischer Hinsicht eine Pforte. Diesem Verdacht wird nur dadurch beizukommen sein, dass man den Rahmen, innerhalb dessen die Ausübung des Lehramts zu verorten ist, hinreichend klar herausarbeitet. Dieser Rahmen, der Satz und Lebensform miteinander verbinden lässt, wird bereits durch die Eigenart der genannten M–Sätze deutlich: Die angeführten M–Sätze sind jedenfalls wichtige Sätze im Sinne Bolzanos. Sie sagen Richtungsweisendes für das Leben und üben einen allgemeinen Einfluss auf Tugend und Glückseligkeit aus. Es handelt sich um Sätze mit einem großen Impakt. Diese Sätze sind angesichts ihres Gewichts und ihrer Reichweite mit größtmöglicher Vorsicht zu interpretieren. Das Lehramt hält fest, dass sich Aussagen über Jenseitiges nur unter großen erkenntnistheoretischen Schwierigkeiten treffen lassen: Weder die Heiligen Schriften noch die Theologen bieten genügend Licht, um das künftige Leben nach dem Tod richtig beschreiben zu können (DH 4659). Dabei wird dennoch ein Zusammenhang zwischen dem symbolischen Wissen über das Künftige und dem enzyklopädischen Wissen aufrechterhalten, ein Zusammenhang, der im Übrigen grundlegend für den katholischen Glauben ist: Zwischen dem gegenwärtigen Leben und dem künftigen Leben besteht nicht nur ein großer Unterschied, sondern auch ein grundsätzlicher Zusammenhang.[21] Der große Unterschied macht es möglich, an der Autonomie des Jenseitigen und an der Autonomie des Diesseitigen festzuhalten. Kategorien aus dem einen Bereich in den anderen zu übertragen, kann zu schwerwiegenden Irrtümern führen: Die endgültige Seligkeit beispielsweise ist eine allein dem Jenseitigen vorbehaltene Kategorie, die also nur Inhalt symbolischen Wissens sein kann. Sie kann nicht schon in diesem Leben erworben werden (DH 894). Sätze über Jenseitiges haben also einen anderen Status als Sätze über Diesseitiges, wobei diese beiden Satztypen in einem Zusammenhang stehen. Die Funktion solcher Sätze lässt sich mithilfe lehramtlicher Texte folgendermaßen rekonstruieren: Sätze über die *eschata* stiften Orientierung.[22] Diese Sätze drücken eine Einstellung zur Welt als ganzer aus, die die Kerngedanken des Christentums auf den Punkt bringt. Der Glaube wird in einem lehramtlichen Text als „eschatologische Interpretation der Existenz" verstanden (DH 4492). Die Orientierung, die durch solche Sätze gestiftet wird, leitet das menschliche Handeln an. Diese Handlungsanleitung ist nicht bloß als Anweisung („Handle so und so!"), sondern auch als Motivationsgabe und Handlungsbegründung („Handle um dieses Zieles willen so und so!") zu verstehen.[23] Damit ist zugleich ausgesagt, dass ein Verständnis von Sätzen über *eschata* nicht primär (und schon gar nicht ausschließlich) am Sachverhaltsbezug erarbeitet werden kann, da dieser Sachverhaltsbezug niemals unter Verzicht auf sprachliche Mittel dargestellt werden kann und daher auf ein System sprachlicher Äußerungen (Propositionen, die sich auf einen symbolischen Kosmos beziehen) bezogen bleibt.

Machen wir uns diesen Unterschied noch an einigen weiteren Überlegungen klar. Beginnen wir mit einem Beispiel:

„Angenommen, jemand wäre gläubig und sagte ‚Ich glaube an das Jüngste Gericht', und ich sagte ‚Nun, ich bin da nicht so ganz sicher. Viel-

---

[21] Vgl. DH 4659.

[22] Die eschatologische Hoffnung stützt die Erfüllung der irdischen Aufgaben durch neue Motive (DH 4321, 4334, 4339); ohne die Hoffnung auf das ewige Leben wird die Würde des Menschen verletzt und die Rätsel von Leben und Tod, Schuld und Schmerz bleiben ohne Lösung (DH 4321).

[23] Man kann sich das an der Funktion folgenden Satzes klarmachen: Wenn die Menschen der menschlichen Würde, brüderlichen Gemeinschaft und Freiheit im Geiste des Herrn gedient haben, werden sie im Reich des Vaters verklärt (DH 4339).

leicht.' Man würde doch sagen, daß ein Abgrund uns beide trennt. Wenn er sagte ‚Das da oben ist ein deutsches Flugzeug', und ich antwortete, ‚Vielleicht, ich bin nicht ganz sicher', würde man sagen, dass unsere Ansichten sich ziemlich nahekommen." [24]

Sätze, die einzelne Ereignisse in der Welt betreffen, lassen sich durch die Zugehörigkeit zu einer Sprachgemeinschaft einordnen. Solche Sätze sind enzyklopädische Sätze, die wahr oder falsch sein können und deren Wahrheit oder Falschheit sich nach allgemein bekannten und in der Regel unproblematischen Kriterien feststellen lassen. Ein Dissens über einzelne empirische Sätze ist solange harmlos und sanierbar, solange die Grundlagen der Verständigung von den beiden Sprechern geteilt werden. Es ist grundlegend für eine Enzyklopädie, dass ein gemeinsamer Weltbezug, eine geteilte „Welt", auf die sich die Enzyklopädie bezieht, vorausgesetzt werden kann. Im Falle eines symbolischen Kosmos ist das anders. Es gibt keinen standardisierten (d.h. für alle Beobachter angebbaren und verfügbaren) außersprachlichen Zugang zu den von symbolischen Sätzen „gezeigten" Sachverhalten. Es gibt kein intersubjektives und daher vermittelbares „knowledge by acquaintance" von Gegenständen symbolischen Wissens. Die Begründbarkeit symbolischer Sätze wurde daher durch ein pragmatisches Sinnkriterium, das eine gemeinsame Handlungsgrundlage der Beteiligten sicherstellt und damit einen gemeinsamen Ausgangs– und Bezugspunkt garantiert, fixiert. Das verleiht symbolischen Sätzen aber einen grundsätzlich anderen Status als enzyklopädischen Sätzen. Symbolische Sätze, die eine Einstellung zur Welt als ganzer und zum Leben als solchem zum Ausdruck bringen, geben Hinweise auf die Basis, von der aus ein Mensch einzelne Geschehnisse in der Welt einordnet. Sie leiten das Handeln des Menschen an, vermitteln praktisches Wissen. Diese Sätze drücken normative Maßstäbe aus, an denen einzelne Geschehnisse gemessen werden können. Dieser Gedanke wurde mit dem Begriff der weitreichenden praxeologischen Verpflichtungen, die ich mit der Anerkennung symbolischer Sätze eingehe, ausgedrückt. Man kann auf die Proposition „Gott liebt dich" nicht mit „Nice to

---

[24] Wittgenstein, *Vorlesungen und Gespräche über Ästhetik, Psychologie und Religion*, 87.

know“ antworten.[25] Ohne explizite Berücksichtigung des normativen Elements kann die Eigenart symbolischer Sätze nicht erfasst werden. Die Äußerung von symbolischen Sätzen läuft auf das Angeben von Lebensregeln hinaus. Aus der Proposition „Gott ist gut“ folgt, dass ich mein Leben als gläubiger Mensch in einer ganz bestimmten Weise auszurichten habe. In diesem Sinn kann man die lehramtlichen Sätze als „praktische Propositionen“ verstehen, die handlungsanleitend sind.

Die erkenntnistheoretischen Untersuchungen haben den Zusammenhang zwischen enzyklopädischem Wissen und symbolischem Wissen herausgearbeitet. Weiters wurde gezeigt, dass der Begriff „Gott“ (der Angelpunkt des symbolischen Kosmos, wie er vom Katholischen Lehramt verwaltet wird) nicht exemplarisch eingeführt werden kann, sondern nur parasitär, das heißt, erst dann, wenn bereits andere sprachliche Einrichtungen zur Verfügung stehen. Das hat die Konsequenz, dass symbolische Sätze enzyklopädische Sätze voraussetzen und zwar genau in dem Sinn, in dem metaphorischer Sprachgebrauch wörtlichen Sprachgebrauch voraussetzt. Symbolische Propositionen können nicht isoliert beurteilt werden, weil sie erstens, wie gezeigt wurde, eine Funktion nicht über den Bezug zu (wenigstens theoretisch isolierbaren) Sachverhalten gewinnen, sondern aufgrund der Einbettung in einen Zusammenhang. Dieser Zusammenhang kann nicht durch eine einzelne symbolische Proposition konstituiert werden, was etwa im Zusammenhang mit dem Hinweis auf die holistische Struktur von Weltbildern deutlich gemacht wurde. Zweitens können symbolische Propositionen nicht isoliert betrachtet werden, weil sie Bezug auf ein symbolisches Universum nehmen und durch diesen Bezug als symbolische Propositionen verstanden werden können. Der einzelne symbolische Satz kann nur auf dem Hintergrund ei-

---

[25] Wittgenstein hat das in einem Beispiel verdeutlicht: „Angenommen, ich könnte Tennis spielen, und einer von Ihnen beobachtete mich beim Spiel und sagte: ‚Na, Sie spielen aber ziemlich schlecht’, und ferner angenommen, ich erwiderte: ‚Das weiß ich, ich spiele schlecht, aber ich will gar nicht besser spielen’, dann bliebe dem anderen nichts anderes übrig als zu antworten: ‚Schon recht, dann ist ja alles in Ordnung.’ Aber denken wir uns, ich hätte einen von Ihnen aberwitzig angelogen, und nun käme er auf mich zu und sagte: ‚Sie benehmen sich abscheulich.’ Wenn ich darauf erwiderte: ‚Ich weiß, daß ich mich schlecht benehme, aber ich will mich gar nicht besser benehmen’, könnte der andere dann antworten: ‚Schon recht, dann ist ja alles in Ordnung’?“ (Wittgenstein, *Vortrag über Ethik*, 11)

nes weltanschaulichen Rahmens Plausibilität gewinnen[26], weil die einheitliche Handlungsgrundlage, die bei empiristischen Erkenntnismodellen vorausgesetzt wird (Einheitlichkeit des Wahrnehmungsapparates), im Falle des Erwerbs symbolischen Wissens nicht veranschlagt werden kann, da primäre religiöse Erfahrung nicht mit üblichen Maßinstrumenten zur Einordnung von Erfahrungen gemessen werden kann. Symbolische Propositionen haben einen anderen Status als enzyklopädische Propositionen. Sie können mit „feststehenden Sätzen" verglichen werden, die das Gerüst für die enzyklopädischen Sätze bilden, wie das bereits an den Weltbildsätzen klargemacht wurde. In diesem Zusammenhang wurde auch darauf hingewiesen, dass Weltbildsätze keineswegs willkürlich sind, sondern sich an Handlungsbedingungen zu orientieren haben. Wir können die Sonne eben nur im Sinne Giordano Brunos, nicht aber im Sinne Jehosuas „stillstehen" lassen.[27]

Enzyklopädische Sätze verweisen auf eine Enzyklopädie. Die Enzyklopädie enthält das Wissen, das in einer bestimmten Sprachgemeinschaft vorausgesetzt wird, um jemanden als Mitglied dieser Sprachgemeinschaft zu verstehen. Die sprachliche Arbeitsteilung bringt es mit sich, dass das enzyklopädische Wissen ungleich verteilt ist und dass enzyklopädische Sätze der Art „Das ist Wasser" bzw. „Das ist eine Zitrone" mit unterschiedlicher Autorität gesprochen werden.[28] Die *Oberflächenmerkmale* von Termen für natürliche Arten, wie sie den Laien zugänglich sind, sind von den *Tiefenstrukturen*, wie sie Expertinnen kennen, zu unterscheiden. Das ist eine Angelegenheit der sprachlichen Arbeitsteilung, wie wir bereits gesehen haben. Wir vertrauen in unserer Kompetenz, Terme für natürliche Arten zu handhaben, auf das Expertinnenwissen. Wenn Menschen auf Gold Bezug nehmen, so meinen sie in der Regel echtes Gold und nicht das, was aussieht wie Gold.

---

[26] Vgl. Kaufman, *On the meaning of „God"*; Muck, *Sprachlogische Aspekte religiös–weltanschaulichen Dialogs.*

[27] Vgl. Goodman, *Of Mind and other Matters*, 34–36.

[28] Berühmt geworden ist Putnams Beispiel von der Zitrone. Die Oberflächenmerkmale sind nicht immer ausschlaggebend für die Extension: „Der Sinn, nach dem buchstäblich alles, was die oberflächlichen Merkmale einer Zitrone hat, notwendig eine Zitrone ist, ist ganz entschieden nicht der vorherrschende, sondern ein extrem abweichender. In diesem Sinne wäre etwas eine Zitrone, sobald es wie eine Zitrone aussähe und schmeckte, ungeachtet z.B. dessen, ob es Silizium als Grundstoff hat oder sich unter einem Elektronenmikroskop gar als Maschine herausstellt" (Putnam, *Die Bedeutung von Bedeutung*, 54).

Expertinnenwissen entscheidet darüber, diesen Unterschied auch sicher machen zu können. Dabei wird in jeder Sprachgemeinschaft ein Minimum an Wissen über natürliche Arten vorausgesetzt, um Terme über natürliche Arten richtig gebrauchen zu können. Dieses Minimum an Wissen nennt Putnam *„Stereotyp"*. Zusätzlich zum Stereotyp bestimmen syntaktische und semantische Marker das Mindestwissen, das ich mitbringen muss, um einen Term für natürliche Arten richtig zu gebrauchen.

Der Term „Wasser" beispielsweise ist nach Putnam durch *syntaktische Marker* (Kontinuativum, konkret), *semantische Marker* (natürliche Art, Flüssigkeit) und einen *Stereotyp* (farblos, durchsichtig, ohne Geschmack, durstlöschend) charakterisiert. Die Grenzen zwischen den Markern und dem Stereotyp sind fließend; weiters ändert sich das Stereotyp im Lauf der Zeit innerhalb einer Sprachgemeinschaft und unterscheidet sich auch von Sprachgemeinschaft zu Sprachgemeinschaft. Die „indigenous" auf den Philippinen wissen, wie man aus Bambusholz Wasser gewinnen kann; das gehört in dieser Kultur zum Stereotyp. Mit der Rede von Stereotypen wird die Rolle der Sprachgemeinschaft gegenüber der Kompetenz individueller Sprecher hervorgehoben. So verfügt jede Kultur über eine spezifische Enzyklopädie. Sprachkompetenz umfasst „Wörterbuchkompetenz" und „enzyklopädische Kompetenz", läuft doch das Sprechen einer Sprache auf die Fähigkeit hinaus, über etwas (und mit jemandem) zu sprechen. Das ist nur möglich, wenn gemeinsames enzyklopädisches Wissen und geteilter Weltbezug vorausgesetzt werden können.

Symbolische Sätze hängen zwar von enzyklopädischen Sätzen ab, können ihre Terme aber durch syntaktische und semantische Marker nicht absichern. Unter einem *symbolischen* Term soll in der Folge ein Term verstanden werden, mit dem „symbolische Arten" bezeichnet werden, das heißt, Entitäten, die nur innerhalb eines symbolischen Kosmos, nicht aber als enzyklopädische Einträge vorkommen. Darunter fallen die Terme „Gott", „Engel", „Teufel", „Dämon", „Schutzgeist", „Seele", „Himmel", „Hölle", „Endgericht". Symbolische Terme können, so lautet die These, durch semantische und syntaktische Marker nicht bestimmt werden. Das Wort „Gott" beispielsweise funktioniert, obwohl nicht einmal der grammatikalische Status des Wortes (Eigenname? Kennzeichnung? Prädikator?) außer Streit steht, von semantischen Markern ganz zu schweigen. Die Unerforschlichkeit der Referenz symbolischer Sätze, wie sie im Rahmen der erkenntnistheoretischen Überlegungen klargemacht wurde, trägt dazu bei, dass syntaktische und semantische Marker nicht ausschlaggebend für die Bedeutung eines symbolischen Terms sein können. Dennoch braucht es eine Form von symbolischem Wissen, um das Wort „Gott“ richtig gebrauchen zu können. Das setzt in jedem Fall Formen primärer religiöser Erfahrung voraus.

Joseph Maria Bocheński hält die Einführung des Wortes „Gott“ als Eigenname nur dort für möglich, wo ein Wissen durch direkte Bekanntschaft mit Gott anzunehmen ist.[29] Für die Mehrheit der Gläubigen ist freilich davon auszugehen, dass das Wort „Gott“ den Status einer Kennzeichnung hat, die mit verschiedenen Eigenschaften „gefüllt“ werden kann.[30] Diese Unterscheidung wurde bereits bei den erkenntnistheoretischen Überlegungen zum symbolischen Wissen des Lehramts angewendet. Einer synkategorematischen Einführung des Wortes „Gott“ gegenüber wird die Frage gestellt, wie sich die Rede über Gott von der Rede von fingierten Gegenständen unterscheidet, von einer nominalistischen statt einer realistischen Deutung, wie das Bocheński im Anschluss an Hick nennt.[31]

Das Problem, auf das wir immer stoßen, besteht darin, dass die G–Prädikation nur gelingen kann, wenn ich schon über einen Begriff von Gott verfüge. Pointiert gesagt: Ich muss bereits etwas über Gott wissen, um etwas über Gott aussagen zu können. Hier treffen wir wieder auf das bereits angeführte Analyseparadox. Wir müssen etwas über Gott wissen, bevor wir über die Adäquatheit von G–Prädikationen sprechen können. Ein Problem besteht freilich im Mangel an Beispielen, die uns für Gott zur Verfügung stehen. Wir haben keinen außersprachlichen Zugang zu Gott in dem Sinn, in dem wir einen außersprachlichen Zugang zu Tischen haben. Gerade im Fall der partikulären Einführungssituation von „Gott“ sind wir darauf angewiesen, auch pragmatische Marker mit

---

29 Bocheński, *Logik der Religion*, 64f.

30 Ebd., 65f.

31 Bocheński, *Religious Hypothesis Revisited*, 147. Überlegungen, das Wort „Gott“ als Synkategorematikon einzuführen, werden zwar von Bocheński abgelehnt, werden aber von anderen Autoren als Ersatz (Kambartel, *Theologisches*) einer Einführung als Eigennamen oder als Ergänzung zu einer solchen Einführung (Track, *Sprachkritische Untersuchungen zum christlichen Reden von Gott*) ventiliert.

dem Begriff mitgeliefert zu bekommen, die uns Aufschluss über den handelnden Umgang mit diesem Begriff geben, den wir auf operative Weise, wie es im Fall von Tischen oder Wasser der Fall ist, im Fall der Rede von „Gott" nicht gewinnen können. Pragmatische Marker sind Marker, die deutlich machen, was ich wissen muss, um einen Ausdruck sozial adäquat zu verwenden. Das ist nicht nur eine Frage des „Wissens", könnte man sagen, sondern auch eine Frage des „Könnens". Man könnte davon ausgehen, dass unsere Begriffe durchwegs pragmatisch markiert sind, weil ich doch mit und aufgrund dieser Begriffe handeln (können) möchte. Die pragmatischen Marker von „Wasser" etwa sagen etwas über die Handlungen aus, die ich mit Wasser durchführen kann. Ich kann Wasser trinken, ich kann mit Wasser den Garten spritzen, ich kann mit Wasser unter bestimmten Umständen Taufzeremonien durchführen. Das Interessante an der Rede von Gott, so scheint mir, besteht darin, dass im Fall der Rede von Gott die pragmatischen Marker den Primat vor den semantischen Markern haben. Die Rede von Gott kann nur im Rahmen von handlungsanleitenden Regeln verstanden werden. Die Rede von Gott hat eine normative Kraft. Ich muss wissen, zu welchen Handlungen ich mich verpflichte, wenn ich diesen Begriff verwende. Ich muss auch wissen, welche (sprachlichen und außersprachlichen) Handlungen durch diesen Begriff ermöglicht werden. Ich muss wissen, auf welche Formen von Praxis mich dieser Begriff, diese Proposition verpflichtet, das heißt im Grunde genommen auch, zu wissen, in welches „Netz" von Propositionen diese Proposition gehört; und das heißt dann zu wissen, dass die normative Kraft von G-Propositionen ausschlaggebend für das Gelingen von sprachlichem Handeln mit solchen Propositionen ist. Pragmatische Marker legen im Fall der Rede von Gott fest, wovon die Rede ist, aber nicht in der Art und Weise, dass ich mich über ein Objekt verständigen könnte, sondern derart, dass ich zu gewissen Handlungen verpflichtet bin. Das ist noch einmal der tiefere Sinn der Wittgensteinschen Aussage, dass man Gott nicht mit jemand anderem reden hören kann, sondern nur, wenn man selbst der Angeredete ist.[32] Die pragmatischen Marker von Gott sind normativ. Aufgrund des Primats der pragmatischen Marker vor den semantischen Markern scheint es sinnvoll, die G-Propositionen als praktische Propositionen zu verstehen.

---

[32] Vgl. Wittgenstein, *Zettel,* 717.

Zusammenfassend: Die pragmatischen Marker spielen bei der Rede von Gott deswegen eine so große Rolle,

- o weil Propositionen über Gott (G–Propositionen) eine normative Kraft haben,
- o weil die praxeologischen Verpflichtungen von G–Propositionen weitreichend sind und
- o weil die Einführungssituation der Rede von „Gott" nicht anhand von Beispielen, sondern nur im Rahmen beispielhafter sozialer Handlungen erfolgen kann.

Diese Überlegungen sind auch bei einer Analyse lehramtlicher Sätze zu berücksichtigen. Lehramtliche Sätze können nicht auf epistemische Commitments allein reduziert werden, es sind auch die praktischen Konsequenzen mitzubedenken.

2. Das M–Sprachspiel

Bisher wurde das Hauptaugenmerk auf einzelne Sätze gerichtet. Nun sollen Satzzusammenhänge analysiert werden. M–Sätze werden in einem bestimmten Kontext unter bestimmten Bedingungen verwendet. Ein weit rezipiertes Werkzeug zur Erhellung der Spezifität eines bestimmten Kontextes von Sprachgebrauch und zur Verdeutlichung der Mannigfaltigkeit der Funktionen der Sprache ist das Sprachspielmodell. Wenn man davon ausgeht, dass das Katholische Lehramt in einer Weise sprachlich handelt, die einzig und allein dem Katholischen Lehramt zukommt und vom Katholischen Lehramt in dieser Weise ausgeführt werden kann, dann wird es sinnvoll sein, sich die Frage zu stellen, welches spezifische Sprachspiel vom Katholischen Lehramt gespielt wird. M–Sätze lassen sich dann als Züge in einem spezifischen Sprachspiel rekonstruieren.

Unter einem Sprachspiel könnte man jeden identifizierbaren Kontext von Sprachgebrauch verstehen. Sprachspiele sind durch drei Punkte zu charakterisieren: Erstens, Sprachspiele sind regelgeleitet – diese Regeln können explizit oder implizit sein; zweitens, sprachliche und außersprachliche Handlungen bilden ein Ganzes und sind nur innerhalb eines Kontextes, den man „Sprachspiel“ nennen kann, adäquat zu verstehen; drittens, Sprachspiele sind mannigfaltig – es gibt viele verschiedene Formen des Sprachgebrauchs, viele verschiedene Typen von Sprachspielen, die je spezifisch zu analysieren sind. Ein Sprachspiel ist eine Einrichtung, eine Institution; es setzt immer eine Gemeinschaft von Menschen voraus, die durch eine gemeinsame Handlungsweise, ja eine geteilte Lebensform, verbunden sind. Das Sprachspielmodell schlägt eine Brücke zwischen dem Begriff des Sprachgebrauchs und dem Begriff des sozialen Handelns in dreierlei Hinsicht: Erstens enthält das Sprachspielmodell eine Absage an eine mentalistische Bedeutungstheorie zugunsten eines gebrauchsorientierten Verständnisses. Eine erkenntnistheoretische Konsequenz, die sich daraus ergibt, ist ein „methodologischer Behaviorismus“. Zweitens leistet das Sprachspielmodell eine Verbindung von sprachlichem mit außersprachlichem Handeln in der Berücksichtigung der sozialen Sprechsituation und damit die Verbindung von Sprachspielen und Lebensform. Drittens akzentuiert das Sprachspielmodell die Berücksichtigung des kulturellen Kontextes und des vergemeinschafteten Weltbildes und damit die Rekonstruktion einer Sprachgemeinschaft als einer Überzeugungsgemeinschaft. Gerade unter letzterer Rücksicht ist das Sprachspielmodell für die Analyse von M–Sätzen interessant. Aufgrund dieser präferentiellen Betonung pragmatischer Aspekte scheint das Sprachspielmodell Anhaltspunkte für das Verständnis der vom Katholischen Lehramt geäußerten und verwalteten symbolischen Sätze zu liefern.

Die Spezifität des M–Sprachspiels

Will man ein bestimmtes Sprachspiel analysieren, ist erstens nach dem Regelsystem, zweitens nach der Funktion und drittens nach dem außersprachlichen Kontext zu fragen. Diese drei Aspekte können hinsichtlich des sprachlichen Handelns des Katholischen Lehramts untersucht werden. Das soll in Form von drei Thesen getan werden:

(i) Das M–Sprachspiel unterliegt Regeln.
(ii) Das M–Sprachspiel ist normstiftend.
(iii) Das M–Sprachspiel ist nur mit expliziter Berücksichtigung einer Lebensform verständlich zu machen.

(i) Das M–Sprachspiel unterliegt Regeln

Jedes Sprachspiel ist regelgeleitet. Jede als verstehbar rekonstruierbare sprachliche oder außersprachliche Handlung unterliegt Regeln. Das sprachliche Handeln des Lehramts ist regelgeleitet in dreierlei Hinsicht:

a) durch Wortschatz und Grammatik der Sprache, derer sich das Lehramt bedient;
b) durch die lehramtlichen Texte (M–Sprachspiele) selbst;
c) durch Schrift und Überlieferung, die zusammen mit dem Lehramt eine normstiftende Einheit bilden.

(a) Es ist trivial darauf hinzuweisen, dass sich das M–Sprachspiel am etablierten Sprachgebrauch zu orientieren hat. Dieser Sprachgebrauch ist über einen Wortschatz und eine Grammatik geregelt und jedem Sprachbenutzer zunächst vorgegeben. Dabei wird eine tatsächlich für alltägliche Verständigungszwecke benutzte Sprache eine Grammatik und vor allem ein Wörterbuch aufweisen, das Wandlungen unterworfen ist und die kulturelle Dynamik der Sprachgemeinschaft widerspiegelt. Das bedeutet wiederum, dass lehramtliche Texte, deren authentische Version in lateinischer Sprache abgefasst ist, nicht auf derselben Ebene angesiedelt werden können wie lehramtliche Dokumente in einer geläufigen Gebrauchssprache. Die Bemühungen des Lehramts, die lateinische Sprache – etwa durch Einführung neuer Begriffe[33] – den Erfordernissen der Zeit anzupassen, spiegeln das Bemühen, eine funktionstüchtige „Amtssprache“ zu haben. Das durch die Verwendung einer bestimmten Sprache vorgegebene Regelsystem muss keineswegs als vernachlässigbare Größe in der Vermittlung von *significationes* verstanden werden. Es ist auch nicht trivial, darauf hinzuweisen, dass die Bedeutung eines Wortes nach der hier verfolgten Bedeutungstheorie nicht unabhängig vom Gebrauch ist. Bedient sich das Lehramt einer gebräuchlichen Sprache, hat es damit auf den Gebrauch dieser Sprache durch seine Sprachbenützer Rücksicht zu nehmen, um nicht Missverständnisse zu erzeugen. Die Verwendung der Begriffe „Freiheit“ oder „Menschenrecht“ kann als Illustration für solche Überlegungen verwendet

---

[33] Einige willkürlich herausgegriffene Beispiele: „idealismus“, „exsistentialismus“ (DH 3882), „clans“ (DH 4306), „ope radiophonica et televisifica“ (DH 4020).

werden. Selbst wenn sich das Lehramt einer „toten" Sprache bedient, ist es nicht von der Hand zu weisen, dass sich gewisse Denkkategorien in der Sprache niederschlagen können, was in einem lehramtlichen Text auch zugestanden wird.[34] Es ist eine sprachphilosophische Ermessenssache, wieweit die „grammatischen Verpflichtungen" reichen, die das Katholische Lehramt mit der Übernahme einer bestehenden Sprache eingeht, also wieweit durch die Übernahme einer bestimmten Oberflächengrammatik eine spezifische Tiefengrammatik mitimportiert wird. Auf der anderen Seite könnte man dem entgegenhalten, dass die lehramtlichen Entscheidungen zum schrittweisen Aufbau einer katholischen Orthosprache beigetragen haben, die von einer Gebrauchssprache (oder Bildungssprache?) ihren Ausgang nahm. Das Gerüst der lehramtlichen Entscheidungen könnte auch als Aufbau einer spezifischen „M–Sprache" verstanden werden, was unter (b) untersucht werden soll.

Ein zweiter Punkt ist festzuhalten: Das Lehramt bedient sich einer etablierten Sprache. A kann B nur dann etwas zu verstehen geben, wenn A und B über Zeichen verfügen.[35] Etwas ist nur ein Zeichen, wenn es in ein prinzipiell rekonstruierbares Regelsystem eingebettet ist. Dadurch wird das sprachliche Handeln durch das Katholische Lehramt einem Regelsystem unterworfen. Diese etablierte Sprache wird auch in dem Sinn in der etablierten Weise verwendet, dass keine „privaten Erfahrungen" ausgedrückt werden sollen, die prinzipiell nur dem Sprecher zugänglich sind. Das ist keine unwesentliche Bemerkung: Die Sprache des Lehramts ist keine „Privatsprache", die aus prinzipiellen Gründen nur dem Sprecher zugänglich ist, wie es eine Sprache über private Visionen oder religiöse Erlebnisse wäre. Das Lehramt unternimmt nicht den Versuch, eine private Sprache aufzubauen, wie das in bestimmten Kontexten religiösen Sprechens durchaus geschehen kann. Das Lehramt unterwirft sich den öffentlichen Regeln einer etablierten Sprache zu etablierten Verständigungszwecken.

(b) Das sprachliche Handeln im Rahmen der Ausübung des Katholischen Lehramts ist durch das sprachliche Handeln des Lehramts selbst reglementiert. Eine lehramtliche Entscheidung

---

[34] DH 4539.

[35] Dies ist eine zentrale Überlegung in Augustinus' *De Magistro*. Hier entwirft Augustinus eine Semiotik im Hinblick auf das Sprachspiel des Lehrens.

zum Zeitpunkt t_1 ist als Sprachregelung nicht nur relevant für außerlehramtliches Sprechen, sondern auch für lehramtliches Redehandeln zum Zeitpunkt t_2 oder t_3. Die Geschichte der lehramtlichen Entscheidungen kann als Geschichte des schrittweisen Aufbaus einer Orthosprache verstanden werden. Jeder spätere Schritt kann durch einen früheren Schritt gerechtfertigt werden. Als Basis, von der aus „der erste Schritt" unternommen wird, könnte die primäre religiöse Erfahrung und die Lebenswelt, innerhalb derer diese Erfahrung gemacht wurde, angenommen werden. Das M–Sprachspiel ist dann als eine Hierarchie von Sprachspielen aufzufassen, wobei spätere Sprachspiele auf früheren aufruhen. Man könnte sogar davon sprechen, dass das M–Sprachspiel ein spezifisches *genus litterarium* erzeugt, das dadurch gekennzeichnet ist, dass ein neuer Text sich als Referenzen lediglich auf frühere lehramtliche Texte, anerkannte kirchliche Autoritäten („Kirchenväter", „Kirchenlehrer") und die Heilige Schrift stützt. Die Gestalt der lehramtlichen Dokumente gibt von dieser Weise der Texterzeugnis ein beredtes Zeugnis. Die lehramtlichen Entscheidungen können daher im Rahmen einer „Textarchitektur" verstanden werden, die Texte aufeinander zuordnet.

Zwei Probleme könnten hier geortet werden: Erstens stehen wir vor der Frage, wie mit Änderungen lehramtlicher Entscheidungen umzugehen ist.[36] Heißt das, dass die Reglementierung nachfolgender lehramtlicher Äußerungen durch ihre Vorgänger nicht unflexibel ist? Wie sicher ist dann dieses Regelwerk? Sind die einzelnen M–Sprachspiele nur über lose Familienähnlichkeiten miteinander verbunden?[37] Wie ist mit Veränderungen in der Gewichtung lehramtlicher Entscheidungen umzugehen? Dogmen können u.a. eine defensive Funktion haben, die eine Abgrenzung von anderen Formen symbolischen Wissens herbeiführt; das hat einen Einfluss auf Tonfall und herausgegriffene Themen. Wenn die defensive Funktion zurücktritt (wie etwa bei der heutigen Beurteilung von Inhalten des Tridentinums), könnte sich auch die Gewichtung der einzelnen Aussagen verändern. Zweitens ist die Frage zu stellen, was als Basis für die „erste" lehramtliche Entscheidung angesehen

[36] Beispiele nach DH H3h.

[37] Vgl. PU 65ff. Das ist doch sicherlich nicht im Sinne der Standardauffassung von Katholischem Lehramt, die die Einheit und Interdependenz der einzelnen Lehrentscheidungen stark betont.

werden kann. Entscheidend beim Aufbau einer Orthosprache ist ja nicht so sehr der Übergang von Schritt eins zu Schritt zwei oder gar der Übergang von Schritt zwei zu Schritt drei, sondern der Anfang, das Tun des ersten Schrittes überhaupt. Wie die Überlegungen zur erkenntnistheoretischen Bedeutung der primären religiösen Erfahrung gezeigt haben, kann eine Identifikation des Fundaments des Lehramts mit philosophischen Mitteln nicht geleistet werden. Ist es überhaupt möglich, eine „erste lehramtliche Entscheidung" festzumachen? Wie ist damit umzugehen, wenn es Entscheidungen gibt, die nicht mehr rekonstruiert werden können? Hat das Konsequenzen für die Stabilität der lehramtlichen Orthosprache? Ist als Ausgangssprache („Parasprache") eine philosophische Bildungssprache oder eine Gebrauchssprache des Alltags anzunehmen? Diese und ähnliche Fragen entscheiden über die Striktheit der eben skizzierten regulierenden Einschränkung. Vergessen wir nicht: Regeln konstituieren Verlässlichkeit. Je loser und vager ein Regelsystem gehandhabt wird, desto unvorhersehbarer werden die Handlungen, die unter dem Titel dieses Regelsystems ausgeführt werden und desto schwieriger wird es für den Hörer, dem Sprecher Vertrauen entgegenzubringen.

(c) Drittens ist das sprachliche Handeln des Lehramts durch zwei andere normative Quellen eingeschränkt, die für die katholische Kirche konstitutiv sind: Heilige Schrift und Überlieferung. Nach der dogmatischen Konstitution *Dei Verbum* sind Überlieferung, Schrift und Lehramt so miteinander verknüpft, „ut unum sine aliis non consistat".[38] Lehramtliche Entscheidungen dienen ihrem Selbstverständnis nach der Bestätigung oder Erhellung von Aussagen aus der Heiligen Schrift oder der Überlieferung.[39] Schrift und Überlieferung sind normativ für die lehramtlichen Entscheidungen. Lehramtliche Entscheidungen können Schrift und Überlieferung nicht widersprechen. Das M–Sprachspiel ist an diesem Punkt regelunterworfen. Dieser Punkt, dass hier eine Basis für den Einsatz von Kohärenzkriterien gegeben ist, wurde bereits erwähnt. Bezüglich Kohärenzkriterien wird man sich aber fragen müssen, ob man eine stärkere Version von Kohärenz (Sätze sind dann miteinander kohärent, wenn sie einander bestätigen) oder eine schwächere Version von Kohärenz (Sätze sind dann mitein-

---

[38] *Dei Verbum* 10 (DH 4214).
[39] DH 4539.

ander kohärent, wenn sie einander nicht widersprechen) vertreten möchte. Wichtig scheint in diesem Zusammenhang allerdings der Hinweis auf die Komplexität der Kohärenzkandidaten zu sein. Die Sätze der Heiligen Schrift sind keine Menge von Sätzen, die in einer sauberen Architektur aufgebaut werden könnten, als ob es sich um ein einheitliches *genus litterarium* handelte. Ähnliches gilt für die Entität „Tradition" und die Entität „Lehramt". Dieses Problem wird spätestens dann klar, wenn man Aussagen über eine Religion treffen möchte. Man denke an die simple Frage: Welche Rolle spielt die „Option für die Armen" im Katholizismus? Hier wird man nicht allein lehramtliche Dokumente (wie etwa die Dokumente von Medellín und Puebla, die Instruktionen der Glaubenskongregation von 1984 und 1986 und die apostolische Exhortation *Vita Consecrata*) heranziehen, die übrigens keineswegs ein einheitliches Bild zeichnen und massive hermeneutische Schwierigkeiten aufwerfen, sondern auch theologische Literatur (und hier wird man nicht nur Gustavo Gutiérrez, sondern auch Michael Novak berücksichtigen müssen) analysieren, die ihrerseits unübersehbar ist. Darüber hinaus wird ein Blick in die pastorale Praxis zusätzliche Daten liefern, die zur Einschätzung der Aspekte einer Antwort auf die gestellte Frage wichtig sind. Selbst wenn die Frage eingeschränkt wird und ich nur nach „lehramtliche Dokumente" und „Option für die Armen" frage, habe ich all die oben angeführten Gesichtspunkte zu berücksichtigen, um Hintergrund und Motivation, Kontext und Zielrichtung der jeweiligen lehramtlichen Dokumente angeben zu können, was für eine wissensethisch verantwortbare Hermeneutik notwendig ist – wobei auch die lehramtlichen Dokumente (man denke nur an die Stellungnahmen von Ortskirchen oder regionalen Bischofskonferenzen wie etwa den Pastoralbrief der US–Bischöfe *Economic Justice for all* aus dem Jahr 1986) einigermaßen unübersehbar sind. Ich will mit diesen fast trivialen Bemerkungen nur darauf hinweisen, dass ein mechanisches Modell des Umgangs mit „M–Sätzen" hoffnungslos zu kurz greift. Dazu kommt, dass man die sprachlichen Äußerungen des Lehramts, die Verkündigungssprache der Heiligen Schrift und die sprachlichen und außersprachlichen Handlungen der Überlieferung nicht auf einer Ebene ansiedeln kann.

Zusammenfassend kann der „sprachphilosophische Befund" hinsichtlich der Regelgeleitetheit lehramtlichen Handelns eine „Offenheit" der lehramtlichen Sprache nicht ausschließen.[40] Nicht jeder lehramtliche Schritt ist durch Regeln geleitet. Und das ist entscheidend dafür, dass das Katholische Lehramt mit neuen Situationen sprachlich umgehen kann.[41] Allerdings darf das Regelsystem nicht derart „unverlässlich" sein, dass es für das Handeln nicht mehr orientierungsstiftend wirken kann. Die Vagheiten der Umgangssprache werden durch das Handeln ausgeglichen. Implizites Referieren gelingt, weil der Kontext klar macht, worum es sich handelt. Im Falle symbolischen Wissens ist die pragmatische Grundlage jedoch fragiler. Aussagen über die Eschatologie lassen sich nicht „implizit" sanieren, wie das im Alltag funktioniert.

(ii) Das M–Sprachspiel ist normstiftend

Lehramtliche Entscheidungen können (unter anderem) als Sprachregelungen aufgefasst werden.[42] Diese Sprachregelungen sind ebenso wie die Strukturen, die das Handeln in der Kirche anleiten, notwendig, um Willkür und Beliebigkeit zu verhindern. Sie haben normierenden Charakter und legen Regeln für den Gebrauch symbolischer Sätze fest. Die Sprachspiele, die im Rahmen der katholischen Kirche gespielt werden, liegen nicht auf einer Ebene. Das M–Sprachspiel erzeugt eine Hierarchie von Sprachspielen. Das M–Sprachspiel hat normstiftenden Charakter. Daher ist es gram-

---

[40] Zur Offenheit (d.h. der nichtregelhaften Seite) der Sprache vgl. die Beiträge in Schneider/Kroß, *Mit Sprache spielen* und den Aufsatz von Hans Julius Schneider, *Zwischen den Zeilen.*

[41] Bei einer Sprache, die strikt regelgeleitet ist, ist jeder Schritt vorgezeichnet und neue Situationen können nur mit vorgezeichneten Schritten bewältigt werden – das ist ein wichtiger Punkt der Kritik Schneiders am Projekt der Erlanger Orthosprache (Schneider, *Kann und soll die Sprachphilosophie methodisch vorgehen?).* Wenn das Katholische Lehramt auf die sprachliche Bewältigung neuer Situationen vorbereitet sein will – und ohne eine solche Bereitschaft kann der Orientierungsaufgabe wohl nicht nachgegangen werden, zumal sich Orientierungsbedürfnisse gerade in neuen Situationen stellen –, kann die Sprache des Lehramts keine vollständig reglementierte sein.

[42] Vgl. Ratzinger, *Einführung in das Christentum*, 141. Diese Sprachregelungen erfolgen dabei häufig auch implizit, im Zusammenhang mit kollektivem kirchlichem Handeln und nicht aufgrund eines strukturbildenden Entscheids (vgl. ebd., 229f.).

matikalisch verwandt mit dem Sprachspiel des Befehls (a) und dem Sprachspiel der Definition (b).[43]

(a) Es sei mir hier nochmals die (repetitive) Vorbemerkung gestattet, dass M–Sätze nicht mit Befehlen der Art „Gib deiner Tante die Hand“ plausibel gemacht werden können, weil wir es hier mit sehr komplexen Bündeln von Commitments zu tun haben, die nicht auf eine einzige punktförmige Reaktion reduziert werden können. Dennoch hat der methodische Blick auf die Struktur von Befehlssätzen etwas Lehrreiches im Hinblick auf sprachliches Handeln im Rahmen der Ausübung des Lehramtes. Das Sprachspiel des Befehls ist grundlegend für den Aufbau einer Sprache, für den Aufbau eines Koordinationssystems überhaupt. Am Beginn des Aufbaus eines Regelsystems steht der Befehl.[44] Nur durch normative Sätze, „Folge dieser Regel!“, „Folge jener Regel!“, kann ein Regelsystem aufgebaut werden, das die Möglichkeit an die Hand gibt, Feststellungen zu treffen, Regeln zu begründen und in Frage zu stellen etc. In diesem Sinne ist es zu verstehen, wenn am Anfang des Aufbaus eines Regelsystems das „Abrichten“ steht.[45] Befehl und Regel, das Befolgen eines Befehls und das Folgen einer Regel sind analog zu verstehen: „Einer Regel folgen, das ist analog dem: einen Befehl befolgen“ (PU 206).

Regeln sind öffentlich und werden durch soziale Akte etabliert. Regelfolgen ist nicht etwas, was ein Mensch nur einmal im Leben tun könnte (PU 199). Privates Regelfolgen ist auszuschließen (PU 202), was im Übrigen für das Katholische Lehramt und die Ablehnung eines Konzepts von Privatoffenbarung wichtige Konsequenzen hat. Die „Funktion des Befehls in der Praxis der Sprache“ (PU 21) ist ausschlaggebend für das Verständnis der Grammatik des Sprachspiels des Befehls. Das Sprachspiel des Befehls ist mit der Idee etablierter Verständigungseinrichtungen verbunden: Es ist

---

[43] Vgl. DH 3903: „Pronuntiamus, declaramus et definimus ...“ Das Sprachspiel der Verkündigung wird im Rahmen der Sprechakttheorie behandelt.

[44] In seinem berühmten Buch *Laws of Form* legt Spencer–Brown den Befehl, eine Unterscheidung zu treffen („Draw a Distinction!“), als den ersten und entscheidenden Akt für die Konstruktion von etwas (irgendetwas) fest. Es ist eine Unterscheidung zu ziehen, womit die erste Formgebung erfolgt ist. Diese Unterscheidung ist zu markieren, zu benennen und zu wiederholen. So entsteht schrittweise ein Kalkül. Der erste Schritt ist ein Befehl, über den an dieser Stelle nicht diskutiert wird.

[45] Vgl. PU 5, 6, 86, 630.

charakteristisch für Befehle, dass sie wiederholt werden können. Das Befolgen des Befehls ist bei der Grammatik des Sprachspiels „Befehl" mitzubedenken. Befehle sind Sprechakte, deren Gelingen von der Reaktion des Angesprochenen abhängt.[46] Die Konsequenz, wenn Befehle niemals befolgt würden, wäre schlicht: „Der Begriff 'Befehl' hätte seinen Zweck verloren" (PU 345). Diese Überlegung ist für das M–Sprachspiel insofern relevant, als das Katholische Lehramt seine soziale Autorität wesentlich (wenn auch nicht ausschließlich) dem Umstand verdankt, dass die Normen des Lehramts als Normen rezipiert werden – und nicht als unverbindliche Empfehlungen oder gar als die Äußerung privater Überzeugungen. Das Sprachspiel des Befehls misslingt, wenn ein Befehl mit einer Aussage verwechselt wird. Wenn etwa jemand zu einer Haushaltshilfe sagt: „Wir haben zuwenig Kaffee für die Gäste", geht das eingeschlossene präskriptive Element ins Leere, wenn die Haushaltshilfe diesen Satz als Aussagesatz versteht. Ebenso verhält es sich mit den lehramtlichen Texten. Wenn Texte des Lehramts wie Theorien diskutiert werden, die „gut" oder „schlecht" sein können, wird der präskriptive Charakter der Texte nicht ernst genommen. Hier liegt eine Form des „deskriptiven Fehlschlusses" vor.[47] Es ist allerdings zuzugeben, dass jeder Befehl deskriptive Implikate hat, etwa der folgenden Art: Wenn x zu y sagt: „Schließ das Fenster", setzt x voraus, dass (i) das Fenster offen ist, (ii) das Fenster geschlossen werden kann und (iii) y in der Lage ist, das Fenster zu schließen. Das Sprachspiel des Befehls glückt überdies nur dann, wenn Alternativen gegenüber der Ausführung des Befehls bestehen.[48] Es ist also – was sich im Falle

---

46 Aus diesem Grund kann Wittgenstein von einer „Kluft" zwischen dem Erteilen eines Befehls und der Ausführung sprechen, die (durch „Verstehen"?) geschlossen werden muss (PU 431; vgl. PU 433).

47 Austin, *Gesammelte philosophische Aufsätze*, 136.

48 Das wird anschaulich im *Kleinen Prinzen* festgehalten, wo geschildert wird, wie der kleine Prinz müde auf dem Planeten des Königs ankommt und gähnt: „'Es verstößt gegen die Etikette, in Gegenwart eines Königs zu gähnen', sagte der Monarch. ‚Ich verbiete es dir.' ‚Ich kann es nicht unterdrücken', antwortete der kleine Prinz ganz verwirrt. ‚Ich habe eine weite Reise gemacht und habe nicht geschlafen ...' ‚Dann', sagte der König, ‚befehle ich dir, zu gähnen. Ich habe seit Jahren niemanden gähnen sehen, das Gähnen ist für mich eine Seltenheit. Los! gähne noch einmal! Es ist ein Befehl.' ‚Das ängstigt mich, ich kann nicht mehr ...', stammelte der kleine Prinz und errötete. ‚Hm, hm!', antwortete der

symbolischen Wissens aus erkenntnistheoretischen Gründen nahelegt – davon auszugehen, dass das Katholische Lehramt das Sprachspiel des Befehls nur dann spielen kann, wenn alternative Regelsysteme, nach denen Gläubige handeln können, vorausgesetzt werden. Weiters ist vorauszusetzen, dass die Gläubigen den Befehl verstehen, um ihn ausführen zu können (vgl. PU 505). Natürlich lassen sich Fälle konstruieren, in denen y einen Befehl von x nicht verstanden hat, aber „zufälligerweise das Richtige" tut, diese Fälle sind aber für das allgemeine Verständnis des Sprachspiels des Befehls nicht relevant. Das Befolgen eines Befehls hängt nicht nur mit der Annahme konstruierbarer alternativer Regelsysteme zusammen, sondern auch damit, dass auf Seiten des Befehlsnehmers ein Begriff von Situationsveränderung vorausgesetzt wird. Das Verstehen eines Befehls hängt mit dem Wissen zusammen, wie es ist, wenn der Befehl ausgeführt wurde (vgl. PU 451).[49] Einen Befehl zu verstehen, setzt trivialerweise Sprachkompetenz auf Seiten des Befehlsgebers und auf Seiten des Befehlsnehmers voraus. Dabei ist das Erteilen eines Befehls nicht als das „mystische" Übertragen von Bedeutungen von Innenwelt zu Innenwelt aufzufassen. „Wenn ich jemandem einen Befehl gebe, so ist es mir *ganz genug*, ihm Zeichen zu geben" (PU 503). Ein Befehl kann durch die öffentlichen Zeichen des Erteilens und des Befolgens hinreichend beschrieben werden.

Es ist charakteristisch für das Sprachspiel des Befehls, dass mit Berufung auf einen Befehl Handlungen gerechtfertigt werden können. Das M–Sprachspiel kann dazu verwendet werden, andere Sprachspiele zu legitimieren. Im Grunde ist dies die Struktur jeder Rechtfertigung: Man beruft sich auf ein Regelsystem. Befehl und Befolgen des Befehls sind einander grammatikalisch zugeordnet: „Wenn ein Befehl lautet 'Tu das und das!', dann nennt man ‚das und das tun' das Befolgen des Befehls" (PU 458). Dies ist als grammatischer Satz zu verstehen. Die Zuordnung von Befehl und Befolgung kann im Rahmen einer „Bildtheorie" begriffen werden: So wie ein Satz in manchen Fällen einem Sachverhalt zugeordnet

---

König. ‚Also dann ... befehle ich dir, bald zu gähnen und bald ...' Er murmelte ein bißchen und schien verärgert." (de Saint–Exupéry, *Der kleine Prinz*, 35).

[49] Dieses Wissen ist vor allem auch auf Seiten des Befehlsgebers vorauszusetzen, um den Befehl als Ausdruck sinnvollen Verhaltens rekonstruieren zu können; in diesem Sinne antizipiert ein Befehl seine Ausführung (PU 461).

werden kann, kann ein Befehl der Befolgung des Befehls zugeordnet werden. Die sprachliche Äußerung des Befehls wird damit (unter andrem) zu einer außersprachlichen Größe in Beziehung gesetzt. In diesem Sinn kann man einen Befehl als Bild der Handlung auffassen (vgl. PU 519).

(b) Das Sprachspiel der Definition legt den Gebrauch eines sprachlichen Ausdrucks fest. Damit wird ein Regelsystem angegeben, dem dieser sprachliche Ausdruck unterworfen ist. Eine Definition liefert daher kategoriales Wissen, das den Platz eines Ausdrucks in einem sprachlichen System angibt. Diese „Platzzuweisung" kann nur dann gelingen, wenn ein sprachliches System vorliegt, in das die kategorial zu bestimmende sprachliche Einheit eingebettet werden soll. Das kann man sich unschwer am Beispiel der hinweisenden Definition klarmachen: „Die hinweisende Definition erklärt den Gebrauch – die Bedeutung – des Wortes, wenn es schon klar ist, welche Rolle das Wort in der Sprache überhaupt spielen soll" (PU 30).[50] Eine Definition setzt also voraus, dass sich Definitionsgeber und Definitionsempfänger auf bestimmte Grundideen bereits verständigt haben. Eine lehramtliche Definition kann nur dort gelingen, wo das Beherrschen einer Sprache vorausgesetzt werden kann.[51] Die Definition der Unfehlbarkeit kann nur gelingen, wenn die nach dem Kompositionalitätsprinzip zu berücksichtigenden Bestandteile der Definition bereits eingeführt worden sind. Eine Definition kann nicht „radikal neu" sein, ohne unverständlich zu werden.[52] Eine Erweiterung und Erneuerung der Sprache über Definitionen ist nur schrittweise möglich. Eine Definition stützt sich auf eingeführte sprachliche und/oder außersprachliche Einrichtungen. Dies ist die rekonstruktive Dimension einer Definition, die selbst regelunterworfen sein muss, um etwas zu verstehen zu geben. Bei jeder lehramtlichen Definition könnte daher gefragt werden, was bereits „vorbereitet" sein muss, damit diese Definition gelingen kann. Diese Vorbereitung hat nicht nur eine sprachtheoretische, sondern auch eine erkenntnistheoretische Dimension. Definiert werden kann nur ein Begriff, der eine bestimmte erkenntnistheoretische Funktion erfüllt: Eine

50 Vgl. PU 31.

51 Vgl. PU 32.

52 Das kann als sprachphilosophischer Hinweis auf die prinzipielle Einschränkung der Inanspruchnahme der unfehlbaren Lehrgewalt verstanden werden.

Definition setzt voraus, dass nach dem Definierten gefragt werden kann (vgl. PU 6). Die Definitionen des Katholischen Lehramts operieren in einem Bereich, der durch relevante Fragerichtungen untersucht werden kann. Gefragt werden kann wiederum nur nach etwas, das auch anders sein könnte, als es ist. Wiederum haben wir es im Fall des Sprachspiels der Definition mit der Eigenart zu tun, dass Alternativen zu der gegebenen Definition vorstellbar sein müssen. Das alles ist Teil der „Vorbereitung" einer Definition.

Neben der rekonstruktiven Dimension, die sich auf in der Vergangenheit Eingeführtes bezieht, hat jede Definition eine projektive Dimension, die auf künftigen Sprachgebrauch hingerichtet ist. Das Sprachspiel der Definition hat insofern vorbereitenden Charakter, als es den Gebrauch eines sprachlichen Ausdrucks regeln soll. Das Sprachspiel der Definition schafft ein „Muster" für nachfolgende Sprachspiele, ähnlich der Funktion eines Handlungsschemas, das als Muster für künftiges Handeln verwendet werden kann. In gewissem Sinn kann eine Definition als Vorbereitung von sprachlichem Handeln begriffen werden, in einer ähnlichen Weise, in der das Benennen eine Vorbereitung zur Beschreibung darstellt (PU 49). Die projektive Dimension des Sprachspiels der Definition ist mit Anwendungsrisiken verbunden: Der Gebrauch eines Wortes kann nicht strikt für alle künftigen Verwendungsfälle festgelegt werden. Verständigungseinrichtungen können nicht, wie wir gesehen haben, vollständig von einem Regelwerk geregelt werden; es kann keine Sprache geben, bei der jeder einzelne Schritt regelgeleitet wäre, weil in einem solchen Fall nicht mehr von Handeln gesprochen werden kann. Die „Offenheit" des Verständigungssystems hat Auswirkungen auf das Sprachspiel der Definition, das ein explizites Regelsystem einführt, aber den künftigen Gebrauch des definierten Ausdrucks nicht antizipieren kann.[53] Jede Definition kann missverstanden werden (vgl. PU 14). Auch eine hinweisende Definition kann in jedem Fall anders gedeutet werden (PU 28). Im Falle des Katholischen Lehramts kann dies so gedeutet werden, dass jede vorgelegte Definition, weil sie nicht im Sinne eines Befolgens eines Befehls verstanden werden

---

[53] PU 208; es geht eben nicht darum, mit einer Regel auf neue Fälle vorbereitet zu sein, sondern alte Fälle zur Anwendung zu bringen (Baker/Hacker, *Scepticism, Rules and Language*, 88); vgl. dies., *Language, Sense and Nonsense*, 262–266; Bouveresse, *Was heißt, „auf die gleiche Weise fortsetzen"?*

kann, interpretationsbedürftig ist. Die adäquate Reaktion auf den Befehl „Schließ das Fenster!“ besteht darin, das Fenster zu schließen. In diesen Fällen ist keine „Deutung“ des Befehls und keine „Deutung der Deutung“ etc. anzunehmen. In gewöhnlichen Fällen funktioniert auch das sprachliche Handeln in dieser Weise. Im Falle lehramtlicher Definitionen allerdings haben wir es mit einem Typ von Sprachspiel zu tun, der eine Interpretation erfordert. Lehramtliche Definitionen „zeigen“ auf den symbolischen Kosmos. Hierin liegt eine gewisse Vagheit, die unter erkenntnistheoretischer Rücksicht bereits skizziert wurde.[54] Wie jemand eine Definition auffasst, zeigt sich darin, wie er von dem definierten Wort Gebrauch macht.[55] Die Fähigkeit, eine Definition zu geben, ist nicht notwendig zum Gebrauch eines Wortes (PU 70). Das bedeutet, dass ein Sprachbenutzer Sprachspiele mit einem bestimmten Begriff spielen kann, ohne das Sprachspiel der Definition auch nur implizit zu beherrschen.[56] Der Gebrauch ist das Kriterium für das Gelingen einer Definition, so wie das Befolgen eines Befehls in der Regel hinreichendes Kriterium dafür ist, dass der Befehl verstanden wurde. Das Sprachspiel der Definition ist über den Gebrauch öffentlicher Zeichen verständlich zu machen; der Rekurs auf „innere Vorgänge“ ist irrelevant. Die Definition ist eine Operation mit öffentlichen Zeichen, deren Gelingen sich im weiteren Gebrauch zeigt. Der Vorgang, der die Definition begleitet, ist irrelevant (vgl. PU 34), die Definition ist von inneren Vorgängen unabhängig (vgl. PU 665).

---

[54] Vgl. PU 33. Die Analogie mit der Vagheit des Zeigens auf einen wahrnehmbaren Gegenstand ist hier durchaus nicht irreführend; vgl. PU 77 (Definitionen in Ethik und Ästhetik sind vage). Die anempfohlene Strategie liegt im Rekurs auf Einführungssituationen: „Frage dich in dieser Schwierigkeit immer: Wie haben wir denn die Bedeutung dieses Wortes (‚gut' z.B.) *gelernt*? An was für Beispielen; in welchen Sprachspielen? Du wirst dann leichter sehen, daß das Wort eine Familie von Bedeutungen haben muß“ (PU 77).

[55] Vgl. PU 29. Die Auszeichnung der pragmatischen Dimension der Sprache hat für den Status des Sprachspiels der Definition die Konsequenz, dass die Rolle, die Wörter in einer Sprache spielen, in ihrer Komplexität berücksichtigt werden muss; und um diese komplexe Rolle zu erfassen, genügt gewöhnlich eine Definition da nicht (PU 182). Eine Sprachtheorie, die die Berücksichtigung der Mannigfaltigkeit des Sprachgebrauchs zum zentralen Anliegen hat, wird die Grenzen des Geltungsanspruchs und der Brauchbarkeit von Definitionen enger ziehen.

[56] Dennoch hängt Sprachkompetenz auch mit der Möglichkeit zusammen, Definitionen abzugeben (vgl. PU 75).

Die Verwandtschaft des M–Sprachspiels mit den beiden genannten (und wohl noch weiteren ähnlich gearteten) Sprachspielen hängt mit der Eigenart der symbolischen Sätze zusammen, die in lehramtlichen Texten Verwendung finden. Die Eigenart dieser Sätze wurde mit dem Hinweis auf den praktischen Charakter dieser Sätze angedeutet. Symbolische Sätze sind praktische Sätze, weil sie (implizit) normativen Charakter haben. Neben diesen Sätzen mit einem impliziten normativen Gehalt (als Beispiele wurden Sätze über die *eschata* angeführt), treten im M–Sprachspiel auch explizit normative Sätze auf, die in der Art von „Es ist geboten, dass p", „Es ist verboten, dass p" rekonstruiert werden können. Das M–Sprachspiel ist explizit normstiftend aufgrund der Verwendung ausdrücklicher Normsätze. Normsätze sind eine besondere Art praktischer Sätze, die in erster Linie ein Sollen ausdrücken. Normsätze haben drei pragmatische Funktionen:

- sie sind verhaltensregulierend,
- sie sind Grundlagen von Werturteilen und
- Komplexe von Normsätzen schaffen institutionelle Handlungsrahmen.

Die lehramtlichen Normsätze haben die Funktion, das Handeln der Gläubigen zu regulieren. Durch Normsätze wird der Handlungsraum der Gläubigen in vier Teile geteilt und damit nach normativer Relevanz strukturiert: Es wird zwischen „erlaubten", „gebotenen", „verbotenen", und „indifferenten" Handlungen unterschieden.[57] Damit wird eine Differenzierung eingeführt, die die Handlungen der Gläubigen verschiedenen Ebenen zuordnen lässt. Normsätze können nicht unabhängig von enzyklopädischen

[57] Vgl. Weinberger, *Rechtslogik*, Kap. 10. Die Normenlogik ist nach dem Vorbild der Modallogik aufgebaut – den alethischen Modaloperatoren „notwendig", „unmöglich", „möglich", „kontingent" werden die deontischen Operatoren „geboten", „verboten", „erlaubt", „indifferent" gegenübergestellt; die Analogie zwischen beiden Arten von Sätzen liegt darin, dass sie jeweils aus einem Operator und einem Handlungsnamen (oder einer Sachverhaltsbeschreibung) gebildet werden, und dass ein Negator jeweils an zwei Stellen auftreten kann: nämlich vor dem Operator und vor Handlungsnamen (oder vor der Sachverhaltsbeschreibung). Zum Aufbau der Normenlogik vgl. Kalinowski, *Einführung in die Normenlogik*; v. Wright, *Handlung, Norm und Intention*.

Überlegungen verstanden werden, sie weisen einen Sachverhaltsbezug auf. Wenn ausgedrückt werden soll, dass etwas gesollt oder dass etwas erlaubt ist, dann muss angegeben werden, was gesollt oder was erlaubt ist. Daher hat jeder Normsatz einen bestimmten Inhalt. So kann die Theorie der Normsatzstruktur davon ausgehen, dass ein elementarer Normsatz aus zwei Bestandteilen besteht, aus einem normativen Operator und einer Sachverhaltsbeschreibung, auf die sich der Operator bezieht. Inhalte von Normsätzen sind Sachverhaltsbeschreibungen. Die Zuordnung zwischen Inhalt von Normsätzen und Aussagesätzen kann begrifflich als „Erfüllungsrelation" definiert werden. Diese Relation ist relevant hinsichtlich der Überzeugungen, die für wahr gehalten werden müssen, um einen sinnvollen Befehl erteilen bzw. um einem Befehl folgen zu können. Komplexe von Normsätzen schaffen Handlungsrahmen. Die Normierung ist immer ein Akt der Auswahl zwischen verschiedenen möglichen Verhaltensweisen bzw. zwischen verschiedenen möglichen Regelungen, die das gewünschte Verhalten bewirken sollen. Normsätze beziehen sich auf Handlungsweisen. Es wird im Rahmen der sozialtheoretischen Überlegungen noch deutlicher werden, dass der Unterschied zwischen bloßem Verhalten und Handeln gerade dadurch bestimmt werden kann, dass man jemanden zu einer Handlung auffordern kann bzw. dass Handeln eine Form des Verhaltens ist, die durch Reden beeinflusst werden kann. Eine Norm kann dann als Bedingungssatz aufgefasst werden, der befiehlt, in einer bestimmten Situation einen bestimmten Zweck zu setzen. Unter „Situation" kann dabei ein relevanter Weltausschnitt verstanden werden, in dem ein handelndes Subjekt, eine Person in Handlungsabsicht vorkommt, und zwar so, dass diese Person zur Beschreibung des Zustands wesentlich dazugehört: „Das hervorragendste allgemeine Merkmal des Rechts ist zu allen Zeiten und überall, daß seine Existenz impliziert, daß einige Arten des menschlichen Verhaltens nicht mehr wahl–frei, sondern *im gewissen Sinne* obligatorisch sind, d.h. der Mensch ist zu einem gewissen Verhalten verpflichtet."[58]

Diese Verpflichtungen schaffen einen Handlungsrahmen, der gewisse Überzeugungen voraussetzt. Das Katholische Lehramt schafft auf dem Hintergrund eines Systems von Überzeugungen einen Handlungsrahmen. Ein Beispiel ist der erwähnte Index der

58 Hart, *Der Begriff des Rechts*, 18.

verbotenen Bücher. Explizit wurde die Handlung, ein bestimmtes Buch zu lesen, untersagt. Normsätze erstrecken sich auf ein bestimmtes Gebiet. Die lehramtlichen Normsätze beziehen sich auf Fragen des Glaubens und der Sitte. Das „Regulierungsuniversum" des Katholischen Lehramts sind also Sachverhalte von dogmatischer oder sittlicher Relevanz. Unter einem Regulierungsuniversum kann die Klasse jener möglichen Sachverhalte verstanden werden, die ein bestimmtes Normensystem berücksichtigt, wobei diese Klasse von möglichen Sachverhalten in Bezug auf ein bestimmtes Normensystem relevant ist. Diese Klasse von Sachverhalten wiederum besteht aus zwei disjunkten Teilklassen – erstens aus der Teilklasse jener möglichen Sachverhalte, die durch Normen des Normensystems faktisch reguliert sind, und zweitens aus der Teilklasse aller möglichen Sachverhalte, die gegebenenfalls (also potentiell) verboten oder geboten sind, aber nicht faktisch reguliert sind. Es wurde bereits darauf hingewiesen, dass die lehramtlichen Sätze den symbolischen Kosmos prinzipiell nicht erschöpfend darstellen können. Es bleibt stets ein nichtpropositionalisierter und stets auch ein nichtpropositionalisierbarer Rest bestehen. Daher ist auch nur eine bestimmte, finite Teilklasse von möglichen Sachverhalten faktisch reguliert. Gegenstand der lehramtlichen Normsätze sind sprachliche Handlungen (es ist verboten zu behaupten, es ist geboten, zu behaupten) und außersprachliche Handlungen (etwa betreffend den Kultus). Das Lehramt kann als offenes Normensystem verstanden werden.[59] Das ist auf dem Hintergrund der Überlegungen zur Offenheit des symbolischen Kosmos, dem gegenüber das Katholische Lehramt sprachliches und außersprachliches Handeln reguliert, auch gar nicht überraschend.

Wenn man die lehramtlichen Sätze unter dem Aspekt ihrer Normativität begreift, stellt sich wiederum die Frage nach deren Begründung. Die Geltung von Normsätzen kann auf dreierlei Weise begründet werden: Der Normsatz N gilt, (i) weil er aus anderen geltenden Normsätzen einer normativen Ordnung ableitbar ist, (ii) weil er in einem regulären Normsetzungsprozess entstanden ist und (iii) weil N durch den Verweis auf Zwecke bzw. durch Verweis auf eine andere Normenordnung begründet ist.

Im ersten Fall liegt eine rein deduktive Begründung vor. Im zweiten Fall bestimmen Normerzeugungsregeln die Entstehungs-

---

59 Vgl. Weinberger, *Rechtslogik*, 234f. Hart, *Der Begriff des Rechts*, 171, 181.

weise anderer Normen. Die Geltung von Normsätzen wird in Bezug und Abhängigkeit zu einem etablierten Verfahren gebracht. Im dritten Fall haben wir es mit einer Begründung der Norm in einem inhaltlich–wertenden Sinn zu tun. Lehramtliche Sätze werden direkt durch das Verfahren und die Instanz, die das Verfahren durchführt, als normative Sätze bestimmt und begründet. Der Satz, dass wiederverheiratete Geschiedene nicht zur Eucharistie zugelassen sind, ist durch die Quelle normativ. Würde dieser Satz von einer ernährungswissenschaftlichen Kommission geäußert, hätte er eine andere normative Geltung. Indirekt freilich werden die lehramtlichen Sätze nicht durch Bezug auf ein Verfahren, sondern durch den Verweis auf eine andere Normenordnung („Heilsplan", „göttliche Seinsordnung") gerechtfertigt.[60] Durch diese Normenordnung können Instanz und Verfahren zur Erlassung von Normen gerechtfertigt werden. Die primäre religiöse Erfahrung kann dabei durchaus – im Sinne der ersten Begründungsmöglichkeit – als Quelle für die Ableitung anderer Normsätze verstanden werden. Dies geschieht etwa, wenigstens als ein Legitimationsstrang, bei der Begründung des Petrusamtes. Die primäre religiöse Erfahrung, wie sie in den Evangelien festgehalten wird, wird als normativ bindend, also als Normordnung aufgefasst. Aus dieser Normordnung wird ein Gedanke (Mt 16,18) als Prämisse für die Folgerung eines anderen normativen Satzes, etwa eines Satzes über den Jurisdiktionsprimat des Papstes oder eines Satzes über die Gehorsamspflicht gegenüber dem Papst, gewonnen. Eine letzte Begründung des primären Normensystems selbst, das als Quelle für die Begründung oder Erzeugung lehramtlich–normativer Sätze verwendet wird, kann nur dann gegeben werden, wenn Konsens über die primäre religiöse Erfahrung besteht.

(iii) Das M–Sprachspiel beruht auf einer Lebensform

Der sekundäre Charakter des Katholischen Lehramts, das primäre religiöse Erfahrung und religiöse Praxis voraussetzt und durch eine Dienstfunktion beschrieben werden kann, wurde bereits deutlich

[60] Damit stellt sich übrigens der so genannte naturalistische Fehlschluss ganz anders dar. Wenn davon ausgegangen wird, dass das Sein eine Ordnung darstellt und Ordnungen Regeln implizieren, dann ist der Übergang von einem Sein zum Sollen in der Ordnung des Seins zu suchen.

gemacht. Das Katholische Lehramt kann nur auf dem Hintergrund einer Lebensform plausibel gemacht werden. Da das Sprachspielmodell eine Brücke zwischen einzelnen sprachlichen Handlungen und umfassenden Lebenszusammenhängen schlägt, bietet es sich an, über diesen Zusammenhang zwischen Sprachspiel und Lebensform nachzudenken: Sprachspiele sind Sprechsituationen.[61] Wenn wir uns Beispiele für die Funktion eines bestimmten Satzes vor Augen führen, „denken wir uns wirklich *verschiedene* Situationen aus, und Gespräche, und wie jener Satz in ihnen ausgesprochen wird" (PU 592). Unser Sprachgebrauch findet sich „eingebettet in der Situation, den menschlichen Gepflogenheiten und Institutionen" (PU 337). Das Gelingen oder Misslingen sprachlichen Handelns hängt von den Umständen ab, unter denen wir handeln. Die Entscheidung über die Sinnhaftigkeit sprachlicher Einheiten hängt davon ab, „unter welchen besonderen Umständen man diesen Satz tatsächlich verwendet" (PU 117); „nur im Gebrauch hat der Satz Sinn."[62] Der Satz „Ich weiß, dass hier ein Kranker liegt", erscheint deswegen als sinnvoll, „weil man sich verhältnismäßig leicht eine für ihn passende Situation vorstellen kann" (ebd.). Der Begriff des Sprachspiels ist nicht vom Begriff der Situation abzutrennen. Daher geht die Analyse von der Voraussetzung aus, dass ein Satz eine Umgebung hat, in der er seinen gewöhnlichen Sinn erhält (PU 412). „Was jetzt geschieht, hat Bedeutung – in dieser Umgebung. Die Umgebung gibt ihm die Wichtigkeit ... Ein lächelnder Mund *lächelt* nur in einem menschlichen Gesicht" (PU 583). Sprachliches wie außersprachliches Verhalten stellen wir unter die Idee des „sinnvollen Verhaltens"[63]. Wir gehen in der Zuschreibung von Sinnhaftigkeit davon aus, dass sich menschliches Handeln an der Situation orientiert und expliziten oder impliziten Regeln folgt, die diese Situation als handlungsanleitend erzeugt. Joachim Schulte hat diesen Gedanken das *Kontextprinzip* genannt.[64] Das Sprachspielmodell ist eine konsequente Anwendung eines solchen Kontextprinzips.

Der einzelne Satz ist nach dem Kontextprinzip auf dem Hintergrund anderer sprachlicher Handlungen zu beurteilen. Der ein-

---

[61] Vgl. PU 49, 166, 591.

[62] Wittgenstein, *Über Gewissheit,* 10.

[63] Vgl. Winch, *Die Idee der Sozialwissenschaft und ihr Verhältnis zur Philosophie*, Abschnitt II.

[64] Schulte, *Kontext.*

zelne lehramtliche Satz setzt andere lehramtliche Sätze voraus und diese präsupponieren wiederum einen Bezug zu einer Lebensform. Der einzelne lehramtliche Satz hat eine Funktion, die nur in einem Gesamtzusammenhang lehramtlichen Sprachhandelns klarzumachen ist. Sätze verweisen auf andere Sätze und auf die Umgebung dieser Sätze.[65] Davon hängt – auch im Sinne der skizzierten Bündeltheorie der Bedeutung – die Beurteilung der Funktion dieses Satzes ab. Ich kann mir beispielsweise zu den meisten Sätzen einen sinnvollen Zusammenhang denken, die diesen Satz zum Zug in einem Sprachspiel machen.[66]

„'Nachdem er das gesagt hatte, verließ er sie wie am vorigen Tag' – Verstehe ich diesen Satz? Verstehe ich ihn ebenso, wie ich es täte, wenn ich ihn im Verlaufe einer Mitteilung hörte? Steht er isoliert da, so würde ich sagen, ich weiß nicht, wovon er handelt. Ich wüßte aber doch, wie man diesen Satz etwa gebrauchen könnte; ich könnte selbst einen Zusammenhang für ihn erfinden“ (PU 525).

Die These im Hintergrund lautet: „Der Satz ... hat keinen Sinn, außerhalb des Sprachspiels.“[67] Sprachliches Handeln verweist auf sprachliches Handeln. Einen Satz isoliert zu betrachten und einen isolierten Satz auf seine Sinnhaftigkeit hin zu befragen, ist daher problematisch. Sätze sind Züge im Rahmen von Sprachspielen. Der Begriff des Sprachspiels deutet an, dass es sich um mehrere sprachliche Einheiten handelt, die zueinander in einer bestimmten Beziehung stehen[68] und dass es sich um einen Satzzusammenhang handelt, der in eine gewisse Umgebung eingebettet ist.[69] Wenn ich nach der Bedeutung eines Wortes oder eines Satzes frage, stelle ich die Frage, in welchem Sprachspiel das Wort oder der Satz

---

65 Der Begriff der Umgebung kann auch für eine allgemeine Handlungstheorie fruchtbar gemacht werden; vgl. PU 250, 539.

66 Vgl. PU II, 211.

67 Wittgenstein, *Bemerkungen über die Philosophie der Psychologie* 1, 488.

68 Ders., *Zettel,* 644; ders., *Bemerkungen über die Philosophie der Psychologie* 2, 137.

69 Von der Umgebung des Sprachspiels hängt unsere Beurteilung einzelner Elemente des Sprachspiels sowie die Beurteilung des Sprachspiels als solches ab; z.B.: „Und hier müßte man etwas über mein Sprachspiel No. 2 sagen. – *Unter welchen Umständen* würde man die Laute des Bauenden, etc., wirklich eine Sprache nennen? Unter *allen*? Gewiß nicht! – War es nun falsch, ein Sprachrudiment zu isolieren und es Sprache zu nennen? Soll man etwa sagen, daß dies Rudiment nur in der Umgebung des Ganzen, was wir unsere Sprache zu nennen gewohnt sind, ein Sprachspiel ist?“ (Ebd., 203).

Verwendung findet.[70] Sprachanalyse ist das Bemühen, die Anwendung eines Satzes im Sprachspiel zu untersuchen.[71] Unsere Rede vom „gewöhnlichen Gebrauch der Wörter" meint denn auch, dass Wörter zu einem bestimmten Sprachspiel gehören[72], das identifizierbar ist. Sprachliche Einheiten können im Rahmen eines sprachlichen Kontexts als Werkzeuge ausgewiesen werden, die eine bestimmte Funktion erfüllen.[73] Damit bietet das Kontextprinzip einen Hintergrund für eine Argumentation zugunsten eines semantischen Holismus an.

Die Position eines semantischen Holismus macht das Verständnis eines Satzes vom Verständnis eines relevanten Zusammenhangs von Sätzen abhängig. Der Satz, „Bill hat wieder geheiratet", hat verschiedene Verständnisvoraussetzungen, die erarbeitet werden können. Die Bedeutung dieses Satzes hängt ab von der Bedeutung des Begriffs der Scheidung, der Heirat, des Versprechens; wenn sich einer dieser Begriffe verändert, so verändern sich die anderen Begriffe mit. Wenn etwa in einer Kultur die Unauflöslichkeit der Ehe strikte betont wird, hat nicht nur dieser Satz, sondern auch der eine oder andere Teil dieses Satzes (in diesem Fall vor allem der Begriff „wieder heiraten") eine Bedeutungsveränderung erfahren. Wenn in einer bestimmten Kultur die Ehefähigkeit erst ab dem 40. Lebensjahr gegeben ist, liefert der Satz „Bill hat wieder geheiratet" die Information, dass Bill älter als 40 ist, eventuell – je nach kulturellen Umständen (Beispiel: Trauerzeit) – noch die Information, dass die Wahrscheinlichkeit, dass Bill deutlich älter als 40 ist, sehr hoch ist. Daran erkennt man, dass Kontextprinzip (Zusammenhang sprachlicher Einrichtungen) und Kompositionalitätsprinzip (Zerlegbarkeit sprachlicher Einheiten) zusammenhängen. Das Kontextprinzip, auf lehramtliche Texte angewendet, kann den Zusammenhang zwischen sprachlichem Handeln und außersprachlichen Voraussetzungen herausarbeiten lassen: Nehmen wir etwa den Satz „Maria wurde im ersten Augen-

---

70 Ders., *Bemerkungen über die Philosophie der Psychologie* 1, 988.

71 Ders., *Zettel,* 247.

72 Ders., *Bemerkungen über die Philosophie der Psychologie* 1, 933.

73 Instrumentalistische Bedeutungstheorien vermitteln die Überzeugung, dass sprachliches Handeln die Anwendung einer sozialen Technik impliziere; Wörter und Sätze sind Werkzeuge, die für Zwecke des sozialen Handelns eingesetzt werden; sie haben eine Funktion innerhalb eines pragmatischen Kontexts; vgl. PU 150, 199, 692, 262, 337, 557.

blick ihrer Empfängnis durch die einzigartige Gnade und Bevorzugung des allmächtigen Gottes im Hinblick auf die Verdienste Christi Jesu, des Erlösers des Menschengeschlechtes, von jeglichem Makel der Urschuld unversehrt bewahrt"[74]. Dieser Satz hat äußerst komplexe Verständnisvoraussetzungen, die sorgsam herausgeschält werden könnten, etwa ein Verständnis der Begriffe „Gnade", „Bevorzugung", „Verdienste", „Makel der Urschuld". Die Bedeutung dieser Begriffe kann nur auf dem Hintergrund einer Lebensform verständlich gemacht werden, wenn diese Begriffe „arbeiten" sollen, d.h. einen Unterschied im Handeln der Menschen machen sollen. In diesen theologischen Kernbegriffen wird ein Weltbild skizziert, das eine Lebensform begründet, sich in einer Lebensform im angedeuteten Sinn „zeigt". Diese Übereinstimmung in der Lebensform wurde auch für das Katholische Lehramt als zentrale Voraussetzung zur Kommunikabilität lehramtlicher Entscheidungen genannt. Zudem haben die erwähnten Ausführungen im Dokument der Glaubenskongregation, *Mysterium Ecclesiae*, in dem die Relevanz des historischen Entstehungs- und Intentionszusammenhangs ausdrücklich festgehalten wird[75], gezeigt, dass das Kontextprinzip nicht mit dem Selbstverständnis des Katholischen Lehramts unvereinbar ist.

Zusammenfassend: Das sprachliche Handeln des Katholischen Lehramts kann als spezifisches Sprachspiel („M–Sprachspiel") ausgewiesen und durch drei Charakteristika bestimmt werden: das M–Sprachspiel unterliegt Regeln, das M–Sprachspiel ist normstiftend und das M–Sprachspiel ist nur mit expliziter Berücksichtigung einer Lebensform verständlich zu machen.

3. „M–Sprechakte"

Sprachliches Handeln im Rahmen der Ausübung des Lehramtes wurde durch epistemische wie auch praktische Commitments charakterisiert und als eine Form des Handelns verstanden. Das wurde auch mit den Bemerkungen über den Zusammenhang zwischen

---

[74] DH 2803.
[75] DH 4539.

sprachlichem Handeln und außersprachlichem Kontext (Handlungszusammenhang, Lebensform) deutlich. Ein sprachphilosophisches Instrumentarium, das auf diese Eigenart lehramtlicher Rede (nämlich auf den praktischen Charakter lehramtlichen Sprachhandelns) hinweisen kann, ist die Sprechakttheorie: In zahlreichen lehramtlichen Texten vollzieht der Autor explizit angeführte sprachliche Handlungen des Tadelns, Verkündigens, Festlegens, Verurteilens, Lobens, Anerkennens, Bestimmens, Aufforderns, Billigens, Verfügens, Gutheißens, Ermahnens, Verteidigens, Befehlens, Definierens und Erklärens. In diesen Fällen wird etwas getan, indem etwas gesagt wird. Das ist auch der Fall bei Glaubensbekenntnissen: Glaubensbekenntnisse, die in den Zustandsbereich des Katholischen Lehramts fallen, lassen sich als Sprechakte rekonstruieren. Ein berühmtes Beispiel für einen lehramtlichen Sprechakt lautet:

„Pronuntiamus, declaramus et definimus divinitus revelatum dogma esse: Immaculatam Deiparam semper Virginem Mariam, expleto terrestris vitae cursu, fuisse corpore et anima ad caelestam gloriam assumptam" (DH 3903).

Mit dieser Äußerung wird gehandelt. Die *pronuntiatio* und die *declaratio* und die *definitio* finden durch und aufgrund und mit der Äußerung dieses Satzes statt. Was muss alles vorbereitet sein, damit dieser Sprechakt erfolgreich ist und glückt?

3.1 Sätze als Akte

Der Kerngedanke der Sprechakttheorie besteht wohl darin, von einem expliziten Zusammenhang zwischen Sprechen und Handeln auszugehen, und zwar von einem Zusammenhang, der durch eine interne Beziehung zwischen den Wörtern und den Handlungen, die durch diese Wörter gesetzt werden, entfaltet wird.[76] Die Sprechakttheorie entwirft ein Bild vom Funktionieren der Sprache, das sich vom aristotelischen Verständnis der Sprachfunktion, innere seelische Erlebnisse zu benennen, unterscheidet: Das Spre-

[76] Vgl. Sedmak, *Sprechakttheorie und Sozialtheorie*.

chen wird nicht primär als Mittel zur Kommunikation, sondern als Kommunikation gedeutet. Die Äußerung eines Satzes braucht nicht als Mittel zur Bekanntmachung eines Gedankens verstanden werden, sondern als Äußerung eines Gedankens. Es wird nicht gesprochen, um mit jemandem zu kommunizieren, sondern es wird mit jemandem kommuniziert, indem mit ihm gesprochen wird. Eine sprachliche Äußerung ist nicht ein Mittel der Kommunikation, sondern ein Akt der Kommunikation, also nicht etwas, das von der „eigentlichen" Kommunikation abgetrennt werden könnte. Die Sprechakttheorie zeichnet im Unterschied zu anderen Sprachtheorien nicht den Sachverhaltsbezug als den entscheidenden Punkt aus, auf den es ankommt. Im Falle performativer Äußerungen etwa wird kein Sachverhalt beschrieben oder auf einen Sachverhalt Bezug genommen; im Fall performativer Äußerungen ist es vielmehr so, dass der Sachverhalt durch die Äußerung erst hergestellt, durch das Sprechen erzeugt wird. Auf diese Idee, dass durch das Sprechen soziale Tatsachen geschaffen werden können (ein Versprechen wurde erzeugt, eine Ehe geschlossen, eine Taufe durchgeführt), gründet die Idee der internen Beziehung zwischen Sprechen und Handeln, wie sie in der Sprechakttheorie vorausgesetzt ist.

Die Sprechakttheorie versteht Sprechen als eine Form des Handelns, wobei es sprachliche Formen gibt, bei denen dies deutlicher, und andere, bei denen dies weniger deutlich zutage tritt. Ein Sprechakt ist bekanntlich eine sprachliche Handlung, bei der ich etwas tue, indem ich etwas sage. Klassische Beispiele sind Wetten („ich wette, dass"), Versprechen („Ich verspreche dir, dass"), Taufen („Ich taufe dich ..."), Bekennen („Ich bekenne, dass"), Heiraten („Ich nehme dich an als meine/n Frau/Mann"). Ursprünglich nannte Austin solche Ausdrücke „performativ". Später erkannte er, dass auch viele andere Weisen sprachlichen Handelns (nicht nur durch den Gebrauch von Performativa) ausführenden und durchführenden Charakter haben. So unterschied er zwischen „explizit performativen" Akten (die Performativa gebrauchen) und „primär performativen" Akten (die zwar keine performativen Verben gebrauchen, aber eine primär aus–/durchführende Funktion haben). Austin unterscheidet drei „Bestandteile" (Aspekte) eines Sprechakts: Lokution, Illokution, Perlokution. Diese werden nicht getrennt vollzogen, sondern in einem Akt, können aber getrennt analysiert werden. Einen perlokutiven Akt vollzieht man, indem man einen illokutiven Akt vollzieht, und diesen, indem man eine Lokution macht: Perlokution → Illokution → Lokution.

Die Sprechakttheorie versteht sprachliche Äußerungen also im Rahmen einer Handlungstheorie. Menschliches Handeln findet unter bestimmten Rahmenbedingungen, also innerhalb eines Kontexts statt. Das im Zusammenhang mit dem Sprachspielmodell skizzierte Kontextprinzip erstreckt sich auch auf die Sprechakttheorie. Daraus ergeben sich Kriterien für das Gelingen sprachlichen Handelns. Beginnen wir mit einem Beispiel, um plausibel zu machen, warum die Sprechakttheorie für die Analyse lehramtlicher Äußerungen hilfreich sein kann. Nehmen wir als Ausgangspunkt den Satz: „Jeder wird vor dem Richterstuhl Gottes für sein eigenes Leben Rechenschaft ablegen müssen.“[77] Mit diesem Satz kann nun in verschiedener Weise operiert werden[78]:

(1) Das Lehramt hat gesagt: „Jeder wird vor dem Richterstuhl Gottes für sein eigenes Leben Rechenschaft ablegen müssen.“
(2) Das Lehramt hat gesagt, dass jeder vor dem Richterstuhl Gottes für sein eigenes Leben Rechenschaft ablegen wird müssen.
(3) Das Lehramt hat gesagt, dass jeder vor Gott sein Leben rechtfertigen wird müssen.
(4) Das Lehramt hat behauptet, dass jeder vor Gott sein Leben rechtfertigen wird müssen.
(5) Das Lehramt hat dem Volk Gottes mitgeteilt, dass jeder vor dem Richterstuhl Gottes für sein eigenes Leben Rechenschaft ablegen müssen wird.
(6) „Gaudium et Spes“ warnt alle Menschen, dass jeder vor Gott sein Leben rechtfertigen wird müssen.
(7) Im Dokument „Gaudium et Spes“ wird den Menschen gedroht, dass jeder vor Gott sein Leben rechtfertigen müssen wird.
(8) Das Lehramt hat das Volk Gottes davon überzeugt, dass jeder Mensch vor dem Richterstuhl Gottes Rechenschaft für sein eigenes Leben abzulegen haben wird.
(9) Das Lehramt hat (mit der bestimmten Äußerung) die Christgläubigen erschreckt.

---

[77] „Unicuique ... ante tribunal Dei propriae vitae reddenda erit“ (*Gaudium et Spes* 17; DH 4317).

[78] Vgl. Schwab, *Redehandeln*, 28.

Im Satz (1) wird wörtlich wiederholt, was ein Sprecher (in diesem Fall: die Versammlung der Bischöfe unter dem Vorsitz des Papstes im Rahmen des Zweiten Vatikanischen Konzils) geäußert hat. Im Rahmen der Sprechakttheorie kann gesagt werden, dass die Lokution des Sprechers wiedergegeben wird. In (2) und (3) wird ebenfalls über die Lokution des Sprechers berichtet; diese Lokution wird sinngemäß wiedergegeben, indem angegeben wird, was gesagt worden ist. Satz (4) gibt explizit an, dass das Lehramt als Sprecher mit seiner Äußerung etwas ganz Bestimmtes getan hat, (4) stellt fest, dass etwas behauptet wurde. Es wird also gesagt, dass das Lehramt den Sprechakt der Behauptung vollzogen hat. Die Äußerung des Lehramts wurde als Illokution aufgefasst, mit der zugleich ein performativer Akt vollzogen wurde. In Satz (5) wird etwas über den Adressaten gesagt, der bei der sprachlichen Handlung miteinbezogen werden kann. Satz (6) fasst die gemachte Äußerung als Vollzug des Sprechakts der Warnung, Satz (7) als Vollzug des Sprechakts der Drohung auf. In beiden Fällen wird vorausgesetzt, dass der Sprecher etwas getan hat, indem er etwas gesagt hat. In Satz (8) wird etwas über das Ergebnis ausgesagt, das die lehramtliche Äußerung bei den Adressaten hervorgerufen hat. Es wird gesagt, dass der Adressat überzeugt ist, dass der in dem geäußerten Satz dargestellte Sachverhalt tatsächlich besteht. Satz (9) stellt die Folgen der Äußerung des Sprechers dar, die nicht mehr durch die Äußerung und ihre Rolle selbst dargestellt werden können, die aber durchaus Beschreibungen dessen sein können, was der Sprecher getan hat, absichtlich oder unabsichtlich. In Fällen wie (8) und (9) wird etwas Zusätzliches in den Blick genommen, das über die Rolle des Sprechers bei der Äußerung hinausgeht. Es wird die Reaktion auf die Äußerung akzentuiert. Dafür hat sich der Ausdruck „perlokutiver Akt“ eingebürgert. Perlokutive Akte unterliegen nicht der Kontrolle des Sprechers. Er kann nur versuchen, sie auszuführen, kann also nur versuchen, eine bestimmte Reaktion im Adressaten hervorzurufen, kann den perlokutiven Akt selbst aber nicht ausführen. Zählt man das Vollziehen eines bestimmten perlokutiven Akts zu den Gelingensbedingungen eines Sprechakts, hängt das Gelingen eines Sprechakts wesentlich von der Reaktion der Adressaten ab. Das hat für lehramtliche Äußerungen gewisse sozialphilosophisch interessante Folgen. Besonders interessant wird es in jenen Fällen, in denen lehramtliche Äußerungen unabsichtlich einen perlokutiven Akt erzeugen können.

Die lehramtliche Äußerung, „Es ist notwendig, dass jeglicher Vollzug der Ehe von sich aus auf die Erzeugung menschlichen Lebens ausgerichtet bleibt“[79], ruft mitunter die Reaktion von Unverständnis, Trauer, Wut oder Ridikülisierung hervor, Reaktionen, die wohl nicht als vom Sprecher intendiert unterstellt werden dürfen. Der perlokutive Akt entzieht sich also der Kontrolle des Sprechers. Ein Missverhältnis zwischen erwarteter und erzeugter Reaktion entsteht im Allgemeinen umso leichter, je weniger Sprecher und Hörer gemeinsam haben hinsichtlich der Übereinstimmung in Definitionen, Urteilen und Hintergrundwissen. Dieser Aspekt wird noch unter dem Stichwort „Lector in Magisterio“ diskutiert werden. Die Sprechakttheorie kann von diesem Aspekt (der Beziehung zwischen Sprecher und Adressaten) nicht absehen. Der Sprechakt des Versprechens etwa erzeugt Verlässlichkeit[80] und definiert die Beziehung zwischen Sprecher und Adressaten und macht das Handeln des einen für den anderen berechenbar.

Diese Weisen, mit dem Ausgangssatz umzugehen (es gäbe natürlich noch unzählige weitere Möglichkeiten), lassen die Unterscheidung von Lokution, Illokution und Perlokution plausibel erscheinen. Sehen wir uns diese Unterscheidungen im Einzelnen hinsichtlich ihrer Bedeutung für lehramtliche Äußerungen an. Jede lehramtliche Äußerung verwendet ganz bestimmtes sprachliches Material. Eine *Lokution* ist jede Äußerung in einer Sprache, so wie sie vorliegt und wie sie in einem Bericht wörtlich wiedergegeben oder auf einem Tonband aufgezeichnet und wieder abgespielt werden könnte, ganz egal in welchem Kontext, an wen gerichtet und zu welchem Zweck die betreffende Äußerung abgegeben worden ist. Man sieht also, wenn man von der Lokution spricht, nur auf das hervorgebrachte sprachliche Material, alles andere lässt man (methodisch) beiseite. Im Falle lehramtlicher Äußerungen wird meist davon ausgegangen, dass es eine authentische Fassung der lehramtlichen Äußerung (etwa die lateinische oder die französische Fassung) gibt. Dies ist eine Entscheidung hinsichtlich des Status des verwendeten sprachlichen Materials, also eine Regelung, die die Lokution der lehramtlichen Äußerung betrifft. Der interessanteste Aspekt einer Lokution ist das, was Austin – im Unterschied zum phonetischen und dem phatischen Akt – den

[79] *Humanae Vitae* 11; DH 4475.
[80] Vgl. Hart, *Der Begriff des Rechts*, 67.

rhetischen Akt nannte, die Produktion von wahrheitswertbezogenem Material. John Searle hat den rhetischen Akt als propositionalen Akt, bestehend aus einem Referenzakt und einem Prädikationsakt, dargestellt.[81] Viele illokutionäre Akte beinhalten einen propositionalen Akt, in dem zum Ausdruck kommt, wovon überhaupt die Rede ist, unabhängig davon, um welchen illokutionären Akt es sich handelt. Wenn wir eine Behauptung machen, behaupten wir etwas; wenn wir eine Frage stellen, fragen wir nach etwas; wenn wir einen Befehl erteilen, befehlen wir etwas. Das, worauf sich der betreffende illokutionäre Akt bezieht, kommt in der Proposition, die der betreffende Akt enthält, zum Ausdruck. Die Feststellung dessen, was behauptet, wonach gefragt, was befohlen wird, ist natürlich für das Verständnis des betreffenden Sprechakts ebenso wichtig wie das Verständnis des illokutionären Aspekts. Searle unterscheidet bei dieser Analyse der materialen Seite eines Sprechakts den Referenzakt, mit dem man sich auf „etwas" bezieht und klarmacht, wovon die Rede ist, und den Prädikationsakt, mit dem etwas über etwas ausgesagt wird. Der Begriff des propositionalen Aktes ist insofern erhellend und entscheidend für das Verständnis lehramtlicher Äußerungen, als der Gefahr, die Beurteilung lehramtlicher Äußerungen auf einen pragmatischen Aspekt zu reduzieren, dadurch begegnet wird. Auch wenn die lehramtliche Äußerung als Sprach*handlung* verstanden wird, so heißt das nicht, dass dieser Handlung keine für wahr gehaltenen Überzeugungen zugrunde liegen. Im Gegenteil: Searles Analyse kann einen Beitrag dazu leisten, die semantischen Implikationen von sprachlichen Handlungen deutlich zu machen. In diesem Sinne wird einmal mehr verständlich, dass jede Form der Pragmatik eine Form des Realismus voraussetzt in dem Sinne, dass die Zurückführung der Semantik und Syntax auf die Pragmatik, wie das für symbolische Sätze vorgeschlagen wurde, ontologische Verpflichtungen (Annahmen über eine außersprachlich zugängliche Welt und die Relevanz eines Gegenstandsbezugs etc.) einschließt. Der Sprechakt setzt Annahmen über die Welt voraus und schließt Annahmen über die Welt ein. Über diese Annahmen kann eigens diskutiert werden. Das ist eine entscheidende Überlegung vor allem dort, wo der kognitive Gehalt von Äußerungen über den symbolischen Kosmos abgestritten oder die Behauptung aufgestellt wird,

---

[81] Searle, *Sprechakte*, 40ff., Kap. 4.

dass sich lehramtliche Äußerungen auf den Aspekt ihrer sozialen Wirkung reduzieren ließen.[82]

3.2 Sprechakttheorie und Lehramt

Die Charakterisierung des M–Sprachspiels hat gezeigt, dass lehramtliche Äußerungen mit einem Wörterbuch arbeiten müssen, das der partikulären lehramtlichen Äußerung vorgelagert ist. Werden sprachliche Äußerungen im Rahmen der Sprechakttheorie analysiert, kann nicht behauptet werden, dass die Lokution ein eigener, besonderer Akt, der – frei von Illokution und Perlokution – für sich bestehen könnte. Darin liegt insofern ein gewisses Problem, als die lehramtlichen Äußerungen ihrem Selbstverständnis nach ihre entscheidende Dimension nicht in der pragmatischen Dimension ansiedeln.[83] Zieht man lehramtliche Texte zu Rate, wird man sich des Eindrucks nicht erwehren können, dass hier ein Bild von Sprache impliziert wird, das die Sprache als (zeitlich bedingtes, daher fehlerhaftes) Vehikel von Bedeutungen (im Falle des Lehramts: ewiger Wahrheiten) ansieht. Diese Sichtweise ist nur schwer mit Gedanken der Sprechakttheorie zu vereinbaren. Die Sprechakttheorie betrachtet die Lokution nicht unter der Rücksicht einer binären Unterscheidung „Sagen"/"Meinen" (was wurde gesagt, was wurde gemeint?), sondern unter der Rücksicht eines Tripels von zusammengehörigen Teilakten (Lokution, Illokution, Perlokution). Indem man eine Lokution macht, d.h. unter anderem auch, grammatikalisch hinreichend korrektes Sprachmaterial hervorbringt, tut man in so gut wie allen Fällen etwas ganz Bestimmtes. Lehramtliche Äußerungen geben etwas zu verstehen. Damit tun sie etwas: Sie versuchen, jemandem etwas zu verstehen zu geben. Dadurch hat die Produktion des sprachlichen Materials eine Rolle: Sie stellt eine Warnung dar, eine Verurteilung, eine Bestimmung, eine Empfehlung, ein Gebot. Die Produktion des

---

[82] Die Habermasrezeption in der Theologie (Arens, *Habermas und die Theologie*) läuft beispielsweise Gefahr, über den kommunikativen Aspekt kognitive Aspekte zu vernachlässigen.

[83] Das wird bei den Überlegungen zur impliziten Sprachphilosophie des Katholischen Lehramts noch deutlich werden.

sprachlichen Materials, die Lokution, tritt schon in einer solchen Rolle auf, sie kommt nicht extra hinzu. Damit vollzieht man einen *illokutionären* Akt. Ein illokutionärer Akt ist also eine Lokution in einer bestimmten Rolle. Über die Berücksichtigung des illokutionären Akts tritt der Kontext in den Blick. Die Rolle lehramtlicher Äußerungen hängt offensichtlich mit der Funktion des Lehramts überhaupt zusammen – es wurden die autorisierende und definierende, die Defensiv– und die therapeutische Funktion genannt. Der *perlokutionäre* Akt fokussiert die Reaktion der Adressaten. Lehramtliche Äußerungen dienen dazu, den Christgläubigen etwas zu verstehen zu geben. Lehramtliche Äußerungen haben also einen Adressaten. Das wurde auch mit der Dienstfunktion des Lehramts, dort anzugreifen, wo es für den Adressaten im Sinne der Erreichung des letzten Zieles nützlich sein kann, hervorgehoben. Wenn man jemanden anspricht, so hat dies gewöhnlich eine Reaktion des Angesprochenen zur Folge. Der Angesprochene wird reagieren und der Redende erwartet eine Reaktion, wenn er einen anderen anspricht. Lehramtliche Äußerungen erwarten eine Reaktion auf Seiten der Adressaten. Es ist, wie bereits angedeutet, jedoch nicht von den lehramtlichen Autoritäten zu kontrollieren, wie die Reaktion auf eine bestimmte Äußerung ausfallen wird. Diese Reaktion ist nicht unerheblich für das Gelingen des Sprechakts der Unterweisung oder der autorisierten Festlegung. Wenn ein lehramtliches Dokument festlegt, dass wiederverheiratete Geschiedene nicht zur Eucharistie zugelassen werden und sich niemand an diese Regelung hält, ist der Sprechakt der Festsetzung misslungen. Dies gilt nach sprachphilosophischen Kriterien auch für Ex–cathedra–Entscheidungen des Papstes, die zwar in ihrer – wahrheitstheoretischen – Gültigkeit „ex sese, non ex consensu Ecclesiae“ valide sind, nicht jedoch in ihrem sprechakttheoretischen Erfolg oder Misserfolg.

Die Sprechakttheorie ist damit ein Werkzeug, das neben den bereits im Zusammenhang mit dem Katholischen Lehramt diskutierten Unterscheidungen „orthodox“/„heterodox“, „sinnvoll“/„unsinnig“, „wahr“/„falsch“ zusätzlich eine Unterscheidung „geglückt“/„misslungen“ einbringt, mit der lehramtliche Sprachhandlungen analysiert werden können. Werfen wir einen Blick auf diese Erfolgsbedingungen. Über das Gelingen und Missglücken entscheiden (sprachliche und außersprachliche) Kontextbedingungen, die gegeben sein müssen, um eine Äußerung als Handlung akzeptabel zu machen. Auf diesem Hintergrund wird der Zusammenhang zwischen sprachlichen und außersprachlichen Faktoren deutlich. Zum Beispiel gibt es eine natürliche Verbindung zwischen unserem Verständnis einer bestimmten Emotion und der Art, wie die Emotion (sprachlich und außersprachlich) geäußert wird.[84] „So kann es etwa sein, daß ich ‚Willkommen!' sage und den anderen in meinem Haus oder sonstwo willkommen heiße, ihn danach aber wie einen äußerst lästigen Gast behandele. Hier ist die Prozedur des ‚Willkommen'–Sagens ganz anders mißbraucht worden als im Falle der schlichten Unaufrichtigkeit."[85] Hier ist die gesamte Handlung des Willkommenheißens – und zwar ex post – verunglückt. Ähnliche Überlegungen kann man in Bezug auf die anlassbezogenen „allocutiones" des Papstes und ähnliche Situationen anstellen oder auch im Zusammenhang mit dem „Stil" lehramtlicher Dokumente, der keineswegs unerheblich ist.[86] Der Stil hat sich an die „Umstände" anzupassen, eine Enzyklika über Menschenrechte kann nicht signifikant ähnliche Stilmerkmale aufweisen wie die Rede eines populistischen Politikers.

Die Rede von den „Umständen", unter denen eine Äußerung gemacht wird (unter denen also mittels eines Wortes gehandelt wird), bezieht sich auf die soziale Situation. Nur auf diese Weise kann das Gelingen oder Verunglücken von Sprechakten verständlich gemacht werden. Die „richtigen Umstände"[87], unter denen Wörter geäußert werden, sind entscheidend dafür, dass ich mit Wörtern bestimmte Handlungen vollziehen kann. Unter *richtigen* Umständen sind die gewöhnlichen, konventional geregelten oder wenigstens habituell standardisierten Kontextbedingungen gemeint, die gegeben sein müssen, um einen Sprechakt glücken zu lassen. Schauspieler auf der Bühne stehen in einer anderen sozialen Situation, was sich gravierend auf die Gelingensbedingungen ihrer Handlungen auswirkt.[88] Ähnlich gravierend ist der Unter-

---

84 Austin, *Gesammelte philosophische Aufsätze*, 143.
85 Ebd., 312.
86 Einen sehr interessanten Beitrag zur Rolle von Stil in der Vermittlung nicht-enzyklopädischen Wissens leistet Manfred Frank (*Stil in der Philosophie*). Diese Überlegungen sind auch für das Katholische Lehramt von Relevanz, zumal der Stil einer lehramtlichen Äußerung ein Kriterium für die Erhebung des Status dieser Äußerung ist.
87 Austin, *Gesammelte philosophische Aufsätze*, 308.
88 Austin, *Zur Theorie der Sprechakte*, 41.

schied zwischen einem Träger des kirchlichen Lehramts, insofern er amtlich handelt und sein Handeln institutionell verstanden werden muss oder insofern er informell eine persönliche Ansicht äußert. Diese Unterscheidung zwischen Handlungen qua Amtsträger und Handlungen qua Privatperson (Freund, Onkel, Manchester United–Fan etc.) sind entscheidend für die Klarifikation der Erfolgsbedingungen für eine gewisse Äußerung: „Ganz allgemein gesagt, ist es immer nötig, daß die Umstände, unter denen die Worte geäußert werden, in bestimmter Hinsicht oder in mehreren Hinsichten *passen*, und es ist sehr häufig nötig, daß der Sprecher oder andere Personen *zusätzlich* gewisse *weitere* Handlungen vollziehen."[89] Das ist uns aus liturgischen Kontexten wohlvertraut, gilt aber auch unbestreitbarerweise für mündlich geäußerte Sätze von Trägern des Katholischen Lehramts. Für das Gelingen lehramtlicher Sprechakte sind trivialerweise die formalen Voraussetzungen einzuhalten – ein als Bischof verkleideter Spaßmacher (oder Katholikenfresser), der sich auf einer Südseeinsel als Diözesanbischof einschleicht, wird ebenso wenig geglückte lehramtliche Sprechakte setzen können wie ein dementer Altbischof, der sich noch immer als regierender Diözesanbischof betrachtet und dementsprechend sprachlich handelt. Schließlich müssen nicht nur „die Umstände", sondern auch „die Personen" stimmen.[90] Wir müssen uns eben „die gesamte Situation, in der die Äußerung getan wird, den ganzen Sprechakt vornehmen."[91] Den ganzen Sprechakt zu berücksichtigen, heißt auch, die Rolle des Sprechers, den Zusammenhang von sprachlichen und außersprachlichen Faktoren und die Interaktion zwischen Sprechern zu beachten. Dabei hat das Katholische Lehramt den unleugbaren Vorteil, dass die Kontextbedingungen lehramtlicher Sprechakte, vor allem hinsichtlich des lokutionären Aspekts des Aktes, explizit festgelegt sind. Schwieriger wird es da schon bei den illokutionären Aspekten, wie wir gesehen haben. Die Qualifikation der Verbindlichkeit lehramtlicher Aussagen, die etwas über die Rolle ausdrücken, die diese Äußerung im Leben der Kirche spielen soll, fehlt in den meisten Fällen. Ebenso diffus ist in vielen Fällen der perlokutionäre Aspekt lehramtlicher Äußerungen, vor allem wenn die Äuße-

[89] Ebd., 29.
[90] Ebd., 52.
[91] Ebd., 71.

rung an alle Gläubigen gerichtet ist. Was muss geschehen, damit ein Dokument wie *Fides et Ratio* jene Reaktion auslöst, die den Erfolg in einem sprechakttheoretischen Sinn deutlich macht?

Über die korrekte Durchführung eines Verfahrens entscheiden Regeln, die für dieses Verfahren gelten. Diese Regeln haben häufig Gewohnheitscharakter und berufen sich auf einen „sozialen Habitus“.[92] Es gibt „übliche Verfahren“.[93] Dies hat etwas mit der erwähnten Regelhaftigkeit von Sprachspielen zu tun. Auch lehramtliche Äußerungen haben eine gewisse Form einzuhalten und ein gewisses, institutionalisiertes Verfahren zu respektieren. Das gilt etwa für die Frage nach der Rechtmäßigkeit eines Papstes oder nach der Authentizität ökumenischer Konzilien. Man muss mit gewissen öffentlichen Verfahren, mit bestimmten Schemata sozialen Handelns hinreichend vertraut sein, um sprachlich erfolgreich handeln zu können. Soziales Handeln ist gewöhnlich derart strukturiert, dass eine Handlungssequenz auf anderen Handlungssequenzen aufbaut. Im Falle der (bei Austin) berühmten Schiffstaufe ist das Zerschmettern der Flasche die Grundlage für die sprachliche Äußerung „Hiermit taufe ich dieses Schiff ‚Stalin'“. Ähnlich verhält es sich im Fall des Satzes „Wenn heute Montag ist, muss ich einkaufen gehen“, der mich auf das Einkaufen festlegt, oder im Fall von Behauptungen: „Eine Behauptung legt uns auf eine weitere fest, eine Handlung auf eine zweite.“[94] So ist auch in einem gewissen Sinne die Inanspruchnahme des epistemischen Status der Unfehlbarkeit zu verstehen – der Papst hat frühere lehramtliche Äußerungen zu respektieren. „Wenigstens für einige Typen von performativen Äußerungen, etwa vertragliche Äußerungen, gilt: Wenn sie glücken, dann trifft die Feststellung zu, daß ich in der Folge dies oder jenes tun muss.“[95] Man könnte dies das *Sequenzprinzip* nennen, das besagt, dass mich eine bestimmte Form sprachlichen oder außersprachlichen Handelns auf eine bestimmte Form sprachlichen oder außersprachlichen Handelns festlegt. In der Regel besteht Klarheit darüber, ob ein Verfahren geglückt ist oder nicht, auch wenn die Regeln nicht bis ins Letzte explizit an-

---

92 Vgl. Elias, *Die Gesellschaft der Individuen*, 243ff.
93 Austin, *Zur Theorie der Sprechakte*, 45.
94 Ebd., 70.
95 Ebd., 72.

gegeben sind. Das gilt auch für die katholischen Riten[96] und die lehramtlichen Äußerungen[97].

Besteht relativ zu einer bestimmten sprachlichen Äußerung ein etabliertes Verfahren, so hat dieses Verfahren, um den Erfolg des Sprechakts zu sichern, korrekt und vollständig durchgeführt zu werden.[98] Dieser Bezug auf Verfahren kann nur dann glücken, wenn es tatsächlich ein Verfahren gibt, das üblich ist und allgemein angewandt wird.[99] Austin gibt bekanntlich sechs Regeln für das Gelingen von Sprechakten an[100]:

(A.1) Es muss ein übliches konventionales Verfahren mit einem bestimmten konventionalen Ergebnis geben; zu dem Verfahren gehört, dass bestimmte Personen unter bestimmten Umständen bestimmte Wörter äußern.
(A.2) Die betroffenen Personen und Umstände müssen im gegebenen Fall für die Berufung auf das besondere Verfahren passen, auf welches man sich beruft.
(B.1) Alle Beteiligten müssen das Verfahren korrekt
(B.2) und vollständig durchführen.
(Γ.1) Wenn, wie oft, das Verfahren für Leute gedacht ist, die bestimmte Meinungen oder Gefühle haben, oder wenn es der Festlegung eines der Teilnehmer auf ein bestimmtes späteres Verhalten dient, dann muss, wer am Verfahren teilnimmt und sich so darauf beruft, diese Meinungen und Gefühle wirklich haben und die Teilnehmer müssen die Absicht haben, sich so und nicht anders zu verhalten
(Γ.2) und sie müssen sich dann auch so verhalten.

Verstöße gegen die beiden (A)-Regeln nennt Austin „Fehlberufungen", Verstöße gegen (A.2) „Fehlanwendungen", Verstöße ge-

---

[96] Der Gedanke, dass Sakramente „ex opere operato" wirken, hat den Effekt, dass die Sprechakte, die im Rahmen sakramenteller Handlungen vollzogen werden, von der Last der Kontextbedingungen befreit werden. Das ist insofern erkenntnistheoretisch begründet, als über Erfolg oder Misserfolg eines Handelns auf der Ebene des symbolischen Kosmos nicht entschieden werden kann. Woran will man den „Erfolg" von Fürbitten oder Bittgebeten im Allgemeinen feststellen? Woran will man den „Erfolg" einer Taufe messen?
[97] Vgl. Grote, *Was verlautbart Rom wie?*
[98] Austin, *Zur Theorie der Sprechakte*, 73f.
[99] Ebd., 47.
[100] Vgl. Savigny, *Philosophie der normalen Sprache*, 131–140.

gen (B.1) und (B.2) heißen bei ihm „Fehlausführungen". Fehlausführungen gegen (B.1) nennt Austin „Trübungen", gegen (B.2) „Lücken". In den letzten beiden Fällen ist der Sprechakt zwar zustande gekommen, aber eben nicht erfolgreich. Übertragen auf lehramtliche Äußerungen könnten wir festhalten, dass es etablierte Verfahren für lehramtliche Äußerungen geben muss. Diese Verfahren werden durch die Institution der Kirche eingerichtet und verwaltet. Man sieht an dieser Stelle, dass die Institution des Lehramts eingebettet sein muss in kirchlich–institutionell verfasste Formen von Christentum überhaupt. Der Versuch, einen Sprechakt zu setzen, für den es gar kein konventionales Verfahren gibt, ist nach Regel (A.1) weder nichtig noch ungültig, er scheitert von vornherein, es kommt überhaupt nichts Greifbares zustande. Es muss also eine Institution geben, durch die das Ergebnis der betreffenden Aktion festgelegt ist. Konventionen wiederum können als Handlungskoordinationsgewohnheiten aufgefasst werden. Diese sind von institutionellen Instanzen innerhalb einer Gemeinschaft zu verwalten, um stabil zu sein. Zum Gelingen performativer Sprechakte müssen also gewohnheitsmäßige Regelungen der Verhaltenskoordination vorliegen. Zu diesen Regelungen ist auch eine Kompetenzverteilung für die beteiligten Personen zu zählen. Ein Beispiel für Fehlberufungen ist etwa die Äußerung „Ich beleidige dich" (es gibt hierfür kein konventionales Verfahren wie für „Ich verzeihe dir"). Lehramtliche Äußerungen finden in einem Rahmen statt, der aufgrund der primären religiösen Erfahrung und aufgrund akzeptierter sekundärer religiöser Erfahrungen und aufgrund anderer sprachlicher Äußerungen weitgehend vorgegeben ist. Es gibt etwa kein Verfahren zur Aufhebung einer Taufe. Das können auch jene Personen, die das Lehramt ausüben, etwa ein Papst, nicht einfach einführen. Regel (A.2) klagt das Kontextprinzip ein. Auch hier entscheiden Instanzen, die mit dem Lehramt im strengen Sinn zusammenarbeiten (etwa die Einrichtungen des kirchlichen Rechtssystems), über Personen und Umstände, Zulassungsbedingungen und Formalitäten. Lehramtliche Äußerungen können nur gelingen, wenn sie unter den richtigen Umständen von den richtigen Personen geäußert werden. Der Satz „Jesus hat nur Männer zu Aposteln berufen" hat aus dem Mund oder der Feder des Papstes offensichtlich einen anderen Stellenwert als aus dem Mund eines Insassen in einer Anstalt für geistig abnorme Rechtsbrecher. Eine saloppe Bemerkung des Präfekten der Glaubenskongregation während seines Urlaubs hat offensichtlich einen anderen Status als ein entsprechend qualifiziertes Dokument der Glaubenskongregation. Hier zeigt sich, dass juridisch schon einiges geklärt sein muss, damit überhaupt von einer lehramtlichen Äußerung gesprochen werden kann. Oder anders gesagt: Es muss im sozialen Leben schon sehr viel vorbereitet sein, damit eine lehramtliche Äußerung als solche überhaupt stattfinden kann. Die angeführten B–Regeln besagen, dass die Ausführungsbestimmungen konventionaler Verfahren in der vorgesehenen Form und im vorgesehenen Ausmaß durchzuführen sind. Die B–Regeln versuchen, eine inkorrekte und unvollständige Durchführung eines Verfahrens zu unterbinden. Regel (B.1) moniert den Fehler der Trübung, der dort vorliegt, wo ein Verfahren inkorrekt durchgeführt wird. Das wäre etwa dort der Fall, wo folgender lehramtlicher Satz zu finden wäre: „Die Verurteilung des Buches XY wird aufgehoben; das Buch soll nicht als häretisch, sondern als ketzerisch gelten." Regeln über die Korrektheit sind öffentlich festzulegen. Die Theologie als Wissenschaft und Vermittlungsinstanz zwischen Pastoral und Lehramt hat hier einiges dazu beigetragen, dass Verfahrensregeln für lehramtliches Handeln öffentlich zugänglich werden oder überhaupt Verfahren eingerichtet werden, etwa im Umgang mit Beanstandungen theologischer Texte und Thesen durch die Träger des höchsten Lehramts.[101] Regel (B.2) zeigt den Fehler der Lücke an, der darin besteht, dass ein Verfahren nur unvollständig durchgeführt wird. Fiktives Beispiel: „Das Lehramt berichtigt seine Aussage, dass Menschenrechte unmoralisch sind" – hier liegt keine vollständige Berichtigung vor. Die Regeln der Vollständigkeit und Korrektheit sind vor allem dort brisant, wo ein neues Verfahren eingeführt wird und wo in einem Raum gehandelt wird, in dem nicht jeder Schritt durch eine klar identifizierbare Regel gedeckt ist. Vergessen wir nicht, dass bei Verletzung der bisher genannten Regeln der entsprechende Sprechakt gar nicht erst zustande kommt. Solche Fragen waren und sind brisant etwa im Fall der Rehabilitation Galileis, im Fall der Entschuldigung der römisch–katholischen Kirche für die Mitwirkung an Pogromen oder im Fall der Aufhebung des Schismas von 1054. Hier müssen erst

[101] Edward Schillebeeckx weist deutlich darauf hin, dass er ein offizielles Verfahren mit expliziten Regeln einem inoffiziellen Verfahren mit diffusen Regeln vorzieht (Strazzari, *Edward Schillebeeckx im Gespräch*, 84).

Verfahren eingerichtet, es muss sozusagen der Boden bereitet werden, damit die lehramtliche Äußerung auf einen fruchtbaren Grund fällt. Ein ähnliches Problem stellte sich bei der Schaffung der Einrichtung der Enzyklika als Form authentischer Verkündigung. Die Γ–Regeln schließlich sind nicht Bedingung des Zustandekommens eines Sprechaktes, aber ihre Missachtung ist eine häufige Ursache für Fehlschläge. Die Γ–Regeln haben es mit Selbstbindungen des Sprechers zu tun. Durch eine ganze Reihe von Sprechakten ist der Sprecher gebunden an das Vorliegen bestimmter Einstellungen seinerseits (Γ. 1) oder an Erwartungen in bezug auf sein weiteres Verhalten (Γ. 2). Im ersten Fall handelt es sich um Fälle von Unaufrichtigkeit, im zweiten Fall um Unzuverlässigkeit oder Inkonsequenz. Der Fehler der Unaufrichtigkeit deutet an, dass lehramtliche Äußerungen immer auch auf dem Hintergrund einer gesamten Lebensform beurteilt werden. Die Aussagen des Katholischen Lehramts über die Würde der menschlichen Person oder die Achtung der Menschenrechte sind etwa auch im Rahmen des institutionellen Handelns in der katholischen Kirche zu ratifizieren. Ein bekanntes Beispiel für dieses delikate Problem ist die katholische Soziallehre, die vom Katholischen Lehramt verkündet wird, und die Realisierung der Grundsätze der katholischen Soziallehre in der sozialen Struktur der Kirche, soweit dies möglich ist. Hier sieht man, dass lehramtliche Äußerungen nicht nur – durch die Schaffung von „Verfahren" und durch Schaffung der rechten Umstände – „vorbereitet", sondern auch „nachbereitet" werden müssen, das heißt innerhalb der kirchlichen Institutionen realisiert werden müssen. Der Fehler der Inkonsequenz würde etwa dort vorliegen, wo lehramtliche Dokumente zurückgenommen oder abgeschwächt werden. Wenn etwa ein Verbot über weitere Diskussionen des Priestertums der Frau erlassen wurde, kann es nicht sein, dass in einem weiteren lehramtlichen Dokument dazu Stellung genommen wird. Andererseits kann das pastoral aufgrund der therapeutischen Funktion des Lehramts notwendig sein. An diesem Beispiel sieht man, dass lehramtliche Äußerungen den Handlungsspielraum des Katholischen Lehramts empfindlich einengen können. Im Grunde engt jede lehramtliche Äußerung den Spielraum der weiteren Äußerungen ein – gerade auch unter der Rücksicht der beiden Γ–Bedingungen. An solchen Überlegungen läßt sich zeigen, dass über eine sprachphilosophische Analyse hinaus sozialphilosophische „Messungen“ am Katholischen Lehramt sinnvoll und berechtigt sind, weil das Katholische Lehramt nur auf dem Hintergrund des Begriffs der Institution und des Begriffs des sozialen Handelns, wie er auch im Rahmen der Sprechakttheorie entwickelt wird, analysiert werden kann.

V. Sozialphilosophische Messungen

Sozialphilosophische Messungen betrachten die soziale Bedeutung (der Ausübung) des Katholischen Lehramts. Die soziale Bedeutung des Lehramts wird zunächst mit dem institutionellen Charakter des Katholischen Lehramts assoziiert. Einige Aspekte der institutionellen Verfasstheit des Lehramts und seiner Ausübung wurden bereits im ersten Kapitel angesprochen. Als Institution ist das Lehramt als eine Einrichtung zu verstehen, die in überindividuellen Kategorien beschrieben werden muss. Im Rahmen einer solchen Einrichtung ist die Unterscheidung zwischen persönlichem und institutionellem Handeln plausibel und relevant.[1] Unter Institutionen versteht man gemeinhin Einrichtungen, die nach bestimmten Regeln des Arbeitsablaufs und der Verteilung von Funktionen auf Mitarbeiter(innen) bestimmte Funktionen erfüllen. Hier sind also die Begriffe der Regeln und Regelmäßigkeit, der Arbeitsteilung und Zuordnung und der Funktion entscheidend. Zentral scheint mir der Begriff der Regeln und der Regelmäßigkeit zu sein. Die daraus entstehende epistemische Verlässlichkeit wurde bereits skizziert. Aber auch im sozialen Raum scheint es keine Alternative zur Institutionalisierung der Glaubensinhalte und deren Verwaltung zu geben: „Es ist eine sittliche Pflicht", schreibt Norbert Brieskorn, „immer dann eine Rechtsordnung zu haben, wenn sich der den Menschen unablegbar mitgegebene Gemeinschaftsbezug in die soziale Dimension hinein entfaltet."[2] Mit dieser Begründungsfigur wird man auch die Institution des Lehramts

---

1 Zum Begriff von institutionellen Handlungen vgl. Sedmak, *Zur Professionalisierung der Pastoral.*

2 Brieskorn, *Rechtsphilosophie*, 31.

plausibilisieren können (was nicht heißt, dass jede kontingente Ausgestaltung von beamteter Lehrautorität auf dieser Grundlage gerechtfertigt werden könnte). Der Begriff der Institution bringt zum Ausdruck, dass wir es mit wiederkehrenden Regelmäßigkeiten, mit einem Regelsystem zur Lenkung der Abläufe und Funktionen zu tun haben.[3] Ohne den Begriff der Regeln und der Wiederholung kann der Begriff der Institution nicht plausibel gemacht werden. Institutionen sind stabile soziale Einrichtungen und damit Mechanismen zur Erzeugung und Reproduktion von Handlungsschemata. Dies ist bei der Charakterisierung der Interaktion zwischen Personen und Lehramtsträgern mitzubedenken mit den Sicherheiten und Risiken, die diese Form institutionellen Handelns bietet. Im Rahmen einer Institution werden Typisierungen erzeugt, „typische Verhaltensweisen", „typische Lehramtsträger", wie dies bereits zu Beginn des ersten Kapitels angedeutet wurde. Die Funktion einer Institution besteht wesentlich darin, neue Operationen im Rahmen eines Regelwerks zu ermöglichen und bestehende Operationen zu regulieren. Auf diesem Hintergrund lässt sich die Koordinationsaufgabe, die das Lehramt wahrzunehmen hat (bzw. die im Rahmen der Ausübung des Lehramts zu erfüllen ist), verständlich machen. Das Lehramt als eine Institution ist eine Einrichtung zur Verhaltenskoordination und Handlungsabstimmung. Daraus entstehen gemeinschaftliche Handlungsstrukturen, die über eine besondere Situation und Person hinaus Gültigkeit beanspruchen. Hierin liegen eine Chance und ein Risiko. Institutionen – und eine sozialphilosophische Analyse des Lehramts wird um diesen Gesichtspunkt nicht herumkommen – sind „Muster des Handelns und Verhaltens, die dieses Handeln und Verhalten in konkreten Situationen (wie Muster ihre Nachbildungen) bestimmen, und zwar (1) für jedermann in einem bestimmten Handlungs– oder Verhaltenszusammenhang und/oder in einer bestimmten Gruppe und (2) auch dann – z.B. durch Sanktionen, möglicherweise aber auch durch das ‚innere' Bedürfnis, sonst eintretende Unsicherheiten des Handelns und Verhaltens zu bewältigen –, wenn Handeln und Verhalten in Einzelfällen diesen Mustern nicht folgen"[4]. Nach der funktionalistischen Deutung der Insti-

---

[3] Vgl. Schelsky, *Zur soziologischen Theorie der Institution.*

[4] Schwemmer, *Institution*, 250. Nach Schotter sind Institutionen Einrichtungen zur Verringerung von Entropie aufgrund von Koordinationsleistungen. Insti-

tution, die gerade diesen Aspekt würdigt, wird eine Institution über den Begriff der Regel, die individuelles Handeln und soziale Rücksicht aufeinander abstimmt, analysiert.[5] Dieser Aspekt scheint mir gerade im Falle der Institution des Lehramts wichtig, auch wenn es hier – eine spezifische Rücksicht, die nicht für andere soziale Institutionen herangezogen werden kann – um die Koordination nicht nur von sozialem Kontext („Kirche") und Individuum, sondern auch um die Koordination des Verhältnisses von Übernatürlichem zu Natürlichem geht.

Was die Entstehung von Institutionen betrifft, gilt hier Ähnliches wie für Konventionen: Sie können durch reproduktive Etablierung aus erfolgreichen Problemlösungen entstanden sein, aber auch durch ausdrückliche Vereinbarung.[6] Im Falle des Katholischen Lehramts sind wohl beide Faktoren relevant. Das Katholische Lehramt beruht auf expliziten Vereinbarungen (und zur Anerkennung notwendigen Überzeugungen), ist aber auch das Produkt von mehr oder weniger kontingenten historischen Entwicklungen, die die Gestalt des Lehramts geprägt haben.

Neben einer funktionalen Analyse des Lehramts wird eine mehr theologisch ausgerichtete Betrachtungsweise wohl auch den Gedanken einer „Leitidee" aufgreifen, die eine Institution prägt. Dieser Gedanke von M. Hauriou[7] ist bereits im ersten Kapitel zur Sprache gekommen. Aufgrund einer Leitidee („idée directrice") kann eine Institution Einzelpersonen zusammenbringen und deren Handlungen koordinieren. Die Grundüberzeugungen, die die Idee des Lehramts plausibel machen, haben sicherlich sowohl eine epistemische Funktion (die Funktion, Überzeugungen zu koordinieren, zu vermitteln, zu gewichten und zu bewerten), eine praktische Funktion (die Funktion, Handlungsorientierung zu vermitteln) und eine soziale Funktion (die Funktion, eine Gemeinschaft zusammenzuhalten). Die Identität von Lehramtsträgern beruht auf

---

tutionen beginnen mit Daumenregeln und enden mit umfassender Normierung, sodass, wenn einmal institutionalisiert ist, die Institution „alles" sagt (Schotter, *The Economic Theory of Social Institutions*, 139). Diese Gefahr der Hyperbürokratisierung ist bei einer Institution mit langer Geschichte und zum Teil universalem Geltungs- und Wirkbereich nicht von der Hand zu weisen.

5 Vgl. Parsons, *Zur Theorie sozialer Systeme*, 177–220; Luhmann, *Institutionalisierung*.

6 Douglas, *Wie Institutionen denken*, 80.

7 Hauriou, *Die Theorie der Institution*.

der Leitidee, auf einer primären religiösen Erfahrung, in deren Lichte alle weiteren religiösen Erfahrungen gedeutet werden. Eine entscheidende Stellung kommt hier den erbrachten Klassifikationsleistungen zu, die im Rahmen der Ausübung des Lehramts übernommen werden.[8] Institutionen verwalten Kategorien, ermöglichen Unterscheidungen, prägen Begriffe. Institutionen prägen die epistemologische Landschaft; sie erzeugen dunkle Stellen, an denen nichts zu erkennen ist und keine Fragen gestellt werden, andere Bereiche zeigen sie im Detail.[9] Im Rahmen der Überlegungen zur Erkenntnistheorie wurde explizit auf die Rolle des Lehramtes bei der Administration von Unterscheidungen („orthodox"/"heterodox") hingewiesen. Die Kategorie der „Rechtgläubigkeit" ist ebenso wie die Kategorie der „Unschuld" auf dem Hintergrund einschlägiger Institutionen zu verstehen.[10] Sozialphilosophische Messungen heben gerade die soziale Dimension der epistemischen Arbeit hervor.[11]

Sozialphilosophische Messungen werden besonders die soziale Gestalt der „Idee des Lehramtes", um die es in diesem Buch geht, herausarbeiten. Auf diesen Kontext von Gesellschaft und Geschichte sollen sozialphilosophische Messungen aufmerksam machen: Wenn es um die Analyse der relevanten sozialen Beziehungen geht, müssen einerseits die beteiligten Größen identifiziert und andererseits Machtfragen angesprochen werden. Im Rahmen von sozialphilosophischen Betrachtungen kann das Lehramt als eine Einheit betrachtet und als soziales System rekonstruiert werden. Zur Charakterisierung dieses sozialen Systems ist das Netz von relevanten Relationen zu analysieren – der Rahmen, der die Kriterien zur Bestimmung relevanter Beziehungen liefert, ist die Fragestellung nach dem Verhältnis von Philosophie zu Katholischem Lehramt. Innerhalb dieses Rahmens können wenigstens sieben Entitäten als relevante Größen identifiziert werden: Offenbarung, die Gemeinschaft der Gläubigen, die Institution des Lehramts, „die Welt" (über die viele lehramtliche Dokumente – in Abhebung von „Kirche" verstanden – sprechen), Theologie, Philosophie, Wissen-

[8] Vgl. Sedmak, *Sozialtheologie*, 96–100.
[9] Douglas, *Wie Institutionen denken*, 114.
[10] Ebd., 188.
[11] Diese soziale Dimension der Erkenntnisarbeit habe ich an anderer Stelle explizit diskutiert: Sedmak, *Sozialtheologie*, Kap. 1 und 3.

schaft. Eine sorgsame sozialphilosophische Analyse würde nun jede einzelne der Beziehungen, die sich aus der Vernetzung dieser sieben Größen ergeben, einer Prüfung unterziehen. Das würde aber – zugegeben, ein billiger Hinweis, aber nicht unberechtigt – den Rahmen dieser Studie sprengen. Daher schlage ich vor, mich im Rahmen der philosophischen Überlegungen zur sozialen Dimension des Lehramts auf zwei Aspekte zu konzentrieren: auf den Aspekt der Autorität (Lehramt als Autorität) und auf den Aspekt der Hermeneutik lehramtlicher Texte (soziale Funktion lehramtlicher Texte).

1. Das Lehramt als Autorität

Es ist offensichtlich und wurde in den sprachphilosophischen Überlegungen hervorgehoben, dass lehramtliche Texte als normative Texte eine bestimmte Reaktion erwarten. Auf den Satz, „Heute ist ein schöner Tag", ist anders zu reagieren als auf den Satz, „Bitte mach die Tür zu". Das ist trivial, hat aber Konsequenzen für die Handlungsverpflichtungen, die mit der prinzipiellen Akzeptanz des Katholischen Lehramts übernommen werden. Die Handlungsverpflichtungen hängen vom Status des jeweiligen lehramtlichen Textes ab: „It is reasonable to expect that to each degree of authority exercised by the church's magisterium, there will correspond a level of response expected of the Catholic faithful."[12] Wir haben es hier also mit Autoritätsstrukturen zu tun, die im Rahmen einer Gemeinschaft entfaltet und in Form von Institutionen administriert werden. Ein sozialphilosophischer Blick auf die Idee des Katholischen Lehramts wird besonderes Augenmerk auf den Charakter des Lehramts als Autorität legen.

Das Katholische Lehramt ist als eine Autorität zu betrachten, die in strittigen Fragen des Glaubens klärend und normierend und verbindlich eingreift. Der Autoritätsaspekt hängt mit dem Institutionsaspekt zusammen.[13] Das entspricht sowohl dem Selbstverständnis des Lehramts als auch der sozialen Funktion. Das Katholische Lehramt versteht sich selbst als die von Christus eingesetzte

---

[12] Sullivan, *Creative Fidelity*, 12; vgl. DH 4333.

[13] Doré, *L'Institution du Magistère*, 14.

authentische und immerwährende Einrichtung zur Verwaltung der Hinterlassenschaft des Glaubens.[14] Diese Einrichtung hat Christus mit eigener Vollmacht bereichert, mit dem Geist der Wahrheit ausgestattet und durch Wunder bestätigt.[15] Die Autorität des Katholischen Lehramts ist den lehramtlichen Texten zufolge damit die Autorität Christi selbst, „qui per Ecclesiam ... docet“[16]. Die Vollmacht des Lehramts wird im Namen Christi ausgeübt, wie in der dogmatischen Konstitution des Zweiten Vatikanischen Konzils festgehalten wird.[17] Das entspricht auch dem Selbstverständnis der lehramtlichen Amtsausübung: Eine Autorität kann nur dann im Gewissen verpflichten, wenn sie an der Autorität Gottes teilhat.[18] Will man also dem Selbstverständnis des Katholischen Lehramts gerecht werden, ist es als Autorität zu analysieren. Die Autorität des Katholischen Lehramts ist im Rahmen einer Rede von Institution plausibel zu machen. Der normative Aspekt kann bei sämtlichen Institutionen, die in jedem Fall durch einen Regelaspekt zu charakterisieren sind, rekonstruiert werden. Im Falle des Katholischen Lehramts ist dieser Aspekt allerdings nicht ein Nebenaspekt der Institution wie etwa im Falle eines Sportvereins oder des Statistischen Zentralamts, sondern eine zentrale Rücksicht, unter der Funktion und Status der Institution zu analysieren sind. Damit wird einerseits ausgesagt, dass die Institution des Katholischen Lehramts wesentlich durch den Begriff der Autorität bestimmt wird und dass die Glaubwürdigkeit der Institution wesentlich mit der Glaubwürdigkeit ihrer Autorität zusammenhängt und andererseits, dass die Umsetzung von Autorität im Rahmen der Ausübung des Katholischen Lehramts in Begriffen institutionellen und nicht persönlichen Handelns gefasst werden muss: „The authority of office does not simply take the place of personal authority.”[19] Lehrautorität wird in der katholi-

---

14 „Satis cognitum“ (AAS 28 [1895/96], 709–756, 721ff.).

15 „... magisterium, quod suapte potestate auxit, spiritu veritatis instruxit, miraculis confirmavit“ (ebd., 721).

16 DH 3806.

17 *Lumen Gentium* 25, 35; DH 4149, 4161; vgl. *Dei Verbum* 10; DH 4214.

18 DH 3980 (*Pacem in Terris*). Das ist im Übrigen auch der Angelpunkt, von dem aus das Katholische Lehramt andere Autoritäten beurteilen kann: Jede menschliche Autorität hat ihre Grenzen im ewigen Gesetz und ihre Dekrete haben keine Gültigkeit, wenn durch sie Gesetze Gottes oder Rechte der Menschen verletzt werden (DH 3248f., 3981, 3985).

19 Dulles, *Authority and Conscience*, 102.

schen Kirche an Mitglieder der Gemeinschaft übertragen, die als Mitglieder der Gemeinschaft, nicht als wie auch immer herausragende Individuen, angesprochen und mit Autorität betraut werden. Aufgrund dieses gemeinschaftszentrierten Charakters können klare Erwartungen an einen Autoritätsträger in der Kirche gestellt werden.[20] Von der Erfüllung dieser Erwartungen hängt nicht nur die moralische Autorität, sondern auch, aufgrund des Zusammenhangs zwischen Lebensform und Erkenntnis, die epistemische Autorität ab – denn die Ausübung von Autorität im Rahmen der katholischen Kirche findet in einem Rahmen statt: Die Ausübung von Autorität in der Kirche hat immer „ad aedificationem" zu erfolgen. Diese Art von Autorität auszuüben verlangt „humilitas", die Demut, die Füße am Boden und die Ohren an den Nöten der Zeit zu haben. Das Bild der Fußwaschung (Joh 13) ist nach wie vor das ultimative Leitbild für die Ausübung von Autorität in der Kirche. Das gilt auch für die Lehrautorität. In diesem Sinne hat Pedro Arrupe, in Fragen der Autoritätsausübung ein beeindruckender Zeuge, sein Amt als Dienst an der Gesellschaft Jesu verstanden. Die folgenden Ausführungen zur Struktur lehramtlicher Autorität stehen unter dem Vorzeichen der erwähnten Komplexität lehramtlichen Handelns, das nicht nach dem mechanischen Schema „hier ein Befehl, dort eine adäquate Reaktion" zu verstehen ist. Der soziale Raum, in dem das Lehramt ausgeübt wird, ist aufgrund der vielen beteiligten Faktoren vielschichtig. Die folgenden Ausführungen deuten – zugegeben, nicht ohne grobe Vereinfachungen um der Klarheit willen – Koordinaten einer Diskussion um die Autorität des Lehramts an.

1.1 Grundstruktur von Autorität

Die Autorität des Lehramts kann als deontische, epistemische, moralische, institutionelle und autoreferentielle verstanden und bezeichnet werden. Die ersten drei Kennzeichen werden auf den

[20] Vgl. 1 Tim 3,1–13; 2 Tim 2,24. In diesem Sinne unterscheidet sich Autorität von Macht: „Power is the ability to impose one's will on another. Authority is legitimate power, power, that is, that is based on some other grounds than force, threat, or promised reward" (Komonchak, *Authority and Magisterium*, 103).

nächsten Seiten abgehandelt, der institutionelle Charakter (d.h. es handelt sich um eine Form der Autorität, die im Rahmen einer Institution, im Unterschied zu „persönlicher Autorität" ausgeübt wird) wurde in den Vorbemerkungen hervorgehoben, die Eigenschaft der Autoreferentialität macht auf ein auch erkenntnistheoretisches Problem aufmerksam, dass nämlich lehramtliche Autorität auch im Hinblick auf den Status lehramtlicher Texte ausgeübt wird, was dieser Autorität einen rückbezüglichen Charakter verleiht, der die Einbettung lehramtlicher Autorität in einen Rahmen, der andere Normquellen (Schrift, Tradition) und Reflexionsinstanzen (Philosophie, Theologie) ermöglicht, notwendig macht. Die Autorität des Lehramts ist kraft einer hierarchischen Ordnung, die lehramtlichen Aussagen Gewicht verleiht, eine deontische Autorität. Aufgrund der theologischen Argumente und der Unabdingbarkeit theologischer Expertise in lehramtlichen Dokumenten ist diese Autorität aber auch dem Anspruch nach eine epistemische Autorität, was zu Konkurrenzsituationen zur epistemischen Autorität der akademischen Theologie führen kann. Die Autorität des Katholischen Lehramts ist institutionell: Die Legitimation persönlicher Autorität unterscheidet sich prinzipiell von der Legitimation institutioneller Autorität. Es ist daher zwischen der Autorität der Institution des Katholischen Lehramts und der persönlichen Autorität einzelner Vertreter des Katholischen Lehramts zu unterscheiden:„The authority of office does not simply take the place of personal authority."[21] Autorität wird innerhalb der Kirche an Individuen nicht als Individuen, sondern als Mitglieder der Kirche übertragen. Schließlich ist die Autorität des Lehramts autoreferentiell: Das Lehramt macht Aussagen über sich selbst. Im Unterschied zu den anderen allgemein anerkannten normativen Quellen der katholischen Kirche, Schrift und Tradition, die auch lehramtlich verwaltet werden (epistemische Arbeit zum rechten Umgang mit der Schrift und dem rechten Umgang mit der Tradition), legen lehramtliche Dokumente die Auslegung lehramtlicher Dokumente fest. Das bringt gewisse erkenntnistheoretische Eigenarten lehramtlicher Autorität mit sich, die auch als erkenntnistheoretische Herausforderungen an die Legitimität der Autorität des Lehramts verstanden werden können.

[21] Dulles, *Authority and Conscience*, 102.

Sehen wir uns zunächst die Grundstruktur von Autorität an. Die Autorität ist eine dreistellige Relation zwischen einem Träger, einem Subjekt und einem Gebiet.[22] In der Rechtssprache unterscheidet man zwischen dem Normsetzer (a), dem Normadressaten (b) und dem Normobjekt (c).

(a) Das Lehramt übt unbestreitbarerweise die Funktion des Normsetzers aus, indem die Sätze des Lehramts als präskriptive Sätze zu verstehen sind, die sprachliches und auch (wenn auch erst sekundär) außersprachliches Handeln anleiten. Das Lehramt ist also Autoritätsträger. Das Lehramt wird dabei als eine Institution angesehen, die freilich als Normsetzer nur dann in Erscheinung tritt, wenn das Lehramt aktiv und explizit ausgeübt wird. Ausgeübt wird das Lehramt durch den Papst und durch das Bischofskollegium[23] und durch einzelne Bischöfe[24]. Dem Lehramt kommt die Funktion des Normsetzens zu. Diese Eigenschaft kann nur im Rahmen eines Tripels von Träger, Subjekt und Gebiet adäquat begriffen werden, was bereits die auf der Sprechakttheorie beruhende Analyse des Modus lehramtlicher Aussagen klarmachte. Das Katholische Lehramt adressiert Normen an einen Normadressaten (an ein Subjekt). Als handelnde Subjekte der lehramtlichen Autorität, also als Träger des Lehramts, kommen nach der in dieser Arbeit verfolgten Handlungstheorie nur Einzelpersonen in Frage, auch wenn die Einzelpersonen als Amtsinhaber handeln und ihre entsprechenden Handlungen als Formen institutionellen Handelns zu beurteilen sind.

(b) Subjekt der lehramtlichen Autorität ist – theologisch gesprochen – das Volk Gottes, juridisch gesprochen handelt es sich um die Angehörigen der katholischen Kirche, wobei es Grade und Weisen der Zugehörigkeit zur katholischen Kirche gibt. Als die Normadressaten können also die Getauften, „die ganze pilgernde Kirche“, alle Glaubenden[25] angesehen werden. Ungetaufte sind nicht Subjekt der lehramtlichen Autorität (DH 1671). Häretiker unterliegen der Autorität des Lehramts, verlieren jedoch die Güter der Kirche (DH 2568–2570). Als Subjekt kommt von vornherein

---

[22] Bocheński, *Was ist Autorität?*, 23. Dieses Buch stellt auch für die folgenden Überlegungen einen wichtigen Bezugspunkt dar.

[23] In diesen Fällen auch mit der allerdings kenntlich zu machenden Option auf Unfehlbarkeit (CIC, can. 749).

[24] CIC, can. 753.

[25] Vgl. DH 1053f., 1307, 3059.

nur ein bewusstes Wesen in Frage, das in der Lage ist, die Entscheidungen der Autorität umzusetzen. Das ist eine Frage der Verwendung des Handlungsbegriffs. Ich schlage vor, als Handelnde ausschließlich Einzelwesen in Betracht zu ziehen, die dann aber auch institutionell handeln. Weiters ist darauf hinzuweisen, dass die Normen des Katholischen Lehramts nicht bloß für Einzelpersonen, sondern auch für Institutionen gelten. So könnte man sagen, dass das Katholische Lehramt seine Normen distributiv in dem Sinne zuweist, dass „alle und jede(r) Einzelne" die jeweilige Norm zu befolgen haben, es sei denn, es ist explizit anders vorgesehen.

(c) Das Gebiet der lehramtlichen Autorität ist die geoffenbarte Lehre, d.h. das Gebiet der Glaubenshinterlassenschaft. Neben Fragen der Glaubenslehre erstreckt sich das Gebiet der lehramtlichen Autorität auch auf Fragen der Sittenlehre.[26] Fragen der Sittenlehre, wie sie in wirtschaftlichen und sozialen Gebieten behandelt werden, sind dabei ebenso dem Gebiet der lehramtlichen Autorität zuzurechnen.[27] Darüber hinaus erstreckt sich das Gebiet der lehramtlichen Autorität neben Glaubens– und Sittenfragen auch auf das Gebiet der Philosophie.[28] Ausdrücklich nicht zum Gebiet der lehramtlichen Autorität gehören das *forum internum* (Absichten und Gesinnungen)[29] und einzelwissenschaftliche Fragen[30].

In einem gewissen Sinn ist das Gebiet der lehramtlichen Autorität abgeschlossen, da der Hinterlassenschaft des Glaubens durch das Lehramt nichts Neues hinzugefügt wird, sondern in erster Linie Explikationsleistungen erbracht bzw. präskriptive Akte gesetzt

---

[26] DH 4581: Das Lehramt der Kirche interpretiert authentisch die Prinzipien der sittlichen Ordnung, die aus der Natur des Menschen selbst hervorgehen; DH 4756: Die Lehre der Kirche erstreckt sich auf die gesamte Moralordnung. Zur Glaubenslehre und damit dem Gebiet der Offenbarungsinhalte gehören nach einer klassischen Formulierung des Thomas von Aquin von sich aus all jene Fragen, die sich auf das Heil beziehen: „Per se ad fidem pertinent illa, quae directe nos ordinant ad vitam aeternam" (*STh* II–II 1,6 ad 1). Während die Glaubensinhalte als direktes Objekt des Lehramts bezeichnet werden können, sind indirekte Wahrheiten all jene Wahrheiten, die per accidens (wir könnten sagen: aufgrund enzyklopädischer Bestimmungen) zur Verkündigung der Offenbarungswahrheiten notwendig oder nützlich sind.

[27] DH 3725, 3938, 3997.

[28] DH 2860f., 2865f., 2910, 3018.

[29] DH 1814, 2266f., 3318.

[30] Das kann in Einzelfällen natürlich zu Konflikten führen, etwa wenn in lehramtlichen Texten soziologische oder ökonomische Theorien verwendet werden; vgl. Nell–Breuning, *Gerechtigkeit und Frieden*, 12.

werden.[31] Die Offenbarung gilt als abgeschlossen. Die erkenntnistheoretische Eigenart zur Einschätzung des symbolischen Wissens ist auch an dieser Stelle relevant: Die Administration eines sozial relevanten symbolischen Kosmos ist nur über eine Institution möglich, die den symbolischen Kosmos in Handlungsanweisungen übersetzt. In jedem Fall reden wir vom Gebiet der lehramtlichen Autorität dort, wo wir es mit einer Klasse von Sätzen oder einer Klasse von Weisungen zu tun haben[32], also mit Propositionen, die sich auf den symbolischen Kosmos bzw. den Bezug zwischen enzyklopädischem, kategorialem und symbolischem Wissen beziehen. In jedem Fall sprechen wir von der propositionalisierbaren Dimension des symbolischen Kosmos bzw. der propositionalisierten „Übersetzung" symbolischen Wissens.

Die dreistellige Relation der Autorität enthält drei (bzw. mit Umkehrungen sechs) zweistellige Relationen. Es handelt sich, wenn man den Fall der Umkehrbarkeit einmal weglässt, um die Relationen „Träger–Gebiet", „Träger–Subjekt", „Subjekt–Gebiet". Diskutieren lassen sich die Beziehung zwischen Autoritätsträger und Autoritätsgebiet anhand der Fragen der Begründung (im Falle des Lehramts: göttliche Stiftung, Einbettung in eine allgemeine Ekklesiologie) und der Definition des Gebiets (für das Lehramt: Fragen des Glaubens und der Sitten und damit zusammenhängende Fragen). Die Relation zwischen dem Autoritätsträger und dem Autoritätssubjekt ist im Falle des Katholischen Lehramts durch Kongruenz (auch die Träger des Lehramts unterliegen dem Lehramt und haben sich an allgemeine Normen zu halten) und durch Differenz (die Träger des Lehramts können sich unter gewissen Umständen auf die Assistenz des Heiligen Geistes berufen und eine besondere Autorität beanspruchen, und zwar auch als Einzelpersonen, was den Subjekten der lehramtlichen Autorität nur kollektiv – als das gesamte Volk Gottes – möglich ist) zu kennzeichnen. Die Relation schließlich zwischen Autoritätssubjekt und Autoritätsgebiet im Falle des Katholischen Lehramts ist durch Relevanzüberlegungen zu charakterisieren (Fragen der Lebensorientierung gehen alle an, es gibt keinen neutralen Grund, auf dem religiöse Fragen entschieden werden könnten).

---

31 DH 3683, 4151, 4534.

32 Bocheński, *Was ist Autorität?*, 50.

Nach der grundsätzlichen Struktur sind Fragen der Umsetzung zu diskutieren. Was sind Bedingungen dafür, dass das Katholische Lehramt mit Recht als Autoritätsträger für das Kirchenvolk betrachtet werden kann? Hier kommen Fragen der Anerkennung dessen ins Spiel, was den Inhalt der Ausübung der lehramtlichen Autorität angeht. Es handelt sich also um die Fragen, in welcher Weise das Katholische Lehramt seine Autorität ausübt und inwieweit die Ausübung der lehramtlichen Autorität anerkannt wird. Das ordentliche Lehramt etwa verlangt eine innere Zustimmung, die jedoch nicht prinzipiell als unwiderruflich zu gelten hat. Allerdings ist der Verbindlichkeitsgrad von nicht ausdrücklich für unfehlbar erklärten Lehraussagen in vielen Fällen unklar. Als unfehlbar ist eine Lehre nur dann anzusehen, wenn dies offensichtlich feststeht. Nach *Lumen Gentium* kann die Gesamtheit der Gläubigen (Nr. 12), das Kollegium der Bischöfe (Nr. 25) oder der Bischof von Rom allein (Nr. 25) unfehlbar urteilen. Allerdings sind unfehlbare und Ex–cathedra–Entscheidungen an klare Bedingungen gebunden, wie dies bereits im ersten Kapitel ausgeführt worden ist.

Sehen wir uns die Ausübung der Autorität im Rahmen der katholischen Tradition an: Das Katholische Lehramt übt seine Autorität durch sprachliche Handlungen aus, die Aussagesätze und Weisungen zum Ergebnis haben. Die Frage nach der Anerkennung der Autorität des Katholischen Lehramts ist daher als Frage nach der Anerkennung der lehramtlichen Sätze und Weisungen zu verstehen. Als Objekt der Anerkennung sollen also sprachliche Konstruktionen gelten, als Träger des Akts der Anerkennung kommt nur das Autoritätssubjekt in Frage. Auf diesem Hintergrund kann formuliert werden: Das Katholische Lehramt ist ein Autoritätsträger für das Kirchenvolk genau dann, wenn das Subjekt prinzipiell alles, was ihm vom Autoritätsträger mit Behauptung mitgeteilt wird und zum Autoritätsgebiet gehört, anerkennt.[33] Die Anerkennung lehramtlicher Texte ist vom Lehramt selbst geregelt. Wir könnten in diesem Falle von einer „authentischen" Anerkennung sprechen, d.h. von einer Form der Anerkennung, wie sie vom Autoritätsträger vorgesehen ist und erwartet wird. Die Anerkennung

[33] Vgl. ebd., 25.

der lehramtlichen Entscheidungen wird allgemein gefordert.[34] Von den Glaubenden wird erwartet, dass sie treu zur Überlieferung, zu ordentlichem und außerordentlichem Lehramt stehen.[35] Allem, was in feierlicher Entscheidung oder kraft des gewöhnlichen und allgemeinen Lehramtes als von Gott geoffenbart zu glauben vorgelegt wird, gebührt göttlicher und katholischer Glaube.[36] Den Festlegungen des Papstes im Bereich des Glaubens oder der Sitten kann wegen der Wirksamkeit des Heiligen Geistes die Zustimmung der Kirche niemals fehlen.[37] Den Lehrdekreten wird nicht mit gehorsamem Schweigen Genüge getan.[38] Auch als nicht unfehlbar vorgelegten Lehrdokumenten wie Enzykliken und Verurteilungen von Irrtümern gebührt Zustimmung.[39] Religiöser Gehorsam des Willens und der Einsicht ist dem authentischen Lehramt des Römischen Bischofs zu leisten, auch wenn er nicht *ex cathedra* spricht.[40] Die Glaubenden sind verpflichtet, die Lehren des obersten Lehramtes der Kirche anzunehmen, die nicht als verbindlich im Bereich des Glaubens oder der Sitten definiert wurden.[41] Von der authentischen Anerkennung, die als Anerkennung *de iure* verstanden werden kann, kann die faktische Anerkennung unterschieden werden, wie sie nicht aus verbindlichen Texten abgeleitet werden kann, sondern die daraus ersehen wird, wie sich die Dinge verhalten.

Die juristischen Aspekte der Autoritätsträgerschaft des Lehramts wurden bereits bei der Skizzierung der Eigenart des Katholischen Lehramts angedeutet. Die Frage nach der faktischen Anerkennung der Autorität des Lehramts durch die Gläubigen ist davon zu unterscheiden. Diese Frage ist auch deswegen delikat, weil lehramtliche Sprechakte nur dann in ihrem perlokutionären Aspekt als geglückt gelten können, wenn sie die entsprechende Reaktion auf Seiten der Rezipienten hervorrufen. Allgemein bekannt ist die

---

34 DH 2020, 2390, 2875–2880, 3020, 3625, 3884f., 4149.

35 DH 4823.

36 DH 3011.

37 DH 4150.

38 DH 2390.

39 DH 2922, 3407, 3885. Eine solche Zustimmung muss widerrufen werden können, wie die in DH H3h angeführten Beispiele für widerstreitende Lehrentscheidungen deutlich machen.

40 DH 4149.

41 DH 4351.

Kluft zwischen lehramtlichen Entscheidungen und der Praxis der Gläubigen in Fragen der Sexualethik.[42] Werden die lehramtlichen Entscheidungen nicht mehr als Normen für die eigene Lebensgestaltung verstanden, kann das wenigstens drei verschiedene Gründe haben: Erstens könnte ein Verständnis von Lehramt vorliegen, das das Katholische Lehramt in dem betreffenden Gebiet für unzuständig erklärt. Zweitens könnte das Lehramt überhaupt als normative Institution in Frage gestellt sein. Drittens könnte – selbst wenn das Lehramt als Autorität und die Zuständigkeit des Lehramts für das betreffende Gebiet anerkannt wird – eine bestimmte lehramtliche Entscheidung (wiederum dürften die bekanntesten Beispiele im Bereich der Sexualethik zu finden sein) als falsch erachtet und etwa unter Berufung auf den Primat des Gewissens umgangen werden.[43] In vollem Sinn ist das Katholische Lehramt nur dann Autoritätsträger für die Gläubigen, wenn prinzipiell alles, was vom Lehramt als Autoritätsträger über das entsprechende Autoritätsgebiet ausgesagt wird, von den Normadressaten anerkannt wird. Erst auf dieser Ebene könnte von einer Anerkennung des Katholischen Lehramts in einem vollen Sinne die Rede sein. Bekanntlich wird die Autorität des Katholischen Lehramts auch von professionellen Theologen in Frage gestellt.[44]

Zur Anerkennung der Autorität

Mit der Frage nach der Umsetzung der Autorität in der Ausübung des Lehramts ist die Frage nach der Anerkennung des Lehramts verbunden. Es wurde eingangs darauf hingewiesen, dass unterschiedliche lehramtliche Stellungnahmen unterschiedliche Reaktion erwarten, in jedem Fall aber eine Reaktion, die über eine interessenlose und beiläufige Zur–Kenntnisnahme hinausgeht. Dies

---

[42] Vgl. Hünermann, *Lehramt und Sexualmoral*; zur Moraltheologie im Allgemeinen: Pfürtner, *Abschottung statt Dialog*?

[43] Die Inanspruchnahme des Primats des Gewissens ist insofern problematisch, als nur das objektiv gebildete Gewissen diesen Primat vor äußeren Autoritäten beanspruchen kann; und der Prozess der objektiven Gewissensbildung wird durch die Institution des Katholischen Lehramts autorisiert.

[44] Deutlich wurde dies in der Auseinandersetzung zwischen dem Präfekten der Glaubenskongregation und Charles Curran – vgl. Curran, *Faithful Dissent*, v.a. 268f. (Brief von Kardinal Ratzinger mit dem Hinweis auf die nicht nur fehlbare Autorität des ordentlichen Lehramts).

wurde auch aus den sprachphilosophischen Überlegungen zur Struktur normativer Sätze klar. Die durch normative Sätze ausgedrückte und ausgeübte Autorität erwartet „Gehorsam". Gehorsam ist eine komplizierte Angelegenheit, da man einem Befehl nicht immer dann gerecht wird, wenn man den Befehl zu eng oder zu weit auslegt. Dazu kommt, dass sich der Begriff des Gehorsams mit dem Begriff der Gewissensfreiheit schwer versteht.

Die Verbindung von Gewissensfreiheit und Lehramtsgehorsam wird in der katholischen Tradition mit zwei Hinweisen gelöst: Erstens hat die Gewissensbildung „objektiv" zu erfolgen und sich damit an Rahmenbedingungen zu halten, die lehramtlich administriert werden; zweitens kann von keinem Menschen verlangt werden, gegen sein tiefstes Gewissensurteil zu handeln.[45] In der katholischen Tradition steht fest, dass der Begriff des Gewissens nicht ohne den Begriff der Wahrheit analysiert werden kann; und wahrheitstheoretische Fragen sind in der katholischen Tradition an einer geschaffenen Seinsordnung auszurichten und damit von einem Ideal der Objektivität aus zu behandeln.[46] Andererseits: Das Gewissen ist die oberste subjektive Norm menschlichen Handelns. Dabei wollen wir „die Banalität des Bösen" nicht übersehen und nicht vergessen, dass viele Nazis ein reines Gewissen hatten. Ein Handeln, das sich allein auf subjektive Normen verlässt, läuft Gefahr, in die Irre zu gehen.[47] Dennoch gebietet die Anerkennung der Würde der menschlichen Vernunft, dass jene normativen Gehalte, die in den Bereich des natürlichen Erkenntnisvermögens fallen, auch entsprechend ausgestaltet sind. Gerade aufgrund der ausgesagten Konsistenz zwischen Vernunft und Glaube dürfen lehramtliche Weisungen die menschliche Vernunft nicht beleidigen. Hier kommen wir wieder auf einen im ersten Kapitel geäußerten Gedanken zurück, nämlich auf die Idee einer anständigen Institution. Die Autorität des Katholischen Lehramts ist in anständiger Weise auszuüben, d.h. so, dass den betroffenen Menschen kein rationaler Grund gegeben wird, sich in ihrem Selbstwert verletzt zu sehen.

---

45 Die in diesem Zusammenhang wohl wichtigsten Einsichten der neuzeitlichen Theologiegeschichte verdanken wir John Henry Newman (vgl. Wiedmann, *Die Strategie des Gentleman*).

46 Vgl. Ratzinger, *Gewissen und Wahrheit*.

47 Vgl. ders., *Wahrheit, Werte, Macht*, 29ff.

Die Frage der Anerkennung des Katholischen Lehramts ist intrinsisch verbunden mit der Frage nach der Begründung. Es wurde bereits erwähnt, dass das Katholische Lehramt auf eine externe Stiftung (übernatürliche Einsetzung) zurückzuführen ist, um schwere erkenntnistheoretische Probleme und gravierende Legitimationsschwächen zu verhindern. Diese Berufung auf eine externe epistemische Quelle wird erkenntnistheoretisch auch bei der Ausübung der höchsten lehramtlichen Autorität (Berufung auf die Assistenz des Heiligen Geistes) fortgesetzt. Das ist eine erkenntnistheoretisch konsequente Annahme, denn Autorität ist irreflexiv: Niemand ist, in keinem Gebiet, für sich selbst eine Autorität.[48] Daher wird konsequenterweise die Ausübung der Autorität durch das Katholische Lehramt eingeschränkt, denn eine Autorität kann nur im Gewissen verpflichten, wenn sie an der Autorität Gottes teilhat.[49] Jede menschliche Autorität hat ihre Grenzen im ewigen Gesetz.[50] Das gilt auch für das Katholische Lehramt selbst, das sich göttlichem Recht verpflichtet weiß. Daher – und *nur* aufgrund dieser Begründung – kann das Lehramt absolute Autorität beanspruchen, denn ein Subjekt ist Träger der Autorität im Hinblick auf alle Subjekte und in allen Gebieten genau dann, wenn T Gott ist.[51] Das trifft auf das Katholische Lehramt für das definierte Lehrgebiet zu. Das epistemische Privileg der Unfehlbarkeit kann, wie gezeigt, nur unter Berufung auf die absolute epistemische Autorität Gottes in Anspruch genommen werden. Das Lehramt kann dabei die Plausibilität dieser Inanspruchnahme zeigen, aber die letzten Voraussetzungen für diese Inanspruchnahme nicht so abklären, dass sie von einem externen Standpunkt aus (Beobachterperspektive außerhalb des Rahmens der primären religiösen Erfahrung) zwingend nachvollzogen werden könnten.

Es bleibt bei der Frage nach der Begründung und Begründbarkeit eine nichtauflösbare Offenheit bestehen, die mit den dem Lehramt zur Verfügung stehenden Mitteln nicht vollständig auf-

---

48 Bocheński, *Was ist Autorität?*, 39. Das ist im Übrigen erkenntnistheoretisch verwandt mit dem „Privatsprachenargument" und gegen eine der Hauptthesen einer „Bewusstseinsphilosophie" gerichtet, die das „Ich" zum epistemisch privilegierten Fundament machen möchte.

49 DH 3980. Es ist auch anzuerkennen, dass die Religion ihre ganze Kraft aus der Autorität Gottes empfängt (DH 2777).

50 DH 3248f.; vgl. DH 3981, 3985.

51 Bocheński, *Was ist Autorität?*, 45.

gelöst werden kann. Eine Autorität kann sich ja auch nicht durch eine andere Autorität im selben Gebiet legitimieren: Ist T eine Autorität für S im Gebiet G, dann ist S keine Autorität für T in G. Das ist besonders interessant für das Verhältnis des Katholischen Lehramts zur Theologie oder zur Schrift oder zur christlichen Überlieferung. Natürlich verwendet das Katholische Lehramt zur Begründung seiner Entscheidungen Autoritätsargumente, die aus Schrift, Tradition und Lehrsystem entnommen werden. Natürlich verwendet das Katholische Lehramt theologische Argumente, um gewisse Entscheidungen zu begründen. Schrift, Tradition und Lehrsystem gelten also ebenso wie manche theologische Argumentationsfiguren als Begründungsmittel für lehramtliche Entscheidungen. Andererseits – und das ist das irreduzible erkenntnistheoretische Vakuum – werden Kanon und authentische Interpretation der Schrift, Umfang, Inhalt und authentische Interpretation der christlichen Überlieferung sowie Umfang und Interpretation lehramtlicher Entscheidungen von anderen lehramtlichen Entscheidungen selbst festgesetzt. Lehramtliche Entscheidungen sind es auch, die gesunde Formen des Theologisierens und Philosophierens von anderen unterscheiden. Das Lehramt definiert die anderen Normquellen, sich selbst und den Bezug zur göttlichen Stiftung. Das ist eine nicht wegzudiskutierende erkenntnistheoretische Eigenart, die es unmöglich macht, ohne den geteilten Bezug zu einer bestimmten Interpretation einer bestimmten primären religiösen Erfahrung die Einsetzung der Institution des Lehramts anzuerkennen. Wir werden im Rahmen der hermeneutischen Überlegungen noch sehen, dass diese gemeinsame Lebensform Grundvoraussetzung für gelingende Kommunikation zwischen Normsetzer und Normadressaten ist. Die Begründung der lehramtlichen Autorität ist gebunden an die Anerkennung der spezifischen Verschränkung von epistemischer und deontischer Autorität im Falle des Katholischen Lehramts.

1.3 Das Lehramt als epistemische, deontische und moralische Autorität

Jede Autorität ist entweder eine epistemische oder eine deontische, d.h. eine Autorität aufgrund besonderer Kompetenz (Wissen, Erfahrung, Können) oder eine Autorität aufgrund einer besonderen Zuständigkeit (Bevollmächtigung, hierarchische Überlegenheit, soziales Mandat). Das Lehramt lässt sich sowohl im Sinne einer Institution in Begriffen von Hierarchie und institutioneller Struktur als auch im Sinne einer Erkenntnistheorie als autorisierter Verwalter von Glaubensgut im Rahmen einer theologischen Wahrheitstheorie analysieren. Das Katholische Lehramt beansprucht sowohl epistemische als auch deontische Autorität. Dieser doppelte Anspruch ist konstitutiv für das Lehramt überhaupt.

Im Hinblick auf das Katholische Lehramt könnte zwischen (deontischer) Amtsautorität und (epistemischer) Argumentationsautorität sowie (moralischer) Lebensautorität unterschieden werden. Berühmt geworden ist in diesem Zusammenhang die Unterscheidung von zwei Lehrämtern durch Thomas von Aquin, der ein pastoral–katechetisch–autoritatives Lehramt und ein wissenschaftlich–theologisches unterschieden hat.[52] Sehen wir uns diese drei Typen von Autorität an.

Epistemische Autorität

Das Katholische Lehramt tritt erstens als epistemische Autorität auf, als Autorität in Fragen des symbolischen Kosmos und des damit verbundenen symbolischen Wissens. Diese epistemische Autorität wird von einer Theologie der Offenbarung und vom Bezug auf eine göttliche Stiftung und Begleitung gespeist. Als epistemische Autorität kommt das Lehramt nur dann in den Blick, wenn Glaubensfragen als Erkenntnisfragen anerkannt werden. Entscheidend für epistemische Autorität ist die Anerkennung der eigenen Erkenntnisgrenzen. Die Anerkennung epistemischer Autorität impliziert das Eingeständnis von Erkenntnisbedürfnissen und eigenen

52 *Quodl.* III, 9, ad 3; vgl. Dulles, *The Two Magisteria*; Seckler, *Modelle des Verhältnisses von kirchlichem Lehramt und theologischer Wissenschaft*, 96ff.

Erkenntnisgrenzen.[53] Dabei beziehen sich diese Überzeugungen über epistemische Bedürfnisse und epistemische Grenzen auf bestimmte Bereiche: Das Katholische Lehramt ist eine epistemische Autorität für S im Gebiet G genau dann, wenn S prinzipiell jeden Satz anerkennt, der ihm mit Behauptung von T mitgeteilt wird und zum Gebiet G gehört. Das Katholische Lehramt ist kompetent in Fragen des Glaubens und der Sitte. Das ist das Autoritätsgebiet, dessen Reichweite interpretationsbedürftig ist. Unter „mores" verstand man etwa bis zur Zeit des Trienter Konzils die kirchlichen Bräuche und Lebensformen, später dann aber die Sittenlehre im engeren Sinn. Die Autorität des Katholischen Lehramts zu ermessen ist eine theologische Aufgabe, da die Grenzen des Autoritätsgebietes Auslegungsspielraum und damit auch Spielraum in der Einschätzung von Geltungsansprüchen aufweisen: Die Autorität des Katholischen Lehramts erstreckt sich auf Heilswahrheiten der Selbstmitteilung Gottes in Gottes Wort und in der geschichtlichen Realisierung der Erlösung (Glaubens– und Sittenfragen). Das Autoritätsgebiet des Katholischen Lehramts erstreckt sich damit auf Fragen der Glaubens– und Sittenlehre, auf die Inhalte der göttlichen Offenbarung (*res fidei et morum*), aber auch auf die damit verbundenen Sicherungsaussagen (*praeambula fidei*). „In einem abgeleiteten Sinn sind auch solche historische oder philosophische Wahrheiten eingeschlossen, deren Leugnung die Offenbarung an sich aufheben oder unzugänglich machen würde (z.B. Agnostizimus, Nihilismus oder Bestreitung der historischen Existenz Jesu)."[54] An diesem Punkt ist unschwer ersichtlich, wie das Lehramt Autorität in philosophischen Fragen beansprucht, aber auch wie unklar die Reichweite solcher Ansprüche ist. Schließlich lassen sich Sicherungsaussagen zu den Sicherungsaussagen finden (etwa biologische Wahrheiten zur Formulie-

---

[53] Deutlich hat dies Hans–Georg Gadamer zum Ausdruck gebracht: „Die Autorität von Personen hat aber ihren letzten Grund nicht in einem Akte der Unterwerfung und der Abdikation der Vernunft, sondern in einem Akt der Anerkennung und der Erkenntnis – der Erkenntnis nämlich, daß der andere einem an Urteil und Einsicht überlegen ist und daß daher sein Urteil vorgeht, d.h. vor dem eigenen Urteil den Vorrang hat. Damit hängt zusammen, daß Autorität nicht eigentlich verliehen, sondern erworben wird und erworben sein muß, wenn einer sie in Anspruch nehmen will. Sie beruht auf Anerkennung und insofern auf einer Handlung der Vernunft selbst, die, ihrer Grenzen inne, anderen bessere Einsicht zutraut" (Gadamer, *Gesammelte Werke* 1, 284).

[54] Müller, *Katholische Dogmatik*, 93.

rung philosophischer Wahrheiten), und das theoretisch *in infinitum*.[55] Die Autorität des Lehramts geht also über die epistemische Quelle der Offenbarung hinaus, wenngleich die Offenbarung Ausgangs–, Bezugs– und Zielpunkt lehramtlichen Sprachhandelns ist. Die beanspruchte Autorität des Lehramts erstreckt sich also erstens auf *veritates vel doctrinae divinae*, d.h. auf göttliche Lehren der Offenbarung. Diese Lehren sind das *obiectum primarium* der kirchlichen Lehrverkündigung. Zweitens erstreckt sich die Autorität des Lehramts auch auf *veritates catholicae vel doctrinae ecclesiasticae*, d.h. auf all jene Wahrheiten, die Prämisse oder Folgerung der Offenbarungslehre sind und deren Bestreitung die Sicherheit der Offenbarungslehre gefährden würde. Zu diesem indirekten Gegenstand der Lehrautorität werden *praeambula fidei, conclusiones theologicae, facta dogmatica* und *veritates rationis* gezählt.[56] *Praeambula fidei* weisen als eine Voraussetzung für eine verantwortete Akzeptanz einer Offenbarungswahrheit eine innere logische Beziehung zur betreffenden Offenbarungswahrheit auf (Beispiel: Voraussetzung der Existenz Gottes, der Unsterblichkeit der Seele oder der Freiheit des Menschen für das Begreifen bestimmter Offenbarungsinhalte). Theologische Schlussfolgerungen (*conclusiones theologicae*) sind religiöse Wahrheiten, die aus zwei Prämissen abgeleitet sind, von denen die eine unmittelbar geoffenbart und die andere eine natürliche Vernunftwahrheit ist. Dogmatische Tatsachen (*facta dogmatica*) sind geschichtliche Tatsachen, die mit einer Offenbarungswahrheit in innerem Zusammenhang stehen; es handelt sich um heilsgeschichtliche Kontextbedingungen, die in einer äußeren – also nicht: logischen – Beziehung zu Offenbarungsinhalten stehen und zur Kennzeichnung des Kontexts dienen (Beispiel: Rechtmäßigkeit eines Papstes, formale Bestimmung eines

---

55 Interessante Hinweise auf das Autoritätsgebiet des Lehramts könnte man dem Index der verbotenen Bücher entnehmen. Naturphilosophische Schriften finden sich hier ebenso wie politische oder sozialwissenschaftliche Werke. Für die hier diskutierte Fragestellung ist es natürlich interessant, dass philosophischen Opera eine besondere Bedeutung im *Index Librorum Prohibitorum* zukommt – so finden sich (vgl. Sleumer, *Index Romanus*, 53ff.) zahlreiche Werke Descartes‘ und Voltaires, sämtliche Werke David Humes, einige Schriften Lockes, Kants *Kritik der reinen Vernunft*, Mills *Principles of Political Economy*, Pascals *Pensées* – die im übrigen zustimmend in der Enzyklika *Fides et Ratio* (Nr. 13, Anm. 17) zitiert werden – und einige Werke Rousseaus auf dem Index.

56 Vgl. Ott, *Grundriß der katholischen Dogmatik*, 10.

ökumenischen Konzils). Vernunftwahrheiten (*veritates rationis*) sind Wahrheiten, die nicht geoffenbart sind, aber mit einer Offenbarungswahrheit in einem inneren Zusammenhang stehen.

Über das Autoritätsgebiet des Katholischen Lehramtes finden sich in einschlägigen lehramtlichen Texten folgende Aussagen: Gegenstand der Lehrtätigkeit des Katholischen Lehramts ist die geoffenbarte Lehre, die Hinterlassenschaft des Glaubens (DH 1507, 3018, 3070). Die Kirche interpretiert authentisch auch die Prinzipien der sittlichen Ordnung, die aus der Natur des Menschen selbst hervorgehen (DH 4581). Die Lehre der Kirche erstreckt sich auf die gesamte Moralordnung und insbesondere auf die Gerechtigkeit (DH 4756) sowie auf wirtschaftliches und soziales Gebiet, was den sittlichen Rahmen betrifft (DH 3725, 3938, 3997) und auf den Bereich der Philosophie (DH 2860f., 2865f., 2910, 3018). Texte des Lehramts machen aus diesem Grund auch Aussagen über die Glaubens– und Sittenlehre. Da diese Fragen den Existenzvollzug als solchen betreffen, können sämtliche Bereiche des menschlichen Lebens unter der Rücksicht ihrer sittlichen und religiösen Relevanz Gegenstand lehramtlicher Äußerungen sein. Einzelwissenschaftliche Kompetenzen maßt sich das Lehramt explizit nicht an.[57]

Allerdings lassen sich – was im Zusammenhang mit unserem Thema interessant ist – Überschneidungen mit der Philosophie nicht vermeiden. Es wird sich noch zeigen, dass sich das vom Katholischen Lehramt beanspruchte Autoritätsgebiet partiell mit dem Kompetenzbereich der Philosophie überschneidet. Das Lehramt beansprucht Autorität im Bereich der Philosophie und das Katholische Lehramt verwendet kategoriales Wissen. Das hat zwei Konsequenzen: Zum einen bedeutet es einen Zugriff des Katholischen Lehramts auf philosophische Theorien und die Einstufung

---

[57] Vgl. *Gaudium et Spes* 43 – Laien dürfen von den Hirten keine Sachkundigkeit in weltlichen Fragen erwarten. Das hat offensichtlich Konsequenzen für die Angewiesenheit des Katholischen Lehramts auf enzyklopädische Expertisen, besteht doch das lehramtlich verwaltete symbolische Wissen nicht für sich, unabhängig von enzyklopädischem Wissen. Mehr noch: Symbolisches Wissen ohne enzyklopädische Basis ist arbiträr, wie wir gesehen haben. Deutlich zeigt sich die Verwiesenheit symbolischen Wissens auf enzyklopädische Kompetenz bei der Einbeziehung wirtschaftswissenschaftlicher Expertisen im Rahmen der Sozialenzykliken oder medizinische Expertisen im Fall von Moralenzykliken. Hier könnte man auch einen Anknüpfungspunkt für die Angewiesenheit des Katholischen Lehramts auf das kategoriale Wissen, wie es von philosophischen Theorien entwickelt wird, sehen.

philosophischer Positionen als verträglich bzw. als unverträglich mit dem symbolischen Wissen des Lehramts. Zum anderen bedeutet das, dass das katholische Leben kategoriales Wissen erzeugt und damit – entweder explizit oder implizit – mit philosophischen Instrumenten arbeitet, um das spezifisch symbolische Wissen des Lehramts zu erzeugen. Deswegen ist es auch sinnvoll, die Frage nach einer „Philosophie des Lehramts" zu stellen. Als epistemische Autorität tritt das Katholische Lehramt in ein potentielles Konkurrenzverhältnis zu philosophischen Theorien, wenigstens insoweit als das Katholische Lehramt auf kategoriales Wissen zurückgreift, um symbolisches Wissen zu erzeugen.

Hier stellt sich verschärft die Frage nach der Begründung der epistemischen Autorität des Lehramts: Die Akzeptanz einer Autorität als einer epistemischen Autorität bemisst sich an der Anerkennung von Sätzen, die vom Autoritätsträger hinsichtlich eines definierten Autoritätsgebiets mit einem Wahrheitsanspruch mitgeteilt werden. Epistemische Autorität ist zu begründen. Vor allem ist kenntlich zu machen, auf welcher Grundlage der Anspruch höherer epistemischer Kompetenz erhoben wird (Ist es das Studium, die Erfahrung, der Zugang zu besonderen Erkenntnisquellen?). Im Falle des Katholischen Lehramts erfolgt diese Begründung durch Verweis auf den Zugang zu besonderen Erkenntnisquellen, die in der Assistenz des Heiligen Geistes lokalisiert werden. Diese Begründung kann mit den Mitteln einer natürlichen Theologie bzw. mit philosophischen Mitteln nicht geleistet werden. Philosophisch kann eine Begründung von epistemischer Autorität durch die Anerkennung bestimmter Sätze bzw. durch die Anerkennung bestimmter Erfahrungen geleistet werden. Im Falle des Katholischen Lehramts ist die Anerkennung einer bestimmten Interpretation einer primären religiösen Erfahrung im Allgemeinen ebenso entscheidend für die Anerkennung der epistemischen Autorität des Lehramts wie die Anerkennung bestimmter Sätze über das Lehramt im Besonderen, vor allem die Sätze, die zur Begründung des päpstlichen Primats verwendet werden. Dazu kommt, dass epistemische Autorität an moralische Kategorien gebunden ist: Die Anerkennung der größeren Fähigkeitskompetenz und der Wahrhaftigkeit des Trägers in einem Gebiet ist eine notwendige Bedingung der Anerkennung der epistemischen Autorität.[58] Die folgenden

[58] Vgl. Bocheński, *Was ist Autorität?*, 60.

hermeneutischen Überlegungen und Einsichten einer Theorie kommunikativen Handelns sind in diesem Zusammenhang für die Akzeptabilität lehramtlicher Autorität unbestreitbar relevant.

Ein Missbrauch der Autorität liegt dann vor, wenn der Träger der Autorität sie im Hinblick auf ein Subjekt oder auf ein Gebiet auszuüben versucht, für das bzw. in welchem seine Autorität unbegründet ist.[59] Das kann der Fall sein, wenn das Katholische Lehramt als epistemische Autorität auftritt. Und diese Gefährdung ist durchaus nicht aus der Luft gegriffen: Halten wir uns vor Augen, dass das Katholische Lehramt seine Entscheidungen unter Berufung auf Schrift und Tradition zu begründen verpflichtet ist und sich nicht auf neue Offenbarungen oder einen privilegierten erkenntnistheoretischen Zugang zu unbekannten Aspekten des *depositum fidei* berufen kann. Wenn nun aber mit Schrift und Tradition oder auch mit dem systematischen Zusammenhang von lehramtlich festgehaltenen Glaubenswahrheiten argumentiert wird, werden notwendigerweise Argumente verwendet, die exegetische oder historische oder systematisch–theologische Relevanz haben und mit den Mitteln der entsprechenden Fachdisziplinen geprüft und abgewogen werden können. Das gilt auch für Aussagen, die das Katholische Lehramt zu philosophischen Fragen macht. Besteht hier nicht die Gefahr, dass im Konfliktfall[60] die epistemische Autorität des Lehramts zugunsten der deontischen Autorität ausgespielt wird? Oder: Ist die epistemische Autorität des Lehramts nicht im Sinne einer Expertise zu verstehen, wie sie Exegese, Geschichtswissenschaft, systematische Theologie oder Philosophie

---

59 Ebd., 46.

60 Man könnte hier etwa an die Diskussion um das Priestertum der Frau denken; in offiziellen Texten finden sich Argumentationsfiguren, die auf exegetischen Überlegungen beruhen, die exegetisch durchaus problematisiert werden könnten – vgl. Gössmann, *Äußerungen zum Frauenpriestertum in der christlichen Tradition*; Legrand, *Die Frage der Frauenordination aus der Sicht katholischer Theologie*, bes. 95–99 (Diskussion der in lehramtlichen Texten verwendeten Bibelstellen); Field–Bibb, *Women Towards Priesthood*, 176–197. Es ist an dieser Stelle bemerkenswert, dass *argumentiert* wird. Das bedeutet, dass enzyklopädische Einträge kategorial verwertet werden und die Einordnung begründet wird. Das bedeutet auch, dass das symbolische Wissen in Konsistenzverhältnissen mit enzyklopädischen Einträgen und kategorialem Wissen zu verstehen ist. Und das bedeutet schließlich, dass der lehramtliche Text, sobald argumentiert wird, als epistemische Autorität auftritt, auch wenn die Begründung von vornherein einen anderen deontischen Status hat.

hervorbringen, sondern als Rekurs auf die übernatürliche Assistenz des Heiligen Geistes? Was heißt das dann aber für die angeführten Wissenschaften? Würde das nicht auch heißen, dass im Falle des Katholischen Lehramts nicht argumentiert werden kann, weil sich die Aussagen über Glaubenswahrheiten auf den symbolischen Kosmos beziehen, zu dem das Lehramt einen privilegierten Zugang beansprucht? Sind aber nicht gerade die beiden Konsistenzannahmen und die Negation neuer spezieller Offenbarungen Hinweise darauf, dass das Katholische Lehramt keinen „privaten" Zugang zum *depositum fidei* hat und dass im Zusammenhang mit Aussagen über die Hinterlassenschaft des Glaubens argumentiert werden soll und argumentiert werden kann? Die Eigenart einer epistemischen Autorität bringt es mit sich, dass ein vernünftiger Gesprächsteilnehmer verpflichtet ist, nach der Basis dieser epistemischen Autorität zu fragen. Die Annahme einer epistemischen Autorität ohne jede Begründung ist aus moralischen Gründen zu verwerfen.[61] Für das zur Diskussion stehende Verhältnis von Lehramt und Philosophie ist dieser mögliche Missbrauch von Autorität delikat. Dennoch lässt sich zeigen, dass eine Begründung des Lehramts im Rahmen gewisser Grundannahmen mit philosophischen Mitteln geleistet werden kann. Der eigentliche konstitutive Grund, der das Katholische Lehramt zu einer epistemischen Autorität – betreffend den symbolischen Kosmos – macht, kann mit philosophischen Mitteln jedoch nicht erbracht werden. Der Rekurs auf eine göttliche Stiftung entzieht sich der Beurteilungsgewalt der Philosophie. Das bedeutet aber im Positiven, dass der Philosophie auch kein Mittel zur Verfügung steht, diese Begründung des Katholischen Lehramts durch Rekurs auf göttliche Stiftung zu entkräften. Diese Form symbolischen Wissens kann mit philosophischen Mitteln nicht als falsch erwiesen werden. Damit ist zugleich etwas über die Grenzen kategorialen Wissens, wie es die Philosophie erzeugt, ausgesagt.

Deontische Autorität

Das Katholische Lehramt tritt auch als deontische Autorität auf. T ist eine deontische Autorität für S im Gebiet G genau dann, wenn es ein Ereignis Z solcher Art gibt, dass (1) S wünscht, dass Z ver-

[61] Bocheński, *Was ist Autorität?*, 62.

wirklicht werde, (2) S glaubt, dass die Ausführung durch S aller ihm durch T mit Behauptung mitgeteilten und zum Gebiet G gehörenden Weisungen eine notwendige Bedingung dieser Verwirklichung ist.[62] Das Ereignis Z (bzw. der Zustand Z) ist die Frage nach dem Heil. Das Katholische Lehramt dient dem Heil der Menschen und bietet – gemäß der Lehre „extra ecclesiam nulla salus"[63] – einen Weg zum Heil an. Dieser Weg wird autoritativ verwaltet, sodass Zuwiderhandelnden auf der Ebene des symbolischen Kosmos die Verdammnis angedroht werden kann. Damit steht dem Katholischen Lehramt ein symbolisches Sanktionspotential zur Verfügung, also ein Sanktionspotential, das nur dem verständlich gemacht werden kann, der über symbolisches Wissen verfügt, und dieses Wissen als symbolisches, d.h. als handlungsanleitendes und orientierungsstiftendes anerkennt. Es ist in unserer Zeit häufig der Fall, dass symbolisches Wissen (der Art „X ist verdammt, wenn X nicht Z tut") in enzyklopädisches Wissen transformiert wird (der Art „Die katholische Kirche lehrt, dass X verdammt ist, wenn X nicht Z tut") und das symbolische Sanktionspotential des Katholischen Lehramts dadurch seine soziale Wirkung verliert. Neben dem symbolischen Sanktionspotential steht der katholischen Kirche auch ein soziales Sanktionspotential zur Verfügung, das mit Arbeitsplatzverlust, Imageschaden, Statuseinbußen etc. verbunden sein kann. Der Entzug der Lehrbefugnis für im kirchlichen Bereich Lehrende etwa stellt ein Beispiel für dieses soziale Sanktionspotential dar.

Moralische Autorität

Neben epistemischer und deontischer Autorität ist ein dritter Autoritätstypus anzuführen, nämlich: moralische Autorität. Moralische Autorität entspringt bestimmten Handlungen und einer bestimmten Lebensform, die Respekt einfordern. Wer in der Kirche Auto-

---

62 Ebd., 82.

63 Die Anerkennung der Heilsnotwendigkeit der Kirche hat entscheidende Konsequenzen für die Einschätzung der lehramtlichen Autorität: Wer die deontische Autorität eines Trägers in einem Gebiet verwirft, leugnet entweder, dass es ein Ziel gibt, das nur unter dieser Autorität zu erreichen ist, oder dass die Ausführung der Weisungen des Trägers eine notwendige Bedingung des Zieles ist, oder beides. Hier können offensichtlich verschiedene Stufen der Anerkennung(sverweigerung) unterschieden werden.

rität beansprucht, muss dies nicht nur in der der christlichen Botschaft gemäßen Weise tun, sondern Autorität auch in der Form ausüben, dass eine konsistente Ethik von Rede und Handeln entsteht. Dies gilt für Theologieprofessorinnen und –professoren ebenso wie für ordinierte Lehramtsträger. Aufgrund des Zusammenhangs zwischen Erkenntnis und Lebensform ist dieser Aspekt der moralischen Autorität nicht einfach ein nützlicher Zusatz, sondern ein konstitutives Moment kirchlicher Autoritätsgestalt.

Dazu kommt, dass die Lehramtsträger selbst Adressaten des Lehramts sind. Das Katholische Lehramt wird daher auch als Solidaritätsautorität ausgeübt, also als eine Autorität, bei der die Ziele, um die es Träger und Subjekt geht, miteinander identisch sind (es geht um das Heil der Menschen gemäß des göttlichen Heilsplans, der alle Menschen, Autoritätsträger und Autoritätssubjekte, umschließt).[64] Solidarität erfordert eine gemeinsame Lebensform, das Anerkennen, „dass man im selben Boot sitzt". Dieses solidarische Moment der Autorität ist in jedem vernünftigen Diskurs, der nach dem Autonomieprinzip gestaltet ist und Menschen nicht als Mittel zum Zweck ansieht, geboten: „Das wahre Wesen der Autorität beruht … darauf, daß es nicht unvernünftig, ja, daß es ein Gebot der Vernunft selbst sein kann, im anderen überlegene, das eigene Urteil übersteigende Einsicht vorauszusetzen. Der Autorität gehorchen heißt einsehen, daß der andere – und so auch die andere aus Überlieferung und Vergangenheit tönende Stimme – etwas besser sehen kann als man selbst."[65] Diese Form der Solidarität bringt einen deutlichen Unterschied etwa zu diktatorischen Systemen, bei denen das Wohl und Wehe der Untertanen nicht mit dem Wohl und Wehe der Herrscher zusammenhängen muss. Die Berufung auf göttliche Einsetzung bringt also einerseits erkenntnistheoretische Sicherheit und Letztverbindlichkeit (auf der philosophischen Soll–Seite), aber auch in der Haben–Rubrik eine Solidarisierung zwischen Lehramtsträgern und Lehramtsautoritäten, die als Einzelmenschen, salopp gesagt, im selben Boot sitzen. Noch deutlicher und noch salopper: Der Papst wird sich nach katholischer Lehre ebenso wie der kleinste Gläubige vor dem Jüngsten Gericht verantworten müssen. Die Träger des Katholischen Lehramts sind ebenso erlösungsbedürftig und sündhaft und auch

[64] Bocheński, *Was ist Autorität?*, 105
[65] Gadamer, *Gesammelte Werke* 2, 39f.

Adressaten lehramtlicher Weisungen wie das übrige Kirchenvolk. Diese Art von Autorität lässt Autorität in beiden Richtungen zu: Es ist nicht nur das Lehramt normativ in Bezug auf die Gemeinschaft der Gläubigen, sondern auch diese Gemeinschaft normativ in Bezug auf das Lehramt.[66]

2. Zur Hermeneutik lehramtlicher Texte

„Nur schwache Gedichte können erschöpfend interpretiert oder ganz verstanden werden. Nur in trivialen oder opportunistischen Texten ergibt sich die Summe der Bedeutung aus der der einzelnen Teile“,[67] stellt George Steiner fest. Was heißt das für lehramtliche Texte? Lehramtliche Texte sind geschriebenes und gesprochenes Wort, das an jemanden gerichtet ist, und können daher im Rahmen von kommunikationstheoretischen Messungen plausibel gemacht werden. Aus diesem Grund ist die Frage nach dem Umgang mit lehramtlichen Texten von sozialphilosophischem Interesse. Lehramtliche Texte haben die Funktionen, zu informieren, einzuladen zu Erwiderung und Dialog, kundzugeben, festzusetzen, menschliche Einstellungen und Verhaltensweisen zu beeinflussen, geistliche und sittliche Wegweisung zu erteilen. Lehramtliche Texte müssen interpretiert werden, da sie die drei Bedingungen erfüllen, die gegeben sein müssen, damit eine Interpretation als ein sinnvolles Unterfangen ausgewiesen werden kann. Diese drei Bedingungen lauten:

a) die Bedingung der Schwierigkeit
(Das Objekt der Interpretation muss hinreichend komplex sein, weil sonst kein Interpretationserfordernis gegeben ist; dies trifft auf lehramtliche Texte in immer größerem Ausmaß zu, da kirchliche Diktion und „main stream“–Rhetorik immer weiter auseinander klaffen.)
b) die Bedingung der Verständlichkeit
(Das Objekt der Interpretation darf nicht vollkommen unverständlich [„radikal fremd“] sein, weil die Interpretation sonst

---

66 Zur normativen Bedeutung des Volksglaubens für das Lehramt vgl. Rahner, *Offizielle Glaubenslehre*, 22–24.
67 Steiner, *Der Garten des Archimedes*, 58.

nirgends ansetzen kann; dies trifft auf lehramtliche Texte zu, die ja keine „neuen Offenbarungen" präsentieren können und an die Tradition gebunden sind. Diese Bedingung ist ganz entscheidend: Die Texte, die im Rahmen der Ausübung des Katholischen Lehramts hervorgebracht werden, sind von ihrem Selbstverständnis her „nicht eine nachträgliche Reflexionsleistung"[68], sondern gründen auf der Selbstmitteilung Gottes in Jesus von Nazareth. Das bedeutet denn auch, dass lehramtliche Texte, theologisch betrachtet, als autorisierte Auslegungen gegebener Tradition anzusehen sind. Lehramtliche Texte werden als normative Texte von Generation zu Generation tradiert – diesen Typus von Texten könnte man „Klassiker" nennen.)[69]

c) die Bedingung der Relevanz
(Das Objekt der Interpretation muss hinreichend relevant sein, um eine Interpretation motivieren zu können; dies ist der Fall bei lehramtlichen Texten, die Richtungsweisendes für das kirchliche Leben, die religiöse Praxis und Fragen des symbolischen Wissens aussagen.)

Lehramtliche Texte müssen also interpretiert werden. Das macht Überlegungen zu einer Hermeneutik lehramtlicher Texte sinnvoll. Die Hermeneutik ist dem Christentum nicht fremd. Paul Ricoeur macht an mehreren Stellen klar, dass seine Auffassung von Hermeneutik von der jüdisch–christlichen Tradition geprägt ist. „Schon immer hat es ein hermeneutisches Problem im Christentum gegeben, weil dieses Problem aus einer Botschaft, aus einer ursprünglichen Verkündigung hervorgeht, wonach sich das Reich Gottes in Jesus Christus endgültig genaht hat."[70] „Hermeneutik gibt es also im Christentum deswegen, weil das Kerygma das Wieder–Lesen einer alten Schrift ist."[71] „Warum hat die christliche Verkündigung, indem sie sich mit dem Wieder–Lesen des Alten Testaments verknüpfte, den Weg der Hermeneutik gewählt? In erster Linie deshalb, um das Ereignis selbst nicht als widersinnigen Einbruch, sondern als Vollendung eines unbestimmt gebliebenen früheren Sinnes erscheinen zu lassen."[72] „Die Aufgabe der

---

[68] Kern, *Lehramt*, 242.
[69] Vgl. Tracy, *The Analogical Imagination*, 108.
[70] Ricoeur, *Hermeneutik und Strukturalismus*, 175.
[71] Ebd., 177.
[72] Ebd., 178.

Hermeneutik besteht somit darin, das Verständnis des Textes in Bezug auf die Lehre, auf die Praxis und die Betrachtung der Mysterien erweiternd auszubauen und infolgedessen das Verständnis des Textsinns mit einer Gesamtinterpretation der christlichen Existenz bzw. Wirklichkeit in Gleichklang zu bringen. Kurz, die so verstandene Hermeneutik weitet sich auf den gesamten Lebensbereich der christlichen Existenz aus. Die Heilige Schrift erscheint dabei als ein unerschöpflicher Schatz, der über alle Dinge zu denken gibt, der eine vollständige Interpretation der Welt in sich schließt."[73] Diese Überlegungen sind deswegen für unseren Zusammenhang wichtig, weil eine Tradition der Auslegung der Schrift nicht irrelevant ist für die Bemühungen, lehramtliche Texte zu verstehen. Wir finden also eine reiche Tradition des Umgangs mit Texten vor, die auch für eine Interpretation lehramtlicher Texte wichtig ist.

In der Terminologie der Kulturwissenschaften bezeichnet der Begriff der Interpretation ein bestimmtes *Verfahren*, und zwar ein durch Regeln angeleitetes Verfahren, das eine methodisch reflektierte Auslegung oder Deutung eines sprachlichen Textes, aber auch anderer bedeutungsvoller Strukturen („worlds of meanings") liefert, wie z.B. eine Deutung von Gesten, Handlungen, Bild– und Tonwerken, selbst von historischen Verläufen und sozialen Strukturen. In diesem Fall erscheint die Interpretation als schrittweises Vorgehen, das den impliziten „Gehalt" einer solchen Struktur explizit machen sollte. Die Grundannahme dabei ist, (i) dass ein solcher „Sinngehalt" implizit vorhanden sei und (ii) explizit offen gelegt werden könne. Die Interpretation wäre demnach ein regelgeleitetes und rational begründetes und dementsprechend kontrollierbares Verfahren zur Verdeutlichung dieses Sinn–Gehalts. Mit der Interpretation als einem Verfahren hängt die Herausbildung einer spezifischen Textsorte zusammen, die als „Interpretation" bekannt ist.

Es scheint sinnvoll, in Bezug auf die Interpretation lehramtlicher Texte zwischen dem Verfahren der Interpretation, dem Gegenstand der Interpretation und dem Subjekt der Interpretation zu unterscheiden. Das *Verfahren* kann nicht beliebig sein, sondern hat sich, wie wir noch sehen werden, an Prinzipien wohlwollender Interpretation zu orientieren. Als *Gegenstand* von Interpretationen sollen nicht isolierte geschriebene oder gesprochene Sätze, sondern Texte angesehen werden. Dies ist eine Respektierung eines semanti-

---

[73] Ebd., 179.

schen Holismus, wie er in den sprachphilosophischen Überlegungen deutlich wurde. Als *Subjekt* der Interpretation lehramtlicher Texte sollen zweckmäßigerweise nicht alle in der gleichen Weise in Frage kommen; hier sind Abstufungen vorzunehmen, die mit dem Adressaten der Texte und der epistemischen und moralischen Qualifikation der Interpreten zu tun haben. Hier wird der in diesem Abschnitt nochmals ins Treffen geführte Aspekt einer geteilten Lebensform entscheidend sein.

2.1 Zu einer Ethik lehramtsbezogener Hermeneutik

Der Umgang mit lehramtlichen Texten ruft nach einer Ethik der rechten Hermeneutik. Vorzubeugen ist einer hermeneutischen Blindheit, die von Autor, Leserin und Medium absehen möchte und den Fallstricken einer positivistischen, einer anthropozentrischen oder einer kulturellen Hermeneutik verfallen könnte.[74] Lehramtliche Texte können aus hermeneutischen Gründen nicht isoliert voneinander beurteilt werden – weder isoliert vom Entstehungszusammenhang, noch isoliert von der Gesamtheit der kirchlichen Lehre. Etwas Althergebrachtes unter neuen Umständen zu sagen, bedeutet etwas Neues zu sagen. Es macht einen Unterschied, dass *Humanae Vitae* nicht vor, sondern nach dem Zweiten Vatikanum veröffentlicht wurde. Dieses Dokument kann im Übrigen auch im Lichte der berühmten Begegnung zwischen Mahatma Gandhi und Margaret Sanger oder im Lichte der Geschichte der Päpstlichen Kommission für Geburtenkontrolle anders gelesen werden.[75] Das Dokument *Dominus Iesus* sieht im Lichte des Falles von „Father Feeney" anders aus etc. Lehramtliche Texte können nicht ohne Interpretationsanstrengung auf lokale Kontexte angewendet werden. Es gilt, eine „Denzingertheologie" („eine rationalistisch–deduktive Theologie, von Autoritätsfragen beherrscht, von der Schrift und vom Leben der Gemeinde abgeschnitten"[76]) bzw. eine „Enzyk-

---

[74] Vgl. CTI, *Die Interpretation eines Dogmas*, 1464.

[75] Vgl. McClory, *Turning Point*.

[76] Lauret, *Lehramt*, 215; Sullivan, *Creative Fidelity*, 3. Die methodologischen Fallstricke des „Denzinger" können in fünf Punkten zusammengefasst werden: (a) papozentrisch: es werden vorwiegend päpstliche Entscheidungen

likentheologie“ („die die stete Neubesinnung auf die Schrift als norma non normata und die persönliche [wenn auch am Lehramt ausgerichtete] Reflexion vernachlässigt“[77]) zu vermeiden. Es sind daher Überlegungen anzustellen, wie mit den lehramtlichen Dokumenten in einer Weise umgegangen werden kann, die den pastoralen Aspekt der Anwendbarkeit auf neue Fragen und Situationen, den theologischen Aspekt der Hermeneutik des Lehramts und den kirchlichen Aspekt der Authentizität zusammenbringen kann.[78]

Lehramtliche Texte haben ein unterschiedliches Gewicht, wie dies bereits im ersten Kapitel deutlich gemacht wurde. Auf diesem Hintergrund kann dafür argumentiert werden, dass

- lehramtliche Texte niemals das *depositum fidei* restlos und vollständig und definitiv erfassen und in Propositionen übersetzen können,
- lehramtliche Texte auf dem Hintergrund einer allgemeinen Hermeneutik des Lehramts zu verstehen sind und
- lehramtliche Texte nicht ohne Absehung von Genesis, Rezeption und dem Gesamtkontext kirchlicher Lehre beurteilt werden können.

Auslegungsregeln

Das Katholische Lehramt gibt auch Auslegungsregeln für Texte des päpstlichen Lehramts an: Meinung und Absicht von Entscheidungen des päpstlichen Lehramts lassen sich vornehmlich aus der Beschaffenheit der Dokumente, der Häufigkeit der Vorlage derselben Lehre und Sprechweise erkennen (DH 4149). Ein Lehrentscheid mit

---

zusammengestellt, andere Träger des Lehramts werden kaum berücksichtigt; (b) defensiv: es werden vor allem judizielle Akte des Lehramts gegen Häresien als Abwehrreaktionen zusammengetragen, kaum nicht-defensive, praxisbegleitende lehramtliche Äußerungen; (c) selektiv: die Kriterien der Auswahl sind nicht in jedem Fall nachvollziehbar; (d) undifferenziert: theologische Qualifikationen lehramtlicher Äußerungen fehlen; (e) dekontextualisierend: einzelne Dokumente oder Dokumentteile werden isoliert und damit auch aus dem Entstehungszusammenhang gerissen. Mit dieser Erwähnung kritischer Punkte sollen freilich die Verdienste und die Unverzichtbarkeit der Idee des Denzinger nicht geschmälert oder gar abgestritten werden.

[77] Löhrer, *Träger der Vermittlung*, 586.

[78] Vgl. Congar, *Du bon usage de ‚Denzinger‘*; Hünermann, *Hinweise zum theologischen Gebrauch des ‚Denzinger‘*.

doppeldeutigem Sinn ist stets in dem Sinne zu verstehen, in dem die Aussage wahr wird (DH 1407). Auch nicht unfehlbar vorgelegten Lehrdokumenten, z.B. Enzykliken und Verurteilungen von Irrtümern (sofern sie nicht eine anderweitig unfehlbare Materie behandeln), gebührt Zustimmung (DH 2922, 3407, 3885). Die Glaubenden haben die Verpflichtung, auch die nicht als verbindlich im Bereich des Glaubens oder der Sitten definierte Lehre des obersten Lehramtes der Kirche anzunehmen (DH 4351). Die Anerkennung der Lehrentscheidungen wird von allen Gläubigen gefordert (DH 2020, 2390, 2875–80, 3020, 3625, 3884f., 4149). Es wird erwartet, dass die Gläubigen treu zur Überlieferung zum ordentlichen und außerordentlichen Lehramt der Kirche stehen (DH 4823). Diese Anerkennung ist auch den Lehrkapiteln entgegenzubringen, die in allgemeiner und beständiger Übereinstimmung der Katholiken als theologische Wahrheiten und sichere Schlüsse gelten (DH 2880). Die Anerkennung des Lehramts ist nicht im Sinne eines „Zur–Kenntnis–Nehmens" zu verstehen. Es geht um Zustimmung in einem aktiven Sinn.[79] Mit gehorsamem Schweigen wird den Lehrdekreten daher nicht Genüge getan (DH 2390). Allem, was in feierlicher Entscheidung oder kraft des gewöhnlichen und allgemeinen Lehramtes als von Gott geoffenbart zu glauben vorgelegt wird, gebührt göttlicher und katholischer Glaube (DH 3011). Festlegungen der auf einem ökumenischen Konzil vereinten Bischöfe als Lehrer und Richter des Glaubens ist mit dem Gehorsam des Glaubens anzuhangen (DH 1248–1251, 4149). Die Rede vom „Gehorsam des Glaubens" deutet an, dass die lehramtlichen Texte eine bloße „äußere Zustimmung" für unzureichend halten und Einflussnahme auf innere Gesinnung und Orientierung des Glaubenslebens fordern. In *Lumen Gentium* wird davon gesprochen, dass die Gläubigen katholischen Wahrheiten „*religioso animi obsequio*" anzuhängen haben, was als „*religiosum voluntatis et intellectus obsequium*" interpretiert wird.[80] Der Glaube ist „kein blindes Gefühl der Reli-

---

79 Vgl. Leitmaier, *Die Assenspflicht des gläubigen Katholiken.*

80 *Lumen Gentium* 25; vgl. Stanke, *Freiheit und religiöser Gehorsam des Willens und des Verstandes*, 6. Dabei wird der Glaubensgehorsam vom religiösem Verstandes– und Willensgehorsam unterschieden und letzterer für Lehren des Papstes oder des Bischofskollegiums in Bezug auf Glaubens– und Sittenfragen gefordert, selbst wenn die genannten Lehramtsträger diese Lehre nicht als verpflichtend zu verkünden beabsichtigten (CIC, can. 752; vgl. Urrutia, *Obsequio religioso de entendimiento y voluntad*; Häring, *Erzwin-*

gion ... sondern die wahre Zustimmung des Verstandes zur der von *außen* aufgrund des Hörens empfangenen Wahrheit" (DH 3542). Der Gehorsam des Glaubens ist also den Offenbarungslehren entgegenzubringen,[81] der religiöse Gehorsam des Glaubens und des Willens den Trägern des Lehramts, wenn sie über Fragen des Glaubens und der Sitten urteilen. Davon könnte man eine dritte Form des Gehorsams, den kanonischen Gehorsam, der sich auf Entscheidungen hinsichtlich der kirchlichen Disziplin bezieht, unterscheiden.[82] Daraus ergibt sich eine Dynamik von der Hermeneutik des Lesers lehramtlicher Texte, eine Hermeneutik, die zwischen adäquater (d.h. erwarteter und normierter) Reaktion und inadäquater Reaktion unterscheiden wird müssen.

Prinzipien wohlwollender Interpretation

In der Hermeneutik von Texten hat man unter der Annahme, dass ein neutrales Vorgehen aufgrund der ins Spiel gebrachten Interessen nicht möglich ist, zwei prinzipielle Möglichkeiten: Man kann mit Prinzipien einer wohlwollenden Hermeneutik oder mit Unterstellungen einer Hermeneutik des Verdachts arbeiten. Die Theorie der Hermeneutik des Verdachts, wie sie etwa in feministischen Hermeneutiken weite Verbreitung fand, geht davon aus, dass Texte eine von den Gesellschaftsstrukturen mitbestimmte Entstehungs– und Wirkgeschichte haben. Prinzipien wohlwollender Interpretation unterstellen epistemische und ethische Kompetenz. Hier stehen wir vor einer Entscheidung: „Hermeneutics seems to me to be animated by this double motivation: willingness to suspect, willingness to listen; vow of rigor, vow of obedience."[83] Wenn es um

---

gung von Verstandesgehorsam gegenüber nicht unfehlbaren Lehren?; Heim, *Obsequium religiosum intellectus et voluntatis*).

81 *Dei Verbum* 5; Röm 16,26.

82 Stanke, *Freiheit und religiöser Gehorsam des Willens und des Verstandes*, 8f.

83 Ricoeur, *Freud and Philosophy*, 27. Ricoeur unterstreicht in seinem Werk den Beitrag der großen Zerstörer, Marx, Nietzsche und Freud, zur Hermeneutik der Kultur: „Es ist kaum daran zu zweifeln, daß Freud mit seinem Werk die Bewußtwerdung des modernen Menschen ebenso nachhaltig beeinflußt hat wie Marx oder Nietzsche; die Verwandtschaft dieser drei Kritiken des ‚falschen' Bewußtseins muß in die Augen springen ... Zunächst rücken sie derselben Illusion zu Leibe, jener Vorstellung, die einen so imponierenden Namen trägt: der Illusion des Selbstbewußtseins ... Descartes triumphiert über den Zweifel am Ding durch die Evidenz des Bewußtseins; sie hingegen triumphieren über den

die Hermeneutik lehramtlicher Texte geht, scheint mir plausiblerweise eine wohlwollende Interpretation nahe liegend: Wir haben festgestellt, dass die Idee des Katholischen Lehramts ohne ein gewisses Grundvertrauen nicht – oder nur im Rahmen einer funktionalen Analyse, wie sie die Soziologie vornehmen könnte – plausibel gemacht werden kann. Dazu kommt die Unterstellung einer gemeinsamen Lebensform zwischen Lehramtsträgern und Lehramtsadressaten. Diese Annahme einer gemeinsamen Lebensform ist wesentlich für die Idee des katholischen Lebens, sie ist auch entscheidend für die Plausibilität von Prinzipien wohlwollender Interpretation. Dies wurde denn auch bei den Überlegungen zur Hermeneutik lehramtlicher Texte ins Treffen geführt:

In ihrem Pastoralbrief vom 22. September 1967 gaben die deutschen Bischöfe die Möglichkeit der rechtmäßigen Abweichung von verbindlichen kirchlichen Lehräußerungen an. Um von einem verbindlichen kirchlichen Dokument abweichen zu dürfen, müssten die Gläubigen drei Bedingungen beachten: (1) Man muss sich ernsthaft bemüht haben, dem fraglichen Text eine positive Bedeutung zu geben: das setzt entsprechendes persönliches Engagement am Text voraus; (2) man muss sich ernsthaft fragen, ob man die für eine Beurteilung des Textes notwendige theologische Kompetenz und hinreichenden Sachverstand besitzt, um von der Autorität eines Lehrdokuments abzuweichen; 3) man muss das eigene Gewissen auf Spuren von Arroganz, Voreingenommenheit und Selbstsucht untersuchen. Ähnliche Bedingungen der Abweichung wurden von den amerikanischen Bischöfen in einem Pastoralbrief vom 15. November 1968 formuliert.

Hier werden also Vorschläge gemacht, wie wohlwollend an einen Text heranzugehen ist. Es ergeht die Einladung, mit *Prinzipien wohlwollender Interpretation* an einen Text heranzugehen. Prinzipien wohlwollender Interpretation können mit der Unschuldsvermutung im Rechtswesen verglichen werden: Halte einen Text so lange für wahr und konsistent und rational und einen Sprecher so lange für wahrhaftig und selbstkonsistent und

---

Zweifel am Bewußtsein durch eine Auslegung des Sinnes. Mit ihnen ist das Verstehen eine Hermeneutik geworden: Den Sinn suchen heißt von nun an nicht mehr das Bewußtsein des Sinnes buchstabieren, sondern seine *Äußerungen entziffern*" (*Hermeneutik und Psychoanalyse*, 68f.). So ergeben sich Konturen einer „Hermeneutik des Verdachts".

rational, so lange es möglich ist. Man lässt „charity" bei Interpretation walten, wenn man unterstellt,

(i) dass die Umstände, unter denen jemand gewisse Sätze für wahr hält, im Allgemeinen Umstände sind, unter denen sie wahr sind;
(ii) dass die Sätze, die jemand für wahr hält, im Allgemeinen in sich widerspruchsfrei und miteinander verträglich sind.

Donald Davidson, der in einem durchaus nicht unähnlichen Zusammenhang schon eine Rolle in diesem Buch gespielt hat, diskutiert in seiner Sprachphilosophie Prinzipien wohlwollender Interpretation als ein „Muss": „Charity in interpretation is not a policy in the sense of being one among many possible successful policies. It is the only policy available if we want to understand other people … We damage the plausibility of our readings of the utterances of others when our method of reading puts others into what we take to be broad error. We can make sense of differences all right, but only against a background of shared belief. What is shared does not in general call for comment; it is too dull, trite, or familiar to stand notice. But without a vats common ground, there is no place for disputants to have their quarrel … Too much attributed error risks depriving the subject of his subject matter."[84]

In jedem Fall können Prinzipien wohlwollender Interpretation nur zur Anwendung gebracht werden, wenn eine gemeinsame Lebensform zwischen Sprecher und Interpreten angenommen wird. Deutlich wird das in der Verarbeitung der Prinzipien wohlwollender Interpretation durch Richard Grandy, der ein „principle of humanity" entwickelt hat.[85] Man kann dieses Prinzip in zwei Punkten zusammenfassen:

(1) Übersetze so, dass das den Sprechern durch die Übersetzung zugeschriebene Muster von Beziehungen zwischen Meinungen, Wünschen und der Welt unserem eigenen Muster so ähnlich ist wie möglich.
(2) Ziehe die Interpretation vor, die die Äußerung erklärbar macht.

---

[84] Davidson, *Expressing Evaluations*.
[85] Vgl. Grandy, *Reference, Meaning and Belief*.

Diese Prinzipien wohlwollender Interpretation hängen also von der Unterstellung einer geteilten Lebensform ab. Wenn diese Unterstellung in Bezug auf Lehramtsträger nicht mehr gemacht werden kann, steht, wie wir gesehen haben, sowohl die moralische als auch die epistemische Autorität des Katholischen Lehramts auf dem Spiel. Lehramtlichen Texten ist nach Maßgabe der idealiter gestellten Anforderungen im Rahmen von wohlwollenden Interpretationen, solange es möglich ist, Wahrheit, Wahrhaftigkeit, Wichtigkeit, sachliche Schlüssigkeit und Richtigkeit, sprachliche Verständlichkeit und Klarheit, Glaubwürdigkeit und Freundlichkeit zu unterstellen.

2.2 Die Notwendigkeit einer geteilten Lebensform

Versteht man lehramtliche Texte als Kommunikationsgeschehen, wird man nicht umhin können, die Anforderungen an kommunikatives Handeln auf lehramtliche Kommunikation zu übertragen und nach den Konsequenzen zu fragen. Dabei ist zu bedenken, dass lehramtliche Texte im Rahmen einer Schriftkultur verständlich gemacht werden müssen. Dieses Leben in der Schriftkultur hat natürlich massive Auswirkungen auf die Umgangsformen – das geschriebene Wort ist gültig, auch abgekoppelt von einem Sprecher oder Autor. Die Unterschrift ersetzt den Handschlag, der geschriebene Vertrag den Augenzeugen. Neue Formen der vertraglichen Verbindlichkeit entstehen, so etwas wie „Recht“, gesatztes Recht unabhängig vom Charisma eines weisen, salomonischen Richters, ist nur auf dem Hintergrund des geschriebenen Wortes möglich. Nicht die Kategorie der Glaubwürdigkeit eines Sprechers, sondern die Kategorie der Richtigkeit des Geschriebenen steht nun im Mittelpunkt. Das ist ein entscheidender Schritt zur rechten Einordnung des Katholischen Lehramts, das den einzelnen Lehramtsträger durch institutionell verfügbare Regeln entlastet. Die vier Einwände gegen die Schrift, die sich in Platons *Phaidros* finden (274c–278b), können auch gegenüber lehramtlichen Texten angewendet werden: Nach Platon schwächt die Schrift (der verschriftlichte Text) das Gedächtnis, bietet nur einen stummen Text, wendet sich an einen nicht mit Bedacht ausgewählten Adressatenkreis, wobei der Autor auch nicht mit Ernst für Texte einsteht. Ex *negativo* könnte man für die Eigenart lehramtlicher Texte vier Funktionen kenntlich machen:[86] Erstens entlasten lehramtliche Texte das Gedächtnis und erhöhen die Speicherkapazität; zweitens können lehramtliche Texte sich dank ihres materiellen Substrats vom Kontext lösen, können tradiert und konserviert werden und sind in diesem Sinne „objektiv“ und also nicht von der Autorität einer charismatischen Führungspersönlichkeit abhängig, die autoritativ eine mündliche Tradition verwalten würde; drittens sind lehramtliche Texte allgemein zugänglich, die Doktrin der römisch–katholischen Kirche ist explizit und transparent und viertens kann sich der Autor lehramtlicher Texte von sozialem Druck lösen und unbeschadet persönlicher Beziehungen seine Autorität ausüben.[87] Im Rahmen einer Schriftkultur können Institutionalisierungs– und Objektivierungsprozesse stattfinden. Texte können geplant, verändert, gespeichert und aufeinander bezogen werden. Das ist ein wichtiger Faktor im Zusammenhang mit der Abfassung lehramtlicher Texte. Mit der Schrift setzt eine Objektivierung ein und eine beobachtungsferne Sprache kann konstruiert werden. Damit lassen sich Normen dekontextualisieren und generalisieren. Literale Religionen sind daher universalistischer als andere.[88] Dem Schreiber stehen spezielle Mittel und Wege der Abstraktion zur Verfügung; der Schreiber ist schließlich gezwungen, auf Zeigehandlungen und ostensive Definitionen zu verzichten; er kann die Situation der Leserin nicht vorwegnehmen und muss daher um Situationsunabhängigkeit bemüht sein. Erst im Rahmen von Schriftkulturen können sich Institutionen und Bürokratien herausbilden. Jack Goody betont die mit der Schrift verbundenen Privilegierungs– und Spezialisierungsprozesse.[89] Ver-

---

86 Vgl. Goody/Watt/Gough, *Entstehung und Folgen der Schriftkultur*, 10–23.

87 „In einer nicht–literalen Gesellschaft bringt jede soziale Situation das Individuum unausweichlich mit den Denk–, Gefühls– und Handlungsmustern der Gruppe in Berührung: das Individuum hat nur die Wahl zwischen Partizipation an der kulturellen Tradition und Einsamkeit“ (Goody/Watt/Gough, *Entstehung und Folgen der Schriftkultur*, 110).

88 Ebd., 27.

89 Goody, *Die Logik der Schrift*. Goody diskutiert die mit dem Aufkommen von Schrift verbundene Institutionalisierung von Religion, die Möglichkeit eines Universalismus, die Spezialisierung der Religionsverwaltung durch Priester und Intellektuelle, die Verschriftlichung von Ritualen (29–88). Im zweiten Teil arbeitet er die Transformation des Wirtschaftssystems in einer Schrift-

tragswesen und Verwaltung, politische Kontrolle durch Informationsverbreitung und Rechtssysteme sind nur im Rahmen von literalen Kulturen denkbar. Erst auf diesem Hintergrund der Literalität können sich Fragen zur Hermeneutik lehramtlicher Texte stellen.

„Lector in Magisterio“

Das Katholische Lehramt operiert mit Texten; man könnte in den lehramtlichen Dokumenten sogar verschiedene *genera litteraria* ausmachen, die mit literaturwissenschaftlichen Mitteln analysiert werden könnten.[90] Die Funktion lehramtlicher Texte besteht darin, Orientierung zu stiften. Die lehramtlichen Dokumente zielen also auf eine Wirkung ab. Das bedeutet, dass im Falle lehramtlicher Texte eine Analyse des Inhalts und des Autors allein nicht alle relevanten Aspekte abdeckt, sondern auch eine Analyse der Rezeption, eine Analyse des Lesers erfolgen muss.[91] Gerade wenn das Katholische Lehramt religiöses Handeln anzuleiten beabsichtigt, ist der Gestalt des „Lesers“ besonderes Augenmerk zu schenken. Lehramtliche Texte werden rezipiert. Sämtliche Überlegungen der Rezeptionsästhetik sind daher mit Bezug auf das Katholische Lehramt relevant. Lehramtliche Texte sind literarische Produkte, die rezipiert werden. Eine Bearbeitung dieser Texte ist erst dann im Sinne der Rezeptionsästhetik als anständig anzusehen,

„... wenn die literarische Produktion nicht allein synchron und diachron in der Abfolge ihrer Systeme dargestellt, sondern als besondere Ge-

---

kultur (Geschäftsbücher und Buchhaltung, Steuerwesen, Handel, Kredit, Transaktionen und Eigentumsübertragung) heraus, im dritten Teil die schriftbedingte Entstehung von Bürokratien und Administration, im letzten Teil die Veränderung des Rechtssystems. Als universale Institution, die sich auf eine Tradition und verschriftlichte Orientierungsquellen beruft, kann das Katholische Lehramt nur auf dem Hintergrund einer Schriftkultur plausibel gemacht werden. Das hat im Übrigen Konsequenzen für die Pastoral, da doch ein Gutteil der Christgläubigen Analphabeten sind.

90 Vgl. Rahner, *Schriften zur Theologie* XIII, 34f.

91 Dies gilt unbeschadet der – erkenntnistheoretischen – Feststellung, dass die *Gültigkeit* lehramtlicher Entscheidungen nicht von der Wirkungsgeschichte abhängig gemacht werden darf. Die Kategorie der „sozialen Relevanz“ jedoch kann nicht unter Absehung von der Rolle des Lesers analysiert werden; vgl. Pottmeyer, *Rezeption und Gehorsam*; Beinert, *Die Rezeption und ihre Bedeutung für Leben und Lehre der Kirche*; Rush, *Reception Hermeneutics and the „Development“ of Doctrine.*

schichte auch in dem ihr eigenen Verhältnis zu der allgemeinen Geschichte gesehen wird. Dieses Verhältnis geht nicht darin auf, daß sich in der Literatur aller Zeiten ein typisiertes, idealisiertes, satirisches oder utopisches Bild gesellschaftlichen Daseins auffinden läßt. Die gesellschaftliche Funktion wird erst dort in ihrer genuinen Möglichkeit manifest, wo die literarische Erfahrung des Lesers in den Erwartungshorizont seiner Lebenspraxis eintritt, sein Weltverständnis präformiert und damit auch auf sein gesellschaftliches Verhalten zurückwirkt"[92].

Lehramtliche Texte stehen in einem Kontext und sind nur aufgrund dieses Rahmens verständlich zu machen. Sie stehen auch nicht isoliert im Weltgeschehen, sondern sind Teil einer kontingenten Geschichte. Lehramtliche Texte können nur dann ihre Orientierungsfunktion ausüben, wenn sie rezipiert werden. Und rezipiert werden lehramtliche Texte nur, wenn die Voraussetzungen dafür gegeben sind, die Voraussetzungen, die in der Verfügungsgewalt des Autors, und die Rezeptionsbedingungen, die im Interpreten liegen. Dabei fallen lehramtliche Texte nicht wie Regen auf einen Acker. Der Akt des Rezipierens, der Akt des Lesens, ist eine Tätigkeit. Wenn wir Texte rezipieren, handeln wir. Die Interpretin ist nicht das wehrlose Opfer eines Textes, der sie überwältigt. Hans–Georg Gadamer versteht die Tätigkeit des Lesens als eine Form des Übersetzens: „Lesen ist wie Über–setzen von einem Ufer zu einem fernen anderen, von Schrift in Sprache. Ebenso ist das Tun des Übersetzers eines ‚Textes' Über–setzen von Küste zu Küste, von einem Festland zum anderen, von Text zu Text."[93] Lesen ist eine Form des Dialogs zwischen Leserin und Autorin.

Wenn sie nicht rezipiert werden, haben sie den Zweck, Lebenspraxis anzuleiten, verfehlt. Daher braucht es „metalinguistische Untersuchungen"[94], die die dialogischen Implikationen lehramtlicher Texte herausarbeiten. Als Texte stehen die lehramtlichen Dokumente einer Untersuchung mit literaturwissenschaftlichen Mitteln zur Verfügung, auch wenn damit nicht der Anspruch erhoben werden kann, alle relevanten Aspekte lehramtlicher Texte abdecken zu können. Im Rahmen texttheoretischer Untersuchungen kann ein Text unter der Rücksicht eines Interaktionsgeschehens untersucht werden:

---

92 Jauss, *Literaturgeschichte als Provokation der Literaturwissenschaft*, 63 (im Original kursiv).

93 Gadamer, *Gesammelte Werke* 8, 284.

94 Zu diesem Terminus: Bachtin, *Literatur und Karneval*, 102.

Lehramtliche Texte werden geschrieben um eines Lesers willen. Lehramtliche Texte dienen schließlich dem Zweck, die religiöse Praxis der Gläubigen anzuleiten. Das ist nur möglich, wenn der Autor des Textes hinreichend genau über den Adressatenkreis Bescheid weiß und den Text auf die Orientierungsbedürfnisse der Leserinnen und Leser abstimmt. So entsteht *imaginäre Interaktion*. Der Leser wirkt auf den Text ein. Deutlich hat dies Umberto Eco in seinem Konzept des „Modell–Lesers“ herausgearbeitet.[95] Der Autor eines Textes – das gilt denn auch im Falle des Katholischen Lehramts – hat einen bestimmten Typus von Leser vor Augen, der gewisse Voraussetzungen mitbringt, um die vom Autor erzeugten Codes zu entschlüsseln. Dabei handelt es sich um ein Interaktionsgeschehen: Die Interpretation des Lesers fügt dem Text etwas hinzu, der Leser interagiert mit dem Autor[96] und so entsteht etwas Neues. Der Leser bringt selber Codes ein und mit – so kann etwas Neues entstehen: „Ein Code ist nicht nur eine Regel, die schließt, sondern auch eine Regel, die öffnet. Er sagt nicht nur ‚du mußt', sondern er sagt auch ‚du kannst' oder ‚es wäre möglich, jenes zu tun'. Wenn er eine Matrix ist, so ist er eine Matrix, die unendliche Vorkommnisse möglich macht, von denen einige noch nicht einmal vorhersagbar sind ... Es ist möglich, an eine offene Matrix zu denken, an eine unbegrenzte Regel.“[97] Auf diese Weise entsteht durch den Leser ein „Mehrwert an Sinn“[98]. Dieser Mehrwert an Sinn kann nur entstehen, wenn sich Autor und Leser verständigen und auf gemeinsame Verständnishintergründe und Verstehensfundamente zurückgreifen können. Im Falle lehramtlicher Texte ist der Rekurs auf eine geteilte Lebensform unschwer verständlich zu machen, weil ja auch mehrfach betont wurde, dass symbolische Sätze nur im Rahmen einer Lebensform verstanden werden können. Texte sind dialogisches Geschehen, „jedes Wort (jedes Zeichen) eines Textes führt über seine Grenzen hinaus. Es ist unzulässig, die Analyse (von Erkenntnis und Verständnis) allein auf den jeweiligen Text zu beschränken“[99].

---

95 Eco, *Lector in fabula*, 61ff.

96 Treffend hat dies Wolfgang Iser ausgedrückt: „Das Lesen als eine vom Text gelenkte Aktivität koppelt den Verarbeitungsprozeß des Textes als Wirkung auf den Leser zurück. Dieses wechselseitige Einwirken aufeinander soll als Interaktion bezeichnet werden“ (*Der Akt des Lesens*, 257).

97 Eco, *Semiotik und Philosophie der Sprache*, 275f.

98 Vgl. ders., *Lector in fabula*, 63.

99 Bachtin, *Ästhetik des Wortes*, 352.

Diese Gedanken sind für die sozialtheoretischen „Messungen" am Katholischen Lehramt deswegen von Interesse, weil damit ausgesagt ist, dass auch lehramtliche Texte nicht allein in der Verfügungsgewalt des Autors stehen, sondern durch die Interpretation etwas Neues entsteht, was sich nicht mehr in der Macht des Autors befindet. Wir haben bereits im Zusammenhang mit dem perlokutionären Aspekt von Sprechakten gesehen, dass es eine relevante Dimension lehramtlicher Sprachhandlungen gibt, die nicht allein in der Verfügungsgewalt der Lehramtsträger steht. Hier kommt wesentlich der Gedanke der Interpretations– und Lesergemeinschaft ins Spiel. Die Träger des Katholischen Lehramts sind in der Ausübung ihres Amtes darauf angewiesen, auf sprachliche Einrichtungen und enzyklopädische Einträge zurückzugreifen, die vom Adressatenkreis geteilt werden. Aus diesem Grund ist es verständlich, dass das Beherrschen von einem bestimmten Basisvokabular und das Fürwahrhalten von bestimmten Grundüberzeugungen von allen Gläubigen zu teilen sind und dass Inkulturation nicht so weit führen kann, auf geteilte philosophische Grundpositionen zu verzichten.[100] Damit würde dem Lehramt die hermeneutische Basis für gelungene Kommunikationsprozesse entzogen. Eine (auch nur imaginäre) Interaktion zwischen Autor und Leser lehramtlicher Texte kann nur dort zustande kommen, wo gemeinsame Verständnisvoraussetzungen geteilt werden. Eine Theorie des religiös–weltanschaulichen Dialogs, wie sie Otto Muck entworfen hat, ist deswegen auch für die Überlegungen über das Verhältnis von Lehramtsträgern und Adressaten relevant.[101]

Die Arbeit mit Texten setzt aktive Mitarbeit auf Seiten des Interpreten voraus. Wolfgang Iser hat in diesem Zusammenhang eine mittlerweile zum Klassiker avancierte Studie, *Der Akt des Lesens. Theorie ästhetischer Wirkung*, vorgelegt.[102] In diesem Buch

---

[100] *Fides et Ratio* 72.

[101] Vgl. Muck, *Rationale Strukturen des Dialogs über Glaubensfragen.* Muck arbeitet vor allem die Verständnisvoraussetzungen und die sich daraus ergebenden Interpretationstendenzen heraus, unterscheidet verschiedene Formen der Begründung und zeigt Möglichkeiten auf, Weltanschauungen rational zu rekonstruieren. Auch die Theologie hat sich nach Muck solcher Instrumente zu bedienen, ist sie doch die Entfaltung und Systematisierung des Glaubensverständnisses (143ff.). Das ist schließlich auch eine mögliche Auffassung der Funktion des Katholischen Lehramts.

[102] Die folgenden im Haupttext gegebenen Seitenangaben beziehen sich auf die im Literaturverzeichnis angegebene Ausgabe.

beschreibt er die Mitarbeit des Lesers am Gelingen eines Kunstwerks. Ohne die aktive Mitarbeit des Lesers geht ein Text ins Leere. Diese Überlegungen sind auch für den Umgang mit lehramtlichen Texten wichtig. Ein Text kann seine Wirkung erst dann entfalten, „wenn er gelesen wird“ und dann „fällt eine Beschreibung dieser Wirkung weitgehend mit einer Analyse des Lesevorgangs zusammen“ (7). Es gilt, die pragmatische Dimension eines Textes in den Blick zu bekommen. „Statt der platonisierenden Korrespondenz, die das Werk als Erscheinung einer repräsentativen Bedeutung faßt, bildet die Interaktion des Textes sowohl mit den sozialen und historischen Normen seiner Umwelt als auch mit denen seiner potentiellen Leser ein vorrangiges Beobachtungsfeld“ (29). Die Interaktion zwischen Autor und Leser entfaltet sich zwischen zwei Polen, die das literarische Werk besitzt: einen künstlerischen (vom Autor geschaffener Text) und einen ästhetischen (vom Leser geleistete Konkretisation). Weiters kommt die Interaktion zwischen Autor und Leser durch die Doppelstruktur eines Textes zustande, der Sprachstruktur und affektive Struktur aufweist. „Der verbale Aspekt steuert die Reaktion und verhindert ihre Beliebigkeit; der affektive Aspekt ist die Erfüllung dessen, was in der Sprache des Textes vorstrukturiert war“ (40). Wir haben es hier also mit zwei Aspekten zu tun, die ausschlaggebend dafür sind, dass Kooperation zustande kommt: „Textstruktur und Aktstruktur bilden … die Komplemente der Kommunikationssituation, die sich in dem Maße erfüllt, in dem der Text als Bewußtseinskorrelat im Leser erscheint“ (175). Auf dem Hintergrund dieser Pole haben sich in der Literaturtheorie zwei Straßengräben aufgetan, der Straßengraben des Subjektivismus auf der einen Seite und der des Objektivismus auf der anderen.

Wenn man den Begriff der Interaktion in den Mittelpunkt rückt, wird man versuchen, hier ein Gleichgewicht zu erarbeiten. Dabei kann der Begriff des idealen Lesers nicht helfen: „Der ideale Leser müßte zudem das Sinnpotential des Textes nicht nur unabhängig von der historischen Bedingtheit seiner eigenen Situation realisieren, er müßte es auch ausschöpfen können“ (54). Hilfreicher sind da schon andere Begriffe: der Archileser (Riffaterre), der informierte Leser (Fish) oder der intendierte Leser (Wolf). Iser stützt sich im Folgenden vor allem auf den Begriff des impliziten Lesers. Der implizite Leser „verkörpert die Gesamtheit der Vororientierungen, die ein fiktionaler Text seinen möglichen Lesern als Rezeptionsbedingungen anbietet" (60). „Das Konzept des impliziten Lesers umschreibt … einen Übertragungsvorgang, durch den sich die Textstrukturen über die Vorstellungsakte in den Erfahrungshaushalt des Lesers übersetzen" (67).

Im Zusammenhang mit einer Hermeneutik lehramtlicher Texte wird man sich hier die Frage stellen müssen, was denn einen impliziten Leser auszeichnet. Welche Voraussetzung muss jemand mitbringen, um als kompetenter Leser lehramtlicher Texte in Frage zu kommen? Nach Iser wird die Leserrolle von verschiedenen Lesern unterschiedlich wahrgenommen. Der Leser geht nicht voll in Rollenanforderungen des Textes auf: „Würden wir in der vorgegebenen Rolle total aufgehen, dann müßten wir uns vollkommen vergessen, und das bedeutete, wir müßten uns von all den Erfahrungen freimachen, die wir doch unentwegt in die Lektüre einbringen und die für die oft recht unterschiedliche Aktualisierung der Leserrolle verantwortlich sind. Selbst wenn uns die Rolle ganz gefangen nimmt, so verspüren wir spätestens am Ende der Lektüre das Verlangen, diese seltsame Erfahrung auf den Horizont unserer Ansichten zu beziehen, von dem unsere Bereitschaft, auf den Text einzugehen, auch während der Lektüre latent gesteuert blieb … Daraus folgt, daß die Leserrolle des Textes historisch und individuell unterschiedlich realisiert wird" (65). Lesen ist ein Wechselspiel von Perspektiven. Iser prägt den Begriff des *wandernden Blickpunkts*, mit dem ein Leser durch einen Text geht. Iser vergleicht dieses Phänomen mit Befunden aus der Psycholinguistik: „Was dort die ‚eye–voice span' genannt wird, bezeichnet die Spanne des Textes, die wir in den jeweiligen Augenblicken des Lesens immer zu überschauen und von der aus wir im Vorgriff auf die nächste zu visieren vermögen" (179). Durch dieses Spiel der Blickpunkte entstehen neue Zugänge. „Das Lesen wird erst dort zum Vergnügen, wo unsere Produktivität ins Spiel kommt, und das heißt, wo Texte eine Chance bieten, unsere Vermögen zu betätigen" (176). Dies wird durch den wandernden Blickpunkt möglich. Dieser wandernde Blickpunkt ist auch notwendig, weil sich ein Text von einem Wahrnehmungsobjekt unterscheidet, da er nur durch wandernde Blickpunkte zugänglich ist; man steht dem Text nicht gegenüber, sondern ist mitten drin; hier haben wir es also nicht mit einer Subjekt–Objekt–Relation zu tun, sondern mit verschiedenen Perspektiven. Der Text kann nicht so klar eingegrenzt werden wie ein Wahrnehmungsobjekt, das gibt der hermeneutischen Anstrengung bleibende Herausforderung und eine Geltungsgrenze.

Die Hermeneutik ist herkömmlicherweise jener Zweig der Philosophie, der sich mit Verstehensprozessen beschäftigt. Lehramtliche Texte können als Texte, die etwas zu verstehen geben, zum Gegenstand hermeneutischer Überlegungen gemacht werden. Die Klärung der gemeinsamen Verständnisvoraussetzungen, die auf die gemeinsame Anerkennung einer primären religiösen Erfahrung zurückgehen, stellt einen unverzichtbaren Schritt auf dem Weg zu einer Hermeneutik des Lehramts dar. Dabei ist klar, dass von Verstehen nur dort gesprochen werden kann, wo Autor und Rezipient über hinreichend große Gemeinsamkeiten hinsichtlich des enzyklopädischen, hinsichtlich des kategorialen und hinsichtlich des symbolischen Wissens verfügen.[103] Die erkenntnistheoretischen Überlegungen zur „radikalen Kommunikation" zwischen Mensch und Gott haben klar zu machen versucht, dass es Mindestbedingungen einer gemeinsamen Lebensform geben muss, um überhaupt die Möglichkeit einer Verständlichmachung zu schaffen. Diese Überlegungen kann man auch mit Überlegungen aus einem *locus classicus* der Hermeneutik unterstützen: Mit Hans–Georg Gadamer kann man sich deutlich machen, dass Autor und Leser über einen geteilten Weltbezug verfügen müssen, d.h. sich darüber verständigen müssen, worauf sie sich beziehen.[104] Mit anderen Worten: Autor und

[103] Daher ist es entscheidend, dass die Interaktion zwischen Lehramt und Gläubigen besser gesehen und anerkannt wird, um eine gemeinsame Handlungsbasis zu erarbeiten (Schwager, *Kirchliches Lehramt und Theologie*, 179); siehe auch aus soziologischer Sicht Kaufmann, *Glaube und Kommunikation.*

[104] Nur ein geteilter Handlungszusammenhang ermöglicht geglückte Verständigung. Hans–Georg Gadamer hat in *Wahrheit und Methode* (WM) den gemeinsamen Weltbezug als Bedingung der Möglichkeit von Verstehen über zeitliche und kulturelle Differenzen hinweg angenommen. Der gemeinsame Weltbezug kann im Rahmen von Gadamers Theorie in die Rede vom gemeinsamen Horizont übersetzt werden. Die berühmte These von der Horizontverschmelzung (WM 289, 359) impliziert, dass Ausleger und Autor einen gemeinsamen Bezug zur Welt („Horizont") teilen, der auch die Gratwanderung zwischen Historismus (als Beschäftigung mit toten Objekten) und Subjektivismus (als Beschäftigung bloß mit den eigenen Empfindungen) ermöglicht und ein irreduzibel objektives Moment (Sachgehalt) und ein irreduzibel subjektives Moment (Erfahrung, Erleben) einschließt. Mit Erleben wird dabei der bleibende Gehalt dessen, was erlebt wird, bezeichnet (WM 57), „Erleben" weist auch einen Sachgehalt auf, der durch den Weltbezug klargemacht werden kann. Der Genialität des Schaffens entspricht dann eine

Rezipient müssen über gemeinsames enzyklopädisches Wissen verfügen, um auch kategoriales und symbolisches Wissen teilen zu können. Das gilt auch für das Katholische Lehramt: Die Übereinstimmung nicht bloß in Definitionen, sondern auch in Urteilen, die Übereinstimmung also sowohl im kategorialen als auch im enzyklopädischen Wissen ist eine Grundbedingung geglückter Kommunikation. Als geglückt soll lehramtliche Kommunikation dann gelten, wenn die Reaktion der Rezipienten der Erwartung des Autors entspricht.

Die Klärung der gemeinsamen Verständnisvoraussetzungen, die auf die gemeinsame Anerkennung einer primären religiösen Erfahrung zurückgehen, stellt einen unverzichtbaren Schritt auf dem Weg zu einer Hermeneutik des Lehramts dar. Den Mangel an Rezeptionsdynamik allein auf den Unwillen oder die Unfähigkeit der Rezipienten zu schieben, das hieße, sich die Sache gar zu leicht machen. Es ist klar, dass von Verstehen nur dort gesprochen werden kann, wo Autor und Rezipient über hinreichend große Gemeinsamkeiten hinsichtlich des enzyklopädischen, hinsichtlich des kategorialen und hinsichtlich des symbolischen Wissens verfügen. Die erkenntnistheoretischen Überlegungen zur „radikalen Kommunikation" zwischen Mensch und Gott haben klar zu machen versucht, dass es Mindestbedingungen für eine gemeinsame Lebensform gibt, um überhaupt die Möglichkeit einer Verständlichmachung zu schaffen. An dieser Stelle sieht man auch, dass lehramtliche Texte auf der Basis geteilter Commitments, die eine gemeinsame Praxis konstituieren, verständlich gemacht werden können.

Genialität des Verstehens (WM 52f.), das als genuin eigenständige Leistung und nicht bloß Re-Konstruktion anzusehen ist. Alles Verstehen ist ein Sichverstehen (WM 246) – diese These ist derart zu verstehen, dass sich der Ausleger durch den Bezug auf den Interpretationsgegenstand auf „die Welt" bezieht und der Weltbezug des Interpreten dessen Position „in der Welt" bestimmt. Im Verstehen findet immer so etwas wie eine Anwendung des zu verstehenden Textes auf die Situation des Interpreten statt (WM 291). Der Interpret setzt seine Situation über einen Text mit dem Horizont, in dem er sich befindet, ins Verhältnis. Der gemeinsame Weltbezug sichert auch die gemeinsame Basis bei der Verschiedenheit zwischen Autor und Interpret, die sich – je verschieden – doch denselben Weltbezug teilen. In Wahrheit ist die Anmessung alles Erkennenden an das Erkannte nicht darauf gegründet, dass sie von der gleichen Seinsart sind, sondern empfängt ihren Sinn durch die Besonderheit der Seinsart, die beiden gemeinsam ist (WM 247). Es geht nicht um die Erhellung einer geheimnisvollen „Kommunion der Seelen", sondern um Teilhabe am gemeinsamen Sinn (WM 276). Verstehen heißt daher primär: sich in der Sache verstehen (WM 278).

Teil C: Systematische Überlegungen

VI. Christentum und Philosophie

1. Philosophie und Religion

1.1 Gemeinsamkeiten

Philosophie und Religion sind in zweierlei Hinsicht miteinander verbunden: Zum einen weist jede Religion eine epistemische Komponente auf und kann durch eine Menge von religiösen Überzeugungen charakterisiert werden. Das bedeutet, dass gewisse Aspekte einer Religion auch in Form eines Systems von Propositionen rekonstruiert werden können, mit denen Wahrheitsansprüche verbunden sind. Diese Propositionen sind ein möglicher Gegenstand von religionsphilosophischen oder erkenntnistheoretischen Untersuchungen und daher philosophisch relevant. Zum anderen sind Fragen, die den Bereich des Religiösen berühren (Frage nach Gott, Frage nach Sinn, Frage nach Unsterblichkeit etc.) Standardfragen der Philosophie. Die Gottesfrage ist eine Frage, der die Philosophie nicht ausweichen kann, wenn sie die Frage nach der Einordnung von Enzyklopädien als ganzen stellt. Kategoriales Wissen erreicht dort eine Grenze, wo nicht nur einzelne enzyklopädische Einträge, sondern Enzyklopädien als ganze zur Einordnung anstehen. Die philosophischen Protosituationen provozieren die Frage nach dem Zusammenhang der einzelnen enzyklopädischen Einträge und klagen ein Kategorialsystem ein, das zu einem Ganzen führt. Denn auch wenn kategoriale Einordnungen für bestimmte Teilbereiche, wie sie die *arbor porphyriana* andeutet, möglich sein dürften, so fordert doch ein bestimmter kategorialer Ausschnitt die Frage nach höheren kategorialen Prinzipien heraus, bis wir bei den berühmten ersten Prinzipien angelangt sind.

Die Korrelation zwischen Philosophie und Religion wird naturgemäß umso stärker, je „philosophischer" eine Religion ist, d.h. je expliziter und systematischer im Rahmen einer Religion auf diese selbst reflektiert wird und je „religiöser" eine Philosophie ist, d.h. je stärker eine Philosophie den Charakter einer Weltanschauung annimmt. Das Christentum kann als eine Religion betrachtet werden, die breite Berührungsflächen mit der Philosophie anbietet: Die Reflexion auf das Christentum im Rahmen des Christentums, wie sie von der Theologie geleistet wird, ist nicht ein kontingentes Produkt einer kontingenten Geschichte, sondern scheint angesichts des Klärungsbedarfs in den christologischen Debatten der ersten Jahrhunderte unumgänglich. In Krisen– und Konfliktsituationen, wie sie in der Dynamik einer religiösen Bewegung unvermeidbar sind, ist explizite und systematische Reflexion auf die Grundlagen und das Selbstverständnis der Religion notwendig. Daher kann die christliche Theologie als genuiner Bestandteil des Christentums betrachtet werden, gerade deswegen, weil das Christentum seinen lokalen Entstehungskontext von Anfang an zu transzendieren suchte. Mit diesen Universalisierungsansprüchen in Bezug auf die christliche Botschaft ist eine explizite Reflexion auf diese Botschaft unvermeidlich. So entstehen sprachlich verfasste Reflexionsleistungen, die Gegenstand philosophischer Analyse sein können.

Philosophie und Religion weisen weitere Berührungspunkte auf, da sie gemeinsame epistemische Strukturen teilen. Diese gemeinsamen epistemischen Strukturen kann man sich an den Mindestbedingungen (im Rahmen der Frage nach den Bedingungen der Möglichkeit von Philosophie bzw. Religion) klarmachen. Im zweiten Kapitel wurde im Rahmen der Überlegungen zum Philosophiebegriff die Frage gestellt: „Welche Bedingungen müssen gegeben sein, damit Philosophie möglich ist?" Als Antwort wurde der Hinweis auf die Möglichkeit von philosophischen Protosituationen des Staunens, der Verwirrung oder des Zweifels gegeben, was den Begriff der Kontingenz ins Zentrum rücken ließ. Philosophie ist nur in kontingenten Kontexten möglich. Diese Frage nach den Bedingungen der Möglichkeit lässt sich auch in Bezug auf Religion stellen. Voltaire hat mit seinem Wort „Si Dieu n'existait pas, il faudrait l'inventer“ die moralische und regulative Funktion von Religion hervorgehoben. Bricht Religion zusammen, wenn es die Möglichkeit moralischer Ordnung nicht mehr gibt? Feuerbach hat demgegenüber gemeint, „Wenn der Tod nicht wäre, gäbe es keine Religion“, um damit auszudrücken, dass Religion es mit der Überwindung menschlicher Schwächen zu tun habe. Wenn also die Schwächen wegfielen, fiele dann auch die Religion weg? Wir könnten uns ebenfalls fragen: Welche Bedingungen müssen gegeben sein, damit Religion möglich ist? Man könnte hier ähnlich vorgehen wie im Fall der Philosophie und nach Kontrastszenarien Ausschau halten. Man könnte etwa auch die Kontrastszenarien, die eine systematische Zerstörung der Möglichkeit von Philosophie illustrierten, heranziehen und wird sehen, dass dort, wo Philosophie unmöglich ist, auch Religion unmöglich ist. Die strukturelle Verwandtschaft der Möglichkeitsbedingungen von Philosophie und Religion ist auffallend. Ebenso wie Philosophie ist auch Religion auf Kontingenz angewiesen:

Religion ist nur dann möglich, wenn wir in einer kontingenten Welt in kontingenter Weise operieren. Der Begriff der Religion hängt wesentlich davon ab, dass es verschiedene Deutungen von so genannten natürlichen Vorgängen gibt; das haben die erkenntnistheoretischen Überlegungen zum Begriff des symbolischen Kosmos deutlich gemacht. Religion und Philosophie werden systematisch verunmöglicht, wenn der Begriff der Kontingenz zusammenbricht. Philosophie und Religion sind beide auf die kontingente Verfasstheit der Welt angewiesen. So gesehen, sind signifikante Ähnlichkeiten zwischen den Mindestbedingungen von Religion und von Philosophie zu beobachten. Die Möglichkeit von Religion schwindet, wo die Möglichkeit von philosophischen Protosituationen getilgt ist. Umgekehrt könnte man sagen, dass philosophische Fragen nach dem Ersten und Letzten (den „Prinzipien“) nur gestellt werden können, wo Religion – und damit die Frage nach dem Ganzen[1] – möglich ist. Diese Übereinstimmung in

[1] Vgl. Schmidinger, *Wie ist Metaphysik als Wissenschaft möglich?*

den Möglichkeitsbedingungen weist darauf hin, dass Philosophie und Religion in gewisser Weise „im selben Boot“ sitzen. Hier stoßen wir auf Gemeinsamkeiten, die nicht allein bei den Möglichkeitsbedingungen enden, sondern auch mit Anliegen und Interessen, Dienst und Zweck zu tun haben. Mit anderen Worten: Auch die „Strukturen der Notwendigkeit“ von Religion und Philosophie sind ähnlich. Die Beschreibung der Dienstfunktion der Philosophie ist deswegen relevant für die Charakterisierung der Dienstfunktion von Religion.

1.2 Synergien

Religion und Philosophie weisen Berührungspunkte auf. Aus diesen Berührungspunkten entstehen Synergieeffekte, weil die Begegnung von Philosophie und Religion für beide Teile befruchtend sein kann. Synergieeffekte zeigen sich darin, dass Religion einen Beitrag zur Philosophie leisten kann und umgekehrt die Philosophie einen Beitrag zur Religion. Der erste Teil dieser Behauptung mag überraschen, wird doch die *ratio* als autonom verstanden und als nicht auf die *auctoritas* angewiesen. Dennoch kann man sich überlegen, wie es um die Gottesfrage bestellt wäre, wenn es keine religiöse Praxis gäbe. Nicht einmal „der Gott der Philosophen“ wäre dann denkbar. Die Religion gibt der Philosophie Beispiele und Anstöße an die Hand, über Kontingenz und Kontingenzbewältigung nachzudenken. Die Rolle der Religion als Beispielspenderin für die Philosophie ist nicht zu unterschätzen. Die Philosophie hat überdies wesentlich von ihrer Auseinandersetzung mit und Abgrenzung von der Religion profitiert. Der Logos konnte sich in Absetzung vom Mythos entwickeln und die schrittweise Beanspruchung von Autonomie für die Vernunft hing wesentlich mit der Differenzierung von der Erkenntnisordnung des Glaubens ab. Bis heute bleibt die Diskussion um den (religiösen) Glauben ein Movens für die philosophische Erkenntnistheorie. Man könnte sich einmal zurücklehnen und darüber nachdenken, wie es um die Philosophie bestellt wäre, wenn es die Religion nicht gäbe oder nie gegeben hätte. Dann würden sich nicht nur tragende historische Äste oder Wurzeln des philosophischen Baums erledigen, es wäre auch ein systematischer Verlust großen Ausmaßes, ist doch das Projekt einer Religionsphilosophie, das Projekt einer Metaphysik, ja auch wesentliche Teile der Wissenschaftstheorie von Differenzierungs– und Kontrastverfahren abhängig, wie sie der Philosophie durch die Religion(en) ermöglicht werden.

Der zweite Aspekt meiner Synergiebehauptung liegt im Hinweis auf den Beitrag der Philosophie zur religiösen Praxis. Ich möchte die These vertreten, dass Philosophie nicht etwas ist, das von außen und im Nachhinein zur religiösen Praxis dazukäme, sondern etwas, das in die religiöse Praxis „eingebaut" ist. Ohne philosophische Arbeit kann religiöse Praxis nicht über zeitlich und örtlich verschobene Kontexte bewahrt und vermittelt werden; ohne genuine philosophische Arbeit können Krisen und Konflikte, wie sie im Rahmen vergemeinschafteter religiöser Praxis zwangsläufig auftreten, nicht bewältigt werden.[2]

Der Gedankengang ist folgender: Philosophie leistet epistemische Arbeit. Epistemische Arbeit besteht im Ordnen und Unterscheiden. Epistemische Arbeit ist im Falle von Orientierungsbedarf notwendig. Orientierungsbedarf entsteht gerade dann, wenn (i) Fälle von neuem auftreten, (ii) Konfliktsituationen und Krisen zu bewältigen sind. Religiöse Erfahrungen müssen als solche interpretiert werden, wobei in jedem einzelnen Fall – zumindest für Außenstehende – die Möglichkeit einer nichtreligiösen Interpretation gegeben ist. Das erzwingt epistemische Arbeit. Solche epistemische Arbeit beschreibt Hesse im *Siddaharta*, solche epistemische Arbeit hatte Petrus zu leisten, als er im Traum mit „unreinen Speisen" konfrontiert wurde und die Kategorien rein/unrein neu verankern musste (Apg 10); solche epistemische Arbeit hatte Mohammed zu leisten, als ihm der Erzengel Gabriel erschien; solche epistemische Arbeit hatte Ignatius zu erbringen, als er in Manresa mit sich rang. Epistemische Arbeit ist daher auch für den religiösen Vollzug notwendig. Krisen und Konflikte religiöser Praxis werden durch die Verwendung und Einführung von Unterscheidungen und kategorialen Bestimmungen geklärt und bewältigt. Die Beispiele sind zahlreich und reichen von der kategorialen Bestimmung von „Beschneidung" („Beschneidung des Herzens") über die christologische Unterscheidung zwischen „homoiousios" und „homoousios" und die kategoriale Bestim-

---

2 Vgl. Sedmak, *Sozialtheologie*, Kap. 2.

mung des „filioque“ bis hin zur kategorialen Bestimmung von „extra ecclesiam nulla salus“ durch die Anerkennung von Gottespräsenz in anderen religiösen Traditionen. In den Konzilien finden Kategoriendiskussionen statt, um die religiöse Praxis bewältigen zu können, d.h. um die normativen Quellen mit den Umständen der Zeit auszusöhnen. Der Prozess der Dogmenentwicklung kann als Prozess der Entwicklung kategorialer Bestimmungen verstanden werden. Die Theologie leistet ihrerseits Rekategorisierungen im Lichte der Zeichen der Zeit und der kulturellen und einzelwissenschaftlichen Herausforderungen. Diese Neukategorisierungen sind für das Überleben einer Religion, für den Erhalt der religiösen Praxis notwendig.

Epistemische Arbeit leistet auch Jesus selbst, wie wir bereits im zweiten Kapitel gesehen haben. Jesus führt neue Kategorien ein, er reinterpretiert bestehende Kategorien, er stellt etablierte Orientierungssysteme in Frage, er leistet prophetische Arbeit, die zugleich Arbeit an einer „Kontrastepistemologie“ ist. Amos‘ Worte zur kategorialen Einordnung des rechten Gottesdienstes („Ich hasse eure Feste, ich verabscheue sie und kann eure Feiern nicht riechen!“; Am 5,21) sind uns ebenso vertraut wie Jeremias Vergleich (kategoriale Einordnung!) des Bundesbruchs mit Ehebruch (Jer 3) oder die Traumdeutung für Nebukadnezar durch Daniel (Dan 2). In all diesen Fällen leistet der Prophet epistemische Arbeit, indem er Kategorien für die Einordnung von Erfahrung bereitstellt. Diese Rekategorisierungen haben imperativische Kraft und kommen Handlungsaufforderungen gleich; die Einladung zum Bruch mit etablierten Kategorialsystemen ist immer auch eine Einladung zu einer neuen Lebensweise.

Epistemische Arbeit, die Einführung von Unterscheidungen, ist für die religiöse Praxis unabdingbar. Das Vermögen aber, mit Unterscheidungen umzugehen, fällt in die Expertise der von der Philosophie erbrachten epistemischen Arbeit. Die Philosophie kann einen Beitrag zur kategorialen Bewältigung der religiösen Praxis leisten, gerade dann, wenn wir es mit Phänomenen zu tun haben (etwa Visionen oder Prophezeiungen, aber auch neue religiöse Bewegungen und neue Entwicklungen der Kultur), die mit den etablierten Kategorialsystemen nicht bewältigt werden können – man denke an die Ereignisse in Medjugorje, die in ein Kategorialsystem eingebettet werden müssen, wobei eine bestimmte Einordnung gute Gründe verlangt, da ja stets alternative Interpretationen möglich sind. Der im zweiten Kapitel eingeführte Begriff der epistemischen Gerechtigkeit, der als Zentralbegriff für das Verständnis von Philosophie vorgestellt wurde, ist relevant für Religion und religiöse Überzeugungen: Religiöse Überzeugungen sind in ein System von religiösen Überzeugungen eingebettet, in ein Kategorialsystem. Religiöse Orientierungssysteme sind erstens erkenntnistheoretisch verdächtig, wenn sie relevante Aspekte (etwa Lebensfragen oder menschliche Bedürfnisse) ausklammern; religiöse Orientierungssysteme sind zweitens dann erkenntnistheoretisch verdächtig, wenn die verwendeten Kategorien von einer „einseitigen Diät von Beispielen" genährt werden. Kategorien wie „Erlösung", die nur auf Erfahrungen von privilegierten Menschen beruhen oder Kategorien wie „Sünde", die nur auf politischen Kategorien beruhen, sind epistemisch verdächtig. Religiöse Orientierungssysteme sind drittens dann erkenntnistheoretisch verdächtig, wenn sie in die Handlungsunfähigkeit führen, entweder in die Handlungsunfähigkeit von Einzelnen (Beispiel: Selbstmordattentäter) oder in die Handlungsunfähigkeit von Gemeinschaften (Beispiel: religiöse Kriege). Von da aus kann man sich auch klarmachen, dass das Projekt der Religionskritik wesentlich zur epistemischen Hygiene von Religion beiträgt und Standards zur Qualitätssicherung der epistemischen Standards von Religion einklagt. Hier kommt der Philosophie eine wesentliche Rolle zu. Einerseits ist also die Philosophie „von innen her" relevant für die Religion aufgrund der zu leistenden epistemischen Arbeit, auf der anderen Seite ist die Philosophie „von außen" her relevant für die Religion als Movens der Religionskritik.

Dennoch soll der Blick auf die Grenzen der Philosophie nicht verschleiert werden – hierin dürfte ein Dienst der religiösen Reflexion für das philosophische Nachdenken liegen: die religiöse Reflexion weist auf die Grenzen der Philosophie hin und leistet damit einen Beitrag zur Selbstverständnisdiskussion der Philosophie. Eine Grenze der Philosophie liegt in ihrer limitierten Wirkkraft in Fragen menschlichen Heils und Unheils. Philosophie ist nicht notwendig für das Christentum. Es ist auch nicht zu leugnen, dass die Philosophie als Weisheit der Welt der religiösen Weisheit gegenüber gestellt werden kann. Diese Hinweise können als Hinweise zur Selbstbescheidung der Philosophie verstanden werden. John Henry Newman hat das mit folgenden Worten ausgedrückt:

„Es gibt keine Tat Gottes und keine Wahrheit der Religion, gegen die eine kritische Vernunft keine Einwendungen fände. Tatsächlich richten sich Beweisgrund und Inhalt der Offenbarung nicht an die bloße unbeständige Vernunft des Menschen. Auch ist von dieser keine irgendwie sichere und entsprechende Aufnahme zu erwarten. Die göttliche Weisheit spricht also nicht zur Welt, sondern zu ihren eigenen Kindern, zu jenen, die schon unter ihrer Lehre stehen und ihre Worte begreifen, weil sie ihre Stimme kennen und darum die einzig geeigneten Richter sind."[3]

Intellektueller Hochmut ist ein Hindernis auf dem Weg zur Erlösung, Newman verweist an dieser Stelle auf Mt 11,19. Auf diesen Zusammenhang von Lebensführung und Erkenntnisqualität, einen Zusammenhang, der ja für den Begriff der epistemischen Gerechtigkeit von besonderer Wichtigkeit ist, weist die religiös fundierte Urteilskraft hin. Dazu kommt, dass intellektueller Hochmut nicht nur ein Hindernis auf dem Weg zur Erlösung, sondern auch ein Stolperstein auf dem Weg zum Wissen ist, worauf schon Roger Bacon hingewiesen hat. Der Wunsch, den Anschein von Wissen zu erwecken, ist Hindernis auf dem Weg zu „scientia".[4]

Das Christentum ist keine philosophische Theorie. Es ist nicht Angelegenheit einer Elite, sondern die Sache des Volkes, Sache der „Unmündigen" (vgl. Mt 11,25). „Das Christentum ist keine Theorie des Studierzimmers oder der Klosterzelle ... Es hat von Anfang an eine objektive Existenz gehabt und hat sich der großen Menge der Menschen ausgeliefert. Es ist in der Welt zu Hause; um zu wissen, was es ist, müssen wir es in der Welt suchen, und das Zeugnis der Welt über es hören."[5] Diese Unterschiede liegen klar auf der Hand. Dennoch scheint mir, dass der Begriff der Commitments Berührungspunkte zwischen Christentum und Philosophie schaffen kann. Dies soll nicht einer Einebnung des Unterschieds zwischen Christentum und Philosophie das Wort reden, sondern die Lanze für die Kompatibilität, ja fruchtbare Bereicherung dieser beiden Größen brechen.

---

3 Newman, *Zur Philosophie und Theologie des Glaubens*, 49.

4 Vgl. Uhl, *Hindernisse auf dem Weg zum Wissen*, 220f., 228f.

5 Newman, *Über die Entwicklung der Glaubenslehre*, 7.

2. *Zum Verhältnis von Philosophie und Christentum*

2.1 *Historische Bemerkungen*

Überlegungen zum Verhältnis von Philosophie und Christentum können mit historischen Bemerkungen beginnen:[6] Den historischen Hintergrund für das Verhältnis zwischen Philosophie und Katholischem Lehramt bildet die Begegnung zwischen Philosophie und Christentum in den Anfängen des Christentums.[7] In gewissem Sinne könnten die Kirchenväter als Lehramtsträger angesehen werden, da sie sich um eine Spezifikation der Beziehung von christlicher Lehre und philosophischen Schulen bemühten und die Grundsteine für die Entwicklung des kirchlichen Amtes legten.[8] Als Kirchenvater kann eine Person bezeichnet werden, die der christlichen Antike zuzurechnen ist, als rechtgläubig gilt, eine heilige Lebensführung pflegte und von der Kirche, direkt oder indirekt, Billigung erfahren hat. Vinzent von Lerin betont, dass Kirchenväter in der Einheit der kirchlichen Gemeinschaft und des Glaubens lehrten.[9] Diese Lehramtsträger haben auch für das heutige institutionalisierte Lehramt bedeutendes Gewicht.[10] In dieser

---

6 Die verwendeten Abkürzungen finden sich im Literaturverzeichnis.

7 Die Begegnung mit der Philosophie ist als zweitrangige Begegnung anzusehen, die der Idee des Religionsstifters Jesus von Nazaret nicht einfach entnommen werden kann. „Jesus sandte seine Apostel ... aus, die Völker zu missionieren, ihnen einen Erlösungsweg zu predigen, nicht aber philosophische Lehrstühle anzustreben“ (Gombocz, *Die Philosophie der ausgehenden Antike*, 237). Die Christen hatten keine eigene Philosophie, die Beschäftigung mit der Philosophie war zunächst reaktiv und ist zunächst als defensive Geste zu deuten (ebd., 238).

8 Schillebeeckx, *Das kirchliche Amt*, 68–89; ders., *Christliche Identität und kirchliches Amt*, Kap. 2.

9 „Tunc operam dabit ut collatas inter se majorum consulat interrogetque sententias, eorum dumtaxat qui diversis licet temporibus et locis, in unius tamen Ecclesiae Catholicae communione et fide permanentes, magistri probabiles exstiterunt; et quidquid non unus aut duo tantum, sed omnes pariter uno eodemque consensu aperte, frequenter, perseveranter tenuisse, scripsisse, docuisse cognoverit, id sibi quoque intelligat absque ulla dubitatione credendum“ (*Commonitorium* 3, PL 50, 641).

10 Vgl. VAS 96, 18–21 (Instruktion über das Studium der Kirchenväter).

Periode der Christianisierung der römisch–griechischen Welt fallen nachhaltige Vorentscheidungen. Die Idee des Christentums wurde in den römisch–griechischen Kulturraum eingeführt. Die großen Linien griechischen Denkens (Stichworte: nomos, logos, kosmos, polis) und die großen Linien römischen Denkens (Stichworte: ius, lex, civitas) wurden mit etwas Neuem konfrontiert.[11] In einer groben Näherung könnte man das durch das Christentum etablierte Neue in drei Punkten umreißen. Das Christentum führt drei neue Kategorien ein, die nachhaltig die Ausformung von Orientierungssystemen in der Geistesgeschichte prägen:

- den Begriff der Willensfreiheit,
- den Begriff der Person[12],
- den Begriff der persönlichen Sünde.

Diese geistigen Errungenschaften haben die philosophische Landschaft geprägt und wesentliche Impulse für die Geistesgeschichte, gerade auch für die Entwicklung der Ethik gegeben. Diese Eckpfeiler christlichen Denkens konnten sich bis in die Gegenwart hinein behaupten, lässt sich doch schwerlich eine philosophische Ausrichtung mit dem Christentum vereinbaren, die ein von Willensfreiheit und Personalität geprägtes Menschenbild leugnen würde.

Die Begegnung zwischen Philosophie und Christentum folgte im Rahmen christlicher Autorenschaft einerseits dem Interesse, die Philosophie vor dem christlichen Gedankengut zu rechtfertigen und zwischen „wahrer" und „falscher" Philosophie zu unterschei-

---

[11] Die Aneignung der griechischen Philosophie durch das christliche Denken führt zu fruchtbaren Spannungen. Walter Neidl weist auf die Spannung zwischen dem griechischen „physis"–Begriff und dem christlichen Schöpfungsbegriff hin und die Anstöße, die das christliche Denken durch diese Spannung erfahren hat (Neidl, *Christliche Philosophie – hat sie heute noch eine Chance?*, 22). Ein ähnlicher Hinweis findet sich bei Bernhard Jansen für die scholastische Philosophie: „Tatsächlich … war die Scholastik auf viele Fragestellungen, etwa auf die Untersuchungen über das Verhältnis von Person und Substanz, Substanz und Akzidentien, Freiheit und Notwendigkeit, Schöpfer und Geschöpf, nie gekommen ohne die Befruchtung durch die Theologie" (Jansen, *Christliche Philosophie*, 235).

[12] Hier hat das Christentum zum Erkenntnisfortschritt in der Philosophie beigetragen: „The religious element also involves constructive help. Religious problems, for instance, led Boethius to develop the notion of the person as a distinct philosophical concept" (Owens, *Towards a Christian Philosophy*, 108).

den, und andererseits dem Wunsch, die christliche Botschaft vor philosophischem Denken zu legitimieren. Das erste Anliegen legt den Akzent unter anderem auf die Entwicklung von normativen Standards, mit denen philosophische Strömungen und Systeme gemessen werden. Das zweite Anliegen betont die Rationabilität des Christentums, die Weisheit Jesu, die propositionalen Gehalte der christlichen Religion. Auf diese Weise wird einerseits ein Verständnis von Philosophie entwickelt, andererseits werden Vorarbeiten zu einer Transformation des Christentums zu einem propositionalen System, das lehramtlich administriert werden kann, geleistet. Auf dem Hintergrund der kritischen Auseinandersetzung mit der etablierten Philosophie, die an Kriterien zur Unterscheidung von „wahrer“ und „falscher“ Philosophie arbeitete, konnte sich auch ein Verständnis von „christlicher Philosophie“ entwickeln.[13] Von Anfang an war klar, dass rechte Vernunft und christlicher Glaube nicht in Widerspruch zueinander geraten könnten.[14] Ich möchte in aller Kürze einen Blick auf die Hauptlinien der patristischen Rezeption der Philosophie werfen – wie gesagt, auf die Hauptlinien, die eine gewisse generelle Orientierung ermöglichen.

Die Unzulänglichkeit der antiken Philosophen

Die christlichen Schriftsteller verfolgen ihr defensives Anliegen durch Aufweis von Defiziten antiker Philosophie. Dabei glaubten sie, einen Maßstab zur Bewertung der Qualität philosophischer Leistungen im Christentum zu finden. Dies ist offensichtlich nur dann möglich, wenn die Relevanz der Religion für die Philosophie angenommen wird. Die Hinweise auf die Unzulänglichkeit der antiken Philosophie und der griechischen Philosophenschulen ist immer wieder zu finden.[15] Die Unzulänglichkeit der antiken Philo-

---

13 Vgl. Schmidinger, *Zur Geschichte des Begriffs „christliche Philosophie“*, v.a. 29–31. Johannes Chrysostomos (In Kalendas; PG 48, 953–962, 956) dürfte erstmals den Begriff verwendet haben.

14 EP 173, 514, 1179.

15 BKV Just 3f., 6–11; BKV Apol. I, 197–200; 233–239; BKV Orig. II, 289f., 296. Einen schärferen Tonfall schlägt Chrysostomus an, der die Philosophie zu einem eitlen Wortschwall erklärt (BKV Chrys. VII, 43). An einer anderen Stelle verkündet Johannes Chrysostomus, die Lehre der heidnischen Philosophen sei nicht mehr wert als das Wahngerede alter, betrunkener Weiber (BKV

sophie wird auch inhaltlich präzisiert: So moniert etwa Laktanz ihren mangelhaften Begriff von der Gerechtigkeit,[16] Chrysostomus kritisiert die von der Ethik des Evangeliums abweichende Lehre vom Guten, was durch Augustinus bekräftigt wird.[17] Es sind vor allem drei Punkte, die an der antiken Philosophie bemängelt werden: Erstens die Uneinigkeit der Philosophen, zweitens die Unfähigkeit der Philosophen, Wissen über Gott zu erzeugen, drittens die fehlende Wirkkraft der heidnischen Denker. Die Uneinigkeit der Philosophen wird kontrastiert mit der Einigkeit der heiligen Schriftsteller[18] und als Versagen der Orientierungsfunktion der Philosophie und daher als Zeichen der Unzulänglichkeit gedeutet.[19] Die Inkompetenz der Philosophie in Angelegenheiten des Glaubens und des religiösen Wissens wird dem vom Christentum angebotenen Heilswissen gegenübergestellt: Die Philosophie sucht (im Unterschied zum Christentum) vergeblich nach dem Urgrund des Seins[20] und sei daher nichtig, weil sie kein Wissen um das Göttliche hervorbringen kann.[21] Zwischen der prophetischen

---

Chrys I, 143). Manchen Apologeten gilt die gesamte heidnische Literatur als wertlos (BKV Apol. II, 77f.). Aus diesem Grund kann der heilige Cyprian die Philosophie auch guten Gewissens ignorieren (BKV Cypr. I, p. LIII). Zur Beurteilung der antiken Philosophie durch die christlichen Autoren der Patristik vgl. Warkotsch, *Antike Philosophie im Urteil der Kirchenväter*.

16 BKV Lakt. 189–193.

17 BKC Chrys. I, 19–23; BKV Aug. V, 251.

18 Augustinus, *De civitate Dei* XVIII, 41; TKV 370–372.

19 Laktanz, *Divinae institutiones* III, 15; PL 6, 390–394; Augustinus, *De civitate Dei* XVIII, 41; PL 41, 600; Justin, *Dial.* 2, 1,2; PG 6, 476B. Basileius beklagt die widersprechenden Lehren über die Weltentstehung bei den heidnischen Denkern (BKV Basil. II, 10f.). Widersprüche in den Lehren heidnischer Philosophien werden häufig polemisch verspottet (BKV Apol. II, 115–122) oder kritisch offen gelegt (BKV Aug. III, 158–161).

20 BKV Petr. Chrys. 220f. Die ungläubigen Philosophen sind blind (BKV Ambr. I, 229f.). Deswegen ist der Name der Philosophie im Grunde Hochstapelei, weil ihr Ziel nicht erreicht werde (BKV Lakt. 157f.). Die heidnische Philosophie, die ohne Gott auszukommen glaubt, ist zu hassen und zu verabscheuen (BKV Chrys. V, 45–47). So können die antiken heidnischen Philosophen mit großen, verwüsteten Städten verglichen werden, weil der Geist Gottes nicht in ihnen wohnte (BKV Mak. 304; vgl. ebd., 321).

21 BKV Lakt. 158f. Daher suchen die Philosophen auch vergeblich nach Wahrheit (Laktanz, *Divinae institutiones* III, 2–3; PL 6, 351–356). Diese Inkompetenz führt zur Konfusion zwischen enzyklopädischem und symbolischem Wissen: „Der Heide sieht einen Stein und hält ihn für Gott, der Philosoph betrachtet das Firmament und nimmt in ihm seinen Gott wahr. Andere erblicken

Weisheit, wie sie das Christentum bietet, und der Weltweisheit besteht ein ähnlicher Unterschied wie zwischen der Wahrheit und der Wahrscheinlichkeit.[22] Schließlich wird die antike Philosophie nach einem Kriterium der Effektivität abgeurteilt: Die heidnischen Philosophen haben im Gegensatz zu Jesus keine Breitenwirkung gehabt.[23] Zudem sind die heidnischen Denker den Christen in der Lebensführung unterlegen.[24] Damit wird nach drei Kriterien, dem Kriterium der inneren Konsistenz, dem Kriterium der Symbolkompetenz und dem Kriterium der Effektivität die Überlegenheit des Christentums gegenüber der antiken Philosophie festgehalten.

Wahre Philosophie und Lebensform

Das genannte Kriterium der Effektivität hat bereits den von Anfang an eingeklagten Zusammenhang von Lebensform und philosophischer Theorienbildung thematisiert. Dieser Zusammenhang ist ein Kernstück des Begriffs christlicher Philosophie. Zwischen Lebensform und Denkweise darf sich keine Inkonsistenz zeigen. Die Lebensform ist für die Einschätzung der Philosophie relevant. So lassen sich auch Propheten, bei denen Ausdruck und Inhalt der Botschaft, Wort und Tat übereinstimmen, von Philosophen, die handlungsentlastete Theorien bilden, unterscheiden.[25] Die Philosophen verwickeln sich demgegenüber in praktische Widersprüche, wenn sie einerseits eine Gotteslehre entwickeln und sich anderer-

---

die Sonne, und sie scheint ihnen Gott zu sein. Du aber bedenke, wie weit du diese Leute an Wissen überragst, wenn du sagst: ‚Ein Stein kann nicht Gott sein; die Sonne, die auf Geheiß eines anderen ihre Bahnen wandelt, kann nicht Gott sein'"(Hieronymus, *Über den Psalm 91*; TKV I, 74).

22 BKV Apol. I, 309.

23 Athanasius, *Über die Menschwerdung des Logos,* 47–48, TKV III, 193.

24 Tertullian, *Apologeticum* 46, PL 1, 501–514.

25 Das Kriterium der Lebensform wird zur Einschätzung der Qualität von philosophischer Reflexion verwendet: Die Propheten führen ein aufrechtes Leben; die heidnischen Philosophen werden von den christlichen Autoren aufgrund ihres Lebenswandels gering geschätzt (BKV Chrys. II, 241). Die Christen zeigen nämlich ihre Weisheit nicht im Philosophenmantel, sondern in der Gesinnung (BKV Apol. II, 202f.). Die Christen sind den Philosophen an Weisheit und Sittlichkeit überlegen (BKV Tertull. II, 159–162). Christen sind eben nicht Philosophen in Worten, sondern in Taten (BKV Cypr. I, 291f.). Die heiligen Schriftsteller bestechen durch die Lebensform (Origines, *Gegen Celsus* 3, 39; TKV IV, 362). Die Praxis gibt also den philosophischen Theorien ihren Wert.

seits am Götzendienst beteiligen.[26] Die Überlegenheit des Christentums zeigt sich im Leben und in der moralischen Lebensführung, die bei heidnischen Denkern häufig Anlass zu Kritik gibt.[27] Das Christentum ist im Unterschied zu heidnischen philosophischen Theorien lebbar.[28]

Die wahre Philosophie ist die Philosophie, die aus dem Glauben lebt und dem Menschen Wissen über ein Leben aus dem Glauben ermöglicht. Chrysostomus bezeichnet das Mönchsleben als die wahre Philosophie.[29] Diese wahre Philosophie aus dem Glauben ist nur dort zu erreichen, wo der menschliche Verstand um seine Abhängigkeit vom göttlichen Licht weiß. Erkenntnistheoretisch ist damit eine Option für eine Illuminationstheorie einerseits (der menschliche Geist bedarf der Erleuchtung durch Gott) und eine Dependenztheorie andererseits (die menschliche Vernunft hängt von Gott ab, weil sie von Gott geschaffen wurde) verbunden.[30] Daher ist die Suche nach Wahrheit gebunden an Stan-

---

26 BKV Orig. III, 97f., 266, 270f., 292f. Die heidnischen Philosophen „kommen zwar zu vortrefflichen philosophischen Ergebnissen, fallen aber dann wieder in die Verehrung der Götterbilder und Dämonen zurück" (Origines, *Gegen Celsus* 5, 43; TKV IV, 344).

27 Tatian, *Rede an die Hellenen* 2, 1ff.; PG 6, 805–812; vgl. *Rede an die Hellenen* 25, 1–27; PG 6, 860–865; Augustinus, *Confessiones* V, 3–5; PL 32, 707f. Die Überlegenheit des Christentums über die Philosophie zeigt sich im Leben (Minucius Felix, *Octavius* 38, 5–39; PL 3, 356–358; Gregor von Nyssa, *De vita Moysis*; PG 44, 336f.).

28 „Ja, diese Fischer haben uns eine Lebensnorm hinterlassen und nicht wie die Philosophen eigens befohlen, daß man sie schon von Jugend an beobachten müsse; sie haben auch nicht für den, der nach Tugend streben wollte, ein bestimmtes Alter vorgeschrieben, sondern sich unterschiedslos an jedes Alter gewandt. Was jene Philosophen sagen, sind eben Albernheiten und Spielereien, die Lehren der Apostel aber sind Wirklichkeit und Wahrheit" (Joh. Chrys., *Mt-Kommentar* 1,4–5; TKV IV, 379).

29 BKV Chrys. IV, 98. Den Philosophen (die eventuell in der Hölle trauern) werden die Propheten gegenübergestellt (BKV Just. 286–289).

30 Augustinus betont die Illumination der geschaffenen Geister durch das göttliche Licht (BKV Aug. II, 74f.) und hält rechtes Urteil nur möglich durch das unkörperliche Licht, das den Geist erleuchtet (BKV Aug. II, 187). Der Geist muss durch ein anderes Licht erleuchtet werden, damit er zur Wahrheit gelange (BKV Aug. VII, 76). Gott hilft uns zum Verständnis des Gehörten (BKV Aug. V, 188). Nur das Wachstum in der Liebe führt zu tieferem Verständnis der Glaubenswahrheit (BKV Aug. VI, 193–195). Wahrheit wird durch innere göttliche Belehrung erkannt (BKV Aug. VII, 277–279, 327), denn das Eigentliche, das Göttliche kann der Mensch nicht aus sich wissen (BKV Lakt. 158): Der Verstand vermag nicht die große Höhe seines Schöpfers zu erreichen (Der

dards der Lebensführung: Wahrheit ist mit Ehrfurcht zu suchen.[31] Wahrheit ist keine Eigenschaft von Propositionen, sondern ein Handlungsprädikat: Wahrheit wird „getan“.[32] Das Christentum als wahre Religion „zeigt“ sich in der Praxis und entfaltet seine Wirkung im Leben der Menschen.[33] Diese Wirkkraft wird als ein Kriterium für die Authentizität (Gottursprünglichkeit) des Christentums anerkannt.

Die protreptische Funktion der Philosophie

Neben diesen defensiven Aspekten sind auch positive Aspekte hervorzuheben, die der Idee der Philosophie von Anfang an eine Funktion im Rahmen der christlichen Religion einräumen. Die Funktion der Philosophie für das Christentum wird von Anfang an vertrautermaßen als protreptischer Dienst charakterisiert, der die Philosophie als jene Einrichtung sieht, die den Glauben *ex post* rechtfertigt und *ex ante* plausibilisiert. Diese positive Funktion der Philosophie kann nur dadurch behauptet werden, dass bestehende philosophische Theorien, wenigstens teilweise, mit christlicher Begrifflichkeit legitimiert und faktische Verdienste der Philosophie hervorgehoben werden. Von dieser Gutheißung bestehender Philosophie zu unterscheiden sind Aussagen über mögliche Funktion und Aufgabe der Philosophie, die nicht auf die Vergangenheit heidnischer Denker, sondern auf die Zukunft christlichen Philosophierens ausgerichtet sind.

Die Idee der Philosophie überhaupt wird dadurch gerechtfertigt, dass heidnisches Denken christlich legitimiert wird. Das, was

---

Syrer Ephräm, *Über den Glauben* 1, 1–5; TKV I, 86). Die Vorzüge der Vernunft verdanken wir Gott (Johannes Chrysostomus, *Homilien zum Philipperbrief* 8, TKV I, 291; vgl. Augustinus, *Vorträge über das Johannesevangelium* 15, 19; TKV I, 369).

31 BKV Basil. I, 281.

32 Weisheit ist das Wissen um die Verpflichtungen gegen Gott und die Menschen (BKV Lakt. 163); die Weisheit besteht in der wahren Gottesverehrung (BKV Lakt. 171; BKV Aug. VIII, 392). Die wahre Weisheit besteht in der wahren Anbetung des wahren Gottes, die im künftigen Leben eine sichere und reife Frucht tragen soll (BKV Aug. X, 108).

33 Gegenüber dem philosophischen Glauben werden Kraft und Wirkung des Christentums und des christlichen Glaubens ins Spiel gebracht (Arnobius d.Ä., *Adversus gentes* II, 11; PL 5, 825–827); vgl. Athanasius der Große, *Über die Menschwerdung des Logos* 50; PG 25, 185.

an den heidnischen Philosophien als „wahr" akzeptiert wird, wird auf die Heilige Schrift zurückgeführt.[34] Diese Denkfigur (Legitimation heidnischen Gedankenguts als kryptochristliches Denken) wird auch in der Lehre von den *logoi spermatikoi* angewendet – was immer die Denker und Gesetzgeber Treffliches gefunden haben, das ist von ihnen aufgrund eines Anteils am Logos mit Mühe erarbeitet worden.[35] Auf diesem Hintergrund ist es auch leichter plausibel zu machen, dass die heidnische Philosophie Verdienste und begrüßenswerte Errungenschaften hervorgebracht hat.[36] Diese Verdienste sollen sich die Christen zunutze machen, wie Israel das Gold der Ägypter.[37] Denn die Philosophie bietet Möglichkeiten, die auch für das Christentum nützlich sind.[38] Die Philosophie liefert die Werkzeuge, um einen Zusammenhang zwischen enzyklopädischen Einträgen und symbolischer Deutung im Sinne des Christentums herstellen zu können.[39] Die Grundannah-

---

[34] BKV Just. 261–285; BKV Apol. I, 111; 126–128; BKV Tertull. II, 163–176; BKV Eus. I, 243.

[35] Justin, *Erste Apologie,* 44–46; PG 6, 396f.; BKV Apol. I, 150; vgl. 154; Tertullian, *Über die Seele* 2; PL 2, 648–651. Manche Philosophen haben mit Gottes Hilfe wichtige Entdeckungen gemacht (BKV Aug I, 87). So finden sich Spuren des Logos, wie das vor allem bei Clemens von Alexandrien herausgearbeitet wurde, auch in den heidnischen Kulturen. Dieser Gedanke konnte im Zweiten Vatikanischen Konzil in *Nostra Aetate* wieder fruchtbar gemacht werden (DH 4196).

[36] Vgl. BKV Aug. I, 391–402. Die heidnische Literatur kann der Seele dienen, muss aber mit Vorsicht benützt werden (Basil. II, 448–451). Ein Verdienst der heidnischen Philosophen liegt etwa im Beweis der Unsterblichkeit der Seele (Zeno von Verona, *Von der Auferstehung* 16, 1–2; TKV IV, 505). Zur Gesamteinschätzung empfiehlt sich das zitierte Werk von Warkotsch.

[37] BKV Aug. VIII, 103–105.

[38] Wissen, so wie es auch die Philosophie erzeugt, ist notwendig, also dürfen die Christen die Literatur kennen lernen (BKV Tertull. I, 152f.). Glaube ohne Wissen ist etwas Minderes als das Wissen (Origines, *Commentarius in Matthaeum* 13; PG 13, 1017). Die Wissenschaft kann, wenn sie in den Dienst des Christentums gestellt wird, sehr nützlich sein (BKV Ephr. I, 50; BKV Aug. IX, 253; vgl. BKV Aug. VIII, 86–105, 106f.). Die Philosophie schafft Orientierungswissen und kategoriale Kompetenz: Die Vernunft würdigt im Lichte der Wahrheit, um „mit richtiger Entscheidung das Kleinere dem Größeren unterzuordnen" (Augustinus, *Der freie Wille* 3, 17; TKV I, 293).

[39] Die Welt ist die Schule der Gotteserkenntnis (BKV Basil II, 14, 16); die Größe und Schönheit der sichtbaren Welt lässt auf die unsichtbare schließen (BKV Basil II, 90f.). Schließlich bezieht sich die wahre Philosophie auf eine geistige Welt (Augustinus, *Contra Academicos* II, 19, 42; PL 32, 956–957).

me, dass enzyklopädische Einträge auf eine symbolische Deutung verweisen, und dass sich zwischen den *naturalia* und den *supernaturalia* systematische Zusammenhänge herstellen lassen[40], führt dazu, der Philosophie eine vorbereitende, hinführende Rolle für das Glaubensleben zuzuweisen.[41]

Systematisch entfaltet wird die protreptische Rolle der Philosophie in den *Stromata* des Clemens von Alexandrien. In diesem Werk versucht Clemens einerseits die Philosophie vor dem christlichen Urteil zu rechtfertigen, andererseits die philosophische Potenz des Christentums zu erweisen. Diese Aufgaben löst er vor allem dadurch, dass er die Dienstfunktion der Philosophie hervorhebt: Die Philosophie bahnt den Weg für den Herrn (I, 28, 3), das gilt auch für die heidnische Philosophie, die schließlich chronologisch vor der Menschwerdung Gottes steht. Auch das ist Teil des göttlichen Heilsplans. Die Philosophie ist nützlich für die Gottesfurcht, indem sie eine Art Vorbildung für die ist, die den Glauben

---

Die wahre Philosophie hat die Aufgabe, den Ursprung aller Dinge zu lehren (Augustinus, *De ordine* II 5, 16; PL 32, 1002).

40 „Wenn im Weltall nicht Regellosigkeit, sondern Regelmäßigkeit, nicht Mangel an Ebenmaß, sondern Symmetrie, nicht Chaos, sondern Ordnung herrscht und durchgängige Harmonie im Weltganzen, so müssen wir vernünftigerweise auf den Gedanken kommen, daß ein Herr existiert, von dem diese Verbindung und dieses Gefüge herrührt und der ihre Harmonie zuwege bringt" (Basilius, *Sechstagewerk* 1,2; TKV I, 204). „So wird, wer mit Vernunft Himmel und Erde betrachtet und all die sichtbaren Wesen in ihrer Gestaltung, Eigenart und Ordnung sieht, an keinen anderen Schöpfer aller Dinge glauben können als an Gott und wird bekennen, daß er ihn unaussprechlich preisen muß" (Augustinus, *Der freie Wille* 2, 34–36; TKV I, 226). „Für den Christen ist es genug, wenn er den Grund alles Geschaffenen, sei es im Himmel oder auf der Erde, sei es Sichtbares oder Unsichtbares, in gläubiger Gesinnung nirgends anderswo sieht als in der Güte des Schöpfers" (Augustinus, *Handbüchlein* 3, 9–11; TKV I, 100).

41 „Zeigst du mir aber Lehrer, die ihre Zöglinge im Unterricht auf die Philosophie vorbereiten und in Philosophie üben, so werde ich die jungen Leute nicht von ihnen wegziehen, sondern versuchen, sie nach solcher Vorbereitung, wie sie das Studium der allgemeinen Wissenschaften und die Beschäftigung mit der Philosophie verleiht, zur ehrwürdigen und hohen, der großen Masse verborgenen Geheimnislehre der Christen erheben" (Origines, *Gegen Celsus* 3, 56–58; TKV III, 37f.). Die Philosophie kann die Frage nach Glück stellen (Augustinus, *Gottesstaat* 18,41; TKV IV, 370; Justinus, *Dialog mit dem Juden Tryphon* 3, 2–7; PG 6, 480) und auf diese Weise eine Brücke zum Christentum, das als Lehre über das Glück verstanden werden kann, schlagen. Außerdem gibt auch die Philosophie – wie das Christentum – Lebensregeln an die Hand (Origines, *Gegen Celsus* 3, 12–13; TKV IV, 65).

durch Beweise gewinnen wollen (I, 28, 1); die griechische Philosophie ist als Vorstufe der auf Christus beruhenden Philosophie zu betrachten (VI, 67, 1). Die griechische Philosophie reinigt die Seele im Voraus und gewöhnt sie im Voraus an die Aufnahme des Glaubens (VII, 20, 2). Diese Eigenschaften kann sich das christliche Denken zu Eigen machen: Die auf die Ruhe in Christus vorbereitende Bildung schult den Geist, weckt den Verstand und erzeugt Gewandtheit im Suchen nach der wahren Philosophie (I, 32, 4). Die Philosophie ist Mitursache und Gehilfin beim Erfassen der Wahrheit, da sie nach der Wahrheit sucht (I, 99, 1) – das Wichtigste ist, dass man das unbegründete Meinen aufgibt, durch das man sich in die Mitte zwischen genauem Wissen und voreiliger Einbildung stellt (VII, 93, 3). Wenn die Philosophie die Seele entsprechend erzogen hat, ist die Seele auf Gott hin gerichtet (IV, 9, 4); die Seelen sind ja zuerst durch die wahre Lehre von den bösen und schlechten Meinungen zu reinigen; erst dann kann man sich der Einprägung der wichtigsten Hauptlehrsätze zuwenden (VII, 27, 6). Hier sieht man auch deutlich, wie ethische Überlegungen, Überlegungen hinsichtlich der Ethik der Lebensführung und der Ethik des Erkennens in die Reflexion auf Philosophie Einzug halten. Philosophie im Lichte des Christentums hat bestimmten ethischen Anforderungen zu entsprechen. Dieser Gedanke ist auch für einen gegenwärtigen Begriff von christlicher Philosophie von großer Bedeutung.

Das Christentum als philosophisch relevante Weltanschauung

Die ethischen Anforderungen an die Reflexion machen das Philosophieren mit dem Christentum vereinbar. Die frühen christlichen Autoren arbeiteten bekanntlich an der philosophischen Akzeptanz und Akzeptierbarkeit des Christentums. Aus diesem Grund bezeichneten sie sich selbst als Philosophen, wie sich das bei Justin, Athenagoras von Athen oder Irenäus nachweisen lässt.[42] Bereits in den ersten Jahrhunderten wurden Christen von Nichtchristen gelegentlich als „Philosophen“ bezeichnet, wie dies etwa beim Juden Tryphon[43] und dem römischen Arzt Galen[44] der Fall war. Die

[42] PG 6, 269A, 492A–D, PG 6, 901A–904C; PG 7, 803f.
[43] PG 6, 472D; 6, 476B.
[44] Walzer, *Galen on Jews and Christians*, 42ff.

christliche Botschaft wird explizit „Philosophie“ genannt.[45] Die Philosophie, die das Evangelium darstellt, ist „göttlich“, „heilig“, „himmlisch“, „einzig wahr“ und „vollendet“.[46] Philosophie findet sich nicht nur in Philosophenschulen, sondern auch im Alten Testament und in den Evangelien.[47] Christus wird als „Erster aller Philosophen“ angesehen[48] und gilt als Lehrer der Wahrheit[49]. Dieser Lehrer vermittelt einen Zugang zur Weisheit, zur vollkommenen Weisheit, wie sie sich nur im Christentum findet.[50] Dabei ist die Lehre Jesu Christi nicht blind anzunehmen.[51] Hier ist also Raum für Reflexion und eine gewisse epistemische Distanz. So erscheint das Christentum vereinbar mit der Idee der Philosophie. Klemens von Alexandrien bezeichnet das Christentum als die Philosophie Christi.[52]

Ein besonderer Aspekt der philosophischen Relevanz des Christentums ist die Lehre vom Primat des Glaubens vor der Vernunft. Dieser Primat ist nicht nur ein religiöser, sondern auch ein *erkenntnistheoretischer*. Wenden wir uns wiederum den *Stromata* zu, um die Theorie über den epistemologischen Status des Glaubens nachzuzeichnen. Die im 20. Jahrhundert so wichtig gewordene These, dass der Glaube eine zweite, eigenständige Erkenntnisordnung begründe, kann in die Patristik zurückverfolgt wer-

---

45 Etwa von Eusebius (PG 20, 393B), Klemens von Alexandrien (PG 8, 936A), Tatian (PG 6, 868C; 6, 873A; 6, 877C), Gregor von Nazianz (PG 35, 517A; 35, 552A) oder Johannes Chrysostomus (PG 47, 320; 48, 959; 49, 220; 49, 349).

46 Etwa von Klemens von Alexandrien, dem wohl entschiedendsten Verteidiger der Philosophie (PG 8, 816C; 8, 709C), Johannes Chrysostomus (PG 47, 279, 380; 49, 186) oder Gregor von Nyssa (PG 44, 64A; 44, 924B; 45, 56A; 46, 677D; 46, 908B). Klemens von Alexandrien und Gregor von Nyssa sprechen auch von der „Philosophie der Bibel“ (PG 9, 380C; PG 46, 181C), Eusebius von der Philosophie der Christen (PG 20, 169A), Theodoretus von „evangelischer Philosophie“ (PG 83, 1131).

47 Ambrosius von Mailand, *Expositio in evangelium secundum Lucam*, Prolog 2–6; PL 15, 1529–1532.

48 Eusebius, PG 22, 225B.

49 BKV Ephr. II, 96–105. Die eine Wahrheit, die Christus lehrt, steht dem vielgestaltigen Irrtum gegenüber (BKV Ephr II, 149–152).

50 BKV Ambr. III, 210.

51 Man kann Gründe für den Glauben nennen (Origines, *Gegen Celsus* VI, 10–11; PG 11, 1304–1308) und den Glauben systematisch prüfen (Origines, *Gegen Celsus* I,9; PG 11, 672–673).

52 PG 9, 248C; vgl. Basilius PG 31, 1321A; Chrys. PG 48, 1021; 49, 174.

den.[53] In den *Stromata* wurde die Spezifität der Erkenntnisordnung des Glaubens systematisch entfaltet: Nach Klemens von Alexandrien ist der Glaube eine Annahme aus freiem Entschluss (II, 8, 4), ein Vermuten aus freien Stücken (II, 28, 1). Dabei ist der Glaube keineswegs blind, aber doch ein verständiges Vorwegnehmen vor dem sicheren Erfassen (II, 28, 1). Dieses verständige Vorwegnehmen als eine freie Annahme ist Grundlage des Wissens: Alles Meinen, Urteilen, Vermuten und Lernen, kurz all das, wodurch wir leben und immer mit dem Menschengeschlecht verbunden sind, ist ein Zustimmen; dieses kann aber nichts anderes als Glauben sein (II, 55, 1). Daher ist der Glaube auch die Grundlage allen Wissens, denn die obersten Prinzipien des Wissens sind nicht beweisbar, sondern müssen geglaubt werden (II, 13, 4); die Kenntnis des Urgrundes aller Dinge beruht auf Glauben, nicht auf Beweisen (II, 24, 1). Das haben schon antike Philosophen gezeigt: Aristoteles nennt die auf das Wissen folgende Bestätigung, dass etwas Bestimmtes wahr ist, Glaube (II, 15, 5); dass Glaube überall nötig ist, stellt auch Platon fest (II, 23, 1). Als Grund der Erkenntnis ist der Glaube eine epistemische Qualität, die nicht vom Menschen allein geschaffen werden kann: Die Grundlage der Erkenntnis besteht darin, dass man an Gott glaubt (VII, 55, 5). Weisheit ist jene Erkenntnis, die ein Wissen und Verstehen des Gegenwärtigen, Zukünftigen und Vergangenen ist, das nicht wankend gemacht oder erschüttert werden kann, da es von dem Sohne Gottes überliefert und geoffenbart worden ist (VI, 61, 1). Am vorzüglichsten ist die Untersuchung, die sich mit dem Glauben verbindet und auf der Grundlage des Glaubens die erhabene Erkenntnis der Wahrheit aufbaut (V, 5, 2). Clemens behauptet auch, dass die Ungläubigen unverständig sind (V, 5, 1). Glaube ist also etwas Göttliches, weil er weder von einer anderen, weltlichen Zuneigung zerstört werden kann noch von einer vorhandenen Furcht aufgelöst wird (II, 30, 2); wenn man aus dem Unglauben zum Glauben kommt, so hat das mit göttlichem Wirken zu tun (II, 31, 1). Wenn man dem Logos gehorcht, so bedeutet das, dass man dem Logos Glauben schenkt und sich ihm in keiner Weise widersetzt – wie sollte es denn auch möglich sein, sich gegen Gott aufzulehnen? Hier deutet sich ein reziprokes Verhältnis an: Gegenstand des Glaubens wird demnach die Erkenntnis und

---

[53] Offenbarung gilt als eine Wahrheitsquelle, die von der Vernunft als Wahrheitsquelle zu unterscheiden ist (Tertullian, *Über die Seele* 1; PL 2, 647–648).

Gegenstand der Erkenntnis der Glaube durch eine Art göttlicher, notwendig erfolgender Wirkung und Gegenwirkung (II, 16, 2). Wer den göttlichen Schriften glaubt, hat einen unumstößlichen Maßstab für sein Urteil und erhält als unwiderleglichen Beweis die Stimme Gottes, der uns die Schriften gegeben hat; der Glaube hört auf, Glaube zu sein, wenn er auf festem Beweis beruht (II, 9, 6).

Glaube und Wissen sind daher klar voneinander zu unterscheiden, auch wenn sie nicht im Widerstreit zueinander stehen: Der Glaube und das Wissen sind in einem Komplementaritätsverhältnis zu denken. Der Glaube gewinnt auch durch Wissen: Wir behaupten also, dass der Glaube nicht untätig und für sich allein, sondern zusammen mit der Forschung fortschreiten müsse (V, 11, 1). Denn nachdem wir also mit Recht durch den Glauben das Grundprinzip ohne Beweise erfasst haben, erhalten wir zum Überfluss noch vom Grundprinzip selbst auch die Beweise für das Grundprinzip und werden so durch das Wort des Herrn zu der vollen Erkenntnis der Wahrheit angeleitet (VII, 95, 6). Sicherlich verwenden wir Schrift und Wort des Herrn als Maßstab für unser Urteil beim Auffinden der Tatsachen. Alles aber, was dem Urteil unterliegt, ist noch nicht sicher, bevor es beurteilt worden ist; daher kann auch etwas, was noch Beurteilung nötig hat, nicht Grundprinzip sein (VII, 95, 5). Aufgrund seiner Sicherheit liefert der Glaube auch Lebens– und Handlungsorientierung. Er ist Grundlage für das Handeln (II, 9, 2). Die Erkenntnis ist eine Vervollkommnung des Menschen als Menschen; sie kommt durch das Wissen von den göttlichen Dingen hinsichtlich der Gesinnung und der Lebensführung zur Vollendung (VII, 55, 1). Dies sind Überlegungen hinsichtlich der Ethik des Erkennens, die auch für den heutigen Kontext relevant sind: Die religiöse Dimension macht ethische Standards erforderlich, die die Praxis, den Zweck, die Würde und die Grenzen des Erkennens und des Erkenntnisvermögens betreffen.

Auf diese Weise legt die patristische Philosophie den Grundstein nicht nur für die Institutionalisierung der Kirche und damit auch des kirchlichen Lehramts, sondern auch für die Entwicklung einer Kriteriologie im Umgang mit der Philosophie, die vor allem dort verurteilt wird, wo sie in eine Heilslehre umzuschlagen droht, und vor allem dort begrüßt wird, wo die Grenzen philosophischer Vernunft nicht überschritten werden.

Der Hinweis, dass nicht jedes weltanschauliche System mit dem Christentum in Vereinbarung gebracht werden könne, ist trivial. Die Frage nach den Gründen für diese Unvereinbarkeit oder nach einer Begründung für mögliche Grenzziehungen ist wesentlich anspruchsvoller. Diese Fragen sind schon allein deswegen sehr viel anspruchsvoller, weil nicht definitiv zu entscheiden ist, was unter „Christentum" zu verstehen ist. Das Christentum auf den Begriff zu bringen, ist eine theologische und philosophische Anstrengung, die nicht erspart werden kann, da „das Christentum" nicht als solches vorliegt. Hier müssen wir eine Pluralität von Rekonstruktionen zur Kenntnis nehmen. Die Anstrengung, eine Einführung in den Begriff des Christentums zu leisten, ist im einzelnen Fall weder abschließbar, noch über Gegenstimmen und –positionen erhaben.

Wichtige Aspekte des Christentums können im Rahmen eines propositionalen Systems rekonstruiert werden, das den Wahrheitsansprüchen, die mit dem Christentum erhoben werden, Rechnung trägt. Die Anerkennung des Christentums bringt deswegen die Anerkennung epistemischer Commitments mit sich. Wie bereits gesagt: Epistemische Commitments sind Verpflichtungen, die dadurch entstehen, dass etwas für wahr gehalten wird. Wer eine Theorie oder eine Religion für wahr hält, verpflichtet sich auf die Anerkennung bestimmter Erkenntnisweisen und auf die Anerkennung bestimmter Erkenntnisse. Für religiöse Überzeugungen sind fundamentale epistemische Commitments charakteristisch. Diese Commitments betreffen Weltbild, Gottesbild, Menschenbild.

Wir könnten uns also fragen: Welche epistemischen Commitments bringt es mit sich, wenn man das Christentum als „wahr" anerkennt? Hier sieht man bereits die bekannte Schwierigkeit, dass über „das Christentum" nicht so gesprochen werden kann, wie man über „das Finanzamt" spricht. Dennoch ist klar, dass sich aus der Akzeptanz des Christentums gewisse Verpflichtungen ergeben. Diese Verpflichtungen betreffen sicherlich die Lebensgestaltung (man könnte hier von „praktischen" oder auch „praxeologischen" Commitments sprechen). Es wird schwer zu argumentieren sein, dass die Entscheidung für das Christentum keine Konsequenzen für die Lebensform haben soll, auch wenn die Idee, es gäbe „eine christliche Lebensform", die durch bestimmte Muster zu kennzeichnen wäre, angesichts der Vielfalt der Weisen des Christseins nicht haltbar ist. Neben Verpflichtungen, die die Lebensform betreffen, sind Commitments hinsichtlich der Überzeugungen anzuführen. Wer das Christentum für wahr hält, hält bestimmte Überzeugungen für wahr. Diese Menge von Überzeugungen lässt sich weder exhaustiv festmachen, noch erschöpft sie das, was wir unter „Christentum" verstehen, aber dieser epistemische Aspekt des Glaubens kann nicht ignoriert werden. Die Frage „Woran glaubt, wer glaubt?" zielt auf Überzeugungen ab, die mit einer Religion verbunden sind. Die epistemischen Commitments, die mit der Akzeptanz einer bestimmten Religion verbunden sind, betreffen Überzeugungen hinsichtlich des symbolischen Kosmos („der Welt des Übernatürlichen", der „unsichtbaren Welt"), aber auch Überzeugungen hinsichtlich der „natürlichen Welt", die ja in Beziehung zu einem Interpretationsrahmen gesetzt wird. Wer das Christentum akzeptiert, akzeptiert bestimmte Typen von Überzeugungen, die freilich in je individueller Weise angeeignet werden, denn das Wissen von Menschen bildet ein System. So hat die Überzeugung, dass Jesus Christus von den Toten auferstanden ist, in verschiedenen epistemischen Systemen einen unterschiedlichen Stellenwert.

Man könnte drei Klassen von epistemischen Commitments unterscheiden, die sich aus dem Christentum ergeben: (i) Annahmen über die Welt: Das Christentum macht Annahmen über eine geschaffene Welt und eine Schöpfungsordnung, erkennt damit die Möglichkeit an, Aussagen über die Welt als ganze zu machen; (ii) Annahmen über Gott: Das Christentum unterstellt bestimmte Eigenschaften Gottes und macht Aussagen über das Verhältnis von Gott und Mensch, insbesondere auch Aussagen über die Menschwerdung Gottes; (iii) Annahmen über den Menschen: Das Christentum macht Aussagen über Würde und Freiheit, Geschaffenheit und Erlösungsbedürftigkeit, Heilsbefähigung und Gemeinschaftscharakter des Menschen. Ich habe diese Commitments an anderer Stelle ausgeführt.[54] Für den vorliegenden Kontext ist es wichtig, darauf hinzuweisen, dass das Christentum einen propositionalen Gehalt hat, dass dieser propositionale Gehalt mit ernsthaften Wahrheitsansprüchen verbunden ist, dass diese Wahrheitsansprüche in Form kosmologischer, theologischer und anthropologischer epistemischer Commitments zu rekonstruieren sind und

---

[54] Sedmak, *Lokale Theologien und globale Kirche*, 144ff.

dass von da aus die Frage gestellt werden kann, welche philosophischen Positionen sich nicht mit der propositional verfassten epistemischen Gestalt des Christentums vertragen. Um nur ein Beispiel zu geben: Eine Ontologie, die keinen Raum für Personen lässt oder die Kategorie von „Engeln" prinzipiell ablehnt, wird sich mit den epistemischen Commitments, die sich aus der Akzeptanz des Christentums ergeben, nicht vertragen. Ähnlich scheint eine deterministische Position in Bezug auf die Frage nach der Willensfreiheit oder ein strikter Naturalismus in der Diskussion des Leib–Seele–Problems zu Inkompatibilitäten zu führen. Auch von hier aus kann die Frage nach einer „christlichen Philosophie" diskutiert werden.[55] Die Verpflichtungen, die mit der Akzeptanz des Christentums verbunden sind, sind ein wesentlicher Impuls zur Charakterisierung des Verhältnisses von Christentum und Philosophie bzw. von Philosophie und Katholischem Lehramt.

3. Christliche Grundhaltung und intellektuelle Arbeit

3.1 „Christian Scholarship"

Die Frage, ob sich intellektuelle Arbeit als „christliche" verstehen kann, ist insofern berechtigt, als (i) das Christentum eine Einstellung zur Welt als ganzer und zum Leben als solchem ist und daher sämtliche Lebensbereiche (Existenzvollzüge) eines Menschen prägen kann und (ii) intellektuelle Arbeit als ein „Apostolat" verstanden werden kann und es von da aus sinnvoll ist, über die Verantwortung des Intellektuellen und die ethischen Aspekte intellektueller Arbeit nachzudenken.

Pedro Arrupe, der geschichtemachende General der Gesellschaft Jesu, hat immer wieder darauf hingewiesen, dass intellektu-

---

[55] „Eine ‚Christliche Philosophie' wird immer eine Philosophie sein, die mit dem Christentum vereinbar ist. Eine mit dem Christentum vereinbare Philosophie braucht dagegen keineswegs immer eine ‚Christliche Philosophie' zu bedeuten" (Schwarz, *Das Problem einer christlichen Philosophie*, 236).

elle Arbeit ein Apostolat ist.[56] Auch jene Jesuiten, die in diffizilen und spezialisierten wissenschaftlichen Fachgebieten arbeiteten, erfüllten damit ein Apostolat. Sie sollten daher ihre Aufgabe auch als einen Dienst betrachten und in diesem Sinne versehen. Forschungs- und Bildungsarbeit können unter diesen Begriff des intellektuellen Apostolats gestellt werden. Als ein Apostolat ist diese Arbeit nicht ein Zweck an sich, sondern ein Mittel, das einem höheren Ziel dient. Damit ist die intellektuelle Arbeit in einen größeren Zusammenhang eingebettet, der über den punktuellen Bereich der spezialisierten Arbeit hinausgeht – einmal in den größeren Zusammenhang des eigenen Lebens mit seinen Grundhaltungen und dann in den größeren Zusammenhang der Bezugsgemeinschaft. Intellektuelle Arbeit, als ein Dienst verstanden, dient daher der Erfüllung der christlichen Ideale und wird als ein Mittel verstanden, die Frohe Botschaft in Bereiche zu bringen, die ihr sonst verschlossen sind. Intellektuelle Arbeit als ein Dienst verstanden, bedeutet auch, nicht die Aspekte der Selbstpromotion in den Mittelpunkt zu stellen, sondern die geleistete Arbeit und die eigene Person in einem Ganzen zu situieren.

Der Apostolatscharakter der intellektuellen Arbeit zeigt sich auch deutlich in der Erziehungsarbeit: Als Ziel der Ausbildung an Jesuitenschulen gibt Pedro Arrupe nichts Geringeres an als die Formation von „neuen Menschen, transformiert durch die Botschaft Christi“, transformiert zu Zeugen des Todes und der Auferstehung Christi in ihrem eigenen Leben.[57] Es gehe darum, „Menschen für andere“ zu bilden, „forming men and women for others“[58]. Erziehungsarbeit ist Grundarbeit an der Gesellschaft; nicht von ungefähr

[56] Vgl. Arrupe, *Address to the Congregation of Procurators*.

[57] Zitiert nach: Duminuco, *The Jesuit Ratio Studiorum*, 215.

[58] Ebd., 241. Pater Kolvenbach gibt an dieser Stelle folgende Charakteristika eines solchen Menschen an: „well-rounded, intellectually competent, open to growth, religious, loving, and committed to doing justice in generous service to the people of God.“ An einer anderen Stelle spricht Kolvenbach über die Ignatianische Pädagogik und die Idee einer humanistischen Erziehung als Sensibilität gegenüber menschlicher Not: „A disciplined sensitivity to human misery and exploitation is not a single political doctrine or a system of economics. It is a humanism, a humane sensibility to be achieved anew within the demands of our own times and as a product of an education whose ideal continues to be motivated by the great commandments – love of God and love of neighbor” (ebd., 277).

hat Paulo Freire Lehrer als „cultural workers“ beschrieben.[59] Auch Zygmunt Bauman[60] versteht Intellektuelle in ihrer kulturschaffenden und –bewahrenden Funktion und charakterisiert den Intellektuellen über seine Funktion der Bewachung und Supervision; diese Funktion („gesetzgebende Rolle“) üben Intellektuelle hinsichtlich der Kultur, in der sie leben, aus. Gerade dann können sie als Kulturarbeiter wirksam werden. Wenn sie aber entmachtet werden, bleibt den Intellektuellen nur noch die Rolle der Interpreten, die komplexe und überlieferte kulturelle Inhalte auslegen, verständlich machen, einordnen und gewichten. In jedem Fall ist der Auftrag zur intellektuellen Arbeit Auftrag zur Arbeit an Kultur.

Aufgrund ihres Eingebundenseins in eine Kultur und aufgrund ihrer Arbeit an Kultur tragen Intellektuelle eine soziale Verantwortung – und dies in dreifacher Hinsicht: Erstens tragen Intellektuelle Verantwortung für die Wahrheit, da intellektuelle Tätigkeit als Dienst an der Wahrheit verstanden werden kann: Julien Benda hat Intellektuelle als Menschen charakterisiert, die unabhängige Urteile fällen können aufgrund von Loyalität allein gegenüber der Wahrheit.[61] Diese Loyalität kommt bei Dissidenten, die für die Sache der Wahrheit auch ins Gefängnis gingen, deutlich zum Ausdruck. Diese Loyalität ergibt sich aus der Verpflichtung auf ein Ringen um epistemische Gerechtigkeit, wie es intellektueller Arbeit eigen ist, die ja Reflexionsarbeit ist, Arbeit an etablierten Kategorien. Das Ringen um epistemische Gerechtigkeit ist kein Selbstzweck, sondern ein Dienst: Die entscheidende Frage für Intellektuelle lautet deswegen: „How does one speak the truth?

---

[59] Vgl. Freire, *Teachers as Cultural Workers.* Auch Lipset: Intellektuelle sind Menschen „who create, distribute, and apply culture“ (Lipset zitiert nach Eyerman, *Culture and Politics*, 1).

[60] Bauman, *Legislators and Interpreters.* Pierre Bourdieu weist ebenfalls darauf hin, dass Intellektuelle ihre Rolle nur dann auf sozial wirksame Weise spielen können, wenn sie mit entsprechender Autorität ausgestattet sind: „L'intellectuel est un personnage bidimensionnel qui n'existe et ne subsiste comme tel que si (et seulement si) il est investi d'une autorité spécifique, conférée par un monde intellectuel autonome … dont il respecte les lois spécifiques, et si (et seulement si) il engage cette autorité spécifique dans les luttes politiques“ (*Les règles de l'art*, 462).

[61] Benda, *Der Verrat der Intellektuellen.* Diesen Gedanken finden wir auch anderswo: „By ‚an intellectual' I mean here to refer to anyone who takes a committed interest in the validity and truth of ideas for their own sake" (Montefiore, *The political responsibility of intellectuals*, 201).

What truth? For whom and where?"[62] Intellektuelle tragen zweitens eine soziale Verantwortung für die eigene Arbeit mit ihren Implikationen, die Voraussetzungen und Infrastruktur, aber auch Konsequenzen und Wirkung betreffen. In diesem Sinne kann von einer politischen Verantwortung von Intellektuellen gesprochen werden.[63] So kann auch Julien Bendas berühmte Abhandlung *La trahison des clercs* als Kritik an den Intellektuellen, die sich aus ihrer Verantwortung stehlen wollen, verstanden werden. Intellektuelle tragen drittens Verantwortung für die Gesellschaft, deren Zukunft sie auf entscheidende Weise prägen können. Karl Popper hat immer wieder die Macht von Ideen hervorgehoben: „Die Macht von Ideen und besonders von moralischen und religiösen Ideen ist zumindest ebenso wichtig wie die Macht materieller Hilfsmittel."[64] Daher sind ethische Überlegungen in Bezug auf die intellektuelle Arbeit unverzichtbar.

Intellektuelle tragen eine Verantwortung für das *bonum commune*[65]; diese Verantwortung erwächst aus dem sozialen Privileg, Zugang zu Bildungsgütern zu haben, und aus dem epistemischen Privileg, Alternativen zum *Status quo* und Aspekte jenseits des Hic–et–nunc–Kontextes bedenken zu können. Edward Shils versteht Intellektuelle als eine Minderheit, die sich nicht nur um die unmittelbaren Bedürfnisse des täglichen Lebens kümmern, sondern in größeren Zusammenhängen denken und leben.[66] Intellektuelle sind Menschen, die die Möglichkeit haben, Distanz zu etablierten Kategorialsystemen einzunehmen. Intellektuelle haben die

---

62 Said, *The Representation of Intellectuals*, 88.

63 Maclean/Montefiore/Winch, *The Political Responsibility of Intellectuals*.

64 Popper, *Vermutungen und Widerlegungen*, 541.

65 Daraus ergibt sich auch die Rolle des Intellektuellen als eines Zeugen: „The testifying intellectual, e.g. Emile Zola, is the intellectual who speaks in defence of the 'common good': Pramudya Ananta Toer, Breyten Breytenbach, Andrei Sakharov, the young Vàclav Havel. Characteristic of this intellectual is his/her confrontation with a closed public opinion, the invulnerable cynism of power and the political monopoly of knowledge" (Weijers, *Intellectuals, Knowledge and Democracy*, 27).

66 Vgl. Shils, *The Intellectuals and the Powers*. Daraus kann nach Gouldner die Idee der Autonomie von Intellektuellen abgeleitet werden: „The deepest structure in the culture and ideology of intellectuals is their pride in their own autonomy, which they understand as based on their own reflection, and the ability to decide their course in the light of this reflection. Thus any authority that demands conformity without reflection and decision is experienced as a tyrannical violation of self" (Gouldner, *The Future of Intellectuals*, 33f.).

Fähigkeit zur Abstraktion und die Fähigkeit, mit Neuem umzugehen; ersteres ermöglicht die Transzendierung des unmittelbar vorliegenden Kontexts und der tangiblen Bestandteile einer Situation, sodass etwa Urteile möglich sind, und das Unmittelbare zugunsten des „größeren Zusammenhangs" vernachlässigt werden kann; auf diese Weise können Intellektuelle auch als Konfliktlöser gelten. Entsprechend charakterisiert Coser Intellektuelle als Menschen, die mit dem *Status quo* nie zufrieden sind.[67] Diese Distanz soll allerdings nicht ein Leben im Elfenbeinturm, fernab von den Hoffnungen und Sorgen, Nöten und Ängsten der Menschen sein.[68] Dieses Anliegen hat Antonio Gramsci mit dem Begriff des „organischen Intellektuellen" auszudrücken versucht. Paul Johnson kritisiert in seinem Buch *Intellectuals* die Verlogenheit der Intellektuellen, die nach außen hin Tugenden zeigen und nach innen lasterhaft sind; es ist ein Fehler und eine Gefahr, zu glauben, dass Intellektuelle per se moralisch engagierter wären. Hier klingen Vorwürfe und ethische Forderungen durch, wie wir sie aus den Bemerkungen von Jesus über die Pharisäer im Matthäusevangelium her kennen. Auch aus diesem Grund sind Überlegungen in Bezug auf das Ethos intellektueller Arbeit und die rechte institutionelle Verankerung der intellektuellen Arbeit unabdingbar.

Die institutionelle Verankerung von Intellektuellen ist seit dem 12. Jahrhundert die Universität. Die Frage nach dem Auftrag und Anspruch intellektueller Arbeit im Rahmen von Universitäten spielt daher in diesem Zusammenhang eine wichtige Rolle. Karl Jaspers hatte in seiner Rede *Erneuerung der Universität* daran erinnert, dass Wissenschaft und Humanität zusammengehören.[69] Die Diskussion um den Charakter einer christlichen Universität – die Universität gilt als Ort der Intellektuellen[70] – spiegelt dieses Wis-

---

[67] Nach Eyerman, *Between Culture and Politics*, 1.

[68] Michael Walzer hält in seinem Buch *The Company of Critics* fest, dass die Intellektuellen nicht durch Distanz vom wirklichen Leben charakterisiert werden sollten, sondern durch die Fähigkeit, kritisch zu sein.

[69] Jaspers, *Erneuerung der Universität*, 101f.

[70] Dies hat aber auch Kehrseiten, die einer christlichen Scholarship zu denken geben müssten; vgl. Jacoby, *The Last Intellectuals*. Jacoby vertritt hier die These, dass der nicht–akademische Intellektuelle gänzlich von der Bildfläche verschwunden ist und nur verbeamtete Intellektuelle an den Universitäten übrig geblieben wären.

sen um die Implikationen von Erziehung wider.[71] Ignacio Ellacuría, wegen seiner Arbeit 1989 ermordet, bringt als Rektor der Universidad de Central America die Sache auf den Punkt: „A university of Christian inspiration cannot doubt whose side it must take.“[72] Ellacuría nennt jene „unfit for the university ... who come with no public consciousness and no social concern and who have proven incapable of acquiring that concern“. Und in noch deutlicheren Worten: „Although university professors constitute a body and in a body not all members carry out the same functions, certainly in a sound and well organized body there is no room for

---

[71] Vgl. die Beiträge in Hesburgh, *The challenge and promise of a Catholic University*. Von einer christlichen Universität ist eine besondere Anstrengung, sich durch die Prioritätensetzung in den christlichen Kontext einzufügen, zu erwarten: Henri Nouwen verließ 1985 die Harvard Universität, um in der Arche von Jean Vanier zu leben. Kurz nach seinem Abschied schrieb er in sein Tagebuch: „Ich möchte meinen Kollegen und Schülern laut zurufen: ‚Dient nicht Harvard, sondern Gott ... geht hin und sagt den Millionen, die mit den Ketten der Verlassenheit, der Armut und der Knechtschaft gefesselt sind, ein Wort der Hoffnung.‘ Aber es leuchtet mir ein, daß es schwer ist, einen Blick für jene zu haben, die von der Armut gefesselt sind, wenn einen selbst der Ehrgeiz gefangenhält.“ (Nouwen, *Nachts bricht der Tag an*, 34).

[72] Ellacuría, *Is a Different Kind of University Possible?*, 180. Ellacuría beschreibt die Universität als eine soziale Kraft, die dieses Potential für die Marginalisierten nutzen müsse – und zwar gerade aufgrund des genuin universitären Auftrags, sich für Wahrheit und Vernunft einzusetzen, denn die Zustände in El Salvador seien nicht nur ungerecht, sondern auch unvernünftig und unwahr. Er spricht von der Dringlichkeit dieser Aufgabe: „La Universidad se encuentra ante una sociedad dominada por una terrible irracionalidad e injusticia" (ders., *El Compromiso Politico de la Filosofía*, 124). In seinem Aufsatz *The University, Human Rights, and the Poor Majority* stellt Ignacio Ellacuría die Frage: Soll die Universität sich in aller Form und explizit dem Einsatz für die fundamentalen Menschenrechte der armen Mehrheit widmen? Seine Antwort: „Yes, the university should not only devote itself formally and explicitly to having the fundamental rights of the poor majorities respected as much as possible, but it should even have the liberation and development of those majorities as the theoretical and practical horizon for its strictly university activities, and it should do so preferentially.“ (ders., *The University, Human Rights, and the Poor Majority*, 209). Diese Verantwortung der Universität ergibt sich aus dem Verständnis der Universität als „cultivator of truth and knowledge“. In diesem Sinne schrieb Jon Sobrino über seine 1989 ermordeten Mitbrüder und Kollegen an der Universität: „They never sought refuge in academic work to avoid the needs of the people, as if university knowledge was not also subject to the primary ethical and practical requirement to respond to the cry of the masses“ (Sobrino, *Companions of Jesus*, 12).

alien and counterproductive elements."[73] Die Universität bildet eine Gemeinschaft, die eine Verantwortung im Rahmen des gesellschaftlichen Ganzen wahrzunehmen hat.

Die Verantwortung der Universität im Besonderen und der Intellektuellen im Allgemeinen ergibt sich auch aus dem bereits skizzierten Zusammenhang von Wissen und Commitments. Wissen bringt Verpflichtungen mit sich. José de Castro hatte seinerzeit in seinem berühmten Buch *Géopolitique de la faim* die These aufgestellt, dass die Menschen sich derart ihres Wissens über den Hunger in der Welt schämen, dass sie systematisch über den Skandal des Hungers schweigen.[74] Hunger ist eine Schande, eine Schmach. Und es ist die Aufgabe derjenigen, die um diese Schande wissen, davon zu reden – wenn sie ihren Auftrag zum Dienst an der Wahrheit ernst nehmen wollen. „Wie kann man den Augen der ausgehungerten Menschen ausweichen, diesen Augen, die einem Angst einflößen?", schreibt Eli Wiesel. „Die Augen einer Mutter, die ihr totes Kind in den Armen hält und nicht weiß, wohin und wie lange sie gehen soll."[75] Es gibt eine „Ethik der Erinnerung", die gerade für diejenigen relevant ist, die einen privilegierten Zugang zu Tradition und Geschichte haben. Es gibt Dinge, an die wir uns erinnern müssen – um der Zukunft willen. Avishai Margalit hat darauf hingewiesen, dass es das „radikal Böse" sei, an das wir uns erinnern müssten. Radikal böse sei das, was die Fundamente der Moral untergrabe.[76] Auch Eli Wiesel hat immer wieder auf die Verpflichtungen aufmerksam gemacht, die sich aus dem Wissen um das, was das Nazi–Regime angerichtet hat, zwingend ergeben. Hier finden wir intellektuelle Verpflichtungen vor, Verpflichtungen an die Gemeinschaft der Gelehrten, Dinge nicht in Vergessenheit geraten zu lassen, sauber zu dokumentieren und daran zu erinnern. Margalit gibt in diesem Zusammenhang, so scheint es, freilich nur die halbe Antwort: Wir müssen uns nicht nur an das radikal Böse im Geiste eines „Nunca Mas!" erinnern, sondern auch an das radikal Gute, an die Manifestationen menschlicher Größe, an die Beispiele geglückten Lebens und gelungenen Dienens in der Vergangenheit. Daraus erwächst die Kraft, Hoff-

---

73 Ellacuría, *Is a Different Kind of University Possible?,* 198 und 199.
74 Castro, *Géopolitique de la faim.*
75 Wiesel, *Den Frieden feiern,* 58.
76 Ebd., 55.

nung zu schöpfen und durchzuhalten und die Gegenwart im Lichte von Beispielen geglückten Tuns in der Vergangenheit zu gestalten.[77] Dies sind Verpflichtungen für Intellektuelle, ihren Beitrag zu dieser Arbeit an Erinnerungen zu leisten.

Die eben angestellten Überlegungen sollten klargemacht haben, dass man für einen Zusammenhang zwischen Ethik und Erkenntnistheorie, zwischen Wissen und Commitments, zwischen intellektueller Arbeit und ethischer Grundhaltung argumentieren kann. So können wir uns die Frage stellen – was bedeutet das für die Idee von „Christian Scholarship", für Christinnen und Christen, die intellektuell arbeiten? Alvin Plantinga hat die These aufgestellt, dass christliche intellektuelle Arbeit sich unterscheiden müsse.[78] Diese Überlegungen sind hilfreich und wertvoll. Tatsächlich ergeben sich aus den Verpflichtungen, die aus der Akzeptanz des Christentums entstehen, auch Commitments in Bezug auf die intellektuelle Arbeit, die in jedem Fall in einen größeren Zusammenhang als den des unmittelbaren Arbeitskontextes eingebettet werden müssen. Der Auftrag, Zeugnis zu geben für jene Einstellung zur Welt als ganzer, die wir Christentum nennen, ist für sämtliche Lebensbereiche des Menschen von Bedeutung. Wenn schon nicht das „Was" der Tätigkeit, so ist doch das „Wie" eine Frage, die mit Commitments zusammenhängt. Die Idee eines Ethos intellektueller Arbeit wird sich, wenn schon nicht auf den Begründungszusammenhang, so doch auf den Entstehungszusammenhang und den Verwertungszusammenhang niederschlagen. Darüber hinaus kann man sich die Fragen stellen, ob christliche Commitments einen Unterschied machen in der Selektion von Fragen und Problemen, in der verwendeten Begrifflichkeit (man denke hier an jene Vorgaben, die aus Standards der politischen Korrektheit erwachsen; hier ist also ein Gestaltungsspielraum und eine Pflicht zur Reflexion auf die Gestaltung gegeben) oder in der Wahl der Methoden (man denke hier an das Problem einer „research ethics"[79]).

Im Rahmen des Begriffs der epistemischen Gerechtigkeit wurde gezeigt, wie Lebensform und Denkweise, verwendete Kate-

---

[77] Vgl. Sedmak, *Hoffnung, die Gründe nennt*.

[78] Vgl. Plantingas Beitrag in Hesburgh, *The challenge and promise of a Catholic University*; ähnlich Timothy Radcliffes Überlegungen hinsichtlich der Rolle des Studiums bei den Dominikanern: Radcliffe, *Wellspring of Hope*.

[79] Vgl. Penslar, *Research Ethics*.

gorie und erfahrene Situationen, Lebensstil und verfügbare Beispiele, epistemische Gerechtigkeit und soziale Gerechtigkeit zusammenhängen. Ich will wieder darauf hinweisen, dass (i) Ethik und Erkenntnistheorie in einem Zusammenhang stehen und dieser Konnex für die vorliegende Frage einer „Christian Scholarship" relevant ist und (ii) dass es seit Augustinus eine Tradition gibt, Erkennen und Lebensform miteinander zu verbinden. Es kann schließlich nicht geleugnet werden, dass die Lebensform eines Menschen einen Einfluss auf die von ihm gewählten Beispiele, die von ihm verfolgten Interessen, die von ihm eingebrachten Intuitionen hat. Und es wird niemand leugnen wollen, dass Fragen der Lebensform als Frage nach einer christlichen Lebensführung im Rahmen des Christentums unverzichtbar sind. So möchte ich die Idee eines christlichen Ethos der intellektuellen Arbeit vorschlagen. Diese Idee hat ganz offensichtliche Implikationen für die Frage nach der Möglichkeit einer christlichen oder gar katholischen Philosophie.

3.2 Die Idee einer christlichen Philosophie

Der nächste Schritt ist der von der intellektuellen Arbeit im Allgemeinen zur philosophischen Arbeit im Besonderen. Was ist von der viel diskutierten Idee einer christlichen Philosophie zu halten? Die Frage nach dem Begriff einer christlichen Philosophie steht vor charakteristischen Schwierigkeiten. Probleme ergeben sich aus historischen Altlasten. Nicht zu Unrecht merkt Joseph Owens deswegen an: „Against the background of the Bréhier debate, therefore, the first step today towards building up a Christian philosophy has had to be the assurance that the very notion of it is not at all self–contradictory."[80] Ein weiteres Problem ergibt sich aus dem atmosphärischen Unbehagen am Begriff der christlichen Philosophie, die nicht mit Konnotationen im Sinne von „marxistischer Philosophie" in die Nähe von Ideologiebildung gerückt werden dürfe.[81] „'Christliche Philosophie' trägt ihren Namen von

[80] Owens, *Towards a Christian Philosophy*, 16.

[81] Dieses Unbehagen hat Etienne Gilson 1967 in einem Brief an Henri de Lubac ausgedrückt: „Je suis allé en Russie en 1919, le saint Thomas de l'endroit s'appelait Karl Marx ... Je suis quelquefois effrayé de penser que certains se

Christus her. Dies schon scheint eine Paradoxie zu sein."[82] Schwierigkeiten mit dem Begriff, die ausgeräumt werden müssen, sind die Vorwürfe, aus dem Hintergrund der christlichen Weltanschauung Antwort auf die philosophischen Fragen zu schöpfen, sodass Russells Wort über den christlichen Philosophen („He is not engaged in an inquiry, the result of which it is impossible to know in advance"[83]) nicht von der Hand zu weisen wäre.[84] Probleme mit dem Begriff der christlichen Philosophie ergeben sich aus den mit diesem Begriff verbundenen Dilemmata: Ein Dilemma ist das Dilemma zwischen „christlich" und „Philosophie", was Martin Heidegger bekanntlich zur Verurteilung der christlichen Philosophie als eines hölzernen Eisens bewegte.[85] Dass Philosophie jemals christlich gewesen ist, zweifelt auch Barth in seinem berühmten, viel zitierten Wort an: „War sie *philosophia*, so war sie nicht *christiana*, war sie *christiana*, so war sie nicht *philosophia*".[86] Mit diesem Dilemma hängt ein weiteres Dilemma zu-

---

représentent la situation du thomisme dans l'Eglise comme analogue à celle du marxisme dans les pays communistes. S'il en était ainsi, ce serait vraiment terrible et pour moi intolérable; mais en est–il vraiment ainsi? ... Saint Thomas est essentiellement et avant tout un théologien" (*Lettres de M. Etienne Gilson adressées au P. Henri de Lubac*, 88, FN 12).

82 Schwarz, *Das Problem einer christlichen Philosophie*, 219. „Hellas und Evangelium sind zwei Welten, die in ihrem jeweiligen existentiellen Ansatz anders geartet sind" (ebd., 220).

83 Zitiert nach Lynch, *A Christian Philosophy*, 41.

84 Ähnlich formuliert Pacific Hug: „Some earnest men seem to feel very strongly that Christian philosophers ‚have no real problems'" (Hug, *The Place and Function of the Catholic Philosopher in the World Today*, 47; im Orig. kursiv).

85 „... ein hölzernes Eisen und ein Mißverständnis" (Heidegger, *Einführung in die Metaphysik*, 6). Martin Heidegger weist an anderer Stelle darauf hin, dass die Begegnung von Christentum und griechischer Philosophie problematisch und riskant sei: „Diese Unverborgenheit des Seienden gab erst die Möglichkeit, daß sich die christliche Theologie der griechischen Philosophie bemächtigte, ob zu ihrem Nutzen, ob zu ihrem Schaden, das mögen die Theologen aus der Erfahrung des Christlichen entscheiden, indem sie bedenken, was im ersten Korintherbrief des Apostels Paulus geschrieben steht ...; hat nicht zur Torheit werden lassen der Gott die Weisheit der Welt? (I. Kor. 1,20) ... Ob die christliche Theologie sich noch einmal entschließt, mit dem Wort des Apostels und ihm gemäß mit der Philosophie als einer Torheit Ernst zu machen?" (*Wegmarken*, 379). Diese Bemerkungen hätten die Konsequenz, dass der Begriff der christlichen Philosophie aufgrund der widersprüchlichen Selbstverständnisse von christlicher Botschaft und philosophischem Denken zurückzuweisen wäre.

86 Barth, *Kirchliche Dogmatik* I/1, 4.

sammen, das sich aus der Beziehung zwischen dem Christlichen und dem Philosophischen im Begriff der christlichen Philosophie ergibt: Entweder wir haben es hier mit einer intrinsischen Beziehung zu tun oder mit einer extrinsischen Beziehung. Haben wir es mit einer intrinsischen Beziehung zu tun, ist entweder das Philosophische als genuiner Teil des Christlichen zu verstehen (dann wären wir bei einer Reduktion des Christentums auf eine philosophische Theorie angelangt oder bei einer Ideologie, die „christliche Philosophie" in die Nähe von „marxistischer Philosophie" rücken würde) oder das Christliche ist als genuiner Teil des Philosophischen aufzufassen (dann wären wir bei Theologie und Apologetik angelangt und könnten zwischen Christlicher Philosophie und Fundamentaltheologie nicht mehr unterscheiden). Haben wir es mit einer extrinsischen Beziehung zu tun, dann wird entweder eine bloße Kompatibilität von Christentum und Philosophie festgestellt oder eine zufällige Koinzidenz von „X ist Philosoph" und „X ist christlich" ausgesagt. Der Begriff der christlichen Philosophie könnte dann wie der Begriff der „Gartenwohnung" zu verstehen sein, der zwei Begriffe, die nicht aufeinander angewiesen sind, zusammenzieht. Dann wäre es aber kaum sinnvoll, von „christlicher Philosophie" zu sprechen.[87]

Dass die Rede von „christlicher Philosophie" problematisch ist, zeigt sich auch daran, dass Argumente für und gegen die Rede von einer christlichen Philosophie gesammelt werden können.[88] Zu den Pro–Argumenten zählen: Der christliche Glaube ist eine Lebens-

---

[87] Man bedenke folgende Bemerkung von Marylin McCord Adams: „I agree with Van Steenberghen that being done by a Christian is not enough to make the philosophy itself Christian (what we might call the ‚agent criterion' is insufficient). Rather, on my view, philosophy is Christian insofar as it involves an integration of faith commitments and intuitions with philosophical ones. Consequently, the Christian character of philosophy is a matter of degree and fluctuates along several parameters. ‚Involves' is ambiguous as between (a) content and (b) process. (a) A Christian philosopher's metamathematics will almost certainly fail to be distinctively Christian, because of the almost universal content–irrelevance of his or her credal convictions to his or her proof–strategies. By contrast, it would be surprising if ethical theory remained untouched by worship of the summum bonum. Other variables concern (b) the thinker's process" (McCord Adams, *History of Philosophy as Tutor of Christian Philosophy*, 42f.). Auch hier wird für die Unschärfe des Begriffs und die sich daraus ergebende Vorsicht im Umgang mit Urteilen argumentiert.

[88] Eine sehr klare Abhandlung, die einige Argumente sammelt, hat Joseph de Vries vorgelegt (*Christliche Philosophie*).

macht, die alle Bereiche des menschlichen Lebens durchdringt; Philosophie muss ihre Betrachtung auf die Gesamtheit des Seienden ausdehnen (daher auch den Bereich des Übernatürlichen einbeziehen); Gegenargumente spiegeln Zeitgeist wider; man muss zugeben, dass es keine voraussetzungslose Wissenschaft gibt. Zu den Contra–Argumenten zählen: Wenn christliche Philosophie, wo liegt dann der Unterschied zur Theologie?; wenn alle Wissenschaft aus dem Glauben hervorgehen soll, dann gäbe es keine Wissenschaft mehr, die dem Glauben vorangeht und zu ihm hinführen könnte;[89] Gedankengänge der Verteidiger der christlichen Philosophie scheinen auch von gewissem Zeitgeist beeinflusst (Irrationalismus, Wissenschaftsfeindlichkeit). Hier wird man sich Antworten einfallen lassen müssen. Der biblische Befund ist nicht eindeutig: Paulus spricht zwar einerseits davon, dass Gott die Weltweisheit zur Torheit werden ließ (1 Kor 1,19–25), andererseits hält er an der Möglichkeit natürlicher Gotteserkenntnis (Röm 1,19f.) und an der Existenz eines natürlichen Sittengesetzes fest (Röm 2,14f.). Hier ist also einiger Spielraum gegeben.

Die Kernfrage

Wenn von christlicher Philosophie gesprochen wird, ist in jedem Fall davon die Rede, dass wir es mit einer Situation zu tun haben, in der gleichzeitig gilt, dass X ein Philosoph und X ein Christ ist.[90] Der Kern der Diskussion ist die Frage, ob die beiden Glieder der Konjunktion „Philosoph und Christ“ eine innere oder eine äußere Beziehung bilden; eine innere Beziehung würde heißen, dass es in der Natur der Sache liegt, dass die beiden Teile miteinander verbunden sind, entweder in einer symmetrischen oder in einer asymmetrischen Beziehung; eine äußere Beziehung würde besagen, dass es sich um eine bloß zufällige Koinzidenz handelt. Die zentrale Frage ist also die Frage nach dem Zusammenspiel von „Philosoph sein“ und „Christsein“: „Christians who are also philosophers cannot avoid the question of how they can be both. How does philosophy fit into my existence as a member of the

[89] Bautain musste folgende These unterschreiben: „Auf den Glauben kann man sich dem Atheisten gegenüber zum Beweis des Daseins Gottes nicht berufen“ und „Was diese Fragen (Dasein Gottes, Tatsache der Offenbarung) angeht, geht die Vernunft dem Glauben voran und muss uns zu ihm hinführen“ (DH 2751ff.).

[90] Literatur: Coreth, *Christliche Philosophie im katholischen Denken des 19. und 20. Jahrhunderts*; Wolff, *Christliche Philosophie in Deutschland 1920 bis 1945*.

Christian community in search of God? How does my being a Christian fit into my philosophical search for truth?"[91] Tatsache ist, dass es möglich ist, Philosoph zu sein, ohne Christ zu sein, und dass es möglich ist, Christ zu sein, ohne Philosoph zu sein.[92] Um diese Tatsache abzustreiten, müsste man – was durchaus nicht unmöglich scheint – entweder den Begriff des Christentums anthropologisch ausweiten und Menschsein als anonymes Christsein beschreiben oder den Begriff der Philosophie auf jede Form von Grundüberzeugung oder Weltanschauung ausdehnen. Die Frage nach christlicher Philosophie hängt untrennbar mit dem Verständnis von Christentum zusammen, das nicht als „reine Substanz" vorliegt. Das „Wesen des Christentums" ist nicht destillierbar.[93] Wenn man die affektiv–existentiellen Dimensionen des Christentums betont und die Idee eines propositionalen „belief that" zugunsten eines affektiven „belief in" leugnet, wird man naturgemäß Schwierigkeiten haben, den Begriff einer christlichen Philosophie zu bilden. Ich habe unter dem Stichwort der epistemischen Commitments des Christentums den Vorschlag gemacht, an propositionalen Gehalten des Glaubens festzuhalten und im Sinne der Möglichkeit einer „Logik der Religion" auf die Möglichkeit der Konstruktion eines Systems von Glaubenssätzen zu bestehen. Diese Fragen der Verhältnisbestimmung von „natürlich" und „übernatürlich" (haben wir es hier mit zwei widersprüchlichen oder nur mit zwei verschiedenen Erkenntnisordnungen zu tun?) setzen sich auf die Verhältnisbestimmung von „religiös" und „nichtreligiös" fort: Ist die religiöse Welt von vornherein im Widerspruch zur nichtreligiösen Welt – ist also Christus immer gegen die Kultur?[94]

---

91 Peperzak, *The Problem of Christian Philosophy*, 127.

92 „The notions ‚Christian' and ‚philosophy' (in its current sense) are undoubtedly accidental and extrinsic to each other. One can be a Christian without being a philosopher, and a philosopher without being a Christian, quite as in Aristotle's (Metaph. 5.7.1017a10–13) example of housebuilder and musician accidentally united in the same person" (Owens, *Towards a Christian Philosophy*, 14).

93 „Es gibt keine abstrakte Bestimmung dieses Wesens. Es gibt keine Lehre, kein Grundgefüge sittlicher Werte, keine religiöse Haltung und Lebensordnung, die von der Person Christi abgelöst und von denen dann gesagt werden könnte, sie seien das Christliche. Das Christliche ist ER SELBST; das, was durch Ihn zum Menschen kommt, und das Verhältnis, das der Mensch durch ihn zu Gott haben kann" (Guardini, *Das Wesen des Christentums*, 68).

94 Man denke an Tertullians schallende Anklage „Was hat Athen mit Jerusalem zu schaffen, was die Heiden mit den Christen, was die Akademie mit der Kirche?" (De praescr. Haer. 7).

Hier würde ich meinen, dass eine gemeinsame Lebensform, die der religiöse und der nichtreligiöse Mensch teilen, ein gemeinsames Interesse an Kultur herausarbeiten lässt und dass das Christentum sich nicht von vornherein „gegen die Welt“ stellt und die Christen im Sinne von Stanley Hauerwas zu „resident aliens“ macht.[95] Auch von hier aus, wenn man Konsistenzannahmen hinsichtlich der Beziehung von „religiös“ und „nichtreligiös“ macht, so wie im Katholizismus Konsistenzannahmen hinsichtlich „Vernunft“ und „Glaube“ gemacht werden, lässt sich die Idee einer christlichen Philosophie nicht von vornherein als absurd zurückweisen. Wenn ich Christ bin und wenn ich Philosophie betreibe – hat das eine mit dem anderen überhaupt nichts zu tun? Jacques Maritain hat strikt die These von einer inneren Beziehung angenommen und das Verhältnis von Philosophie und Christentum mit dem Verhältnis von Natur und Gnade verglichen.[96] Auch hier ist zuzugeben, dass aufgrund des skizzierten Verhältnisses von Religion und Philosophie durchaus davon gesprochen werden kann, dass die Reflexion, auch die philosophische Reflexion, Teil des Christentums und der christlichen religiösen Praxis ist und nicht etwas, das etwa von außen hinzukommen würde. Ähnlich kann man auch argumentieren, dass philosophische Fragen auf religiöse Fragen stoßen werden, wenn sie einen konsequenten Weg der Reflexion gehen. Dennoch ist es – auch im Sinne der „Autonomie der Welt“ und der Idee der Religionsfreiheit – wichtig, die Verbindung zwischen Christentum und Philosophie nicht als „logisches Resultat“ oder „einzig richtige Schlussfolgerung“ eines Denkprozesses auszuweisen. Das Verhältnis ist nicht so eng zu fassen, dass alle anderen Entwürfe von vornherein irrig erscheinen. Es scheint hier wichtig, auf den Gedanken der epistemischen Subsidiarität hinzuweisen, der besagt, dass der Vernunft der größtmögliche Spielraum einzuräumen ist, dass also das weniger umstrittene Erkenntnismittel (die Vernunft) überall dort einzusetzen ist, wo es möglich ist, und dass nur im Falle ihrer Grenzen das komplexere Erkenntniswerkzeug des Glaubens zum Zug kommt. Ähnlich wie sich Individuum und Gemeinschaft dann verstehen, wenn dem Individuum ein größtmöglicher Spielraum zugestanden wird, kann

---

95 Vgl. Hauerwas, *Resident Aliens*.

96 „Philosophy is as affected by this christian state as intimately as nature is affected by the state of grace“ (Maritain, *Science and Wisdom*, 97).

das Verhältnis zwischen individuellem Vernunftgebrauch und gemeinschaftlich verwaltetem Glauben nur dann friktionsfrei sein, wenn Subsidiaritätsüberlegungen beherzigt werden.

Die Antwort, auf die ich auf der Suche nach einem Begriff von christlicher Philosophie zusteuern werde, wird in der Mitte liegen: Die Verbindung zwischen Christentum und Philosophie ist weder notwendig noch zufällig, sondern Ergebnis einer nicht zwingenden, aber argumentierbaren Entscheidung, wobei diese Entscheidung auch nicht beliebig ist, wie wir anhand der epistemischen Commitments des Christentums gesehen haben. Werfen wir zunächst einen kurzen Blick in die Geschichte.

Historische Bemerkungen

Begriffe haben ein Gedächtnis[97] und dies gilt besonders für jene Begriffe, die im Laufe der Geschichte eine schillernde Rolle gespielt haben. Der Begriff der christlichen Philosophie entwickelte sich auf dem Boden der Rezeption der griechischen Philosophie durch christliche Denker.[98] Diese Rezeption war – vor allem im griechischsprachigen Raum – insofern unproblematisch, als „christliche Philosophie" im Sinne einer christlichen Weltanschauung verstanden wurde. Im lateinischen Westen erfolgte der Durchbruch hin zu einer unproblematischen Verwendung des Begriffs der christlichen Philosophie durch Laktanz im vierten Jahrhundert. Im Mittelalter wurde der Begriff für die Spiritualität der Mönchstheologie gebraucht, was in zweierlei Hinsicht bemerkenswert ist: Zum einen entfernt sich die Begriffsverwendung von der frühpatristischen Zeit, in der „christliche Philosophie" mit „christlicher Religion" gleichgesetzt wurde, zum anderen kommt der Begriff der christlichen Philosophie außer bei Bonaventura bei den großen Vertretern des christlichen Denkens im Hochmittelalter (Anselm, Albert, Thomas, Scotus) nicht vor. „Er war für sie offensichtlich von vornherein in einem nicht–wissenschaftlichen Sprachbereich zu Hause."[99] Einen interessanten Akzent setzte Erasmus von Rotterdam, der den Begriff mit einer humanistischen Note versah, während Suarez unter christlicher Philosophie eine Dienerin und

---

[97] Vgl. Hacking, *Vom Gedächtnis der Begriffe*.
[98] Vgl. Schmidinger, *Zur Geschichte des Begriffs „christliche Philosophie"*, 29–31.
[99] Ebd., 32.

Bestätigerin der Theologie versteht, wobei die Philosophie dann schon das Attribut „christlich" für sich beanspruchen könne, wenn sie nicht im Widerspruch zu theologischen Lehren stünde. Diese Bestimmung ist eindeutig als Minimalbestimmung zu verstehen, besagt sie doch: Eine Philosophie ist ein Fall von christlicher Philosophie dann, wenn sie nicht im Widerspruch zu offizieller theologischer Lehre steht. Im deutschen Idealismus wird auf das Verhältnis von Philosophie und Christentum explizit reflektiert. Außer Schelling hat jedoch kein bedeutender Vertreter des deutschen Idealismus seine Philosophie als „christlich" bezeichnet. In der zweiten Hälfte des 19. Jahrhunderts standen vor allem die Debatten um die kirchliche Gesinnung einer Philosophie und die Rolle des Thomismus für die römisch–katholische Kirche im Mittelpunkt.

Anregend wird die Diskussion wieder im 20. Jahrhundert: Der Begriff der christlichen Philosophie hat vor allem in den 1920er und 1930er Jahren für große Diskussionen gesorgt, gerade zu einer Zeit, in der sich die *philosophia christiana* als eigenständige Disziplin neben der Theologie etablieren konnte.[100] Die christliche Philosophie hatte sich freilich nicht nur von der Theologie, sondern im Rahmen des neuzeitlichen Wissenschafts– und Vernunftverständnisses auch immer deutlicher von der (säkularen) Philosophie abzusetzen.

Zwischen 1920 und 1940 wurden im Zuge der „Querelle" um die christliche Philosophie eine Reihe von Tagungen organisiert: Die Diskussion um die Legitimiertheit des Begriffs der christlichen Philosophie kreist vor allem um die Frage, ob dieser Begriff als Kennzeichnung eines historischen Phänomens oder als Ausdruck einer systematisch–philosophischen Grundhaltung verstanden werden soll. Etienne Gilson hatte die Diskussion in seinen Büchern *Le thomisme* (1919) und *La philosophie de Saint Bonaventure* (1924) vorbereitet und gezeigt, dass bestimmte Begriffe der abendländischen Philosophie der christlichen Offenbarung entnommen wurden (v.a. Schöpfungs– und Freiheitsverständnis)

---

[100] Vgl. Schmidinger, *Der Streit um die christliche Philosophie in seinem Zusammenhang*; Gilson, *Le problème de la philosophie chrétienne*; Schmidinger, *Zur Geschichte des Begriffs „christliche Philosophie"*; Renard, *La querelle sur la possibilité de la Philosophie chrétienne*; McCord Adams, *History of Philosopy as Tutor of Christian Philosophy*, 37ff.; Bogliolo, *Il problema della filosofia cristiana*, 276–281.

und in einem genuin philosophischen Kontext zur Anwendung gebracht wurden. Offenbarung kann damit nicht als eine Einschränkung, sondern als eine Erweiterung und Öffnung der Philosophie ausgewiesen werden. Auf diese Weise wird zugleich einer Neuschreibung der Philosophiegeschichte des Mittelalters (das christliche Weltbild bedeutet keine Knechtung der Vernunft!) das Wort geredet, gilt es doch, die philosophische Legitimität des mittelalterlichen Denkens zu erhärten. Gilsons Bücher wurden kritisch von den Dominikanern Pierre Mandonnet und Marie–Dominique Chenu rezipiert, die sich dagegen aussprechen, den Begriff der christlichen Philosophie über Gebühr zu beanspruchen. Zum einen wird davor gewarnt, Denker wie Bonaventura als Philosophen einzuordnen, zum anderen wird die ausdrückliche Verpflichtung auf die christliche Tradition, die mit Gilsons Begriffsverwendung verbunden ist, zurückgewiesen. Die polemischen Einwände von Emile Bréhier[101], der den Begriff einer christlichen Philosophie unter Berufung auf die Autonomie der Wissenschaften ebenso wie den Begriff einer christlichen Mathematik zurückweisen würde, lösten breite Resonanz aus. Bréhier sieht die Harmonisierung von Vernunft und Glaube, wie sie der Begriff der christlichen Philosophie insinuierte, als Verrat an der Philosophie an. Bréhiers kategorische Position hat allerdings den Nachteil, dass der Begriff der christlichen Philosophie in die Hände von Ultramontanisten gespielt wird: „Bréhier had left himself only one option, namely the ultra–fideistic conception that Christian philosophy denotes what a religious magisterium accepts.“[102] Hier sieht man auch, dass die Diskussion um eine christliche Philosophie auch politische Implikationen hat, die bei der Begriffsdiskussion berücksichtigt werden müssen.[103]

[101] Bréhier, *Y a–t–il une philosophie chrétienne?*

[102] Owens, *Towards a Christian Philosophy*, 7.

[103] Aufgrund dieser Implikationen der Diskussion schlägt Jansen Klugheit im Umgang mit Begriffen vor: „Vielleicht empfiehlt es sich aber, zur Vermeidung sowohl von Mißverständnissen wie von gefühlsbetonten Entstellungen, wenigstens im streng wissenschaftlichen Gedankenaustausch, lieber von christlichen bzw. katholischen Vertretern der Philosophie oder kurz von ‚scholastischer Philosophie' zu sprechen. A potiore fit denominatio. Die Philosophie als solche ist in ihrem Wesen nicht christlich, sondern eine strenge Vernunftwissenschaft; wohl aber können dieselben Persönlichkeiten Inhaber dieses Vernunftschatzes und Besitzer des christlichen Glaubensgutes sein“ (Jansen, *Christliche Philosophie*, 236).

Der Ausweis der Komplexität der Begriffsdiskussion kann noch mit anderen Mitteln, mit Blick auf die Fragerichtungen, deutlich gemacht werden. Man kann bei der Diskussion des Begriffs der christlichen Philosophie verschiedene Frageebenen unterscheiden, die von dieser Diskussion berührt werden. Eine Erörterung des Begriffs der christlichen Philosophie berührt wenigstens folgende komplexe Fragekreise: (i) die Frage nach dem Begriff der Philosophie; (ii) die Frage nach dem Verhältnis von Philosophie und Theologie; (iii) die Frage nach dem Verhältnis von Philosophie und Religion bzw. Kirche; (iv) die Frage nach dem Verhältnis von Vernunft und Glauben bzw. Offenbarung.

(i) Die Frage nach dem Begriff der Philosophie in diesem Zusammenhang wird sich als Frage nach der Autonomie der Philosophie stellen. Der Begriff der christlichen Philosophie kann wohl kaum den Begriff der Philosophie korrumpieren – wenn es so etwas wie christliche Philosophie geben soll, wird sie sich als Philosophie ausweisen und behaupten müssen. Die Autonomie der Philosophie, die in der Wahl ihrer Themen und Methoden frei ist, darf nicht angetastet werden. Zugleich darf der Unterschied zwischen christlichem Glauben und philosophischem Denken nicht verwischt werden: der Gegenstand der Philosophie etwa ist ungleich dem Gegenstand der Heiligen Schrift.[104] Daneben wird es sinnvoll sein, zwischen religiös sensibleren und religiös weniger sensiblen Bereichen der Philosophie zu unterscheiden.[105] Es hat wenig Sinn, von allen Bereichen (Fragen, Methoden) der Philosophie zu behaupten, sie würden in gleicher Weise von Aspekten des christlichen Glaubens betroffen sein. Auch hier sind also Differenzierungen einzuführen, die zur Unschärfe des Begriffs beitragen. (ii) In einem

[104] Gilson, *Le philosophe et la théologie*, 91.

[105] „Assurément, il y a de nombreux problèmes philosophiques dont la solution peut être cherchée et trouvée sans aucune référence directe à la foi en la parole de Dieu, mais on ne saurait en dire autant des maîtres problèmes de la métaphysique, de la théologie naturelle et de la morale" (Gilson, *Le philosophe et la Théo logie*, 16). Und weiter unten im selben Werk: „Chrétien ou non, chacun de nous devrait rester libre de faire de sa philosophie l'usage qui l'intéresse. Certains choisissent de philosopher sur les sciences, d'autres sur l'art, d'autres encore comme Bergson, sur l'expérience morale et religieuse, pourquoi ceux qui professent la foi et la doctrine chrétienne se verraient–ils exclure de la philosophie parce qu'ils préfèrent philosopher sur ces vérités?" (ebd., 216).

christlichen Kontext kann die Frage nach dem Begriff der Philosophie nicht unabhängig von der Frage nach dem Verhältnis von Theologie und Philosophie bestimmt werden.[106] „In vielen Fällen sind christliche Philosophen zugleich Theologen oder stehen wenigstens der Theologie nahe und greifen auf deren Gebiet über."[107]

Dabei steht hier auch die Frage nach der Sinnhaftigkeit des Begriffs der christlichen Philosophie überhaupt zur Disposition. Die neuscholastische Löwener Schule etwa lehnt einen Begriff von christlicher Philosophie aufgrund der klaren Unterscheidung zwischen Theologie und Philosophie ab.[108] Von einem historischen Standpunkt argumentiert in dieser Weise auch Pierre Mandonnet, der aufgrund der Trennung von Philosophie und Theologie nicht die Basis sieht, um auch in der Scholastik von „christlicher Philosophie" zu sprechen.[109] Eine solche Verhältnisbestimmung von Philosophie und Theologie wird den eigenständigen Charakter der beiden angesprochenen Disziplinen nicht antasten können,[110] auch wenn die Abgrenzung von „christlicher Philosophie" und „Fundamentaltheologie" weniger eindeutig ist, als es die klaren Disziplinenbezeichnungen vermuten ließen.[111] Es steht fest, dass

---

[106] Für Etienne Gilson hängt die Zukunft der christlichen Philosophie wesentlich von der Arbeit der Theologie und vor allem von deren Dialog mit den Einzelwissenschaften ab: „L'avenir de la philosophie chrétienne dépendra donc d'abord de la présence, ou de l'absence, de théologiens pourvus d'une formation scientifique, nécessairement limitée mais entre ses limites suffisante à leur permettre de suivre intelligemment ces hauts dialogues, non seulement en mathématiques et en physique, mais aussi en biologie et partout où la connaissance de la nature atteint le niveau de la démonstration" (Gilson, *Le philosophe et la théologie*, 238).

[107] Coreth, *Einleitung in das Gesamtwerk*, 24.

[108] Siehe Schmidinger, *Christliche Philosophie,* 897, Anm. 145.

[109] Mandonnet, *L'augustinisme bonaventurien.*

[110] „The distinction between Christian theology and non–Christian philosophy must be maintained in order that the latter's tendency to idolatry and the former's tendency to dogmatism do not dominate the discussion" (Peperzak, *The Problem of Christian Philosophy*, 134).

[111] Die Abgrenzung zwischen Fundamentaltheologie und christlicher Philosophie hat Karl Rahner in *Hörer des Wortes* vorgenommen – während die Fundamentaltheologie die Aufgabe hat, die Vernünftigkeit des Glaubens zu erweisen, verfolgt die christliche Philosophie keine anderen Zwecke als die Philosophie. Allerdings kann man auch den Ausweis der Vernünftigkeit des Glaubens als eine genuine philosophische Aufgabe ansehen und der Philosophie, so wie sie auch mit anderen Disziplinen wie etwa der Geschichtswissenschaft oder der Mathematik kooperiert, bestimmte Aufgaben in Kooperation mit der Philosophie zuweisen.

Philosophie nicht nur als Dienst an der Theologie betrieben werden kann, allerdings hebt Thomas von Aquin mehrmals hervor, dass die Theologie auf die Philosophie nicht angewiesen ist.[112] „Christliche" Philosophie kann jedoch sicherlich nicht unabhängig von ihrer Rolle im Rahmen des individuellen und sozialen christlichen Vollzugs beschrieben werden[113] und Theologie hat immer auch das Projekt einer „philosophischen Theologie" zu bedenken.[114] (iii) Die Frage nach dem Verhältnis von Philosophie und Religion bzw. Kirche wurde bereits angeschnitten. Auch hier gilt es, die Autonomie der Philosophie sicherzustellen.[115] (iv) Die Frage nach dem Verhältnis von Vernunft und Offenbarung kann als Frage nach der Autonomie bzw. Relationalität der Vernunft (etwa im Sinne der Beziehung zwischen *intellectus* und *voluntas*) diskutiert werden, aber auch als Frage nach der Propositionalität von Offenbarung. Wie immer in diesen Fällen, kann eine Verhältnisbestimmung nicht zur Auflösung eines der beiden Begriffe führen.[116] Aus einer Begriffs– und Verhältnisbestimmung ergeben

---

[112] *STh* I, q 1, a5 ad 2, I, q 1, a 8; vgl. Hug, *The Place and Function of the Catholic Philosopher in the World Today*, 44.

[113] „Because Christian philosophy is motivated by its inborn desire to further Christian interests, and because it is able in the above way to develop reasoning that can be absorbed into theology, it is always ready to be of service to the sacred science. It is not only proud to function as a handmaid to supernatural faith in the individual Christian, but also, while remaining essentially an independent discipline, it is happy to be of service to theology in whatever way it can" (Owens, *Towards a Christian Philosophy*, 47).

[114] Vgl. Muck, *Philosophische Gotteslehre*. Leroy T. Howe (*Philosophical Theology as a Venture of Faith*, 208ff.) arbeitet fünf Funktionen einer philosophischen Theologie heraus – sie verteidigt und plausiblisiert den Glauben a) by attaining itself to the greatest variety of modes of discourse within which faith could be articulated; b) by demonstrating the logical possibility of beliefs; c) by laying bare the faith which is ingredient in world–views constructed explicitly on other grounds; d) by demonstrating that faith is the ground even for the objections non–faith raises; e) by elucidating the conceptual superiority of its own categorial schemes.

[115] Gilson schrieb einmal: „Jamais le dogme n'y joue le rôle d'un principe de la déduction; jamais il n'y est invoqué non plus à titre de preuve; ... la philosophie, prise en elle–même, n'est justiciable que de la raison" (zitiert nach Owens, *Towards a Christian Philosophy*, 7).

[116] Steenberghen wies darauf hin, dass der unleugbare Einfluss der christlichen Offenbarung auf den christlichen Philosophen nicht die philosophische Arbeit entstellen dürfe: „Je pense que la révélation chrétienne a exercé et continue d'exercer une influence profonde sur le philosophe chrétien. Mais cette in-

sich Kooperationsmöglichkeiten und Abgrenzungsnotwendigkeiten.[117] Das ergibt wiederum ein weites Spektrum von Begriffsverständnissen, die zur Unschärfe des Begriffs beitragen. Es ist daher sinnvoll, was ich weiter ausführen werde, aus der Not der Unschärfe die Tugend der Behutsamkeit zu machen und für einen vorsichtigen Umgang mit einer „schwach" gehaltenen Begriffsversion von christlicher Philosophie zu plädieren.

Unterscheidungen und Präzisierungen

Um ein klareres Verständnis des Begriffs der christlichen Philosophie zu gewinnen, wird es sinnvoll sein, Unterscheidungen einzuführen. Auf diese Weise kann die Begriffslandschaft strukturiert werden. Grundsätzlich ist zwischen „Philosophie im Christentum", „Philosophie des Christentums" und „christlicher Philosophie" zu unterscheiden. Im ersten Fall hätten wir es mit der Rekonstruktion philosophischer Elemente im Christentum – dann wohl unter epistemischer Rücksicht als System von Propositionen betrachtet – zu tun, im zweiten Fall mit der philosophischen Reflexion auf das Christentum, im dritten Fall mit einer Form von Philosophie, die sich auf christliche Grundlagen beruft. Franz Anton Staudenmaier etwa versteht christliche Philosophie sowohl als Denken über das Christentum, als auch als Denken, das aus dem Christentum heraus

---

fluence ne peut dénaturer le travail philosophique s'il est accompli correctement et, dès lors, elle ne peut avoir comme résultat de constituer des philosophies spécifiquement chrétiennes" (zitiert nach Owens, *Towards a Christian Philosophy*, 17).

117 Thomas Sullivan und Greg Coulter (*Philosophy and Revelation: Is Philosophy a Form of Unbelief?*, 93–97) diskutieren die Frage, ob sich ein gläubiger Mensch kraft seines Glaubens an die christliche Offenbarung in der Philosophie engagieren könne und solle. Sie geben zwei positive Argumente („good will argument": philosophische Betätigung als christliche Pflicht nach Augustinus; „identity argument": Philosophie und Theologie waren nach Gilsons Ansicht im Mittelalter wesentlich identisch) und drei negative Argumente an („piety argument": Philosophie sei irrelevant für den Glauben; „belief in a person argument": Philosophie operiere mit Propositionen und Argumenten, der Glaube richte sich nicht auf Propositionen, sondern sei als christlicher Glaube Glaube an eine Person; „probability argument": Philosophen und Gläubige würden unterschiedliche Kriterien verwenden, um die Wahrscheinlichkeit einer Behauptung zu erheben).

lebt.[118] Der Spätidealist Chr. H. Weiße unterscheidet zwischen „christlicher Philosophie“ und „Philosophie des Christenthums“.[119] Im einen Fall wäre das Christentum Gegenstand der Philosophie, im zweiten Fall ihr Movens. Jacques Maritain etwa unterscheidet zwischen der Natur der Philosophie und der faktisch–historischen Realisierung der Philosophie, um damit Anstöße für eine Rede von „christlicher Philosophie“ zu gewinnen.[120] So kann er zwischen der Idee der Philosophie und einer Realisierung dieser Idee in einem christlichen Kontext differenzieren. Néodencelle[121] hebt vier Bedeutungen von christlicher Philosophie hervor: Philosophie, die dem Christentum den Weg bereitet; philosophisches Wissen, das sich dem Christentum verdankt; der Gebrauch von christlichen Überzeugungen und Denkmotiven in der Konstruktion philosophischer Theorien im Sinne einer Gnosis; Beziehung der Philosophie zum Christentum als zu einer Ordnung, die von der Philosophie verschieden, aber der Philosophie übergeordnet ist. Arthur Holmes unterscheidet fünf Verständnisformen von Philosophie in einem christlichen Kontext:[122] (i) Philosophie als ancilla theologiae; (ii) Philosophie als abgetrennt vom Glauben, entweder in Form eines Fideismus oder in Form eines Rationalismus (Beispiele Luther bzw. Occam); (iii) Philosophie im Verständnis einer „frustrated reason theory“, also einer Theorie, die die Grenzen der Vernunft, die nur durch religiöse Erkenntnis überwunden werden können, aufzeigt (Beispiele Pascal, Kierkegaard, Blondel); (iv) Philosophie als „Erfüllung der Religion“ („fulfillment theory“: Beispiel Hegel); (v) Kooperationsverhältnis im Sinne der erhellenden Rolle der christlichen Offenbarung auch für philosophische Fragen. Alvin Plantinga reiht unter den Begriff der christlichen Philosophie philosophische Theologie, Apologetik, christliche philosophische Kritik (an anderen philosophischen Strömungen) und positive christliche Philosophie ein.[123] Hier finden wir also Vorschläge, die hoffentlich nicht nur verwirrend wirken, sondern die Differenziertheit vor Augen führt, die bei der Diskussion eines Begriffs von christlicher

---

[118] Staudenmaier, *Darstellung und Kritik des Hegelschen Systems aus dem Standpunkt der christlichen Philosophie*, 1.
[119] Weiße, *Philosophische Dogmatik oder Philosophie des Christenthums*, 3–14.
[120] Vgl. Maritain, *Essay on Christian Philosophy.*
[121] Nach Owens, *Towards a Christian Philosophy*, 123f.
[122] Holmes, *Christian Philosophy in the Twentieth Century*, 29f.
[123] Plantinga, *Augustinian Christian Philosophy*, 317.

Philosophie an den Tag gelegt werden kann. Angesichts dieser Unterscheidungsmöglichkeiten wird der Umgang mit dem Begriff einer christlichen Philosophie entsprechend vorsichtig und behutsam sein müssen, gemäß der epistemischen Tugend der Vorsicht, die im Lichte von feinen Distinktionen empfohlen ist.

Grundsätzlich kann der Begriff der christlichen Philosophie in *historischer* und in *systematischer* Hinsicht erörtert werden: Unter historischer Rücksicht würde man christliche Philosophie als eine bestimmte Tradition in der Geschichte beschreiben, die mit der Auseinandersetzung von Vertretern des Christentums mit den etablierten philosophischen Strömungen zur Zeit der frühen Kirche begann und in der Scholastik, zu einer Zeit, als zwischen Theologie und Philosophie noch nicht klar unterschieden wurde, ihren Höhepunkt erreichte. Man kann sich dabei eigens überlegen, ob man das, was in der antiken Auseinandersetzung zwischen Philosophie und Christentum geschehen ist, als „Philosophie" bezeichnen möchte.[124] Ebenso kann man sich überlegen, ob in Bezug auf das scholastische Denken von „Philosophie" gesprochen werden soll.[125] Eine historische Perspektive würde „christliche Philosophie" als Philosophieren im Rahmen von bestimmten kulturellen und geistesgeschichtlichen Voraussetzungen beschreiben, die in der Gegenwart so nicht mehr gegeben sind. Eine historische Betrachtungsweise kann auch kulturtheoretische Akzente setzen und christliche Philosophie als Philosophieren in einem ganz bestimmten kulturellen Rahmen auffassen.[126] Eine historische Be-

---

[124] Diese Warnung spricht Christopher Stead aus, der um die Schärfe des Philosophiebegriffs fürchtet: „Books have been written, indeed, which set out to describe ‚Christian philosophy', not only as existing in the Middle Ages, where it is commonly recognized, but in late antiquity. Such writers, I would argue, construe ‚philosophy' in too large and too loose a sense. No doubt, Christianity itself can be called, and was called, a philosophy, in that it offered a programme for living and gave reasons for adopting it. But if we relax our definition of ‚philosophy' to this extent, any religion, no matter how fanciful, will count as philosophy" (Stead, *Philosophy in Christian Antiquity*, 80). Stead sieht in der Antike aufgrund der biblischen Vorgaben und der kirchlichen Einflussnahme die Voraussetzungen nicht gegeben, um hier berechtigterweise von „Philosophie" zu sprechen.

[125] Vgl. die Bemerkung von Gilson (*Le philosophe et la théologie*, 106) über scholastische Theologen: „Aucun de ces docteurs n'ait jamais tenté d'exposer cet ensemble de thèses selon l'ordre proprement philosophique!"

[126] John Caputo charakterisiert diesen Rahmen als den Bezug auf das Neue Testament, das er als „Lebensform" versteht, auf deren Grundlage sich christliche

trachtungsweise ist auf Datenmaterial angewiesen und würde Aussagen über eine bestimmte Epoche und den Rahmen für intellektuelle Arbeit in dieser Epoche machen. Eine historische Betrachtungsweise hat den Vorteil, dass der Kontext einigermaßen übersichtlich ist und den Nachteil, dass der Begriff der christlichen Philosophie harmlos scheint und für die heutige Zeit keine Sinnspitze mehr hat.

Eine systematische Betrachtungsweise ist unter verschiedenen Rücksichten mühevoller und umstrittener. Zunächst muss der Anspruch, von christlicher Philosophie in einem systematischen Sinn reden zu können, eine Frage im Vorfeld klären: Ist christliche Philosophie eine philosophische Disziplin oder eine philosophische Richtung? Die Antwort scheint klar zu sein.[127] Christliche Philosophie ist nicht eine philosophische Disziplin wie Metaphysik, Ontologie oder Erkenntnistheorie, sondern ein philosophischer Zugang, der auf Metaphysik, Ontologie und Erkenntnistheorie

---

Philosophie als kulturelles Phänomen entwickeln konnte: „By ‚Christian philosophy', let me say at the outset, I mean, at least minimally, thinking philosophically within the context and the framework of the New Testament. In Christian philosophy, as I approach it, one takes the New Testament as a form of life, as a way to be, as a mode of being–in–the–world, as a certain body of literature, even a certain poetics, whose categories we philosophers need and want to understand. By taking the New Testament as a form of life, ‚Christian philosophy' pays no heed to the traditional boundary disputes – between faith and reason, human reason and divine revelation – that have preoccupied philosophical theology in the past. I suggest we hear the expression ‚Christian philosophy' the way we hear expressions like ‚Greek philosophy' or ‚French philosophy', as indicative of a certain style, a certain idiom, a certain characteristic historical relationship to the world" (Caputo, *Metanoetics: Elements of a Postmodern Christian Philosophy*, 191).

127 „Christian philosophy, in consequence, is not to be distinguished from other philosophies in the way metaphysics, logic, philosophy of nature, philosophy of religion, and so on, are distinguished from one another. Its specific differentiation is to be conceived on the model of the distinction of one general philosophy from other general philosophies. It is the way the philosophy of Berkeley is distinguished from materialism, Kantianism from phenomenalism, pragmatism from idealism, Greek philosophy from medieval philosophy, German philosophy from Russian philosophy. All these and many other general philosophies are distinguished from one another by the way they approach their subject matter, each from its own point of view" (Owens, *Towards a Christian Philosophy*, 17f.).

Auswirkungen haben kann.[128] Welche Richtung soll aber eine systematische Entfaltung nehmen? An Vorschlägen für ein systematisches Verständnis von christlicher Philosophie mangelt es jedenfalls nicht. Adriaan Peperzak bietet drei Antworten auf die Frage nach einer christlichen Philosophie an: „(a) we can try to integrate philosophy into the experience of Christian life; (b) we can try to integrate Christian faith into the philosophical way of life; and (c) we can try to show that the Christian way of life and philosophy remain two different and largely separate movements, despite a certain overlap."[129] Karl Jaspers sieht ebenfalls drei Möglichkeiten, den Begriff der christlichen Philosophie sinnvoll zu verwenden: „Wenn Philosophie und Offenbarungsglaube im Bewußtsein des Denkens nicht getrennt sind – wie bei Augustin, Anselm, Cusanus –, so kann man in historischer Anschauung solches Denken christliche Philosophie nennen."[130] Wenn aber Philosophie und Theologie klar getrennt werden, könne von „christlicher Philosophie" eigentlich nicht mehr gesprochen werden. Christliche Philosophie könne klar charakterisiert werden: „Sie will grundsätzlich nie in Gegensatz zum formulierten Glauben der Kirche treten, unterwirft sich, wo ein Konflikt auftritt, behauptet aber, daß sie kein sacrificium intellectus vollziehe, da philosophische Wahrheit und Glaubenswahrheit sich, weil beide von Gott stammten, nicht widersprechen können."[131] Es ist möglich, sinnvoll von „christlicher Philosophie" zu sprechen und diese Redeweise ist in dreifacher Hinsicht zu rechtfertigen: Philosophie im Sinne des Augustinismus als Einheit von Philosophie und Theologie, Philosophie als Dienst an der Theologie, Philosophie als Philosophie des Abendlandes. „Keinen Sinn jedoch hat es, wenn ‚christliche Philosophie' etwa besagen soll: in solcher Philosophie begründe die Philosophie den Offenbarungsglauben (das ist vergeblich) oder: der Of-

---

[128] „The object, or subject matter, is the same for all. The differentiations arise from the personal approach. Just as Greek philosophy, Islamic philosophy, German philosophy, Russian philosophy are differentiated by the distinct ways in which each approaches and handles the general subject matter of philosophy, so Christian philosophy is to be regarded as dealing with the whole range of philosophical material through an approach that arises from the special habituation of its proponents" (Owens, *Towards a Christian Philosophy*, 22).

[129] Peperzak, *The Problem of Christian Philosophy*, 111.

[130] Jaspers, *Der philosophische Glaube angesichts der Offenbarung*, 61–63, hier 61.

[131] Ebd., 62.

fenbarungsglaube begründe in ihm selber die Philosophie (das ist ebenso unmöglich)."[132] So kann man immerhin Hinweise gewinnen, wie der Begriff der christlichen Philosophie sinnvoll verwendet werden kann. Das breite Spektrum an Vorschlägen zeigt die Komplexität des Begriffs an, der nicht auf eine saubere Formel gebracht werden kann. Eine saubere Formel ließe sich am ehesten dadurch erzielen, dass man Fragerichtungen unterscheidet:

Wenn man christliche Philosophie als eine bestimmte Weise, Philosophie zu betreiben, versteht, kann man diese Zugangsweise charakterisieren über (i) die selektierten Themen und Probleme, (ii) die verfolgten Absichten und Interessen, (iii) die vertretenen Thesen und (iv) die angewandten Methoden.

(i) Ein Verständnis hinsichtlich von Topoi und Fragestellungen würde darauf hinweisen, dass christliche Philosophie mit bestimmten Fragen (etwa Personbegriff, Begriff des freien Willens, Begriff der Schöpfung) in Zusammenhang zu bringen ist;[133] (ii) ein Verständnis mit Blick auf die verfolgten Absichten würde christliche Philosophie von ihrer Funktion her beschreiben;[134]

---

[132] Ebd., 62f.

[133] Diese Auffassung kann etwa Etienne Gilson zugeschrieben werden, der christliche Philosophie mit jenen Problemen, die für eine christliche Lebensführung von größter Bedeutung sind, zusammenbringt, wie die Frage nach Natur und Unsterblichkeit der menschlichen Seele, Willensfreiheit, Gottes Existenz und Wesen, die Bedeutung von „Person", „Selbst", „Natur"; vgl. Sweeney, *Christian Philosophy*, 26ff.

[134] Eine funktionale Beschreibung kann in historischer Absicht erfolgen; Gilson etwa sagt in Bezug auf Klemens von Alexandrien: „The proper function of philosophy in Christian education is to exercise the mind, to awaken the intellect and to sharpen the acumen; yet it remains a ‚preparatory training for rest in Christ'" (Gilson, *History of Christian Philosophy in the Middle Ages*, 33). Eine funktionale Charakterisierung von „christlicher Philosophie" in systematischer Absicht schlägt Norman Kretzmann vor: „By systematic Christian philosophy I mean the enterprise of supporting and clarifying propositions of Christian doctrine by means of analysis and arguments, building on the classical metaphysics around which Christian doctrine developed, beginning with the most fundamental doctrinal propositions and proceeding in some approximation of logical order" (Kretzmann, *Faith Seeks, Understanding Finds: Augustine's Charter for Christian Philosophy*, 1). Auch Joseph Owens hebt die Absichten und Interessen der christlichen Philosophen hervor: „The philosopher will be guided to his starting points by Christian interests. Otherwise, the philosophy would not have to base its reasoning entirely upon those starting points as they are seen in the things themselves, starting points that are, at least in principle, naturally knowable and are, in fact, actually known on the

(iii) ein Verständnis von den vertretenen Thesen her würde christliche Philosophie als eine Reihe von Positionen auffassen, die in Form von klaren Thesen oder auch Schlüsselideen in der philosophischen Landschaft situiert sind.[135] Diese Sicht könnte man als positionale oder propositionale Sicht bezeichnen; sie würde christliche Philosophie als ein philosophisches System, als eine Reihe von philosophischen Positionen in Bezug auf verschiedene philosophische Fragestellungen auffassen. Eine positionale Sicht verbindet sich mit der These, dass eine christliche Weltanschauung philosophische Commitments impliziert, die sich in philosophische Positionierungen niederschlagen.[136] (iv) Ein Verständnis von den Methoden her würde christliche Philosophie als eine bestimmte Form von Philosophieren ansehen, als einen bestimmten Weg. Eine solche prozessuale Sicht von christlicher Philosophie

---

strength of their natural evidence when they are functioning in this role" (Owens, *Towards A Christian Philosophy*, 27).

[135] Joseph Owens weist u.a. auf zwei Schlüsselideen hin, die die christliche Philosophie prägen: Die Welt wird nicht als „complete and finished object" betrachtet und übernatürliche Entitäten wie die Trinität weisen philosophische Aspekte auf wie Existenz, Sein, actio, qualitas, relatio etc. (Owens, *Towards a Christian Philosophy*). Einen Schritt weiter ging Etienne Gilson, der in seinem Werk *The Spirit of Medieval Philosophy* die christliche Philosophie beschrieb als „that body of rational truths discovered, explored or simply safeguarded, thanks to the help that reason receives from revelation … Thus I call Christian, every philosophy which, although keeping the two orders formally distinct, nevertheless considers the Christian revelation as an indispensable auxiliary to reason ... It is but one of the species of the genus philosophy and includes in its extension all those philosophical systems which were in fact what they were only because a Christian religion existed and because they were ready to its influence" (ebd., 35 und 37). Gilson schlägt also vor, den Begriff der christlichen Philosophie über Abhängigkeitsverhältnisse zu konstruieren, gewissermaßen im Sinne einer kausalen Theorie der Bedeutung, und das Ereignis der Menschwerdung Gottes als entscheidendes ursächliches Moment für die Bedeutung des Begriffs anzusehen, von dem die wietere Bedeutungsgebung kausal abhängig ist.

[136] Für diese These – etwa unter Verweis auf den Personbegriff – macht sich James Ross stark: „There is content to be considered Christian in apparently neutral questions, like ‚What constitutes the identity of a person over time and change?', because the outcomes have an impact upon religiously central notions" (*On Christian Philosophy*, 359). Ähnlich würde sich eine christliche Grundeinstellung auf die Behandlung von Fragen wie den folgenden auswirken: „'Can one substance have two natures?', ‚Is what a physical thing is determined by its micro–parts?', ‚Can one and the same living thing be reassembled with different physical parts after having died and disintegrated?'" (ebd.).

sieht christliche Philosophie als eine bestimmte Art des Philosophierens an, als einen bestimmten *modus philosophandi*, als eine Tätigkeit, die bestimmten Regeln folgt.[137] Hier würde man den Aspekt der Praxis des Philosophierens berücksichtigen – Jean–Luc Marion etwa, hebt, um ein Beispiel für eine solche Berücksichtigung praktischer Aspekte zu nennen, den Bezug zu „caritas" hervor, durch den christliche Philosophie zu charakterisieren sei.[138] Auf diese Weise könnten vier Sichtweisen, die man als die topologische, die funktionale, die propositionale und die methodologische bezeichnen könnte, unterschieden werden.

Diese vier Aspekte geben Richtungen an, in die man blicken könnte. Sie schließen einander auch keineswegs aus. Mir scheint es sinnvoll zu sein, den Begriff der christlichen Philosophie über Präferenzen und Prioritäten einerseits und bestimmte erkenntnisethische Forderungen andererseits zu charakterisieren: Christliche Philosophie bemüht sich um epistemische Gerechtigkeit in der Form, dass sie Akzente hinsichtlich der Themenwahl setzt; sie hat dabei speziellen ethischen Forderungen, die sich aus den praktischen Commitments des Christentums ergeben, Genüge zu tun. Darüber hinaus ergeben sich aus den epistemischen Verpflichtungen des Christentums gewisse Grenzen, was Thesen und Überzeugungen angeht. So würde ich den Begriff der christlichen Philosophie über ein System von Präferenzen und ein System von ethischen Verpflichtungen konturieren.

Auf diese Weise entsteht ein Begriff, der mehr einem „Bündel von Kennzeichnungen" gleicht als einem Konzept, das klar definiert werden könnte. Mit dieser Unschärfe werden wir leben müssen. Sie hält davon ab, zu starre und zu strenge Urteile in Bezug

---

[137] Arthur Holmes vertritt in aller Deutlichkeit die These „that there is no one Christian philosophic system. ‚Christian philosophy' refers to a tradition which brings distinctively Christian perspectives to bear on philosophic problems. It refers to the philosophic activity of Christian thinkers motivated and illuminated by their faith. It refers to a plurality of related but different positions" (Holmes, *Christian Philosophy*, 30).

[138] „As I understand it, ‚Christian philosophy' is done by introducing concepts and discovering phenomena which come from charity, inasmuch as charity comes from revelation but inscribes itself in creation … Christian philosophy contends that philosophy, in a method which is not directly theological, relates to charity, which is from now on considered as an order, a sphere, or a supplementary (and superior) level of things, and thus of reason" (Marion, *Christian Philosophy: Hermeneutic or Heuristic?*, 262).

auf die Begriffsverwendung zu fällen. Ein Bündel von Charakterisierungen hat überdies den Vorteil, dass die vielen verschiedenen Kontexte (historische und systematische), in denen der Begriff eine Rolle spielt, berücksichtigt werden können. Deswegen würde ich für einen unscharfen, allerdings systematischen Begriff von christlicher Philosophie plädieren, für einen „dünnen Begriff", der auf einer „dichten Beschreibung" von Verwendungsweisen beruht. Je mehr Anwendungsfälle und Aspekte zusammengetragen werden, desto unschärfer wird der Begriff und desto bescheidener die Geltungsansprüche, die mit seiner Verwendung verbunden sind.

Ein Respekt vor den Unschärfen des Begriffs der christlichen Philosophie wird davor warnen, starken Versionen des Konzepts anzuhängen. Starke Verständnisweisen besagen beispielsweise:

a) Christliche Philosophie ist jene Metaphysik, die von der Bibel sowohl vorausgesetzt als auch in ihr enthalten ist.[139]
b) Gegenstand der christlichen Philosophie ist das Christentum. Christliche Philosophie ist daher das Bemühen, das Christentum geistig zu durchdringen.[140]
c) Christliche Philosophie ist Philosophie, die aus eigener Kraft auf Anliegen, Fragen und Antworten des Christentums stößt.[141]

Starke Versionen bieten inhaltliche Kriterien zur Abgrenzung der christlichen Philosophie an, also Kriterien, die sich von der Philosophie her ergeben. Wenn man hingegen „christliche Philosophie" über ein Bündel von Charakteristika bestimmt, wird man schwächere Versionen entwickeln, die eher von Minimalbedingungen als vom Ehrgeiz, hinreichende Bedingungen anzugeben, geleitet

---

[139] Staudenmaier, *Die Philosophie des Christentums oder Metaphysik der hl. Schrift,* 2–4.

[140] C.H. J. Braniss, *De notione philosophiae christianae* (1825) 1–14. Diese These würde auf eine Reduktion von christlicher Philosophie auf Religionsphilosophie hinauslaufen, wovor Bogliolo warnt: „Il problema della filosofia cristiana non è il problema della filosofia del cristianesimo, se non forte indirettamente e in obliquo" (Bogliolo, *Il problema della filosofia cristiana.* 8 n. 17).

[141] Maurice Blondel etwa versteht christliche Philosophie als eine Philosophie, die den christlichen Glauben als eine Hypothese voraussetzt, die sie mit eigenen Mitteln verifiziert und durchdringt (vgl. Blondel, *Die Aktion,* 415–430). „Die Fülle der Philosophie liegt nicht in einer anmaßenden Selbstgenügsamkeit, sondern in der Erforschung ihres eigenen Unvermögens und der Wege, die sich ihr von anderswo darbieten, um ihr beizustehen" (ebd., 419).

sind. Starke Versionen lassen sich nur mit einem klaren Konzept durchsetzen, das keine Unschärfen aufweisen darf. Eben diese Unschärfen sind aber Ergebnis eines differenzierten Umgangs mit dem Begriff.

Nun könnte man auf die Idee kommen, dass ein Begriff, der den Tod tausender Qualifikationen gestorben ist, der Brauchbarkeit entbehrt. Das scheint aber übers Ziel hinaus geschossen zu sein. Eine philosophische Betrachtungsweise mahnt zur Behutsamkeit in der Urteilsbildung und zum Respekt vor sorgsamen Distinktionen. Entscheidend ist das Funktionieren des Begriffs in Handlungszusammenhängen. Wenn ein Begriff Missverständnisse oder Konflikte provoziert, wird man nur mehr von eingeschränkter Tauglichkeit sprechen können. Es ist sinnvoll, mit Begriffen, die antikonzeptuelle Affekte provozieren können, vorsichtig umzugehen. Aus diesem Grunde scheint es mir auch kein Zeichen intellektueller Trägheit oder Feigheit zu sein, statt einer Definition von „christlicher Philosophie“ ein Bündel von Charakteristika anzubieten. Ich will an diesem Begriff etwas „zeigen“, nicht mit dem Begriff etwas „sagen“ (um eine vertraute Unterscheidung zu verwenden). Deswegen plädiere ich für einen schwachen Begriff von christlicher Philosophie, der als Bündel von Charakteristika zu bestimmen ist. In einem letzten Schritt will ich noch eine inhaltliche Variante für die Begriffsverwendung vorstellen, der man behutsam und mit einer Reihe von Einschränkungen näher treten könnte: der Idee eines Begriffs von Philosophie (und dann auch christlicher Philosophie) als Lebensform.

Philosophie als Lebensform

Ich habe für einen „schwachen Begriff“ von christlicher Philosophie plädiert, der über ein Bündel von Charakteristika zu erarbeiten wäre und entsprechend unscharf ist. Diese Unschärfe ergibt sich aus Gebrauchskontexten, die ernst genommen werden müssen. Diese Kontexte, in denen nicht über christliche Philosophie geredet wird, sondern in denen auf der Basis christlicher Überzeugungen Philosophie betrieben wird, ist von besonderem Interesse. Ich möchte noch einmal auf einen Gedanken der epistemischen Gerechtigkeit und der Commitments zurückkommen: Lebensform und Denkweise sind miteinander verbunden. Hier haben wir es mit einer wechselseitigen Abhängigkeit zu tun. Wenn das so ist, dann kann es sinnvoll sein, den Begriff der christlichen Philosophie mit dem Begriff der Lebensform in Zusammenhang zu bringen. Der Begriff der praktischen und epistemischen Commitments sollte deutlich machen, dass auch mit philosophischen Überlegungen Konsequenzen verbunden sind, die mit der Orientierungsarbeit des Menschen zusammenhängen. Daraus – und aus der Idee eines Primats der Beziehung zu epistemischen Gütern vor dem Besitz dieser Güter – ergibt sich eine Brücke zwischen Reflexion und Lebensform. Diese Brücke möchte ich mir zunutze machen, um einen vorsichtig gefassten inhaltlichen Vorschlag zur Bestimmung von „christlicher Philosophie" zu unterbreiten.

Owens meint zwar: „The accidental and extrincic relation of Christianity to philosophy is beyond challenge"[142], aber eben dies kann mit den Überlegungen zur Rolle der Philosophie im religiösen Vollzug angezweifelt und herausgefordert werden. Die Überlegungen zum Zusammenhang von Wissen und Commitments, von Lebensform und Denkweise, von Erkenntnistheorie und Ethik haben immerhin einige Hinweise darauf gegeben, dass die lebenstragenden Grundeinstellungen für die Sache der Philosophie relevant sind; zudem arbeitet die Philosophie mit sekundären Orientierungssystemen und kommt erst dort ins Spiel, wo schon primäre Kategorialsysteme eingesetzt wurden. Aus diesem Grund scheint es mir überlegenswert zu sein, neben einem historischen (bzw. historiographischen) Gebrauch des Begriffs der christlichen Philosophie[143] einen systematischen Gebrauch in Erwägung zu ziehen

[142] Owens, *Towards A Christian Philosophy,* 11.

[143] Es steht außer Streit, dass es eine historische Periode gab, in der im Rahmen eines christlichen Weltbilds Philosophie betrieben wurde und zwar so, dass eine klare Unterscheidung zwischen „Philosophie" und „Theologie" nicht immer möglich war. Diese Philosophie im „christlichen Mittelalter" ist ein historisches Faktum. Etienne Gilson hat in vielen Arbeiten nachzuweisen versucht, dass die christliche Philosophie eine historische Tatsache ist. Es kann kein Zweifel darüber bestehen, dass die christliche Tradition Begriffe hervorgebracht hat, die die philosophische Reflexion geprägt haben, wie etwa die Begriffe der Schöpfung und der Freiheit. So kann Gilson christliche Philosophie verstehen als ein Denken, das Offenbarung akzeptiert als „révélation génératrice de raison" (Gilson, *La notion de philosophie chrétienne*, 39). Auch Peter Henrici (*Aufbrüche christlichen Denkens*) weist auf den neuen Horizont hin, den die Verkündigung Jesu erschlossen hat. Emerich Coreth stellt in seiner Einleitung zum mittlerweile zum Klassiker avancierten Werk *Christliche Philosophie im katholischen Denkens des 19. und 20. Jahrhunderts* kurz und bündig heraus: „Christliche Philosophie ist eine geschichtliche Wirklichkeit"

und unter christlicher Philosophie jene Bemühungen zu verstehen, „in christlicher Absicht“ zu philosophieren. Hier regen sich umgehend Einwände: Werden auf diese Weise nicht systematisch Ideologien erzeugt, dadurch, dass das Philosophieren in den Rahmen einer christlichen Lebensform eingebettet wird? Die Antwort muss hier – nach sorgsamer Prüfung des sehr komplexen Ideologiebegriffs – lauten: Christliche Philosophie ist dem Ideal der Wahrheit verpflichtet, strebt dieses Ideal auch durch methodische Abstraktion von religiösen Überzeugungen an und reduziert die Gefahren der Ideologiebildung gerade dadurch, dass hier explizit und systematisch auf Prämissen und intuitionsstiftende Traditionen verwiesen werden kann. Daraus ergeben sich sogar Vorteile gegenüber anderen Formen der Reflexion.

Man könnte sich auf diesem Hintergrund überlegen, den Begriff der christlichen Philosophie als Begriff für eine philosophische Lebensform zu verstehen. Jacques Maritain betont, dass der Begriff der christlichen Philosophie neben einer objektiven Dimension (objektiv feststellbarer Einfluss des Glaubens auf die Philosophie) auch eine subjektive Dimension aufweist (subjektive Verfasstheit des einzelnen Philosophen).[144] Ähnlich schlägt Joseph de Vries vor zu differenzieren: „Einmal kann ‚Philosophie‘ als das allgemeine, abstrakte Wesen der Philosophie verstanden werden, dann als die konkrete, geschichtliche Verwirklichungsform dieses Wesens.“[145] Die christliche Lebensform hat auch Auswirkungen auf den Habitus des Philosophierens in individueller und in kommunitärer Hinsicht. Bernhard Jansen betont in diesem Zusammenhang, dass sich christliche Philosophie „durch ihren sozialen Zug“ auszeichne.[146] Es lässt sich durchaus dafür argumentieren, dass der

– um dann fortzufahren: „In welchem Sinn und mit welchem Recht sie möglich ist, mag eine Frage sein, auf die es verschiedene Antworten gibt“ (Coreth, *Einleitung in das Gesamtwerk*, 23).

144 Maritain, *Von der christlichen Philosophie*, 64–89.

145 De Vries, *Christliche Philosophie*, 6. Hier kann man sich etwa fragen: Wenn man christliche Philosophie analog zu aristotelischer Philosophie versteht – was heißt „aristotelische Philosophie“? 1) Die Philosophie des Aristoteles selbst; 2) Philosophie derer, die in ihrem Philosophieren von Aristoteles abhängig sind und viele seiner Grundanschauungen übernommen haben; auch im Sinne von (2) liegt keine „logische Abhängigkeit“, sondern eher eine psychologische vor. Es scheint daher sinnvoll zu sein, die Idee der christlichen Philosophie in systematischer Hinsicht als Lebensform zu fassen.

146 Jansen, *Christliche Philosophie*, 236.

Begriff der Tradition, der Begriff der Gemeinschaft und der Begriff der Verantwortung im Rahmen des Philosophierens in der christlichen Lebensform – unbeschadet der vielen Farben und Formen, die diese Lebensform annehmen kann – besonderes Augenmerk erfahren.

Selbst wenn die Idee einer christlichen Philosophie als Kennzeichnung einer Lebensform für sinnvoll erachtet wird, darf diese Begriffsverwendung die Differenzen zwischen „Christentum" und „Philosophie" nicht verwischen. Der Begriff der christlichen Philosophie hat sprachlich nicht den Sinn, die Philosophie als ihrem Wesen nach christlich zu bezeichnen; im Gegenteil, wäre das Christliche der Philosophie eigen, so müsste es nicht eigens hinzugefügt werden. Also stellt sich die Frage nach christlicher Philosophie in Bezug auf eine konkrete, geschichtliche Form, eine Lebensform, die weder die einzige christliche noch die einzige philosophische ist und selbst als Lebensform eine Fülle von Ausprägungen nehmen kann. Philosophie ist kein Religionsersatz und die Philosophie ist nicht zum Heil nötig.[147] Die Philosophie ist in ihrem Wesen nicht christlich in dem Sinne, wie Tertullian annehmen konnte, die Seele sei „anima naturaliter Christiana". Eine religiöse Weltauffassung unterscheidet sich von philosophischem Ringen um epistemische Gerechtigkeit. Max Scheler hat zu Recht darauf hingewiesen, dass der Gott der Religion und der Weltgrund der Metaphysik realidentisch sein mögen, als intentionale Gegenstände seien sie dennoch wesensverschieden.[148] Das Christentum ist eine Religion und weist wesentlich mehr und wohl auch wichtigere Dimensionen auf als eine philosophisch analysierbare epistemische Dimension propositionalen Glaubens. Man kann sich nach einem Wort von J. Kuhn nicht in das Christentum hinein- oder hinüberphilosophieren – gerade protestantische Traditionen haben auf diesen Umstand immer wieder aufmerksam gemacht.

Wenn von „christlicher Philosophie" als Lebensform die Rede

---

[147] „Die Philosophie ist ebenso notwendig und genau ebenso überflüssig wie die natürliche Vollendung des Menschenwesens notwendig oder eben nicht notwendig ist. Philosophieren ist ja die Realisierung der natürlichen Wesensanlage des menschlichen Geistes zur Totalität" (Pieper, *Was ist christliche Philosophie?*, 510f.). „Für den Christen kann Philosophie niemals den Sinn beinhalten, Erlösungswissen zu gewinnen" (Schwarz, *Das Problem einer christlichen Philosophie*, 229).

[148] Scheler, *Probleme der Religion*, 361.

sein soll, dann kann dies vernünftigerweise nur dann geschehen, wenn die Idee der Philosophie und die christliche Lebenshaltung voll und ganz realisiert werden können. Die Idee der Philosophie verlangt die Distanz zu etablierten Kategorialsystemen und die Freiheit, „alles“ zum Gegenstand philosophischer Reflexion zu machen. Hier muss also der Freiraum für methodische Abstraktion von Glaubenssätzen gegeben sein. Umgekehrt verlangt die christliche Lebenshaltung nicht nur epistemische, sondern auch praxeologische Commitments, Verpflichtungen hin auf ein Ideal christlicher Orthopraxis, was die Freiheit, „alles zu tun“, einschränkt. Ich halte aufgrund der ethisch relevanten Verpflichtungen der Philosophie auf epistemische Gerechtigkeit und aufgrund der epistemischen Verpflichtungen des Christentums, auch die Vernunft zu gebrauchen, Philosophie und Christentum für vereinbar, sodass eine Schizophrenie vermieden werden kann: „Der christliche Philosoph lebt nicht ein Doppelleben zwischen einer ‚philosophia humana' und einer ‚fides christiana'.“[149] Daher scheint die These vertretbar zu sein, dass sich aus einer christlichen Weltanschauung und Haltung für die Philosophie keine epistemischen Nachteile ergeben; man könnte sogar *sine ira et studio* die Möglichkeit diskutieren, ob nicht gute Argumente für eine epistemische Besserstellung des religiösen Menschen gegenüber dem nichtreligiösen Menschen gefunden werden könnten. Grundsätzlich ist klar, dass Gott den Guten wie den Bösen natürliche Güter spendet (vgl. Mt 5,45) – das gilt wohl auch für die epistemischen Güter wie Wahrheit und Klarheit. Andererseits wurde auf den Zusammenhang zwischen Lebensform und Denkweise hingewiesen. Ralph McInerny spricht von der „appropriate moral orientation” des christlichen Philosophen[150]. So können auf verschiedene Weisen epistemische Vorteile der religiösen bzw. christlichen Haltung hervorgehoben werden.[151] Diese Vorteile haben mit der Verpflich-

---

[149] Schwarz, *Das Problem einer christlichen Philosophie*, 237.

[150] McInerny, *Reflections on Christian Philosophy*, 67.

[151] Es gibt durchaus Philosophen, die der Ansicht sind, eine christliche Weltanschauung bringe epistemische Vorteile. Antonio Rosmini Serbati etwa vertrat die These, dass „filosofia cristiana“ eine Form von gesunder Philosophie sei („filosofia sana“), die im Lichte des Glaubens weiter gelangen könnte als andere Formen der Philosophie, die vom Glauben absehen. Hier kann man auch Etienne Gilson anführen, der die christliche Philosophie als eine Philosophie sieht, die die Vernunft nicht einengt, sondern im Gegenteil öffnet und erwei-

tung auf die Ideen von Vernunft, Wahrheit und Wirklichkeit zu tun, ohne die sich der Begriff der epistemischen Gerechtigkeit nicht bilden ließe; diese Vorteile haben mit der Möglichkeit, von der eigenen religiösen Tradition abzusehen, zu tun und diese Vorteile ergeben sich aus der Verankerung in eine explizit reflektierte und klar angebbare Tradition. Dadurch wird das Philosophieren im Rahmen einer christlichen Weltanschauung sogar transparenter als in anderen diffusen Kontexten.

---

tert – dieser Ansicht schließen sich auch Régis Jolivet oder Réginald Garrigou–Lagrange an. Ähnlich äußert sich Anton Pegis: „Understood as Leo intended it, the adjective in 'Christian philosophy', far from destroying the noun, would appear to strengthen and improve it" (Pegis, *Christian Philosophy and Intellectual Freedom,* 42). Bernhard Jansen will aus der Geschichte der scholastischen Philosophie auf– und nachweisen, dass „die Vernunft nicht imstande ist, aus eigener Kraft die letzten Geheimnisse von Gott, Mensch, Welt, All zu entschleiern, die großen Seinszusammenhänge, die ersten Prinzipien, auf denen Erkennen, Wollen, Wahrheit, Gutheit, Schönheit ruhen" (Jansen, *Christliche Philosophie,* 230). Auch Ralph McInerny erörtert mit Bezug auf die Idee von Naturgesetzen die Möglichkeit, eine epistemische Privilegierung des Gläubigen ins Auge zu fassen (McInerny, *On Behalf of Natural Theology*, 71f.). Auch Josef Pieper wehrt sich gegen das Vorurteil, dass christliche Philosophie sich durch glattere Lösungen auszeichnen würde (Pieper, *Was ist christliche Philosophie?*, 507) – man könnte sogar sagen, dass christliche Philosophie in höherem Maße als andere den Sinn für das Geheimnis besitzt. „Bei Hölderlin, im Hyperion, findet sich der Satz: ‚Des Herzens Woge schäumte nicht so schön empor und würde Geist, wenn nicht der alte stumme Fels, das Schicksal, ihr entgegenstände' – es ist der alte, stumme, unnachgiebige, nicht zu erweichende Fels der geoffenbarten Wahrheit, der das philosophische Denken daran hindert, wie in einem wohlkanalisierten Strombett dahinzufließen. Es ist die durch diesen Widerstand hervorgerufene Komplizierung des Denkens, wodurch christliche Philosophie sich von der nicht–christlichen Philosophie unterscheidet" (ebd., 509).

VII. Lehramtliche Aussagen zur Philosophie

1. Historische Fragmente
2. Relevante Aussagen
3. Zentrale Dokumente

1. Historische Fragmente

Im vorigen Kapitel wurde das Verhältnis von Christentum und Philosophie mit groben Strichen gezeichnet. Nun soll es in einem nächsten Schritt um den Abriss von Eckpunkten der Begegnung von Katholischem Lehramt und Philosophie gehen. Diese Begegnung ist die Begegnung von Personen (Lehramtsträgern) und (lehramtlichen) Texten mit (philosophischen) Texten und Personen (Philosophinnen und Philosophen). Aus nahe liegenden Gründen werde ich mich auf die Stellung der Philosophie in wichtigen lehramtlichen Dokumenten stützen, ohne damit behaupten zu wollen, dass es sich hierbei um den wichtigsten Aspekt der Begegnung zwischen Philosophie und Lehramt handeln würde. Zunächst will ich noch einige Bemerkungen zur geschichtlichen Entwicklung machen.

Das Verhältnis von Katholischem Lehramt und Philosophie konnte vor allem dadurch an Konturen gewinnen, dass dieses Verhältnis sich in institutionalisiertem Rahmen zeigte. Diese Institutionalisierung wurde erstens möglich durch die Entwicklung eines Verständnisses von Amt in der Kirche, zweitens durch die Herausbildung eines neuen Forums, in dem philosophische Arbeit geleistet wurde, nämlich durch die Entstehung der Universität, und drittens durch die Rolle, die die philosophische Reflexion, vor allem in Gestalt wissenschaftstheoretischer Selbstvergewisserung, für die Theologie spielen konnte. Diese drei Faktoren sind im Mittelalter erfüllt: Im Rahmen der Institutionalisierung theologischer Reflexion in den neu gegründeten Universitäten entsteht eine institutionelle Form einer Auseinandersetzung mit dem christlichen Glauben außerhalb der traditionellen und etablierten Kirchenhierarchie. Die Ausdifferenzierung von *leadership* und *scholarship*[1] wird systembildend. Das Verhältnis von Theologie und Lehramt und das Verhältnis von Theologie und Philosophie (Glaube und Vernunft) stehen zur Klärung an. Dabei ist die Rezeption der Philosophie grundlegend: Erstens liefert die Philosophie die Motivation und auch die Grundlage für eine wissenschaftstheoretische Legitimation der Theologie, vor allem unter Inanspruchnahme aristotelischer Wissenschaftsstandards. Das bietet Zündstoff für die Beziehung Theologie–Lehramt, weil wissenschaftstheoretische Standards normativ wirksam werden und nicht bloß hierarchisch verankerte Autorität definiert, was Theologie sei und was Theologie leisten solle. Der Gedanke der Begründung und Argumentation findet in die theologische Theorienbildung in bisher nicht bekannter Weise Eingang. Zweitens liefert die Philosophie die Grundlage für eine autonome Reflexion auf die Verhältnisse in der Welt, indem vor allem naturphilosophische Überlegungen ohne Rekurs auf religiöses Gedankengut angestellt worden sind. Das hat wohl auch damit zu tun, dass der Gedanke der Kontingenz der Welt zentrale Bedeutung erlangt, wodurch Theorien über göttliche Gesetze und gottgewollte Ordnungen zugunsten empirischer Forschungen an Gewicht verlieren. Drittens liefert die Philosophie die Grundlagen für nicht–theologisches Orientierungswissen, indem nach aristotelischem Vorbild auch die Ethik mit nichttheologischen Mitteln betrieben werden kann.[2] Dadurch werden auch die fundamentalen Fragen der Weltorientierung, „Was sollen wir tun?“, „Wie sollen wir leben?“, „Was ist das gute Leben?“, (wieder) Teil des philosophischen Diskurses und so dem religiösen Monopol auf Erlösungswissen entrissen. Auch diese Entwicklung lässt Konfliktpotential im Verhältnis von Theologie und Philosophie entstehen.

---

[1] Küng, *Unfehlbar*, 194. Das hat Konsequenzen für den Begriff der Doktrinalität: „Mit der Entstehung der Wissenschaften tritt nun zugleich ein *neuer Typus von Lehre* auf. Im vor– und außerwissenschaftlichen Sinn verstand man unter ‚Lehre' von alters her einfach den informativen Gehalt einer Botschaft. In diesem Sinn gab es auch eine *doctrina Christi*, und die christliche Botschaft konnte *doctrina christiana* oder *doctrina fidei* heißen. Eben deshalb hießen die Künder dieser Botschaft, die Bischöfe und Prediger ... auch *doctores*. Aber nun entsteht ein neuer Typ von *doctrina* und damit zugleich auch eine neue Klasse von *doctores*, nämlich doctrina als *wissenschaftlicher Diskurs* und doctor als *ausgewiesener Experte* für diese Art von Diskurs“ (Seckler, *Modelle des Verständnisses von kirchlichem Lehramt und theologischer Wissenschaft*, 98).

[2] Vgl. Wieland, *Ethica – Scientia Practica*, Kap. IV.

Ioannes Duns Scotus konnte von einem Streit zwischen Theologen und Philosophen sprechen.[3] Die *philosophi* sind nach Scotus die heidnischen Denker, die das Schicksal des Menschen und die Verhältnisse der Welt allein mit den Mitteln der Vernunft zu erforschen trachten. Die *theologi* sind christliche Denker, die sich vom Licht des Glaubens führen lassen und dieses Licht auch für heilsnotwendig halten, das heißt für notwendig dafür, dass der Mensch sein gottbestimmtes Ziel erlangen kann. Die Philosophen vertreten die Auffassung von der Vollkommenheit der Natur und leugnen eine übernatürliche Vervollkommnung der Natur. Diese Position hat offensichtlich massive Konsequenzen hinsichtlich des Verständnisses von Philosophie und Theologie, von Gnade und Natur, von Glaube und Vernunft, von Gott und Welt. Die Position der Philosophen wird von Scotus vor allem deswegen kritisiert, weil hinreichendes Wissen über den Weg, das Ziel, und die Mittel zum Ziel mit natürlichen Mitteln nicht erworben werden könne. Damit wird zugleich angedeutet, dass das von der Vernunft erworbene Wissen im Licht des Glaubens als heilsrelevant ausgewiesen werden könne. Noch Albert der Große hatte sich für eine Harmonisierung der beiden Erkenntnisordnungen durch strikte Beachtung der methodischen Verschiedenheit ausgesprochen.[4] Dennoch verschärfte sich der Konflikt zwischen kirchlicher Autorität und akademischer Forschung, vor allem durch die Institutionalisierung und Professionalisierung der philosophisch–theologischen Reflexion, die sich, von pastoralen Handlungszusammenhängen entlastet, verselbständigen konnte. Die „moderne Philosophie", die sich aus der platonisch–augustinischen Tradition ausklinkte, wurde als Gefahr für die unversehrte Bewahrung der Hinterlassenschaft des Glaubens angesehen. Diese Aufgabe des Schutzes des *depositum fidei* obliegt dem kirchlichen Lehramt, dessen Träger sich auch im Mittelalter einschlägig zu reagieren veranlasst sahen. Exemplarisch sind die

---

3 Scotus, *Opera omnia* I, 4 (Ordinatio, Prol, pars 1). Bezüglich der Frage „utrum homini pro statu isto sit necessarium aliquam doctrinam supernaturaliter inspirari" besteht nach Scotus eine „controversia inter philosophos et theologos. Et tenent philosophi perfectionem naturae, et negant perfectionem supernaturalem; theologi vero cognoscunt defectum naturae et necessitatem gratiae et perfectionem supernaturalem". Als Proponenten der philosophischen *opinio* werden Averroes und Aristoteles genannt.

4 Vgl. *Metaphysica* XI, tr. 3, c. 7, Ed. Colon. XVI 2, 542, 25sqq.

berühmten Konflikte an der Pariser Universität, die sich durch das 13. Jahrhundert erstreckten:

1210 verboten der Erzbischof von Sens und der Bischof von Paris den Professoren der Pariser Artistenfakultät, Vorlesungen über die naturphilosophischen Schriften des Aristoteles zu halten.[5] Fünf Jahre später erweiterte der päpstliche Legat dieses Verbot auch auf die Metaphysik des Aristoteles.[6] Der Brief *Ab Aegyptiis argentea* von Papst Gregor IX. an die Pariser Theologen vom 7. Juli 1228 ist ein Warnschuss vor den Bug des reformfreudigen Schiffs der Pariser Universität.[7] In diesem Brief wird deutlich die Beibehaltung der theologischen Terminologie und Überlieferung gefordert, wie sie von den Vätern festgelegt worden ist. Einerseits fordert der Papst Achtsamkeit im Umgang mit der Heiligen Schrift[8], andererseits warnt er davor, den natürlichen Dingen zu viel Bedeutung beizumessen und zu viel Interesse entgegenzubringen – „scientiae naturalium plus debito insistentes“[9]. Schließlich: Wenn der Glaube mehr als gebührlich mit der natürlichen Vernunft gestützt wird, läuft der Glaube dann nicht Gefahr, unnütz und leer zu werden?[10] Schließlich verfügt der Glaube über eine Erkenntniskraft, die die natürliche Erkenntnis nicht aufbieten kann. Einige Jahre später (13. April 1231) ermahnte Gregor IX. die Pariser Theologieprofessoren wiederum, sich nicht als Philosophen erweisen zu wollen.[11] Auch wenn in den 1240er Jahren eine gewisse Aufbruchsstimmung herrschte (Roger Bacon hält Vorlesungen über die aristotelische *Physik* in Paris, Robert Grosseteste übersetzt und kommentiert die *Nikomachische Ethik*, Albert der Große lehrt in Paris), wurden dennoch durch den päpstlichen Legaten Professoren verurteilt, die Theologie und Logik vermischt hätten.[12] Die Träger des kirchlichen Lehramts versuchten mit vie-

---

5 *Chartularium* I, 70.

6 *Ebd.*, 78–79.

7 Vgl. Auvray, *Les registres de Grégoire IX.*, 117–120; vgl. *Chartularium* I, 114–116.

8 „Caelestis paginae intellectum, sanctorum Patrum studiis certis expositionum terminis limitatae, quo transgredi non solum est temerarium, sed profanum“ (DH 824).

9 Ebd.

10 „Et dum fidem conantur plus debito ratione adstruere naturali, nonne illam reddunt quodammodo inutilem et inanem?“ (DH 824).

11 *Chartularium* I, 36–38.

12 *Chartularium* I, 206–207.

len Mitteln, zugunsten der etablierten patristischen Tradition, die „pagane Philosophie" zurückzudrängen: „In der Zeit zwischen 1240 und 1252 kann man für Paris an die dreißig Prozesse nachweisen."[13] Allerdings war es bereits zu dieser Zeit klar, dass das Lesen der aristotelischen Schriften zum Standard theologischer Elitefakultäten gehören müsse. Die Statuten der Pariser *artes*–Fakultät vom 19.3.1255 nahmen diese Entwicklung auf.[14] Der Status der aristotelischen Philosophie – und damit der Status einer autonomen philosophischen Tradition, die sich nicht von den Vätern herleitete – war jedoch ständiger Anlass zu Konflikten, die mit der Verurteilung im Jahre 1277 kulminierten.

Bereits 1270 war es anlässlich der Wahl des Rektors zu Auseinandersetzungen an der Pariser Artistenfakultät gekommen, die bis zur Spaltung führten. Den Keil der Zwietracht hatte der radikale Aristotelismus, angeführt von Siger von Brabant, in die akademischweltanschauliche Einmütigkeit getrieben. Bonaventura, der eine zentrale Rolle in den Streitereien spielte, sah sich gezwungen, Predigten gegen den Aristotelismus, der die Idee einer unabhängigen Philosophie vertrat,[15] zu halten. Etwa um diese Zeit schrieb Aegidius Romanus seine Abhandlung *Errores philosophorum*[16], die sich – differenziert – mit Aristoteles auseinandersetzte und vor allem Averroes kritisierte.[17] Dann spitzte sich die Lage weiter zu. Am 10. Dezember 1270 verurteilte Bischof Tempier dreizehn philosophische Thesen.[18] Damit war die Angelegenheit aber keineswegs bereinigt. 1275, also nach dem Tod von Thomas von Aquin, dessen Autorität den Aristotelismus bis zu einem ge-

---

13 Lauret, *Lehramt*, 211; vgl. Seckler, *Die schiefen Wände des Lehrhauses*, 116f.

14 *Chartularium* I, 277–279.

15 Flasch, *Aufklärung im Mittelalter*, 41ff. Der Konflikt eskalierte, „avec le XIIIe, l'âge des synthèses serait définitivement passé" (Vignaux, *Philosophie au Moyen Age*, 180). Dieses spannungsreiche Verhältnis hielt sich bis zum Übergang vom 13. zum 14. Jahrhundert – „die Philosophie dieser Jahrzehnte ... war ... ein Fortschritt durch die schärfere Ausgliederung der Gegensätze, die in herrschenden Ansichten und autoritativen Texten lagen. Jetzt wurden die Alternativen mit schneidender Klarheit enthüllt; die Zeit des Harmonisierens war vorbei" (Flasch, *Das philosophische Denken im Mittelalter*, 427).

16 Ed. J. Koch (Milwaukee 1944). Auseinandersetzung mit Aristoteles: 2–14; Auseinandersetzung mit Averroes: 14–24.

17 Vgl. Flasch, *Aufklärung im Mittelalter*, 48–50.

18 *Chartularium* I, 486–7.

wissen Grad noch geschützt hatte[19], beginnen die Streitereien wieder von neuem. Die Aristoteliker erkühnen sich, eine Zeit lang durch die bischöfliche Zensur gebremst, zentrale Inhalte des Christentums, wie die Identität des Leibes Christi während der Grabesruhe (Substanztheorie!), in Frage zu stellen. Albert der Große wird um eine Stellungnahme gebeten, der Konflikt eskaliert, 1276 wird ein Dekret der Pariser Artistenfakultät erlassen, das den Unterricht in privaten Räumen verbietet; Siger und seine Mitstreiter sollen vor ein Inquisitionsgericht gebracht werden. Bald nach Beginn des Jahres 1277 wird der Bischof von Paris, Stephan Tempier, von Papst Johannes XXI. gebeten, bezüglich der Pariser Fakultätsunruhen Nachforschungen anzustellen.[20] Die vom Bischof daraufhin einberufene Theologenkommission von 16 Mitgliedern arbeitet extrem schnell (und wohl entsprechend oberflächlich), und schon am 7. März erlässt Stephan Tempier sein aufsehenerregendes Dekret, das 219 Sätze verurteilt.[21]

Dieses Dekret, das als „Reaktion des Augustinismus gegen den Aristotelismus“ bezeichnet wurde[22] („das Etikett *lateinischer Averroismus*, von Ernest Renan in Umlauf gebracht ... kennzeichnet die verurteilten Theorien zu einseitig“[23]), wie auch die erste Verurteilung von 1270 stellen einen Höhepunkt in der Auseinan-

---

[19] Das Denken des Aquinaten wurde nach den Verurteilungen von 1277 zum Teil heftig abgelehnt und kurzfristig bekämpft: „La condamnation de 1277 compromit pour longtemps l'essor du thomisme naissant, en jetant la suspicion ou même l'interdit sur plusieurs thèses professées par Thomas d'Aquin“ (Steenberghen, *La philosophie à la veille de l'entrée de Jean Duns Scot*, 73).

[20] *Chartularium* I, 541.

[21] Zur Thematik: Steenberghen, *Die Philosophie im 13. Jahrhundert*, 442–457; Copleston, *Geschichte der Philosophie im Mittelalter*, 191–202. Bei Grabmann (*Der lateinische Averroismus des 13. Jahrhunderts*, 8ff.) findet sich eine Zusammenfassung der verurteilten Sätze; eine eigene Monographie mit Kommentar zu allen verurteilten Sätzen legt Flasch (*Aufklärung im Mittelalter*) vor. Auf diese Ausgabe greife ich im Folgenden zurück, wenn ich auf einzelne Thesen Bezug nehme.

[22] Steenberghen, *Die Philosophie im 13. Jahrhundert*, 454f.). Darüber hinaus geht es nach Steenberghen (*La philosophie à la veille de l'entrée de Jean Duns Scot*) um den Konflikt zwischen Christentum und Heidentum, den Konflikt zwischen Philosophie und Theologie, der sich in der Rivalität zwischen der theologischen Fakultät und der Artistenfakultät widerspiegelt. Daher warnte der Heilige Stuhl vor den paganen Einflüssen in Paris (Chauvet, *La posición del escotismo en la escolastica medieval*, 78).

[23] Flasch, *Aufklärung im Mittelalter*, 57.

dersetzung zwischen philosophischen Autonomieansprüchen und der lehramtlichen Autorität hinsichtlich des symbolischen Kosmos dar. Es sind vor allem drei Themenkomplexe, die in der Verhältnisbestimmung von Philosophie und Lehramt zur Debatte standen und in diesem Dekret von 1277 behandelt wurden: Status von Welt, Gestalt der Ethik, Reichweite von Vernunft und Philosophie. Die Frage nach der Kontingenz der Welt – und damit ein genuin philosophisches Problem, das mit philosophischen Mitteln zu bearbeiten ist – rückte in den Mittelpunkt der Diskussion.[24] Das aristotelische Weltverständnis konfligierte mit dem christlichen Weltbild aufgrund der philosophischen Usurpation des Ewigkeitsbegriffs, der auf Welt, Verstand und Zeit ausgedehnt werden konnte und daher lehramtlich verurteilt wurde.[25] Einen zweiten Konfliktpunkt stellten die Autonomieansprüche der Philosophie im Bereich der Ethik dar, da durch die Aristotelesrezeption ein Verständnis von Ethik in den Blickpunkt gerückt wurde, das philosophisches Orientierungswissen zur Lebensgestaltung ohne christlichen Hintergrund lieferte.[26] Intellektualistische Züge einer philosophischen Ethik wurden explizit verurteilt, da sie das christliche Verständnis von Freiheit in Frage stellten.[27] Drittens wurden die philosophischen Autonomieansprüche zurückgewiesen, die ei-

---

[24] „After the Parisian condemnations of 1270 and 1277 that stressed that God was not in any sense necessitated to create the world but did so freely motivated only by his own goodness and liberality, Christian theologians laid greater emphasis on the fact that the world and all that is in it are basically contingent" (Wolter, *The Philosophical Theology of John Duns Scotus*, 285).

[25] Thesen 89, 98, 109, 205.

[26] „Die Verurteilung von 1277 war auch der Versuch, den paganen Charakter der aristotelischen Ethik aufzudecken und Christen vor ihr zu warnen" (Flasch, *Aufklärung im Mittelalter*, 76). So wurden etwa die Sätze „Quod contingentia non est essentialiter virtus" (168), „Quod perfecta abstinentia ab actu carnis corrumpit virtutem et speciem" (169), „Quod pauper bonis fortune non potest bene agere in moralibus" (170) oder „Quod felicitas habetur in ista vita, et non in alia" (176) verurteilt. Diese Sätze drücken philosophisches Orientierungswissen aus, das sich an den wohlhabenden, verheirateten, gesunden Grundbesitzer richtet und letztlich nur diesen als moraltauglich ansieht. Damit werden natürlich die Grundlagen christlichen Orientierungswissens über das rechte Leben in Frage gestellt.

[27] Vgl. Thesen 136 („Quod homo agens ex passione coacte agit"), 144 („Quod omne bonum, quod homini possibile est, consistit in virtutibus intellectualibus"), 159 („Quod voluntas hominis necessitatur per suam cognitionem, sicut appetitus bruti").

nen Primat der Vernunft vor dem Glauben und damit einen Primat der Philosophie vor dem Lehramt forderten. Thesen, die Christentum und Theologie angriffen[28], wurden ebenso zurückgewiesen wie Thesen, die das philosophische Wissen zur ultimativen Norm machten[29] und damit die Idee einer lehramtlichen Autorität überhaupt in Frage stellten.[30]

Das Jahr 1277 bedeutete für die mittelalterliche Geistesgeschichte sicherlich eine Zäsur: Pierre Duhem behauptete, dass der 7. März 1277 der Geburtstag der modernen Wissenschaft sei.[31] In jedem Fall haben wir es mit einem historischen Einschnitt zu tun, der die Verhältnisbestimmung von Philosophie und Lehramt nicht ausklammern kann und durchaus neue Orientierungsbedürfnisse freilegte und offene Fragen provozierte.[32] Zersplitterung und inhaltliche Verwirrung herrschten nach diesem Einschnitt auch deswegen, weil der Bischof zwar einen Syllabus von Thesen verurteilt, aber keinen zeitgemäßen (und orthodoxen) systematischen Gegenentwurf motiviert hatte – und der Augustinismus war als systematische Position nach den Auseinandersetzungen um Gottschalk und nach den neu aufgekommenen Autonomiebestrebungen (Beginn einer anthropologischen Wende durch die Rezeption der antiken Wissenschaften) tatsächlich obsolet. Auch wenn das Dekret des Stefan Tempier „tatsächlich eine Aufforderung zur Einhaltung der Tradition“[33] war, so war doch nicht mehr klar, von welcher Tradition nun eigentlich die Rede war. Die Geschichte, die ein neues Kapitel in der Verhältnisbestimmung von Philosophie und Lehramt aufgeschlagen hatte, konnte nicht zurückgedreht werden. Es ist interessant, dass nach den Pariser Verurteilungen,

---

[28] Vgl. Thesen 152 („Quod sermones theologi fundati sunt in fabulis“), 153 („Quod nichil plus scitur propter scire theologiam“) und 174 („Quod fabule et falsa sunt in lege christiana, sicut in aliis“).

[29] Vgl. Thesen 24, 40 („Quod non est excellentior status, quam vacare philosophie“), 145, 146 und 154 („Quod sapientes mundi sunt philosophi tantum“).

[30] Vgl. These 150: „Quod homo non debet esse contentus auctoritate ad habendum certitudinem alicujus questionis“.

[31] Duhem, *Le système du monde*, 66.

[32] „The year 1277 was a catalyst. Like all upheavals, it cleared neither the air nor the men's minds. Instead of a new era of a now clearly defined body of admissable theological and philosophical doctrines there was flux. Controversy and considerable confusion were the aftermath“ (Leff, *Paris and Oxford Universities in the thirteenth and fourteenth centuries*, 240).

[33] Gilson, *Johannes Duns Scotus*, 665.

die vor einer Überschätzung der Vernunft warnten, die Verurteilungen der philosophischen Irrtümer des Nikolaus von Autrecourt (1347) gerade in die Richtung gingen, einen Skeptizismus hinsichtlich der natürlichen Erkenntnis abzuschmettern. Nikolaus, ein radikaler Kritiker des Aristotelismus, vertrat die – einer aristotelischen Philosophie entgegengesetzte – Ansicht, „quod de rebus per apparantia naturalia quasi nulla certitudo potest haberi"[34]. Weiters zweifelte er den Begriff der Kausalität sowie die Einsichtigkeit von bestimmten Folgerungsbeziehungen an.[35] Daran sieht man, dass die geistesgeschichtliche Tendenz, reaktiv zu operieren (plakativ: auf den radikalen Aristotelismus folgt der radikale Anti–Aristotelismus, auf die Aufklärung folgt die Romantik, auf die Moderne die Postmoderne), von lehramtlichen Autoritäten austariert werden muss, wobei die Lehramtsträger daher ganz offensichtlich gezwungen sind, Schwerpunkte zu setzen. Bereits im Mittelalter zeichnete sich das Ringen um das rechte Verhältnis von Glaube und Vernunft ab, das sich in der Neuzeit, wie wir gleich sehen werden, noch einmal verschärfte.

So bildete sich im Mittelalter ein Konfliktpotential heraus, das bis heute relevant geblieben ist – der Konflikt zwischen kirchlich institutionalisiertem Lehramt und universitär institutionalisierter Theologie. Dadurch verschiebt sich der Akzent von der epistemischen Autorität des Lehramts, das über kein Bildungsmonopol mehr verfügt, hin zur deontischen Autorität des Lehramts im Rahmen der Selbstverständnisdiskussion der Theologie als Wissenschaft.

---

[34] DH 1028. Es scheint im Übrigen – unbeschadet der philosophischen Position, die man hier einnehmen mag – durchaus nicht inkonsequent, in der weiteren Folge Kants *Kritik der reinen Vernunft* auf den *Index liborum prohibitorum* zu setzen, weil hier eine Begrenzung der Erkenntniskraft der natürlichen Vernunft ausgesagt ist. Ich würde dies allerdings so deuten, dass damit eine Fragerichtung aufgewiesen wird, sozusagen ein erhöhter Reflexionsbedarf an einer bestimmten Stelle angezeigt ist, aber keine prinzipielle Inkompatibilität von kantischer Philosophie und katholischem Denken.

[35] DH 1035, 1041, 1042. Auch hier könnte darauf verwiesen werden, dass die Verurteilung der Werke David Humes mit dieser Verurteilung konsistent sind, was wohl mit ähnlichen Zusatzbemerkungen wie in der vorherigen Fußnote zu versehen ist.

Nun sollen Aussagen neuzeitlicher Lehrdokumente sondiert werden. Der Umgang mit lehramtlichen Texten ruft nach einer Ethik der rechten Hermeneutik.[36] Vorzubeugen ist einer hermeneutischen Blindheit, die von Autor, Leserin und Medium absehen möchte und den Fallstricken einer positivistischen, einer anthropozentrischen oder einer kulturellen Hermeneutik verfallen könnte.[37] Lehramtliche Texte können aus hermeneutischen Gründen nicht isoliert von einander beurteilt werden – weder isoliert vom Entstehungszusammenhang, noch isoliert von der Gesamtheit der kirchlichen Lehre. Es gilt, eine „Denzingertheologie" („eine rationalistisch–deduktive Theologie, von Autoritätsfragen beherrscht, von der Schrift und vom Leben der Gemeinde abgeschnitten"[38]) bzw. eine „Enzyklikentheologie" („die die stete Neubesinnung auf die Schrift als norma non normata und die persönliche – wenn

---

[36] Lehramtliche Texte geben auch Auslegungsregeln für Texte des päpstlichen Lehramts an – ich führe einige Punkte an: Meinung und Absicht von Entscheidungen des päpstlichen Lehramts lassen sich vornehmlich aus der Beschaffenheit der Dokumente, der Häufigkeit der Vorlage derselben Lehre und Sprechweise erkennen (DH 4149). Ein Lehrentscheid mit doppeldeutigem Sinn ist stets in dem Sinne zu verstehen, in dem die Aussage wahr wird (DH 1407). Auch nicht unfehlbar vorgelegten Lehrdokumenten, z.B. Enzykliken und Verurteilungen von Irrtümern (sofern sie nicht eine anderweitig unfehlbare Materie behandeln), gebührt Zustimmung (DH 2922, 3407, 3885). Die Glaubenden haben die Verpflichtung, auch die nicht als verbindlich im Bereich des Glaubens oder der Sitten definierte Lehre des obersten Lehramtes der Kirche anzunehmen (DH 4351).

[37] Vgl. CTI, *Die Interpretation eines Dogmas*, 1464.

[38] Lauret, *Lehramt*, 215; Sullivan, *Creative Fidelity*, 3. Die methodologischen Fallstricke des „Denzinger" können in fünf Punkten zusammengefasst werden: a) papozentrisch: es werden vorwiegend päpstliche Entscheidungen zusammengestellt, andere Träger des Lehramts werden kaum berücksichtigt; b) defensiv: es werden vor allem judizielle Akte des Lehramts gegen Häresien als Abwehrreaktionen zusammengetragen, kaum nicht–defensive, praxisbegleitende lehramtliche Äußerungen; c) selektiv: die Kriterien der Auswahl sind nicht in jedem Fall nachvollziehbar; d) undifferenziert: theologische Qualifikationen lehramtlicher Äußerungen fehlen; e) dekontextualisierend: einzelne Dokumente oder Dokumentteile werden isoliert, und damit auch aus dem Entstehungszusammenhang gerissen. Mit dieser Erwähnung kritischer Punkte sollen freilich die Verdienste und die Unverzichtbarkeit der Idee des Denzinger nicht geschmälert oder gar abgestritten werden.

auch am Lehramt ausgerichtete – Reflexion vernachlässigt"[39]) zu vermeiden. Diese Warnung soll in der folgenden Untersuchung lehramtlicher Texte dadurch beherzigt werden, dass der Anspruch der Zusammenschau ein illustrativer ist, der eine Tendenz – nicht mehr – angibt. Ich darf hier an Wittgensteins Methode von „Philosophischen Untersuchungen" erinnern, die darin besteht, eine Reihe von einzelnen Fällen zu untersuchen, sich also an einer Reihe von Beispielen abzuarbeiten. Da die Zahl der Einzelfälle prinzipiell unabschließbar ist, können philosophische Untersuchungen lediglich eine „Richtung" weisen und zeigen, wohin es sich lohnt, den Blick zu richten und welche Tendenz sich abzeichnet.[40] Ähnliches soll dieser Blick auf lehramtliche Dokumente leisten. Eine Reihe von „Fallstudien" kann Bausteine zu einer „dichten Beschreibung" eines bestimmten Kontextes liefern. Auch wenn der Geltungsanspruch von Untersuchungen an Einzelfällen bescheiden bleiben muss, ist es doch bemerkenswert, wenn sich Gemeinsamkeiten zeigen oder bemerkenswerte Wiederholungen feststellen lassen. Dies gilt auch für Aussagen zur Philosophie, wie sie im Rahmen der Ausübung des Lehramts getätigt wurden.

Im Folgenden werden nicht nur Enzykliken, apostolische Konstitutionen oder offizielle Entscheidungen verschiedener Kongregationen (vor allem der Glaubenskongregation) berücksichtigt, sondern auch „niederschwellige Texte", wie päpstliche Ansprachen oder Briefe. Selbst wenn päpstliche Ansprachen nicht so ohne weiteres zum authentischen Lehramt gezählt werden können, wäre es doch schwer einsehbar, sie bloß als unverbindliche diplomatische Floskeln zu behandeln. Außerdem soll es nicht darum gehen, eine verbindliche Form von „katholischer Philosophie" zu zeichnen, sondern Material zu verwerten, das Aufschlüsse über das Verhältnis des Katholischen Lehramts zur Philosophie gibt. Dazu sind gerade Ansprachen des Papstes an die Päpstliche Akademie der Wissenschaften oder anlässlich philosophischer Kongresse besonders geeignet. Im Allgemeinen, wenn nicht ausdrücklich und unter Verweis auf den besonderen Grund angegeben, bleibt die Auswahl dieser Texte auf römische Dokumente beschränkt und berücksichtigt nicht das unübersehbare Material der einzelnen Ortskirchen. Allein die Fülle an Material kann bereits

---

[39] Löhrer, *Träger der Vermittlung*, 586.
[40] Vgl. Wittgenstein, *Philosophische Untersuchungen*, 210.

als Absage an eine etwaige naive Erwartung, „eindeutige Antworten“ auf Fragen der Verhältnisbestimmung Lehramt – externe Größen gewertet werden. Mutwillig sollen die Unterschiede zwischen den einzelnen Texten auch nicht nivelliert werden – aus ersichtlichen Gründen kann hier aber nicht eine Exegese, Text für Text, Zeile für Zeile, geliefert werden. So werde ich den Geltungsanspruch herunterschrauben und nur behaupten, dass sich auf diese Weise Indizien zusammentragen lassen, die aufgrund der Deutlichkeit der Hinweise einerseits und aufgrund der Konvergenz der Thesen andererseits allgemeine Linien erkennen lassen könnten.

Grundsätzlich ist klar, dass die Kirche im Bereich der Philosophie Lehrautorität beansprucht.[41] Diese Autorität unterscheidet sich von der Autorität, die die Kirche in Wirtschaftsfragen oder in medizinischen Fragen beanspruchen würde. Lehramtliche Aussagen weisen Grenzen der Philosophie auf: Es gibt tiefer gehende Fragen, die von der Vernunft fast nicht gelöst werden können[42]; deswegen muss die menschliche Vernunft (bzw. die Philosophie) den geoffenbarten Wahrheiten bzw. der Theologie dienen und darf nicht über sie herrschen. Die geoffenbarten Wahrheiten werden durch die Einrichtungen des Katholischen Lehramts administriert. Daraus ergibt sich ein Zugriff des Lehramts auf die Philosophie. Die Legitimität des Zugriffs hängt wesentlich von der Respektierung der „Autonomie der Welt“ und der Eigenständigkeit der menschlichen Vernunft ab, die als gottgeschaffenes Erkenntnisvermögen eine eigene Würde hat. Gerade aufgrund dieser Würde des Erkenntnisvermögens kann die Philosophie wesentliche Beiträge im Rahmen der Kirche liefern.

Philosophie, Wissenschaften und Theologie

Die Philosophie hat eine unverzichtbare Funktion in der wissenschaftlichen Arbeit und stellt auch nach der Auffassung lehramtlicher Texte das kategoriale Wissen zur Ordnung der von den einzelnen Wissenschaften produzierten enzyklopädischen Einträge bereit.[43] Hier wird deutlich, dass die Philosophie nicht auf eine

---

[41] DH 2860f., 2865f., 2910, 3018.

[42] DH 249.

[43] „Will der Wissenschaftler streng und formal die Erfahrungstatsachen beschreiben, ist er gezwungen, auf über die strenge Wissenschaft hinausrei-

Stufe mit den Einzelwissenschaften gestellt wird, sondern dass ihr eine Sonderrolle, gerade was die Ordnung des Wissens angeht, zukommt. Die Philosophie hebt sich als „più nobile ed alta disciplina umana“[44] von den Einzelwissenschaften ab. Die Philosophie untersucht die Fundamente der einzelnen Wissenschaften und kann sie daher auf ihre Verwendbarkeit und „Religionstauglichkeit“ hin prüfen. Der Rückgriff auf die Sozialwissenschaften etwa erfordert ein aufmerksames Unterscheidungsvermögen, das auf philosophische Vermittlung angewiesen ist, um den Mittransport von Ideologien zu vermeiden.[45] Daher braucht auch die katholische Soziallehre einen soliden philosophischen Unterbau.[46] Die Philosophie bietet einen Ausgleich zur Spezialisierung der modernen Wissenschaften und setzt einer fragmentarischen Sicht des Universums eine synoptische Sicht entgegen.[47] Kategoriales Wis-

---

chende Begriffe zurückzugreifen, deren Verwendung gleichsam von der Logik seines Vorgehens gefordert ist. Natürlich muss die Natur dieser Begriffe exakt verdeutlicht werden, denn sonst gelangt man zu unangemessenen Grenzüberschreitungen, die die streng wissenschaftlichen Entdeckungen mit einer Weltanschauung oder ideologischen oder philosophischen Aussagen verknüpft, die keineswegs streng dazugehören. Hier wird erneut die Wichtigkeit der Philosophie deutlich, die sowohl die Erscheinungen als auch ihre Deutung in Betracht zieht“ (AAS 1992, 938). Konsequent ist daher zwischen dem wissenschaftlichen Zugang zu den Naturerscheinungen und der philosophischen Reflexion über die Natur zu unterscheiden (ebd., 939). Die Philosophie vermag Gottes Handschrift in der Natur zu „lesen“: „Certo vi è lotta fra le scienze, che nell'ordine della natura non vedono la mano di Dio, e quella filosofia che nelle leggi della natura riconsce l'ordinazione della ragione divina, la quale cure e governa l'universo“ (AAS 1941, 510).

44 AAS 1946, 426; „nobilissima quidem in humanis disciplinis est philosophia“ (AAS 1923, 317).

45 VAS 91, 16.

46 VAS 91, 15.

47 AAS 1946, 428. „L'elemento decisivo è una visione religiosa del mondo, una *Weltanschauung* ispirata dalla fede cattolica“ (AAS 1972, 363). Zu dieser einheitsstiftenden Weltanschauung hinzuführen, ist Aufgabe der katholischen Universität. Hier leistet die Philosophie aufgrund ihrer Fähigkeit zur Synthese unverzichtbare Dienste. Das Wissen wächst wie ein Mosaik: „Dieses Mosaik verlangt interpretiert und analysiert zu werden in einer Weise, daß es neuen Auffassungen verstandesgemäßer Anerkennung entspricht“ (DAS 1990, 1111). Papst Johannes Paul II. sprach bei seinem Besuch in Deutschland im November 1980 eine einschlägige Empfehlung an die Wissenschaftler aus, das letzte Ziel ihrer Arbeit und ihres Lebens nicht aus den Augen zu verlieren: „Dazu empfehle ich Ihnen besonders die Tugenden der Tapferkeit, die in einer zweifelnden, der Wahrheit entfremdeten und sinnbedürftigen Welt die Wis-

sen wird von enzyklopädischem Wissen unterschieden, etwa dort, wo vor einem Szientismus in der Philosophie gewarnt wird.[48]

Die Philosophie ist jene Instanz, die nicht nur eine Zusammenschau, sondern auch ethische und existentielle Fragen in den wissenschaftlichen Diskurs einbringen kann.[49] Schließlich kann „die einzelne Wissenschaft ... die Sinnfrage nicht beantworten, ja, sie nicht einmal im Rahmen ihres Ansatzes stellen“[50]. So können wissenschaftliche Entwicklungen aufgrund einer moralischen Perspektive eingeordnet werden. Unter dieser Rücksicht einer Abhebung von enzyklopädischem Wissen weisen Philosophie und Theologie signifikante Gemeinsamkeiten auf.[51] Denn auch die Theologie wird von den einzelnen Wissenschaften unterschieden. Die Theologen werden einmal als „Koadjutoren“ des Lehramtes bezeichnet, „insbesondere in der Betrachtung der neuen Fragen und in der technischen Vertiefung der Untersuchung der Glaubensquellen“[52]. Lehramt und Theologie sind durch unterschiedli-

---

senschaft verteidigt, und der Demut, mit der wir die Endlichkeit der Vernunft vor der sie übersteigenden Wahrheit anerkennen. Es sind genau die Tugenden Alberts des Großen“ (VAS 25, 34). Auch hier könnte man sich vorstellen, dass die Philosophie jene Disziplin zur Entwicklung entsprechender systematischer wissenschaftsethischer Überlegungen ist.

48 AAS 1970, 608; AAS 1909, 376; DH 2732.

49 DAS 1989, 1144; vgl. ebd., 1227; vgl. DAS 1987, 1685. Es geht vor allem auch darum, die Wahrheit nicht nur erkenntnismäßig tiefer zu erfassen, sondern sie auch tiefer in das Leben einzubeziehen, sie zu tun (DAS 1990, 1468; vgl. DAS 1988, 1330). Die Philosophie hat Orientierungswissen auch über das rechte Handeln zu erzeugen: „Perchè questa filosofia non è soltanto scienza del pensiero, ma anche scienza di vita. È maestra che insegna all'uomo quali sono i principi di azione più conformi alle sua essenza spirituale e razionale, quali i doveri che gli derivano dalla sua speciale e privilegiata posizione in mezzo agli altri esseri a lui inferiori, quale la missione che è chiamato a svolgere e alla quale è obbligato a subordinare ogni sua concreta attività“ (AAS 1946, 429). Orientierungswissen ist Wissen, das auch aktuelle Nöte und Sorgen anspricht; Jacques Maritain etwa wird als ein Beispiel für einen Philosophen genannt, der Philosophie „in sintonia con i ‚segni dei tempi'“ betrieben hat (AAS 1979, 1477).

50 VAS 25, 29.

51 „Sehr oft erreichen ... die empirischen, historischen und epistemologischen Aspekte eine philosophische und theologische Dimension“ (DAS 1990, 1112); vgl. DAS 1988, 1329.

52 DAS 1983, 1501. Entsprechend kommt der Internationalen Theologenkommission die Aufgabe zu, „Lehrfragen, denen große Bedeutung zukommt, vor allem solche, die einen neuen Aspekt aufweisen, zu studieren und so dem

che Aufgaben zu charakterisieren. „Darum können sie auch nicht aufeinander reduziert werden. Dennoch dienen sie dem einen Ganzen."[53] Dieser Rekurs auf eine gemeinsame Basis und ein gemeinsames Ziel hat uns bereits im ersten Kapitel beschäftigt. Dabei wird in den Texten das symbolische Wissen vom enzyklopädischen Wissen klar unterschieden. Symbolisches Wissen ist kein „Detailwissen" über übernatürliche Zustände.[54] Zudem enthält die Offenbarung an und für sich keine wissenschaftliche Theorie über das Universum „und der Beistand des Heiligen Geistes stützt keineswegs Erklärungen, die wir über die physische Beschaffenheit der Wirklichkeit abgeben möchten"[55].

An anderen Stellen jedoch wird nicht die Sonderrolle der Philosophie betont, sondern die Philosophie zusammen mit den Wissenschaften der Offenbarung gegenübergestellt und etwa vom „obiectum naturalis scientiae, seu philosophiae" gesprochen.[56] Während also im einen Fall zwischen enzyklopädischem und kategorialem Wissen differenziert wird, wird in einem anderen Fall enzyklopädisches und kategoriales Wissen unter dem Begriff des natürlichen Wissens zusammengefasst und dem übernatürlichen Wissen gegenübergestellt.[57] So wird etwa lediglich zwischen zwei „ways of pursuing truth" unterschieden – dem „way of science" und dem „way of faith".[58]

Philosophie und Wissenschaften haben eine Funktion zum Aufbau der Kultur. Damit wird von lehramtlichen Texten eine gesamtgesellschaftliche Funktion der Philosophie festgehalten, die

---

Lehramt der Kirche und insbesondere der Glaubenskongregation, bei der sie eingerichtet wurde, Hilfe zu bieten" (DAS 1982, 1341); vgl. DAS 1984, 1276.

53 VAS 25, 171; vgl. DAS 1985, 1531.

54 AAS 1992, 942.

55 DAS 1983, 943.

56 AAS 8, 433.

57 „Tatsächlich beschäftigt sich die Bibel nicht mit den Einzelheiten der physischen Welt, deren Kenntnis der Erfahrung und dem Nachdenken des Menschen anvertraut wird. Es gibt also zwei Bereiche des Wissens. Der eine hat seine Quelle in der Offenbarung, der andere aber kann von der Vernunft mit ihren eigenen Kräften entdeckt werden. Zum letzten Bereich gehören die experimentellen Wissenschaften und die Philosophie. Die Unterscheidung der beiden Wissensbereiche darf aber nicht als Gegensatz verstanden werden. Beide Bereiche sind vielmehr einander durchaus nicht fremd, sie besitzen vielmehr Begegnungspunkte. Dabei gestattet die Methode eines jeden Bereiches, unterschiedliche Aspekte der Wirklichkeit herauszustellen" (AAS 1992, 942).

58 AAS 1971, 19.

über die Zulieferungsarbeit für theologische Zwecke hinausgeht. Die Kultur wird in der katholischen Tradition über ein Verständnis des einzelnen Menschen als Person verstanden. Die Kultur wird als Mittel zum Zweck der Entwicklung der Person angesehen und als solches von der Kirche gefördert.[59] Echte Kultur ist ohne Menschlichkeit und Weisheit nicht vorstellbar und ist auf gemeinsame Grundwerte angewiesen.[60] Wahrer Humanismus kann nur bestehen, „wenn man die geistige und ethische Realität des Menschen miteinbezieht“[61]. Diese „Mahnarbeit“ zu leisten, ist Aufgabe der Philosophie. Im menschlichen Leben geht es ganz entscheidend um die Frage „Wie kann ich das Menschsein richtig machen? Wie kann mein Leben gelingen?“[62] Hier wird der Philosophie ganz offensichtlich die Möglichkeit eingeräumt, zum Aufbau von Kultur beizutragen. Die Philosophie hat zu Verständigung und Versöhnung beizutragen.[63] Die moderne Welt ist auf Synthesen angewiesen und braucht eine „Intelligenz, die imstande ist, das Ganze zu erfassen und im Wissen auf eine vermenschlichte Kenntnis und Weisheit hin fortzuschreiten“[64]. Menschliche Kultur kann sich auf dem Boden der Vernunft entwickeln. „Die Vernunft zu verteidigen ist die erste Anforderung jeder Kultur.“[65] Hierin findet die Philosophie eine Verbündete in der katholischen Kirche. Die Vernunft ist eine transkulturelle Größe, so wie die katholische Kirche ohnehin aufgrund des allgemeinen erkenntnistheoretischen Rahmens transkulturelle Normen anerkannt hat.[66]

---

59 DAS 1991, 1023. Mittelpunkt, Subjekt und Objekt der Kultur ist nach katholischem Verständnis der Mensch (DAS 1991, 1277).

60 AAS 1992, 938; DAS 1990, 1465. Religion und Wissenschaft sind grundlegende Elemente der Kultur (DAS 1991, 1279), wobei Wissenschaft und Kultur auf ethische Reflexion angewiesen sind, um dem Menschen dienen zu können (ebd., 1278).

61 DAS 1987, 1471.

62 AAS 1992, 1419.

63 AAS 1946, 430.

64 DAS 1983, 946.

65 DAS 1990, 112. Ebenso wie von „sana philosophia“ die Rede ist, wird von „retta ragione“ gesprochen (AAS 1979, 1474). Es ist signifikant, dass die Kernbegriffe der Philosophie in lehramtlichen Texten *normativ* verwendet werden.

66 Daher warnt der Papst etwa im Gespräch mit Bischöfen aus Zaire vor einer Einkapselung durch eine Theologie und Philosophie der Afrikanität (DAS 1983, 1503).

Wie auch immer die Position der Philosophie im Rahmen des wissenschaftlichen Diskurses gezeichnet wird, stets wird betont, dass sich Vernunft und Glaube aus prinzipiellen Gründen nicht widersprechen können.[67] Ich halte dies für den stärksten Pfeiler der epistemischen Sicherheit im Katholizismus mit Blick auf Fragen des symbolischen Wissens. Zwischen Vernunft und Glaube kann es keinen grundsätzlichen Konflikt geben: „Der Glaube bestätigt gerade die Eigenrechte der natürlichen Vernunft. Er setzt es voraus; denn seine Annahme setzt jene Freiheit voraus, die nur dem Vernunftwesen eigen ist."[68] Außerdem kann sich der Glaubende auf die historische Evidenz der Tatsache der Offenbarung stützen und den Gebrauch der Vernunft erhalten[69] – wir könnten sagen: aufgrund der beiden Konsistenzannahmen, die das Verhältnis des symbolischen Wissens zum enzyklopädischen Wissen und die Ordnung des symbolischen Wissens klären. Glaube und Wissenschaft können fruchtbar zusammenarbeiten[70], Wahrheit kann der Wahrheit nicht widersprechen.[71] Das Problem der Klärung des Verhältnisses von Glaube und Vernunft wird als ein zentrales Problem des menschlichen Daseins bezeichnet.[72] Im Prolog zu *Fides et Ratio* werden Glaube und Vernunft als die beiden Flügel bezeichnet, mit denen sich der menschliche Geist zur Betrachtung der Wahrheit erhebt. Ihr Verhältnis ist in der katholischen Tradition im Sinne einer starken Kohärenzforderung nicht bloß als Nichtwidersprüchlichkeit, sondern als reziproke Bestätigung zu denken. Das rechte Verhältnis von Glaube und Vernunft ist ein Weg, der von zwei Straßengräben begrenzt wird, in denen sich im Lauf der Kirchengeschichte einige Wracks angesammelt haben. Der eine Straßengraben ist die Überschätzung der Vernunft, wie sie, in Systemen des Modernismus und Rationalismus vertreten, von Gestalten wie Georg Hermes, Jakob Frohschammer oder Anton Günther gelehrt und in lehramtlichen Dokumenten wie *Qui Pluribus* oder *Pascendi Dominici Gregis* verurteilt wurde. Der an-

---

67 Vgl. AAS 1909, 350 (Verurteilung des Modernismus); VAS 99, 6,12.
68 VAS 25, 27.
69 DAS 1990, 1076.
70 Vgl. AAS 71, 1464f.; AAS 13, 57; DAS 1983, 943; DAS 1986, 1554.
71 AAS 1992, 941; vgl. AAS 13, 361.
72 DAS 1986, 1559.

dere Straßengraben ist die Unterschätzung der Vernunft, die in fideistischen oder traditionalistischen Positionen zum Ausdruck kommt und etwa von Augustin Bonnetty oder Louis–Eugène Boutain verteten wurde.

Bei weitem bedeutsamer in der Geschichte des Katholizismus im 20. Jahrhundert wurde die erste Position, die die Reichweite der Vernunft überschätzte und die Philosophie gewissermaßen zu einer Kontrollinstanz symbolischen Wissens einzurichten versuchte. Georg Hermes etwa machte die Vernunft zur Hauptnorm und zum einzigen Mittel, mit dessen Hilfe der Mensch die Erkenntnis der übernatürlichen Wahrheiten erlangen könnte.[73] Damit wird die Eigenständigkeit des symbolischen Wissens und das Bestehen zweier Erkenntnisordnungen geleugnet und der epistemischen Kompetenz des Lehramts als authentischer Administrationsinstanz symbolischen Wissens der Boden entzogen. In der Enzyklika *Qui Pluribus* zur Verurteilung von Irrtümern des Rationalismus vom 9.11.1846[74] wurde von Pius IX. in aller Deutlichkeit darauf hingewiesen, dass Vernunft und Glaube einander nicht widersprechen könnten, weil sie aus derselben Quelle stammten, dass die Religion nicht eine philosophische Erfindung, sondern von Gott autorisiert sei, und dass die Vernunft diese Eigenständigkeit des symbolischen Wissens und der Sphäre des Glaubens anzuerkennen habe. Der Glaube wird damit zur Basis eines rechtmäßigen Vernunftgebrauchs, der seinerseits auf die Erkenntnis Gottes hinführe. In der Verurteilung der Irrtümer Anton Günthers[75] wurde dieser Primat des Glaubens in den Angelegenheiten der Religion noch weiter konsolidiert. In der auf einer ähnlichen Linie liegenden Auseinandersetzung mit dem Münchener Professor Jakob Frohschammer[76] wurde explizit darauf verwiesen, dass eine Überschätzung der Vernunft die Autorität des Katholischen Lehramts untergrabe.[77] Wenn die Vernunft in den Bereich des symbolischen

---

[73] DH 2738; vgl. Schwedt, *Das römische Urteil über Georg Hermes*; Wolf, *Ketzer oder Kirchenlehrer?*

[74] DH 2775–2786.

[75] AAS 1874/75, 446f. Literatur: Osswald, *Anton Günther*; Beck, *Offenbarung und Glaube bei Anton Günther*; Pritz, *Glauben und Wissen bei Anton Günther*.

[76] Brief „Gravissimas inter" in den AAS 8 (1874) 430–434.

[77] DH 2850; vgl. Moy de Sons, *Die Entscheidung des apostolischen Stuhls über einige Schriften des Professors Froschhammer in München.*

Wissens eindringe, würde damit die genuine epistemische Autorität des Lehramts untergraben; Glaubenssätze entziehen sich dem sicheren Urteil der natürlichen Vernunft. Das ist erkenntnistheoretisch insofern von großer Tragweite, als damit die individuelle Urteilskraft in Angelegenheiten des Glaubens eingeschränkt und auf eine soziale Einrichtung wie die des Katholischen Lehramts verwiesen wird. In diesem Dokument werden auch die Autorität des Lehramts über die Philosophie festgestellt und die Grenzen der Autonomie der Philosophie aufgewiesen, nämlich gerade dort, wo kategoriales Wissen mit symbolischem Wissen verwechselt wird. Die Enzyklika *Pascendi Dominici Gregis* vom 8.9.1907 stellt einen Höhepunkt der Auseinandersetzung des Lehramts mit einer Ausweitung der Reichweite kategorialen Wissens dar.[78] In diesem Dokument werden auch die Berührungspunkte zwischen rationalistischen und fideistischen Positionen deutlich: In dem Moment, in dem der Glaube nicht als genuine Erkenntnisquelle anerkannt wird, wird entweder die Religion zu einer Gefühlsangelegenheit oder zu einem Gegenstand von Vernunfterkenntnis.[79] Ein Bruch mit den Konsistenzannahmen zwischen Enzyklopädie und symbolischem Kosmos – typische Denkfigur des Modernismus[80] – lässt den symbolischen Kosmos zu einer unberechenbaren Größe werden und entwertet die äußeren Zeichen des Glaubens[81] und ermöglicht einen analytischen Zugang zu Religion und Lehramt mit den Mitteln der Vernunft. Damit kann man der Vernunft auch Autorität in Fragen der Einordnung und Beurteilung lehramtlicher Texte beimessen.

Dieser Straßengraben einer Reduktion von symbolischem Wissen auf kategoriales Wissen und damit einer Reduktion von Katholischem Lehramt auf Philosophie (und also auch einer Reduktion von Glaubenswahrheiten auf Vernunftwahrheiten) ist daher zu meiden. Das kann sowohl von Seiten der Erkenntnisordnung des Glaubens als auch von Seiten der Erkenntnisordnung der Vernunft aufgewiesen werden. Diese doppelte Aufweismöglichkeit liefert wichtige Hinweise für die Charakterisierung der Eigenart des Ver-

---

78 AAS 40 (1907) 596–628.

79 Vgl. DH 3481; ebenso DH 3542

80 Vgl. O'Connell, *Critics on Trial*; Loome, *Liberal Catholicism, Reform Catholicism, Modernism.*

81 DH 3539; 3544; vgl. Schultes, *Was beschwören wir im Anitmodernisteneid?;* Heiner, *Der Modernismus und die kirchlichen Maßregeln gegen denselben.*

hältnisses zwischen Glaube und Vernunft. Diese Hinweise können noch konkretisiert werden, wenn man den anderen Straßengraben in den Blick nimmt. Louis–Eugène Bautain wurde ermahnt, die äußeren Zeichen des Glaubens, die Beweiskraft der menschlichen Vernunft auch in Angelegenheiten des Glaubens und die Konsistenz zwischen enzyklopädischem, kategorialem und symbolischem Wissen nicht zu unterschätzen.[82] Diese zur Annahme vorgelegten Thesen sind aufschlussreich für das Verhältnis von Philosophie und Katholischem Lehramt, weil sie die protreptischen Dienste der Philosophie für das Lehramt unterstreichen. Näherhin kommt der Philosophie die Aufgabe zu, die Geistigkeit und Unsterblichkeit der Seele, gewisse moralische Wahrheiten und die Wissenschaftlichkeit einer Beschäftigung mit den Prinzipien aufzuweisen.[83] Damit wird wiederum die Konsistenz zwischen Enzyklopädie und symbolischem Kosmos, aber auch die Hinordnung der Denkordnung auf die Seinsordnung geltend gemacht. Die Dienste der Vernunft für den symbolischen Kosmos zu leugnen, heißt, die Rolle, die die Philosophie im katholischen Kontext spielt, abzustreiten. Augustin Bonnetty etwa vertrat die These, dass die natürlichen Kräfte der Vernunft unfähig seien, Gott und seine Eigenschaften, den Menschen, seinen Ursprung und sein Ziel zu erkennen.[84] Diese Thesen wurden 1855 unter Verweis auf die prinzipielle Konsistenz zwischen Glaube und Vernunft und die Reichweite der natürlichen Vernunft verurteilt.[85] Auf diesem Hintergrund lassen sich die in lehramtlichen Dokumenten geäußerten Erwartungen an die Philosophie besser einordnen.

Lehramtliche Erwartungen an die Philosophie

In lehramtlichen Texte werden auch normative Standards angelegt, die – in der Sprache lehramtlicher Dokumente – zwischen gesunder Philosophie („vera ac sana philosophia“)[86] und anderen Formen von Philosophie unterscheiden lassen. Auf diese Weise werden die Grenzen der Philosophie unter Berufung auf den Pri-

---

82 DH 2751–2756; vgl. Horton, *The Philosophy of the Abbé Bautain.*

83 DH 2766f.

84 Vgl. Hogan, *Augustin Bonnetty and the Problem of Faith and Reason.*

85 DH 2811–2814.

86 AAS 8, 431. Gesunde Philosophie ist jene, die den menschlichen Geist weiterführt zu den ewigen Weisheiten (AAS 1966, 1195).

mat des symbolischen Wissens vor dem kategorialen Wissen explizit eingemahnt.[87] Dies hat etwa dort zu geschehen, wo die Philosophie in das genuine Kompetenzfeld der Theologie eindringt.[88] Eine Distanzierung von philosophischen Entwürfen findet auch dort statt, wo das kategoriale Wissen der Philosophie keine Relevanz für den symbolischen Kosmos hat bzw. wo Bedingungen einer Verwendbarkeit philosophischen Wissens für theologische Zwecke nicht gegeben sind: „Es gibt philosophische Perspektiven, Sichtweisen und Ausdrucksformen, die entschieden unzureichend bleiben."[89] Kriterium für die Armseligkeit ist die Geschlossenheit von Systemen, die eine Übertragung oder Deutung des Wortes Gottes nicht zulassen. Wenn philosophische Positionen diese Grenzen überschreiten, werden auch explizite Verurteilungen ausgesprochen. Verurteilt werden explizit Philosophien des Egoismus, der Lust, der Verzweiflung und des Nichts als geistige Formen des Todes.[90] Bereits in den 1940er Jahren fragte Pius XII. in Bezug auf den Existentialismus und der von dieser philosophischen Strömung akzentuierten Stimmung der Angst und Verzweiflung: „Rimane alla filosofia altra via che la disperazione, se non trova, le sue soluzioni in Dio, nella eternità e nella immortalità personale?"[91] Als „formes imparfaites et caduques" werden Nominalismus, Pragmatismus und Sentimentalismus bezeichnet.[92] Ebenso werden ein pessimistischer Irrationalismus und ein religiöser Voluntarismus verworfen[93] oder die Situationsethik[94] verur-

---

[87] „Quocirca Ecclesia ex potestate sibi a divino suo Auctore commissa non solum ius, sed officium praesertim habet non tolerandi, sed proscribendi ac damnandi omnes errores, si ita fidei integritas et animarum salus postulaverint, et omni philosopho, qui Ecclesiae filius esse velit, ac etiam philosophiae officium incumbit nihil unquam dicere contra ea, quae Ecclesia docet, et ea retractare de quibus eos Ecclesia monuerit" (AAS 8, 434).

[88] „... depravatam eorum opinionem reprehendit, qui philosophiae plus aequo concedentes, ius illi adserebant theologia campum pervadendi" (AAS 1909, 380). Diese Ausführungen sind gegen den Fideismus gerichtet.

[89] DAS 1983, 1504; vgl. AAS 1979, 1543.

[90] DH 4492.

[91] AAS 1946, 429. Und ähnlich gegen Nietzsche: „Is Fridericus ille Nietzsche quasi nostrae aetatis propheta haberetur, ubinam Christi Evangelium consisteret, quorsum mundus huius temporis denique tenderet?" (AAS 1975, 42).

[92] AAS 1972, 683. „Idealismus", „Immanentismus", „Pragmatismus" und „Existentialismus" wurden bereits in „Humani Generis" verurteilt (DH 3878).

[93] AAS 1946, 429.

[94] AAS 44 (1952) 270–278, 413–419; AAS 48 (1956) 144f.

teilt. In der jüngsten Enzyklika *Fides et Ratio* werden einige namentlich genannte philosophische Positionen, wie wir noch sehen werden, als bedenklich eingestuft.[95]

Als gesunde Philosophie wird demgegenüber Philosophie als Denken im Lichte der Existenz Gottes angeführt: „Nell' affermazione incondizionata di un Dio personale, propria della vera filosofia, tutte le cose trovano la loro spiegazione e la loro consistenza."[96] Denn „nur eine gesunde Philosophie kann den Priesterkandidaten helfen, ein reflektiertes Bewußtsein von der Grundbeziehung zu entwickeln, die zwischen dem menschlichen Geist und jener Wahrheit besteht, die sich uns in Jesus Christus voll enthüllt"[97]. Die Frage nach dem Menschen kann man nicht von der Frage nach Gott trennen.[98]

Auf dem Hintergrund der oben erwähnten und in der katholischen Tradition gegen Formen des Skeptizismus konsequent vertretenen Position der allgemeinen Wahrheits– und Erkenntnisfähigkeit des Menschen hat die Philosophie eine große Würde, die sie aus dem Dienst an der Wahrheit gewinnt. Denn in jedem Fall wird von gesunder Philosophie eine Ausrichtung auf Wahrheit erwartet: „Worauf es bei einer wissenschaftlichen oder philosophischen Theorie ankommt, ist ihre Wahrheit, oder sie muss wenigstens solide begründet sein."[99] Die Philosophie kann „Wahrheitsgewissheit" erzeugen und recht verstandenen „Wahrheitskult" vermitteln: „Gemeint ist eine Art liebevoller Verehrung der Wahrheit, die zu der Erkenntnis führt, daß die Wahrheit nicht nach menschlichen Maßstäben geschaffen, sondern dem Menschen von der

---

95 Namentlich werden der Ekklektizismus, der Historizismus, der Szientismus und der Pragmatismus genannt (Nrn. 86–89).

96 AAS 1946, 429; vgl. AAS 1923, 317f.

97 VAS 105, 94. Die Eroberung der natürlichen Wahrheit hat die erste Quelle in Gott (AAS 1979, 1480).

98 „Man redet vom Menschen nicht richtig, wenn man nicht auch von Gott spricht; von Gott aber können wir nicht richtig reden, wenn er nicht selbst zu uns sagt, wer er ist" (AAS 1992, 1418; vgl. DAS 1987, 1689). In diesem Gedanken – im Zusammenhang mit der Präsentation des Katechismus der Katholischen Kirche – wird indirekt ein Bezug zwischen Offenbarung und Philosophie hergestellt. Umgekehrt führt der Tod Gottes zum Tod des Menschen (AAS 1970, 602), wenn Gott also in philosophischen Systemen geleugnet wird.

99 AAS 1992, 942. „Ultimus finis totius universi est veritas" (Thomas von Aquin, *Contra Gentiles* 1, 1–c1; DAS 1983, 1190).

höchsten Wahrheit, Gott, als Geschenk gegeben wird."[100] Es ist das Licht des Glaubens, das für die Vollständigkeit der Wahrheit öffnet.[101] Der immer wieder anempfohlene Thomismus zeichnet sich gerade durch das Hauptanliegen aus, in der universalen Wahrheit verankert zu bleiben, die objektiv gegeben und zugleich transzendent ist.[102] Es braucht einen Begriff der objektiven Wirklichkeit[103]; dieser Anspruch ist für die katholische Kirche deswegen unaufgebbar, weil sowohl das Verständnis von Schöpfung und Seinsordnung und das Verständnis von Wahrheitsfähigkeit als auch die Auffassung von der Aufgabe von Erkenntnis und der Begriff von Sprache und Vernunft von diesem Anspruch abhängen. Die Erforschung der Wahrheit ist ein Entdecken, nicht Erfinden, und wird als Dienst an der Wahrheit in den Dienst an Gott gestellt: „Für die Kirche gibt es ja in der Tat nichts Grundlegenderes, als die Wahrheit zu erkennen und sie zu verkünden."[104]

Die Metaphysik ist ein erhabenes philosophisches Fach, weil sie den verschiedenen Aspekten der Wahrheit ihren Platz zuweist und Einheit schafft bzw. die Einheit der göttlichen Seinsordnung rekonstruiert.[105] Zur höheren Einheit des Wissens gelangt man durch die christliche Metaphysik, „die allen Wissenszweigen einen humanen und christlichen Sinn verleiht und sie, auf diese

---

[100] VAS 105, 94. „Alles Wissen bezieht seinen Adel und seine Würde aus der Wahrheit, die es zum Ausdruck bringt" (DAS 1983, 1190); vgl. DAS 1989, 906f. Es braucht „le courage de la vérité" (AAS 1970, 605; vgl. AAS 1970, 449f.).

[101] DAS 1989, 908.

[102] DAS 1990, 1078f.; vgl. AAS 1979, 1480 („Ecco perché la filosofia di San Tommaso eccelle per il suo realismo, la sua obiettività: è la filosofia 'de l'être et non du paraitre").

[103] AAS 1965, 789.

[104] DAS 1990, 1112. Daher sind philosophische Strömungen, die Wahrheit in der Erkenntnistheorie entweder als irrelevant oder als unerreichbar ansehen, mit dem Lehramt unverträglich. Das wird auch, wie wir gleich sehen werden, in den systematischen Aussagen des Lehramts zur Philosophie immer wieder betont.
Das wird auch deutlich im Dokument der Internationalen Theologenkommission zur „Interpretation des Dogmas" (DAS 1990, 1464). An dieser Stelle wird transzendentalphilosophisch argumentiert: „In allem Suchen und Forschen nach Wahrheit setzen wir Wahrheit wie auch bestimmte Grundwahrheiten (etwa das Widerspruchsprinzip) immer schon voraus. So leuchtet uns die Wahrheit immer schon voraus, bzw. sie leuchtet uns in objektiver Evidenz in unserer Vernunft an der Wirklichkeit selbst auf. Solche Vorsätze und Voraussetzungen wurden bereits in der antiken Stoa als Dogmen bezeichnet."

[105] DAS 1982, 1280f.

Weise in eine Gesamtschau der Wirklichkeit aufnimmt"[106]. Die Philosophie soll die Fragen nach Gott, nach Mensch und Welt, nach absoluten metaphysischen Werten stellen.[107] Diese Ausrichtung auf die Wahrheit ermöglicht es der Philosophie, Orientierungswissen bereitzustellen, also kategoriales Wissen zu erzeugen, das enzyklopädische Einträge, vor allem verschiedene weltanschauliche Systeme, wissenschaftliche Erkenntnisse und gesellschaftliche Entwicklungen einordnen lässt. So kann die „gesunde und solide" Philosophie als „remedium" in Situationen von Verwirrung und Verstörung auftreten.[108] Die Philosophie hat die Aufgabe, durch die Erkenntnis der höchsten Prinzipien ein solides Fundament zu erarbeiten, auf das das Leben gebaut werden kann.[109]

Thomismus

Es ist beinahe trivial, darauf hinzuweisen, dass sich in lehramtlichen Dokumenten zahlreiche Bezüge zu Thomas von Aquin und dem Thomismus finden. Diese explizite Präferenz für den Thomismus macht es nicht ganz leicht, die These zu verteidigen, dass es keinen Prototypus katholischer Philosophie bzw. keine spezielle „Philosophie des Katholischen Lehramts" gäbe.[110] Wichtige Meilensteine auf dem Weg zur lehramtlichen Bestätigung des Thomismus sind die Enzyklika *Aeterni Patris* (1879) von Leo XIII., das Motu Proprio *Doctoris Angelici* (1914) von Pius X. und dessen Bekräftigung durch das Dekret der Heiligen Studienkongregation (1914), die Enzyklika *Studiorum Ducem* (1923) von Pius XI., die

---

106 DAS 1982, 1281. Die rechte Philosophie bleibt nicht bei den Phänomenen stehen und lässt sich nicht auf das sinnlich Wahrnehmbare verkürzen, sondern bereitet aufgrund ihres Übersteigens des sinnlich Erfahrbaren für die Aufnahme des übernatürlichen Lichtes vor (AAS 1974, 267); vgl. AAS 1972, 683.

107 AAS 1978, 314.

108 „Igitur in tanta perturbatione animorum et confusione rerum, opportunissimum sane remedium homini suppetit in sana solidaque philosophia" (AAS 12, 487).

109 In einer Ansprache an Philosophen: Die Philosophen sind „applicati a scrutare, nel campo proprio della ragione, i sommi principi del vero non tanto per lo sterile esercizio della vostra mente, quanto per l'urgente necessità, da voi profondamente sentita, di chiarire a voi stessi e agli altri le norme supreme che regolano l'universo visibile, dominano la materia e offrono un fondamento stabile alla vita" (AAS 1946, 427).

110 *Fides et Ratio*, Nr. 49.

Enzyklika *Humani Generis* (1950) von Pius XII. und das Dekret *Optatam Totius* (1965) des Zweiten Vatikanischen Konzils.[111] In diesen Dokumenten wird die Verlässlichkeit der Lehre des Thomas von Aquin hervorgehoben, dessen Genie „optimam philosophandi formam" sei.[112] Allerdings werden spätere Weiterentwicklungen der scholastischen Theologie nicht übernommen[113] und auch das Lehrsystem des Thomas nicht als ganzes vorgeschrieben.[114] Die scholastische Methode jedoch wird, wenn auch mit Einschränkungen, gegen den Fideismus und den Modernismus verteidigt und empfohlen.[115] Dennoch ist der Thomismus für die Zwecke des katholischen Philosophiestudiums verbindlich[116] und die Anerkennung der Autorität bestimmter Theologen (Philosophen) wird allgemein gefordert.[117] Die Glaubensgrundsätze des Thomas von Aquin gelten als Fundamente christlicher Weisheit und als Leitlinien des Apostolats.[118] Der Thomismus wird in der katholischen Tradition als Mittel zur Verteidigung des Glaubens mit philosophischem Werkzeug verstanden, als „robur et arma ... ad profligandam delendamque irrumpentium errorum phalangem"[119]. Dann bietet der heilige Thomas Orientierungshilfen, „ad sananda mala, quibus nostra premitur aetas"[120]. Diese Orientierung erfolgt dadurch, dass die Philosophie in der Tradition des heiligen Thomas kategoriales Wissen als Ordnungswissen bereitstellt („sapientis est ordinare").[121]

---

[111] AAS 12 (1879/80) 98–114; DH 3135-3140 („Aeterni Patris"); AAS 6 (1914) 384–386; DH 3601–3624 (Dekret der Heiligen Studienkommission); AAS 15 (1923) 323f.; DH 3665–3666 („Studiorum Ducem"); AAS 42 (1950) 561–577; DH 3875–3899 („Humani Generis"); AAS 58 (1966) 713–727 („Optatam Totius"); vgl. weiters AAS 23 (1931) 253; AAS 31 (1939) 246; AAS 38 (1946) 387; AAS 45 (1953) 684–686; DAS 1990, 1077.

[112] AAS 12, 487.

[113] DH 3140. Jedes philosophische System, auch die scholastische Philosophie, kennt die Gefahr der Sklerose (AAS 1965, 790). Zudem gilt Diskussionsfreiheit bei Auffassungen der thomistischen Schule (DH 2167, 2509, 3601, 3667).

[114] Vgl. Schreiben Benedikts XV. vom 19.3.1917 an Jesuitengeneral Ledochowski – *Acta Romana S.I.* (1917) 318f. und *Zeitschrift für Katholische Theologie* 42 (1918) 206.

[115] DH 2814, 2876, 2913, 3139, 3140, 3894.

[116] Vgl. DH 3894; AAS 1965, 791.

[117] DH 1328, 2876.

[118] DAS 1983, 1073f.

[119] AAS 13, 529; vgl. AAS 36, 467.

[120] AAS 13, 56.

[121] AAS 1923, 316.

Inhaltlich werden vor allem Erkenntnistheorie und Ethik hervorgehoben,[122] damit der Bezug zur objektiven Seinsordnung und universalen Wahrheit[123] betont sowie die Harmonie von Glaube und Vernunft akzentuiert, die eine erkenntnistheoretische Koalition zur Verteidigung des Glaubens eingehen.[124] Darüber hinaus wird die moralische Integrität und persönliche Heiligkeit des Thomas von Aquin betont.[125] Das ist ein wichtiger Hinweis darauf, dass wichtige lehramtliche Quellen ein Verständnis von Philosophie unterstützen, das Lebensform und Theorienbildung zusammen berücksichtigt. Auf diese Weise wird die philosophische Theorienbildung eingebettet in einen Lebenszusammenhang und implizit ein Verständnis von Philosophie als eines „Jobs" abgelehnt. So kann die Philosophie in dieser Tradition einem Verständnis von symbolischem Wissen den Boden bereiten.[126]

Entscheidend bei den angestellten Betrachtungen scheint mir der eingemahnte Zusammenhang zwischen Denkweise und Lebensform zu sein, der ja auch im letzten Kapitel über den Begriff von christlicher Philosophie eine Rolle gespielt hatte. Sehen wir uns lehramtliche Äußerungen zur Philosophie noch genauer anhand von vier ausgewählten Dokumenten an.

---

[122] DAS 1990, 1075.

[123] AAS 1979, 1476–1479.

[124] „In his enim excellit atque eminet modo intelligentia, quae quod vult, fide praeeunte, consequitur in pervestigatione naturae; modo fides, quae rationis ope illustratur ac defenditur, sic tamen, ut suam quaeque inviolate teneat et vim et dignitatem; atque, ubi res postulat, ambae quasi foedere icto ad utriusque inimicos debellandos coniunguntur" (AAS 13, 58); vgl. AAS 12, 488 („Huiusmodi autem perfecta fidei intelligentiaeque concordia facile nusquam melius apparet, quam in libris a principe philosophorum Thoma Aquinate exaratis").

[125] AAS 13, 58; AAS 1923, 310.

[126] AAS 1974, 267; AAS 1970, 607; DAS 1991, 1264.

Sehen wir uns nun einige wichtige Dokumente an, die sich systematisch mit dem Verhältnis von Lehramt und Philosophie beschäftigen.[127] Dabei werde ich den Kontext, in den die Dokumente zu setzen sind, in einigen Stichworten umreißen. Auf diese Weise soll auch deutlich gemacht werden, dass Dokumente nicht vom Himmel fallen und dass die Kenntnis des Kontexts Eckdaten an die Hand gibt, von denen aus die Interpretation erfolgen kann. Diese vier Dokumente können dazu beitragen, das Bild, das durch allgemeine Linien und grobe Stiche im vorhergehenden Punkt skizziert wurde, zu „verdichten" und um erhellende Details zu bereichern.

3.1 „Dei Filius" (AAS 5 [1869/70] 462–471; DH 3000–3045)

Die dogmatische Konstitution „Dei Filius" wurde in der dritten Sitzung des Ersten Vatikanischen Konzils vom 24. April 1870 verlesen und vom Papst bestätigt. Dieses Dokument ist „die Antwort des Konzils auf die Infragestellung des Glaubens durch die Ratio der Aufklärung, deren Autonomie zurückgewiesen wird"[128]. Die Autorität des Schöpfers gegenüber dem Geschöpf wurde ebenso betont wie die Autorität der Kirche den Gläubigen gegenüber. Das Erste Vatikanische Konzil bildet den Höhepunkt der Auseinandersetzung des kirchlichen Lehramtes mit den geistigen Kräften des 19. Jahrhunderts. Besonders die Konstitution *Dei Filius* spiegelt die geistige Situation dieser Zeit in der kirchlichen Reaktion wider. Hermann Pottmeyer macht auf die politischen, soziologischen und theologischen Hintergründe dieses – „römischen" und „westlichen" – Konzils aufmerksam.[129] Die erste Hälf-

---

[127] Dabei werde ich mich, wenn ich nur mit „AAS" und Seitenangabe zitiere, auf jene Ausgaben der AAS beziehen, in denen das jeweilige Dokument zu finden ist (Angabe dazu in der Zwischenüberschrift).

[128] Schatz, *Kirchengeschichte der Neuzeit* II, 86.

[129] Pottmeyer, *Der geschichtliche Hintergrund des Ersten Vatikanischen Konzils*, 155ff.

te des Jahrhunderts war geprägt von der Bewegung der Romantik, vom deutschen Idealismus und von der politischen Restauration. In der Mitte des Jahrhunderts begann mit dem Ende der Restauration und der Ausbreitung des Liberalismus eine große Wende, die sich im Aufkommen von atheistischen und rationalistischen Grundhaltungen manifestierte. Die Idee einer autonomen Vernunft, die von der Bewegung der Romantik zurückgedrängt worden war, konnte wieder erstarken. Die Vernunft als Quelle und Ratifikationsinstanz für gültige Erkenntnis wurde auch in religiösen Fragen in immer größerem Ausmaß anerkannt. Der Liberalismus war konsequenterweise bestrebt, die Offenbarung als Erkenntnisquelle zugunsten der Vernunft zurückzudrängen und die wissenschaftliche und öffentliche Erkenntnis auf das Fundament der Vernunfterkenntnis zu stellen. Dieses Bemühen, die Vernunft als Autorität in religiösen Fragen anzuerkennen, gab dem Gedanken Aufschub, dass sich ein allen Religionen gemeinsamer Kern von Wahrheit rekonstruieren lasse. Dies begründet den Begriff einer natürlichen Religion.[130] Für die Philosophie bedeutete diese neue Situation eine allgemeine Begründungspflicht, die sich durch Rekurs auf religiöse Autoritäten einlösen ließ, und einen Autonomieanspruch. Auf diese Weise wurden die Beziehungen zwischen Wissenschaft und Lehramt, Gesellschaft und Kirche, Philosophie und Theologie, Vernunft und Glaube, Erfahrung und Offenbarung, Geschichte und überzeitlichen Geltungsansprüchen mehr und mehr als Gegensätze aufgefasst. Dies barg zweifellos beträchtliches Konfliktpotential.

Auf der einen Seite stand damit die kirchliche Position, die die deontische Autorität der Kirche und die epistemische Autorität der Offenbarung, über die die Kirche wachte, betonte, auf der anderen Seite der Liberalismus mit dem Rekurs auf die Autonomie der Vernunft. In dieser apologetisch anspruchsvollen Situation bildete sich die kirchliche Restauration heraus, eine Bewegung, die vehement die geschichtliche Kontinuität und die Autorität in Staat und Kirche und den Zusammenhang zwischen christlicher Religion und den Fundamenten der Gesellschaft betonte. Das Papsttum wurde als Garant der religiösen und gesellschaftlichen Ordnung angesehen. Besonders der Traditionalismus hob die Unab-

---

[130] Pottmeyer, *Der Glaube vor dem Anspruch der Wissenschaft*, 18f.; vgl. auch Dilthey, *Studien zur Geschichte des deutschen Geistes*, 247.

dingbarkeit der religiösen, näherhin kirchlichen Autorität hervor. Diese Ideen fanden in den Schriften von Gregor XVI., einem Gegner des Liberalismus, großen Anklang.[131] Er warnte auch die „Theologen und Philosophen davor, im unklugen Vertrauen auf die eigenen Geisteskräfte vom Weg der Wahrheit abzuweichen. Es sei vermessen, die alle Vernunft übersteigenden Geheimnisse mit menschlichen Maßen messen zu wollen und solches dem menschlichen Verstand zuzutrauen, der doch zugleich mit der menschlichen Natur geschwächt sei"[132]. Die Abwehrhaltung, die seine Schriften auszeichnete, bedingte ein Festklammern am Althergebrachten und eine Verurteilung jeder Entwicklung der Lehre. Dabei wurde – wie das etwa später das Dokument *Mysterium Ecclesiae*[133] tun sollte – nicht zwischen den zentralen Aussagen der Offenbarung und den geschichtlich bedingten Organisationsformen unterschieden. Allerdings muss mit Blick auf das emotional bestimmte Klima jener Zeit gesagt werden, dass diese neueren Bestrebungen oft missverständlich dargelegt wurden und selbst gerechte Anliegen als kirchenfeindlicher Liberalismus erschienen.[134] So eindeutig die kirchlichen Diskussionen des 19. Jahrhunderts die Spuren der Zeit tragen, so wenig haltbar ist doch der Vorwurf eines undifferenzierten und aus bloßen Interessen am kirchlichen Machterhalte gespeisten Antimodernismus.[135]

Pius IX (1846–1878) führte die Linie seines Vorgängers weiter. Er befasste sich stark mit der Abwehr von irrigen Lehranschauungen, besonders mit den Zeitirrtümern. Einen Höhepunkt dieser Bestrebungen bildete die bereits erwähnte Enzyklika *Quanta cura* vom 8. Dezember 1864, mit dem angeschlossenen Syllabus. Anlass für diesen Syllabus war die in Deutschland geführte Diskussion über die Forschungsfreiheit und den Fragespielraum der Wissenschaft im Verhältnis zur kirchlichen Lehrautorität. Ein weiterer Beweggrund für die Verfassung des Syllabus war der Kongress von Mecheln 1863, auf dem Montalembert die Gewissensfreiheit in Kirche und Staat forderte.[136] Pius IX. verurteilte

---

[131] Vgl. Aubert, *Le pontificat de Pie IX*, 11f.

[132] Pottmeyer, *Der Glaube vor dem Anspruch der Wissenschaft*, 22.

[133] AAS 65 (1973) 397–407, hier 402–404 (DH 4539f.).

[134] Vgl. Pottmeyer, *Der Glaube vor dem Anspruch der Wissenschaft*, 23; vgl. weiters Aubert, *Der Syllabus von 1864*, 5.

[135] Vgl. Pottmeyer, *Modernisierung in der katholischen Kirche*, 134f.

[136] Vgl. Aubert, *Vaticanum I*, 28.

im Syllabus den Rationalismus und Semirationalismus, welche er als Voraussetzungen für den Liberalismus ansah. Ebenso verurteilte er die oben angesprochenen Anschauungen der Hermesianer und Güntherianer, welche noch in weiteren Dokumenten verurteilt worden waren. Der Syllabus war eine Grundlage der Vorbereitungsarbeiten des Konzils und stellenweise wurden sogar wörtliche Auszüge übernommen. „Manche Konzilsväter betrachteten das Konzil als die feierliche Bestätigung des Syllabus durch den Gesamtepiskopat.“[137]

Ein apologetischer, wenn nicht gar polemischer Hintergrund ist schwer zu leugnen. Das Konzil selbst stellt jedoch einen nicht ungewichtigen Schritt – über den Syllabus hinaus und von der Rigidität des Syllabus weg – dar.[138] Ein Rekurs auf das Autoritätsprinzip als Antwort auf die Frage nach der Position der Vernunft wurde vermieden, der Vernunft auch eine Würde – etwa in Form der zugestandenen Möglichkeit natürlicher Gotteserkenntnis – zugesprochen. Freilich sahen sich die Konzilsbischöfe auch gezwungen, den apologetischen Hintergrund, der für die Formulierung des Syllabus eine entscheidende Rolle gespielt hatte, ernst zu nehmen. Die Position der Vernunft im Verhältnis zu religiöser und kirchlicher Autorität war zu bestimmen. Schließlich übten auch die Erfolge der Naturwissenschaften großen Einfluss aus. Man glaubte, durch die Vernunft zu einer metaphysischen Weltformel zu gelangen. Dadurch „setzte sich in der Philosophie eine Auffassung von Welt durch als eines einzigen teleologisch begründeten Zusammenhangs des Universums nach Gesetzen, die jedes unmittelbare Handeln Gottes, vor allem als übernatürliche Offenbarung und Erlösung und als Wunderzeichen, ausschlossen“[139]. In der Gestalt des Positivismus und Materialismus wurden wichtige christliche Grundüberzeugungen geleugnet. Nicht nur die Sache der Kirche, auch die Sache der Theologie stand auf dem Spiel, entwickelte sich doch die Theologie mehr und mehr in Richtung einer Wissenschaft unter vielen, die noch dazu unter besonderem wissenschaftstheoretischen Rechtfertigungszwang stand.

---

[137] Pottmeyer, *Der Glaube vor dem Anspruch der Wissenschaft*, 26.
[138] Vgl. Pottmeyer, *Die Konstitution „Dei Filius“ des 1. Vatikanischen Konzils*, 75f.
[139] Pottmeyer, *Der Glaube vor dem Anspruch der Wissenschaft*, 67.

Diese Entwicklungen blieben auch für die Philosophie nicht ohne Folgen:[140] Da viele Philosophen dem Christentum verpflichtet blieben, wurden auch etliche Versuche unternommen, den Gegensatz zwischen Vernunft und Glaube zu überbrücken. Starken Einfluss übte Christian Wolff aus. Er schien durch die Nebeneinanderstellung von Rationalismus und Positivismus einen Weg gefunden zu haben, der die Wissenschaftlichkeit der Theologie bestätigte und die Lehre nicht beeinträchtigte. Bestimmend wurde allerdings für den theologischen Rationalismus das Prinzip der theologischen Wolffianer, dass die Vernunft jene Instanz sei, vor der sich die Offenbarung zu legitimieren habe. Hier zeichnen sich bereits die Linien jener Position ab, die die Kirche in der zweiten Hälfte des 19. Jahrhunderts zurückzuweisen suchte. Den Philosophen wird man aber in dieser Auseinandersetzung Vermittlungsversuche zwischen Vernunft und Glauben nicht absprechen dürfen. Auch Kant versuchte ja eine solche Vermittlung, wobei seine Neubegründung der als Erkenntnistheorie gestalteten Metaphysik letztlich das rationalistische Prinzip der autonomen Vernunft zementierte. Von Kant gingen jedoch die beiden theologischen Richtungen des theologischen Rationalismus und des Suprarationalismus aus. Der theologische Rationalismus akzeptierte die Grundlinien der Kantischen Religionsphilosophie, die die Linien einer Vernunftreligion vorgab. Ein wichtiges Werk des Rationalismus, mit dem sich die katholische Theologie am meisten auseinander setzte, war „Institutiones theologiae christianae dogmaticae“ von J.A. Wegscheider. Der protestantische Supranaturalismus hielt am Glauben einer unmittelbaren Offenbarung fest, nahm Elemente des Pietismus auf und trug zu dessen Legitimation bei.[141] Mit dem Rationalismus ging der protestantische Supranaturalismus in Bezug auf die Ablehnung aller positiven Religion und der Bemühung, die Religion zu moralisieren und jede Autorität aufzuheben, konform. Der deutsche Idealismus stellte dann den letzten großen Versuch dar, einen Ausgleich zwischen Vernunft und Glauben zu finden. Hegel hatte den Versuch unternommen, eine Religionsphilosophie zu entwickeln, die die Idee des Dogmas im Rahmen einer absoluten Philosophie transformierte. Nach dem Tod Hegels veränderte sich die deutsche Philosophie. Zuerst hatte sie am vernunftgemäßen Ge-

[140] Zum Folgenden vgl. ebd., 68–74.
[141] Vgl. Hirsch, *Geschichte der neueren evangelischen Theologie* V, 73.

halt von Gott, Geistigkeit und Unsterblichkeit festgehalten, doch setzten sich nun antimetaphysische und atheistische Tendenzen durch. Damit breitete sich die Anschauung einer letztendlichen Unvereinbarkeit von Glaube und Vernunft aus. Für das Konzil bedeutete dies eine zweifache Herausforderung, denn „einmal galt es, die Wirklichkeit und Transzendenz der übernatürlichen Ordnung gegenüber dem Rationalismus zu wahren, auf der anderen Seite die metaphysischen Grundlagen der christlichen Gottesidee und Anthropologie gegenüber dem Monismus zu verteidigen“[142].

An dieser Schnittstelle entstand *Dei Filius*. Pius IX. teilt am 6. Dezember 1864 den bei einer Sitzung der Ritenkongregation anwesenden Kurienkardinälen seine Absicht mit, ein Konzil einzuberufen.[143] Anfang März 1865 wurde eine Kardinalskommission zur Vorbereitung des Konzils gebildet – die „Congregatione speziale direttrice per gli affari del futuro Concilio generale“. Am 20. April 1865 schrieb Pius IX. einen Brief an 34 Bischöfe mit der Aufforderung, ihre Ansichten über die anstehenden Themen mitzuteilen. In der Sitzung vom 24. Mai 1866 bildete die Kardinalskommission auch die „Commissio praeparatoria theologico–dogmatica“, die am 7. Juni 1866 vom Papst bestätigt wurde. Zum Präsidenten der Kommission wird Kardinal Bilio bestimmt, dem die endgültige Fassung der 80 Sätze des Syllabus zugeschrieben wird, was historisch und dogmenexegetisch natürlich nicht uninteressant ist. Im Laufe der Zeit wächst die Kommission auf 24 Mitglieder an; den größten Einfluss üben einige Jesuiten aus, die Patres Perrone und Franzelin sowie der römische Theologe Schrader und der Wiener Theologieprofessor Schwetz. Die Kommission bekommt die Aufgabe, jene Irrtümer zusammenzustellen, die seit dem Konzil von Trient durch Jansenisten und „falsi filosofi“ entstanden und durch die Päpste bereits verurteilt wurden. Hier bestätigt sich die im vorigen Abschnitt skizzierte Grundauffassung, dass lehramtliche Autorität im Bereich der Philosophie ausgeübt werden kann, und zwar aufgrund der inneren Beziehung von Theologie und Philosophie. Es lässt sich schließlich auch zeigen, dass Versuche, diese intrinsische Beziehung in der einen (Theologieoffenheit der Philosophie) oder der anderen Weise (Philosophieverwiesenheit der Theologie) zu kappen, zurückgewiesen wurden.

---

[142] Pottmeyer, *Der Glaube vor dem Anspruch der Wissenschaft*, 73.
[143] Vgl. ebd., 45ff.

Die Geschäftsordnung für das Konzil wird in der Bulle „Multiplices inter" vom 27. November 1869 festgelegt. Zuerst sollen die Präsidenten des Konzils einen dogmatischen Schemenentwurf vorlegen. Bei der ersten Generalkongregation vom 10. Dezember 1869 wird den Konzilsvätern das Schema „de doctrina catholica" vorgelegt. In der zweiten Generalkongregation am 14. Dezember wird die Glaubensdeputation gewählt, zu deren Präsidenten wird durch päpstliches Handschreiben Kardinal Bilio ernannt.[144] Die Mitglieder sind fast ausschließlich antiliberal und ultramontan eingestellt. „Der Glaubensdeputation kommt eine entscheidende Rolle bei der Ausarbeitung der dogmatischen Konstitutionen zu, weil sie über die Vorschläge der Konzilsväter zu urteilen und die endgültige Redaktion der Texte zu besorgen hat."[145] Es wird daher bemängelt, dass die Kommission einseitig zusammengesetzt schien. Die Debatte über das von Franzelin ausgearbeitete Schema beginnt am 28. Dezember in der 4. Generalkongregation. Sie zieht sich bis zur 10. Generalkongregation am 10. Jänner hin, wo bekannt gegeben wird, dass das Schema zusammen mit den Einwänden der Väter an die Glaubensdeputation zur Beratung übergeben wird. Die Stellungnahme der Väter reichte von völliger Ablehnung bis zu lobender Zustimmung – auch dies ist dogmenexegetisch nicht uninteressant. Das Schema wurde vom Konzil dann doch seiner Substanz nach gebilligt und als Grundlage beibehalten.[146] Es bedurfte noch zweier veränderter Abfassungen des Schemas mit etlichen Diskussionen und Debatten, bis am 24. April 1870 bei der dritten öffentlichen Sitzung des Konzils alle anwesenden 667 Väter mit „placet" stimmten. Hier haben wir es also mit einer bewegten Entstehungsgeschichte zu tun. Gerade das Kapitel über die Offenbarung wurde heftig diskutiert.[147]

Wir können davon ausgehen, dass die für die Philosophie bedeutsamsten Passagen nach langem Ringen akkordiert wurden, ging es doch um die Herausforderung, zwischen Rationalismus und Fideismus (Traditionalismus) hindurchzunavigieren. Es kann auch kein Zweifel bestehen, dass das Konzil bemüht war, zu einer

---

[144] Vgl. Pottmeyer, *Der Glaube vor dem Anspruch der Wissenschaft*, 50; vgl. auch: Mansi 50, 161 A–B.

[145] Pottmeyer, *Der Glaube vor dem Anspruch der Wissenschaft*, 51.

[146] Vgl. ebd.; vgl. auch: Mansi 50, 234 A–B.

[147] Schatz, *Vaticanum I*, 314f.

differenzierten Sicht der Moderne zu kommen. Eben in diesem Sinne schrieb Heinrich Fries: „Das I. Vatikanum ist besser als sein Ruf."[148] Das Konzil hat in einiger Deutlichkeit zwischen den beiden Extremen, die es zu vermeiden galt, vermittelt: *Dei Filius* erklärt, dass „der Glaube weder eine scientia rationalis noch das Gegenteil, nämlich ein motus animi caecus sei, daß es aber sehr wohl eine rationabilitis fidei gebe"[149]. Das ist natürlich eine gute Nachricht für die Philosophie. *Dei Filius* zeigt die Konsequenzen des Versuchs, die kirchlich–institutionalisierte Autorität zu sichern, für die philosophische Theorienbildung auf. Sehen wir uns diesen Text näher an:

In diesem Dokument werden zwei Erkenntnisordnungen unterschieden, die nicht nur dem Erkenntnisprinzip (Vernunft bzw. Glaube), sondern auch dem Erkenntnisgegenstand nach (Vernunfterkenntnis bzw. geoffenbarte Geheimnisse) unterschieden sind.[150] Diese beiden Erkenntnisordnungen sind grundsätzlich verschieden, der göttliche Glaube kann nicht auf natürliches Wissen reduziert werden (AAS 492; DH 3032). Dennoch setzen beide Erkenntnisordnungen den Glauben voraus, da auch die Vernunft nur dann optimal eingesetzt wird, wenn sie vom Glauben erleuchtet („fide illustrata") ist.[151] Beide Erkenntnisordnungen richten sich auf Gott und konvergieren in der Erkenntnis Gottes. Gegenüber dem offenbarenden Gott sind beide Erkenntnisordnungen angehalten, „intellectus et voluntatis obsequium fidei" zu leisten.[152] Dieser Glaube, der diesen Akt des Gehorsams setzt, ist keine blinde Regung des Herzens, sondern bedarf der Erleuchtung durch den Heiligen Geist (AAS 486f.; DH 3010), bleibt aber gleichwohl eine übernatürliche Tugend (AAS 486; DH 3008)[153] und ein freier

---

[148] Fries, *Fundamentaltheologie*, 310.

[149] Pottmeyer, *Die Konstitution „Dei Filius"*, 78.

[150] „Hoc quoque perpetuus Ecclesiae catholicae consenus tenuit et tenet, duplicem esse ordinem cognitionis, bon solum principio, sed obiecto etiam distinctum: principio quidem, quia in altero naturali ratione, in altero fide divina cognoscimus; obiecto autem, quia prater ea, ad quae naturalis ratio pertingere potest, credenda nobis proponuntur mysteria in Deo abscondita, quae nisi revelata divinitus, innotescere non possunt" (AAS 488; DH 3015).

[151] AAS 488 (DH 3016).

[152] AAS 486 (DH 3008).

[153] Unter den dem Dokument beigefügten Canones wird – gegen eine Form des Rationalismus – festgehalten, daß der Mensch von Gott zu einer Erkenntnis

Akt, der mit Beweisen nicht erzwungen werden kann (AAS 492; DH 3035). Die beiden Erkenntnisordnungen finden also im Glauben ihren Angelpunkt und in der Erkenntnis Gottes einen gemeinsamen Zielpunkt. So wird in diesem Dokument festgehalten, dass sich die beiden Erkenntnisordnungen in gewissen Bereichen überschneiden und einander im Sinne einer Komplementarität zugeordnet sind. Es kann keine Unstimmigkeit zwischen Glauben und Vernunft geben, Wahres kann Wahrem nicht widersprechen (AAS 489; DH 3017). Die beiden Erkenntnisordnungen widersprechen einander nicht nur nicht, sie sind auch aufeinander verwiesen, Glaube und Vernunft leisten einander Hilfe (AAS 489; DH 3019): Die Offenbarung wird mit äußeren Zeichen, die der Vernunft zugänglich sind, bewiesen (AAS 486; DH 3009),[154] während die Vernunft Gott auf sichere Weise zu erkennen vermag (AAS 484; DH 3004).[155] Die Vernunft erarbeitet die Grundlagen des Glaubens und sichert die wissenschaftstheoretische Absicherung der Theologie, während der Glaube die Vernunft vor Irrtümern schützt und sie mit Erkenntnis ausstattet.[156] Sollte es zu Widersprüchen zwischen den beiden Erkenntnisordnungen kommen, so ist anzunehmen, dass in wenigstens einer der beiden Erkenntnisordnungen ein Irrtum vorliegt, dass also die Lehrsätze des Glaubens nicht im Sinne der Kirche verstanden und erläutert worden sind und/oder dass Hirngespinste für Aussagen der Vernunft gehalten werden.[157] Dabei gilt für beide Erkenntnisordnungen, dass ihre Erkenntniskraft hinsichtlich der göttlichen Geheimnisse begrenzt ist: Die göttlichen Geheimnisse übersteigen ihrer eigenen Natur nach den geschaffenen Verstand, dass sie, selbst wenn sie in der Erkenntnisordnung der Offenbarung erkannt und im Glauben angenommen werden, von einem gewissen Dunkel und Schleier umhüllt bleiben.[158]

---

und Vollkommenheit emporgehoben werden könne, die die natürliche übertrifft (AAS 491; DH 3028).

[154] Vgl. AAS 492 (DH 3033).

[155] Vgl. AAS 491 (canones II,1; DH 3026).

[156] Vgl. DH 3019.

[157] „Inanis autem huius contradictionis species inde potissimum oritur, quod vel fidei dogmata ad mentem Ecclesiae intellecta et exposita non fuerint vel opinionum commenta pro rationis effatis habeantur“ (AAS 489; DH 3017).

[158] „Divina enim mysteria suapte natura intellectum creatum sic excedunt, ut etiam revelatione tradita et fide suscepta ipsius tamen fidei velamine contecta et quadam quasi caligine obvoluta maneant“ (AAS 488f; DH 3016).

Die Erkenntnisordnung der natürlichen Vernunft ist der Operationsbereich der Philosophie. Die natürliche Vernunft kann aufgrund des Zusammenhangs der Geheimnisse untereinander und mit dem letzten Zweck des Menschen und auch aufgrund der Analogie mit dem, was sie auf natürliche Weise erkennt, eine gewisse Einsicht in die Geheimnisse gewinnen.[159] Dies ist also mit philosophischen Mitteln möglich, sofern sich die Vernunft einer anderen Instanz untergeordnet und auf die ungeschaffene Wahrheit hin verwiesen weiß. Die Vernunft darf sich nicht so unabhängig verstehen, dass ihr der Glaube von Gott nicht befohlen werden könnte[160] oder dass in der göttlichen Offenbarung keine wahren Geheimnisse mehr erwartet würden (AAS 492; DH 3041). Von philosophischen Theorien wird in diesem Dokument ausgesagt, dass sie den menschlichen Geistern zur Vervollkommnung vorgelegt werden. Darin unterscheidet sich die Philosophie vom Gegenstand der Offenbarung, die als göttliche Hinterlassenschaft der Kirche anvertraut wurde.[161]

Die Erkenntnisordnung der Offenbarung ist denn auch der kirchlich verfasste Bereich des theologisch zu erhellenden Glaubens (AAS 487; DH 3013). Die Kirche legt fest, was als von Gott geoffenbart zu glauben ist (AAS 487; DH 3011). Die Kirche verwaltet und stabilisiert die Erkenntnisordnung der Offenbarung (AAS 487; DH 3012) und setzt damit auch Standards darüber fest, was als vernünftig zu gelten hat, denn jede der Wahrheit des erleuchteten Glaubens entgegengesetzte Behauptung ist als „völlig falsch“ zu verstehen.[162] Die Kirche als die alleinige Instanz, deren Kompetenz sich auf all das erstreckt, was von Gott her zur Glaubwürdigkeit des christlichen Glaubens angeordnet wurde

159 „Ac ratio quidem ... aliquam Deo dante mysteriorum intelligentiam eamque fructuosissimam assequitur tum ex eorum, quae naturaliter cognoscit analogia, tum e mysteriorum ipsorum nexu inter se et cum fine hominis ultimo“ (AAS 488; DH 3016).

160 „Si quis dixerit, rationem humanam ita independentem esse, ut fides ei a Deo imperari non possit: anathema sit“ (AAS 491; DH 3031); vgl. AAS 386; DH 3008.

161 „Neque enim fidei doctrina, quam Deus revelavit, velut philosophicum inventum proposita est humanis ingeniis perficienda, sed tamquam divinum depositum Christi Sponsae tradita, fideliter custodienda et infallibiliter declaranda“ (AAS 490; DH 3020).

162 AAS 489 (DH 3017); vgl. AAS 492 (DH 3042) sowie Concilium Lateranense V, Bulla „Apostolici regimis“, DH 1441.

(AAS 487; DH 3013), hat das Recht und die Pflicht, vermeintliche Erkenntnis zu entlarven und auch in philosophischen Belangen vor Irrtum zu schützen.[163] Die Kirche wacht daher darüber, dass die einzelnen Wissenschaften und auch die Philosophie ihre Grenzen nicht überschreiten (AAS 489; DH 3019). Die beiden Erkenntnisordnungen, wenn sie recht verstanden und betrieben werden, haben im Glauben ihren Ausgangspunkt und in Gott, der von beiden Erkenntnisordnungen her erreichbar ist, ihren Zielpunkt. Das Lehramt der Kirche wacht über die Erkenntnisordnung der Vernunft, über den Glauben des einzelnen und der Gemeinschaft und über die Erkenntnisordnung der Offenbarung.

Für die Idee der Philosophie bedeutet dieses Dokument wohl dreierlei: Erstens wird der Philosophie ein eigenständiger Kompetenzbereich zugesprochen, der durch ein spezifisches Erkenntnisprinzip und einen spezifischen Gegenstandsbereich gekennzeichnet ist; zweitens wird ausgesagt, dass sich Ausgangs– und Zielpunkt „recht" betriebener Philosophie mit dem Ausgangs– und Zielpunkt der Erkenntnisordnung der Offenbarung decken; auch wenn es möglich ist, Philosophie ohne die Erleuchtung des Glaubens zu betreiben, wird diese Form der Philosophie der hier vorgestellten normativen Idee von Philosophie nicht gerecht; damit ist zugleich die Funktion der Philosophie als Hilfsdisziplin für übergeordnete religiöse Zwecke ausgesagt; drittens wird der Kirche als der einzig authentischen Verwalterin der Hinterlassenschaft des Glaubens Urteilskompetenz hinsichtlich philosophischer Theorien zugesprochen. Unklar scheint, wie das Verhältnis zwischen dem Glauben als einer übernatürlichen Tugend und als eines freien Aktes einerseits und der Philosophie als einer Leistung der natürlichen Vernunft andererseits gedacht werden soll. Eine Illuminationstheorie auch für die philosophische Theorienbildung scheint keineswegs ausgeschlossen. Dies wirft die Frage auf, inwieweit Lebenswandel und philosophische Erkenntnis in einen Zusammenhang zu bringen sind.

Zusammenfassend darf mit Hermann Pottmeyer in Bezug auf die Wirkkraft des Konzils festgehalten werden: „Das 1. Vatikanische Konzil erklärte in einem für die damalige Situation durchaus

[163] „... Ecclesia ... ius etiam et officium divinitus habet, falsi nominis scientiam proscribendi, ne quis decipiatur per philosophiam, et inanem fallaciam" (AAS 489; DH 3018).

beachtlichen Lehrentscheid die Eigenständigkeit und Freiheit der Wissenschaft."[164] Dennoch bleibt das Problem, um dessen Aufarbeitung es ging (Klärung des Verhältnisses von Wissenschaft und Lehramtsautorität), „unerledigt": „Im übrigen hat die Tatsache, daß trotz der feierlichen Deklaration der wissenschaftlichen Freiheit, die auf das 1. Vatikanische Konzil folgende Entwicklung bis heute immer wieder in den unglücklichen Gegensatz von kirchlicher Lehrautorität und Autorität der Wissenschaft treibt, der nach der Lehre des Konzils grundsätzlich nicht bestehen kann, inzwischen erkennen lassen, daß das Konzil dieses Problem tatsächlich nicht in befriedigender Weise lösen konnte."[165] Die vorliegende Arbeit kann unter anderem als Hinweis darauf verstanden werden, dass trotz der hilfreichen Klärungen des Konzils zum Verhältnis von Vernunft und Glaube Flächen für Anfragen und Reibungspunkte bleiben.

3.2 Aeterni Patris (AAS 12 [1879/80] 98–114; DH 3135–40)

Die Enzyklika „Aeterni Patris" wurde am 4. August 1879 als zweite Enzyklika von Papst Leo XIII. promulgiert. Etienne Gilson hat im Blick auf *Aeterni Patris* darauf hingewiesen, dass eine Enzyklika nicht als philosophischer Artikel, sondern als kirchliches Dokument mit einem religiösen Hintergrund zu lesen ist.[166] Dies ist ein wichtiger Hinweis auf die Hermeneutik dieses Dokuments, dessen Motivation, Autorität und Zielsetzung eine religiöse, nicht eine philosophische ist. *Aterni Patris* wird von vielen als Hauptdokument der Neuscholastik angesehen.[167] Dieser Text ist für die Philosophie insofern von großer Bedeutung, als hier mit philosophischen Argumenten die Sache für den Thomismus geführt wird.

---

[164] Pottmeyer, *Kirchliche Lehrautorität und Wissenschaft*, 86.

[165] Ebd., 87; vgl. ebd., Abschnitt IV (102f.).

[166] „Une encyclique est un acte essentiellement religieux, inspiré de raisons religieuses et visant une fin religieuse. Il est donc certain qu'on y cherchait en vain des instructions touchant la manière de philosopher propre à des esprits étrangers à toute fois en une révélation surnaturelle" (Gilson, *Le philosophe et la théologie*, 199).

[167] Schmidinger, *Der Streit um die christliche Philosophie*, 25.

Der allerdings umstrittene[168] traditionelle Titel lautet *De philosophia christiana ad mentem Sancti Thomae Aquinatis Doctoris Angelici in scholis catholicis instauranda.* Dieser Titel findet sich auf den Kopien, die den Bischöfen zugesandt wurden, wohl aber nicht in der allerersten Auflage des Dokuments. Es geht jedenfalls explizit um die Philosophie, die echte christliche Philosophie. Die Enzyklika *Aeterni Patris* stellt einen Versuch von Papst Leo XIII. dar, auf der Grundlage des Thomismus Orientierung für eine zusehends pluralistisch gestaltete Welt zu schaffen. Die Motivation ist einerseits Vertrauen in die Nachhaltigkeit thomistischen Denkens, andererseits ein ausgeprägter Kulturpessimismus, eine Diagnose von Werteverfall, Auflösung des sozialen Gefüges und negativ erfahrenen Individualismus in der Philosophie, die sich auch in der Kirche bemerkbar machte. Die Enzyklika drückte auf diesem Hintergrund die Idee einer einheitlichen Basis aus, auf die sich die Theologie der Kirche berufen könnte. Gilson spricht in diesem Zusammenhang von einem „desordre intellectuel" und von „desordres sociaux".[169] Angesichts dieser Zersplitterungstendenzen wurde der Ruf nach einer einheitlichen Basis laut, die in den Augen vieler notwendig geworden war, hatte doch die Philosophie seit Thomas von Aquin eine zunehmende Ausdifferenzierung in einzelne Wissenschaften und eine ähnlich breite Ausdifferenzierung in verschiedene philosophische Strömungen erfahren und sich in viele Zweige aufgedröselt durch Humanismus und Philosophie der Renaissance, durch Aufklärung und Szientismus, durch Transzendentalphilosophie und idealistischem Denken, durch die Romantik und die Philosophie des Willens eines Friedrich Nietzsche oder eines Artur Schopenhauer. Die Folge war nach Darstellung von Joseph Watzlawik eine große Zersplitterung philosophischer Sichtweisen und eine große Verwirrung: „Numerous systems came forth simultaneously or in quick succession, one overthrowing the other but none taking a permanent, overmasting hold of men's minds that rebelled against the void in which they were

---

[168] Van Riet, *Le titre de l'encyclique „Aeterni Patris"*, 36; siehe auch die skeptischen Bemerkungen von Etienne Gilson über die angebliche Autorisierung des Begriffs „philosophie chrétienne" in der Enzyklika: Gilson, *Le philosophe et la théologie*, 198f.

[169] Ebd., 203.

being forced to languish and to die."[170] Neben der unübersichtlichen Lage der Philosophie wurden Aufklärung und Idealismus von manchen als Bedrohung der scholastischen Philosophie angesehen.[171] So schien es nahe liegend, auf Altes und Bewährtes, das vor der Aufsplitterung bestand und eine Einheit bot, zurückzugreifen. Diesen gemeinsamen Ausgangspunkt vor jeder Ausdifferenzierung bot der Thomismus an, der Empirismus und Positivismus, Materialismus und Idealismus, Neukantianismus und Immanentismus zu Leibe rücken konnte.[172]

Die Berufung auf den Thomismus stellte darüber hinaus ein Bemühen dar, nicht nur Regeln zur Einschränkung der Beliebigkeit philosophischen Denkens aufzustellen, sondern auch die Bewegung einer Restauration der Gesellschaft nach christlichen Prinzipien zu unterstützen. Christliche Philosophie und christliche Politik galten als zwei Seiten einer Münze.[173] Leo XIII. nahm eine Abwehrhaltung gegenüber philosophischen und gesellschaftlichen Neuerungen ein, trat dem laizistischen Liberalismus entgegen und suchte die Einflusssphäre der Kirche zu erhalten, indem er etwa Zivilehe und Scheidung verwarf und die Rechte der Kirche im Schulwesen geltend machte.[174] Sein Schreiben an die Bischöfe anlässlich seines 25. Pontifikatsjahres zeugt von dem erwähnten Kul-

---

[170] Watzlawik, *Leo XIII and the new Scholasticism*, 79. Die Situation, in der die Enzyklika entstand, war nach dieser Darstellung ein Zustand der Verwirrung, der mit der weit verbreiteten Verabschiedung von der Idee einer *philosophia perennis* zu tun hatte (ebd., 82f.).

[171] Vgl. Boyle, *A Remembrance of Pope Leo XIII: The Encyclical Aeterni Patris.*

[172] Diese Option für eine klare philosophische Basis setzte sich mit vielleicht noch größerer Deutlichkeit in der Auseinandersetzung um den Modernismus fort. Kardinal Mercier hat sein Plädoyer für eine klare philosophische Basis angesichts des Modernismus mit folgenden Worten ausgedrückt: „It is just because the philosophy that forms our intellectual environment so easily influences our whole being that it is so important that the student and seeker after truth should be equipped with a sound philosophy. Yes, a philosophy that grips facts and holds fast to them when it is brought into play in the domain of metaphysics, when it soars to the absolute. The philosophy of Aristotle, developed and defined by St. Thomas Aquinas, has pre–eminently the characteristic of healthy, sound realism" (Mercier, *Modernism*, 13).

[173] Der kanadische Soziologe Pierre Thibault stellte die noch weiter gehende These auf, dass Leo XIII. und mit ihm viele Neothomisten die thomistische Philosophie als Prinzip einer klerikalen Politik verstanden hätte – vgl. die Rezension seines Buches *Savoir et Pouvoir* durch Emile Poulat (*Archives de sciences sociales et religions* 37 [1974] 5–22).

[174] Vgl. Aubert, *Leo XIII.*, 750.

turpessimismus, da Leo XIII. in diesem Schreiben die Anmaßung der modernen Zeit anprangert.[175] Dabei beschränkte sich Leo XIII. allerdings nicht auf eine bloß defensive Grundhaltung, er stand auch nicht allen Neuerungen skeptisch gegenüber. Eine historische Beurteilung der Enzyklika oder des Werkes von Leo XIII. wird dem Papst schwerlich Wissenschaftsfeindlichkeit vorwerfen können. Die bahnbrechende Enzyklika *Providentissimus* vom 18. November 1893[176] zeigt das ehrliche Bemühen auf, die Arbeit mit der Heiligen Schrift bestimmten Methoden der wissenschaftlichen Textauslegung zu öffnen, ebenso wie die Enzyklika *Rerum Novarum* vom 15. Mai 1891[177] die neu erwachte kirchliche Sensibilität gegenüber den brennenden sozialen Fragen zeigt. Leo XIII. wollte die Kirche in allen Bereichen des gesellschaftlichen und geistigen Lebens präsent halten. Über eine defensive Grundhaltung hinaus wollte Leo XIII. den Katholikinnen und Katholiken auch Richtlinien und Prinzipien zur Gesellschaftsgestaltung und restaurativen Gesellschaftserneuerung an die Hand geben.[178] Die christlichen Prinzipien zur Erneuerung der Gesellschaft im Sinne der Kirche sollte die Philosophie bereitstellen, über die sich Leo XIII. viele Gedanken gemacht hatte. Der französische Historiker Roger Aubert beschreibt Leo XIII. denn auch als einen Mann, „der viel nachgedacht und die unheilvollen Lasten erkannt hat, die für das christliche Denken entstehen, wenn es sich nicht auf eine solide philosophische Basis stellen kann, die nicht bloß kritisch ist und alles bezweifelt wie viele der modernen Systeme, sondern die gleichzeitig eine konstruktive und schöpferische Synthese darstellt, welche sowohl in den Augen der Vernunft gerechtfertigt ist als auch mit dem Glauben der Kirche in Einklang steht“[179]. Die solide philosophische Basis fand Leo XIII. im Werk des heiligen Thomas von Aquin. Der Thomismus stellte für viele kirchliche

[175] Brief vom 19. März 1902 (AAS 34 [1901], 513–532).
[176] AAS 26 (1893/94) 269–292.
[177] DH 3265ff.
[178] Diesen Punkt hat Etienne Gilson explizit hervorgehoben: „La pensée profonde de Léon XIII s'annonce dès le début de l'encyclique, et c'est une pensée sociale, étant bien entendu que l'ordre de toute société repose sur la connaissance de la vérité accepté par ceux qui gouvernent le corps politique“ (Gilson, *Le philosophe et la théologie*, 202).
[179] Aubert, *Die Enzyklika „Aeterni Patris“ und die weiteren päpstlichen Stellungnahmen*, 320.

Würdenträger und Gelehrte eine verlässliche Orientierungsquelle dar, die in Fragen des gesellschaftlichen Zusammenlebens mit Autorität Rat geben konnte.

Die Renaissance der Scholastik wurde also motiviert durch die Einheitlichkeit des scholastischen Systems und durch die Gefahren, die in der zweiten Hälfte des 19. Jahrhunderts in der ideologischen Zersplitterung geortet wurden. Ein weiterer Baustein für die Wiederentdeckung und Weiterentwicklung der Scholastik war die verstärkte Auseinandersetzung mit der Geschichte. Die historische Forschung widerlegte die Konzeption des „finsteren Mittelalters". Die Verachtung des Mittelalters begann mit dem Humanismus, welcher die Zeitspanne zwischen der „Klassik" (der griechischen und römischen Periode) und ihrer eigenen Epoche als eine barbarische Zeit betrachtete. Die Geschichtsforschung, ausgehend von der Romantik, brachte es demgegenüber zu „a growing admiration of the richness in literature, art, and thought … The historians have shown that Scholasticism constitutes a movement of ideas as complex and as well worthy of attention as even the finest synthesis of antiquity"[180]. So wurden Breschen zur Beschäftigung mit der Scholastik geschlagen. Die Beschäftigung mit theologischen und philosophischen Texten des Mittelalters tat ein Übriges für diese Renaissance der Scholastik. Die Enzyklika *Aeterni Patris* gab dieser Renaissance das Gewicht päpstlicher lehramtlicher Autorität. Die Enzyklika war zwar nicht Motor der neuscholastischen Bewegung, die bereits in vollem Gange war, gab aber doch entscheidende Impulse und führte zur Vernetzung von Zentren der Neuscholastik.[181]

Die Enzyklika *Aeterni Patris* gab der thomistischen Renaissance also einen entscheidenden Anstoß. Diese Renaissance hatte sich aber schon vor der Mitte des 19. Jahrhunderts, besonders in Italien, abzuzeichnen begonnen, „als es für eine gewisse Anzahl jener, die eine Rückkehr zur Philosophie des hl. Thomas empfahlen, noch häufig um eine mehr oder weniger eklektische Philosophie ging, in der unterschiedlich stark dosierte Elemente einflossen, die von Suarez, der cartesianischen Richtung, dem Ontolo-

---

[180] Watzlawik, *Leo XIII and the new Scholasticism*, 85; siehe auch Wulf, *Scholasticism Old and New*, 5–7.

[181] Vgl. Watzlawik, *Leo XIII and the new Scholasticism*, 146f.

gismus oder von Rosmini stammten"[182]. Neben diesen mehr eklektisch ausgerichteten Denkern gab es im Italien des 19. Jahrhunderts aber auch reine Thomisten und dies über den Dominikanerorden hinaus. Ein Kreis bildete sich vor allem in Perugia um Msgr. Giacomo Pecci (den späteren Papst Leo XIII.). Dieser hatte sich schon seit seiner Jugend mit dem Thomismus beschäftigt. Während seines Episkopates in Perugia entdeckte Pecci die Fruchtbarkeit der Sozialphilosophie des hl. Thomas. „Gleichzeitig begriff Pecci immer besser, daß jeder Teil des thomistischen Systems mit allen anderen in einer Synthese verbunden ist und daß daher an der Basis dieser Sozialphilosophie eine Metaphysik, eine Psychologie und eine Epistemologie stehen, von denen man nicht absehen kann."[183] Unterstützt wurde Pecci von seinem Bruder Giuseppe Pecci, der ein überzeugter Thomist war und zu ihm nach Perugia gezogen war. Auf dem Ersten Vatikanischen Konzil zeigte Pecci sein persönliches Interesse an einer besseren philosophischen Ausbildung des Klerus durch die Kirche. Gleichzeitig versuchte er, eine Verurteilung des Ontologismus, der in Italien noch eine kleine Anhängerschaft hatte, zu erreichen.

So lassen sich mehrere Indizien zusammentragen, die darauf hinweisen, dass die thomistische Erneuerung bei Leo XIII. von Anfang an einen wichtigen Stellenwert besaß. Acht Tage nach seiner Wahl beauftragte er den Kardinalvikar am Seminario San Apollinare in Rom, eine philosophische Akademie mit dem Ziel der Förderung des persönlichen Studiums der Seminaristen einzurichten. In die dafür eingerichtete Vorbereitungskommission entsandte er seinen Bruder, der sich seinerseits dafür einsetzte, dass in den ersten Artikel des Statuts ein Bekenntnis zur Lehre des hl. Thomas aufgenommen wurde.[184]

Am 21. April 1878 veröffentlicht Leo XIII. seine erste Enzyklika *Inscrutabili Dei*, welche das grundsätzliche Anliegen seines Pontifikats umreißt. Darin stellt er der „falschen Gesellschaft" die wahre christliche gegenüber, deren Wiedererrichtung er vorantreiben möchte. Bereits in diesem Text hebt er die Rolle der Philoso-

---

[182] Aubert, *Die Enzyklika „Aeterni Patris" und die weiteren päpstlichen Stellungnahmen*, 310.
[183] Ebd., 310f.
[184] Ebd., 310 – Aubert gibt den Hinweis auf: F. Vistalli, *Il cardinale Cavagnis*, Bergamo 1913, 200–203.

phie dahingehend hervor, dass von ihr „zum großen Teil die wahre christliche Ausrichtung der anderen Wissenschaften abhängt und die, weitab davon, die göttliche Offenbarung umstoßen zu wollen, sich im Gegenteil daran erfreut, dieser den Weg zu ebnen und sie gegen die Angreifer zu verteidigen, so wie es der große Augustinus und der Doctor Angelicus sowie alle anderen Lehrer der christlichen Weisheit durch ihr Beispiel und ihre Werke gelehrt haben“[185]. Thomas von Aquin wird in dieser Enzyklika zwar nicht als ausschließlicher Lehrer präsentiert, doch in persönlichen Gesprächen kam deutlich zum Vorschein, wie wichtig dem Papst die Philosophie des heiligen Thomas war.[186] Leo XIII. berief denn auch den Jesuiten Joseph Kleutgen aus Tirol, einen treuen Thomisten, als Studienpräfekten an die Gregoriana. Bei der ersten Kardinalsernennung im April 1879 finden sich unter den vier Repräsentanten der kirchlichen Wissenschaften zwei Philosophen, die für ihre thomistische Ausrichtung bestens bekannt waren. Am thomistischen Hintergrund von Leo XIII. herrscht kein Zweifel. Der Zusammenhang zwischen persönlichen Motiven und biographischen Momenten auf der einen Seite und lehramtlichen Dokumenten auf der anderen Seite braucht deswegen aber noch kein Argument zur Schwächung der lehramtlichen Autorität zu sein, ist diese Autorität doch an Personen gebunden, besteht doch die Weisheit und Reife einer Person gerade nicht darin, persönliches Profil einzubüßen oder aufzuweichen, und gibt doch der persönliche Hintergrund dem Dokument Referenzpunkte zur Einordnung und Interpretation.

Die Enzyklika *Aeterni Patris* jedenfalls kann diesen Zusammenhang zwischen Biographie und Kerygma nicht verleugnen. Für die Entstehung der Enzyklika und deren Inhalt werden verschiedene Philosophen als ausschlaggebend genannt. Darunter zählt Msgr. Talamo, aus dessen Büchern viele Gedanken entnommen wurden, und die als inspirierende Hauptquellen der Enzyklika gelten.[187] Ebenso fanden Gedanken von Cornoldi Eingang in die Enzyklika. Für die Redaktion der Enzyklika werden verschiedene

---

185 Aubert, *Die Enzyklika „Aeterni Patris“ und die weiteren päpstlichen Stellungnahmen*, 311. Aubert bezieht sich auf AAS 10 (1878) 590; vgl. Watzlawik, *Leo XIII and the New Scholasticism*, 96f.

186 Vgl. Aubert, *Die Enzyklika „Aeterni Patris“ und die weiteren päpstlichen Stellungnahmen*, 310f.

187 Vgl. ebd., 315.

Namen genannt, wie Liberatore, Kleutgen, Zigliara oder Giuseppe Pecci. Klarheit hat man in diesem Punkt allerdings noch nicht geschaffen.[188] Polanti ist der Ansicht, dass nach dem gegenwärtigen Stand der Dinge Msgr. Gabriele Boccali den endgültigen Text verfasst haben dürfte und dabei eventuell das Schema von Liberatore überarbeitet hat. Als sicher wird aber angenommen, dass Leo XIII. seinen Mitarbeitern genaue Anweisungen gab und die Entwürfe sorgsam studierte, „damit er zu einem Text kam, der seinem Denken genau entsprach"[189].

Den Weg, den er mit *Aeterni Patris* gewiesen hatte, setzte Leo XIII. auch in späteren Texten fort.[190] Zudem veranlasste er noch 1879 die Reorganisierung der Academia Romana di Santo Tommaso d'Aquino und gab die kritische Neuausgabe der Werke des Heiligen Thomas (so genannte „Leonina"–Ausgabe) 1880 in Auftrag. Auch seine Nachfolger konsolidierten diese Richtung.[191] So ist es nicht unangebracht, von einer nachhaltigen Wirkung von *Aeterni Patris* zu sprechen.

Für die Auslegung des Textes ist im Lichte dieser Überlegungen zum Kontext sicherlich zu bedenken, dass weltanschauliche Anliegen und ein Spektrum von Anlassfaktoren hinter diesem Dokument stehen, was die Selektion bestimmter Aspekte von Philosophie, die Stilisierung des Textes und in manchen Stellen die Wortwahl plausibilisieren kann. In dieser Enzyklika geht es explizit und ausschließlich um die Rolle der Philosophie. Die Philosophie wird unter die natürlichen Hilfsmittel gereiht (AAS 99; DH 3135), von der die „recta ratio" der übrigen Wissenschaften zu einem großen Teil abhängt (AAS 98). Dabei wird der Philosophie eine dreifache Funktion zugeschrieben: Erstens hat die Philosophie die Vorbereitung und Festigung des Glaubens zu leisten (DH 3136); zweitens erarbeitet die Philosophie eine Grundlegung der Theologie

---

[188] Vgl. ebd., 315f.; vgl. auch Piolanti, *La lettera del Cardinal L. Parocci sul tomismo*, 170.

[189] Aubert, *Die Enzyklika „Aeterni Patris" und die weiteren päpstlichen Stellungnahmen*, 316.

[190] Hier ist auf drei Briefe hinzuweisen, deren Wortlaut sich in der *Cività Cattolica* 10/10 (1879) 230–232, 345–352 findet. Anlässlich des ersten Jahrestages der Enzyklika erklärte das Breve vom 4. August 1880 den heiligen Thomas von Aquin zum Patronen der katholischen Lehranstalten (AAS 13 [1880] 56–59).

[191] Vgl. Aubert, *Die Enzyklika „Aeterni Patris" und die weiteren päpstlichen Stellungnahmen*, 324–331.

(DH 3137); drittens ist es Aufgabe der Philosophie, die von Gott überlieferten Wahrheiten zu schützen und zu verteidigen (DH 3138). Als normatives Leitbild, wie Philosophie aussehen sollte, wird Thomas von Aquin nachdrücklich herausgestellt (DH 3139).

Die erste Funktion setzt voraus, dass Gott hinsichtlich der göttlichen Dinge auch Wahrheiten geoffenbart hat, die der Vernunft nicht gänzlich unzugänglich sind (3136).[192] Diese erste Funktion rekurriert auf eine gemeinsame menschliche Natur (das Licht der Vernunft hat Gott im menschlichen und nicht nur christlichen Geist eingepflanzt) und ist daher für den Dialog mit Glaubensgegnern bestens geeignet (DH 3136). Die zweite Funktion setzt voraus, dass die verschiedenen Teile der Theologie zu einem Ganzen zusammengefügt werden und aus Prinzipien abgeleitet werden müssen – das ist Aufgabe der Philosophie, die auch lichtvolle Einsicht in die Geheimnisse des Glaubens gewinnen kann (DH 3137). Die dritte Funktion wird auf dem Hintergrund der patristischen Apologetik verstanden (DH 3138). Apologeten wie Justin der Märtyrer, Clemens von Alexandrien, Origines, Tertullian, Lactantius oder Gregor haben – „fide praeeunte“ – aus der menschlichen Weisheit Argumente gewonnen, um den Glauben zu rechtfertigen (AAS 105). Die Vernunft hat im Zuge der Ausübung dieser dritten Funktion zu erklären, wie die Ausführungen der Evangelien über Wunder und bestimmte Zeichen zu verstehen sind (AAS 101). Das ist ein genuin philosophischer Beitrag.

Die Philosophie kann diese Funktionen dann erfüllen, wenn sie „rite a sapientibus“ (DH 3136) betrieben wird. Es ist keineswegs gleichgültig, wie Philosophie betrieben wird, weil „per philosophiam et inanem fallaciam“ (AAS 98) die Christgläubigen auch getäuscht werden können und getäuscht wurden. Der katholische Philosoph hat sich um eine „sana philosophia“ (AAS 104; 113) zu bemühen. Eine solche gesunde Philosophie beschäftigt sich mit Ursprung der Dinge, Leitung der Welt, göttlichem Vorherwissen, Ursprung des Bösen, letztem Ziel des Menschen, ewiger Glückseligkeit und Tugenden und Lastern (AAS 104). Das ist offensichtlich nur möglich, wenn bestimmte Eckpfeiler des christlichen Glaubens explizit anerkannt werden. Der katholische Philosoph

---

[192] Diese These hat insofern Konsequenzen für den interreligiösen Dialog, als damit auch Heidenvölkern die Möglichkeit zugestanden werden kann, Wahrheiten zu erkennen und zu beweisen (DH 3136).

hält sich an Glauben und an Vernunft gleichzeitig (AAS 103).[193] Für eine gesunde Philosophie ist es auch nicht gleichgültig, welchen Lebenswandel die Philosophen führen. Als Vorbild gelten diejenigen, „qui cum integritate vitae fideique studio ingenium coniungunt philosophicis disciplinis expolitum“ (AAS 102).

Die scholastische Philosophie wird als exemplarische Philosophie für „sana philosophia“ herausgestrichen. Einerseits liegt das Fundament der scholastischen Philosophie im Glauben (AAS 112). Andererseits wird gerade bei Thomas die Einheit von Lebensführung und intellektueller Arbeit hervorgehoben und Thomas ausdrücklich gewürdigt als „ille quidem ingenio docilis et acer, memoria facilis et tenax, vitae integerrismus, veritatis unice amator, divina humanaque scientia praedives“ (AAS 108).[194] Daher wird empfohlen, die Philosophie des Thomas von Aquin als richtungsweisend zu verstehen und sich zu bemühen, die Weisheit des Thomas von Aquin wiederherzustellen und zu verbreiten (DH 3140). Das bedeutet jedoch nicht, dass an den Spitzfindigkeiten späterer scholastischer Lehrer festzuhalten ist (DH 3140).

Nach der Unterscheidung zwischen „gesunder“ und „kranker“ Philosophie, wobei gesunde Philosophie mit „Philosophie gemäß der Schöpfungsordnung“ gleichzusetzen ist, wird Thomas von Aquin als Paradigma gesunder Philosophie anempfohlen. Kriterien für gesunde Philosophie sind Lebenswandel und Glaubensleben und damit wohl auch die Anerkennung der lehramtlichen Autorität. Als gesunde Philosophie kann die Philosophie drei Funktionen erfüllen: mit den Mitteln der Vernunft zum Glauben hinzuführen, die Theologie grundzulegen und den Glauben zu verteidigen. Man wird sorgsam überlegen müssen, wie viele von diesen Aussagen die Spuren der Zeit, wie es so schön heißt, tragen.

Man wird redlicherweise auch die Frage zulassen müssen, inwieweit die Situation, die 1879 vorgefunden wurde, strukturelle Ähnlichkeiten mit der Situation der Gegenwart teilt (Zersplitterung der Philosophie, Rückzug der Kirche aus dem öffentlichen Leben) und inwiefern die Entstehungskontexte von *Aeterni Patris* und *Fides et Ratio* miteinander verglichen werden können.

---

[193] Vgl. AAS 111, wo eine Einbuße des Glaubensfundaments beklagt wird.

[194] Vgl. AAS 109f.; hier finden sich bestätigende Zitate aus gleichwertigen lehramtlichen Quellen zur Einschätzung des heiligen Thomas.

Das Jahr 1950 war von Pius XII. (Pontifikat 1939–1958) zum heiligen Jahr ausgerufen worden und viele Pilger strömten nach Rom. In diesem Jahr wurde die Enzyklika „Humani Generis“ am 12. August veröffentlicht.[195] Sie wandte sich nicht nur gegen neuere theologische Tendenzen, sondern auch gegen philosophische Strömungen und Schulen (Idealismus, Immanentismus, Pragmatismus, Existentialismus, Historizismus, Irenismus). „Diese Stichwörter zeigen den Anschluß an den Syllabus Pius’ IX. v. 1864 (DH 2901–80) u. die Antimodernismustexte Pius’ X. v. 1907 (DH 3401–66 u. 3475–3500).“[196] Vorbereitet wurde die Enzyklika durch Ansprachen von Pius XII. bereits in den Jahren 1941[197] und 1946[198]. Einen Hintergrund für diese Enzyklika bildeten überdies theologische Polemiken zuerst im deutschsprachigen und sehr viel stärker nach dem Zweiten Weltkrieg im französischen Raum.

Vor der im Tonfall sehr rigiden Enzyklika *Humani Generis* waren von Pius XII. drei bedeutende Rundschreiben veröffentlicht worden, welche neue Wege in der Ekklesiologie („Mystici Corporis“; 29. Juni 1943; DH 3800–3822; AAS 1943, 200–243), in der Bibelwissenschaft („Divino afflante Spiritu“; 30. September 1943; DH 3825–3831; AAS 1943, 309–319) und der Liturgie („Mediator Dei“; 20. November 1947; DH 3840–3855; AAS 1947, 528–580) ermöglichten.[199] Im Hinblick auf die in diesen Dokumenten angezeigte Öffnung auf Wissenschaft und Welt, die auch eine Entspannung nach den Dekaden des Antimodernismus andeuteten, erschien die Enzyklika von 1950 vielen als gravierender Rückschlag.[200] *Humani Generis* sollte in einem anderen Gebiet Klarheit schaffen, sie „sollte das rechte Verhältnis v. Natur u. Gnade

---

[195] Vgl. Cornwell, *Pius XII.*, 390f.
[196] Neufeld, *Humani generis*, 318.
[197] Vgl. AAS 33 (1941) 504–512.
[198] Vgl. AAS 38 (1946) 381–385 u. 385–389.
[199] Vgl. Schwaiger, *Geschichte der Päpste im 20. Jahrhundert*, 156.
[200] John Cornwells Kommentar lässt es an Deutlichkeit nicht fehlen: „Im Jahre 1950, mitten im so aufwendig begangenen Heiligen Jahr, ließ Pacelli eine Enzyklika veröffentlichen, die alle kreativen und gelehrten Bemühungen konterkarierte und eine geistige Hexenjagd auslöste, die mit der Kampagne gegen den Modernismus im ersten Jahrzehnt des Jahrhunderts zu vergleichen war“ (Cornwell, *Pius XII.*, 391).

(Übernatur), die überkommene apologet. Methode, die trad. theol. Begrifflichkeit, die Autorität des kirchl. Lehramtes sowie die Quellen der Offenbarung schützen, ohne daß deutlich wurde, wer solchen Schutz nötig machte"[201]. Allerdings lassen die schon einige Wochen vor der Veröffentlichung der Enzyklika stattfindenden Absetzungen von Professoren der Theologischen Fakultät Lyon–Fourvière (H. de Lubac, H. Bouillard, P. Ganne, A. Durand, später H. Rondet) darauf schließen, wer gemeint sein dürfte.[202] Die „Nouvelle Théologie" war im strengen Sinne der Versuch, das theologische Denken lebendig zu halten und ein neues Verständnis für Historizität und Geschichte zu entwickeln, was sich im Text der Enzyklika in einer Warnung vor einem falschen „Historizismus" niederschlug. Die „Nouvelle Théologie", die eine zeitgemäße Theologie entwickeln wollte und sich auch der Realität der entchristlichten Kreise der Gesellschaft stellte, war ohne Zweifel ein wichtiger Anlassfaktor. „Ihre Ansätze und Vorschläge wollten auf eine theologische Malaise antworten, die sich vor allem in der Ausbildung angehender Priester an Fakultäten, Hochschulen und Seminaren bemerkbar machte. Eine weithin als unbeweglich und steril empfundene Darstellung christlicher Wahrheit verdeckte deren innere Lebenskräfte mehr, als sie zu motivierender und ermutigender Hilfe für den Einsatz beigetragen hätte."[203] Zentrum für die „Nouvelle Théologie" war die Theologische Jesuitenfakultät in Lyon–Fourvière.

Ein besonderer Stein des Anstoßes war „eine historisch differenzierte und sachlich fruchtbare" Interpretation des Werkes von Thomas v. Aquin.[204] Diese Bemühungen brachten die „theologia perennis" auf den Plan, für welche die „christliche Wahrheit beim Aquinaten eine unüberholbare Darstellung und Systematisierung gefunden" hat, „so daß jeder zeitliche Abstand sachlich bedeutungslos wäre"[205]. Ähnlich wie in *Aeterni Patris* wurde den schwankenden und schillernden Tendenzen der Zeit ein fester Turm in der Schlacht in Form der unerschütterlichen Philosophie und Theologie der Scholastik entgegengestellt. Die von der Stu-

---

201 Neufeld, *Humani generis*, 318.
202 Vgl. ebd.; überdies ders., *Fundamentaltheologie in gewandelter Welt*, 417.
203 Ebd., 418.
204 Raffelt, *Nouvelle Théologie*, 935; vgl. auch Neufeld, *Fundamentaltheologie in gewandelter Welt*, 421–429.
205 Ebd., 423.

dienkongregation im Jahr 1914 veröffentlichten 24 „Theses approbatae philosophiae thomisticae“[206] stellten einen wichtigen autoritätsstiftenden Referenzpunkt dar. Die Enzyklika, auf die einige konservative Kräfte im Umkreis von Pius XII. Einfluss nehmen konnten, wurde von manchen als ein neuer Syllabus, als eine Aufzählung von Irrtümern, angesehen. Die Enzyklika richtet sich jedoch „nicht so sehr gegen einzelne Abweichungen von der kirchlichen Lehre wie gegen falsche Grundhaltungen“[207]. Nicht einzelne Sätze, sondern – fundamentaler – grundsätzliche Tendenzen und Positionen sind Gegenstand der warnenden Worte dieses Dokuments. Dennoch lässt das Dokument keinen Zweifel über die Intention, gültige Grenzziehungen vorzunehmen. An einer viel zitierten Stelle weist Pius XII. darauf hin, dass auch päpstliche Lehrschreiben, selbst wenn sie nicht berechtigt sind, einen Unfehlbarkeitsanspruch zu erheben, eine Thematik derart klären können, dass diese nicht mehr als „Gegenstand der freien Erörterung unter den Theologen“ („quaestio liberae inter theologos disceptationis“) gelten könne.[208] Die Enzyklika war im Vorfeld und Umfeld von einem Maßnahmenpaket begleitet (Disziplinarmaßnahmen gegen Pierre Teilhard de Chardin, gegen Yves Congar, gegen seinen Dominikanermitbruder Chenu). Besonders mit dem Dominikanerorden spitzte sich der Konflikt zu. Bei der Beurteilung der Enzyklika wird es besonders wichtig sein, die Rezeptionsgeschichte in den Blick zu nehmen, da einige der wohl betroffenen Theologen (Congar, Lubac) nachher eindrucksvoll rehabilitiert worden waren. Dieses Dokument scheint deswegen ein schönes Beispiel für die Thesen von Hans Robert Jauß zu sein, dass sich die Bedeutung eines Werkes durch die Geschichte seiner Wirkung herausschält. Jauß führt als Beispiel das Jahr 1857 an, in dem sowohl *Madame Bovary* von Flaubert als auch *Fanny* von Fedeau erschie-

---

[206] AAS 6 (1914) 384–386; zuvor hatte Pius X. in einem Motu Proprio *Doctoris Angelici* vom 29. Juni 1914 den kirchlichen Lehranstalten Italiens geboten, die Prinzipien und wichtigeren Aussagen von Thomas von Aquin für heilig zu halten. Dieses Dokument war denn auch der Anlass für thomistische Philosophen, bestimmte Sätze zur Prüfung vorzulegen.

[207] Schwaiger, *Geschichte der Päpste im 20. Jahrhundert*, 157.

[208] „Quodsi Summi Pontifices in actis suis de re hatenus controversa data opera sententiam ferunt, omnibus patet rem illam, secundum mentem ac voluntatem eorundem Pontificium, quaestionem liberae inter theologos disceptationis iam haberi non posse“ (DH 3885).

nen waren, letzteres mit großem, ersteres mit geringem Erfolg.[209] Die Wirkungsgeschichte rückte allerdings den Status der Werke in ein neues Licht. Wie ratsam ist es, ähnliche Überlegungen in Bezug auf *Humani Generis* anzustellen, vor allem wenn man die möglichen Extrapolationen bedenkt, die sich ergeben könnten?

Wenden wir uns nun dem Inhalt der Enzyklika zu. *Humani Generis* handelt also von neuen Entwicklungen und Gefährdungen in der Theologie, denen gegenüber die Bedeutung der scholastischen Theologie und des Katholischen Lehramts hervorgehoben wird. Die Enzyklika fällt also in die Zeit, in der sich die Theologie neu orientierte, eine „anthropologische Wende" durchmachte und sich von scholastischen Entwürfen löste. Gerade die Frage nach dem Verhältnis von Natur und Übernatur wurde neu diskutiert. Die Enzyklika konstatiert die Fähigkeiten der menschlichen Vernunft: Die menschliche Vernunft kann durch ihre natürlichen Kräfte zur sicheren Erkenntnis des einen persönlichen Gottes und des natürlichen Gesetzes, das Gott in die Herzen der Menschen gelegt hat, gelangen (DH 3875); die Kirche schätzt die menschliche Vernunft in Bezug auf die Fähigkeit, die Existenz Gottes sicher zu beweisen, die Grundlagen des christlichen Glaubens zu bestätigen, dem von Gott in die Herzen der Menschen gelegten Gesetz Ausdruck zu verleihen und schließlich eine Erkenntnis der Geheimnisse zu erlangen (DH 3892). Der Philosophie, die sich der menschlichen Vernunft bedient, wird damit die Möglichkeit zugesprochen, sich auf eine Ordnung zu beziehen, die die Ordnung der sinnenhaften Dinge übersteigt (DH 3875). Dies ist nur möglich, wenn die Philosophie Hindernisse auf dem Weg zu dieser Erkenntnis des Nichtsinnenhaften überwindet. Als Hindernisse werden genannt: Antrieb der Sinne (DH 3875), verkehrte Begierden (DH 3875), böser Wille (DH 3876), vorgefasste Meinungen (DH 3876). Diese Hindernisse wiederum können nur dann umgangen werden, wenn die Vernunft eine rechte Ausbildung erfahren hat, und zwar eine Ausbildung in der gesunden Philosophie, wie sie von der Kirche anerkannt wird und in der Kirche gebräuchlich ist (DH 3892). Darunter werden später explizit Methode, Lehre und Grundsätze des Thomas von Aquin verstanden (DH 3894). Eine solche gesunde Philosophie schützt den Wert der menschlichen Erkenntnis und die unerschütterlichen Prinzipien der Metaphysik, na-

---

[209] Jauß, *Literaturgeschichte als Provokation der Literaturwissenschaft*, 40ff.

mentlich das Prinzip des zureichenden Grundes, das Prinzip der Kausalität und das Prinzip der Finalität (DH 3892). Erst dadurch kann sichere und unveränderliche Wahrheit erreicht werden (DH 3892). Diese gesunde Philosophie wird als stabile Einheit betrachtet – da sie auf unveränderliche Wahrheiten abzielt, kann auch die philosophische Erklärung nicht von Tag zu Tag verändert werden (DH 3893). Dies gilt vor allem dann, wenn es sich um Prinzipien handelt, die dem menschlichen Geist aus sich heraus bekannt sind. Begriffe der gesunden Philosophie finden in der Kirche zur Formulierung von Dogmen Gebrauch (vgl. DH 3881), die durch Begriffe heutiger Philosophie nicht adäquat ausgedrückt werden können (vgl. DH 3882).

Die hier unterbreitete Wahrheits– und auch Bedeutungstheorie (ewige Wahrheiten können erkannt und entsprechend als solche dargestellt und vermittelt werden)[210] hat auch Konsequenzen für die Theologie. Die Position eines dogmatischen Relativismus wird explizit abgelehnt (DH 3883). Einem dogmatischen Relativismus ist dadurch zu begegnen, dass die hinsichtlich der Philosophie entfaltete Wahrheits– und Bedeutungstheorie für die Theologie angewendet wird. Weiters ist anzuerkennen, dass die von einer gesunden Philosophie entwickelten Prinzipien und Begriffe auch in der Theologie anzuwenden sind.[211] Diese Prinzipien und Begriffe, auf die sich die in gemeinsamer Übereinstimmung von den katholischen Lehrern erarbeiteten Grundlagen der Dogmen stützen, sind aus der wahren Erkenntnis der geschaffenen Dinge abgeleitet, wobei die von Gott geoffenbarte Wahrheit wie ein Stern aufleuchtet.[212] Wiederum wird der Zusammenhang zwischen Erkenntnis und Lebensführung hervorgehoben:

---

210 Vgl. DH 3882: „Quod idcirco etiam fieri posse ac debere audaciores quidam affirmant, quia fidei mysteria numquam notionibus adaequate veris significari posse contendunt, sed tantum notionibus ‚approximativis', ut aiunt, ac semper mutabilibus, quibus veritas aliquatenus quidem indicetur, sed necessario quoque deformetur."

211 Die Theologie kann offenbar ohne philosophische Theorien ihre eigenen Theorien nicht formulieren; daher sieht sich das Dokument dazu verpflichtet, darauf hinzuweisen, dass sich die Kirche nicht an jedes beliebige philosophische System binden kann, das nur eine kurze Zeitspanne Bedeutung hat (DH 3883).

212 „Sed ea quae communi consensu a catholicis doctoribus composita per plura saecula fuere ad aliquam dogmatis intelligentiam attingendam ... nituntur enim principiis ac notionibus ex vera rerum creatarum cognitione deductis; in quibus quidem deducendis cognitionibus humanae menti veritas divinitus revelata, quasi stella, per Ecclesiam illuxit" (DH 3883).

„Gesunde Philosophie" hängt mit der Lebensführung und dem Glaubensleben zusammen.[213] Nach der Lehre des Thomas von Aquin, die an dieser Stelle vom Katholischen Lehramt bestätigt wird, ist der Mensch aufgrund einer Konnaturalität zwischen Geist und Schöpfungsordnung – man könnte sagen: aufgrund einer natürlichen, von Gott eingesetzten Entsprechung zwischen Denkordnung und Seinsordnung – fähig, die Wahrheit zu erkennen und gültige Erkenntnis zu erzeugen.[214] Diese Konnaturalität macht es möglich, dass sich der Mensch in seinem Erkennen an der gültigen Ordnung orientiert. Dadurch wird eine „philosophia perennis" möglich (AAS 573). Aufgrund dieses Zusammenhangs zwischen Fragen des Glaubens und philosophischer Erkenntnis kommt dem Katholischen Lehramt eine spezifische Verantwortung für die Philosophie und auch die Kompetenz zu, über philosophische Entwürfe zu urteilen und sie gegebenenfalls in die Schranken zu weisen.[215] Es wird daher ausdrücklich von Philosophiedozenten gefordert, die lehramtliche Autorität anzuerkennen.[216]

---

[213] „At simul dolendum est haud paucos istorum, quo firmius verbo Dei adhaereant, eo magis humanam rationem adimere, et quo libentius Dei revelantis auctoritatem extollant, eo acrius Ecclesiae Magisterium aspernari, a Christo Domino institutum, ut veritates divinitus revelatas custodiat atque interpretetur" (AAS 563).

[214] Die Ausrichtung der menschlichen Erkenntnis auf die gottgestiftete Seinsordnung ist auch ein Argument dafür, dass die menschliche Vernunft religiös relevante Aspekte des Lebens erkennen könne; der tiefere Grund für Schwierigkeiten im Vernunftgebrauch wird im Willen und in bestimmten Neigungen, also letztendlich in Fragen des Lebenswandels, angesiedelt: „Numquam enim christiana philosophia utilitatem negavit et efficacitatem bonarum totius animi dispositionum ad res religiosas ac morales plene cognoscendas et amplectendas; immo semper docuit huiuscemodi dispositionum defectum causam esse posse cur intellectus, cupiditatibus ac mala voluntate affectus, ita obscuretur ut non recte videat" (AAS 574; an dieser Stelle erfolgt der Verweis auf *STh* II–II, q. 1, a. 4, ad 3; q. 45, a. 2, in corp.).

[215] „Has quidem a veritate aberrationes deplorare supervacaneum esset, si omnes, etiam in rebus philosophicis, qua par est reverentia ad Magisterium Ecclesiae animum intenderent, cuius profecto est, ex divina institutione, non solum veritatis divinitus revelatae depositum custodire et interpretari, sed ipsis etiam philosophicis disciplinis invigilare, ne quid detrimenti ex placitis non rectis catholica patiantur dogmata" (AAS 575).

[216] „Qui in ecclesiasticis institutis docent, noverint se tuta conscientia munus docendi, sibi concreditum, exercere non posse, nisi doctrinae normas, quas ediximus, religiose accipiant atque ad amussim servent in discipulis instituendis. Debitam reverentiam atque obtemperationem, quam in suo adsiduo labore

Die menschliche Vernunft ist aufgrund der Konnaturalität mit der gottgeschaffenen Seinsordnung fähig, den persönlichen Gott und das natürliche Gesetz zu erkennen. Hindernisse bei dieser Erkenntnis sind vorgefasste Meinungen, verkehrte Begierden oder ein Antrieb der Sinne. Die Vernunft kann also durch Willen und Neigungen geschwächt werden. Deswegen sind Fragen der Lebensführung auch für die Gültigkeit philosophischer Erkenntnis von großer Bedeutung. Denn diese Hindernisse auf dem Weg zur Erkenntnis der über–sinnlichen Ordnung, die Gott geschaffen und als immerwährende und objektive Wahrheit zugänglich gemacht hat, können dadurch ausgeräumt werden, dass sich der Philosoph um rechte Lebensführung und gesunde Philosophie bemüht. Gesunde Philosophie ist jene Form von Philosophie, wie sie in der Kirche gebräuchlich ist und von der Kirche anerkannt wird. Diese Form von Philosophie schützt den Wert menschlicher Erkenntnis und die unerschütterlichen Prinzipien der Metaphysik. Das Katholische Lehramt, das in Fragen der Glaubens– und Sittenlehre authentisch entscheidet, ist daher unverzichtbare normative Instanz für den rechten Vernunftgebrauch. Die Vernunft unterliegt daher Formungsprozessen, die vom Katholischen Lehramt überwacht werden.

Wenn die Vernunft gebildet werden muss und es eine rechte Weise dieser Bildung gibt und die Vernunft doch in den menschlichen Geist eingepflanzt ist, so legen sich Parallelen zur Doktrin des menschlichen Gewissens nach dem Katholischen Lehramt nahe. Das Gewissen eröffnet dem Menschen die Moralordnung und gebietet ihre Beachtung (DH 3956); im Gewissen erkennt der Mensch jenes Gesetz, das in der Liebe zu Gott und dem Nächsten erfüllt wird – es handelt sich um objektive Normen der Sittlichkeit (DH 4316). Das Gewissen muss gebildet werden: daher sind die Menschen zu einer Kultur des Herzens zu erziehen, damit sie ihre Gewissenspflicht genauer erfüllen (DH 4331); es ist Aufgabe der Morallehre, in Bezug auf die gegenseitigen Rechte und Pflichten der Person und der Gesellschaft, das Gewissen zu erleuchten (DH 4551). Die Kirche verfolgt hinsichtlich der Gewissensbildung eine Erziehung zur Freiheit (DH 4771) und zur öffentlichen Kultur der Arbeit und zur Solidarität (DH 4776). Der Prozess der Gewissensbildung hat sich an objektiven Normen zu orientieren. Individuel-

---

Ecclesiae Magisterio profiteantur oportet, discipulorum quoque mentibus animisque instillent“ (AAS 578).

les Gewissensurteil schließt Irrtum nicht aus: Das aus Unkenntnis irrende Gewissen verliert seine Würde nicht; dies gilt jedoch nicht bei Gewöhnung des Gewissens an die Sünde und wenn der Mensch sich zu wenig um das Wahre und Gute bemüht (DH 4316). Das Gewissen nach katholischer Lehre[217] ist also a) im Menschen als Verweis auf objektive Strukturen des Sittlichen angelegt, b) angewiesen auf rechte Bildung und Formung, c) angewiesen auf ein Urteil in speziellen Fällen und damit auf die Vernunft und d) dem Urteil des Katholischen Lehramts hinsichtlich der „rechten Gewissensbildung“ unterstellt. Analog kann im Lichte der Dokumente über die Vernunft nach katholischer Auffassung gesagt werden, dass sie a) in den Geist des Menschen eingepflanzt und auf objektive Wahrheiten verwiesen ist, b) auf rechte Formung im Sinne einer gesunden Philosophie angewiesen ist, c) auf einen Lebenswandel und ein Glaubensleben verwiesen ist, und damit auf das Gewissen und d) dem Urteil des Katholischen Lehramts hinsichtlich der „rechten“ Ausbildung der Vernunft und der philosophischen Urteile unterworfen ist.

Wenn auch nur am Rande des Dokuments erwähnt, so ist es in unserem Zusammenhang doch wichtig, darauf hinzuweisen, dass laut dieser Enzyklika sich die Theologie verschiedener Philosophien als ihrer Werkzeuge bedient („theologia pro variis philosophiis quibus decursu temporum tamquam suis utitur instrumentis“; DH 3882). Einzelne philosophische Strömungen, Schulen oder Theorien können nach diesem Bild als Werkzeuge betrachtet werden, die jeweils für bestimmte Zwecke geeignet sind. Daraus ergibt sich wiederum ein Primat des Philosophierens als Tätigkeit vor dem ausgebauten philosophischen System. Die Philosophie erscheint dann als ein Werkzeug, das einem Zweck dient und über seinen Zweck zu charakterisieren ist und kein Zweck in sich selbst ist. Über den höheren Zweck, dem die Philosophie dient, und damit über den Wert einer bestimmten philosophischen Theorie, der in Relation zu diesem höheren Zweck bestimmt werden kann, entscheidet das Katholische Lehramt.

Vieles von dem, was hier gesagt wurde, erscheint nach dem Vatikanum II in einem neuen Licht. Es wäre ein interessantes Gedankenexperiment, sich zu fragen, wie die Interpretation von *Humani Generis* aussehen würde, wären die monierten Theolo-

[217] Laun, *Das Gewissen*; Schockenhoff, *Das umstrittene Gewissen*.

gen nicht doch später zu theologischen wie auch kirchlichen Ehren gekommen.

3.4 „Fides et Ratio" (AAS 1998)

Das letzte Dokument, das ich näher betrachten möchte, ist die Enzyklika *Fides et Ratio* von Johannes Paul II. mit Datum 14. September 1998. Als historischer Hintergrund sind wohl vor allem zwei Dinge zu nennen, die Zerrissenheit und Pluralität der Philosophie und die Aufweichung des Vernunft– und des Wahrheitsbegriffes durch gewisse Tendenzen in der Philosophie.

Die Grundstruktur dieser umfangreichen Enzyklika lässt sich folgendermaßen rekonstruieren: Philosophie kann im Sinne eines philosophischen Systems bzw. im Sinne philosophischen Denkens aufgefasst werden, wobei dem Philosophieren der Primat vor dem philosophischen System zugesprochen wird (4).[218] Diesen Schritt könnte man nun so interpretieren, dass die Sache der Philosophie als in eine Lebensform eingebettet verstanden wird und nicht als abschließbarer Prozess philosophischer Theorienbildung aufgefasst wird.[219] Konsequenterweise wird in der Enzyklika auch der existentielle Ort der Philosophie im Leben eines jeden Menschen und einer jeden Kultur angeführt. Anfang der Philosophie ist das Staunen (4). Die Philosophie stützt sich auf Sinneswahrnehmung und Erfahrung und bedient sich des Lichtes des Verstandes (9). Dabei wird ihr auch eine gewisse Autonomie hinsichtlich der eingesetzten Prinzipien, Regeln und Methoden zugesprochen. Diese Autonomie ist Gewähr für das Erreichen allgemeingültiger Ergebnisse (75). Ausdrücklich wird hervorgehoben, dass es keine offizielle Philosophie des Lehramts gibt und dass das Katholische Lehramt die Autonomie der Philosophie in den genannten Bereichen respektiert (49). Die „christliche Philosophie" ist nicht offizielle Philosophie der Kirche (76). Dennoch untersteht die Philosophie dem Urteil des Lehramts, das zwischen Philosophie als

[218] Zitation der Enzyklika *Fides et Ratio* erfolgt nach Nummern.
[219] Vgl. *Fides et Ratio* 18: Erkennen des Menschen ist ein Weg, der keinen Stillstand kennt.

„recta ratio“ und anderen Formen von Philosophie unterscheidet. Die „recta ratio“ wird in zweierlei Hinsicht charakterisiert, mit Bezug auf außerphilosophische Komponenten und mit Bezug auf philosophische Komponenten wie Fähigkeit und Bereitschaft zur Rekonstruktion der ersten Prinzipien (4), zum radikalen Fragen (5, 48, 56), zur Behandlung der Frage nach dem letzten Ziel des Menschen als Person (15). Als Beispiele für Denker im Sinne der „recta ratio“ werden die Kirchenväter (38), Thomas von Aquin (43, 57, 58, 78) und einige christliche Philosophen wie John Henry Kardinal Newman, Jacques Maritain, Etienne Gilson, Edith Stein angeführt (74). Als außerphilosophische Komponenten, die entscheidend zur Formung einer „recta ratio“ beitragen, werden Glaube (16)[220] und Gottesfurcht (20), Anerkennung der vertrauensvollen Übernahme eines „Erbes“ von anderen (31) und ein Klima der Freundschaft (32) sowie die Anerkennung der Heilsbedeutung bestimmter Sätze genannt (66). Als entscheidende Faktoren werden – als subjektiver Aspekt – die Läuterung der Vernunft durch den Glauben (76) und – als objektiver Aspekt – die Anerkennung bestimmter Vorgaben, nämlich die Annahme der von der Offenbarung vorgelegten Wahrheiten, genannt (76).

Die „recta ratio“, über die das Lehramt entscheidet, hat Richtungsweisendes für die Theologie zu sagen. Das Verhältnis von Philosophie und Theologie wird durch zwei Punkte charakterisiert: Erstens kann aus prinzipiellen Gründen zwischen philosophischer und theologischer Erkenntnis kein Widerspruch entstehen (34); zweitens ist in der gegenwärtigen Situation die Gefahr einer Trennung, die für beide Teile schädlich wäre, zu konstatieren (48). Die Theologie wird durch die beiden Prinzipien des „auditus intellectus“ und des „intellectus fidei“ charakterisiert. Das Verhältnis von Philosophie und Theologie unterliegt ebenfalls dem Urteil des Lehramts.[221]

Die Enzyklika, die sich inhaltlich mit der Enzyklika *Veritatis Splendor* verbunden weiß (6) und die Moral explizit mit der Wahrheitssuche verbindet (26), legt entsprechendes Gewicht auf

[220] Der Mensch vermag mit dem Licht der Vernunft seinen Weg zu erkennen, kann ihn aber nur dann rasch und ohne Hindernisse zu Ende gehen, wenn er mit redlichem Herzen sein Forschen in den Horizont des Glaubens einfügt.

[221] Vgl. *Fides et Ratio* 65, 66, 73, 77.

die Wahrheitsfrage.[222] Die Wahrheitsfrage steht in der Spannung zwischen Universalität und Partikularität. Die normative Aussage, dass die Wahrheit nur eine ist, bezieht sich einerseits auf das Verhältnis von Glaube und Vernunft, andererseits auf das Verhältnis der Universalität des lehramtlichen Geltungsanspruchs und der Partikularität einzelner kultureller Traditionen. Die Wahrheit ist eine, universal (27), objektiv (67) und im Rahmen einer Hierarchie von Wahrheiten erkennbar. Die Universalität der Wahrheit kann auch mit philosophischen Mitteln erkenntlich gemacht werden: Die Enzyklika spricht von einem universal gültigen Kern philosophischer Erkenntnisse, worunter das Nichtwiderspruchsprinzip, die Prinzipien von Finalität und Kausalität, die Auffassung der Person als eines freien und verständigen Subjekts und die menschliche Fähigkeit, Gott, die Wahrheit und das Gute zu erkennen, fallen (4). Da einige von diesen Prinzipien zuallererst auf das griechische Denken zurückgehen, ist es nur konsequent, dass die Enzyklika der griechischen Philosophie einen gewissen Primat zuspricht, der der griechischen Philosophie bei allen Inkulturationsbemühungen die normative Kraft nicht absprechen lässt (72). Eine universale Dimension zeigt sich in der Philosophie auch in den existentiellen Fragen (Sinnfragen), die sich jedem Mensch unausweichlich stellen (26f.). Aufgrund dieser unausweichlichen Fragen ist jeder Mensch auf gewisse Weise Philosoph (30, 64). Diese Suche des Menschen kann Antwort nur im Absoluten finden (33). Der immer wieder konzedierten Fähigkeit des Menschen, Wahrheit zu erkennen, entspricht die Aussage, dass der Mensch fähig ist, mit Hilfe seiner begrenzten Sprache Wahrheiten auszudrücken,

[222] Klaus Müller rekonstruiert als entscheidenden Konstruktions– und Angelpunkt der Enzyklika die Wahrheitsfrage (Müller, *Der Papst und die Philosophie*, 13). Die Enzyklika hält fest, dass, wenn es Wahrheit gibt, es nur eine Wahrheit geben kann. „Das hat zwei Konsequenzen: Zum einen wird Philosophie als Weg der Erkenntnis von Grundwahrheiten über den Menschen und als unverzichtbare Hilfe für die Vertiefung des Glaubensverständnisses anerkannt. Zum anderen entsteht daraus in der Sicht des Papstes eine direkte Verantwortung der Kirche und speziell der Bischöfe als den Zeugen der Wahrheit für die Philosophie" (ebd.). Müller hebt vor allem die Universalität der Wahrheitsansprüche heraus (ebd., 15). Bernardo Cervellera hebt die missionarische Seite der Enzyklika heraus; ohne die in der Enzyklika ausgedrückten Universalität der Wahrheit würde die Idee der Mission seines Erachtens einem Relativismus weichen (*„Fides et Ratio", an den Wurzeln der Mission*, 747).

die das Sprachereignis transzendieren (95). Die in der Enzyklika angesprochene universale Dimension, die die Menschen verbindet, zeigt sich schließlich auch daran, dass sich alle Kulturen einer universalen Dimension öffnen (70), was auch als allgemeine Fähigkeit des menschlichen Geistes bezeichnet wird (72). Die Weisheit des Kreuzes überwindet jede kulturelle Grenze (24). Demgegenüber steht die Dimension der Partikularität und des Pluralismus: Die Pluralität von Philosophien wird deutlich hervorgehoben, jedes Volk entwickelt seine eigene Urweisheit (3). Die Offenbarungswahrheit ist eingebettet in Zeit und Geschichte (11). Dennoch darf Kultur niemals das letzte Kriterium sein (71).

Auf diesem Hintergrund werden drei Forderungen an die Philosophie herangetragen: Erstens muss die Philosophie die Weisheitsdimension wieder finden;[223] zweitens muss die Philosophie die Fähigkeit des Menschen überprüfen, zur Erkenntnis der objektiven Wahrheit durch *adaequatio rei et intellectus* zu gelangen; drittens ist eine Philosophie von wahrhaft metaphysischer Tragweite zu entwickeln. Diese Forderungen werden mit Gefahren heutigen Denkens kontrastiert (86–91): Ekklektizismus, Historismus, Szientismus, Pragmatismus und Nihilismus werden als gefährliche Strömungen hervorgehoben. Wenn Philosophie als „recta ratio" betrieben wird und die Möglichkeit der Erkenntnis allgemeingültiger Erkenntnis festhält, schafft sie eine Voraussetzung für einen ehrlichen und glaubwürdigen Dialog der Menschen untereinander (93). So kann die Philosophie einen Beitrag zum Aufbau der Kultur leisten. Das ist allerdings nur möglich, wenn sich die Philosophie an der Wahrheit orientiert, der sie – ebenso wie das Katholische Lehramt – zu dienen hat. Denn auch das Katholische Lehramt selbst thematisiert seine Funktion im Kontext der Wahrheitsfrage: Der demütige Dienst an der Wahrheit, den die Bischöfe erfüllen, sollte von jedem Philosophen anerkannt werden (50). Jede von der Kirche angestellte Reflexion erfolgt auf der Grundlage des Bewusstseins, Verwahrerin einer Botschaft zu sein, die ihren Ursprung in Gott selber hat (7). Der Dienst an der Wahrheit, den das Lehramt leistet, ist ein anderer Dienst als der rein

---

[223] Vgl. *Fides et Ratio* 44. An dieser Stelle findet sich der Hinweis auf den Zusammenhang zwischen Erkennen und Weisheit sowie Heiligem Geist nach Thomas von Aquin: Das menschliche Erkennen wird unterstützt durch die Konnaturalität der Weisheit und die Assistenz des Heiligen Geistes.

philosophische: Die Wahrheit, welche die Offenbarung uns erkennen lässt, ist nicht die reife Frucht oder der Höhepunkt eines von der Vernunft aufbereiteten Denkens (also Ergebnis eines aktiv betriebenen Prozesses), sondern sie erscheint mit dem Wesensmerkmal der Ungeschuldetheit (die also den Menschen nicht als Konstrukteur, sondern als Empfänger ausweist) und fordert, als Ausdruck der Liebe angenommen zu werden (15). Daher muss ja auch die Philosophie Offenbarungswahrheiten voraussetzen und annehmen.

Aufgrund des spezifischen Auftrags definiert das Lehramt die Grenzen der philosophischen Denkschemata, die die Tiefgründigkeit der geoffenbarten Wahrheit nicht ausschöpfen können (23). Gott offenbart sich allerdings durch Zeichen, die der Vernunft zugänglich sind (13) – aber auch diese Zeichen werden vom Lehramt definiert. Das Lehramt greift bei der Philosophie nicht überall ein – es ist nicht die Aufgabe des Lehramts, Lücken des philosophischen Diskurses auszufüllen; es ist aber seine Pflicht zu reagieren, wenn fragwürdige philosophische Auffassungen das richtige Verständnis des Geoffenbarten bedrohen (49) oder auch Irrtümer im Gottesvolk hervorrufen. Dennoch ist es Aufgabe des Lehramts, anzugeben, welche philosophischen Voraussetzungen und Schlussfolgerungen mit der geoffenbarten Wahrheit unvereinbar wären und zugleich die Forderungen zu formulieren, die der Philosophie unter dem Gesichtspunkt des Glaubens auferlegt werden (50).[224] Daher hat das Katholische Lehramt den Anspruch, über den Wert philosophischer Theorien zu urteilen.[225] Das ist Teil des Dienstes an der Wahrheit, zu dem das Katholische Lehramt verpflichtet ist.

Lehramt und Philosophie dienen beide in je spezifischer Weise der universalen, objektiven und hierarchisch geordneten Wahrheit. Dem durch Stiftung eingesetzten Lehramt kommt die Aufgabe zu, auf die „recta ratio" zu achten und damit den Vernunftgebrauch in der Philosophie, der durch das Staunen über die Wahrheit motiviert wird, zu überwachen. Der rechte Vernunftgebrauch ermöglicht die Erzeugung philosophischer Theorien mit Weisheitsdimension, mit klarem Bemühen um das Erreichen der objektiven

---

[224] Vgl. *Fides et Ratio* 51, 52, 53, 54, 61, 65, 78.

[225] Das wurde von philosophischer Seite durchaus bedauert – vgl. Nagl, *Die Enzyklika „Fides et Ratio"*, 10.

Wahrheit und mit metaphysischer Tragweite. Diese Form von Philosophie kann zur Vorbereitung und Verteidigung des Glaubens einerseits und zum Aufbau der Kultur andererseits beitragen.

Das Verhältnis von Glaube und Vernunft wird als komplementäres Verhältnis charakterisiert, das auf eine Naturgesetztheorie hinausläuft. Dieser Aspekt wurde übrigens von der englischen Bischofskonferenz als kircheninterne Voraussetzung für das Verstehen universaler Menschenrechte angeführt.[226] Damit fügt sich die Enzyklika harmonisch in die Bemühungen ein, das Verhältnis von Glauben und Vernunft als friktionsfreies zu charakterisieren, solange beide sich innerhalb ihrer Grenzen bewegen.

Diese vier Dokumente setzen die Tendenz, die sich bereits angekündigt hat, ersichtlicherweise fort. Entscheidend ist wiederum das Zugeständnis an die Autonomie der Philosophie, die Idee, dass die Tätigkeit des Philosophierens den Primat vor einem philosophischen System habe, dass die Kirche nicht auf ein bestimmtes philosophisches System verpflichtet ist, und dass sich Vernunftgebrauch in einer Ordnung bewegt, die der Ordnung des Glaubens nicht widerstreitet, sondern im Gegenteil wesentliche Beiträge für gelungene religiöse Praxis liefern kann. Zur Ordnung des Vernunftgebrauchs gehören auch der Rahmen einer Gemeinschaft und die Struktur einer Lebensweise. Diese Elemente könnten Hinweise dafür sein, in welche Richtung man blicken soll, wenn man die Frage nach der Verhältnisbestimmung von Philosophie und Katholizismus stellt.

---

[226] CBC of England and Wales, *Human Rights and the Catholic Church*, No. 8.

VIII. Philosophische Commitments katholischen Denkens?

1. Zum Begriff einer „katholischen Philosophie“
2. Commitments in der philosophischen Reflexion
3. Wahrheit, Vernunft, Wirklichkeit als Commitments katholischen Denkens
4. Schlussbemerkung

1. Zum Begriff einer „katholischen Philosophie“

Die Anführungszeichen sind viel sagend. Am Anfang soll hier unbedingt eine Warnung stehen. Es ist jene Warnung, die Kardinal Suenens bei einem Vortrag in Chicago nach dem Zweiten Vatikanischen Konzil formuliert hat. Suenens hatte über die Zukunft der theologischen Ausbildung gesprochen und drei Punkte erwähnt: erstens solle die künftige theologische Ausbildung nicht auf dem Land, fernab der Zivilisation, in geschützten Gettos erfolgen, sondern in einem urbanen Milieu; zweitens solle die theologische Ausbildung der Zukunft nicht in der akademischen Binnenkultur von Seminaren verankert sein, sondern in Zusammenarbeit mit einer Universität erfolgen; drittens solle die theologische Ausbildung der Zukunft nicht in einem strikt katholischen Raum, sondern in ökumenischer Atmosphäre erfolgen. Diese prophetischen Worte sind auch für die Idee einer katholischen Philosophie wichtig, weil sich hier die Frage nach einem Rückzug in ein Getto oder einem Aufbruch in die Welt stellt. Suenens' Ausführungen sind auch insofern für die Frage nach der (einer) katholischen Philosophie relevant, als der stärkste Motor kirchlicher Erneuerung im 20. Jahrhundert, das Zweite Vatikanische Konzil, sich mit der Theologie, nicht aber mit der Philosophie auseinandergesetzt hatte. So verwundert es nicht, dass Mitte der 1960er Jahre die bange Frage nach dem „aggiornamento“ der Philosophie gestellt wurde.[1]

---

[1] „The really deep ‚sleeper' of the current aggiornamento is the issue of philosophy, that is, whether there is to be an updating of traditional philosophical

Die Hinweise auf die urbane, akademische und dialogische Ausrichtung der theologischen Ausbildung sind auch für die Sache der Philosophie ernst zu nehmen. Der Begriff einer katholischen Philosophie weckt Assoziationen von Rückzug und Ausgliederung, Selbstdistinguierung und Gettobildung und ist deswegen mit Behutsamkeit und Vorsicht anzuwenden, gerade weil die Vergangenheit diesen Begriff mit Erfahrungen, Wirkungsgeschichte und Konnotationen belastet.

In diesem Sinne ist daher Emerich Coreths Mahnung zu verstehen, der der Frage nach der Rolle des Stichworts „katholisch" im Zusammenhang mit Philosophie nachgeht: „Soll damit eine Philosophie im engen Binnenraum katholischen, kirchlich gebilligten und geförderten Denkens betrieben werden? Soll vielleicht gar zum Rückzug in ein geistiges Getto katholischen Denkens aufgerufen werden? Eine solche Gesinnung war, wenigstens zum Teil, der Neuscholastik eigen, die gegen die Irrtümer ihrer Zeit mit der Parole ‚Philosophie der Vorzeit' zu Felde zog; was damals eine gewisse Berechtigung haben mochte, muss heute als überholt gelten. Wenn sich aber heute von neuem gewisse Bestrebungen zeigen, nur eine bestimmte, allein für rechtgläubig gehaltene Philosophie gelten zu lassen, andere Denkrichtungen aber, auch im katholischen Raum, als Irrwege zu verdammen, so wird sich gerade in diesem Werk zeigen, dass es immer schon, auch und besonders in dem zur Frage stehenden Zeitraum, eine bunte Vielfalt philosophischen Denkens gab, die in der Weite katholischen Geistes Platz hat."[2] Jene Historiographien, die die Nostalgie einer katholischen Philosophie als „Einheitsphilosophie" betreiben, sind also mit Vorsicht zu betrachten.

Zugleich muss klar sein: Der Begriff der katholischen Philosophie darf nicht, ganz im Sinne der Warnungen von Suenens, den Anspruch von Exklusivität (als „allein richtige Philosophie") beanspruchen, wenn die Philosophie eine Rolle in der Welt spielen und den Menschen dienen will.[3] Der Begriff der katholischen

concepts and methodology in Catholic circles, and how this is to be achieved" (Davis, *Of Many Things*, in: America June 12, 1965, 841).

2 Coreth, *Einleitung in das Gesamtwerk*, 25.

3 „As a philosophy, Christian philosophy asks nothing more than a recognized place in an open forum. But it can be content with nothing less. From patristic times on it has striven to avoid a ghetto. Today's pluralistic mentality assures Christian philosophy an acknowledged place and at the same time enables it to

Philosophie darf nicht die Idee einer katholischen Binnenkultur suggerieren, die Idee einer *epistemischen Autarkie* mit der Überzeugung, die für die epistemische Arbeit erforderlichen Rohstoffe von der katholischen Kirche selbst gewinnen zu können.[4] Es ist hier deutlich jedem Versuch entgegenzutreten, eine inzestuöse Form von Philosophie zu generieren, die ausschließlich aus dem Becken der eigenen Tradition schöpft. Das entspricht weder der geschichtlichen Tradition, wie sich die katholische Kirche mit der Geisteswelt auseinandergesetzt hat,[5] noch entspricht es dem Begriff und Anspruch der Katholizität, die sich „auf alles" richtet und dem Bemühen nach „alles" in den Dialog einbezieht. Da die Kirche „in der Welt" ist und gerade das die Aufgabe der Kirche ausmacht, die ja Mittel zum Zweck und nicht Endzweck ist, muss ein Ideal epistemischer Autarkie für das Philosophieren im Rahmen der katholischen Kirche zurückgewiesen werden. Ein Subjekt ist epistemisch autark genau dann, wenn es (i) auf sich allein gestellt (unabhängig von externen Dialogpartnern und Autoritäten), (ii) unabhängig von Erkenntnisquellen, die sich außerhalb des von dem Subjekt kontrollierten Horizonts befinden, beurteilen kann, welche seiner Überzeugungen gerechtfertigt sind. Eben das ist für die Idee einer katholischen Philosophie dezidiert und explizit abzulehnen. Man muss sich in diesem Zusammenhang auch mutig die Frage stellen, ob es nicht gut wäre, auf den Begriff der katholischen Philosophie ganz zu verzichten, weil dadurch mehr Missverständnisse aufgeworfen als Klarheiten erzeugt würden. Ich tendiere dazu, dies vorzuschlagen und statt dessen – vorsichtiger –

---

understand both the intransigence of its opponents and the benefit of dialoguing with them" (Owens, *Towards a Christian Philosophy*, 40).

4 Diesen Eindruck erweckt die Neoscholastik mit dem Anspruch, „ewige Philosophie" zu sein (siehe Literaturangaben von Owens, *Towards a Christian Philosophy*, 139ff.). Dieser Anspruch mutet heute naiv an. Owens zitiert an der angeführten Stelle Autoren, die die Neoscholastik als die adäquate Philosophie in den Feldern der Religion, der Psychologie, der Erkenntnistheorie, der Biologie und der Ethik ausweisen.

5 Philosophie ist in der christlichen Tradition gerade eine Öffnung hin zur Welt; das Gute zu assimilieren, war von jeher ein tragender Pfeiler der patristischen Leistungen: „St Augustine says, just as God ordered the Israelites to ‚take the spoils of the Egyptians' when they left captivity for the promised land, so Christians are to take the best of pagan learning to enrich their understanding of the things God has revealed" (Ross, *On Christian Philosophy*, 368); vgl. Augustinus, *De Doctrina Christiana*, II, 40, 60.

nach den Commitments katholischen Denkens zu fragen, also nach den epistemischen Verpflichtungen, die mit der Akzeptanz des Katholizismus verbunden sind. In jedem Fall darf eine Verhältnisbestimmung von Philosophie und Lehramt nicht die Form einer aggressiven Kampfes- oder einer resignativen Rückzugsformel annehmen.

Berührungsängste mit anderen Strömungen oder Disziplinen oder Weltanschauungen sind nicht nur kontraproduktiv, sondern widersprechen auch dem Beispiel des Lebens Jesu und dem Auftrag der Kirche, „Zeugnis zu geben in der Welt" und die „Zeichen der Zeit" zu lesen und mit den Menschen Hoffnungen und Freuden, Sorgen und Ängste zu teilen. Der Begriff der katholischen Philosophie ist aufgrund seiner Geschichte nicht nur ein philosophischer, sondern auch ein (kirchen)politischer Begriff, der deswegen mit explizitem Bezug auf politische Implikationen seiner Verwendung reflektiert werden muss: Die Philosophie im katholischen Raum hat sich vor verschiedenen Öffentlichkeiten, der gesellschaftlichen, der akademischen, der kirchlichen zu behaupten. Die gesellschaftliche Öffentlichkeit klagt die soziale Relevanz der Philosophie ein und erwartet sich von der Philosophie Impulse zur Bewältigung der anstehenden Orientierungsprobleme. Die akademische Öffentlichkeit klagt die intellektuelle Redlichkeit der Philosophie ein und erwartet sich eine Wahrung von gewissen Begründungsstandards und die Erfüllung epistemischer Pflichten. Die kirchliche Öffentlichkeit klagt die Dienstfunktion der Philosophie ein und erwartet sich von der Philosophie einen Beitrag zum theologischen Denken und kirchlichen Leben.

Der Begriff der katholischen Philosophie darf nicht auf einen Konflikt akademischer Kulturen hinauslaufen. Diese Anspielungen auf die bekannten Thesen Samuel Huntingtons zum „clash of civilizations"[6] sind nicht von der Hand zu weisen, wenn man etwa bedenkt, (i) dass die Distanz der katholischen Kirche zur Weltöffentlichkeit größer und nicht kleiner wird,[7] (ii) die Idee einer „katholischen Kultur" im 19. Jahrhundert, vor allem in Italien, durchaus und zwar mit sichtbaren Konsequenzen verfolgt wurde. Dieser

---

[6] Huntington, *The clash of civilizations*.

[7] Symptomatisch wurde diese Distanz auf der Weltbevölkerungskonferenz in Kairo, als die Vertreter der katholischen Kirche mit islamischen Gruppierungen gegen den Rest der Welt standen.

mögliche und partiell sichtbare „clash of civilizations“ zwischen Kirche und Weltöffentlichkeit betrifft Fragen der Demokratie, Fragen der Meinungsvielfalt und des Dialogs, Fragen der Sexualmoral, Fragen von Autorität und Autoritätswahrnehmung, Fragen von Amt und Amtslegitimation. Dieser Konflikt der Kulturen kann auf der politischen Ebene als Konflikt „Kirche versus Gesellschaft“ oder auf der akademischen Ebene als Konflikt „kirchliche Philosophie“ versus „freie Philosophie“ auftreten. Hier sind also deutliche Warnsignale aufzustellen, die zur Vorsicht im Umgang mit dem Begriff der Philosophie mahnen. Pedro Arrupe hatte davon gesprochen, dass ein guter religiöser Superior die positiven Elemente assimilieren würde und gegenüber einem gesunden Pluralismus offen wäre. Ähnliches gilt für gute Philosophie, die keine Angst haben darf, mit anderen Strömungen und Meinungen in Kontakt zu kommen.[8] Das ergibt sich sowohl vom Verständnis von Philosophie als auch, wie erwähnt, vom Auftrag der Kirche. Die großen Exponenten der Philosophie in der christlichen Tradition waren denn auch nicht „hardliner“, die einen „philosophischen Exklusivismus“ vertreten hätten. Augustinus, Thomas von Aquin, Bonaventura, John Henry Newman waren Männer, die offen waren gegenüber den philosophischen Auseinandersetzungen und den säkularen Entwicklungen ihrer Zeit.[9] Dies sind auch historische Signale, den Begriff der katholischen Philosophie nicht für eine Gettoisierung zu verwenden.

Noch einmal: Auf dem Hintergrund dieser Überlegungen wird man sich auch überlegen müssen, ob man nicht überhaupt vom Begriff der „katholischen Philosophie“ abrücken sollte, ähnlich wie Winfred Cantwell Smith im Rahmen der Religionswissenschaft vorgeschlagen hat, auf den Begriff von „religion“ zu verzichten, weil dieser Begriff durch Reifikation (es gibt keine einheitliche Entität „Religion“), Idealisierung (es werden nur bestimmte Aspekte berücksichtigt) und Reduktion (die Innensicht der religiösen Menschen wird auf die Außensicht der Religions-

---

8 James Collins weist auf diese Funktion der Integration von Neuem und einer Haltung der Offenheit hin (Collins, *Christian Philosophers and the Modern Turn*, 23): „The Christian philosopher who assimilates the temper of modern philosophizing can better appreciate the kind of human world in which he lives and which he should want to enrich.“

9 Vgl. Hug, *The Place and Function of the Catholic Philosopher in the World Today*, 36f.

wissenschafter reduziert) zustande käme.[10] Ähnlich kann man sich auch für den Begriff der katholischen Philosophie überlegen, ob dieser Begriff epistemisch unredlich ist, weil er dort Einheit vorspiegelt, wo wir es mit Vielheit zu tun haben, deswegen nur bestimmte Aspekte des philosophischen Diskussionsgeschehens berücksichtigen könne und jedenfalls nicht in der gewöhnlichen Umgangssprache etabliert sei. Bei „katholischer Philosophie" kann man jene polemische Stimmen geradezu hören, die in diesem Sinne von „katholischer Seife" oder „katholischen Wasserwerken" reden würden.[11] Und selbst wenn es von der katholischen Kirche betriebene Seifenfabriken oder Wasserkraftwerke gäbe, so kann die katholische Kirche doch die Philosophie nicht besitzen, selbst wenn sie Lehr– und Forschungsstätten, an denen die Sache der Philosophie betrieben wird, koordiniert bzw. institutionell verankert. Eine Begriffsverwendung „katholische Philosophie ist jene Philosophie, wie sie von katholischen Institutionen erzeugt wird", ist dennoch abzulehnen, weil damit nur eine nicht administrierbare wissenssoziologische Zuordnung getroffen wurde, aber kein systematischer Gehalt ausgesagt ist. Und dann wäre mit dem Begriff nichts gewonnen und er würde, nach einem Wort Wittgensteins, „feiern" und ins Leere laufen.

Diese Warnung dient dem Zweck, einen Pluralismus von philosophischen Strömungen anzuerkennen. Nur eine Vielfalt von philosophischen Strömungen kann die nötige Flexibilität zur Erfüllung der Dienstfunktion der Philosophie gewährleisten.[12] Die

---

[10] „The word ‚religion' has had many meanings; it ... would be better dropped. This is partly because of its distracting ambiguity, partly because most of its traditional meanings are, on scrutiny, illegitimate. The only effective significance that can reasonably be attributed to the term is that of ‚religiousness', but for this generic abstraction other words are available – we could rehabilitate perhaps the venerable term ‚piety'" (Smith, *The Meaning and End of Religion*, 194).

[11] Katholische Berufsverbände (wie etwa die Gemeinschaft der Philosophiedozenten an katholisch–theologischen Fakultäten) sind möglich, geben aber nicht den systematischen Gehalt von „katholischer Philosophie" wieder. Die ACPA (American Catholic Philosophical Association) etwa war immer auch offen für Nichtkatholiken, denn „a Catholic association for philosophy seems fully open to the objection raised by Dupré's comparison with a Catholic association for goatbreeding" (Owens, *Toward a Christian Philosophy*, 108, FN 17).

[12] Eine relevante Frage in diesem Zusammenhang: „And sometimes do we not give the impression of being insensible, tone–deaf, to a philosophic need of

Anerkennung eines Pluralismus in der Philosophie ist in zweifacher Hinsicht zu verstehen: einmal als Pluralismus innerhalb der katholischen Kirche, dann aber auch als Pluralismus in der Philosophie überhaupt. Der Pluralismus innerhalb der katholischen Kirche zeigt sich als weltanschaulicher und als kultureller Pluralismus und eine Diskussion um den Begriff der katholischen Philosophie muss auf jenem Stand sein, den eine Diskussion um „Inkulturation" und „lokale Theologien" erreicht hat.[13] Das Dekret über die Religionsfreiheit von Vatikanum II ist für die Rede von katholischer Philosophie insofern relevant, als hier die mit *Dei Filius* begonnene Rede von der „Autonomie der Welt", wo von der Eigenständigkeit der Philosophie die Rede war, fortsetzt und eine Vielfalt von Glaubenswegen zur Kenntnis nimmt und in inklusivistischer Interpretation auch als Vielfalt von Heilswegen ins Auge fasst. Dem Projekt einer „Einheitsphilosophie", wie es in der Neuscholastik durchaus vorangetrieben wurde, ist also eine klare Absage zu erteilen. Ich möchte an dieser Stelle darauf hinweisen, dass die Idee einer Einheitswissenschaft, wie sie in den 1930er Jahren bekanntlich verfolgt wurde, an der Pluralität der Wissenschaftsdisziplinen, die nicht nur unterschiedliche Gegenstandsbereiche aufweisen und unterschiedliche Methoden verfolgen, sondern auch eine unterschiedliche Sprache sprechen, gescheitert ist. Auch wichtige Texte des Katholischen Lehramts unterstreichen, wie wir gesehen haben, die Ablehnung einer Einheitsphilosophie und es wird dezidiert gesagt, dass die Kirche nicht auf eine bestimmte philosophische Richtung festlegt und festgelegt ist. Dieser Gedanke ist bei der Diskussion des Begriffs der katholischen Philosophie zu berücksichtigen. Diese Warnung sei also an den Beginn gestellt.

Die Diskussion um den Begriff einer katholischen Philosophie kann ähnlich geführt werden wie die Diskussion um den Begriff einer christlichen Philosophie. Auch hier geht es um die Klärung

---

the hour, not unlike the priest and levite in the parable of the Good Samaritan?" (Hug, *The Place and Function*, 48; im Orig. kursiv).

[13] Die Respektstandards gelten hier in besonderer Weise, zumal die Idee einer christlichen Philosophie angesichts des Anliegens der Inkulturation eine besondere Note erhält: „Just as Europe has a Christian philosophy, it is necessary to have the humility to work towards Hindu–Christian philosophy, a Mohammedan–Christian philosophy, and a Buddhist–Christian philosophy" (Tissa Balasuriya, zitiert nach Owens, *Towards a Christian Philosophy*, 101, FN 9).

der Beziehung zwischen „katholisch" und „Philosophie" (innere oder äußere Beziehung?), auch hier können starke und schwache Versionen unterschieden werden, auch hier kann der Begriff der katholischen Philosophie über (i) die selektierten Themen und Probleme, (ii) die verfolgten Absichten und Interessen, (iii) die vertretenen Thesen, (iv) die angewandten Methoden verstanden werden. Diese Diskussion wurde für die christliche Philosophie bereits skizziert und braucht hier nicht wiederholt zu werden. Das Meiste von dem, was über christliche Philosophie gesagt wurde, gilt *cum grano salis* auch für den Begriff der katholischen Philosophie. Ich will mich im Folgenden also nur auf einige wenige Überlegungen beschränken.

Der Begriff der katholischen Philosophie kann auf verschiedene Aspekte hinweisen: darauf, dass es Traditionen von Philosophie gibt, die innerhalb der katholischen Kirche gutgeheißen werden; oder – in einem schärferen Sinne – darauf, dass es so etwas wie eine „offizielle Philosophie der offiziellen Kirche" geben könnte; oder darauf, dass es eine Gruppe von Philosophen geben könnte, die ihre Philosophie als „katholische Philosophie" bezeichnen wollen. Hier muss man sich also einigen, ob der Begriff eine Eigenbezeichnung oder eine Fremdbezeichnung sein soll. Will man den Begriff der katholischen Philosophie klären, muss man sich fragen, was der übergeordnete Begriff dazu sein soll – etwa der Begriff der christlichen Philosophie, sodass sich von hier aus katholische Philosophie als Species des Genus „christliche Philosophie" rekonstruieren ließe. Eine Schwierigkeit mit dem Begriff liegt in jedem Fall darin, dass er selten gebraucht wird. Eine Ausnahme stellt Maurice Blondel dar, der 1932 in seinem Buch *Le problème de la philosophie catholique* diesen Begriff dem Begriff der christlichen Philosophie klar vorgezogen hatte.[14] Unter katholischer Philosophie versteht Blondel eine „erste" und „reine" Philosophie,[15] die die Disposition des Verlangens nach Glückseligkeit trägt, was wiederum Zeichen jeder endlichen Vernunft ist. Eine solche Philosophie ist katholisch, weil sie universalen Charakter mit Offenheit des Geistes und spritueller Unterweisung verbindet.[16] Blondel lehnt es also in diesem Buch explizit

---

[14] Blondel, *Le problème de la philosophie catholique*, 171, FN 1.
[15] Ebd., 163 bzw. 167.
[16] Ebd., 162.

ab, die Frage nach einer katholischen Philosophie primär – so wie Gilson – historisch anzugehen. Es geht ihm um eine systematische Diskussion der Vermittlung der theologischen und der philosophischen Vernunftordnung. Dabei entwickelt er einen Begriff von katholischer Philosophie, der mit der römisch–katholischen Kirche unter der Rücksicht der Universalität zusammenhängt, nicht aber aus historischen Gründen. Damit ist eine Möglichkeit, den Begriff in systematischer Hinsicht zu verstehen, gegeben, der sich auch in der Verwandtschaft der Begriffe „katholische Philosophie" und „philosophia perennis" zeigt.[17]

Auch in Bezug auf die katholische Philosophie können begriffsklärende Unterscheidungen gestellt werden. Der Begriff von „katholischer Philosophie" kann – unbeschadet der Frage nach der Sinnhaftigkeit – verschiedene Bedeutungen haben: (i) Man kann darunter „die katholische Philosophie" verstehen, im Sinne einer offiziellen Philosophie der katholischen Kirche; (ii) man kann darunter eine religiös akzentuierte oder motivierte Philosophie verstehen: „katholische Philosophie" ähnlich verstanden wie „islamische Philosophie" oder „jüdische Philosophie" als eine Form von Philosophie, die sich einem bestimmten geschichtlichen und weltanschaulichen Kontext verpflichtet weiß; (iii) man kann darunter die Rolle der Philosophie *in* der katholischen Kirche verstehen und etwa mit diesem Begriff all jene Personen fassen, die gleichzeitig katholisch und Philosophen sind. Nach dem ersten Begriffsverständnis ist katholische Philosophie als kirchliche Philosophie zu verstehen. Diese Tendenzen zeichnen sich etwa im 19. Jahrhundert ab, als der Begriff der „christlichen Philosophie" von katholischen Denkern im Sinne einer kirchlich gesinnten Philosophie gebraucht wird.[18] Hier erhält der Begriff der christlichen Philosophie eine deutlich restaurative Note und wird mit ei-

---

[17] Der Universalitätsanspruch in „Katholizität" wird hier mit dem Anspruch verbunden, die ewigen Fragen in einer ewig gültigen Weise behandeln zu können. Aber auch dieser Anspruch hat einen historisch lokalisierbaren Hintergrund: „In the nineteenth and early twentieth centuries, Catholics may have admittedly and even belligerently prided themselves on possessing a philosophical tradition that was different. But they universally regarded this tradition as something that should be shared by all men, regardless of religious or cultural background. It was looked upon as, in principle, independent of religious belief. It was the 'perennial philosophy' … that was the common heritage of mankind" (Owens, *Towards a Christian Philosophy*, 100).

[18] Schmidinger, *Zur Geschichte des Begriffs „christliche Philosophie"*, 38.

ner bestimmten Richtung in katholischen Kreisen identifiziert: Traditionalisten, Fideisten und Neuscholastiker beanspruchen den Begriff der christlichen Philosophie und setzen damit ideologiebildende Akzente.[19] Da scheint es auf jeden Fall sinnvoll, zwischen „Philosophie in der katholischen Kirche“ (inklusive institutionelle Bindungen) und „Philosophie der katholischen Kirche“ zu unterscheiden.[20] Nach dem zweiten Verständnis bekommt der Begriff eine deutlich religionsphilosophische Schlagseite und kann das Katholische entweder im Sinne der Provenienz der Philosophie oder im Sinne des Gegenstands der Philosophie meinen. Nach dem dritten Verständnis sind kontingente Umstände und Konstellationen angesprochen, die mehr von soziologischem Interesse als von systematisch–philosophischer Brisanz sind. Der Begriff der katholischen Philosophie kann aber auch eine gewisse Form von Philosophie meinen, die gewisse Themen, die in einer bestimmten Tradition diskutiert werden, aufgreift. Von hier aus könnte man den Begriff der katholischen Philosophie über die behandelten Themen und Fragen charakterisieren.[21] Man könnte die katholische Philosophie aber auch durch Interessen definieren: „The distinctive character of Catholic philosophy, then, does not arise from any particular philosophical bent or tradition, but from the religious interest that sets apart its problems and leads it to philosophically knowable aspects that otherwise might well have escaped philosophical notice. This interest can be had also by persons who are not confessed members of the Catholic church.”[22] Diese Möglichkeit scheint mir sinnvoll.

---

[19] Man denke an Traditionalisten (vgl. Bonnetty [Hg.], *Annales de philosophie chrétienne*, Paris 1830ff.; Gerbet, *Conferences de philosophie catholique*, Paris 1832) und Fideisten wie Bautain.

[20] Vgl. Coreth, *Einleitung in das Gesamtwerk*, 26.

[21] Diesen Vorschlag unterbreitet Owens: „Catholic philosophy is … intrinsically characterized by a propensity towards specifically Catholic themes, branching out from them to the consideration of all other philosophical topics. What renders all of them specifically Catholic is their integration into a real world known partly through natural cognition and partly through supernatural revelation. The reasoning in Catholic philosophy will start from the naturally known principles, and on them alone will the probative force of the reasoning rest. But the guiding and sustaining influence of the revealed knowledge will be continually present in and distinctive of its procedure” (Owens, *Toward a Christian Philosophy*, 130).

[22] Ebd., 113.

Wenn man am Begriff der katholischen Philosophie festhalten will – was mir, wie gesagt, nicht unbedingt sinnvoll scheint – sollte dies über den Begriff der Commitments (Verpflichtungen und Interessen) geschehen. Diese Verpflichtungen ergeben sich als epistemische wie auch praxeologische Commitments aus der Akzeptanz des Katholizismus. Dabei ist freilich zu bedenken, dass die Übernahme der Verpflichtungen (Stichwort „religiosidad popular") keineswegs für alle Katholikinnen und Katholiken angenommen werden kann bzw. dass selbst unter Berücksichtigung der doch im katholischen Raum erzielten beachtlichen Normentransparenz und Lehrinhaltsexplizitheit die Commitments nicht erschöpfend auf einer Liste aufgezählt und taxativ abgehakt werden können. Dennoch mahnt die Rede von Commitments Grenzen der Beliebigkeit ein. Wir haben im Rahmen der Diskussion um das Verhältnis zwischen Christentum und Philosophie gesehen, wie sich auf Grundlage der Akzeptanz einer Religion epistemische Verpflichtungen ergeben. Es ist nicht unsinnig, nach den Commitments zu fragen, die mit dem Katholizismus verbunden sind. Besonders deutlich dürften diese Commitments im Bereich der katholischen Soziallehre sein, wo die Prinzipien der Personalität, Subsidiarität und Solidarität eine zentrale Rolle spielen.[23] Andrew Greeley hat darauf hingewiesen, dass sich das Menschenbild des *homo oeconomicus* nicht mit der katholischen Tradition vereinbaren lässt.[24] Die katholische Soziallehre entwickelt ein bestimmtes Bild vom Menschen und vom menschlichen Zusammenleben, vom

---

[23] Einen Überblick über die katholische Soziallehre, wie sie im Rahmen der Ausübung des Lehramts entwickelt wurde, gibt Charles Curran in seinem Buch *Catholic Social Teaching*. Hilfreich ist auch das Nachschlagewerk von Judith Dwyer (*The New Dictionary of Catholic Social Thought*). Einen Überblick über die regionale Ausübung des Lehramts in sozialen Fragen liefern Massaro und Shannon (*American Catholic Social Teaching*).

[24] Greeley, *No Bigger than Necessary*, 91. Clarke und David Cochran haben die Konsequenzen herausgearbeitet, die sich aus einer katholischen Position für verschiedene Aspekte der Gestaltung des öffentlichen Raumes (Wirtschaft, Gesundheitssystem, Familienbegriff, Gemeinschaftsverständnis, Pluralismus, Umwelt, Schutz des menschlichen Lebens) nahe legen: Cochran/Cochran, *Catholics, Politics, and Public Policy*. Zur Positionierung des Katholizismus im gegenwärtigen westlichen Umfeld finden sich anregende Beiträge in Grasso/Bradley/Hunt, *Catholicism, Liberalism, and Communitarianism*. Durch solche Abgrenzungsbemühungen treten die Konturen des Katholizismus deutlicher hervor.

wirtschaftlichen Handeln und von Bewertungsmaßstäben für Strukturen. Hier haben wir es mit Commitments zu tun, die sich vom Katholizismus her nahe legen.

Es kann kein Zweifel darüber bestehen, dass die katholische Soziallehre auf philosophische Fundamente verweist. Hier stoßen wir also in einen Bereich vor, in dem die mit dem Katholizismus verbundenen Commitments explizit werden. Commitments spielen ja auch in der Philosophie eine wichtige Rolle. Der von mir über den Begriff der epistemischen Gerechtigkeit entwickelte Philosophiebegriff lässt erkennen, dass Verpflichtungen im Rahmen des historisch und sozial verfassten Philosophierens unvermeidbar sind. Sehen wir uns diesen Zusammenhang zwischen Philosophie und Commitments näher an.

2. Commitments in der philosophischen Reflexion

Ich habe im ersten Kapitel den Begriff des Commitment erläutert. Dieser Begriff wurde von mir als ein Zentralbegriff zur Charakterisierung des Verhältnisses von Philosophie und Lehramt verstanden, und zwar als entscheidender Begriff sowohl für den Begriff der Philosophie als auch für den Begriff des Lehramts. Ersteres soll in diesem Kapitel noch deutlich werden. Die Rede von Commitments will deutlich machen, dass

a) Überzeugungen praktische Konsequenzen haben und in das Leben der Menschen, die Überzeugungen haben, eingebettet sind,
b) Überzeugungen viele verschiedene Rollen und Funktionen haben und
c) Überzeugungen nicht isoliert analysiert werden können.

Diese Sicht der Dinge behauptet also Folgendes: Der Satz „S weiß (glaubt, meint) p" ist so zu verstehen, dass „p" hier für ein Bündel von epistemischen Verpflichtungen steht und nicht in dem Sinne, dass ich zum Verständnis von „p" nach einer bestimmten Proposition suchen müsste. Ich kann eine Proposition nur für wahr halten, wenn bestimmte Voraussetzungen erfüllt sind und wenn bestimmte Konsequenzen akzeptiert werden, was sich aus den praxeologischen, den kategorialen und den propositionalen Verpflichtungen ergibt. „p“ ist dann nicht mehr eine einzelne Proposition, zu der man sich neutral verhalten kann, als ob man „beliefs“ aus dem Kopf herausnehmen und beliebig anschauen könnte wie den Apfel in der Obstschüssel. Jede Proposition ist Ergebnis von spezifischer epistemischer Arbeit und bringt spezifische Verpflichtungen in Bezug auf die epistemische Arbeit mit sich. Hier wird nochmals unterstrichen, dass nicht das epistemische Gut, sondern die Beziehung zu diesem Gut im Zentrum unseres Verständnisses von Philosophie stehen sollte.

Zwei Bedingungen

Ich möchte also den Begriff der Commitments in die Mitte der Diskussion um den Begriff einer katholischen Philosophie stellen. Der Begriff der Commitments im Zusammenhang mit der philosophischen Theorienbildung deutet zweierlei an: Erstens wird hier festgestellt, dass Philosophie als Arbeit an sekundären Kategorialsystemen primäre Kategorialsysteme voraussetzt und aus diesen außerphilosophischen Kontexten auch Verpflichtungen erwachsen, die die philosophische Theorienbildung anleiten. Und zweitens macht ein Zusammenhang zwischen Verpflichtungen und philosophischer Reflexion nur dann einen Sinn, wenn vorausgesetzt wird, dass ein Spielraum in der Konstruktion philosophischer Theorien besteht.

Zum Ersten ist wiederum auf die bereits im zweiten Kapitel und in den Überlegungen zur „Christian Scholarship“ angedeuteten Zusammenhänge zwischen Lebensform und Denken hinzuweisen. Philosophie (als ein intellektueller Habitus) ist eine Lebensform und ist in eine Lebensform eingebettet. Michael Walzer weist im Vorwort von *The Company of Critics* darauf hin, dass moralische Prinzipien nicht von außerhalb gewonnen werden können. Jeder vernünftige Gesprächsteilnehmer wird zugeben, dass die Philosophie nicht „ex nihilo“ beginnt,[25] dass Philosophieren eine menschliche Tätigkeit ist, bei der verschiedene Aspekte des

---

[25] „Philosophy does not come into being *ex nihilo*; it begins when someone, in the midst of a full life, tries to restructure through thinking that same life with all its opinions, convictions, practices and feelings“ (Pepperzak, *The Problem of Christian Philosophy*, 133).

Personseins relevant sind,[26] dass Philosophie in einem Kontext stattfindet, der sich zu anderen sozialen und politischen Kontexten nicht neutral verhält,[27] dass Philosophie auf dem Hintergrund einer bestimmten Tradition betrieben wird[28] und dass schon sehr viel geschehen sein muss, ehe die Sache der Philosophie systematisch und explizit angegangen werden kann.[29] Von hier aus ergeben sich sehr nahe liegende Brücken hin zur Idee einer katholischen Philosophie, wenn man die katholische Tradition und den katholischen Kontext in Beziehung zur philosophischen Theorienbildung setzt. Diese Beziehung ist am treffendsten mit dem Begriff der Commitments zu charakterisieren.

Zum Zweiten ist auf die „Ellbogenfreiheit“ hinzuweisen, die die Philosophin hat, wenn sie Theorien konstruiert. Die Erzeugung philosophischer Theorien kann mit der Konstruktion von Gebäuden verglichen werden: Dass Theorien eine Architektur haben, ist nicht erst seit Immanuel Kant[30] und Charles Sanders Peirce[31] be-

---

26 „Philosophy is not to be gauged in precisive detachment from the person who is doing the philosophizing. Philosophy is a human activity. As an activity, it is inherent as an accident in the substance of the one from whom it proceeds. Because the person is substantially human, his or her philosophizing has to be regarded as a human act" (Owens, *Towards a Christian Philosophy*, 30).

27 Ross, *On Christian Philosophy*, 360–363. „The most any philosopher can expect of objectivity is not neutrality but intellectual honesty – the honesty to recognize his perspective, to scrutinize his subjectivity, to examine and refine his viewpoint while still developing its implications“ (Holmes, *Christian Philosophy in the Twentieth Century*, 32).

28 Plantinga zitiert eine Bemerkung von MacIntyre: „There are many intellectuals who think of themselves as having no firm intellectual roots or commitments at all; they float free of all commitment and intellectual allegiance. They are like people without a country, without a settled or established home or neighborhood; in Kant's figure, they are like roaming nomads, a threat to settled and civilized ways of intellectual life“ (Plantinga, *Augustinian Christian Philosophy*, 304).

29 Joseph Owens bemerkt in Bezug auf eine Arbeit von McInerny, dass hier gezeigt wird, „that, not only for Christian philosophy but correspondingly for all philosophies, some initial dependence on external guidance is required to set the philosophy afoot. It thereby accounts for the philosophy's differentiation“ (Owens, *Toward a Christian Philosophy*, 12).

30 Nach Kant ist die Vernunft ein Vermögen, sich selbst ein System nach den Regeln der Architektonik aufzubauen; die Regeln der Architektonik besagen, dass die einzelnen Glieder nach einem obersten Zweck verknüpft werden; es braucht ein Schema, das die architektonische Einheit begründet und die einzelnen Elemente eines Systems zusammenhält, damit das Ganze „gegliedert“ und nicht „gehäuft“ ist (KrV B 861). Vernunftgebrauch schafft Ordnung und dient der

kannt. Der Philosoph, der eine Theorie konstruiert, befindet sich in gewisser Weise in einer ähnlichen Situation wie ein Architekt, der den Auftrag hat, an einem bestimmten Ort unter bestimmten Bedingungen einen bestimmten Typ von Gebäude zu entwerfen. Das macht Grundentscheidungen und Abklärungen im Vorfeld notwendig.[32] Nach Aristoteles ist die Architektonik die Bezeichnung der auf Materialkenntnis beruhenden Herstellungs– und Bearbeitungskunst.[33] Ähnliche Fragen nach dem verfügbaren Material und den Bearbeitungsweisen stellen sich hinsichtlich der Konstruktion von Theorien. Philosophische Theorien entstehen immer unter solchen Rahmenbedingungen, die bei der Einordnung und Bewertung der Theorie einzubeziehen sind. Zweckmäßigkeitsüberlegungen etwa (ist die Theorie zweckmäßig?) können nur dann angestellt werden, wenn Klarheit über den Zweck (welchen Zweck

---

Systematisierung. „Ich verstehe unter *Architektonik* die Kunst der Systeme. Weil die systematische Einheit dasjenige ist, was gemeine Erkenntnis allererst zur Wissenschaft, d.h.: aus einem bloßen Aggregat derselben ein System macht, so ist Architektonik die Lehre des Szientifischen und unserer Erkenntnis überhaupt, und sie gehört also notwendig zur Methodenlehre" (KrV B 860).

31 Peirce, *Collected Papers* [CP] 6.7–6.34, v.a. 6.7–6.12. (Die ursprüngliche Fassung von *The Architecture of Theories* erschien in *The Monist* 1 [1891[161–176). Peirce vergleicht hier die Konstruktion von Theorien mit dem Bau eines Hauses und unterscheidet die Methode der historischen Evolution („An idea which has been found interesting and fruitful has been adopted, developed, and forced to yield explanations of all sorts of phenomena"; CP 6.7) von der Methode der Reform, die mit dem teilweisen Umbauen eines Hauses verglichen werden kann (CP 6.8). Peirce macht darauf aufmerksam, dass Theorien nach Prinzipien organisiert sind, über die man Rechenschaft ablegen sollte. Gerade für philosophische Theorien ist es daher wichtig, einen Überblick über das betreffende Gebiet, auf das sich die Theorie beziehen soll, zu haben, um kluge Entscheidungen treffen zu können.

32 „Just as a civil engineer, before erecting a bridge, a ship, or a house, will think of the different properties of all materials, and will use no iron, stone, or cement, that has not been subjected to tests; and will put them together in ways minutely considered ..." (Peirce, CP 5.5). „When a man is about to build a house, what a power of thinking he has to do before he can safely break ground! With what pains he has to excogitate the precise wants that are to be supplied! What a study to ascertain the most available and suitable materials to determine the mode of construction to which those materials are best adapted, and to answer a hundred such questions! Now without riding the metaphor too far, I think we may safely say that the studies preliminary to the construction of a great theory should be at least as deliberate and thorough as those that are preliminary to the building of a dwelling house" (CP. 6.8).

33 *Phys*. II 194b2ff.

verfolgt die Theorie?) herrscht. Wenn man Freuds Theorie der Traumdeutung lediglich unter dem Anspruch, eine Theorie über die Interpretation von Träumen zu sein, liest, hat das andere Konsequenzen, als wenn man Freuds Theorie als Theorie von Kultur, kulturtragenden Mythen und lebenstragenden Grundüberzeugungen überhaupt ansieht. Erst am verfolgten Zweck kann gemessen werden, ob eine Theorie „funktionstauglich" ist und das hält, was sie verspricht. An den Anfang einer Theorienkonstruktion ist daher die Frage nach dem verfolgten Zweck zu stellen. Die weiteren Planungsschritte hängen trivialerweise entscheidend davon ab, ob etwa ein Keller oder eine Dachterrasse errichtet werden soll. Als Fundamente philosophischer Theorien können Intuitionen und Interessen (i) bzw. Themen und Probleme (ii) angesehen werden. Erstere dienen als Movens und Motor, letztere als Material und Gegenstand der philosophischen Theorienbildung. Diese Bestandteile müssen bereits feststehen, ehe eine bestimmte philosophische Theorie konstruiert werden kann. (i) Intuitionen werden als Erkenntnisquelle in der Erkenntnistheorie diskutiert.[34] Sie gehen auf Handlungszusammenhänge vor und außerhalb der philosophischen Theorienbildung zurück und tangieren lebenstragende Grundüberzeugungen. Intuitionen können als „blik" fungieren, der eine regulative Funktion für den Prozess des Erkennens ausübt[35] und etwas als Etwas im Sinne des „seeing–as" deuten lässt. Neben Intuitionen wird die philosophische Erkenntnispraxis auch von Interessen bestimmt. Interessen geben nicht nur vor, unter welcher Rücksicht ein selektierter Themenausschnitt bearbeitet wird, sondern sind auch maßgeblich an der Selektion der Themen und Probleme, mit denen philosophische Theorien arbeiten, beteiligt. Dass der Interessensbegriff aus der philosophischen Theorienbildung nicht ausgeschlossen werden kann, ergibt sich aus der Einbettung der Erzeugung philosophischen Wissens in eine Handlungstheorie: Philosophische Theorien entstehen aufgrund von Unterscheidungshandlungen, die Kategorialsysteme aufbauen. Handlungen sind Mittel zur Verfolgung von Zwecken und damit zur Durchsetzung von Interessen. Die verfolgten Interessen legen fest, was eine bestimmte philosophische Theorie erreichen soll. (ii) Themen und Probleme sind als „Material" der philosophischen

---

[34] Vgl. DePaul/Ramsey, *Rethinking Intuition.*

[35] Vgl. Muck, *Philosophische Gotteslehre*, 74.

Theorienbildung aufzufassen, als Gegenstandsbereich, an dem sich der philosophische Reflexionsprozess abarbeitet. Es gibt zweifelsohne standardisierte philosophische Themen und Probleme.[36] Darüber hinaus werden immer wieder neue Problemsituationen in die Philosophie eingeführt. In spezifischen Traditionen – wie etwa der christlichen – können sich spezifische Fragen ergeben bzw. eine bestimmte Gewichtung von Fragen herauskristallisieren. Hier besteht also eine gewisse Freiheit in der philosophischen Theorienbildung. Diese Freiheit besteht auch in der Wahl der Heuristik (Mittel und Methoden): Der akzeptierte Begriff von Philosophie legt fest, welches Spektrum an Methoden zur Konstruktion von philosophischen Theorien eingesetzt werden darf.[37] Diese Ellbogenfreiheit ist also von denjenigen, die Philosophie treiben, zu nützen und zwar nicht im Sinne einer Möglichkeit, die in Anspruch genommen werden kann oder nicht, sondern als Imperativ, sich für Fragen und Themen, Begriffe und Methoden zu entscheiden.

Commitments und Katholizismus

Ich möchte daher vorschlagen, die Idee der katholischen Philosophie durch Commitments zu charakterisieren, die dadurch entstehen, dass das Christentum für wahr gehalten wird. Man kann sich

---

36 Vgl. Russell, *Die Probleme der Philosophie*; Nagel, *Was bedeutet das alles?*

37 Wenn man sich die Philosophiegeschichte vor Augen führt, stößt man auf eine ganze Reihe von Denkmethoden, die zum Zwecke philosophischer Theorienbildung angewendet werden und wurden. Um nur zwei Dominikaner zu nennen: Thomas unterscheidet einen doppelten Weg der Wahrheitserkenntnis, nämlich den analytischen (via resolutionis), der vom Zusammengesetzten zum Einfachen bzw. vom Ganzen zum Teil führt und den gegenläufigen synthetischen (via compositionis), durch den die Erkenntnis der Wahrheit erst vollendet wird, indem sie vom Teil zum Ganzen gelangt (*In II Met*, Marietti, lect. 2. nr. 278). Bocheński (*Die zeitgenössischen Denkmethoden*), ohne den Anspruch auf Vollständigkeit zu erheben, unterscheidet die phänomenologische, die semiotische, die reduktive und die axiomatische Denkmethode. Zu den semiotischen Methoden könnte man die Explikation als Methode der analytischen Philosophie zählen und des Weiteren die transzendentale Methode, die scholastische Methode und die (de)konstruktive Methode hinzufügen. Die Methode, die man wählt, hängt u.a. von den Interessen ab, die man verfolgt. Die feine Klinge der analytischen Philosophie ist für die Behandlung von Fragen der Existenzphilosophie nicht immer geeignet, ebenso wenig wie sich die Phänomenologie Husserls für die Konzeption einer Trinitätstheologie eignen muss.

ruhig überlegen, welche epistemischen Verpflichtungen sich aus der Akzeptanz des Christentums bzw. des Katholizismus ergeben. Wir haben bereits gesehen, dass die katholische Soziallehre eine Reihe von Commitments impliziert, die Konturen einer katholischen Position in wichtigen Fragen erkennen lassen. Diese katholische Position wird nicht am grünen Tisch entwickelt, sondern ruht auf einem fundamentalen Commitment auf, auf dem Bekenntnis zu Jesus, dem Christus. Im Rahmen einer Praxis, im Rahmen einer Gemeinschaft und im Rahmen einer Tradition werden lebenstragende Grundüberzeugungen entwickelt, die die Ecksteine für die katholische Position bilden. Es wird weiters unbestritten sein, dass die lebenstragenden Grundüberzeugungen einen Einfluss auf die philosophische Theorienbildung haben.[38] Man kann sich ruhig überlegen, ob eine Akzeptanz des Katholizismus auf die Anerkennung von Engeln oder auf die Anerkennung von Wundern (Heilungswunder bei Heiligsprechungen!) verpflichtet, und inwieweit diese Überlegungen für die Philosophie relevant sind. Es sind also zwei Typen von Überlegungen anzustellen: Erstens wird man sich fragen müssen, welche philosophisch relevanten Verpflichtungen diejenigen eingehen, die den Katholizismus für wahr halten und zweitens wird man sich fragen müssen, welche Konsequenzen diese Verpflichtungen für die Philosophie haben.

Nun klingt das einfacher als es ist. Es wurde bereits im ersten Kapitel gesagt, dass die universalen normativen Quellen des Katholizismus nicht „ready–made" vorliegen und nur aufgetaut werden müssen, sondern diese Quellen müssen angeeignet werden und das ist harte Arbeit. Es reicht deswegen nicht aus, die Schrift, die Patrologia Latina oder Graeca, den „Denzinger" und den „Katechismus der katholischen Kirche" von 1993 herzunehmen und daraus eine saubere Liste epistemischer Commitments zu „melken". Nehmen wir einen nahe liegenden Fall: der Glaube an die Auferstehung. Worin besteht die daraus erwachsende epistemische Verpflichtung? Besteht sie darin, an ein Geschehen zu glauben, das eine Kamera im Grabe hätte aufzeichnen können? Besteht sie

---

[38] Ein Beispiel: „With a Catholic, who accepts the beatific vision of God as the sole ultimate destiny of human life, the overall dynamics of ethical thinking will be understandably different from that of a morality in which the final end of man is philosophical contemplation or pleasure or temporal well–being" (Owens, *Towards a Christian Philosophy*, 105).

darin, an eine Deutung des nur metaphorisch verstandenen Erlösungsgeschehens der Auferstehung zu glauben? Verpflichtet der Glaube an die Auferstehung an den Glauben an die Möglichkeit von Wundern in einem strikten Sinn (als „Durchbrechung von Naturgesetzen")? Inwieweit unterscheiden sich die Verpflichtungen, die aus einer Rede von „Auferstehung" erwachsen von jenen Verpflichtungen, wie sie aus der Rede von „Auferweckung" rühren?[39] So könnte man schrittweise vorgehen, wobei jeder Schritt mit Bedacht zu nehmen ist und ein sehr kleiner Schritt sein wird. Am Ende erhält man ein sehr komplexes Bild, das zwar ein – je nach Beschreibungsmodus – dünnes oder dichtes Netz von Commitments zeichnet, die aber in einer Pluralität von Interpretationen untergebracht werden müssen. Im dritten Teil dieses Kapitels will ich einige relevante Fragen in Bezug auf Verpflichtungen stellen, die man im Hinblick auf den Katholizismus diskutieren könnte. Diese Commitments sind allemal als Minimalstandards bzw. grobe Umrisse anzusehen. In der scholastische Philosophie etwa galt der Glaube als eine negative Norm – beim Spekulieren machte sie vor den durch die Offenbarung feststehenden Wahrheiten halt.[40] Es ist ja auch im Sinne der Prinzipien wohlwollender Interpretation sinnvoll, Dogmen als negativen Test und nicht als positiven philosophischen Gehalt zu sehen.

Eine historische Ausprägung von philosophischer Theorienbildung, der Ideen von Commitments, die sich aus dem Katholizismus ergeben, illustriert, ist der Thomismus. Natürlich gilt hier die Einsicht, dass es innerhalb des Thomismus eine Vielfalt von Strömungen gibt und hier kein monolithischer Block angenommen werden darf. Um nur zwei Beispiele zu nennen: Innerhalb der akademischen Auseinandersetzung katholischer Philosophen finden sich dann Debatten, ob der Thomismus transzendental werden muss, um in der gegenwärtigen intellektuellen Landschaft bestehen zu können[41] oder ob in der Interpretation transzendentalen Denkens durch katholische Philosophen Coreth oder Lonergan der Vorzug zu geben sei. Wenn man von „Thomismus" spricht, hat

---

[39] Vgl. Kessler, *Sucht den Lebenden nicht bei den Toten.* Dieses Buch zeigt auch die Komplexität einer Rede von „Auferstehung" auf.

[40] Jansen, *Christliche Philosophie*, 234.

[41] Vgl. McCool, *From Unity to Pluralism*; dagegen: Sweeney, *Must Thomism Become Kantian to Survive? A Negative Response.*

man es also ebenso mit einem sehr weiten Netz an Positionen zu tun. Lawrence Lynch[42] führt in einem Versuch, Minimalkoordinaten einzuführen, fünf Punkte zur Charakterisierung des Thomismus an:

a) Glaube bezieht sich auf Unsichtbares; der Intellekt akzeptiert sie aus Gründen, die von den Gründen für die Annahme sinnenhafter Dinge verschieden sind.
b) Es gibt Wahrheiten, die Wahrheiten des Glaubens sind (Menschwerdung, Trinität); einige Wahrheiten können für die einen Glaubenswahrheiten, für die anderen Vernunftwahrheiten sein, wie etwa die Existenz Gottes.
c) Wahrheiten, die durch Glauben gehalten werden, können nicht durch dieselbe Erkenntniskraft durch Wissenschaft gehalten werden.
d) Theologie ist eine Wissenschaft in dem Sinne, dass sie die Logik der *demonstratio* anwendet und mit Prinzipien operiert, die allerdings vom Glauben abgeleitet werden; sie ist aber keine Wissenschaft in dem Sinne, dass sie Glaubenswahrheiten beweisen würde.
e) Wissenschaft, einmal abgesehen von der Theologie, ist möglich, wenn die Vernunft ihren Ausgangspunkt in natürlichen Prinzipien findet, d.h. in Dingen der sinnenhaften Welt: In diesem Sinne gibt es sogar eine theologische Wissenschaft, die sich von der Theologie, die aus Glaubenswahrheiten genährt wird, unterscheidet.

Damit sind einige (ihrerseits interpretationsbedürftige) Commitments angedeutet, die sich aus der Akzeptanz des Thomismus ergeben können. Dabei ist natürlich erstens zu beachten, dass „der Thomismus“ nicht als monolithischer Block vorliegt, und zweitens, dass der Thomismus nicht mit einer offiziellen katholischen Philosophie gleichgesetzt werden darf, so wie etwa der Marxismus–Leninismus in manchen Gefilden Staatsphilosophie war. Dennoch gibt der Blick auf den Thomismus wichtige Einsichten in Kernstrukturen katholischen Denkens und ist deswegen kein Luxus. Eine weitere Möglichkeit, den Begriff der katholischen Philosophie herauszuarbeiten, besteht in einem kontrastiven Vorgehen. Hier kann man etwa die katholische Tradition mit der protestanti-

[42] Lynch, *A Christian Philosophy*, 36f.

schen Tradition vergleichen. Die katholische unterscheidet sich von der protestantischen Tradition dem Akzent nach durch den Glaubensbegriff[43], durch die Charakterisierung des Verhältnisses von „natürlich“ und „übernatürlich“[44], durch die Annahme der Möglichkeit einer natürlichen Theologie[45] und durch die damit

---

43 Die thomistische Tradition geht von einem propositionalen Glaubensbegriff aus, während die lutheranische Tradition an einem irreduziblen Moment des Vertrauens und der personalen Beziehung festhält, so dass sich „belief in“ nicht auf „belief that“ reduziert lässt; vgl. Swinburne, *Faith and Reason*, 105–115.

44 Wie bereits in den erkenntnistheoretischen Überlegungen erwähnt, operiert der Katholizismus mit Konsistenzannahmen und dem Modus der Analogie zur Charakterisierung des Verhältnisses von „natürlich“ zu „übernatürlich“, während der Protestantismus den Modus des Paradoxes in den Vordergrund stellt.

45 Seit *Dei Filius* ist die Möglichkeit einer natürlichen Theologie definiertes Lehrgut der katholischen Kirche. „Catholics do think people can realize that God exists by reflecting on things made plain by our experience ... No special training is required, just clarity of insight (how frequent it is, is not important)“ (Ross, *On Christian Philosophy*, 364). Auf einem calvinistischen Hintergrund lehnt Alvin Plantinga die Idee einer natürlichen Theologie, die mit den Mitteln der Vernunft Gründe für den Glauben anführen möchte, ab: „The Christian doesn't *need* natural theology, either as the source of his confidence or to justify his belief. Furthemore, the Christian *ought* not to believe on the basis of argument; if he does, his faith is likely to be unstable and wavering … The reformers mean to say, fundamentally, that belief in God can properly be taken as *basic*. That is, a person is entirely within his epistemic rights, entirely rational, in believing in God, even if he has no argument for this belief and does not believe it on the basis of any other beliefs he holds. And in taking belief in God as properly basic, the reformers were implicitly rejecting the whole picture or way of looking at knowledge and rational belief: call it *classical foundationalism*“ (Plantinga, *The Reformed Objection to Natural Theology*, 53). Dieser klassische Fundamentalismus wird in einer starken Form von Thomas von Aquin vertreten. Ralph McInerny weist darauf hin, dass eine Ablehnung der Möglichkeit einer natürlichen Theologie erstens Schwierigkeiten mit der Bibelstelle Röm 1,20–21 hat, zweitens mit der Schwierigkeit konfrontiert ist, dass eine harsche Haltung gegenüber der Philosophie eingenommen werden müsste und drittens der drohenden Gefahr eines Fideismus begegnen muss (McInerny, *On behalf of Natural Theology*, 66). So scheint es McInerny wichtig zu sein, die Reichweite natürlicher Theologie zu klären: „Now the first thing to be insisted upon about natural theology is this: if is works, it proves the truth of theism, *it does not establish truths of faith*. There are no sound, cogent, knockdown dragout proofs of what is *de fide*. Natural theology is not a program meant to change religious beliefs into knowledge claims. When Thomas distinguishes two kinds of truths which can only be held on the basis of authority, that is, believed. There is not suggestion that the latter are to be transformed into the former“ (ebd.). Auf diese Weise erscheinen aufgrund solcher Klärungsversuche die Differenzen nicht schlechthin unüberbrückbar. An

verbundene Idee einer Autonomie der Philosophie.[46] Hier lassen sich dem Anschein nach zwischen Protestantismus und Katholizismus Differenzen feststellen, die Etienne Gilson auf den Punkt gebracht hat: „Le fideisme et la tentation naturelle du protestantisme, un certain rationalisme est celle des théologiens catholiques de tous temps."[47] Diese Tendenzen ergeben sich aus den Commitments, die sich von unterschiedlichen Traditionen her nahe legen.

Auf diese Weise kann man ein Bündel von Verpflichtungen erarbeiten; dieses Bündel kann aber nicht sauber in Elemente aufgeteilt werden, die einzeln betrachtet werden könnte, so wie man Äpfel einzeln betrachten kann. Das hat Konsequenzen für den Begriff der Überzeugung, auch für den Begriff der religiösen Überzeugung, und dies hat Konsequenzen für das Verständnis von Commitments, die das Philosophieren anleiten. Wir haben es nicht mit einer einfachen Liste von Propositionen zu tun, sondern mit einem Bündel von Verpflichtungen. Und wir haben es nicht mit einer einfachen Liste von Verpflichtungen zu tun, sondern mit Verpflichtungen, die unterschiedliche Reichweite, unterschiedliches Gewicht und eine wandelnde Bedeutung haben. All das sind Warnschilder, dass mit dem Begriff von Commitments katholischen Denkens behutsam umzugehen ist.

---

einer anderen Stelle macht Plantinga im Versuch, den Dialog zwischen augustinischer und thomistischer Tradition zu fördern, einen irenischen Vorschlag: „So both sides agree, indeed insist, that we, the Christian community, need to know how faith bears on these areas. And both agree that working at these conditionals is a matter, not of faith and theology, but of reason and philosophy or the relevant science. Further, both agree that Christians will *assert* the consequents of these conditionals; that is, we will assert the result of seeing how faith applies to the domain in question. The two sides differ only in this: according to the Thomist, but not the Augustinian, when you assert the consequent of such a conditional you are really doing theology rather than philosophy, or the science in question" – und das könne Augustinus zugestehen (Plantinga, *Augustinian Christian Philosophy*, 316).

46 Die protestantische Tradition – man denke an Bonhoeffers Antrittsvorlesung und seine scharfe Kritik an der Philosophie – steht dem Projekt einer glaubensunabhängigen Philosophie sehr viel skeptischer gegenüber als der Katholizismus, der mit der Möglichkeit einer nichtchristlichen Philosophie in der Regel keine Schwierigkeiten hat, während die protestantische Schulphilosophie betont, dass Philosophie – wenn überhaupt – nur als christliche Philosophie denkbar ist.

47 Gilson, *Le philosophe et la théologie*, 90.

3. Wahrheit, Vernunft, Wirklichkeit als Commitments katholischen Denkens

Es wurde – hoffentlich – deutlich gemacht, dass der Begriff der katholischen Tradition mit dem Begriff von epistemischen Commitments in Zusammenhang gebracht werden kann. Ich möchte diesen Begriff der Commitments ins Zentrum der Verhältnisbestimmung von Philosophie und Katholischem Lehramt rücken. Der Preis, der dafür zu zahlen ist, liegt in der Behutsamkeit des Urteils. Wenn wir die katholische Tradition in diesem Sinne charakterisieren wollen, haben wir es nicht mit einer Liste von Propositionen zu tun, sondern mit Bündeln von Verpflichtungen. Ich möchte drei Bündel von Verpflichtungen hervorheben, die ich für entscheidend zur Beschreibung der katholischen Tradition halte und die jene Commitments wiedergeben, die für die Philosophie relevant sind. Diese drei Bündel kann man überschreiben mit den – sehr vagen – Begriffen: Wahrheit, Vernunft, Wirklichkeit.

Deutlicher gesagt: Wer die katholische Tradition anerkennt, geht Verpflichtungen bezüglich Wahrheit, Vernunft und Wirklichkeit ein. Mit der Akzeptanz des Katholizismus sind Verpflichtungen gegeben, die auch für die Philosophie relevant sind. Diese Verpflichtungen kommen besonders in den drei genannten Begriffen zum Ausdruck. Dabei sind diese Begriffe natürlich „groß" und „leer". Michael Walzer schildert am Anfang seines Buches *Thick and Thin: The Moral Argument at Home and Abroad* die Situation von Prag um 1989, wo Menschen mit Schildern „Wahrheit" oder „Gerechtigkeit" herumliefen; beides sind universale, aber inhaltsleere Konzepte. Begriffe wie „Wahrheit" und „Gerechtigkeit" haben einen minimalen und maximalen Gehalt. Nehmen wir den Begriff der Gerechtigkeit: Gerechtigkeit hat einen Minimalgehalt, jedem das zu geben, was ihm gebührt, aber das ist zu wenig, um Handlungen anzuleiten. Es geht also um den lokalen maximalen Gehalt, der von Kultur zu Kultur variiert. Ähnlich verhält es sich mit anderen großen, schweren, abstrakten Begriffen. Wir brauchen, damit wir Begriffe wie „Vernunft" oder „Wahrheit" operationalisieren können, eine dichte Version dieser Begriffe.

Das ist die Gefahr lehramtlicher Texte, die uns in der Regel in dünnem Regen stehen lassen, weil kulturelle Differenzen und schon gar nicht lokale Unterschiede berücksichtigt werden können. Ich möchte dennoch einen Schritt in Richtung einer Operationalisierung machen und zeigen, dass die drei angeführten Begriffe wesentlich für den Begriff der epistemischen Gerechtigkeit sind, den ich ja ins Zentrum meines Verständnisses von Philosophie gestellt habe. Mit anderen Worten: *Ich will zeigen, dass durch die Verpflichtungen, die aus der Akzeptanz des Katholizismus entstehen, das Ideal der epistemischen Gerechtigkeit befördert wird. Ich möchte deutlich sagen, dass diejenigen, die im Rahmen der katholischen Tradition stehen und dem Ideal der epistemischen Gerechtigkeit verpflichtet sind, durch die Anerkennung dieser Tradition keine epistemischen Nachteile gewärtigen müssen.* Im Gegenteil: Die in lehramtlichen Texten festgehaltenen Kernbegriffe verhelfen zu einer Promotion des Ideals epistemischer Gerechtigkeit, wobei für die Ausübung des Lehramts durch die Anerkennung der mit diesen Begriffen verbundenen Verpflichtungen auch besondere Commitments erwachsen. Dies ist der Sukkus der Verhältnisbestimmung von Philosophie und Katholischem Lehramt. Sehen wir uns nun diese drei Begriffe der Reihe nach an.

3.1 Wahrheit

Ein Kernbegriff der katholischen Tradition ist der Wahrheitsbegriff. Mit religiösen Überzeugungen sind Wahrheitsansprüche verbunden. Die katholische Tradition hält daran fest, dass bestimmte Sätze wahr oder falsch sein können und dass das menschliche Erkenntnisvermögen dazu geeignet ist, Wahrheiten zu erkennen. Diese Fähigkeit erstreckt sich nicht nur auf veränderliche, sondern auch auf unveränderliche Wahrheiten, die der Mensch unter göttlicher Führung mehr und mehr erkennen kann (DH 4242). Dabei werden Varianten einer Korrespondenztheorie der Wahrheit zugrunde gelegt, so dass die Verpflichtung auf den Wahrheitsbegriff mit einer Verpflichtung auf den Wirklichkeitsbegriff einhergeht. Daraus ergibt sich eine Ethik der Wahrheitssuche: Der Mensch ist ersten dazu aufgerufen, nach Wahrheit zu streben und erkannte Wahrheiten festzuhalten: Jeder Mensch hat die Pflicht und auch das Recht, die Wahrheit im religiösen Bereich zu suchen, um sich in Klugheit unter Anwendung geeigneter Mittel rechte und wahre Gewissensurteile zu bilden (DH 4242), heißt es in der Erklärung *Dignitatis Humanae.* Wir könnten dies über den religiösen Bereich auch auf andere Bereiche ausdehnen, weil ja im Rahmen der von Gott geschaffenen Ordnung Wahrheiten zusammenhängen. Wahrheiten bilden ein System und eine Einheit, da Gott die Quelle aller Wahrheit ist (DH 3973). Das bedeutet denn auch, dass zwischen Glaube und Vernunft keine echte Unstimmigkeit entstehen kann (DH 2811).

Die Pflicht zur Wahrheitssuche ist also ein Eckstein der Ethik des Wahrheitsstrebens, wie es sich in der katholischen Tradition darstellt: Weil die Menschen *Personen* sind, d.h. mit Vernunft und freiem Willen begabt und daher durch persönliche Verantwortung herausgehobene Wesen, wird der Mensch seiner Würde gemäß durch seine eigene Natur gedrängt sowie durch eine moralische Verpflichtung gehalten, die Wahrheit zu suchen, vor allem jene Wahrheit, welche die Religion betrifft. Sie sind auch dazu verpflichtet, an der erkannten Wahrheit festzuhalten und ihr ganzes Leben an den Erfordernissen der Wahrheit auszurichten (DH 4241). Rechte und Pflichten bezüglich der Wahrheitssuche hängen zusammen: Das Recht, frei nach der Wahrheit zu forschen, hängt mit der Pflicht zusammen, Tag für Tag tiefer und umfassender nach Wahrheit zu suchen (DH 3970). Aus diesem Zusammenhang ergibt sich ein zweiter Eckpfeiler dieser Ethik der Wahrheitssuche: das Recht auf Wahrheit (DH 3959). Dieses Recht der Wahrheit muss in der gemeinschaftlichen Ordnung entsprechend garantiert sein, was im Übrigen auch für die institutionell verfasste Kirche gilt. Das Recht auf Wahrheit haben alle Menschen. Aus diesem Grund schließt dieses Recht auch die Pflicht ein, allen Menschen Wahrheit zugänglich zu machen. In gewisser Weise ist dies nicht nur eine Einladung, im Rahmen von Erziehungsanstrengungen die Einübung in den Vernunftgebrauch zu vermitteln, sondern auch die Pflicht im Sinne einer „Option für die Armen" gerade jenen Menschen in der Wahrheitssuche zu assistieren, die auf dieser Suche die besondere Begleitung der Gemeinschaft brauchen. Dem Recht auf Wahrheit entspricht die Pflicht, Menschen die Fähigkeiten zu erschließen, nach der Wahrheit zu suchen. Hier kann man sich einen wertvollen Dienst der Philosophie denken. Deutlich ist diese Pflicht zur Hilfe bei der Wahrheitssuche in der Enzyklika *Pacem in Terris* ausgesagt: „Die Erfahrung lehrte uns, dass sich die Menschen sehr oft – und zwar in hohem Maße – voneinander unterscheiden durch Wissen, Tugend, Geisteskraft und Besitz äußerer Güter. Daraus kann jedoch niemals ein gerechter Grund herrühren, dass diejenigen, die den anderen überlegen sind, sich andere in irgendeiner Weise unterwerfen; vielmehr sind sie durch eine noch schwerere Pflicht, die sich auf alle einzelnen erstreckt, gehalten, anderen zu helfen, dass sie durch gegenseitige Bemühung Vollkommenheit erlangen" (DH 3988).

Die Verpflichtung auf den Wahrheitsbegriff bringt eine bestimmte Ethik des Erkennens mit sich. Diese Ethik ist von großer Wichtigkeit für den Begriff der epistemischen Gerechtigkeit, geht es doch darum, die Arbeit an Orientierungssystemen aus der Beliebigkeit herauszuheben und verlässliche Koordinaten für die Konstruktion von Kategorialsystemen zu haben. Wie kann zwischen verschiedenen Kategorialsystemen entschieden werden, wenn keine Maßstäbe angelegt werden können? Und wie können Maßstäbe angelegt werden, wenn kein Wahrheitsbegriff anerkannt wird? Selbst wenn man pragmatische Überlegungen anstellen möchte, setzt ein Rekurs auf das menschliche Handeln die Anerkennung von Wahrheiten voraus. Ohne eine Verpflichtung auf den Wahrheitsbegriff kann das Ideal epistemischer Gerechtigkeit weder formuliert noch verfolgt werden. Wir brauchen schließlich eine Richtung, in die die Bemühung um Kategorialsysteme gehen soll. Noch deutlicher: Ohne Verpflichtung auf den Wahrheitsbegriff – und selbst die Anwendung des Begriffs der Zweckmäßigkeit setzt die Unterstellung von Wahrheiten voraus – kann Ethik nicht betrieben werden.

Der Unterschied zwischen „wahr" und „falsch" hat ja enorme ethische Relevanz. Ein berühmtes Wort von Ingeborg Bachmann lautet: Die Wahrheit ist dem Menschen zumutbar. Dieser Gedanke ist Teil der Pflicht nach Wahrheitssuche. Dem Menschen die Wahrheit zuzumuten – die Wahrheit über Flüchtlinge und Obdachlose, die Wahrheit über Folter und Sklaverei, die Wahrheit über Hunger und Verschuldung, die Wahrheit über Korruption und Kriminalität. Der Wahrheit zu dienen, heißt: gerecht zu sein gegenüber den Tatsachen. Das ist die vieldiskutierte Verantwortung von Intellektuellen. 1989 wurden sechs Professoren der Jesuitenuniversität in El Salvador ermordet, weil sie diesen Dienst an der Wahrheit erfüllt und Missstände analysiert hatten. Der Wahrheit zu dienen, heißt: die Wahrheit zu suchen und die Konsequenzen zu ziehen. Dieser Dienst an der Wahrheit könnte u. a. in die besondere Verantwortung von Wissenschaft und Philosophie gestellt werden (auch hier – wenn ich wieder das Fähnchen der Philosophen hochhalten darf – zeigen sich wichtige „loci", die die Philosophie im Rahmen der Kirche einnehmen und bearbeiten kann). Der Kölner Kanoniker Alexander von Roes hatte in seinem 1281 erschienen *Memoriale de praerogativa Romani imperii* ein Bild von Universität entworfen, das die Universität als eine dritte Gewalt neben die Gewalt des Staates und die Gewalt der Kirche stellte. Diese Dreiheit von regnum, sacerdotium und studium sollte den drei Grundantrieben des Menschen (Herrschenwollen, Glaubenwollen, Wissenwollen) entsprechen. Hier wird der Dienst an der Wahrheit zum Korrektiv von Machtzusammenhängen und Glaubensgemeinschaften. Das ist ein Argument für die Philosophie im Rahmen der kirchlichen Praxis.

Die Verpflichtung auf den Wahrheitsbegriff ist grundlegend für Ethik. Der Unterschied zwischen „wahr" und „falsch" hat ethische Relevanz. Das kann man sich schon allein an der Frage nach dem Erlaubt– oder Verbotensein von Lügen klarmachen. Besonders deutlich wurde die ethische Relevanz der Wahrheitsfrage im Rahmen der Arbeit von Wahrheitskommissionen. Die berühmteste dieser Kommissionen war die „Truth and Reconciliation Commission" in Südafrika, eingesetzt von Nelson Mandela mit Desmond Tutu als Vorsitzendem. Die Arbeit dieser Kommission ist beschrieben in Tutus Buch *No Future Without Forgiveness*. Der Hintergrund dieser Kommission bestand in der Überzeugung, dass eine Zukunft in Südafrika für Weiße und Schwarze gemeinsam möglich sein muss; das ist nur möglich, wenn Versöhnung geschieht. Daher hat sich diese Kommission nicht nur „Wahrheitskommission", sondern auch „Versöhnungskommission" genannt. Die Kommission hatte das Recht, Amnestie zu erteilen, wenn jemand die volle Wahrheit sagte. Dieser Tausch „Wahrheit gegen Amnestie" wurde von Mandela und seinen Beratern als die einzige Möglichkeit angesehen, Frieden und Stabilität ins Land zu bekommen. „Die Wahrheit", so sagte Desmond Tutu, „kann die Menschen auseinanderbringen, das kommt vor. Doch nur auf der Grundlage der Wahrheit kann Versöhnung gelingen."[48] Ohne den Begriff der Wahrheit sind Wahrheitskommissionen offensichtlich nicht mög-

[48] Zitiert nach Braun, *Versöhnung braucht Wahrheit*, 28.

lich.[49] Eine Gemeinschaft kann, nach einem Wort von Carl Friedrich von Weizsäcker nur dann überleben, wenn sie auf Wahrheit gegründet ist.[50] Auch hier sieht man, wie eine Ethik der Wahrheitssuche mit einer Ethik der Gemeinschaft zusammenhängt.

Das Bündel von Commitments, das mit der Anerkennung des Wahrheitsbegriffs verbunden ist, lässt sich, wie gesagt, nicht erschöpfend aufzählen. Ich will jedoch exemplarisch einige Punkte anführen: (i) In der katholischen Tradition wird Gott als Quelle aller Wahrheit anerkannt; (ii) es gibt also Wahrheiten, die der Mensch entdecken kann und nicht zu erfinden braucht.[51] Dadurch wird die Beliebigkeit von Konstruktionen eingeschränkt. (iii) Der Mensch ist fähig, Wahrheiten zu erkennen und auch zu erkennen, dass er Wahrheiten erkannt hat; (iv) der Mensch kann dabei nicht alle Wahrheiten erkennen und auch nicht jede Wahrheit in ihrer Tiefe und Weite; hier sind also Grenzen anzuerkennen, die für eine Ethik der Wahrheitssuche insofern von Bedeutung sind, als dadurch die Geltungsansprüche herabgesetzt und Urteile behutsam getroffen werden müssen; (v) aufgrund der Gottgestiftetheit sind Wahrheiten universal. Dadurch schließt die Verpflichtung auf einen Wahrheitsbegriff die Anerkennung von universalen Wahrheiten ein, was für die Ethik der Wahrheitssuche bedeutet, dass sie einen kulturverbindenden Charakter hat.[52] (vi) Die Ethik der

---

[49] Die Arbeit von Wahrheitskommissionen ist in einem sehr eindrucksvollen Buch von Priscilla B. Hayner zusammengefasst: *Unspeakable Truths. Confronting State Terror and Atrocity.*

[50] Ich will diese Überlegung noch anhand einer Bemerkung des Anthropologen Antony Gittins illustrieren, der auf den Zusammenhang zwischen Vernunft und Wahrheit verwiesen hat: „We are all capable of acting unsystematically or irrationally, but no survivable group acts irrationally for long; the cost is, quite simply, death. Groups that survive for any length of time are basically and generally rational, systematic, predictable, and orderly. Groups that have survived for many generations have thereby acquired a cultural identity. Still, dead cultures litter the sands of time, and societies that persistently promote or tolerate irrational, ungrounded, or unrealistic behavior will ultimately die" (Gittins, *Ministry at the Margins*, 27).

[51] Zu dieser Unterscheidung vgl. Schulte, *Vorwort* und Walzer, *Kritik und Gemeinsinn.*

[52] Die Kraft universaler Argumente zeigt Martha Nussbaum in ihrem Werk. Nussbaum ist bekanntlich Aristotelikerin und würde eine Vereinnahmung für eine katholische Tradition strikt zurückweisen. Dennoch ist das Anliegen für universale Wahrheiten – und das auf aristotelischer Grundlage und der Anerkennung einer universalen Conditio humana – Katholiken und Aristotelikern

Wahrheitssuche ist auch in der Sprache von Rechten (Recht auf Wahrheit, Recht auf freie Wahrheitssuche) und Pflichten (Pflicht zur Wahrheitssuche, Pflicht, anderen bei der Wahrheitssuche beizustehen und anderen die Fähigkeiten zur Wahrheitssuche zu erschließen) zu fassen. Diese Rechte und Pflichten haben einen individuellen und einen gemeinschaftlichen Charakter.[53] (vii) Damit ist auch ausgesagt, dass eine Ethik der Wahrheitssuche mit einer Ethik der Gemeinschaft verbunden ist.[54] (viii) Schließlich scheint noch die Anmerkung wichtig zu sein, dass Wahrheit in der christlichen Tradition eine personale Note erhält, sich nicht in propositionalen Wahrheiten erschöpft und mit Christus in Zusammenhang gebracht werden muss. Auf diese Weise erscheint Wahrheit nicht nur als Beziehung zwischen Aussagen und Seinsordnung, sondern auch als Beziehung zwischen Mensch und göttlichen Personen. Wahrheit ist dann auch in einer Sprache der Verlässlichkeit und Treue Gottes zu rekonstruieren. So werden Grenzen des propositionalen Wahrheitsbegriffs deutlich.

3.2 Vernunft

Die Ausführungen zur Verpflichtung auf den Wahrheitsbegriff haben natürlich Implikationen für den Vernunftbegriff, vor allem hinsichtlich der Wahrheitsfähigkeit des menschlichen Erkenntnisvermögens und hinsichtlich des Zusammenhangs zwischen ver-

---

gemeinsam; vgl. Nussbaum, *Sex and Social Justice*, Kap. 1 und 4; dies., *Menschliches Tun und soziale Gerechtigkeit*; dies., *Gerechtigkeit oder das Gute Leben*, 86–130.

53 So gilt es auch, die gesellschaftliche Ordnung in Wahrheit zu gründen und – was damit zusammenhängt, da ja gerechte Urteile wahre Urteile voraussetzen – in Gerechtigkeit aufzubauen (DH 4326). Hier sieht man auch die Bedeutung der Verpflichtung auf Wahrheit für die Gemeinschaft. Die Menschen sind gemeinschaftlich auf der Suche nach Wahrheit. Gefundene Wahrheiten müssen geteilt werden. So entsteht Kultur, denn Kultur wird, nach einem Wort Gadamers, durch das aufgebaut, was mehr wird dadurch, dass es geteilt wird. Eben das ist bei Wahrheiten der Fall.

54 Die Suche nach Wahrheit führt die Menschen zusammen, denn „die Wahrheit … ist absolut und universell. Die Menschheit soll sie gemeinsam suchen und bekennen“ (Newman, *Über die Entwicklung der Glaubenslehre*, 50).

nünftigem Handeln und wahren Urteilen. Die Vernunft als gottgeschaffenes Erkenntnisvermögen hat eine besondere Würde. Die Vernunft, wie es in einem wichtigen lehramtlichen Text festgehalten wird, beschränkt sich nicht auf die bloßen Phänomene, sondern vermag die geistig erkennbare Wirklichkeit mit wahrer Sicherheit zu erreichen.[55] Die Würde kommt der menschlichen Vernunft „divinae mentis lumen participans" zu.[56] Die Autonomie der Vernunft (vgl. DH 4336) wird in der katholischen Tradition anerkannt, was dem menschlichen Erkenntnisvermögen eine besondere Dignität verleiht und für das Projekt der Philosophie unabdingbar ist: Der Sphäre der Vernunft wird also im Verhältnis zur Sphäre des Glaubens eine bestimmte Autonomie zugestanden. Die Philosophie hat wie die anderen Wissenschaften das Recht, in ihrem jeweiligen Bereich ihre eigenen Prinzipien und Methoden anzuwenden.[57] Mit Vernunft allein kann man Wissen über jede natürliche, vernünftige und moralische Wahrheit erwerben, das sich vom geoffenbarten übernatürlichen Wissen unterscheidet (DH 2766). Allein mit Vernunft kann man die Wissenschaft der Prinzipien oder Metaphysik entwickeln wie auch die Wahrheiten erkennen, die davon abhängen (DH 2767). Hier sieht man auch, welche Konsequenzen eine Ethik des Vernunftgebrauchs für die Philosophie hat. Dabei ist die Vernunft nicht ein Vermögen, das wie ein simples „Scharnier im Kopf" funktionieren würde: Die Verpflichtung auf den Begriff der Vernunft darf dabei nicht so eng gefasst werden, dass wir es hier mit einem einfachen und einheitlichen Vermögen zu tun hätten, das über hinreichende Identitätsbedingungen charakterisiert werden könnte.[58]

Aus der Anerkennung des Vernunftbebgriffs ergibt sich eine bestimmte Ethik des Vernunftgebrauchs. Teil dieser Ethik ist die Anerkennung der Einbettung des Vernunftgebrauchs in den Kon-

---

[55] „Intelligentia enim non ad sola phaenomena coarctatur, sed realitatem intelligibilem cum vera certitudine adipisci valet, etiamsi, ex sequela peccati, ex parte obscuratur et debilitatur" (*Gaudium et Spes* 15; DH 4315).

[56] Ebd.

[57] Vgl. *Dei Filius*, Kap. 4; DH 3019.

[58] Ralph McInerny (*Philosophizing in Faith*, 2) fasst unter dieser Rücksicht John Henry Newmans Position zusammen: „It is unreasonable to demand that every instance of human behavior be reasonable in a single sense of that term. Unreasonable because that demand could not possibly be met and it makes no sense to say that we are under an obligation we cannot meet. Ought implies can."

text einer Kultur, einer Geschichte und einer Gemeinschaft. Da Vernunft den Menschen über kulturelle und historische Grenzen gemeinsam ist, trägt eine Ethik des Vernunftgebrauchs auch zum Aufbau der Gemeinschaft bei. Die Weisheit der natürlichen Vernunft berührt die echten Bedürfnisse des Menschengeschlechts und bringt zugleich die unveränderlichen Gesetze ans Licht, die in den konstitutiven Elementen der menschlichen Natur eingepflanzt sind und die als die gleichen in allen Lebewesen, die vernunftbegabt sind, zum Vorschein kommen (DH 4581). Dies hängt auch mit dem universalen Anspruch des Vernunftgebrauchs zusammen. Die Ethik des Vernunftgebrauchs in der katholischen Tradition legt – ähnlich wie im Zusammenhang mit dem Wahrheitsbegriff – eine Anerkennung von Universalität nahe. Universalität kann als wesentliche Eigenschaft von Vernunft beschrieben werden. Für Thomas Nagel, der in seinem Buch *Das letzte Wort* vehement für die Vernunft als allgemeine und letzte Entscheidungsinstanz eingetreten ist, steht fest, dass Vernunft universal ist, also jenseits kultureller und historischer Grenzen Gültigkeit habe: „Das wesentliche Merkmal des rationalen Denkens ist seine Allgemeinheit. Wenn ich Gründe habe, etwas zu folgern, zu glauben, zu wollen oder zu tun, so können das keine Gründe sein, die nur für mich gelten, sondern sie müssten jedem, der an meiner Stelle das gleiche tut, als Rechtfertigung dienen können … Rational denken heißt: in solcher Weise systematisch denken, dass jeder, der mir dabei über die Schulter blickt, imstande sein sollte, es als richtig zu erkennen."[59] An dieser Universalität der Vernunft wird in der katholischen Tradition festgehalten. Die Universalität der Vernunft erstreckt sich auch auf die Kenntnis göttlicher Dinge: Es gibt Kenntnis der göttlichen Dinge, die kraft der natürlichen Vernunft allen gemeinsam ist (DH 2856).

Zur Ethik des Vernunftgebrauchs gehört auch die Einsicht in die Grenzen der Vernunft. Wir haben bereits gesehen, dass man von da aus auch argumentieren könnte, dass die epistemische Position des Gläubigen Vorteile gegenüber der epistemischen Position des Ungläubigen hat, da durch die Anerkennung religiöser Inhalte die Grenzen der Vernunft deutlich werden. Glaubensdinge sind Mysterien, die auch nach Offenbarung mit Vernunft nicht durchleuchtet werden können. Die Vernunft stößt an Grenzen, es

---

[59] Nagel, *Das letzte Wort*, 12f.

gibt tiefergehende Fragen, die von der Vernunft fast nicht gelöst werden können (DH 249). Deswegen steht auch der Glaube über der Vernunft (DH 2811). Die geschaffene Vernunft ist der ungeschaffenen Wahrheit völlig unterworfen (DH 3008). Dies sind deutliche Aufforderungen zur Selbstbescheidung der Vernunft. Zur Einsicht in die Grenzen der Vernunft gehört auch die Anerkennung eines Erkenntnisbereiches, der nicht von der Vernunft erschlossen wird. Dazu gehört vor allem die katholische Lehre von der zweifachen Ordnung der Erkenntnis, die dem Prinzip und dem Gegenstand nach verschieden sind (dem Prinzip nach, weil wir in der einen Ordnung mit der natürlichen Vernunft, in der anderen mit dem göttlichen Glauben erkennen; dem Gegenstand nach, weil uns außer dem, wozu die natürliche Vernunft gelangen kann, in Gott verborgene Geheimnisse zu glauben vorgelegt werden, die, wenn sie nicht von Gott geoffenbart wären, nicht bekannt werden könnten (DH 3015). Die epistemische Position des Gläubigen ist nicht nur – so könnte man argumentieren – aufgrund der Einsicht in die Grenzen der Vernunft besser, sondern auch aufgrund der Möglichkeit, aus einer anderen Erkenntnisquelle, dem Glauben, zu schöpfen, ohne dass der Glaube der Vernunft widersprechen könnte. Im Gegenteil – hier ist ein Komplementaritätsverhältnis anzunehmen: Glaube und Vernunft leisten sich gegenseitig Hilfe, denn die rechte Vernunft beweist die Grundlagen des Glaubens und bildet, von seinem Licht erleuchtet, die Wissenschaft von den göttlichen Dingen aus, der Glaube aber befreit und schützt die Vernunft vor Irrtümern und stattet sie mit vielfacher Erkenntnis aus (DH 3019).

Die Ethik des Vernunftgebrauchs differenziert den Vernunftbegriff. In der katholischen Tradition wird der Begriff der Vernunft einerseits durch den Begriff des Willens (in der Unterscheidung zwischen „intellectus“ und „voluntas“) und andererseits durch den Begriff der Weisheit begrenzt. Der Wille folgt dem Verstand, der notwendig das begehrt, was ihm als ein sein Begehren allseits befriedigendes Gut vorgestellt wird, aber er wählt unter mehreren Gütern, die dem wandelbaren Urteil als erstrebenswert vorgelegt werden, frei aus. Demgemäß folgt die Auswahl dem letzten praktischen Urteil; welches aber das letzte sei, bewirkt der

Wille (DH 3621).[60] Hier setzt der Wille also der Vernunft eine Grenze. Andererseits wird der Vernunftbegriff vom Begriff der Weisheit her begrenzt. Der Begriff der Weisheit spielt in lehramtlichen Texten eine nicht unwichtige Rolle. Die menschliche Vernunft wird durch Weisheit vollendet, „quae mentem hominis ad vera bonaque inquirenda ac diligenda suaviter atttrahit, et qua imbutus homo per visibilia ad invisibilia adducitur"[61]. Im Zusammenhang mit der natürlichen Vernunft wird der Begriff der Weisheit („naturalis rationis sapientia" verwendet (DH 4581) und damit angedeutet, dass die natürliche Vernunft die Fähigkeit hat, Synthesen von Einzelbeobachtungen zu bilden und diese für die Orientierung des menschlichen Handelns fruchtbar zu machen. Auch die katholische Volksweisheit („sapiencia popular católica") wird in einem wichtigen Dokument angeführt und mit der Fähigkeit zur Lebenssynthese verbunden.[62] Weisheit erscheint als eine besondere Form des Vernunftgebrauchs, sich in existentiellen Fragen zurechtzufinden und im Handeln die letzte Orientierung („finis ultimus") nicht aus den Augen zu verlieren.

Die Ethik des Vernunftgebrauchs hat Implikationen für die Lebensform, für die Unterscheidung zwischen nächsten und letzten Zielen, für die Einsicht in die Grenzen der Vernunft. Es ist auch offensichtlich, dass der Begriff der epistemischen Gerechtigkeit, der ja auf die Qualität von epistemischer Arbeit (Orientierungsarbeit) abzielt, nicht ohne den Begriff der Vernunft gebildet werden kann. Vernunft ist das Vermögen, Urteile zu treffen. Von Urteilen wird dort gesprochen, wo mehrere Alternativen zur Verfügung stehen und man sich mit guten Gründen für eine Alternative entscheidet. Urteilen besteht also darin, sich aufgrund von bestimmten Überlegungen unter einer Mehrheit von möglichen Aussagen für eine zu entscheiden. Urteilen ist eine Form des Entscheidens, die eine Form des Unterscheidens voraussetzt: Die Alternativen müssen klar identifiziert und unterschieden sein. Erst auf dieser

---

[60] Vgl. Newman, *Zur Philosophie und Theologie des Glaubens*, 141: „Die Vernunft analysiert die Gründe und Motive der Handlung; ein Denkakt ist eine Analyse, aber nicht der Beweggrund selbst."

[61] *Gaudium et Spes* 15; DH 4315.

[62] *Puebla* (DH 4623); und weiter: „esa sabiduría es un humanismo cristiano" (ebd.); zu Volksweisheit und Volksreligion vgl. Scannone, *Theology, Popular Culture and Discernment*; R. Schreiter, *Abschied vom Gott der Europäer*, Kap. IV.

Grundlage ist ein wohlerwogenes Urteil möglich. Vernunft ist wesentlich das Vermögen, Unterscheidungen einzuführen, Unterschiede festzustellen und zu markieren und auf der Grundlage dieser Unterschiede einem bestimmten Vorkommnis einen Platz zuzuweisen und das eigene Handeln zu planen. Durch die Einführung von Unterscheidungen lässt sich eine Ordnung der Dinge rekonstruieren. Dadurch treten Besonderheiten hervor. Es obliegt der Urteilskraft, etwas Partikuläres als Fall von etwas Allgemeinem anzusehen und damit in einen Zusammenhang einzubetten. Das ist eine Leistung des Vernunftvermögens. Auch diese Arbeit an Differenzierungen hat ethische Relevanz. Denn dadurch verlieren die Dinge ihre Gleich–Gültigkeit. Avishai Margalit hat darauf aufmerksam gemacht, dass das Schlimmste die moralische Gleichgültigkeit sei.[63] Die Kultivierung des Vernunftvermögens ist ein Kampf gegen die Gleichgültigkeit.[64] Hier versteht man auch, warum Ignacio Ellacuría den Zusammenhang zwischen Irrationalität und Ungerechtigkeit ausgewiesen hat. Ungerechtigkeit heißt, Menschen und Dinge nicht ihrer Eigenart entsprechend zu behandeln. Dies ist nur dadurch möglich, dass das Urteilsvermögen etwa durch Gier getrübt ist. Hier sieht man auch den Zusammenhang zwischen Lebensform und Urteilsvermögen. Eine Ethik des Vernunftgebrauchs hat es mit der Pflicht, rechte Unterscheidungen zu treffen, zu tun. Nur auf diese Weise kann das Ideal der epistemischen Gerechtigkeit verfolgt werden, das also ohne Anerkennung des Vernunftbegriffs nicht einmal sinnvoll formuliert werden kann.

---

[63] Margalit, *Ethik der Erinnerung*.

[64] Ich möchte dazu ein Beispiel aus Südafrika anführen: Joachim Braun zitiert einen anonymen Brief von einem Weißen: „Dann weine ich über all das, was geschehen ist, auch wenn ich es nicht mehr ändern kann. Und dann frage ich mich, wie es möglich war, dass man nichts wußte, dass so wenige etwas dagegen getan haben, dass auch ich selbst oft nur zusah. Und ich frage mich weiter, wie man mit dieser Schuld und mit dieser Scham leben kann … Ich weiß nicht, was ich sagen soll oder was ich tun kann. Ich bitte Sie, mir das zu vergeben" (Braun, *Versöhnung braucht Wahrheit*, 16). Die Verpflichtung auf die Kultivierung des Urteilsvermögens ist eine Verpflichtung, diese Form von Gleichgültigkeit nicht zuzulassen.

Die Anerkennung des Wahrheitsbegriffs hängt mit der Anerkennung des Wirklichkeitsbegriffs zusammen, weil Wahrheit ja in Form von Korrespondenz zwischen Denken und Sein gedacht wird. Auch der Vernunftbegriff hängt davon ab, weil sich die Denkordnung ja an der Seinsordnung zu orientieren hat. Die Anerkennung des Wirklichkeitsbegriffs bringt bestimmte Verpflichtungen mit sich, ohne die sich der Begriff der epistemischen Gerechtigkeit nicht formulieren lassen würde. Beginnen wir mit einigen schulmeisterlichen bzw. wiederkäuenden Bemerkungen:

In der katholischen Tradition wird der Anerkennung unveränderlicher Gesetze, die von Offenbarung und Vernunft ans Licht gebracht werden, in einer naturrechtlichen Argumentationstradition große Bedeutung beigemessen.[65] Diese unveränderlichen Gesetze sind den konstitutiven Elementen der menschlichen Natur eingepflanzt. Die von Gott gestiftete Seinsordnung geht der dem Menschen verfügbaren Denkordnung voraus. Das menschliche Denken hat sich an der Seinsordnung zu orientieren. Dabei hat es Gott so eingerichtet, dass zwischen der Ordnung des Seins und der Ordnung des Denkens eine Übereinstimmung derart besteht, dass der Mensch wahrheitsfähig ist und bestimmte Gesetze des Seins sicher erkennen kann.[66] Gott hat ins Herz des Menschen ein inneres Gesetz eingeschrieben.[67] Gottes ewiges, objektives und universales Gesetz, nach dem er die menschliche Gemeinschaft ordnet, ist die höchste Norm des menschlichen Lebens – dieses Gesetz macht Gott den Menschen teilhaftig.[68] Das ewige Gesetz ist die ewige Vernunft des Schöpfers[69] und die Grundlage für die Gesetze der menschlichen Vernunft in Bezug auf gut und böse.[70] Dieses Gesetz ist Ursprung des gesamten Rechts.[71] Die bürgerlichen Ge-

---

[65] DH 4581.
[66] Vgl. DH 2766, 3015, 4206.
[67] DH 3247f., 3780f., 3956, 4316, 4580.
[68] „... supremam humanae vitae normam esse ipsam legem divinam aternam, obiectivam atque universalem“ (*Dignitatis Humanae* 3; DH 4242).
[69] DH 3247, 3973.
[70] DH 3248, 3781, 3973.
[71] „Igitur in hominum societate libertas veri nominis non est in eo posita, ut agas quod lubet, ex quo vel maxima existeret turba et confusio in oppressionem

setze haben sich diesem ewigen Gesetz unterzuordnen und werden von diesem ewigen Gesetz, das in lehramtlichen Texten zugänglich gemacht wird, legitimiert. Auch die fundamentalen Prinzipien, die sich auf die konstitutiven Momente und wesenhaften Beziehungen jeder menschlichen Person stützen, sind im ewigen göttlichen Gesetz enthalten.[72] Die ewigen Gesetze des Sittlichen entdeckt der Mensch im Gewissen, wo er ein Gesetz findet, das er sich nicht selbst gibt, sondern ihm vorgegeben und zum Gehorsam aufgegeben ist.[73] Von da aus leitet sich auch die Würde des menschlichen Gewissens ab. In der von Pius IX. erlassenen Sammlung von Irrtümern vom 8.12.1864 wird die Auffassung verworfen, dass die Moralgesetze keines göttlichen Gesetzes als Grundlage bedürfen.[74] Damit ist zugleich deutlich gemacht, dass das Katholische Lehramt die Grundlage der Sittengesetze und die Auslegung der Sittengesetze für den katholischen Raum verbindlich regelt. Die moralische Ordnung des Evangeliums, das in den lehramtlichen Texten entfaltet und in Handlungsorientierungen weiter übersetzt wird, vervollkommnet und erhöht das moralische Gesetz, das schon zur menschlichen Natur gehört.[75] Die sittlichen Gesetze werden ebenso wie manche Naturgesetze als Gesetze der Seinsordnung angesehen. Daher kann denn auch lehramtlich die Verletzung bestimmter Gebote des Naturgesetzes mit unbedingter und unveränderlicher Geltung als der Lehre und dem Geist des Evangeliums widersprechend festgehalten werden.[76] An dieser Stelle wird auch die eine absolute Seinsordnung in Frage stellende Auffassung verworfen, dass die Normen des Naturgesetzes zeit– und kulturbedingt seien. Auf dem Hintergrund dieser Überlegungen dürfte es unschwer ersichtlich sein, dass das Katholische Lehramt am Bestehen unveränderlicher Seinsgesetze festhält, die

---

civitatis evasura, sed in hoc, ut per leges civiles expeditius possis secundum legis aeternae praescripta vivere. Eorum vero qui praesunt, non in eo sita libertas est, ut imperare temere et ad libidinem queant, quod pariter flagitiosum esset et cum summa etiam rei publicae perinici coniunctum, sed humanarum vis legum haec debet esse, ut ab aeterna lege manare intelligantur nec quidquam sancire, quod non in ea, veluti in principio universi iuris, contineatur" (AAS 20 (1887/88), 593–613, 598f.).

72 *Persona Humana* 3 (AAS 1976, 78–86, 78f.).

73 *Gaudium et Spes* 16; DH 4316.

74 DH 2956–61.

75 *Libertatis Conscientia* 65 (AAS 554–591, 582).

76 DH 4581.

sich auch auf die sittliche Ordnung erstrecken. Diese Gesetze werden in lehramtlichen Gesetzen auf der Grundlage von Schrift und Überlieferung vermittelt bzw. entfaltet und ausgelegt und in ihrer Anwendung überwacht.[77]

Grundsätzlich haben wir es hier mit der Anerkennung einer Seinsordnung zu tun. Gott trägt alle Dinge und macht, dass sie sind, was sie sind (DH 4336). Diese Anerkennung einer Seinsordnung ist von großem Belang. Den Tatsachen gerecht zu werden, heißt, die Wirklichkeit anzuerkennen. Ehrlichkeit gegenüber den Tatsachen ist eine Tugend, die sich nur aus der Anerkennung des Wirklichkeitsbegriffs ergibt. Eine Ethik der Anerkennung von Tatsachen schränkt die Beliebigkeit der Erkenntniswege und –ansprüche ein.[78] Die Anerkennung von harten Tatsachen ist nicht nur in den Naturwissenschaften entscheidend, sondern auch in der Armutsforschung und in ethischen Fragen. An dieser Stelle sehen wir, wie die Verpflichtung auf den Begriff der Wahrheit und die Verpflichtung auf den Begriff der Wirklichkeit zusammenhängen. Was heißt es, die Tatsachen anzuerkennen, dass Menschen gefoltert werden, dass Hunger herrscht und Krieg oder auch die Tatsachen, dass Menschen zu echter Größe fähig sind und geglücktes Leben sich in Beispielen zeigt? Jon Sobrino führt das Kriterium der Aufrichtigkeit in Bezug auf das Wirkliche als Qualitätskriterium für Spiritualität an: „Any genuine spirituality will demand in the concrete: (1) honesty about the real, (2) fidelity to the real, and (3) a certain 'correspondence' by which we permit ourselves to be carried along by the 'more' of the real."[79] Man könnte diesen Ge-

---

[77] Zur Interpretation von sittlichen Ordnungen durch die Kirche vgl. AAS 68 (1966) 940; AAS 22 (1930) 579f.; AAS 46 (1954) 671f.; AAS 53 (1961) 457; AAS 60 (1968) 483.

[78] „The test of reality is the resistance it offers to the otherwise uninhibited course of my own thinking, desiring and acting. Reality is what 'I come up against', what takes me by surprise, the other–than–myself which pulls me up and obliges me to reckon with it and adjust myself to it because it will not consent simply to adjust itself to me" (Baillie, *The Sense of the Presence of God*, 33).

[79] Sobrino, *Spirituality of Liberation*, 14. Diese Anerkennung der Wirklichkeit ist entscheidend für den Aufbau der Gemeinschaft, da sich eine soziale Welt nur dann entfalten kann, wenn man sich über eine Art des Bezugs zu einer objektiven Welt geeinigt hat, wobei gerade diese Bezugnahme eine Korrektur des sozialen Handelns ermöglicht. Zwei Gesprächspartner beziehen sich auf eine Sache und können sich gerade dadurch verstehen. Das ist ein wichtiger

danken auch ausweiten und daraus ein Qualitätskriterium für philosophische Entwürfe machen. Das Ideal der epistemischen Gerechtigkeit, das ein Handlungskriterium formuliert und sich damit auf ein Fundament beruft, wo „Reibung" herrscht und sich Widerstand zeigt, kann nicht ohne Verpflichtung auf den Wirklichkeitsbegriff formuliert werden.

4. Schlussbemerkung

In dieser Weise könnte man fortfahren. Man könnte auch die Commitments charakterisieren, die mit der Anerkennung des Begriffs der menschlichen Würde verbunden sind, oder die Verpflichtungen, die der eingeht, der den Begriff der Freiheit oder den Begriff der Sünde anerkennt. Dies will ich nicht mehr leisten. Ich hoffe aber doch, eine Richtung gewiesen zu haben, in die die Überlegungen hinsichtlich der Commitments, die aus der Anerkennung der katholischen Tradition erwachsen können, gehen könnten. Wichtig ist mir vor allem der Gedanke, dass das Ideal der epistemischen Gerechtigkeit ohne die Anerkennung bestimmter Begriffe und ohne die Akzeptanz der damit verbundenen Commitments weder formuliert noch verfolgt werden kann. Die in der katholischen Tradition zu findenden Begriffe leisten hier wertvolle Dienste. Das ist wohl der Sukkus der Verhältnisbestimmung zwischen Philosophie und der Idee des Katholischen Lehramts: Die katholische Tradition behindert das Ideal der epistemischen Gerechtigkeit nicht. Man könnte sogar dafür argumentieren, dass die-

---

Gedanke, sowohl in der kontinentalen (Gadamer) als auch in der analytischen Hermeneutik (Davidson). Die soziale Welt ohne Anerkennung einer objektiven Realität „feiert" (um auf Wittgenstein anzuspielen), weil Zweckmäßigkeitsüberlegungen fehlen, die nur in Auseinandersetzung mit objektiven Gegebenheiten einsetzen können. Erst der geteilte Weltbezug macht Verständigung möglich. In diesem Zusammenhang kann man auch einen Gedanken von Desmond Tutu im Rahmen seiner Arbeit in der südafrikanischen Wahrheits– und Versöhnungskommission zitieren: „Versöhnung heißt nicht: ‚Seid nett zueinander.' Es geht nicht darum, so zu tun, als seien die Dinge anders gewesen, als sie waren. Versöhnung, die sich auf eine Leugnung der Realität gründet, ist keine wirkliche Versöhnung und wird keinen Bestand haben" (zitiert nach Braun, *Versöhnung braucht Wahrheit*, 28).

ses Ideal durch die behutsam interpretierte Tradition (bei aller Rücksicht auf ihre Komplexität) befördert wird. Umgekehrt kann die Philosophie für die Religion wesentliche Dienste vor allem dadurch leisten, dass sie versucht, das Anliegen der epistemischen Gerechtigkeit in die Kirche hineinzutragen.

Am Ende dieses Buches möchte ich den Gedanken von der Sehnsucht nach einem „Lehramt mit menschlichem Antlitz“ ausdrücken. Lehramtliche Dokumente sind zu einem eigenen *genus litterarium* geworden, das jedes Wort auf die Waagschale legen muss und sich sorgsam durch Referenzen abzusichern hat, um die Angriffsflächen zu minimieren. Durch die Verfeinerung der bürokratischen und juridischen Strukturen wird die Ausübung des Lehramts innerhalb der katholischen Kirche eine zusehends komplexe Angelegenheit. Der Druck auf fehlerfreie Performanz der Lehramtsträger scheint – gerade auch angesichts der Öffentlichkeit und der Expertise der akademischen Theologie – zu wachsen. Mich erinnert die Situation in manchem an das Gewicht, das man wissenschaftlicher Arbeit, die strikt von außerwissenschaftlichen Zusammenhängen getrennt wurde, in den 1930er Jahren auferlegt hat – als ob Wissenschaft in einem Vakuum erfolgte, von dem die schmutzige Lebensluft, die man allerdings zum Atmen braucht, ferngehalten werden müsste. Verhält es sich nicht ähnlich mit dem Katholischen Lehramt, das gleichsam in einem Vakuum auszuüben ist, in dem keine Fehler gemacht werden dürfen? Der Anspruch, der in lehramtlichen Dokumenten in Bezug auf lehramtliche Aussagen erhoben wird, leistet dieser Gefahr durchaus noch Vorschub. Man könnte die Situation, um ein bekanntes Bild zu verwenden, mit dem Schmerz eines Gewichthebers vergleichen, der ein schweres Gewicht stemmt, unter dessen Last er fast zusammenbricht. Wie erlösend könnte es sein, wenn man ihm sagte: „Lass das Gewicht fallen!“ Hätte diese Einladung strukturelle Ähnlichkeit mit der Idee eines „Lehramts mit menschlichem Antlitz“? Vor einigen Jahren hat der Innsbrucker Bischof Stecher sinngemäß gesagt: „Der Vatikan hat das Image der Barmherzigkeit verloren.“ Wäre dieser Begriff der Barmherzigkeit relevant für die Idee eines „Lehramts mit menschlichem Antlitz“, ein „Magisterium with a human face“, bei dem man nicht vergisst, dass es Menschen sind, die als Menschen und für Menschen dieses Amt ausüben? Gerade der Begriff der „Commitments“, der in diesem Buch ins Zentrum gestellt wurde und einen Spielraum für die je lokale Situation, den spezifischen Kontext und die bestimmte Person lässt, könnte hier eine Rolle spielen.

Eine letzte Bemerkung: Ludwig Wittgenstein macht einmal über James Frazer, mit dessen Werk *The Golden Bough* er sich kritisch auseinandersetzt, die bissige Bemerkung: „Welche Enge des seelischen Lebens bei Frazer! Daher: Welche Unmöglichkeit, ein anderes Leben zu begreifen, als das englische seiner Zeit!“[80] Die Gefahr einer solchen Enge ist kaum zu leugnen, wenn es um Fragen des Katholischen Lehramts geht. Die Gefahr einer Enge der Reflexion, die sich nichts Anderes vorstellen kann als ein katholisches Milieu. Oder auch: Welche Enge des Denkens, das nur in vorauseilendem Gehorsam ein Bild von „Lehramt“ zurechtzimmert, das eng und starr ist. Oder auch: Welche Enge der philosophischen Welt, wenn nicht klar gemacht werden kann, dass die Commitments katholischen Denkens epistemische Qualität nicht verunmöglichen und intellektuelle Redlichkeit nicht verraten …

[80] Wittgenstein, *Vortrag über Ethik*, 33.

Abkürzungen

AAS: Acta Apostolicae Sedis, Vatikan 1865/66ff.

ACPA: American Catholic Philosophical Association.

BKV: Bibliothek der Kirchenväter. Eine Auswahl patristischer Werke in deutscher Übersetzung. 61 Bände. Hg. O. Bardenhewer/T. Schermann/ K. Weymann, Kempten 1911ff.

CBC: Catholic Bishops' Conference.

CIC: Codex Iuris Canonici von 1983.

CSEL: Corpus Scriptorum Ecclesiasticorum Latinorum. Kritische Ausgabe der lat. Kirchenväter, Wien 1866ff.

CTI: Internationale Theologenkommission.

DAS: Der Apostolische Stuhl. Vollständige Dokumentation, Vatikan.

DH: H. Denzinger, Enchiridion symbolorum definitionum et declarationum de rebus fidei et morum. Hg. P. Hünerman, Freiburg i. Br. ^{37}1991.

EP: M. J. Rouet de Journel, Enchiridion Patisticu, Freiburg i. Br. 1911.

GCS: Graecorum Corpus Scriptorum. Kritische Ausgabe der griechischen Kirchenväter, Berlin 1897ff.

KKK: Katechismus der Katholischen Kirche, München 1993.

PG: Patrologia cursus completus, accurante J.–P. Migne. Series graeca, Paris 1857ff.

PL: Patrologia cursus completus, accurante J.–P. Migne. Series latina, Paris 1841ff.

TKV: Texte der Kirchenväter. Nach Themen geordnet, Hg. A. Heilmann. 5 Bde. München 1963–1966.

VAS: Verlautbarungen des apostolischen Stuhls, Hg. v. Sekretariat der Deutschen Bischofskonferenz. Bonn.

Literaturverzeichnis

Accatolli, L., *Quando il Papa chiede perdono*, Milan 1997.

Althaus, P., *Die christliche Wahrheit*, Gütersloh ^{4}1958.

Arens, E. (Hg.), *Habermas und die Theologie. Beiträge zur theologischen Rezeption, Diskussion und Kritik der Theorie kommunikativen Handelns*, Düsseldorf 1989.

Arrupe, P., *Address to the Congregation of Procurators* 65 (10.5.1970) AR 15 (1970) 908f.

Aubert, R., Art. *Leo XIII. Papst (1878–1903)*, in: Theologische Realenzyklopädie, Bd. 20, Berlin 1990, 748–753.

–, *Der Syllabus von 1864*, in: Stimmen der Zeit 175 (1965) 1–14.

–, *Die Enzyklika „Aeterni Patris" und die weiteren päpstlichen Stellungnahmen zur christlichen Philosophie*, in: E. Coreth/W.M. Neidl/G. Pfligersdorffer (Hg.), Christliche Philosophie im katholischen Denken des 19. und 20. Jahrhunderts. Bd. 2: Rückgriff auf scholastisches Erbe, Graz 1988, 310–332.

–, *Le pontificat de Pie IX*, Paris 1952.

–, *Vaticanum I*, Mainz 1965.

Austin, J.L., *Gesammelte philosophische Aufsätze*, Stuttgart 1986.

–, *Zur Theorie der Sprechakte*, Stuttgart 1972.

Auvray, L., *Les registres de Grégoire IX*, Tome 1, Paris 1896.

Ayer, A., *Wittgenstein*, London 1992.

Aymans, W., *Begriff, Aufgabe und Träger des Lehramts*, in: J. Listl/H. Müller/H. Schnitz (Hg.), Grundriß des nachkonziliaren Kirchenrechts, Regensburg 1980, 421–429.

Bachtin, M., *Die Ästhetik des Wortes*. Hg. R. Grübel, Frankfurt a. M. 1979.

–, *Literatur und Karneval. Zur Romantheorie und Lachkultur*, München 1985.

Baillie, J., *The Sense of the Presence of God*, Oxford 1962.

Baker, G./P. Hacker, *Language, Sense and Nonsense*, Oxford 1984.

–, *Scepticism, Rules and Language*, Oxford 1984.

Bales, K., *Disposable People. New Slavery in the Global Economy*, Berkeley (CA) 1999.

Balthasar, H.U. v., *Der antirömische Affekt*, Freiburg i. Br. 1974.

Barth, K., *Kirchliche Dogmatik I/1*, Zollikon 1952.

–, *Kirchliche Dogmatik IV/1*, Zollikon 1953.

Bateson, G., *Steps to an Ecology of the Mind*, New York 1973.

Bauman, Z., *Legislators and Interpreters*, Cambridge 1987.

Beck, K., *Offenbarung und Glaube bei Anton Günther*, Wien 1967.

Beinert, W., *Die Rezeption und ihre Bedeutung für Leben und Lehre der Kirche*, in: W. Pannenberg/T. Schneider (Hg.), Verbindliches Zeugnis II: Schriftauslegung – Lehramt – Rezeption, Freiburg i. Br. 1995, 193–218.

–, *Knechtschaft – Partnerschaft – Herrschaft? Systematische Erwägungen zum Verhältnis von Lehramt und Theologie*, in: M. Seckler (Hg.), Lehramt und Theologie. Unnötiger Konflikt oder heilsame Spannung?, Düsseldorf 1981, 25–56.

Benda, J., *Der Verrat der Intellektuellen*, München 1978.

Berger, P., *Der Zwang zur Häresie. Religion in der pluralistischen Gesellschaft*, Frankfurt a. M. 1970.

Berger, P./T. Luckmann, *Die gesellschaftliche Konstruktion der Wirklichkeit. Eine Theorie der Wissenssoziologie*, Frankfurt a. M. 1970.

Bernardin, J., *A Moral Vision for America. Edited by John Langan*, Washington (DC) 1998.

–, *Called to be Catholic* (Catholic Common Ground Initiative: Foundational documents), New York 1997.

Berryman, P., *Stubborn hope: religion, politics, and revolution in Central America*, Maryknoll (NY) 1994.

Bertsch, L./M. Kehl (Hg.), *Zur Sache. Theologische Streitfragen im „Fall Küng"*, Würzburg 1980.

Beumer, J., *Das authentische Lehramt der Kirche*, in: Theologie und Glaube 38 (1947/48) 273–289.

–, *Sind päpstliche Enzykliken unfehlbar?*, in: Theologie und Glaube 42 (1952) 262–269.

Bevans, S., *Models of Contextual Theology*, Revised Edition, Maryknoll (NY) 2002.

Billot, L., *Tractatus de Ecclesia Christi*, Rom [2]1903.

Blondel, M., *Die Aktion*, Freiburg i. Br. 1965.

–, *Le problème de la philosophie catholique*, Paris 1932.

–, *Philosophische Ansprüche des Christentums*, Wien 1954.

Blumenberg, H., *Die Legitimität der Neuzeit*, Frankfurt a. M. 1966.

–, *Die Lesbarkeit der Welt*, Frankfurt a. M. 1989.
–, *Säkularisierung und Selbstbehauptung*, Frankfurt a. M. 1974.
Bocheński, J.M., *Die zeitgenössischen Denkmethoden*, Tübingen 1986.
–, *Logik der Religion*, Köln 1968.
–, *Religious Hypothesis Revisited*, in: P. Weingartner (Hg.), Scientific and religious belief, Dordrecht 1994, 143–160.
–, *Was ist Autorität?*, Freiburg i. Br. 1974.
Bogliolo, L., *Il problema della filosofia cristiana*, Brescia 1959.
Bolzano, B., *Lehrbuch der Religionswissenschaft I §§ 1–85*, Hg. J. Louzil (Bolzano–Gesamtausgabe, Reihe I, Bd. 6/1), Stuttgart 1994.
–, *Was ist Philosophie?*, in: B. Bolzano, Vermischte philosophische und physikalische Schriften 1832–1848: 3. Teil, Hg. J. Berg/J. Louzil (Bolzano–Gesamtausgabe, Reihe IIA, Bd. 12/3), Stuttgart 1978, 13–33.
Bourdieu, P., *Les règles de l'art: genèse et structure du champ littéraire*, Paris 1992.
Bouveresse, J., *Was heißt, „auf die gleiche Weise fortsetzen"?*, in: H. J. Schneider/M. Kroß (Hg.), Mit Sprache spielen. Die Ordnungen und das Offene nach Wittgenstein, Berlin 1999, 31–49.
Boyle, J., *Church teaching authority: historical and theological studies*, Notre Dame (IN) 1995.
–, *The Ordinary Magisterium: Towards a History of the Concept*, in: Heythrop Journal 20 (1979) 38–398; 21 (1980) 1–29.
Boyle, L. E., *A Remembrance of Pope Leo XIII: The Encyclical Aeterni Patris*, in: V. B. Brezik (ed.), One Hundred Years of Thomism, Houston 1981.
Brandl, J./R. Haller (Hg.), *Wittgenstein – eine Neubewertung*, 3 Bde., Wien 1990.
Braun, J. (Hg.), *Versöhnung braucht Wahrheit. Der Bericht der südafrikanischen Wahrheitskommission*, Gütersloh 1999.
Bréhier, E., *Y–a–t'il une philosophie chrétienne?*, in: Révue de métaphysique et de morale 38 (1931) 133–162.
Breton, S., *„Lumen Naturae" et „Lumen Gratiae" dans le concept théologique „infaillibilité"*, in: E. Castelli (Hg.), L'infaillibilité. Son Aspect Philosophique et Théologique, Paris 1970, 271–282.
Brezik, V.B., *One Hundred Years of Thomism: „Aeterni Patris" and Afterwards,* Houston (TX) 1981.
Brieskorn, N., *Rechtsphilosophie*, Stuttgart 1990.
Brooks, R.L. (ed.), *When Sorry is not Enough. The controversy over apologies and reparations for human injustice*, New York 1999.

Burger, T., *Max Weber's Theory of Concept Formation. History, Laws, and Ideal Types*, Durham (NC) 1976.

Cano, M. v., *De locis theologicis*, Salamanca 1563.

Caputo, J.D., *Metanoetics: Elements of a Postmodern Christian Philosophy*, in: F.J. Ambrosio (ed.), The question of Christian philosophy, Fordham 1999, 189–223.

Castelli, E., *L'aspect philosophique et théologique du concept d'infaillibilité*, in: ders. (ed.), L'infaillibilité. Son Aspect Philosophique et Théologique, Paris 1970, 17–26.

Castro, J. de, *Géopolitique de la faim*, Paris 1952.

CBC of England and Wales, *Human Rights and the Catholic Church*, London 1998.

Cervellera, B., *„Fides et Ratio", an den Wurzeln der Mission*, in: Fides 23 (1998) 747–748.

Chauvet, F., *La posición del escotismo en le escolastica medieval*, in: Studia scolastico–scotistica. 8 Bde., Rom 1868ff. Bd. 1, 75–99.

Chiappi, L., *Il magisterio vivo di SS. Pio XII, norma prossima e universale di verità*, in: Sapienza 7 (1954) 125–151.

Choo, C., *A Brief Sketch of Korean Christian History from the Minjung Perspective. In The Commission on Theological Concerns of the Christian Conference of Asi,* Ed. Minjung Theology. People as the Subject of History, Maryknoll (NY) 1981, 73–79.

Christian, W., *Meaning and Truth in Religion*, Princeton 1964.

Cochran, C.E./D.C. Cochran, *Catholics, Politics, and Public Policy*, Maryknoll (NY) 2003.

Collins, J., *Christian Philosophers and the Modern Turn*, in: Proceedings ACPA 38–39 (1964–1965), 14–37.

Congar, Y., *Du bon usage de „Denzinger". Situations et tâches présentes de la théologie*, Paris 1967, 111–133.

–, *La foi et la théologie*, Tournai 1962.

–, *Le droit au désaccord, in: L'année* canonique 25 (1981) 277–286.

Copleston, F.C., *Geschichte der Philosophie im Mittelalter*, München 1976.

Coreth, E., *Einleitung in das Gesamtwerk*, in: E. Coreth/W.M. Neidl/G. Pfligersdorffer (Hg.), Christliche Philosophie im katholischen Denken des 19. und 20. Jahrhunderts. Bd. I, Graz 1987, 23–28.

–, *Beiträge zur Christlichen Philosophie*, Innsbruck 1999.

Coreth, E./W.M. Neidl/G. Pfligersdorffer (Hg.), *Christliche Philosophie im katholischen Denken des 19. und 20. Jahrhunderts*, 3 Bde., Graz 1987–1990.

Cornwell, J., *Pius XII. Der Papst, der geschwiegen hat*, München 1999.

Coulter, G./T. Sullivan, *Philosophy and Revelation: Is Philosophy a Form of Unbelief?*, in: Proceedings ACPA 69 (1995) 91–102.

CTI, *Die Interpretation eines Dogmas*, in: DAS (1990) 1462–1484.

–, *Erinnern und Versöhnen. Die Kirche und die Verfehlungen in ihrer Vergangenheit*, Rom 2000.

Curran, C. (ed.), *Dissent in the church*, Mahwah (NJ) 1988.

–, *Faithful Dissent*, Kansas City 1986.

Curran, C.E., *Catholic Social Teaching, 1891 – Present: A Historical, Theological, and Ethical Analysis*, Washington (DC) 2002.

Dalferth, I.U., *Religiöse Rede von Gott*, München 1981.

Davidson, D., *A Nice Derangement of Epitaphs*, in: E. LePore (ed.), Truth and Interpretation. Perspectives in the Philosophy of Donald Davidson, New York 1986, 433–446.

–, *Der Mythos des Subjektiven,* Stuttgart 1993.

–, *Expressing Evaluations*, Lawrence (KS) 1984.

–, *Inquiries into Truth and Interpretation*, Oxford 1984.

–, *Meaning, Truth and Evidence*, in: R. Barrett/R. Gibson (eds.), Perspectives on Quine, Oxford 1990, 68–79.

–, *The Structure and Content of Truth*, in: Journal of Philosophy 87 (1990) 279–328.

–, *Toward a Unified Theory of Meaning and Action*, in: Grazer Philosophische Studien 11 (1980) 1–12.

Dejaifve, G., „*Ex sese, non autem ex Consensu Ecclesiae*“, in: Salesianum 25 (1962) 283–295.

Denifle, H./A. Chatelain (ed.), Chartularium Universitatis Parisiensis, 4 Bde., Paris 1899.

DePaul, M./F. Ramsey (eds.), *Rethinking Intuition*, Oxford 1998.

Deufel, K., *Kirche und Tradition: Ein Beitrag zur Geschichte der theologischen Wende im 19. Jahrhundert am Beispiel des kirchlich–theologischen Kampfprogramms P. Joseph Kleutgens SJ*, München 1976.

Dilthey, W., *Studien zur Geschichte des deutschen Geistes* (Gesammelte Schriften, Bd. 3), Stuttgart ²1959.

Döllinger, I., *Kleinere Schriften*. Hg. F. Reusch, Stuttgart 1890.

Doré, J., *L'institution du Magistère*, in: Recherches de Science Réligieuse 71 (1983) 13–36.

Dougherty, J.P., *Christian Philosophy: Sociological Category or Oxymoron?*, in: The Monist 75 (1992) 283–290.

Douglas, M., *Wie Institutionen denken*, Frankfurt a. M. 1991.

Duhem, P., *Le système du monde*, Paris 1954.

Dulles, A., *Authority and Conscience*, in: C. Curran/R. McCormick (eds.), Dissent in the Church, Mahwah (NJ) 1988.

–, *Lehramt und Unfehlbarkeit*, in: W. Kern u.a. (Hg.), Handbuch der Fundamentaltheologie, Bd. 4, Freiburg i. Br. 1988, 153–178.

–, *The Magisterium in History. A theological reflection*, in: Chicago Studies 17 (1978) 264–281.

–, *The Survival of Dogma*, Garden City (KS) 1973.

–, *The Two Magisteria: An Interim Reflection*, in: Proceedings CTSA (1980) 155–169.

Duminuco, V.J. (ed.), *The Jesuit Ratio studiorum: 400th anniversary perspectives*, New York 2000.

Dupré, L., *Christian Philosophy: What is it? What Could it be?*, in: American Catholic Philosophical Quarterly 71,1 (1997) 25–29.

Duquoc, C., An *Active Role for the People of God in Defining the Church's Faith*, in: J.B. Metz, E. Schillebeeckx (eds.), The Teaching Authority of Believers (Concilium), Edinburgh 1985, 73–81.

Dwyer, J.A. (ed.), *The New Dictionary of Catholic Social Thought*, Collegeville 1994.

Eco, U., *Lector in fabula. Die Mitarbeit der Interpretation in erzählenden Texten*, München ²1994.

–, *Semiotik und Philosophie der Sprache*, München 1985.

Eco, U./C.M. Martini, *Woran glaubt, wer nicht glaubt?*, München 1999.

Elias, N., *Die Gesellschaft der Individuen*. Hg. M. Schröter, Frankfurt a. M. 1991.

Elizondo, V., *The Future is Mestizo*, Bloomington (IN) 1988.

Ellacuría, I., *El Compromiso Politico de la Filosofía*, Bogotà 1994.

–, *Is a Different Kind of University Possible?*, in: J. Hassett/ H. Lacey (eds.), Towards a Society That Serves Its People. The Intellectual Contribution of El Salvador's Murdered Jesuits, Washington (DC) 1991.

–, *The University, Human Rights, and the Poor Majority*, in: J. Hassett/ H. Lacey (eds.), Towards a Society That Serves Its People. The Intellectual Contribution of El Salvador's Murdered Jesuits, Washington (DC) 1991, 208–219.

Eyerman, R., *Between Culture and Politics. Intellectuals in Modern Society*, New York 1994.

Fenton, J.C., *Infallibility in the Encyclicals*, in: American Ecclesiastical Review 128 (1953) 177–198.

Field–Bibb, J., *Women Towards Priesthood. Ministerial Politics and Feminist Praxis*, Cambridge (UK) 1991.

Flanagan, J., *The Jesuit University as Counter–Culture*, in: Method 10,2 (1992) 127–146.

Flasch, K., *Aufklärung im Mittelalter? Die Verurteilung von 1277*, Mainz 1989.

–, *Das philosophische Denken im Mittelalter*, Stuttgart 1986.

Flint, T.P. (ed.), *Christian Philosophy*, Notre Dame (IN) 1990.

Fraling, B., *Das kirchliche Lehramt aus der Sicht der katholischen Moraltheologie*, in: Una Sancta 44 (1989) 72–90.

Frank, M., *Stil in der Philosophie*, Stuttgart 1992.

–, *Was ist Neostrukturalismus?*, Frankfurt a. M. 1983.

Freire, P., *Teachers as Cultural Workers. Letters To Those Who Dare Teach*, Boulder (CO) 1998.

Fries, H., *„Ex sese, non autem ex consensu Ecclesiae"*, in: R. Bäumer/H. Dolch (Hg.), Volk Gottes, Freiburg i. Br. 1967, 480–500.

–, *Fundamentaltheologie*, Graz 1985.

–, *Is there a Magisterium of the Faithful?*, in: J.B. Metz/E. Schillebeeckx (eds.), The Teaching Authority of Believers (Concilium), Edinburgh 1985, 82–91.

Gadamer, H.–G., Art. *„Hermeneutik"*, in: Historisches Wörterbuch der Philosophie, Bd. 3, Hg. J. Ritter, Basel 1974, 1061–1073.

–, *Gesammelte Werk*, Bde. 1–10, Tübingen 1986–1995.

–, *Wahrheit und Methode*, Tübingen [2]1965.

Gaillardetz, R.R., *Witnesses to the Faith. Community, Infallibility, and the Ordinary Magisterium of Bishops*, Mahwah (NJ) 1992.

Geertz, C., *The Interpretation of Cultures*, New York 1993.

Gendron, L., *Magistère et Théologie*, in: Science et Esprit 30 (1978) 233–254.

Gilson, E., *History of Christian Philosophy in the Middle Ages*, New York 1955.

–, *Introduction à la philosophie chrétienne*, Paris 1960.

–, *Johannes Duns Scotus. Einführung in die Grundgedanken seiner Lehre*, Düsseldorf 1959.

–, *La notion de philosophie chrétienne*, in: Bull. Soc. Franc. phil. 31 (1931).

–, *La possibilité de la philosophie chrétienne*, in: Revue des Sciences Religieuses 32 (1958) 168–196.

–, *Le philosophe et la théologie*, Paris 1960.

–, *Lettres de M. Etienne Gilson adressées au P. Henri de Lubac et commentées par celui–ci*, Paris 1986.

–, *The Spirit of Medieval Philosophy*, New York 1940.

–, *What is Christian Philosophy?*, in: A. C. Pegis (ed.), A Gilson Reader, New York 1957, 177–191.

–, *The Christian Philosophy of S. Thomas Aquinas*, New York 1956.

Gittins, A., *Ministry at the Margins*, Maryknoll (NY) 2002.

Glucksmann, A., *Die Macht der Dummheit*, Stuttgart 1985.

Goffman, E., *Rahmenanalyse*, Frankfurt a. M. 1977.

Goldstein, H., Art. *„Lehramt"*, in: ders., Kleines Lexikon zur Befreiungstheologie, Düsseldorf 1991, 131–135.

Gombocz, W.L., *Die Philosophie der ausgehenden Antike und des frühen Mittelalters* (Geschichte der Philosophie, Bd. 4, Hg. W. Röd), München 1997.

Gonzalez, J., *Mañana. Christian Theology from a Hispanic Perspective*, Nashville (TN) 1990.

Goodman, N., *The Structure of Appearance*, Cambridge (MA) 1951.

–, *Problems and Projects*, Indianapolis 1972.

–, *Of Mind and Other Matters*, Cambridge (MA). 1984.

–, *Weisen der Welterzeugung*, Frankfurt a. M. 1990.

Goodman, N./C. Elgin, Revisionen: Philosophie und andere Künste und Wissenschaften, Frankfurt a. M. 1989.

Goody, J., *Die Logik der Schrift und die Organisation der Gesellschaft*, Frankfurt a. M. 1990.

Goody, J./I. Watt/K. Gough, *Entstehung und Folgen der Schriftkultur*, Frankfurt a. M. 1986.

Gössmann, E., *Äußerungen zum Frauenpriestertum in der christlichen Tradition*, in: E. Gössmann/D. Bader (Hg.), Warum keine Ordination der Frau? Unterschiedliche Einstellungen der christlichen Kirchen, München 1987, 9–25.

Gouldner, A.W., *The Future of Intellectuals and the Rise of the New Class*, London 1979.

Grabmann, M., *Der lateinische Averroismus des 13. Jahrhunderts und seine Stellung zur christlichen Weltanschauung*, München 1931.

Grandy, R., *Reference, Meaning and Belief*, in: Journal of Philosophy 70 (1973) 439–452.

Grasso, K.L./G.V. Bradley/R.P. Hunt, *Catholicism, Liberalism, and Communitarianism: The Catholic Intellectual Tradition and the Moral Foundations of Democracy*, Lanham 1995.

Greeley, A., *No Bigger than Necessary. An Alternative to Socialism, Capitalism, and Anarchism*, New York 1977.

Green, G., *The Heart of the Matter*, New York 1960.

Grice, P., *Logic and Conversation*, in: ders. (ed.), Studies in the Way of Words, Cambridge (MA) 1988.

Grillmeier, A., *Mit ihm und in ihm. Christologische Forschungen und Perspektiven*, Freiburg i. Br. 1975.

Grisez, G., *The Four Meanings of „Christian Philosophy"*, in: The Journal of Religion 42 (1962).

Groot, J.G., *Die horizontalen Aspekte der Kollegialität*, in: G. Barauna (Hg.), De Ecclesia II, Freiburg i. Br. 1966, 84–104.

Grote, H., *Was verlautbart Rom wie? Eine Dokumentenkunde für die Praxis*, Göttingen 1995.

Guardini, R., *Das Wesen des Christentums*, Würzburg 1939.

Guarino, T. et al., *Observations on a note by the Doctrinal Congregation*, in: Theological Studies 64 (2003) 43–68.

Gutiérrez, G., *On Job*, Maryknoll (NY) 1991.

Gutwenger, E., *Welche Rolle spielt das Magisterium im Glauben der Kirchengemeinschaft?*, in: Concilium 6 (1970) 18–25.

Habermas, J., *Theorie des kommunikativen Handelns I*, Frankfurt a. M. 1981.

Hacking, I., *Vom Gedächtnis der Begriffe*, in: J. Schulte/U.J. Wenzel (Hg.), Was ist ein „philosophisches" Problem?, Frankfurt a. M. 2001, 72–86.

Haldane, J., *What Future Has Catholic Philosophy?*, in: Proceedings ACPA 71 (1997) 79–90.

Häring, B., *Erzwingung von Verstandesgehorsam gegenüber nicht–unfehlbaren Lehren?*, in: Theologie der Gegenwart 29 (1986) 213–219.

Hart, H.L.A., *Der Begriff des Rechts*, Frankfurt a. M. 1973.

Hauerwas, S., *Resident aliens: life in the Christian colony*, Nashville (TN) 1989.

Hauriou, M., *Die Theorie der Institution.* Hg. R. Schnurr, Berlin 1965.

Hayner, P.B., *Unspeakable Truths. Confronting State Terror and Atrocity*, New York 2001.

Heidegger, M., *Einführung in die Metaphysik*, Tübingen 1953.

–, *Wegmarken*, Frankfurt a. M. 1976.

Heim, M., *Obsequium religiosum intellectus et voluntatis*, in: Münchener Theologische Zeitschrift 42 (1991) 359–370.

Heiner, F., *Der Modernismus und die kirchlichen Maßregeln gegen denselben*, in: Archiv für katholisches Kirchenrecht 89 (1909) 581–605.

Henrici, P., *Aufbrüche christlichen Denkens*, Einsiedeln 1978.

Hesburgh, T. (ed.), *The challenge and promise of a Catholic University*, Notre Dame (IN) 1994.

Hirsch, E., *Geschichte der neueren evangelischen Theologie.* Bd. V, Gütersloh ²1960.

Hogan, W.F., *Augustin Bonnetty and the Problem of Faith and Reason*, Washington (DC) 1957.

Holmes, A.F., A *Christian Philosophy in the Twentieth Century. An Essay in Philosophical Methodology*, Nutley (NJ) 1969.

Horton, W.M., *The Philosophy of the Abbé Bautain*, New York 1926.

Hospers, J., *An Introduction to Philosophical Analysis*, Prentice Hall (NJ) ⁴1997.

Houser, R.E., *Trans–Forming Water into Theological Wine: Gilson and Aquinas*, in: Proceedings ACPA 69 (1995) 103–116.

Howe, L.T., *Philosophical Theology as a Venture of Faith*, in: Proceedings ACPA 44 (1970) 205–213.

Hug, P.L., *The Place and Function of the Catholic Philosopher in the World Today*, in: Proceedings ACPA 32–33 (1958–59) 34–53.

Hünermann, P. (Hg.), *Lehramt und Sexualmoral*, Düsseldorf 1990.

–, *Hinweise zum theologischen Gebrauch des „Denzinger"*, in: ders., Einleitung zum DH, 9–13.

Huntington, S., *The clash of civilizations*, in: Foreign Affairs 72,3 (1993) 22–49.

Internationale Theologenkommission, *Thesen über das Verhältnis von kirchlichem Lehramt und Theologen zueinander,* in: Theologie und Philosophie 52 (1977) 57–66.

Iser, W., *Der Akt des Lesens. Theorie ästhetischer Wirkung*, München ⁴1994.

Jacoby, R., *The Last Intellectuals: American Culture in the Age of Academe*, New York 1987.

James, W., *Der Wahrheitsbegriff des Pragmatismus,* in: ders., Der Pragmatismus, Leipzig 1908, 123–150.

–, *Die Vielfalt religiöser Erfahrung*, Freiburg i. Br. 1979.

Janich, P./F. Kambartel/J. Mittelstraß, *Wissenschaftstheorie als Wissenschaftskritik*, Frankfurt a. M. 1974.

Jansen, B., *Christliche Philosophie*, in: Stimmen der Zeit 128 (1935) 229–238.

Jaspers, K., *Die Schuldfrage*, Heidelberg 1946.

–, *Der philosophische Glaube angesichts der Offenbarung*, München 1963.

–, *Erneuerung der Universität*, in: ders., Erneuerung der Universität. Reden und Schriften 1945/46, Heidelberg 1986.

Jauss, H.R., *Literaturgeschichte als Provokation der Literaturwissenschaft*, Konstanz ²1969.

Jedin, H., *Theologie und Lehramt*, in: R. Bäumer (Hg.), Lehramt und Theologie im 16. Jahrhundert, Münster 1976, 7–21.

Jennings, J./A. Kemp–Welch (eds.), *Intellectuals in Politics. From the Dreyfus Affair to Salman Rushdi*, London 1997.

Jonas, A., *Rebecca*, New York 1996.

Kalinowski, G., *Einführung in die Normenlogik*, Frankfurt a. M. 1973.

Kambartel, F., Art. *„Erfahrung"*, in: Historisches Wörterbuch der Philosophie, Bd. 2, Hg. J. Ritter, Basel 1972, 609–617.

–, *Theologisches*, in: Zeitschrift für Evangelische Ethik 15 (1971) 32–35.

–, *Theorie und Begründung*, Frankfurt a. M. 1976.

Kamlah, W./P. Lorenzen, *Logische Propädeutik*, Mannheim ^{2}1987.

Kaufmann, D.G., *On the meaning of „God"*, in: Harvard Theological Revue 59 (1966) 105–132.

Kaufmann, F.X., *Glaube und Kommunikation. Eine soziologische Perspektive*, in: D. Wiederkehr (Hg.), Der Glaubenssinn des Gottesvolkes – Konkurrent oder Partner des Lehramts? (Quaestiones disputatae 151), Freiburg i. Br. 1994, 132–160.

Kern, W., *Lehramt*, in: U. Ruh u.a. (Hg.), Handwörterbuch religiöser Gegenwartsfragen, Freiburg i. Br. 1986, 241–246.

Kern, W./F. Niemann, *Theologische Erkenntnislehre*, Paderborn 1981.

Kessler, H., *Sucht den Lebenden nicht bei den Toten*, Würzburg 1995.

Klein, L., *Über das Bischofsamt: Das Amt der Einheit*, Stuttgart 1964.

Kleutgen, J., *Die Theologie der Vorzeit*, Münster ^{2}1867.

Klinger, E., *Der Glaube des Konzils*, in: E. Klinger/K. Wittstadt (Hg.), Glaube im Prozeß. Christsein nach dem II. Vatikanum, Freiburg i. Br. 1984, 615–626.

Komonchak, J., *Authority and Its Exercise*, in: Catholic Common Ground Initiative, Church Authority in American Culture, New York (NY) 1999, 29–46.

–, *Authority and Magisterium,* in: Catholic Common Ground Initiative, Church Authority in American Culture, New York 1999.

Körner, S., *Experience and Theory*, London 1966.

–, *Categorial Frameworks*, Oxford 1970.

–, *Metaphysics*, Cambridge 1984.

Kraml, H., *Die Rede von Gott sprachkritisch rekonstruiert aus Sentenzenkommentaren*, Innsbruck 1984.

Kretzmann, N., *Faith Seeks, Understanding Finds: Augustine's Charter for Christian Philosophy*, in: T.P. Flint (ed.), Christian Philosophy, Notre Dame (IN) 1990, 1–36.

Küng, H., *Unfehlbar? Eine Anfrage*, Zürich 1970.

Lasch, N., *Theologies at the Service of a Common Tradition*, in: C. Geffré et al. (eds.), Different Theologies, Common Responsibility. [Concilium], Edinburgh 1984.

Laun, A., *Das Gewissen: oberste Norm sittlichen Handelns*, Innsbruck 1984.

Lauret, B., *Lehramt*, in: P. Eicher (Hg.), Neues Handbuch theologischer Grundbegriffe III, München 1988, 207–219.

Lavalette, H. de, *Le dialogue difficile entre magistère et théologiens*, in: Recherches de Science Religieuse 71 (1983) 287–294.

Lawrence, P.K./M. Döbler (eds.), *Knowledge and Power. The Changing Role of European Intellectuals*, Brookfield (VT) 1996.

Leff, G., *Paris and Oxford Universities in the thirteenth and fourteenth centuries*, New York 1975.

–, *The Content of Religious Instruction*, Birmingham (AL) 1985.

Legrand, H., *Die Frage der Frauenordination aus der Sicht der katholischen Theologie*, in: E. Gössmann/D. Bader (Hg.), Warum keine Ordination der Frau? Unterschiedliche Einstellungen der christlichen Kirchen, München 1987, 89–111.

Lehmann, K., *Zum Verhältnis zwischen kirchlichem Amt und Theologie*, in: M. Seckler u.a. (Hg.), Begegnung. Beiträge zu einer Hermeneutik des theologischen Gesprächs. FS für Heinrich Fries, Graz 1972, 415–443.

Lehrer, K., *Theory of Knowledge*, Boulder (CO) 1990.

Leitmaier, C., *Die Assenspflicht des gläubigen Katholiken. Einige rechtliche Betrachtungspunkte*, in: A. Scheuermann u.a. (Hg.), Convivium utriusque iuris. FS für A. Dordett, Wien 1976, 165–181.

Lobkowicz, N., *What Happened to Thomism? From Aeterni Patris to Vaticanum Secundum*, in: American Catholic Philosophical Quarterly 69 (1995) 397–423.

Löhrer, M. u.a., *Theologe und Hierarch* (Theologische Berichte 17), Einsiedeln 1988.

–, *Träger der Vermittlung*, in: Mysterium Salutis I. Grundriß heilsgeschichtlicher Dogmatik. Hg. J. Feiner/M. Löhrer, Einsiedeln 1965, 545–587.

–, *Überlegungen zur Interpretation lehramtlicher Aussagen als Frage des ökumenischen Gesprächs*, in: H. Vorgrimler (Hg.), Gott in Welt. FS für Karl Rahner. Bd. 2, Freiburg i. Br. 1964, 499–523.

Loome, T.M., *Liberal Catholicism, Reform Catholicism, Modernism. A Contribution to a new Orientation in Modernist Research*, Mainz 1979.

Lorenz, K., *Elemente der Sprachkritik*, Frankfurt a. M. 1971.

Lorenzen, P., *Lehrbuch der konstruktiven Wissenschaftstheorie*, Mannheim 1987.

–, *Normative Logic and Ethics*, Mannheim 1969.

Luhmann, N., *Institutionalisierung – Funktion und Mechanismus im sozialen System der Gesellschaft*, in: H. Schelsky (Hg.), Zur Theorie der Institution, Düsseldorf 1970, 27–41.

Lynch, L.E., *A Christian Philosophy*, New York 1968.

Maclean, I./A. Montefiore/P. Winch (eds.), *The Political Responsibility of Intellectuals*, Cambridge (UK) 1990.

Mandonnet, P., *L'augustinisme bonaventurien*, in: BThom 3 (1926) 48–54.

Margalit, A., *Politik der Würde*, Frankfurt a. M. 1999.

–, *Ethik der Erinnerung. Max Horkheimer Vorlesungen*, Frankfurt a. M. 2000.

Marion, J.–L., *Christian Philosophy: Hermeneutic or Heuristic?*, in: F.J. Ambrosio (ed.), The question of Christian philosophy today, New York 1999, 247–266.

Maritain, J., *Von der christlichen Philosophie*, Salzburg 1935.

–, *Essay on Christian Philosophy*, New York 1955.

–, *Science and Wisdom*, New York 1940.

Martinez, P., *El magisterio no definitivo en los concilios ecumenicos hasta el Vaticano I*, in: Apollinaris 67 (1994) 147–178.

Massaro, T.J./T.A. Shannon, *American Catholic Social Teaching*, Collegeville (PA) 2002.

McClory, R., *Turning Point*, New York 1995.

McCool, G., *Philosophy and Religious Wisdom*, in: Proceedings ACPA 44 (1970) 195–204.

–,*Catholic Theology in the Nineteenth Century*, New York 1977.

–, *How Can There Be Such a Thing as a Christian Philosophy?*, in: Proceedings ACPA 53–54 (1979–80) 126–134.

–, *Is Thomas' Way of Philosophizing Still Viable Today?*, in: Proceedings ACPA 64 (1990) 1–13.

–, *From Unity to Pluralism: The Internal Evolution of Thomism*, New York 1992.

McCord Adams, M., *History of Philosophy as Tutor of Christian Philosophy*, in: F.J. Ambrosio (ed.), The question of Christian philosophy today, New York 1999, 37–60.

McGrath, A., *The genesis of doctrine: a study in the foundations of doctrinal criticism*, Oxford 1990.

McInerny, R., *Philosophizing in Faith*, in: Proceedings ACPA 46 (1972) 1–9.

–, *On Behalf of Natural Theology*, in: Proceedings ACPA 53–54 (1979–80) 63–73.

–, *Reflections on Christian Philosophy*, in: V.B. Brezik (ed.), One Hundred Years of Thomism, Houston (TX) 1981.

McMullin, E., *Presidential Address to the ACPA*, in: Proceedings ACPA 41 (1967).

Mercier, D., *Modernism*, London 1912.

Metz, J.B./E. Schillebeeckx (eds.), *The Teaching Authority of Believers* (Concilium), Edinburgh 1985.

Meyer, H., *Christliche Philosophie?*, in: Münchener Theologische Zeitschrift 2 (1951) 390–430.

Mills, C.W., *Power, Politics, and People: The Collected Essays of C. Wright Mills*. Ed. I. Horowitz, New York 1963.

Montefiore, A., *The political responsibility of intellectuals*, in: I. Maclean/A. Montefiore/P. Winch (eds.), The Political Responsibility of Intellectuals. Cambridge (UK) 1990, 201–228.

Moon, C.H.S., *A Korean Minjung Theology*, Maryknoll (NY) 1985.

Moy de Sans, E., *Die Entscheidung des apostolischen Stuhls über einige Schriften des Professors Froschhammer in München*, in: Archiv für katholisches Kirchenrecht 10 (1863) 109–118.

Muck, O., *Christliche Philosophie*, Kevelaer 1964.

–, *Philosophische Gotteslehre*, Düsseldorf 1983.

–, *Rationale Strukturen des Dialogs über Glaubensfragen*, in: H. Bogensberger u.a. (Hg.), Erkenntniswege in der Theologie, Graz 1998, 107–150.

–, *Sprachlogische Aspekte religiös–weltanschaulichen Dialogs*, in: ders., Rationalität und Weltanschauung, Hg. W. Löffler, Innsbruck 1999, 63–80.

Müller, G.L., *Katholische Dogmatik*, Freiburg i. Br. 1995.

Müller, K., *Der Papst und die Philosophie. Anmerkungen zur Enzyklika „Fides et Ratio"*, in: Herder Korrespondenz 53 (1999) 12–17.

Mullins, C., *Christianity Made in Japan*, Honolulu 1998.

Murray, J.C., *We Hold These Truths*, New York 1960.

Nagai, T., *The Bells of Nagasaki*, Tokyo 1984

Nagel, T., *Das letzte Wort*, Stuttgart 1999.

–, *Was bedeutet das alles? Eine ganz kurze Einführung in die Philosophie*, Stuttgart 1990.

Nagl, L., *Die Enzyklika „Fides et Ratio". Philosophische Erwägungen nach einer ersten Lektüre,* in: actio catholica 43 (1999) 8–13.

Nau, P., *Le Magistère pontifical ordinaire au premier concile du Vatican*, in: Revue Thomiste 62 (1962) 341–397.

Neidl, W.M., *Christliche Philosophie – hat sie heute noch eine Chance?*, in: Jahrbuch der Universität Salzburg 1979/81 (1982) 9–24.

Nell–Breuning, O., *Gerechtigkeit und Frieden. Grundzüge katholischer Soziallehre*, Wien 1980.

Neufeld, K.H., *Fundamentaltheologie in gewandelter Welt. H. Bouillards theologischer Beitrag*, in: ZKTh 100 (1978) 417–440.

Neufeld, K.H., *Humani generis*, in: W. Kasper (Hg.), Lexikon für Theologie und Kirche, Bd. 5, Basel [3]1996, 318–319.

Neumann, P. (Hg.), *„Religionsloses Christentum" und „nicht–religiöse Interpretation" bei Dietrich Bonhoeffer*, Darmstadt 1990.

Neuner, P., *Die Hellenisierung des Christentums als Modell von Inkulturation*, in: Stimmen der Zeit 213 (1995) 363–376.

Newman, J., *Cardinal Newman's Attack on Philosophers*, in: Proceedings ACPA 50 (1976) 196–207.

Newman, J.H., *An Essay in Aid of a Grammar of Assent*. Ed. C.F. Harrold, New York 1947.

–, *Briefe und Tagebuchaufzeichnungen aus der katholischen Zeit seines Lebens* (Ausgewählte Werke, Bde. 2 u. 3), Mainz 1957.

–, *Vom Wesen der Universität* (Ausgewählte Werke, Bd. 5), Mainz 1960.

–, *Zur Philosophie und Theologie des Glaubens. Oxforder Universitätspredigten* (Ausgewählte Werke, Bd. 6), Mainz 1964.

–, *Über die Entwicklung der Glaubenslehre* (Ausgewählte Werke, Bd. 7), Mainz 1969.

Nouwen, H., *The Road to Daybreak*, Garden City (KS) 1988.

–, *Nachts bricht der Tag an*, Freiburg i. Br. 1989.

Novak, M., *The Christian and the Atheist*, in: B. Murchland (ed.), The Meaning of the Death of God, New York 1967, 70–80.

Nussbaum, M., *The fragility of Goodness*, Cambridge (UK) 1995.

–, *Menschliches Tun und soziale Gerechtigkeit. Zur Verteidigung des aristotelischen Essentialismus*, in: M. Brumlik/H. Brunkhorst (Hg.), Gemeinschaft und Gerechtigkeit, Frankfurt a. M. 1995, 323–361.

–, *Sex and Social Justice*, New York 1999.

–, *Gerechtigkeit oder das gute Leben*, Frankfurt a. M. 1999.

O'Connell, M.R., *Critics on Trial. An Introduction to the Catholic Modernist Crisis*, Washington (DC) 1994.

O'Meara, T., *Towards a Subjective Theology of Revelation*, in: Theological Studies 36 (1975) 401–427.

Osswald, B., *Anton Günther: theologisches Denken im Kontext einer Philosophie der Subjektivität*, Paderborn 1990.

Ott, L., *Grundriß der katholischen Dogmatik*, Freiburg i. Br. [8]1970.

Owens, J., *Towards a Christian Philosophy*, Washington (DC) 1990.

Pannenberg, W., *Theologie und Philosophie*, Göttingen 1996.

Parel, A.J., *Community and Commitment. The Catholic Academic Tradition*, in: Canadian Catholic Review 6 (1988) 333–336.

Parsons, T., *Zur Theorie sozialer Systeme*. Hg. S. Jensen, Opladen 1976.

Pegis, A., *Christian Philosophy and Intellectual Freedom*, Milwaukee (WI) 1955.

Peirce, C.S., *Collected Papers*. Vols. 1–6, Eds. C. Hartshorne/P. Weiss, Cambridge (MA) 1931–1935; Vols. 7/8, Ed. A. Burks, Cambridge (MA) 1958.

Penslar, R.L. (ed.), *Research Ethics*, Bloomington (IN) 1995.

Peperzak, A., *The Problem of Christian Philosophy*, in: F.J. Ambrosio (ed.), The question of Christian philosophy today, New York 1999, 111–141.

Peter, A., *Modelle und Kriterien von Inkulturation*, in: F. Frei (Hg.), Inkulturation zwischen Tradition und Modernität, Freiburg (CH) 2000, 311–335.

Pfürtner, S. (Hg.), *Abschottung statt Dialog? Das Lehramt der Kirche und die Moral*, Luzern 1994.

Pieper, J., *Was ist christliche Philosophie?*, in: Hochland 40 (1947/48) 501–512.

Piolanti, A., *La lettera del Cardinal L. Barocci sul tomismo*, in: Doctor communis 38 (1985) 151–180.

Plantinga, A., *The Reformed Objection to Natural Theology*, in: Proceedings ACPA 53–54 (1979–80) 49–62.

–, *Augustinian Christian Philosophy*, in: The Monist 75 (1992) 291–320.

Polanyi, M., *Personal Knowledge*, Chicago 1958.

Popper, K.R., *Vermutungen und Widerlegungen*, Tübingen 2000.

Pottmeyer, H.J., *Der Glaube vor dem Anspruch der Wissenschaft. Die Konstitution über den katholischen Glauben „Dei Filius" des Ersten Vatikanischen Konzils und die unveröffentlichten theologischen Voten der vorbereitenden Kommission*, Freiburg i. Br. 1968.

–, *Kirchliche Lehrautorität und Wissenschaft – ein Gegensatz?*, in: Münchener Theologische Zeitschrift 20 (1969) 85–103.

–, *Das Lehramt der Hirten und seine Ausübung*, in: Theologisch–praktische Quartalsschrift 128 (1980) 336–348.

–, *Rezeption und Gehorsam – aktuelle Aspekte einer wieder entdeckten Realität „Rezeption"*, in: W. Beinert (Hg.), Glaube als Zustimmung, Freiburg i. Br. 1991, 51–91.

–, *Dialog und Wahrheit*, in: A. Schavan (Hg.), Dialog und Dialogverweigerung, Kevelaer 1994.

–, *Modernisierung in der katholischen Kirche am Beispiel der Kirchenkonzeption des Ersten und Zweiten Vatikanischen Konzils*, in: F.X. Kaufmann/A. Zingerle (Hg.), Vatikanum II und Modernisierung, Paderborn 1996, 131–146.

–, *Die Konstitution „Dei Filius" des Erstes Vatikanischen Konzils zwischen Abwehr und Rezeption der Moderne*, in: G. Risse (Hg.), Wege der Theologie an der Schwelle zum dritten Jahrtausend. FS für H. Waldenfels, Paderborn 1996, 73–86.

–, *Der geschichtliche Hintergrund des Ersten Vatikanischen Konzils*, in: A. Stirnemann/G. Wilfinger (Hg.), Von Päpsten und Patriarchen (Pro Oriente 24), Innsbruck 2000, 155–164.

Price, H., *Belief ‚in' and Belief ‚that'*, in: Religious Studies 1 (1966) 1–27.

Pritz, J., *Glauben und Wissen bei Anton Günther. Eine Einführung in sein Leben und Werk mit einer Auswahl seiner Schriften*, Wien 1963.

Putnam, H., *Die Bedeutung von Bedeutung*, Reinbek 1979.

Quine, W.v.O., *Word and Object*, Cambridge (MA) 1960.

–, *Ontological Relativity and Other Essays*, New York 1969.

–, *Philosophy of Logic*, Englewood Cliffs (NJ) 1970.

–, *Ontologische Relativität und andere Schriften. Das Sprechen über Gegenstände*, Stuttgart 1975.

–, *Pursuit of Truth*, Cambridge (MA) 1990.

Radcliff, T., *Wellspring of Hope*, Rom: Curia OP 1995.

Raffelt, A., *Nouvelle Théologie*, in: W. Kasper (Hg.), Lexikon für Theologie und Kirche, Bd. 7, Basel [3]1998, 935–937.

Rahner, K., *Schriften zur Theologie*. 16 Bde., Einsiedeln 1954–1984.

–, *Hörer des Wortes*. Bearb. J.B. Metz, München 1969.

–, *Quelques considérations sur le concept d'infaillibilité dans la théologie catholique*, in: E. Castelli (Hg.), L'infaillibilité. Son Aspect philosophique et théologique, Paris 1970, 57–72.

–, Art. *„Häresiengeschichte"*, in: Herders Theologisches Taschenlexikon. Bd. 3, Hg. K. Rahner, Freiburg i. Br. 1972, 200–208.

–, *Offizielle Glaubenslehre der Kirche und faktische Gläubigkeit des Volkes*, in: K. Rahner/H. Fries (Hg.), Theologie in Freiheit und Verantwortung, München 1981, 15–29.

–, *Erinnerungen. Im Gespräch mit Meinhold Krauss*, Freiburg i. Br. 1984.

Ratzinger, J., *Die bischöfliche Kollegialität. Theologische Entfaltung*, in: G. Barauna (Hg.), De Ecclesia II, Freiburg i. Br. 1966, 44–70.

–, *Das Zweite Vatikanische Konzil*, in: Lexikon für Theologie und Kirche, Bd. 13: Das Zweite Vatikanische Konzil – Dokumente und Kommentare, Teil II, Freiburg 1967, 571–781.

–, *Einführung in das Christentum*, München 1990.

–, *Gewissen und Wahrheit*, in: H. Kessler u.a. (Hg.), Fides quaerens intellectum. FS für M. Seckler, Tübingen 1992, 293–309.

–, *Wesen und Auftrag der Theologie. Versuche zu ihrer Ortsbestimmung im Disput der Gegenwart*, Freiburg i. Br. 1993.

–, *Wahrheit, Werte, Macht. Prüfsteine der pluralistischen Gesellschaft*, Freiburg i. Br. ²1994.

Reinert, P.C., *A New Opportunity for Catholic Philosophy*, in: Proceedings ACPA 21–22 (1946–47), 18–28.

Renard, P., *La querelle sur la possibilité de la Philosophie Chrétienne*, Paris 1941.

Richter, V., *Logik und Geheimnis,* in: H. Vorgrimler (Hg.), Gott in Welt. FS für K. Rahner, Freiburg i. Br. 1964, 188–206.

Ricoeur, P., *Freud and Philosophy. An Essay on Interpretation*, New Haven (CT) 1970.

–, *Hermeneutik und Strukturalismus*, München 1973.

–, *Hermeneutik und Psychoanalyse*, München 1974.

Röd, W., *Descartes*, München ³1995.

–, *Erfahrung und Reflexion*, München 1991.

Roegele, O.B., *Glaube, Lehramt, Theologie. Neue Regeln für ein schwieriges Dreiecksverhältnis*, in: P. Hünermann (Hg.), Streitgespräch um Theologie und Lehramt. Die Instruktion über die kirchliche Berufung des Theologen in Diskussion, Frankfurt a. M. 1991, 79–84.

Roos, H., *Die Quellen der Bulle „Exsurge Domine"*, in: Theologie in Geschichte und Gegenwart. FS für Michael Schmaus, München 1957, 909–927.

Ross, J.F., *On Christian Philosophy: Una Vera Philosophia?*, in: The Monist 75 (1992) 354–379.

Runggaldier, E., *L'insegnamento della filosofia nelle facoltà teologiche ecclesiastiche*, in: Civiltà cattolica 143 (1992) 221–321.

–, *Philosophieunterricht an kirchlich–theologischen Fakultäten*, in: Zeitschrift für katholische Theologie 114 (1992) 153–165.

–, *Von der Dienstfunktion der Philosophie an theologischen Fakultäten*, in: Zeitschrift für Katholische Theologie 119 (1997), 284–295.

Rush, O., *Reception Hermeneutics and the „Development" of Doctrine: An Alternative Model*, in: Pacifica 6 (1993) 125–140.

Russell, B., *Probleme der Philosophie*, Frankfurt a. M. ¹⁵1991.

Ryle, G., *The Thinking of Thoughts*, in: ders., Collected Papers II, London 1971, 480–496.

Said, E., *The Representation of Intellectuals. The 1993 Reith Lectures*, New York 1994.

Saint–Exupéry, A. de, *Der kleine Prinz*, Zürich 1993.

Savigny, E. v., *Philosophie der normalen Sprache*, Frankfurt a. M. 1969.

Scanonne, J.C., *Theology, Popular Culture, and Discernment*, in: R. Gibellini (ed.), Frontiers of Theology in Latin America, Maryknoll (NY) 1979, 213–239.

Schaeffler, R., *Wahrheit und Institution. Sprachphilosophische Überlegungen zu einem theologischen Thema*, in: W. Kern (Hg.), Die Theologie und das Lehramt (Quaestiones disputatae 91), Freiburg i. Br. 1982, 152–200.

–, *Bedingungen einer Kultur des Dialogs*, in: Kontaktstelle für Weltreligionen (Hg.), Dialog als Hoffnung der Zeit, Wien 1998, 71–83.

Schatz, K., *Welche bisherigen päpstlichen Lehrentscheidungen sind „ex cathedra"? Historische und theologische Überlegungen*, in: W. Löser/K. Lehmann/ M. Lutz–Bachmann (Hg.), Dogmengeschichte und katholische Theologie, Würzburg 1985, 404–422.

–, *Kirchengeschichte der Neuzeit II*, Düsseldorf 1989.

–, *Vaticanum I*, Bd. II, Paderborn 1993.

Scheffczyk, L., *Dogma der Kirche – heute noch verstehbar? Grundzüge einer dogmatischen Hermeneutik*, Berlin 1973.

–, *Das Lehramt und die Stellung der Theologie*, in: Klerusblatt 55 (1975) 171–173.

Scheler, M., *Probleme der Religion*, Berlin 1933.

Schelsky, H., *Zur soziologischen Theorie der Institution*, in: H. Schelsky (Hg.), Zur Theorie der Institution, Düsseldorf 1970, 7–26.

Schelting, A.v., *Die logische Theorie der historischen Kulturwissenschaft von Max Weber und im besonderen sein Begriff des Idealtypus*, in: Archiv für Sozialwissenschaft und Sozialpolitik 49 (1922) 623–752.

Schieder, T., *Der Typus in der Geschichtswissenschaft*, in: R.H. Schmidt (Hg.), Methoden der Politologie, Darmstadt 1967, 108–123.

Schillebeeckx, E., *Das kirchliche Amt*, Düsseldorf 1981.

–, *Christliche Identität und kirchliches Amt. Plädoyer für den Menschen in der Kirche*, Düsseldorf 1985.

–, *The Teaching Authority of All*, in: J.B. Metz/E. Schillebeeckx (eds.), The Teaching Authority of Believers (Concilium), Edinburgh 1985, 12–27.

Schilling, H., *Theologische Wissenschaft und kirchliches Lehramt*, in: Stimmen der Zeit 198 (1980) 291–302.

Schlette, H.R., *Dogmengeschichte und Geschichtlichkeit des Dogmas*, in: V. Berning/P. Neuenzeit/ H.R. Schlette (Hg.), Geschichtlichkeit und Offenbarungswahrheit, München 1964, 67–90.

Schmidinger, H., *Zur Geschichte des Begriffs „christliche Philosophie"*, in: E. Coreth/W.M. Neidl/G. Pfligersdorffer (Hg.), Christliche Philosophie im katholischen Denken des 19. und 20. Jahrhunderts. Bd. 1, Graz 1987, 29–45.

–, *„Scholastik" und „Neuscholastik" – Geschichte zweier Begriffe*, in: E. Coreth/W.M. Neidl/G. Pfligersdorffer (Hg.), Christliche Philosophie im katholischen Denken des 19. und 20. Jahrhunderts. Bd. 2, Graz 1988, 23–53.

–, Art. *„Christliche Philosophie"*, in: Historisches Wörterbuch der Philosophie, Bd. 7, Hg. J. Ritter/K. Gründer, Basel 1989, 886–898.

–, *Der Streit um die christliche Philosophie in seinem Zusammenhang*, in: E. Coreth/W.M. Neidl/G. Pfligersdorffer (Hg.), Christliche Philosophie im katholischen Denken des 19. und 20. Jahrhunderts. Bd. 3, Graz 1990, 23–48.

–, *Wie ist Metaphysik als Wissenschaft möglich?*, in: A. Schramm (Hg.), Philosophie in Österreich 1996. Kongreßakten des 4. Kongresses der Österreichischen Gesellschaft für Philosophie, Wien 1996, 432–447.

Schneider, H.J., *Historische und Systematische Untersuchungen zur Abstraktion*, Erlangen 1970.

–, *Kann und soll die Sprachphilosophie methodisch vorgehen?*, in: P. Janich (Hg.), Entwicklungen der methodischen Philosophie, Frankfurt a. M. 1992, 17–33.

–, *„Zwischen den Zeilen": Wittgenstein und Gendlin über die nicht–regelhafte Seite der Sprachkompetenz*, in: J. Padilla–Gálvez/R. Drudis Baldrich (Hg.), Wittgenstein y el Circulo de Viena, Cuenca 1998, 165–182.

Schneider, H.J./M. Kroß (Hg.), *Mit Sprache spielen. Die Ordnungen und das Offene nach Wittgenstein*, Berlin 1999.

Schockenhoff, E., *Das umstrittene Gewissen. Eine theologische Grundlegung*, Mainz 1990.

Schoonenberg, P., *Geschichtlichkeit und Interpretation des Dogmas*, in: ders. (Hg.), Die Interpretation des Dogmas, Düsseldorf 1969, 58–110.

Schotter, A., *The Economic Theory of Social Institutions*, Cambridge (UK) 1981.

Schreiter, R., *Abschied vom Gott der Europäer*, Salzburg 1992.

–, *The Development of Doctrine in a World Church*, in: CTSA Proceedings 54 (1999) 65–79.

Schüller, B., *Bemerkungen zur authentischen Verkündigung des kirchlichen Lehramtes*, in: Theologie und Philosophie 42 (1967) 543–551.

Schulte, J., *Kontext*, in: J. Brandl/R. Haller (Hg.), Wittgenstein – eine Neubewertung. Bd. 2, Wien 1990, 293–302.

–, *Nachwort*, zu: D. Davidson, Der Mythos des Subjektiven, Stuttgart 1993.

–, *Vorwort,* zu: J. Schulte/U.J. Wenzel (Hg.), Was ist ein „philosophisches Problem"?, Frankfurt a. M. 2001, 7–19.

Schulte, J./U. J. Wenzel (Hg.), *Was ist ein „philosophisches Problem"?*, Frankfurt a. M. 2001.

Schultes, R.M., *Was beschwören wir im Antimodernisteneid?*, in: Archiv für katholisches Kirchenrecht 91 (1911) 264–314.

–, *De ecclesia catholica praelectiones apologeticae*, Paris 1925.

Schulz, H.–J., *Bekenntnis statt Dogma: Kriterien der Verbindlichkeit christlicher Lehre*, Freiburg i. Br. 1996.

Schupp, F., *Auf dem Weg zu einer kritischen Theologie* (Quaestiones disputatae 64), Freiburg i. Br. 1974.

Schuster, J., *Ethos und Kirchliches Lehramt*, Frankfurt a. M. 1984.

Schütz, A., *Der sinnhafte Aufbau der sozialen Welt*, Wien 1960.

–, *Studien zur soziologischen Theorie* (Gesammelte Aufsätze 2), Den Haag 1971.

Schütz, A./T. Luckmann, *Strukturen der Lebenswelt*, Neuwied 1975.

Schwab, M., *Redehandeln. Eine institutionelle Sprechakttheorie*, Königstein 1980.

Schwager, R., *Kirchliches Lehramt und Theologie*, in: Zeitschrift für Katholische Theologie 111 (1989) 163–182.

–, *Für eine Theologie mit mehr Wissenschaftlichkeit und mehr Lebensrelevanz*, in: A. Müller u.a. (Hg.), Die Unvollendete. Betrachtungen zur Eröffnung der renovierten Theologischen Fakultät Innsbruck, Innsbruck 1999, 60–64.

–, *Kriterien guter Theologie nach dem katholischen Lehramt*, in: C. Sedmak (Hg.). Was ist gute Theologie? (Salzburger Theologische Studien 20), Innsbruck 2003, 59–78.

Schwaiger, G., *Geschichte der Päpste im 20. Jahrhundert*, München 1968.

Schwarz, R., *Das Problem einer christlichen Philosophie*, in: Philosophisches Jahrbuch der Görres–Gesellschaft 60 (1950) 218–248 (Reprint 1971).

Schwedt, H., *Das römische Urteil über Georg Hermes. Ein Beitrag zur Inquisition im 19. Jahrhundert*, Freiburg i. Br. 1980.

Schwemmer, O., Art. *„Idealtypus"*, in: Enzyklopädie Philosophie und Wissenschaftstheorie, Bd. 2, Hg. J. Mittelstraß, Mannheim 1984, 175–177.

–, Art. *„Institution"*, in: Enzyklopädie Philosophie und Wissenschaftstheorie, Bd. 2, Hg. J. Mittelstraß, Mannheim 1984, 249–252.

Searle, J., *Sprechakte. Ein sprachphilosophischer Essay*, Frankfurt a. M. 1971.

Seckler, M., *Modelle des Verhältnisses von kirchlichem Lehramt und theologischer Wissenschaft*, in: M. Seckler (Hg.), Lehramt und Theologie. Unnötiger Konflikt oder heilsame Spannung?, Düsseldorf 1981, 83–110.

–, *Kirchliches Lehramt und theologische Wissenschaft. Geschichtliche Aspekte, Probleme und Lösungselemente*, in: W. Kern (Hg.), Die Theologie und das Lehramt. (Quaestiones disputatae 91), Freiburg i. Br. 1982.

–, *Die schiefen Wände des Lehrhauses. Katholizität als Herausforderung*, Freiburg i. Br. 1988.

Sedmak, C., *Sprechakttheorie und Sozialtheorie*, in: Conceptus 77 (1997) 143–164.

–, *Zur Professionalisierung der Pastoral: Institutionalisierte Beziehungen*, in: Diakonia 3 (1997) 153–158.

–, *Theologie als „Handwerk"*, Regensburg 1999.

–, *Rom, Athen und Oxford*, in: Bulletin ET 10 (1999) 139–148.

–, *Lokale Theologien und globale Kirche. Eine erkenntnistheoretische Grundlegung in praktischer Absicht*, Freiburg i. Br. 2000.

–, *How many „idiots"? The idea of the Catholic Magisterium and its relation to Philosophy*, in: Bulletin ET 11 (2000) 132–151.

–, *Sozialtheologie*, Frankfurt a. M. 2001.

–, *Strukturen epistemischer Gerechtigkeit*, in: Salzburger Jahrbuch für Philosophie 46/47 (2001/02) 139–152.

–, *Hoffnung, die Gründe nennt*, in: H. Schmidinger (Hg.), Wovon wir leben werden, Innsbruck 2002.

–, *Theologie in nachtheologischer Zeit*, Mainz 2003.

–, *Was heißt es, interdisziplinär zu arbeiten?*, in: R. Deinhammer (Hg.), Was heißt interdisziplinäres Arbeiten? (Theories and Commitments 1), Salzburg 2003, 5–18.

Seeberg, R., *Die Theologie des Johannes Duns Scotus*, Leipzig 1900.

Shils, E., *The Intellectuals and the Powers: Some Perspectives for Comparative Analysis*, in: Comparative Studies in Society and History I (1958–59) 5–22.

Sleumer, A., *Index Romanus*, Osnabrück 1920.

Smart, N., *The religious Experience of Mankind*, New York 1969.

Smith, W.C., *The meaning and end of religion*, New York 1964.

Sobrino, J., *Spirituality of Liberation*, Maryknoll (NY) 1985.

–, *The „Doctrinal Authority" of the People of God in Latin America*, in: J.B. Metz/E. Schillebeeckx (eds.), The Teaching Authority of Believers (Concilium), Edinburgh 1985, 54–62.

–, *Companions of Jesus. The Murder and Martyrdom of the Salvadorean Jesuits*, London 1990.

Sparrow, M.F., *The Proofs of Natural Theology and the Unbeliever*, in: ACPQ 1991, 129–141.

Spencer–Brown, G., *Laws of Form. Gesetze der Form*, Lübeck 1997.

Sperber, D., *Rethinking Symbolism*, Cambridge (UK) 1995.

Stanke, G., *Freiheit und religiöser Gehorsam des Willens und des Verstandes. Zum Verhältnis von Gewissen und kirchlichem Lehramt*, Frankfurt a. M. 1993.

Staudenmaier, F.A., *Die Philosophie des Christentums oder Metaphysik der hl. Schrift*, Mainz 1840.

–, *Darstellung und Kritik des Hegelschen Systems aus dem Standpunkt der christlichen Philosophie*, Mainz 1844.

Stead, G.C., *Philosophy in Christian Antiquity*, Cambridge (UK) 1994.

Steenberghen, F. v., *Le Retour à Saint Thomas a–t–il encore un sen aujourd'hui?*, Montréal 1967.

–, *La philosophie à la veille de l'entrée en scène de Jean Duns Scot,* in: Studia scholastico–scotistica, Bd. 1, Rom 1968, 65–74.

–, *Die Philosophie im 13. Jahrhundert*, München 1977.

Stegmüller, W., *Hauptströmungen der Gegenwartsphilosophie* I, Stuttgart 1986.

Steiner, G., *Nach Babel*, Frankfurt a. M. 1994.

–, *Der Garten des Archimedes*, München 1997.

Strawson, P.F., *Analyse und Metaphysik*, München 1994.

Strazzari, F. (Hg.), *Edward Schillebeeckx im Gespräch*, Luzern 1994.

Sullivan, F., *Magisterium, Teaching, Authority, and the Catholic Church*, New York 1983.

–, *Creative Fidelity. Weighing and Interpreting Documents of the Magisterium*, Dublin 1996.

Sullivan, T./G. Coulter, *Philosophy and Revelation: Is Philosophy a Form of Unbelief?*, in: Proceedings ACPA 69 (1995) 91–102.

Sweeney, L., *Must Thomism Become Kantian to Survive? A Negative Response*, in: J.F.X. Kansas (ed.), Thomistic Papers VI, Houston (TX) 1994.

Sweeney, L., *Christian philosophy: Greek, medieval, contemporary reflections*, New York 1997.

Swinburne, R., *Faith and Reason*, Oxford 1981.

Swindal, J., *Ought There Be a „Catholic" Philosophy?*, in: American Catholic Philosophical Quarterly 73 (1999) 449–475.

Tillard, J.M., *Le „sensus fidelium“ – Réflexion théologique: Foi populaire foi savante*, in: Cogitatio Fidei 87 (1976) 9–40.

Track, J., *Sprachkritische Untersuchungen zum christlichen Reden von Gott*, Göttingen 1977.

Tracy, D., *The Analogical Imagination*, Chicago 1983.

Tugendhat, E., *Vorlesungen zur Einführung in die sprachanalytische Philosophie*, Frankfurt a. M. 1976.

Turner, V., *The Forest of Symbols*, Ithaca (NY) ^{9}1991.

Tutu, D., *No Future Without Forgiveness*, New York 1999.

Uhl, F., *Hindernisse auf dem Weg zum Wissen. Roger Bacons Kritik der Autoritäten*, in: ders. (Hg.), Roger Bacon in der Diskussion, Frankfurt a. M. 2001, 219–235.

Urrutia, F.J., *Obsequio religioso de entendimiento y voluntad (c. 752). Clarificación de su sentido*, in: J.M. Urteaga (Hg.), La Mision Docente de la Iglesia, Salamanca 1992, 21–40.

Van Riet, G., *Le titre de l'encyclique »Aeterni Patris«. Note historique*, in: RPL 80 (1982) 35–63.

Venetz, H.–J./H. Vorgrimler (Hg.), *Das Lehramt der Kirche und der Schrei der Armen. Analysen zur Instruktion der Glaubenskongregation für die Glaubenslehre über einige Aspekte der ‚Theologie der Befreiung'*, Fribourg 1985.

Vermeersch, A., *De Modernismo*, Brügge 1908.

Vernon, J.B., *Christian Philosophy: Heritage and New Growth*, in: Proceedings ACPA 53–54 (1979–80) 5–15.

Vignaux, P., *Philosophie au Moyen Age*, Albeuve 1987.

Visser't Hooft, W.A., *Lehrer und Lehramt der Kirche*, Frankfurt a. M. 1986.

Vogel, C. de, *„Ego sum qui sum“ et sa signification pour une philosophie chrétienne*, in: Revue des sciences réligieuses 35 (1961) 346–354.

Vooght, P. de, *Les Dimensions réellews de l'infaillibilité papale*, in: E. Castelli (Hg.), L'infaillibilité. Son aspect philosophique et théologique, Paris 1970, 131–158.

Vorgrimler, H., *From „Sensus Fidei“ to „Consensus Fidelium“*, in: J.B. Metz/E. Schillebeeckx (eds.), The Teaching Authority of Believers (Concilium), Edinburgh 1985, 3–11.

Vries, J. de, *Christliche Philosophie*, in: Scholastik 12 (1937) 1–16.

Wach, J., *Vergleichende Religionsforschung*, Stuttgart 1962.

Waldenfels, H., *Kontextuelle Fundamentaltheologie*, Paderborn ^{2}1988.

Walgrave, J.H., *Unfolding Revelation: The Nature of Doctrinal Development*, Philadelphia 1972.

Wallace, W.A., *The Case for Developmental Thomism*, in: Proceedings ACPA 44 (1970) 1–16.

Walzer, M., *Kritik und Gemeinsinn*, Frankfurt a. M. 1993.

–, *The Company of Critics. Social criticism and political commitment in the twentieth century*, New York 1988.

Walzer, R., *Galen on Jews and Christians*, Oxford 1949.

Warkotsch, A., *Antike Philosophie im Urteil der Kirchenväter*, Paderborn 1973.

Watzlawik, J., *Leo XIII and the New Scholasticism* (San Carlos Publications, Ser. D, 1), Cebu City 1966.

Weber, M., *Die Objektivität sozialwissenschaftlicher und sozialpolitischer Erkenntnis*, in: M. Weber, Gesammelte Aufsätze zur Wissenschaftslehre, Tübingen 1922, 146–214.

–, *Über einige Kategorien der verstehenden Soziologie*, in: M. Weber, Gesammelte Aufsätze zur Wissenschaftslehre, Tübingen 1922, 403–450.

Weijers, I., *Intellectuals, Knowledge and Democracy*, in: P.K. Lawrence/M. Döbler (eds.), Knowledge and Power. The Changing Role of European Intellectuals, Brookfield (VT) 1996, 25–36.

Weinberger, O., *Rechtslogik*, Berlin ^{2}1989.

Weiße, C.H., *Philosophische Dogmatik oder Philosophie des Christentums*. Bd. I, Leipzig 1855.

Wiederkehr, D. (Hg.), *Der Glaubenssinn des Gottesvolkes – Konkurrent oder Partner des Lehramts?* (Quaestiones disputatae 151), Freiburg i. Br. 1994.

Wiedmann, F., *Die Strategien des Gentleman. John Henry Newmans Gewissensposition*, in: J. Gründel (Hg.), Das Gewissen. Subjektive Willkür oder oberste Norm?, Düsseldorf 1990, 71–84.

Wieland, G., *Ethica – Scientia Practica. Die Anfänge der theologischen Ethik im 13. Jahrhundert*, Münster 1981.

Wiesel, E., *Den Frieden feiern*, Freiburg i. Br. 1991.

Winch, P., *Die Idee der Sozialwissenschaft und ihr Verhältnis zur Philosophie*, Frankfurt a. M. 1974.

Wippel, J., *Thomas Aquinas on What Philosophers Can Know About God*, in: American Catholic Philosophical Quarterly 66 (1992) 279–297.

Wittgenstein, L., *Zettel*, Oxford 1967.

–, *Philosophische Untersuchungen*, Oxford 1967.

–, *Vorlesungen und Gespräche über Ästhetik, Psychologie und Religion*. Hg. C. Barrett, Göttingen 1968.

–, *Über Gewißheit*, Oxford 1969.

–, *Bemerkungen über die Philosophie der Psychologie*. 2 Bde. Hg. G.E.M. Anscombe/G.H. v. Wright, Oxford 1980.

–, *Vortrag über Ethik und andere kleine Schriften*, Frankfurt a. M. 1990.

Wolf, H., *Ketzer oder Kirchenlehrer?*, Mainz 1992.

Wolff, P.(Hg.), *Christliche Philosophie in Deutschland 1920 bis 1945*, Regensburg 1949.

Wolter, A., *The Philosophical Theology of John Duns Scotus*. Ed. M. McCord Adams, Ithaca (NY) 1990.

Wolterstorff, N., *The Migration of Theistic Arguments: From Natural Theology to Evidentialist Apologetics*, in: R. Audi/W.J. Wainwright (eds.), Rationality, Religious Belief, and Moral Commitment, Ithaca (NY), 38–81.

Wright, G.H. v., *Handlung, Norm und Intention. Untersuchungen zur deontischen Logik*, Berlin 1977.

Wulf, M. de, *Scholasticism Old and New*, Dublin 1907.

Zagzebski, L., *Rational Faith. Catholic Responses to reformed epistemology*, Notre Dame (IN) 1993.

Zimmermann, R., *Der „Skandal der Philosophie" und die Semantik. Kritische und systematische Untersuchungen zur analytischen Ontologie und Erfahrungstheorie*, Freiburg i. Br. 1981.

Zittel, B., *Der Typus in der Geschichtswissenschaft*, in: R.H. Schmidt (Hg.), Methoden der Politologie, Darmstadt 1967, 124–137.